Holger Zaunstöck

Das Milieu des Verdachts

Hallische Beiträge zur Geschichte des Mittelalters und der Frühen Neuzeit
Band 5

Herausgegeben von
Andreas Ranft und Monika Neugebauer-Wölk

Holger Zaunstöck

Das Milieu des Verdachts

Akademische Freiheit, Politikgestaltung und die Emergenz der Denunziation in Universitätsstädten des 18. Jahrhunderts

THEORIA CUM PRAXI

Akademie Verlag

Bibliografische Information der Deutschen Nationalbibliothek
Die Deutsche Nationalbibliothek verzeichnet diese Publikation in der Deutschen Nationalbibliografie; detaillierte bibliografische Daten sind im Internet über http://dnb.d-nb.de abrufbar.

ISBN 978-3-05-004651-8

Das eingesetzte Papier ist alterungsbeständig nach DIN/ISO 9706.

Druck und Bindung: Druckhaus „Thomas Müntzer“ GmbH, Bad Langensalza

Printed in the Federal Republic of Germany

Vorwort

Das vorliegende Buch ist zwischen Frühjahr 2002 und Frühjahr 2007 am Institut für Geschichte der Martin-Luther-Universität Halle-Wittenberg entstanden. Die Philosophische Fakultät I der hallischen Universität hat die Arbeit 2008 als Habilitationsleistung anerkannt. Ganz herzlicher Dank gilt meiner akademischen Lehrerin Monika Neugebauer-Wölk für viele Jahre intensiven, sachbezogenen Arbeitens, für eine offene, gleichberechtigte Diskussionskultur, die für mich einen unschätzbaren Wert darstellt. Ebenso bin ich zu großem Dank den Zweitgutachtern Winfried Müller (Dresden) und Michael G. Müller (Halle) verpflichtet. Mein Dank gilt ebenso dem Dekan der Fakultät, Andreas Ranft, der mir während des Verfahrens immer das Gefühl gegeben hat, mich in verlässlichen Händen zu befinden. Daneben gilt mein Dank allen Archiven und Bibliotheken, insb. dem Universitätsarchiv in Halle, in denen ich für die Studie gearbeitet habe. Dass das Buch nach meinem Wechsel in die Franckeschen Stiftungen und der Übernahme ganz neuer Aufgaben dennoch in einem akzeptablen Zeitabstand erscheinen kann, ist dem Akademie Verlag, namentlich Manfred Karras, zu danken, der sich für das Buch eingesetzt hat. Ohne die engagierte Redaktions- und Satzarbeit von Grit Neugebauer (Halle) allerdings würde das Buch noch nicht vorliegen können. Ganz besonderer Dank gebührt der Deutschen Forschungsgemeinschaft, die das Projekt und die Drucklegung durch eine zweijährige Stelle und einen Druckkostenzuschuss letztlich ermöglicht hat. Schließlich ist hier auch der Ort, Thomas Müller-Bahlke (Halle) zu danken, der mich aus außeruniversitären Arbeitskontexten heraus in meiner Arbeit bestärkt und mir Türen zu neuen Erfahrungen geöffnet hat. Gewidmet ist das Buch Sabine und Friedrich.

Holger Zaunstöck
Halle, im Februar 2010

INHALTSVERZEICHNIS

EINLEITUNG

ERSTES KAPITEL
AKADEMISCHE FREIHEIT UND POLITIKGESTALTUNG.
DAS MUSTER DER DENUNZIATION IN DEN DUELLEDIKTEN UM 1700

ZWEITES KAPITEL
DIE EROBERUNG DER UNIVERSITÄTSSTADT.
STUDENTENORDEN, LANDSMANNSCHAFTEN UND NEUE EDIKTE NACH 1740

DRITTES KAPITEL
DIE EMERGENZ DER DENUNZIATION IM KONFLIKTFELD ARKANER STUDENTENGESELLSCHAFTEN NACH 1760

VIERTES KAPITEL
DIE DENUNZIATION ÜBERSPRINGT DAS MILIEU – IMPLIKATIONEN DES MEDIENZEITALTERS NACH 1780

FÜNFTES KAPITEL
JENSEITS DER REVOLUTION: NEUE WEGE, ALTE WEGE UM 1800

SCHLUSS

ANHANG

Einleitung

I Die Denunziation als Gegenstand frühneuzeitlicher Geschichte – das Forschungsprofil

Noch vor wenig mehr als zehn Jahren haben Sheila Fitzpatrick und Robert Gellately in der Einleitung ihres für die historische Denunziationsforschung maßgebenden Sammelbandes *Accusatory practices* geschrieben, dass das gesellschaftsgeschichtliche Phänomen der Denunziation „a new subject of historical inquiry“ sei.[1] Das ist heute nicht mehr so, denn insbesondere die deutsche Geschichtswissenschaft hat seither eine beachtliche Zahl von Einzelstudien zum Thema vorgelegt. Dabei hat sich früh eine grundlegende Tendenz herausgeschält: Denunziationsverhalten lässt sich nicht nur in den diktatorischen Systemen der Zeitgeschichte bzw. in modernen Gesellschaften fassen, sondern es ist auch in der Vormoderne zu beobachten. Deshalb wurde es reizvoll, den Untersuchungsgegenstand insbesondere in der frühneuzeitlichen Forschung aufzusuchen. Wollte man also nicht bei einer Fokussierung auf das 20. Jahrhundert stehen bleiben, mussten Wege gefunden werden, um ein weit ausgreifendes, transepochales Panorama in den Blick zu nehmen. Dabei ist die frühneuzeitliche Forschung mittlerweile wichtige Schritte vorangegangen, auch wenn sie die monografische Hürde noch nicht genommen hat. Übersieht man das Ergebnistableau der entsprechenden Arbeiten, entfaltet sich eine Bandbreite von Beobachtungen am historischen Gegenstand und von konzeptionalisierenden Überlegungen, die es im Folgenden mit dem Ziel zu systematisieren gilt, Ansätze für die Denunziationsforschung zu entwickeln, die das Phänomen in die Rahmenbedingungen seines historischen Umfeldes hineinstellt.

Auch wenn es bereits vor 1989 ein geschichtswissenschaftliches Interesse am Denunziationsverhalten gegeben hat,[2] wird doch allgemein die *Wende* in der DDR mit dem neuen Blick auf den bis dahin in der Geschichte einmalig ausgedehnten und die gesamte Gesellschaft durchdringenden und durchsetzenden Apparat der Staatssicherheit als entscheidender Impuls für die Untersuchung von Denunziationen angesehen.[3] Allerdings

---

[1] Sheila Fitzpatrick/Robert Gellately, Introduction to the Practices of Denunciation in Modern European History, in: dies. (eds.), Accusatory practices. Denunciation in Modern European History, 1789–1989. Chicago/London 1997 (Studies in European History from the Journal of Modern History), S. 1–21, hier S. 1. Die Beiträge wurden erstmals 1996 veröffentlicht in: The Journal of Modern History 68 (December 1996).

[2] Michaela Hohkamp/Claudia Ulbrich, Wege zu einer inter- und intrakulturellen Denunziationsforschung, in: dies. (Hg.), Der Staatsbürger als Spitzel. Denunziation während des 18. und 19. Jahrhunderts aus europäischer Perspektive. Leipzig 2001 (Deutsch-Französische Kulturbibliothek 19), S. 9–23, hier S. 10f.; Inge Marßolek/Olaf Stieglitz, Editorial. Denunziation: Zwischen Komparatistik und Interdisziplinarität, in: Historical Social Research – Historische Sozialforschung 26 (2001), Nr. 2/3: Sonderheft Denunziation. Hg. v. denselben, S. 4–15, hier S. 4.

[3] So lautet der erste Abschnitt der Einleitung von Fitzpatrick/Gellately: „The Impact of 1989“, in: dies., Introduction to the Practices of Denunciation in Modern European History, S. 3–5; Gerhard Sälter, Denunziation – Staatliche Verfolgungspraxis und Anzeigeverhalten der Bevölkerung, in:

stand der gesamtgesellschaftlichen Diskussion um das Phänomen der Denunziation, die sich alsbald – im Zuge der sich rasant ausdehnenden Medienlandschaft und der neuen elektronischen, interaktiven Kommunikationsmöglichkeiten – auf nahezu alle Formen gegenseitiger Schuldzuweisung in moralischen, politischen, rechtlichen und kulturellen Kontexten erstreckte, zunächst keine systematisierende, reflektierende und vertiefende historische Forschung gegenüber. Erst seit Mitte der 1990er Jahre begann sich die zeithistorische Forschung dem Phänomen anzunähern.[4] So hat der von Fitzpatrick und Gellately herausgegebene Band *Accusatory practices* „Karriere gemacht".[5] In ihm sind Studien versammelt, die das Phänomen der Denunziation in der Hauptsache in eine Diktaturen vergleichende Perspektive stellen. Zum anderen wird mit der Studie von Colin Lucas zum revolutionären Frankreich aber zugleich eine Sichtachse auf das historische Phänomen vom 20. Jahrhundert zurück bis an die Schwelle zur Vormoderne eröffnet.[6]

In der Studie von Lucas spiegelt sich das Bemühen, dem Forschungsgegenstand jenseits der unmittelbaren zeithistorischen Interessen eine historische Tiefenschärfe zu geben; gleichwohl war dies in der Auftaktphase eine eher ungewöhnliche Perspektive. So bezeichneten Günter Jerouschek, Inge Marßolek und Hedwig Röckelein, die Herausgeber des ersten deutschen Sammelbandes zum Thema, den Zuschnitt der dem Buch vorauf gehenden, dezidiert epochenübergreifenden Tagung als „gewagtes Experiment".[7] Tatsächlich war es eine Pionierleistung: Hier wurde zum ersten Mal ein Entwicklungsbogen vom Mittelalter bis in die unmittelbare Gegenwart gezeichnet – von der denunciatio canonica (12. Jahrhundert)[8] bis in die Zeit des geteilten Deutschland nach 1945.[9]

Zeitschrift für Geschichtswissenschaft 47 (1999), S. 153–165, hier S. 153; Friso Ross/Achim Landwehr, Denunziation und Justiz. Problemstellungen und Perspektiven. in: dies. (Hg.), Denunziation und Justiz. Historische Dimensionen eines sozialen Phänomens. Tübingen 2000. S. 7–23, hier S. 12 („Gerade in Deutschland war zweifelsohne das Jahr 1989 entscheidend für die historische Beschäftigung mit diesem Thema"); Marßolek/Stieglitz, Editorial, S. 5.

4 Siehe etwa: Gisela Diewald-Kerkmann, Politische Denunziation im NS-Regime oder die kleine Macht der „Volksgenossen". Bonn 1995; Robert Gellately, Die Gestapo und die deutsche Gesellschaft. Die Durchsetzung der Rassenpolitik 1933–1945. 2. unver. Aufl. Paderborn/München/Wien/Zürich 1994.

5 Hohkamp/Ulbrich, Wege zu einer inter- und intrakulturellen Denunziationsforschung, S. 11.

6 Colin Lucas, The Theory and Practice of Denunciation in the French Revolution, in: Fitzpatrick/Gellately, Accusatory practices, S. 22–39; siehe außerdem: Christiane Kohser-Spohn, „Überwacht ihn": Politische Denunziationen in Straßburg in der Frühphase der Französischen Revolution, in: Denunzianten in der Neuzeit: Politische Teilnahme oder Selbstüberwachung? (Sozialwissenschaftliche Informationen [Sowi] 27 [1998]), S. 87–92; dies., Das Private wird politisch. Denunziation in Straßburg in der Frühphase der Französischen Revolution, in: Hohkamp/Ulbrich (Hg.), Der Staatsbürger als Spitzel, S. 213–269, hier insb. S. 215–218, 264–269.

7 Günter Jerouschek/Inge Marßolek/Hedwig Röckelein (Hg.), Denunziation. Historische, juristische und psychologische Aspekte. Tübingen 1997 (Forum Psychohistorie 7), S. 7.

8 Lothar Kolmer, Die *denunciatio canonica* als Instrument im Kampf um den rechten Glauben, in: Jerouschek/Marßolek/Röckelein (Hg.), Denunziation, S. 26–47; Günter Jerouschek/Daniela Müller, Die Ursprünge der Denunziation im Kanonischen Recht, in: Heiner Lück/Bernd Schildt (Hg.),

Davon ausgehend gab es nun ausreichend Anschlussstellen für die Initiierung einer breiter angelegten Denunziationsforschung, zumal parallel dazu Michaela Hohkamp und Claudia Ulbrich in Berlin ein erstes von der Volkswagen-Stiftung gefördertes Arbeitsprojekt zur Erforschung der Denunziation im 18. Jahrhundert auf den Weg gebracht hatten.[10] So war es besonders die innovationsfreundliche Frühneuzeitforschung, die neben der weiterhin das Thema bestimmenden Zeitgeschichte[11] den Impuls aufgenommen hat. Die Verknüpfung erfolgte durch eine Reihe gerade aktueller bzw. sich etablierender Forschungsthemen: die Hexenverfolgungen,[12] der literarische Untergrund des Ancien Régime in Frankreich,[13] die gute Policey im Alten Reich – besonders letztere war ein Thema, das in der Folge in der Denunziationsforschung eine zentrale Rolle spielen sollte.[14]

Am Anfang dieses Prozesses stand eine grundsätzliche Beobachtung, wonach Denunziationsverhalten als ein Grundzug menschlichen Handelns erscheint und jenseits aller konkreten politischen Strukturen, sozialen Konnotationen und kulturellen Wertemuster latent immer vorhanden ist. Die Bereitschaft zur Denunziation gehört demnach zur Grundausstattung des menschlichen Handlungsrepertoires und tritt uns als *anthropologische Konstante* entgegen.[15] Die Forschung hat diese Beobachtung in die Frage übersetzt,

---

Recht – Idee – Geschichte. Beiträge zur Rechts- und Ideengeschichte für Rolf Lieberwirth anläßlich seines 80. Geburtstages. Köln 2000, S. 3–24.

9 Etwa: Gabriele Altendorf, Denunziation im Hochschulbereich der ehemaligen DDR, in: Jerouschek/Marßolek/Röckelein (Hg.), Denunziation, S. 183–206.

10 Hohkamp/Ulbrich, Wege zu einer inter- und intrakulturellen Denunziationsforschung, S. 9.

11 Siehe etwa: Stephanie Abke, Sichtbare Zeichen unsichtbarer Kräfte. Denunziationsmuster und Denunziationsverhalten 1933–1949. Tübingen 2003 (Studien zum Nationalsozialismus in der edition diskord 6); Robert Gellately, Backing Hitler. Consent and coercion in Nazi Germany. Oxford 2001; Christoph Thonfeld, Sozialkontrolle und Eigensinn. Denunziation am Beispiel Thüringens 1933 bis 1949. Köln/Weimar/Wien 2003, hier insb. der zeitgeschichtliche Forschungsüberblick S. 25–49; Karol Sauerland, Dreissig Silberlinge. Denunziation – Gegenwart und Geschichte. Berlin 2000; Olaf Stieglitz, Wort-Macht, Sichtbarkeit und Ordnung: Überlegungen zu einer Kulturgeschichte des Denunzierens während der McCarthy-Ära, in: Jürgen Martschukat (Hg.), Geschichte schreiben mit Foucault. Frankfurt a.M./New York 2002, S. 214–256.

12 Rainer Walz, Dörfliche Hexereiverdächtigung und Obrigkeit, in: Jerouschek/Marßolek/Röckelein (Hg.), Denunziation, S. 80–98.

13 Etwa Robert Darnton, A Spy in Grub Street, in: ders., The Literary Underground of the Old Regime. Cambridge (Mass.)/London 1982, S. 41–70 (zuerst 1968); für die deutsche Forschung insb.: Gudrun Gersmann, Im Schatten der Bastille. Die Welt der Schriftsteller, Kolporteure und Buchhändler am Vorabend der Revolution. Stuttgart 1993.

14 Siehe exemplarisch Matthias Weber, „Anzeige“ und „Denunciation“ in der frühneuzeitlichen Policeygesetzgebung, in: Karl Härter (Hg.), Policey und frühneuzeitliche Gesellschaft. Frankfurt a.M. 2000 (Ius Commune, Studien zur Europäischen Rechtsgeschichte 129), S. 583–609 und Achim Landwehr, „... das ein nachbar uff den andern heimblich achtung gebe.“ ‚Denunciatio‘, Rüge und ‚gute Policey‘ im frühneuzeitlichen Württemberg, in: Ross/ders., Denunziation und Justiz, S. 25–53, insb. S. 29–35, 53.

15 Siehe: Jerouschek/Marßolek/Röckelein, Denunziation – ein interdisziplinäres Forschungsfeld, in: dies., Denunziation, S. 9–25, hier S. 16. Vgl. zum Problem anthropologischer Konstanten auch: Thomas Nicklas, Macht – Politik – Diskurs. Möglichkeiten und Grenzen einer Politischen Kultur-

ob denunziatorisches Handeln „ein Grundmuster menschlichen Verhaltens [ist], das – in veränderter Gestalt und unter unterschiedlichen justiziellen Bedingungen – zu allen Zeiten und in allen gesellschaftlichen Formationen zu finden ist?“[16] Die Denunziation wurde gleichsam zum ‚schillernden historischen Phänomen‘, zum „Chamäleon“,[17] das sich einem eindimensionalen Zugriff ebenso wie einer klaren Bestimmbarkeit zu entziehen scheint: „Je mehr Einzeluntersuchungen zur Denunziation vorliegen, desto mehr scheint der Untersuchungsgegenstand sich aufzulösen.“[18] Deshalb ist eine konsequente Historisierung des Themas gefordert worden. Denn nur durch eine konkrete Erforschung von Denunziationsverhalten in seinen jeweiligen historischen Bedingungssituationen und durch eine Positionierung und Systematisierung in größeren gesellschaftlichen und politischen Kontexten war dem Dilemma zu entrinnen.[19] Dies war entscheidend, denn die Forschung hatte ebenfalls beobachtet, dass mit einer Summierung einzelner Denunziationsfälle in unterschiedlichen sozialen Bereichen vergangener Lebenswelten nicht viel über die Einzelergebnisse hinaus gewonnen werden konnte. Es hatte sich eine Parallelisierung zweier Ebenen ergeben: Auf der einen Seite konnte man in Einzelstudien Denunziationen an ganz konkreten Fallbeispielen beobachten, während andererseits die These eines im Kern überzeitlichen menschlichen Verhaltensmusters weiter Bestand haben konnte.

In diesem Spannungsverhältnis sind die Ansätze zu sehen, das ‚überepochale Wesen‘ der Denunziation definierend zu beschreiben. Prägend dafür war der in nahezu keinem denunziationsgeschichtlichen Text fehlende Rekurs auf die von Fitzpatrick und Gellately vorgeschlagenen formalen Kriterien, wonach Denunziationen spontan („spontaneous“) an die zuständige Obrigkeit gerichtet werden und explizit Bestrafung verlangen.[20]

---

geschichte, in: Archiv für Kulturgeschichte 86/1 (2004), S. 1–25, hier S. 5 (dort weiterführende Literatur zur „Diskussion über Invarianten menschlichen Verhaltens“) sowie 12; Marian Füssel/Stefanie Rüther, Einleitung, in: Christoph Dartmann/Marian Füssel/Stefanie Rüther (Hg.): Raum und Konflikt. Zur symbolischen Konstituierung gesellschaftlicher Ordnung in Mittelalter und Früher Neuzeit. Münster 2004 (Schriftenreihe des Sonderforschungsbereichs 496, Bd. 5), S. 9–18, hier S. 14; Xenia von Tippelsbach, Tagungsbericht zu: Gefühle – Emotionalität – Geschlecht. 11. Fachtagung: Arbeitskreis Geschlechtergeschichte der Frühen Neuzeit (AKGG-FNZ) vom 3.11.–5.11.2005, in: http://hsozkult.geschichte.hu-berlin.de/tagungsberichte/id=1065.

16 Jerouschek/Marßolek/Röckelein, Denunziation – ein interdisziplinäres Forschungsfeld, S. 21f. Siehe außerdem: Gerhard Paul, Denunziation – anthropologische Konstante oder kulturelles Phänomen? Eine Tagung vom 10. bis 13. Oktober in Rothenburg ob der Tauber, Tagungsbericht, in: Zeitschrift für Geschichtswissenschaft 48 (2000), Heft 12, S. 1102–1104 (d.i. ein Tagungsbericht der dem Band von Marßolek/Stieglitz zugrunde liegenden Tagung) sowie Marßolek/Stieglitz, Editorial, S. 7.

17 Ross/Landwehr, Denunziation und Justiz, S. 14, 19.

18 Hohkamp/Ulbrich, Wege zu einer inter- und intrakulturellen Denunziationsforschung, S. 18.

19 Vgl.: Ross/Landwehr, Denunziation und Justiz, S. 14, 20; Hohkamp/Ulbrich, Wege zu einer inter- und intrakulturellen Denunziationsforschung, S. 22.

20 Fitzpatrick/Gellately, Introduction to the Practices of Denunciation in Modern European History, S. 1; siehe dazu weiter: Robert Gellately, Denunciation as a Subject of Historical Research, in: Historical Social Research – Historische Sozialforschung 26 (2001), Nr. 2/3: Sonderheft Denunziation.

Bei der Bearbeitung von Fallstudien wurde jedoch schnell deutlich, dass dies für bestimmte historische Raum-Zeit-Konstellationen zu wenig konkret und ausdifferenziert war. Deshalb ging man zu epochenspezifischen Definitionsvorschlägen über: Für die gesellschaftlichen Bedingungen der Frühen Neuzeit hat Andreas Würgler einen Definitionsvorschlag entwickelt, der im Rückbezug auf die größeren frühneuzeitlichen Forschungskontexte zentrale Charakteristika enthält. Demnach ist eine Denunziation vor 1806 folgendermaßen gekennzeichnet:

> Eine Person informiert zwar aus allgemeiner eidlicher Verpflichtung, aber meist ohne Aufforderung in bezug auf den konkreten Fall (wie etwa in der Zeugenaussage), direkt oder über Mittelspersonen, mündlich oder in eigener oder fremder Verschriftlichung die Obrigkeit (bzw. deren Vertreter) über den oder die Urheber eines Delikts, und zwar – weil nicht persönlich ein Opfer dieses Delikts – ohne als Kläger vor Gericht aufzutreten (dann wäre es eben eine Klage und die klagende Person für ihre Aussage haftbar), aber aus vielfältigen Motiven in berechtigter Hoffnung auf Belohnung und mit der Erwartung, daß die Obrigkeit strafverfolgend aktiv werde, ohne die Anonymität der Informationsquelle zu verletzten.[21]

In diese Beschreibung sind jene Frageperspektiven und Forschungsinteressen eingeflossen, die an den Gegenstand Denunziation in der Vormoderne herangetragen worden waren und die über die Gegebenheiten der einzelnen Fallbeispiele hinaus führten: Es war nach den Motiven für Denunziationen ebenso gefragt worden wie nach ihrer rechtlichen Fundierung, und es war um die Wege der Übermittlung und den Umgang der Obrigkeit mit den erhaltenen Informationen gegangen. Dabei kamen zunehmend Kommunikationsabläufe sowie diskursive Praktiken in den Blick.[22] Diese Fragen wurden entscheidend durch das von Alf Lüdtke entworfene Konzept von Herrschaft als sozialer Praxis grundiert,[23] das die bisherige frühneuzeitliche Denunziationsforschung entscheidend geprägt hat.[24]

Hg. v. Inge Marßolek und Olaf Stieglitz, S. 16–29, insb. S. 16–18; Thonfeld, Sozialkontrolle und Eigensinn, S. 6f. und 339ff.

21 Andreas Würgler, Verschwiegenheit und Verrat, Denunziation und Anzeige in der Berner Verschwörung von 1749, in: Hohkamp/Ulbrich (Hg.), Der Staatsbürger als Spitzel, S. 87–109, hier S. 109; siehe in diesem Kontext auch: Susanne Rau, Von „Lockungen", „Verführungen" und „Zwang". Zur „Denunciation" der Rekatholisierungspraxis im lutherischen Hamburg zu Beginn des 18. Jahrhunderts, in: Jörg Deventer/dies./Anne Conrad (Hg.), Zeitenwenden. Herrschaft, Selbstbehauptung und Integration zwischen Reformation und Liberalismus. Festschrift für Arno Herzig zum 65. Geburtstag. Münster 2002, S. 331–354, hier S. 338–341 mit dem Fokus auf ‚konfessionelle Denunzianten' im frühen 18. Jahrhundert; Jakob Nolte, Demagogen und Denunzianten. Denunziation und Verrat als Methode polizeilicher Informationserhebung bei den politischen Verfolgungen im preußischen Vormärz. Berlin 2007 (Schriften zur Rechtsgeschichte 132), S. 34–55.

22 Vgl. Dietlind Hüchtker, Das „Räubergesindel" und die Unruhen in der Zeit der Französischen Revolution. Die Bedeutung von Anzeigen, Gerüchten und regelmäßigen Berichten für die Kommunikationspraxis der badischen Verwaltung am Ende des 18. Jahrhunderts, in: Hohkamp/Ulbrich (Hg.), Der Staatsbürger als Spitzel, S. 147–194, insb. S. 148–153, 166f., 170, 175, 192–194.

23 Alf Lüdtke, Einleitung: Herrschaft als soziale Praxis, in: ders. (Hg.), Herrschaft als soziale Praxis. Historische und sozial-anthropologische Studien. Göttingen 1991 (Veröffentlichungen des Max-Planck-Instituts für Geschichte 91), S. 9–63; dazu Michaela Hohkamp, Herrschaft in der Herr-

Wir wollen den verschiedenen Themen im Folgenden kurz nachgehen, um einen Referenzraum zur Modellierung einer Fragestellung zu umreißen. Zunächst war die Frühneuzeitforschung ebenso wie die Zeitgeschichte daran interessiert, das moralisch Verwerfliche am Denunziationsvorgang im Alltag der Vormoderne zu fassen.[25] Allerdings kam man schnell zu der Einsicht, dass die Handlungsursachen, die dazu führen, einen Menschen zu denunzieren, vielfältig sind. So sind etwa über das persönlich Niederträchtige bzw. das Verfolgen individueller Interessen hinaus innergemeinschaftliche Konfliktlösungsmechanismen und deren Grenzen, die Sorge um den Erhalt der physischen Sicherheit (Brandgefahr und Feueraufsicht)[26] und innerfamiliäre Konfliktdelegationen an den Staat ausgemacht worden. Die Suche nach den Motiven war eng verbunden mit der Frage nach der Verankerung denunziatorischen Verhaltens als Handlungsinstrument im Ordnungssystem der *guten Policey* in den Territorialstaaten des Alten Reiches[27] und ihrer bis ins Kleinste ausdifferenzierten Gesetzgebung.[28] Durch die eidliche Bindung der Untertanen an ihren Landesherrn (Huldigung) war jeder verpflichtet,[29] Vergehen gegen

---

schaft. Die vorderösterreichische Obervogtei Triberg von 1737 bis 1780. Göttingen 1998 (Veröffentlichungen des Max-Planck-Instituts für Geschichte 142), hier etwa S. 18f.; Martin Scheutz, Alltag und Kriminalität. Disziplinierungsversuche im steirisch-österreichischen Grenzgebiet im 18. Jahrhundert. München 2001 (Mitteilungen des Instituts für Österreichische Geschichtsforschung. Ergänzungsband 38), insb. S. 487–500.

24 Siehe exemplarisch: Ross/Landwehr, Denunziation und Justiz. Problemstellungen und Perspektiven, S. 8f.; Hohkamp/Ulbrich, Wege zu einer inter- und intrakulturellen Denunziationsforschung, S. 9; Marßolek/Stieglitz, Editorial, S. 8; Sälter, Denunziation, S. 154.

25 Diese Aspekte rückt ins Zentrum: Hans-Gerd Jaschke, Denunziation, in: Peter Heinrich/Jochen Schulz zur Wisch (Hg.), Wörterbuch zur Mikropolitik. Opladen 1998, S. 56–58.

26 Siehe Landwehr, „... das ein nachbar uff den andern heimblich achtung gebe.“, S. 34f., 49.

27 Siehe einführend: André Holenstein, Die Umstände der Normen – die Normen der Umstände. Policeyordnungen im kommunikativen Handeln von Verwaltung und lokaler Gesellschaft im Ancien Régime, in: Härter (Hg.), Policey und frühneuzeitliche Gesellschaft, S. 1–46; Wolfgang Wüst, Die *„gute“* Policey im Schwäbischen Reichskreis, unter besonderer Berücksichtigung Bayerisch-Schwabens. Berlin 2001 (Die *„gute“* Policey im Reichskreis. Zur frühmodernen Normsetzung in den Kernregionen des Alten Reiches 1); Bernd Schildt, Die frühneuzeitliche Policey- und Landesgesetzgebung am Beispiel von Dorf- und Landesordnungen der Grafschaft Schwarzburg aus dem 16. Jahrhundert, in: Heiner Lück/ders. (Hg.): Recht – Idee – Geschichte, S. 229–248; Thomas Simon, „Gute Policey“. Ordnungsleitbilder und Zielvorstellungen politischen Handelns in der Frühen Neuzeit. Frankfurt a.M. 2004 (Ius Commune. Studien zur europäischen Rechtsgeschichte 170) – sowie die oben passim in anderen Kontexten genannte Literatur zur Policey in der Frühen Neuzeit (insb. die Arbeiten von Karl Härter).

28 Zum Gesetzesbegriffe in der Frühen Neuzeit: Heinz Mohnhaupt, Grundlinien in der Geschichte der Gesetzgebung auf dem europäischen Kontinent vom 16. bis 18. Jahrhundert, in: Zeitschrift für Neuere Rechtsgeschichte 28 (2006), Nr. 1/2 (= Common Law und europäische Rechtsgeschichte. Hg. v. Diethelm Klippel und Reiner Schulze), S. 124–174, insb. S. 135–141, 150 in Bezug auf Edikte, Reskripte, Mandate, Dekrete, die unter dem Gesetzesbegriff zusammengefasst werden.

29 Siehe die grundlegenden Arbeiten von André Holenstein, Die Huldigung der Untertanen. Rechtskultur und Herrschaftsordnung (800–1800). Stuttgart u.a. 1991 (Quellen und Forschungen zur Agrargeschichte 36); ders., Seelenheil und Untertanenpflicht. Zur gesellschaftlichen Funktion und

die Ordnungsbestimmungen der Regelwerke anzuzeigen, also bekannt zu machen.[30] Der dafür bestimmte kommunikative und zeremonielle Rahmen waren die Rüggerichte vor Ort. Hier sollten die Untertanen in einer *face to face*-Situation die Vergehen und die Regelübertreter benennen. In den Untersuchungen zur Implementation dieses Regelwerks[31] hat die Forschung einen tiefen Unterschied zwischen normtextlichem Anspruch und Wirkung im Alltag der gesellschaftlichen Lebenswelten herausgearbeitet.[32] Demnach verweigerten die Untertanen zwar die Anzeigepflicht nicht generell. Aber die auf diesem Weg gewonnene Informationsmenge wurde bereits in der Zeit um 1700 von den Obrigkeiten als nicht ausreichend angesehen.

Vielmehr begann sich das Instrument der Anzeige im Gebrauch der Menschen umzudrehen. Die Forschung geht mittlerweile davon aus, dass die Bevölkerung der Dörfer und Städte zunehmend dessen Gebrauch (mit)bestimmte, dass sie nämlich dann zur Anzeige schritt, wenn es galt, eine nicht auflösbare Konfliktsituation zu delegieren, deren Wahrheitsgehalt zudem auf die Erreichung eines bestimmten Zieles hin ausgerichtet sein konnte – also in gewisser Weise darauf, mit diesem Instrument selbst ‚Politik zu

---

theoretischen Begründung des Eides in der ständischen Gesellschaft, in: Peter Blickle (Hg.), Der Fluch und der Eid. Die metaphysische Begründung gesellschaftlichen Zusammenlebens und politischer Ordnung in der ständischen Gesellschaft. Berlin 1993 (Zeitschrift für historische Forschung. Beiheft 15), S. 11–63.

30 Zur Anzeigepflicht siehe: Helga Schnabel-Schüle, Überwachen und Strafen im Territorialstaat. Bedingungen und Auswirkungen des Systems strafrechtlicher Sanktionen im frühneuzeitlichen Württemberg. Köln 1997 (Forschungen zur deutschen Rechtsgeschichte 16), S. 170–176; Weber, „Anzeige“ und „Denunciation“ in der frühneuzeitlichen Policeygesetzgebung, S. 589–593 und 596ff.; Landwehr, „... das ein nachbar uff den andern heimblich achtung gebe.“, S. 29–35; André Holenstein/Frank Konersmann/Josef Pauser/Gerhard Sälter, Der Arm des Gesetzes. Ordnungskräfte und gesellschaftliche Ordnung in der Vormoderne als Forschungsfeld (Einleitung), in: dies. (Hg.), Policey in lokalen Räumen. Ordnungskräfte und Sicherheitspersonal in Gemeinden und Territorien vom Spätmittelalter bis zum frühen 19. Jahrhundert. Frankfurt a.M. 2002 (Studien zu Policey und Policeywissenschaft), S. 1–54, insb. S. 20–24.

31 Zum Konzept der Implementation siehe: Achim Landwehr, „Normdurchsetzung“ in der Frühen Neuzeit? Kritik eines Begriffs, in: Zeitschrift für Geschichtswissenschaft 48 (2000), Heft 2, S. 146–162, insb. S. 154–158; ders., Policey vor Ort. Die Implementation von Policeyordnungen in der ländlichen Gesellschaft der Frühen Neuzeit, in: Härter (Hg.), Policey und frühneuzeitliche Gesellschaft, S. 47–70, hier S. 48–52; ders., Policey im Alltag. Die Implementation frühneuzeitlicher Policeyordnungen in Leonberg. Frankfurt a.M. 2000 (Studien zu Policey und Policeywissenschaft), S. 29–38.

32 Für Beispiele, die die eher gering entwickelte Anzeigebereitschaft herausarbeiten, siehe: Lars Behrisch, Städtische Obrigkeit und soziale Kontrolle. Görlitz 1450–1600. Epfendorf (Neckar) 2005 (Frühneuzeit-Forschungen 13), S. 196–202; Stefan Brakensiek, Erfahrungen mit der hessischen Policey- und Niedergerichtsbarkeit des 18. Jahrhunderts. Zugleich ein Plädoyer für eine Geschichte des Gerichtspersonals, in: Paul Münch (Hg.), „Erfahrung“ als Kategorie der Frühneuzeitgeschichte. München 2001 (Historische Zeitschrift Beihefte [Neue Folge] 31), S. 349–368, hier S. 357f.; Gerd Schwerhoff, Zungen wie Schwerter. Blasphemie in alteuropäischen Gesellschaften 1200–1650. Konstanz 2005 (Konflikte und Kultur – Historische Perspektiven 12), S. 174–177 und 303f. Siehe dazu außerdem das Erste Kapitel, Anm. 56.

machen'.[33] Selbstredend verschwanden Anzeigen aus persönlicher Rachsucht ebenso wenig wie solche, die dem Prinzip obrigkeitlicher Bindung und Pflicht folgten. An dieser Stelle aber weitet sich der Kanon der Motive hin zur Machtpartizipation – Menschen sahen in dem Instrument eine Möglichkeit, mit der sie an der Sphäre (wenn auch nur lokal determinierter) Macht teilhaben konnten, die ihnen sonst verschlossen war.

Der *Denunziant als Machtpartizipant* tritt so in Erscheinung. Diese Kontexte und Beobachtungen verweisen auf den größeren Interpretationszusammenhang, der Macht als soziale Praxis beschreibt.[34] Hier ist die Denunziation zunächst aus Sicht der Denunzianten beschrieben. Zugleich erfasst das Gesamtkonzept aber auch die Perspektive der Obrigkeiten: Warum waren Denunziationen aus Sicht der Obrigkeit ein wichtiges Mittel im Rahmen der alltäglichen Politikpraxis vor Ort? Die Antwort liegt in den Schwierigkeiten begründet, vormodern eine umfassende Kontroll- und Disziplinarpolitik zu realisieren. Die Denunziation transportierte Wissensbestände, die darüber Auskunft gaben (bzw. geben konnten), was sich jenseits der Augen des Gesetzes[35] abspielte, und die jenes Verhalten beschrieben, dass zuvor durch die Rahmengebung der Policeynormen als deviant[36] charakterisiert worden war. Mit anderen Worten: Die Denunziation war ein Schlüssel zu verborgenen Welten. Deshalb war sie für das Funktionieren von Herrschaft nach den Vorstellungen der jeweiligen Obrigkeit von zentralem Interesse. So erscheint das Denunziationsverhalten als ein wichtiges Instrument des Funktionierens von Herrschaft im stetig ablaufenden Prozess ihres Formulierens, Austarierens und Aushandelns in den konkreten sozialen Bedingungssituationen.[37] Und es tritt uns zugleich als eine Handlungs- und Steuerungsoption der Bevölkerung entgegen.[38]

---

[33] Siehe dazu den Aufsatz von André Holenstein, Normen und Praktiken der Anzeige in der Markgrafschaft Baden-Durlach in der zweiten Hälfte des 18. Jahrhunderts, in: Hohkamp/Ulbrich (Hg.), Der Staatsbürger als Spitzel, S. 111–146, der gezielt diesem Phänomen nachgeht (vgl. ebd. S. 113f.); weiterhin: Hohkamp, Herrschaft in der Herrschaft, S. 131f. und Landwehr, „... das ein nachbar uff den andern heimblich achtung gebe.", S. 51f.; Karl Härter, Erfahrungen in der frühneuzeitlichen Strafjustiz, in: Münch (Hg.), „Erfahrung" als Kategorie der Frühneuzeitgeschichte, S. 377–388, hier S. 384–386; Ralf Brachtendorf, Konflikte, Devianz, Kriminalität. Justiznutzung und Strafpraxis in Kurtrier im 18. Jahrhundert am Beispiel des Amts Cochem. Marburg 2003, etwa S. 25.

[34] Siehe Alf Lüdtke, Denunziation – Politik aus Liebe? in: Hohkamp/Ulbrich (Hg.), Der Staatsbürger als Spitzel, S. 397–407, S. 399–401.

[35] Zu dieser Metapher siehe Michael Stolleis, Das Auge des Gesetzes. Geschichte einer Metapher. 2. Aufl. München 2004, etwa S. 34, 42, 46f.

[36] Dazu einführend: Mark Häberlein (Hg.), Devianz, Widerstand und Herrschaftspraxis in der Vormoderne. Studien zu Konflikten im südwestdeutschen Raum (15.–18. Jahrhundert). Konstanz 1999 (Konflikte und Kultur, Historische Perspektiven 2) sowie die Rezension zu diesem Band von Gerhard Sälter in der Historischen Zeitschrift (272/2001, S. 468–470), der betont, dass sich die „Definition von Devianz nicht nur als abhängig von Normen, sondern auch von Situationen und Machtkonstellationen" zeigt (ebd., S. 470).

[37] Zum Konzept des Aushandelns an konkreten Beispielen siehe: Martin Dinges, Aushandeln von Armut in der Frühen Neuzeit: Selbsthilfepotential, Bürgervorstellungen und Verwaltungslogiken, in: Werkstatt Geschichte 4 (1995), Heft 10, S. 7–15; Andreas Suter, Der schweizerische Bauernkrieg von 1653. Politische Sozialgeschichte – Sozialgeschichte eines politischen Ereignisses. Tü-

So gesehen hatte Denunziationsverhalten in der Frühen Neuzeit immer eine Doppelfunktion: Herrschaftsabsicht und Handlungsintention gingen Hand in Hand. Diese Wirkungsmechanismen haben Dietlind Hüchtker, Michaela Hohkamp und Christiane Kohser-Spohn anhand von *kommunikations- und diskursgeschichtlichen Fragen* untersucht und dabei zeigen können, dass bei den Vertretern der Obrigkeit vielerlei Informationen zusammenliefen, die nicht zufällig zu deren Ohren kamen und die in den Verwaltungsapparat zur Nutzung eingespeist und dabei anonymisiert wurden.[39] In der Analyse

---

bingen 1997 (Frühneuzeit-Forschungen 3), S. 36–45 („Widerstandshandeln"); Monika Mommertz, Handeln, Bedeuten, Geschlecht. Konfliktaustragungspraktiken in der ländlichen Gesellschaft der Mark Brandenburg (2. Hälfte des 16. Jahrhunderts bis zum Dreißigjährigen Krieg). Diss. phil. Florenz 1997, S. 1–15 („Praktiken der nichtgerichtlichen Konfliktaustragung", S. 1); Christopher R. Friedrichs, Urban Politics in Early Modern Europe. London/New York 2000 (Historical Connections), S. 41–43; Susanne Rau, Das Wirtshaus. Zur Konstitution eines öffentlichen Raumes in der Frühen Neuzeit, in: Caroline Emmelius/Fridrun Freise/Rebekka v. Mallinckroth/Petra Paschinger/Claudius Sittig/Regina Töpfer (Hg.), Offen und Verborgen. Vorstellungen und Praktiken des Öffentlichen und Privaten in Mittelalter und Früher Neuzeit. Göttingen 2004, S. 211–227, hier S. 218f. (im Kontext von Raumkonzepten); Christina Lutter/Margit Szöllősi-Janze/Heidemarie Uhl, Einleitung, in: dies. (Hg.), Kulturgeschichte. Fragestellungen, Konzepte, Annäherungen. Innsbruck/Wien/München/Bozen 2004 (Querschnitte 15), S. 7–12, hier S. 8f.; Rudolf Schlögl, Vergesellschaftung unter Anwesenden. Zur kommunikativen Form des Politischen in der vormodernen Stadt, in: ders. (Hg.), Interaktion und Herrschaft. Die Politik der frühneuzeitlichen Stadt. Konstanz 2004 (Historische Kulturwissenschaft 5), S. 9–60, hier S. 40f.; Philip R. Hoffmann, Rechtmäßiges Klagen oder Rebellion? Konflikte um die Ordnung politischer Kommunikation im frühneuzeitlichen Leipzig, in: Schlögl (Hg.), Interaktion und Herrschaft, S. 309–356, hier S. 314; Ute Frevert, Neue Politikgeschichte: Konzepte und Herausforderungen, in: dies./Heinz-Gerhard Haupt (Hg.), Neue Politikgeschichte. Perspektiven einer historischen Politikforschung. Frankfurt a.M./New York 2005 (Historische Politikforschung 1), S. 7–26, hier S. 15f.; Barbara Krug-Richter, Vom Rügebrauch zur Konfliktkultur. Rechtsethnologische Perspektiven in der Europäischen Ethnologie, in: Jahrbuch für Volkskunde 28 (2005), S. 27–40, hier S. 33f., 38; Ursula Löffler, Dörfliche Amtsträger im Staatswerdungsprozess der Frühen Neuzeit. Die Vermittlung von Herrschaft auf dem Lande im Herzogtum Magdeburg, 17. und 18. Jahrhundert. Münster/Hamburg/Berlin/London 2005 (Herrschaft und soziale Systeme in der Frühen Neuzeit 8), insb. den Schluss S. 217–233 sowie die Fallstudien: Stefan Kroll, Aushandeln von Herrschaft am Beispiel der Landrekrutenstellung in Kursachsen im 18. Jahrhundert, in: Markus Meumann/Ralf Pröve (Hg.), Herrschaft in der Frühen Neuzeit. Umrisse eines dynamisch-kommunikativen Prozesses. Münster 2004 (Herrschaft und soziale Systeme in der Frühen Neuzeit 2), S. 161–194 und insb. (am Beispiel des Supplikenwesens in Kurmainz): Karl Härter, Policey und Strafjustiz in Kurmainz. Gesetzgebung, Normdurchsetzung und Sozialkontrolle im frühneuzeitlichen Territorialstaat. Frankfurt a.M. 2005, Erster und Zweiter Halbband (Studien zur europäischen Rechtsgeschichte. Veröffentlichungen des Max-Planck-Instituts für europäische Rechtsgeschichte Frankfurt am Main 190.1/190.2), hier Erster Halbband, S. 495–515 sowie auch Zweiter Halbband, S. 788.

38 Vgl. dazu auch Nolte, Demagogen und Denunzianten, S. 54f.

39 Michaela Hohkamp/Christiane Kohser-Spohn, Die Anonymisierung des Konflikts. Denunziationen und Rechtfertigungen als kommunikativer Akt, in: Magnus Eriksson/Barbara Krug-Richter (Hg.), Streitkulturen. Gewalt, Konflikt und Kommunikation in der ländlichen Gesellschaft (16.–19. Jahrhundert). Köln/Weimar/Wien 2003, S. 389–415; Dietlind Hüchtker, „Da hier zu vernehmen ge-

dieser Prozesse wurde darüber hinaus sichtbar, dass Denunziationen „aus kommunikationsgeschichtlicher Sicht“ weder nur als individuelles Fehlverhalten noch ausschließlich als Mittel zur politischen bzw. Herrschaftspartizipation anzusehen sind. Der Akt der Denunziation ist vielmehr im Sinne „einer kommunikativen Strategie“ zu interpretieren, in der die differenten Implikationen zusammenfließen.[40]

Damit wurden unter dem weit gefassten Oberbegriff der Denunziation „alle Arten von Informationsübermittlungen [verstanden], auf die die Obrigkeiten im herrschaftlichen Alltag dringend angewiesen waren und die zugleich politischen Partizipationswillen als Reaktion auf die exklusiven Herrschaftsformen des Ancien Régime belegen konnten“.[41] Dieses übergreifende Verständnis verweist auf eine der zentralen Fragen vormoderner Denunziationsforschung, die die Autorinnen und Autoren von Anfang an beschäftigt hat. Es ging um die Frage, wo in der Zeit vor 1800 die Grenze zu ziehen ist zwischen gesellschaftlich auf breiterer Basis sanktionierter Anzeige und geächteter Denunziation.[42] Diese Frage hat mehrere Facetten. Zunächst eine semantische: Bezeichnet der Begriff ‚Denunziation‘ in der Frühen Neuzeit eine Denunziation? Schnell war sich die Forschung des Paradoxons bewusst, wonach die *denunciatio* in der Vormoderne im weitesten Sinn jenes Instrument umfasst, das wir heute als Anzeige im rechtlichen Sinn begreifen und demgegenüber eine *delatio* jenes Vorgehen bezeichnet, das wir heute als Denunziation verstehen.[43]

So wird die Sache klarer, aber nicht einfacher. Denn die Menschen hatten mit den strafrechtlichen (Carolina) und policeylichen Regelwerken mindestens zwei Bezugsebe-

---

kommen ...“. Gerüchte und Anzeigen am badischen Oberrhein im Ancien Régime, in: Denunzianten in der Neuzeit: Politische Teilnahme oder Selbstüberwachung? (Sozialwissenschaftliche Informationen [Sowi] 27 [1998]), S. 93–99, insb. S. 93f. und 98; dies., Das „Räubergesindel“ und die Unruhen in der Zeit der Französischen Revolution, passim; siehe auch Rau, Von „Lockungen“, „Verführungen“ und „Zwang“, S. 340f.

40 Hohkamp/Kohser-Spohn, Die Anonymisierung des Konflikts, S. 414.

41 Hohkamp/Ulbrich, Wege zu einer inter- und intrakulturellen Denunziationsforschung, S. 13. Siehe in diesem Kontext auch: Stefan Brakensiek, Herrschaftsvermittlung im alten Europa. Praktiken lokaler Justiz, Politik und Verwaltung im internationalen Vergleich, in: ders./Heide Wunder (Hg.), Ergebene Diener ihrer Herren? Herrschaftsvermittlung im alten Europa. Köln/Weimar/Wien 2005, S. 1–21, hier S. 1.

42 Siehe in diesem frühen Forschungskontext: Horst Luther, Denunziationen als soziales und strafrechtliches Problem in Deutschland in den Jahren 1945–1990, in: Jerouschek/Marßolek/Röckelein (Hg.), Denunziation, S. 258–278, hier S. 258f. sowie: Landwehr, „... das ein nachbar uff den andern heimblich achtung gebe.“, S. 27f.; außerdem: Sheila Fitzpatrick, Denunciation and Problems of Loyalty and Citizenship, in: Hohkamp/Ulbrich (Hg.), Der Staatsbürger als Spitzel, S. 383–395, hier S. 395; Diana L. Ceballos Gómez, Staat, lokale Eliten und Denunziation im Amerika des Ancien Régime, in: Ross/Landwehr, Denunziation und Justiz, S. 55–75, hier S. 56f.; Weber, „Anzeige“ und „Denunciation“ in der frühneuzeitlichen Policeygesetzgebung, S. 586–589.

43 Renate Blickle, Denunziation. Das Wort und sein historisch-semantisches Umfeld: Delation, Rüge, Anzeige, in: Hohkamp/Ulbrich (Hg.), Der Staatsbürger als Spitzel, S. 25–59, zur delatio insb. S. 29f., 36–38, 50–55; dazu auch bereits früh in der Forschung: Gerd Schwerhoff, Köln im Kreuzverhör. Kriminalität, Herrschaft und Gesellschaft in einer frühneuzeitlichen Stadt. Bonn/Berlin 1991, S. 90f.

nen mit Anzeigepflicht vor sich: Gab es bei Tötungsdelikten noch einen gewissen Konsens, so war dies bei kleineren strafrechtlichen Delikten und vielen Bestimmungen zu den Fragen der Lebensführung in den Policeygesetzen nicht der Fall. Aus der Vielfalt an Positionen gegenüber den Gesetzen und Regeln entwickelten sich divergierende Wahrnehmungen, was – aus Sicht der Handelnden, d.h. der Denunzierenden bzw. Denunzierten – eine delatio oder eine denunciatio sei. Es gab, um hier einen Buchtitel von Andrea Griesebner zu adaptieren, *Konkurrierende Wahrheiten.*[44] Was aus der Sicht der Obrigkeiten als gewünscht und damit sanktioniert, als Anzeige/denunciatio galt, um die textlich fixierten Ordnungsvorstellungen auch praktisch durchzusetzen, konnte aus der Sicht der Beteiligten bzw. Betroffenen ganz unterschiedlich aufgefasst werden: Was also ist nun eine Denunziation in der Frühen Neuzeit?

Der Weg zur Beantwortung dieser Frage ist zunächst von einer Perspektivenentscheidung des Fragenden abhängig: Die Beschreibung der Normen und Rahmengesetzgebung aus Sicht der Obrigkeiten ist eine gesellschaftlich von ‚oben nach unten' ausgerichtete, vertikale Perspektive – dabei wird die geforderte Informationsübermittlung als (legitimierte) Anzeige erscheinen. Wechselt man die Perspektive und verfolgt eine Sicht von ‚unten nach oben', werden diese Vorgänge als Denunziationen beschrieben. Die Charakterisierung eines Informationsvorgangs als Denunziation erscheint also immer als ein Perspektivenphänomen.[45] Damit ist in der Forschung immer wieder gerungen worden. Eine klare Abgrenzung und Beschreibung des Rechtsinstituts der *denuncatio* blieb schwierig. Mittlerweile hat der Jenaer Rechtshistoriker Arnd Koch diese Lücke mit seiner Habilitationsschrift geschlossen.[46] Koch zeigt, dass es *ein* Verständnis davon, ob und unter welchen Umständen eine Anzeige im Prozess nützlich sei und wer sie überhaupt anbringen dürfe, nicht gab. Vielmehr war der im Kreis der Rechtsgelehrten im Rückbezug auf die (klerikale und weltliche) Politik geführte Diskurs über die denunciatio ein Prozess von mehreren hundert Jahren. In der Frühen Neuzeit gab es auf der Seite der Obrigkeiten keine Klarheit in dieser Frage. Um den differenten Bedeutungsgehalten und Perspektiven einen roten Faden zu geben, hat sich Koch entschieden, in seiner Studie ausschließlich den Quellenterminus der *denunciatio* zu benutzen, um

---

[44] Andrea Griesebner, Konkurrierende Wahrheiten. Malefizprozesse vor dem Landgericht Perchtoldsdorf im 18. Jahrhundert. Wien 2000. (Frühneuzeit-Studien, Neue Folge 3), zu Anzeigen und Denunziationen hier etwa S. 291, 298f.

[45] Vgl. dazu etwa Stieglitz, Wort-Macht, Sichtbarkeit und Ordnung, S. 242 am Beispiel des amerikanischen „informers" in der McCarthy-Ära; sowie Wolfgang Hans Stein, Denunziation von Amts wegen. Zwangsrekrutierung von „unnützen Menschen" für Napoleons Kolonialarmee 1803, in: Hohkamp/Ulbrich (Hg.), Der Staatsbürger als Spitzel, S. 359–381, S. 378f.: „Insofern muß sich die Qualifikation einer Handlung mit Anzeige (als Eigenbezeichnung) und mit Denunziation (als Fremdbezeichnung) nicht wechselseitig ausschließen. Eine Anzeige kann sehr wohl auch zugleich Denunziation sein."; Nolte, Demagogen und Denunzianten, S. 47.

[46] Arnd Koch, Denunciatio. Zur Geschichte eines strafprozessualen Rechtsinstituts. Frankfurt a.M. 2006 (Juristische Abhandlungen 48), exemplarisch S. 1ff.; siehe außerdem die Studie: ders., Die Denunziation. Ein staatsnotwendiger Verrat?, in: Recht und Politik 2000, S. 237–245.

damit die Untersuchung dieses Rechtsmittels in Bezug auf das Strafrecht (nicht auf die Normen der guten Policey) zu untersuchen.[47]

Grundannahme der vorliegenden Arbeit ist die These, dass das historische Phänomen Denunziation in der Schnittmenge einer Reihe von Handlungsfeldern und Wirkungsbereichen angesiedelt war: Denunziationsverhalten wurde nur möglich in der Verschmelzung individueller, d.h. mentaler und habitueller, sozialer und politischer Entwicklungslinien. Um diese Prozesse in einem integrativen Blick zusammenführen zu können, ist die Berücksichtigung von Elementen und Perspektiven diverser Forschungsansätze und -konzepte unabdingbar. So gesehen präsentiert sich historische Denunziationsforschung als ein Interessengebiet, das sich im Schnittfeld verschiedener Forschungsfelder positioniert, in dem Perspektiven des Alltags und übergeordneter Strukturen in Beziehung gesetzt werden müssen. Dazu gehören insbesondere die Alltags- und Mentalitätsgeschichte,[48] die Kriminalitätsgeschichte,[49] die Kommunikationsgeschichte und die Neue Politikgeschichte – Ansätze also, die unter der Großklammer einer Neuen Kulturgeschichte subsumiert werden können.[50]

Dies bedeutet, dass dem Charakter der Denunziation als einem *sozialen Schnittmengenphänomen* mit einem möglichst offenen, integrativen Zugang begegnet werden muss.

---

[47] Koch, Denunciatio, S. 6 sowie Vorwort, S. V. Siehe auch: Karsten Kühne, Das Kriminalverfahren und der Strafvollzug in der Stadt Konstanz im 18. Jahrhundert. Sigmaringen 1979 (Konstanzer Geschichts- und Rechtsquellen 24), S. 64–67.

[48] Martin Dinges, „Historische Anthropologie" und „Gesellschafts-Geschichte". Mit dem Lebensstilkonzept zu einer „Alltagskulturgeschichte" der frühen Neuzeit?, in: Zeitschrift für Historische Forschung 24 (1997), S. 179–214; Alf Lüdtke, Alltagsgeschichte – ein Bericht von unterwegs, in: Historische Anthropologie 11 (2003), Heft 3, S. 278–295, insb. S. 279–289; Rudolf Vierhaus, Die Rekonstruktion historischer Lebenswelten. Probleme moderner Kulturgeschichtsschreibung, in: Hartmut Lehmann (Hg.), Wege zu einer neuen Kulturgeschichte. Göttingen 1995 (Göttinger Gespräche zur Geschichtswissenschaft 1), S. 7–28, hier S. 9. Zum Verhältnis von Lebenswelt und Kriminalitätsgeschichte konzeptionell: Joachim Eibach, Frankfurter Verhöre. Städtische Lebenswelten und Kriminalität im 18. Jahrhundert. Paderborn u.a. 2003, S. 23–29.

[49] Einführend: Joachim Eibach, Kriminalitätsgeschichte zwischen Sozialgeschichte und Historischer Kulturforschung, in: Historische Zeitschrift 263 (1996), S. 681–715; Gerd Schwerhoff, Aktenkundig und gerichtsnotorisch. Einführung in die Historische Kriminalitätsforschung. Tübingen 1999 (Historische Einführungen 3); außerdem: Brachtendorf, Konflikte, Devianz, Kriminalität, S. 16–26 sowie jetzt André Kirscher, Neue Forschungen zur Kriminalitätsgeschichte, in: Zeitschrift für Historische Forschung 33 (2006), Heft 3, S. 387–415.

[50] In diesem Sinn auch: Ross/Landwehr, Denunziation und Justiz, S. 22; Landwehr, Diskurs – Macht – Wissen. Perspektiven einer Kulturgeschichte des Politischen, in: Archiv für Kulturgeschichte 85/1 (2003), S. 71–117, hier S. 74. Siehe zum Spannungsfeld von Kultur-, Politik- und Gesellschaftsgeschichte in pragmatischer Absicht: Hohkamp, Herrschaft in der Herrschaft, S. 19; Carola Lipp, Kulturgeschichte und Gesellschaftsgeschichte – Mißverhältnis oder glückliche Verbindung, in: Paul Nolte/Manfred Hettling/Frank-Michael Kuhlemann/Hans-Walter Schmuhl (Hg.), Perspektiven der Gesellschaftsgeschichte. München 2000, S. 25–35, hier S. 31f.; außerdem Achim Landwehr, Diskurs – Macht – Wissen, S. 75: „Sollte eine sich neu orientierende Kulturgeschichte nicht eher die sich bietenden Chance nutzen, unterschiedlichste Dimensionen historischer Forschung zu verknüpfen?"

So ist aus Sicht der Denunziationsforschung der Grundgedanke der Neuen Politikgeschichte zentral, der im Kern auf das Inbezugsetzen des Alltags der Menschen mit den strukturbildenden Tätigkeiten der Politik zielt, auf die Wechselbeziehungen zwischen zwei gesellschaftlichen Sphären, die nicht als statisch von einander getrennt, sondern als in einem Spannungsverhältnis stehend angesehen werden.[51] Im Zentrum des Interesses stehen gleichsam „das handelnde Subjekt *und* die Gehäuse überindividueller Strukturen“.[52] Im Brennpunkt dieses relationalen Feldes stand die Denunziation.[53] Ihr Entstehen muss aus einer ganz bestimmten, raum-zeitlich konkreten Lebenssituation beschrieben werden, wobei damit keine einzelne und singuläre Konstellation bzw. ein für sich stehendes Ereignis oder ein sehr kleiner Untersuchungszeitraum gemeint ist. Eine Lebenssituation in dem hier zugrunde gelegten Verständnis ist ein spezifischer Lebenszusammenhang, der aus Normen, sozialen Gefügen sowie Mentalitäten entsteht, der intergenerationell weitergegeben und repliziert wird.

II Universitätsstadt und Studentenkultur – mentale, soziale und politische Implikationen der Denunziation

Ein solch konkreter Lebenszusammenhang, der den Charakter eines ganzen Typs von Handlungsräumen in der Frühen Neuzeit beschreibt und der dem ständigen Regelungsdrang der Obrigkeiten unterlag, findet sich in den Universitätsstädten.[54] Die Lebenswelten in den Universitätsstädten des Jahrhunderts der Aufklärung kommen einer Laborsi-

---

[51] Vgl. exemplarisch Scheutz, Alltag und Kriminalität, S. 499. Für ein Beispiel mit hohen kommunikativen und politischen Implikationen: Brian Cowan, The Rise of the Coffeehouse reconsidered, in: The Historical Journal 47/1 (2004), S. 21–46, hier insb. S. 25f.

[52] Landwehr, Diskurs – Macht – Wissen, S. 77. Siehe in diesem Kontext auch den Entwurf einer „Erfahrungsgeschichte“ als „vermittelnde Disziplin“ zwischen Makro- und Mikrogeschichte: Paul Münch, Einleitung, in ders. (Hg.), „Erfahrung“ als Kategorie der Frühneuzeitgeschichte, S. 11–27 (Zitat S. 18).

[53] Vgl. Landwehr, Diskurs – Macht – Wissen, S. 78: „Wenn man akzeptiert, dass Strukturen und Handlungen untrennbar miteinander verzahnt sind, dass Strukturen sich in Interaktionszusammenhängen manifestieren und ihrerseits wiederum Handlungen bestimmen (ohne hier eine müßige Henne-Ei-Frage stellen zu wollen), dann heißt dies für eine künftige Geschichtswissenschaft, Struktur und Handlung relational zu denken.“

[54] Vgl. Stefan Brüdermann, Studenten als Einwohner in der Universitätsstadt Helmstedt, in: Braunschweigisches Jahrbuch für Landesgeschichte 81 (2000), S. 9–27; Heinz Kathe, Regionale Bezüge hallescher Universitätsgeschichte 1763–1806, in: Sachsen und Anhalt. Jahrbuch der Historischen Kommission für Sachsen-Anhalt 20 (1997), S. 133–154; Christof Römer, Helmstedt als Typ der Universitätsstadt, in: Niedersächsisches Jahrbuch für Landesgeschichte 52 (1980), S. 59–74; Heinz Schilling, Die Stadt in der Frühen Neuzeit. München 1993 (Enzyklopädie Deutscher Geschichte 24), S. 31, 70.

tuation zur Analyse von Denunziationen gleich. Hier trafen verschiedene, zugleich konkurrierende und bedingende Sozialgruppen mit sich ausschließenden Ehrbegriffen und Standesvorstellungen aufeinander: Studenten, Stadtbürger, Professoren, Militärangehörige.[55] Hinzu kamen arkane Vergesellschaftungen: Sie konnten sowohl integrative Funktionen erfüllen, also Studenten, Professoren und Honoratioren zusammenführen – wie die Logen der Freimaurer[56] –, sie konnten aber auch sozial exklusiv agieren und daraus resultierende Konkurrenzen insbesondere untereinander (aber auch gegen andere Organisationsformen) aufbauen. Ein Beispiel dafür sind die Studentenorden, die keine integrierenden, sondern im Gegenteil zentrifugale Kräfte innerhalb der Studentenschaft entwickelten. Die aus dieser Gemengelage heraus entstehenden Friktionen wurden durch die Städte, insbesondere aber durch die gestaltende landesherrliche Politik überwölbt und damit beständigen Regelungsversuchen und Strukturierungsansprüchen unterworfen.[57] Die Obrigkeiten hatten ein hohes Interesse an Disziplin und Klarheit, an Besänftigung und Beruhigung des unruhigen Alltags in den Universitätsstädten des 18. Jahrhunderts.

Die Komplexität der innerstädtischen Situation wurde weiter verdichtet durch die verschiedenen Rechtsinstanzen der städtischen und der akademischen Gerichtsbarkeit mit ihren unterschiedlichen Zuständigkeiten für Stadtbewohner und akademische Bürger,[58] zu denen de jure die Studenten zählten.[59] Dies eröffnete Möglichkeiten für Nach-

---

[55] Für das gut erforschte Göttingen siehe beispielsweise: Stefan Brüdermann, Studenten als Einwohner der Stadt, in: Böhme/Vierhaus (Hg.), Göttingen. Geschichte einer Universitätsstadt. Bd. 2: Vom Dreißigjährigen Krieg bis zum Anschluss an Preußen – Der Wiederaufstieg als Universitätsstadt (1648–1866). Göttingen 2002, S. 395–428. Ein hallisches Beispiel ist: J. O. Opel, Ein Studententumult in Halle im Jahre 1750, in: Monatsblätter des Thüringisch-Sächsischen Vereins für Erforschung des vaterländischen Altertums und Erhaltung seiner Denkmale 1 (1887), April/Mai, Nr. 1, S. 28–32 sowie zu Halle jetzt: Ute Fahrig, „Er hätte eben nicht über die Soldaten zu klagen, dass sie ihm malefiziret hätten" – brandenburg-preußisches Militär in Halle (1680–1740), in: Geschichte der Stadt Halle. Hg. v. Werner Freitag, Katrin Minner und Andreas Ranft. 2 Bde., Halle 2006. Bd. 1: Halle im Mittelalter und in der Frühen Neuzeit. Hg. v. Werner Freitag und Andreas Ranft, S. 430–446, insb. S. 436, 438f.

[56] Siehe dazu die Strukturanalyse der Aufklärungsgesellschaften in Halle: Holger Zaunstöck, Die halleschen Aufklärungsgesellschaften im 18. Jahrhundert. Eine Strukturanalyse, in: Erich Donnert (Hg.), Europa in der Frühen Neuzeit. Festschrift für Günter Mühlpfordt. 5 Bde. Weimar/Köln/Wien 1997–1999. Bd. 5: Aufklärung in Europa (1999), S. 43–63.

[57] Siehe dazu weiter unten im Text.

[58] Dazu: Stefan Brüdermann, Göttinger Studenten und akademische Gerichtsbarkeit im 18. Jahrhundert. Göttingen 1990 (Göttinger Universitätsschriften: Serie A, Schriften 15), insb. S. 249–297; Klaus Michael Alenfelder, Akademische Gerichtsbarkeit. Baden-Baden 2002 (Bonner Schriften zum Wissenschaftsrecht 7), insb. S. 101ff.; Peter Woeste, Akademische Väter als Richter. Zur Geschichte der akademischen Gerichtsbarkeit der Philipps-Universität unter besonderer Berücksichtigung von Gerichtsverfahren des 18. und 19. Jahrhunderts. Marburg 1987 (Marburger Stadtschriften zur Geschichte und Kultur 22), S. 20–31; Michael Trauth, Gerichtsautonomie, Jurisdiktion und Strafrechtspraxis an der Universität Trier im 18. Jahrhundert, in: Unrecht und Recht. Kriminalität und Gesellschaft im Wandel von 1500–2000. Gemeinsame Landesausstellung der rheinland-pfälzischen und saarländischen Archive. Wissenschaftlicher Begleitband. Koblenz 2002, S. 662–671;

sichtigkeiten in der Rechtssprechung gegenüber den Studenten. Die laxe und inkonsequente Handhabung der vorgegebenen Normen durch die Universitätsgerichte und Prorektoren ist eine Beobachtung, die bei der Beschäftigung mit den Akten der Universitätsgerichte zu Tage tritt,[60] und die die soziale Gesamtsituation in den Städten zusätzlich verschärfte. Diese Bedingungsfaktoren zusammen gesehen ergaben ein Konfliktfeld, das Denunziationen hervorbrachte.

Denunziationen sind generell – und waren eben auch in der Frühen Neuzeit – keine sozial losgelösten, in ungeregelten Lebenssituationen sich vollziehenden anarchischen Vorgänge,[61] sondern standen immer in einem normierten Handlungsfeld, das durch das Beziehungsdreieck Denunziant – Autorität/Obrigkeit – Denunzierter beschrieben ist.[62] Deshalb gilt es eine Perspektive zu wählen, die sich von der einzelnen Denunziation löst und ihr Umfeld in den Blick nimmt. Denunziationen sind nicht in ihrer singulären Erscheinungsform zu verstehen, sondern nur im Blick auf das Bedingungsgefüge, das sie ermöglicht. Waren die Universitätsstädte des 18. Jahrhunderts also, so ist zu fragen, ein Ort der Denunziation? Die Universitätsstädte und mit ihnen die studentische Kultur der Vormoderne sind noch nicht in das Blickfeld der Denunziationsforschung gekommen. Gleichwohl aber lassen Beobachtungen an der bisherigen Studenten- bzw. Universitätsgeschichte den Schluss zu, dass wir hier ein einschlägig bedeutendes Forschungsfeld vor uns haben. Die Studentengeschichte zerfällt seit ihrer Etablierung als eigenständiges Sujet im 19. Jahrhundert in drei Hauptphasen bzw. Arbeitskontexte. Zum einen ist dies die ältere kulturgeschichtliche Studentenforschung,[63] die sowohl von Geisteswissenschaftlern als auch Akademikern anderer Disziplinen aus starkem autobiografischem Interesse heraus betrieben worden ist.[64] Sie war insbesondere in einem sittengeschichtli-

---

Barbara Krug-Richter, Du Bacchant, quid est Grammatica? Konflikte zwischen Studenten und Bürgern in Freiburg/Br. in der Frühen Neuzeit, in: dies./Ruth-E. Morhmann (Hg.), Praktiken des Konfliktaustrags in der Frühen Neuzeit. Münster 2004 (Symbolische Kommunikation und gesellschaftliche Wertesysteme 6), S. 79–111, hier S. 96; Conrad Bornhak, Geschichte der preussischen Universitätsverwaltung bis 1810. Berlin 1900, S. 170–174.

59 Vgl. Silke Wagener, Pedelle, Mägde und Lakaien. Das Dienstpersonal an der Georg-August-Universität Göttingen. Göttingen 1996, S. 13; Heinz Kathe, Die halleschen Universitätsbürger und Freimeister im 18. Jahrhundert, in: Donnert (Hg.), Europa in der Frühen Neuzeit, Bd. 2: Frühmoderne (1997), S. 181–189, hier S. 181f., 185.

60 Brüdermann, Göttinger Studenten und akademische Gerichtsbarkeit, S. 490; Alenfelder, Akademische Gerichtsbarkeit, S. 175–180.

61 Vgl. den Definitionsansatz bei Würgler, Verschwiegenheit und Verrat, S. 109.

62 Siehe exemplarisch: Ross/Landwehr, Denunziation und Justiz, S. 21f. und Achim Landwehr, „... das ein nachbar uff den andern heimblich achtung gebe.“, S. 26. Siehe dazu auch Thonfeld, Sozialkontrolle und Eigensinn, S. 11–13 („Rekonstruktion eines Denunziationsdispositivs“).

63 Vgl. Barbara Krug-Richter, Von Messern, Mänteln und Männlichkeit. Aspekte studentischer Konfliktkultur im frühneuzeitlichen Freiburg im Breisgau, in: Wiener Zeitschrift zur Geschichte der Neuzeit 4 (2004), Heft 1, S. 26–52, hier S. 29f.

64 Einen Überblick bietet: Friedhelm Golücke, Verfasserlexikon zur Studenten- und Hochschulgeschichte. Ein bio-bibliographisches Verzeichnis. Köln 2004 (Abhandlungen zum Studenten- und Hochschulwesen 13).

chen Zugang an den Besonderheiten und Eigenarten des studentischen Lebens interessiert; wir verdanken ihr eine große Fülle an materialgesättigten Studien.[65] Nach 1950 wurde dies zum zweiten in einem weiten Spektrum corpsgeschichtlicher Forschungen weitergeführt; das Jahrbuch *Einst und Jetzt*, sozusagen Zentralorgan dieses Arbeitsfeldes, ist dafür ein beredtes Zeugnis.[66] Schließlich hat die studentenhistorische Forschung zum dritten in den 1970er und 80er Jahren wichtige Impulse aus größeren geschichtswissenschaftlichen Forschungsfeldern heraus erhalten,[67] insbesondere aus der Sozialgeschichte der Aufklärung und der Jakobinismusforschung.[68]

Denunziatorische Vorgänge wurden in allen drei Forschungsstadien behandelt. Ein Beispiel dafür ist die Denunziation der *Niedersächsischen Landsmannschaft* in Halle im Sommer 1767.[69] Bereits Mitte des 19. Jahrhunderts hat diese Denunziation in literaturhistorischen Kontexten Aufmerksamkeit erregt, weil einer der Denunzierten der Dichter Gottfried August Bürger war; sie wurde später auch in der sittengeschichtlich motivierten Studentengeschichte erwähnt.[70] Schließlich wird der Vorgang auch in der neueren germanistischen Forschung zu Bürgers Studentenzeit aufgegriffen.[71] Denunziationen sind in Arbeiten zu Studentenorganisationen wie Corps und Burschenschaften in der Zeit um und nach 1800 registriert worden.[72] Des Weiteren finden sich Hinweise für denunzi-

---

65 Wie z.B. Otto Götzes Studie über die Jenaer geheimen Studentengesellschaften des 18. Jahrhunderts (Die Jenaer akademischen Logen und Studentenorden des 18. Jahrhunderts. Jena 1932).

66 Einst und Jetzt. Jahrbuch des Vereins für corpsstudentische Geschichtsforschung 40a (1995): Gesamtregister der Bände 1–40.

67 Stefan Ehrenpreis, Frühneuzeitliche Universitätsgeschichte – Leistungen und Defizite der deutschen Forschung seit 1990, in: Jahrbuch für Universitätsgeschichte 6 (2003), S. 262–266; Matthias Stickler, Neuerscheinungen zur Studentengeschichte seit 1994. Ein Forschungsbericht über ein bisweilen unterschätztes Arbeitsfeld der Universitätsgeschichte, in: Jahrbuch für Universitätsgeschichte 4 (2001), S. 262–270.

68 Vgl. exemplarisch Wolfgang Hardtwig, Die Burschenschaften zwischen aufklärerischer Sozietätsbewegung und Nationalismus. Bemerkungen zu einem Forschungsproblem, in: Aufklärung – Vormärz – Revolution. Jahrbuch der internationalen Forschungsstelle ‚Demokratische Bewegungen in Mitteleuropa 1770–1850' an der Universität Innsbruck 4 (1984), S. 46–53; Alain Ruiz, Universität Jena Anno 1793/94. Ein jakobinischer Student und Geheimagent im Schatten Reinholds und Fichtes, in: Julius H. Schoeps/Imanuel Geiss unter Mitw. von Ludger Heid (Hg.), Revolution und Demokratie in Geschichte und Literatur: Zum 60. Geburtstag von Walter Grab. Duisburg 1979 (Duisburger Hochschulbeiträge 12), S. 95–132.

69 Siehe dazu das Dritte Kapitel, Abschnitt II. 1.

70 Heinrich Pröhle, Gottfried August Bürger. Sein Leben und seine Dichtungen. Leipzig 1856, S. 40; Fritz König, Aus zwei Jahrhunderten. Geschichte der Studentenschaft und des studentischen Korporationswesens auf der Universität Halle. Halle an der Saale 1894, S. 117.

71 Helmut Scherer, Lange schon in manchem Sturm und Drange. Gottfried August Bürger. Der Dichter des Münchhausen. Eine Biographie. Berlin 1995, S. 128f.; Hans-Joachim Kertscher, „Unser Bürger ist ein Halberstädter". Johann Wilhelm Ludwig Gleim und Gottfried August Bürger, in: ders. (Hg.), G. A. Bürger und J. W. L. Gleim. Tübingen 1996 (Hallesche Beiträge zur Europäischen Aufklärung 3), S. 1–13, hier S. 4.

72 Ein Zeugnis aus der neueren Literatur dafür ist die 2002 bei Peter Brandt in Hagen verteidigte Dissertation von Josef Jakob über die Studentenverbindungen in Landshut bzw. München: Hier tau-

atorische Vorgänge im Rahmen der Jakobinerforschung.[73] Schließlich finden sich Belege für Denunziationen in jenen Arbeiten, die sich mit der akademischen Gerichtsbarkeit der Frühen Neuzeit beschäftigen.[74] Diese Hinweise auf denunziatorisches Verhalten aus ganz unterschiedlichen Forschungszusammenhängen und verschiedenen Zeitabschnitten zwischen der Mitte des 19. Jahrhunderts und der aktuellen Forschung spiegeln zum einen den älteren, ganz selbstverständlichen Umgang mit dem Phänomen der Denunziation: Die Autoren setzten ein allgemein bekanntes, konsensfähiges Verständnis voraus, das sich aus dem alltäglichen Sprachgebrauch ableitet; dies ist sicher ein Grund dafür, weshalb kein systematischer Forschungsansatz entwickelt worden ist. Zum anderen verweisen sie darauf, dass die Universitätsstadt des 18. Jahrhunderts geeignet ist, der Genese von Denunziationen nachzuspüren. Dabei fällt auf, dass denunziatorisches Verhalten im 18. Jahrhundert vor allem die Duellkultur und die arkane Studentenvergesellschaftung der Landsmannschaften und Orden im universitären Raum betraf: In diesem Umfeld begegnen immer wieder denunziatorische Vorgänge.

Dieses Denunziationsverhalten in den Universitätsstädten war in einem Kräftefeld positioniert, das durch eine Reihe von mentalen, sozialen und politischen Implikationen und Faktoren konstituiert wurde. Der Schlüssel zum Grundverständnis studentischer Kultur der Vormoderne liegt in der Selbstwahrnehmung der Studiosi als Träger der *Akademischen Freiheit*.[75] In den Quellen für Halle wird diese von den Studenten als „Hallische Freyheit“, „Burschen Freyheit“, „edle Freyheit“, „Freye Freyheit“ und „Wah-

---

chen zahlreiche Denunziationen im konfliktreichen Alltag des ersten Viertels des 19. Jahrhunderts auf: Die Studentenverbindungen und ihr Verhältnis zu Staat und Gesellschaft an der Ludwig-Maximilians-Universität Landshut / München von 1800 bis 1833. Diss. Hagen 2002, OnlineRessource: www.burschenschaft.de/pdf/josef_jakob_diss_studentenverbindungen.pdf, S. 32, 57–61, 72–74, 84, 96–99, 119.

73 Ein Beispiel dafür ist die Dissertation von Uwe Jens Wandel zur Tübinger Universität; hier werden mehrfach denunziatorische Vorgänge für die 1790er Jahre notiert: Verdacht auf Democratismus? Studien zur Geschichte von Stadt und Universität Tübingen im Zeitalter der Französischen Revolution. Tübingen 1981 (Contubernium 31), S. 57–60, 63, 85.

74 Siehe das dazu nach wie vor grundlegende Buch von Stefan Brüdermann: Göttinger Studenten und akademische Gerichtsbarkeit, S. 59, 71, 110, 139, 184, 239, 346, 453f., 458.

75 Im mentalitätsgeschichtlichen Kontext siehe dazu: Wolfgang Hardtwig, Sozialverhalten und Wertwandel der jugendlichen Bildungsschicht im Übergang zur bürgerlichen Gesellschaft (17.–19. Jahrhundert), in: Vierteljahrschrift für Sozial- und Wirtschaftsgeschichte 73 (1986), S. 305–331, insb. S. 312, 315–317, 325 sowie ders., Genossenschaft, Sekte, Verein in Deutschland. 2 Bde. Bd. 1: Vom Spätmittelalter bis zur Französischen Revolution. München 1997, S. 47f. Zeitgenössisch wurde davon die Freiheit durch die Gewährung eines besonderen Rechtsstandes für die Universitätsangehörigen durch Unterstellung unter die Akademische Gerichtsbarkeit unterschieden; dazu: Hartmut Boockmann, Die Verfassung der Georg-August-Universität von den Anfängen bis 1968, in: Hans-Günther Schlotter (Hg.), Die Geschichte der Verfassung und der Fachbereiche der Georg-August-Universität zu Göttingen. Göttingen 1994 (Göttinger Universitätsschriften. Serie A: Schriften 16), S. 11–24, hier S. 14f.

re Academische Freyheit" bezeichnet.[76] Aus Göttingen sei dagegen die obrigkeitliche Sicht zitiert. Im Zuge der Universitätsgründung 1738 wurde auf die Freiheit der Studenten als Negativfolie für unzivilisiertes Betragen Bezug genommen:

> Die Verfassung und allgemeinen Reguln der bürgerlichen Gesellschaft, woran die Studiosi so veste als andere gebunden sind, erfordern es, daß ein jeder Stand in seinen Grenzen und Wesen erhalten werde, und was von den Studiosis in diesem Stücke zu leisten ist, fliesset aus principiis her, die die Billigkeit und das natürliche Recht selbst an Hand geben, so daß man glauben sollte, daß, wie dieses eine der ersten Disciplinen ist, welche von ihnen auf Universitäten gehöret werden, also sich niemand derselben ausschliessen würde, deren Grund=Sätze auszuüben. Wenigstens wollen wir hoffen, daß, da die mehrigsten von den auf Unserer dortigen Universität sich aufhaltenden Studiosis, wie wir gerne vernehmen, Leute sind, die eine gute Erziehung mit sich gebracht haben, dieselben von ihrer Obliegenheit überzeuget seyn, und einsehen werden, daß es überhaupt etwas niederträchtiges sey, in Dingen, die wider die Ehrbarkeit und Billigkeit lauffen, einen Theil der Academischen Freyheit zu setzen.[77]

Die ältere sittengeschichtlich ausgerichtete Studentengeschichte reduzierte das expressive Tun der Studenten – nächtliches Lärmen und Musizieren, das Wetzen der Degen an den Steinen, Schlittenfahrten, Schießereien, Duelle, Wilddieberei, Gottesdienststörungen, Konflikte mit dem Militär und den Stadtwachen, Hochzeitsstörungen u.a. – auf jugendlichen Überschwang und Anmaßung:

> Wie alle anderen Universitäten hatte auch das preußische Saal=Athen [d.i. Halle] mit der Unbotmäßigkeit der Studenten harte Kämpfe zu bestehen. Einen Staat im Staate bildend, unter besonderen Gesetzen und eigenen Richtern verwechselten sie sehr oft Freiheit und Zuchtlosigkeit und glaubten, ein auserwähltes Volk, sich gegenüber den Bürgern, den Philistern, wie auch den eigenen Behörden alles erlauben zu dürfen.[78]

Dieses Zitat von John Meier aus dem Jahr 1897 verdeutlicht zugleich jene Elemente studentischer Freiheit und Kultur der Vormoderne, die die Neuere Kulturgeschichte in Rückbindung an die Sozialtopographie frühneuzeitlicher Städte mit den Mechanismen der immer wieder neu zu reproduzierenden Hierarchie in der Stadt erklärt. Im größeren Rahmen symbolischer Kommunikation[79] werden die spezifischen studentischen Praktiken als Rituale der Männlichkeit, als Positionierungs- und Behauptungskämpfe innerhalb der Gruppe und außerhalb, gegenüber der Stadtgesellschaft, als eine eigenständige Men-

---

[76] John Meier, Der hallische Studentenaufstand vom Jahre 1723, in: Zeitschrift für Kulturgeschichte. 1. Ergänzungsheft. Beiträge zur Kulturgeschichte 1, Weimar 1897, S. 1–96, hier S. 8, 20, 23, 30 – der einen Bericht der städtischen Obrigkeiten sowie studentische Zettel am Schwarzen Brett aus dem Sommer 1723 zitiert. Zum letzteren siehe das Dritte Kapitel, Abschnitt I.

[77] Das Zitat: ULB Halle, [AB] Bk 70: Duel-Edict Für die Universität Göttingen, nebst der Verordnung Wegen des Betragens der Studiosorum daselbst gegen die Garnison und Wachten. Unpag. 1735 und 1738, hier: Edict wegen des Verhaltens der Studiosorum gegen die Garnison und Wachten zu Göttingen. 17. Aug. 1738.

[78] Meier, Der hallische Studentenaufstand vom Jahre 1723, S. 1.

[79] Siehe einführend Marian Füssel, Rang und Raum. Gesellschaftliche Kartographie und die soziale Logik des Raumes an frühneuzeitlichen Universitäten, in: Dartmann/Füssel/Rüther (Hg.), Raum und Konflikt. Zur symbolischen Konstituierung gesellschaftlicher Ordnung, S. 175–197.

talität, die in diesen Ausdrucksformen ihre performative Zurschaustellung erfährt, interpretiert – ohne dabei gänzlich die Implikationen des Lebensalters außer Acht zu lassen. Die Akademische Freiheit war ein Verhaltenskodex mit ständegesellschaftlichen Implikationen, der nirgendwo zentral schriftlich fixiert worden ist, sondern von Studentengeneration zu Studentengeneration weitergegeben wurde und so fester Bestandteil studentischer Mentalitäten in der Vormoderne geworden ist. Die von den Studenten gelebte und inszenierte Deutung der Welt war durch Pflichten und Rechte innerhalb der Sozialgruppe strukturiert. Im 18. Jahrhundert ist die Freiheit der Studenten ein immer wichtiger werdendes Thema mit dem sich die Obrigkeiten und die akademischen Lehrer auseinandersetzten.[80]

Das grundlegende Merkmal dieser Freiheit war die Konstitution und Modellierung einer spezifischen *Ehre der Studenten*, die sowohl den Einzelnen, als auch die Gruppe verpflichtete.[81] Sie beanspruchte Verbindlichkeit für alle, initiierte interne Kontrolle, drohte Sanktionen an und vollzog sie auch. Die Ehre der Studenten fungierte als ein Medium, dass das Verhalten zu den anderen städtischen Gruppen strukturierte.[82] Und sie begründete die oben genannten Praktiken durch eine Quasi-Unantastbarkeit der studentischen Verhaltensformen und des Individuums selbst: Niemand sollte ihre Lebenspraktiken in Frage stellen und sie physisch angreifen dürfen. Dieses Selbstverständnis wurde in der tatsächlichen Auseinandersetzung und der rhetorischen Abgrenzung mit bzw. zu anderen Gruppen und ebenso auch nach innen als ein Akt der Selbstvergewisserung immer wieder neu demonstriert. Dies mündete schließlich in eine Selbstwahrnehmung der Studenten als eigener „Stand“,[83] der sich aufgrund der Möglichkeit, ein Studium zu ab-

---

80 Siehe dazu das Fünfte Kapitel, Abschnitt I.

81 Ewald Horn, Akademische Freiheit. Historisch-kritische Untersuchung und freimütige Betrachtung nebst einem Anhange über studentische Ausschüsse, Berlin 1905, passim; Stefan Brüdermann, Der Göttinger Studentenauszug 1790. Handwerkerehre und akademische Freiheit, Göttingen 1991 (Lichtenberg-Studien 7), S. 11f.

82 Siehe zur Ehre in der Stadt grundlegend: Martin Dinges, Die Ehre als Thema der Stadtgeschichte. Eine Semantik im Übergang vom Ancien Régime zur Moderne, in: Zeitschrift für Historische Forschung 16 (1989), S. 409–440, insb. S. 430–339; in Bezug auf Injurienfälle: Ralf-Peter Fuchs, Um die Ehre. Westfälische Beleidigungsprozesse vor dem Reichskammergericht 1525–1805. Paderborn 1999, hier insb. S. 10; Brachtendorf, Konflikte, Devianz, Kriminalität, S. 111–114 sowie einführend der Forschungshintergrund bei: Matthias Lentz, Konflikt, Ehre, Ordnung. Untersuchungen zu den Schmähbriefen und Schandbildern des späten Mittelalters und der frühen Neuzeit (ca. 1350 bis 1600). Mit einem illustrierten Katalog der Überlieferung. Hannover 2004 (Veröffentlichungen der Historischen Kommission für Niedersachsen und Bremen 217), S. 31–34. Außerdem: Klaus Schreiner/Gerd Schwerhoff (Hg.), Verletzte Ehre. Ehrkonflikte in Gesellschaften des Mittelalters und der Frühen Neuzeit. Köln/Weimar/Wien 1995.

83 Vgl. dazu Hardtwig, Sozialverhalten und Wertwandel, S. 306, 315, 320; Rainer A. Müller, Studentenkultur und akademischer Alltag, in: Walter Rüegg (Hg.), Geschichte der Universität in Europa. Bd. II: Von der Reformation zur Französischen Revolution (1500–1800). München 1996, S. 263–286, hier S. 267; Marian Füssel, Devianz als Norm? Studentische Gewalt und akademische Freiheit in Köln im 17. und 18. Jahrhundert, in: Westfälische Forschungen 54 (2004). Themenschwerpunkt:

solvieren, durch das Prinzip des Ausgewähltseins bestimmt. Und dieser Stand rangierte ob seiner langen freiheitlichen und exklusiven Tradition aus eigener Sicht in der Sozialhierarchie der Stadt oberhalb der Bürger und des Militärs, jenen beiden Sozialgruppen, mit denen die Studenten im Alltag konfrontiert waren. Juristisch begründet wurde diese Stellung schließlich durch die Akademische Gerichtsbarkeit, die einen gesonderten Rechtsraum innerhalb der Stadt mit eigenen Normen, Verfahren und Bewertungsmaßstäben schuf. So kam der Akademischen Freiheit die Funktion eines Lebensprinzips für die Jahre an der Universität und in der sie umgebenden Stadt gleich.

Daraus resultierten permanente Konflikte im Studentenalltag, die – bevor sie geregelt werden konnten – vielfach überhaupt erst der Entdeckung bedurften. Gut fassbar werden diese Wechselwirkungen am Beispiel des studentischen Duells bzw. Rencontres. Es war ein Kernbestandteil studentischer Ehre nach innen, in die Studentenschaft hinein, und nach außen, gegenüber anderen Sozialgruppen der Stadt; insbesondere dem Militär. Gegen die Duelle und die öffentlicheren Formen der Gewalt sowie die Exzesse und Tumulte wurde viel dekretiert. Das gesamte 18. Jahrhundert ist durchzogen von einer Flut an Reskripten, Edikten, Verordnungen und Erlassen, die auf den verschiedensten Gebieten bis ins Detail hinein das studentische Leben zu ordnen, zu reglementieren und zu disziplinieren suchten.[84] Die Kernursachen aber – die Ehr- und Ständekonflikte – konnten damit nicht beseitigt werden. Dieses auf die Ehre rekurrierende Verhaltensschema, das „Prokrustesbett von Ehre und Ehrverletzung“,[85] entfaltete in den Universitätsstädten des 18. Jahrhunderts eine unentrinnbare Dynamik. Standespräsentation und Selbstvergewisserung der Gruppe ließen einen anderen Mechanismus auch gar nicht zu. Hier wird die Ambivalenz sozialer und wirtschaftlicher Logik in frühneuzeitlichen Universitätsstädten deutlich: War man einerseits auf einander angewiesen – die Bürger der Stadt auf die zahlenden Studenten, die Studenten in der Stadt auf die dienstleistenden Bürger –, so musste man andererseits seinen Ort in der Sozialtopographie der Stadt permanent behaupten.[86]

Um des Rituals der Duelle Herr zu werden, war eine obrigkeitliche Politik angezeigt, die nicht nur verbot und zu strafen suchte, sondern die auch Mechanismen der Informationsbeschaffung zu implementieren hatte. Im Umgang mit den Duellauseinandersetzungen liegen für die universitätsstädtische Lebenswelt Wurzeln der Denunziation.[87] Gegen

Von rechten und unrechten Taten: Zur Kriminalitätsgeschichte von der Frühen Neuzeit bis zum 20. Jahrhundert. Hg. v. Barbara Krug-Richter und Herbert Reinke, S. 145–166, hier S. 145, 165.

84 Vgl. etwa die umfangreiche Akte im UA Halle, Rep. 5, Nr. 1: Bekanntmachungen, Edikte, Reskripte des königlichen Hauses an das Universitätsgericht. 1702–1807.

85 Gerd Schwerhoff, Öffentliche Räume und politische Kultur in der frühneuzeitlichen Stadt: Eine Skizze am Beispiel der Reichsstadt Köln, in: Schlögl (Hg.), Interaktion und Herrschaft, S. 113–136, hier S. 135.

86 Siehe dazu: Holger Zaunstöck, *Die Brautnacht; oder die Fensterkanonade.* Der permanente Konflikt zwischen Stadtbürgern und Studenten im Raum der Stadt des 18. Jahrhunderts, in: Jahrbuch für hallische Stadtgeschichte 4 (2006), S. 61–76; Füssel, Devianz als Norm?, S. 163.

87 Siehe dazu das Erste Kapitel.

die permanenten Konflikte entwickelten die Obrigkeiten eine ebenso *permanente landesherrliche Politik*. Sie zielte auf den Habitus sowie den Handlungszwang der Studenten, der aus der Ehrkonzeption Akademischer Freiheit herrührte. Das daraus resultierende Wechselspiel war ein beständiges Ringen. Es kann als ein andauernder Bedeutungskampf um die Handlungshoheit in den Universitätsstädten gelesen werden, der ex post wie ein Tauziehen zwischen Studentenschaft und Obrigkeit anmutet. In diesem permanent anhaltenden Austarieren der Kräfte und Positionen geriet die jeweilige Stadt oft in mehrseitige Handlungspositionen. Zwar lehnte sie die studentischen Praktiken natürlich ab und bekämpfte sie. Gleichzeitig aber war sie auf die Anwesenheit der Studiosi als eines zentralen Wirtschaftsfaktors angewiesen.[88] Und eine ähnlich ambivalente Position ergab sich auch gegenüber dem Territorialstaat insbesondere bei Universitätsneugründungen: Mit der Universität wurde eine Institution mit einem eigenen Rechtsbezirk in der Stadt etabliert, die dem direkten Zugriff des Territorialstaates unterstand; ein Vorgang, der beispielsweise in Halle am Gründungsprozess in den 1690er Jahren deutlich zu greifen ist.[89] Allerdings trafen sich gleichzeitig auch die Interessen von Stadt und Staat: Neben dem Ansehen ihrer Professoren und ihrer kulturellen Ausstrahlung begründete auch eine hohe Studentenzahl den Ruf einer Universität; an ihr ließ sich der Kapitalfluss in eine Stadt messen.[90]

---

[88] Siehe beispielsweise für Halle: Werner Freitag, Eine andere Sicht der Dinge. Die Entwicklung Halles im 18. Jahrhundert unter wirtschafts- und sozialgeschichtlichen Aspekten, in: Thomas Müller-Bahlke (Hg.), Gott zur Ehr und zu des Landes Besten. Die Franckeschen Stiftungen und Preußen: Aspekte einer alten Allianz. Halle 2001, S. 297–314, hier S. 310f. sowie ders., Halle 806 bis 1806. Salz, Residenz und Universität. Eine Einführung in die Stadtgeschichte unter Mitarbeit von Andrea Thiele. Halle 2006, S. 180–185.

[89] Marian Füssel, Universität und Öffentlichkeit: Die Inaugurationsfeierlichkeiten der Universität Halle 1694, in: Freitag, Werner/Minner, Katrin (Hg.), Vergnügen und Inszenierung. Stationen städtischer Festkultur in Halle. Halle 2004 (Forschungen zur hallischen Stadtgeschichte 4), S. 59–78, insb. die Zusammenfassung S. 71f.; Freitag, Halle 806 bis 1806. Salz, Residenz und Universität, S. 182f.

[90] Zur Beschreibung und Berechnung von Frequenzen siehe Ulrich Rasche, Umbrüche – Zur Frequenz der Universität Jena im ausgehenden 18. und frühen 19. Jahrhundert, in: Gerhard Müller/Klaus Ries/Paul Ziche (Hg.), Die Universität Jena. Tradition und Innovation um 1800 Stuttgart 2001 (Pallas Athene 2), S. 79–134, hier S. 79f. Der Kapitalzufluss in eine Stadt hing natürlich von den finanziellen Möglichkeiten der Studenten ab, die eine Spannbreite von vermögendem Adel bis zu den so genannten Brotstudenten umfassten. In der Dichotomie zwischen der ‚Adelsuniversität' Göttingen und der Universität der ‚pauperes' in Halle lässt sich dies formalisiert greifen; vgl. etwa Heinz Kathe, Die hallische Studentenschaft zur Zeit Friedrichs des Großen 1740–1786, in: Holger Zaunstöck (Hg.), Halle zwischen 806 und 2006. Neue Beiträge zur Geschichte der Stadt (Forschungen zur hallischen Stadtgeschichte 1), Halle 2001, S. 129–145, insb. S. 132–135. Welche Bedeutung die Frage des Dableibens bzw. Weggehens der Studenten in einer konkreten Situation hatte, zeigt Meier, Der hallische Studentenaufstand vom Jahre 1723, u.a. S. 12–14 und 27, 30 (studentische Quellen dazu) sowie der eindringliche Bericht des Universitätskanzlers von Ludewig vom 18. Juni 1723 (S. 92–96), der zudem darauf verweist (S. 16), dass die hallische Universität im frühen 18. Jahrhundert offensichtlich hier und da aus eigener Tasche den Studenten Dinge (Hüte, Degen u.a.), die während des Tumultes verloren gegangen waren, finanziell ersetzte.

Mit der Skizzierung des Beziehungsgefüges zwischen den Obrigkeiten und den Studenten haben wir das Aktionsfeld benannt, innerhalb dessen sich Akademische Freiheit vollzog: die *Stadt als sozialer Handlungsraum*. Hier waren die mentalen, kulturellen und habituellen Lebens- und Sozialvorstellungen der Studenten und ihre Praktiken latent präsent, hier erneuerten sie ihre Position in der Sozialtopographie beständig. Das von Rudolf Schlögl beschriebene „Gebot der Performanz", das die Soziabilität der Vormoderne in den Städten prägte, wird in den Universitätsstädten greifbar: Die „Inszenierung [diente] der Gruppenbildung".[91] Für die Universitätsstädte des 18. Jahrhundert waren Konflikte und Performanzen ein zentrales Moment in der Auseinandersetzung um die innerstädtische Ordnung. Dabei meint der Ordnungsbegriff zweierlei: die policeyliche und polizeiliche Ordnung nach den Rahmensetzungen der Obrigkeiten sowie die Ordnung der sozialen Hierarchie.[92]

Diese beiden Ordnungsebenen wurden neben und zusätzlich zu den Duellen, Tumulten und Exzessen durch die seit der Mitte des Jahrhunderts entstehenden *studentischen Geheimgesellschaften* in Unruhe versetzt; durch Landsmannschaften und Studentenorden. Das permanente Ringen um die Hoheit in der Universitätsstadt wurde durch ihr Auftauchen in eine bisher nicht gekannte Intensität überführt. Diese Gesellschaften organisierten sich nach zwei divergierenden Prinzipien. Die neuen Landsmannschaften griffen das alte Prinzip der mittelalterlichen *nationes* wieder auf und versammelten die vor Ort Studierenden einer bestimmten Region; sie strukturierten sich also nach einem geografischen Rekrutierungsschema.[93] Neu war dabei, dass sie sich an die Organisationsstruktur geheimer Gesellschaften anlehnten. Sie waren privat motiviert, hatten Statuten und eine Ämterhierarchie. Ebenso strukturiert waren die Studentenorden. Sie allerdings folgten einem grundsätzlich anderen Rekrutierungsprinzip: In ihnen spielte die regionale Herkunft eines Mitglieds keine Rolle – vielmehr waren für die Aufnahme in einen Orden die Fähigkeiten des Einzelnen in der Waffenbeherrschung, eine Ehrvorstellung auf der Basis des Wertesystems Akademischer Freiheit und die damit zusammenhängende Bereitschaft zum Duell zentral. Darüber hinaus versuchten die Orden, insbesondere finanzstarke Studenten als Mitglieder zu gewinnen. Außerdem spielten von Fall zu Fall unterschiedliche Kriterien von ‚Tugendhaftigkeit' eine Rolle. In den Orden organisierte sich nach ihrem Selbstverständnis die Elite der studentischen Jugend.[94]

---

91 Schlögl, Vergesellschaftung unter Anwesenden, S. 47f.

92 Zum zweiten Punkt siehe beispielhaft: Marian Füssel, Umstrittene Grenzen. Zur symbolischen Konstitution sozialer Ordnung in einer frühneuzeitlichen Universitätsstadt am Beispiel Helmstedt, in: Christian Hochmuth/Susanne Rau (Hg.), Machträume der frühneuzeitlichen Stadt. Konstanz 2006, S. 171–191.

93 Rainer A. Müller, Landsmannschaften und studentische Orden an den deutschen Universitäten des 17. und 18. Jahrhunderts, in: Harm-Hinrich Brandt/Matthias Stickler (Hg.), „Der Burschen Herrlichkeit". Geschichte und Gegenwart des studentischen Korporationswesens. Würzburg 1998 (Historia Academica 36), S. 13–34, hier S. 19–26.

94 Vgl. König, Aus zwei Jahrhunderten, S. 82f.; Albert Dressel, Die Landsmannschaften und Studentenorden an der Universität Helmstedt, in: Jahrbuch des Geschichtsvereins für das Herzogtum

Diese Organisationen schickten sich an, das studentisch-akademische Leben auf den protestantischen Universitäten zu beherrschen, zeigten sich von Anfang an selbstbewusst, und vor allem die Landsmannschaften kommunizierten dies durch das offene Tragen von Kokarden bzw. Zeichen nach außen, die für Eingeweihte identifizierbar waren.[95] Die sich

---

Braunschweig 14 (1916), S. 113–166, hier S. 114f., 137f., 157; Götze, Die Jenaer akademischen Logen und Studentenorden des 18. Jahrhunderts, S. 33f.; Friedrich Schulze/Paul Ssymank, Das deutsche Studententum von den älteren Zeiten bis zur Gegenwart 1931. München [4]1932, S. 170, 172. Siehe weiter insb. die Arbeiten von Wolfgang Hardtwig: Genossenschaft, Sekte, Verein in Deutschland, etwa S. 51, 53; Studentenschaft und Aufklärung: Landsmannschaften und Studentenorden in Deutschland im 18. Jahrhundert, in: Etienne François (Hg.), Geselligkeit, Vereinswesen und bürgerliche Gesellschaft in Frankreich, Deutschland und der Schweiz 1750–1850. Paris 1986, S. 239–259, insb. S. 253f., 256–258; Zivilisierung und Politisierung. Die studentische Reformbewegung 1750–1818, in: ders., Nationalismus und Bürgerkultur in Deutschland 1500–1914. Ausgewählte Aufsätze. Göttingen 1994, S. 79–107, hier S. 86f.; Sozialverhalten und Wertwandel, S. 319f.; Eliteanspruch und Geheimnis in den Geheimgesellschaften des 18. Jahrhunderts, in: Helmut Reinalter (Hg.), Aufklärung und Geheimgesellschaften. Zur politischen Funktion und Sozialstruktur der Freimaurerlogen im 18. Jahrhundert. München 1989 (Ancien Régime, Aufklärung, Revolution 16), S. 63–86; außerdem auch Jens Riederer, Die Jenaer Konstantisten und andere Studentenorden an der Universität Jena im letzten Drittel des 18. Jahrhunderts. Eine statistische Untersuchung, in: Joachim Bauer/ders. (Hg.), Zwischen Geheimnis und Öffentlichkeit. Jenaer Freimaurerei und studentische Geheimgesellschaften. Erlangen/Jena 1991 (Schriften zur Stadt-, Universitäts- und Studentengeschichte Jenas 1), S. 42–109, hier S. 104–106. Dieser Zusammenhang ist auch in einem größeren Kontext von Ehre, Habitus und Männlichkeit in der Frühen Neuzeit zu sehen: „The duel […] gave men a way of asserting their elite status by linking essentially transgressive violence with more culturally acceptable forms“, so: Jennifer Low, Manhood and the Duel: Masculinity in Early Modern Drama and Culture. New York/Basingstoke 2003 (Early Modern Cultural Series), S. 170. Die systematische, vergleichende Auswertung der Ordensstatuten und Gesetze steht noch aus; die Quellensituation in der Sekundärliteratur der Zeit um 1900 und in den Archiven dafür ist überaus gut.

95 Paul Wentzcke, Geschichte der Deutschen Burschenschaft. Vor- und Frühzeit bis zu den Karlsbader Beschlüssen. Bd. I. Heidelberg 1919 (Quellen und Darstellungen zur Geschichte der Burschenschaft und der deutschen Einheitsbewegung. Bd. VI. Hg. v. Herman Haupt), S. 16; für Jena siehe die Illustrationen in: Joachim Bauer/Birgitt Hellmann/Gerhard Müller (Hg.), Logenbrüder, Alchemisten und Studenten. Jena und seine geheimen Gesellschaften im 18. Jahrhundert. Rudolstadt/Jena 2002 (Bausteine zur Jenaer Stadtgeschichte 6), S. 166, 168, 171; siehe auch Werner Mägdefrau, Der Aufstieg und die erste Blüte der Universität Jena in der zweiten Hälfte des 17. Jahrhunderts, in: Geschichte der Universität Jena 1548/58–1958. Festgabe zum vierhundertjährigen Universitätsjubiläum. Im Auftrag von Rektor und Senat verfasst und herausgegeben von einem Kollektiv des Historischen Instituts der Friedrich-Schiller-Universität Jena unter Leitung von Max Steinmetz. Bd. I: Darstellung. Jena 1958, S. 111–165, hier S. 161. Weitere Beispiele: für Rostock 1750 UA Rostock, R I A 24/1: Verordnung gegen die bisherigen Landsmannschaften. 1750, o.P. (Abschnitt 2); für Halle 1751 Freimaurer-Museum Bayreuth, Nr. 10363: Untersuchungs Acta die errichtete Societas der ewigen Freundschaft betr. [Halle] 1751, Bl. 1; für Helmstedt 1758 NStWf 37 Alt 2594: Acta die unter den Studenten in Helmstedt errichteten Ordensverbindungen und die gegen die Mitglieder eingeleiteten Untersuchungen betr. Vol. I de a. 1751–1775, Bl. 1; für die Mitte der 1760er Jahre in Erlangen siehe Ernst Deuerlein, Ernstes und Heiteres aus dem Erlanger Studentenleben des 18. Jahrhunderts. Die Untersuchungen gegen die Orden in den Jahren 1767 und 1768. Erlangen [ca. 1928],

im Laufe der zweiten Jahrhunderthälfte ausdifferenzierenden studentischen Ordenssysteme sammelten sich also nicht in einer Bewegung, sondern beanspruchten jeweils für sich die Hoheit innerhalb der Studentenschaft. So kam es nun nicht mehr nur zu Auseinandersetzungen zwischen einzelnen Studenten oder Studentengruppen sowie zwischen Studenten und Bürgern bzw. dem Militär, sondern zusätzlich zwischen den arkanen Gesellschaften. Diese Sozietäten hatten einen unbedingten Ehrkodex: Die Ehre des Einzelnen stand zugleich für die Ehre des Geheimordens. Darüber hinaus kamen weitere, aus Sicht der Obrigkeiten mehr als bedenkliche Aspekte hinzu. Mit den Orden entstanden Organisationssysteme, die das Individuum der Aufsicht und dem Zugriff der universitären und staatlichen Aufsicht nun vollends zu entziehen drohten.[96] Geheime Orden machten nach Ansicht der Obrigkeiten *Staat im Staate*. Schon seit 1750, in einer verschwörungstheoretisch noch weitgehend unbelasteten Zeit, wurden die Orden zu einem als gefährlich eingeschätzten politischen Verband.[97] Spätestens jetzt war es für die Landesherren und

---

S. 2, 5 sowie ders., Studentengeschichtliches aus dem Archiv der Freimaurer-Loge Libanon zu den 3 Cedern in Erlangen. Ein Beitrag zur Geschichte der Akademischen Logen und Studenten in Erlangen, in: Archiv für Studenten- und Hochschulgeschichte, Heft 5 u. 6, 1934, S. 139–167, hier S. 146; für Leipzig 1768 SHStA, Loc. 1779 (12): Acta Die von einigen Studiosis auf der Universität Leipzig unternommenen Excesse b. Vol. I 1772–1788, Bl. 123.

96 Die Literatur zu den Landsmannschaften und Studentenorden ist hinsichtlich der Einzeluntersuchungen nur noch schwer überschaubar. Insbesondere die ältere sittengeschichtliche Studentengeschichte und die corpshistorische Forschung hat hier eine Fülle Arbeiten vorgelegt. Demgegenüber sind problematisierende und konzeptionalisierende Studien modernen Zuschnitts eher rar gesät. Vgl. exemplarisch aus der älteren und neueren Literatur: Wilhelm Fabricius, Die Studentenorden des 18. Jahrhunderts und ihr Verhältnis zu den gleichzeitigen Landsmannschaften. Jena 1891; ders., Die deutschen Corps. Eine historische Darstellung mit besonderer Berücksichtigung des Mensurwesens. Berlin 1898; Schulze/Ssymank, Das deutsche Studententum von den älteren Zeiten bis zur Gegenwart, insb. S. 159ff.; Karl Hoede, Zur Frage geheimer studentischer Verbindungen im 18. Jahrhundert, in: Einst und Jetzt. Jahrbuch des Vereins für corpsstudentische Geschichtsforschung 12 (1967), S. 4–42; Friedrich August Pietzsch, Das Verbindungswesen an der Universität Duisburg. Versuch einer Darstellung an Hand von Stammbüchern Duisburger Studenten, in: Duisburger Forschungen 4 (1961), S. 1–45; Joachim Bauer, Studentische Verbindungen zwischen Revolution und Restauration. Von den Landsmannschaften zur Burschenschaft, in: Friedrich Strack (Hg.), Evolution des Geistes: Jena um 1800. Natur und Kunst, Philosophie und Wissenschaft im Spannungsfeld der Geschichte. Stuttgart 1994 (Deutscher Idealismus. Philosophie und Wirkungsgeschichte in Quellen und Studien 17), S. 59–79; ders., Studentische Organisationen zwischen Geselligkeit und Politik – Gedankenwelten und Selbstwahrnehmungen, in: Holger Zaunstöck/Markus Meumann (Hg.), Sozietäten, Netzwerke, Kommunikation. Neue Forschungen zur Vergesellschaftung im Jahrhundert der Aufklärung. Tübingen 2003 (Hallesche Beiträge zur Europäischen Aufklärung 21), S. 115–126; Holger Zaunstöck, Zwischen Bürgerwelt und Studentengesellschaft. Zur Typologie akademisch-studentischer Geheimgesellschaften im 18. Jahrhundert, in: Bauer/Hellmann/Müller (Hg.), Logenbrüder, Alchemisten und Studenten, S. 87–100.

97 Florian Maurice, „Staat im Staate" oder „Schule der Untertanen"? Die Freimaurerei im Staat des aufgeklärten Absolutismus, in: Helmut Reinalter (Hg.), Aufklärung und Geheimgesellschaften. Freimaurer, Illuminaten und Rosenkreuzer: Ideologie, Struktur und Wirkungen. Internationale Tagung 22./23. Mai 1992 in Innsbruck. Bayreuth 1994, S. 9–22; ders., Freimaurerei um 1800.

Prorektoren an der Zeit, die Verhältnisse genauer in den Blick zu nehmen. Um diese Ordnungskämpfe in der Lebenswirklichkeit auch tatsächlich verfolgen zu können, waren Wege zur Informationsbeschaffung nötig.

Die große Zahl der Duelledikte um 1700 bildete den Nukleus für Denunziationen in der universitätsstädtisch-studentischen Lebenswelt. Mit dem Organisationsschub seit der Jahrhundertmitte wurden neue Bestimmungen in Edikte gegossen und öffentlich bekannt gemacht: Die studentische Lebenswelt wurde nun umfassend mit Normen und Verboten überzogen. Um diese Normen mit Leben füllen zu können, war das Informationsmittel der Denunziation für die universitären Obrigkeiten unabdingbar. Ohne diese Informationen wären Untersuchungen und Verfolgungen der geheimen Studentengesellschaften so gut wie unmöglich gewesen. Die Basis für die Denunziationen boten die Friktionen in der mehrpoligen Lebenswelt der Universitätsstadt ebenso wie die durch die geheimen Gesellschaften und deren Verbot neu entstehenden vielfältigen Verdachtsmomente und Verdachtsmöglichkeiten.

III Das Milieu des Verdachts in der universitätsstädtischen Lebenswelt des 18. Jahrhunderts – das Forschungsdesign

Die Formulierung eines Forschungsdesigns zum Thema muss von zwei Grundpositionen ausgehen: Zum einen von den Denunziationen im Umfeld der geheimen Gesellschaften als konkretem Untersuchungsgegenstand. Zum anderen aber können diese Vorgänge nicht isoliert betrachtet werden, denn sie stehen im Bedingungsfeld des Handlungsraumes frühneuzeitlicher Universitätsstädte und sind nur vor diesem Hintergrund zu verstehen. Denunziationen gegen arkane Gesellschaften lagen also auf einer Schnittfläche verschiedener Handlungsfelder und sind deshalb keine eindimensionalen und in sich eindeutig greifbaren Akte. Vielmehr nimmt das Denunziationsverhalten mehrere Bedeutungsebenen in sich auf, die je nach der Perspektive ihrer Betrachtung und der spezifischen Fragestellung fassbar werden. Es kann in seiner konkreten historischen Situierung beides sein: ein jeweils untersuchbarer Einzelfall und ein spezifisches

Ignaz Aurelius Feßler und die Reform der Großloge Royal York in Berlin. Tübingen 1997 (Hallesche Beiträge zur Europäischen Aufklärung 5), S. 76–83; Hardtwig, Sozialverhalten und Wertwandel der jugendlichen Bildungsschicht, S. 311; Johannes Rogalla von Bieberstein, Die These von der freimaurerisch-illuminatischen Verschwörung, in: Geheime Gesellschaft. Weimar und die deutsche Freimaurerei. Katalog zur Ausstellung der Stiftung Weimarer Klassik im Schiller-Museum Weimar 21. Juni bis 31. Dezember 2002. Hg. v. Joachim Berger und Klaus-Jürgen Grün. München/Wien 2002, S. 28–39, insb. S. 30–32. Vgl. auch für die ältere kultur- und sittengeschichtliche Forschung um 1900: Meier, Der hallische Studentenaufstand vom Jahre 1723, S. 1. Zum größeren Kontext siehe: Simon, „Gute Policey“, insb. die Zusammenfassung S. 563–566.

Beispiel für eingeübte, abrufbare denunziatorische Muster, die sich tradieren und über längere Zeiträume fassen lassen. Der Zugang der vorliegenden Arbeit ist deshalb ein doppelter: Mit der Erforschung denunziatorischer Prozesse in Universitätsstädten des 18. Jahrhundert will die Arbeit Terrain erschließen, das im Rahmen der Studenten- und Universitätsgeschichte Neuland darstellt und somit einen Beitrag für die Genese einer Neuen Universitätsgeschichte leistet.[98] Man könnte das in Adaption des berühmten Diktums der kulturgeschichtlich motivierten Politikgeschichte unter dem Motto ‚bringing the university back in' subsumieren. Hier geht es um nicht weniger als um den Platz der Universität im lebensweltlichen Gesamtgefüge historischer Gesellschaftskonstellationen.[99] Auf der anderen Seite aber ist die Studie im Zentrum der Denunziationsforschung zur Vormoderne positioniert und betritt für diese mit dem Gegenstand der Lebenswelt in Universitätsstädten ebenso Neuland. Sie nimmt einen Zeitraum von über einhundert Jahren in den Blick und bietet einen vom Einzelfall der Universitätsstädte abstrahierbaren Zugriff an.

Von diesen Basisüberlegungen ausgehend, wird sich die Arbeit zunächst chronologisch strukturieren. Leitaspekte sind dabei die einzelnen Entwicklungsstufen des Phänomens der Denunziation. Wir beginnen mit der Herausbildung denunziatorischer Angebote und Muster im Zuge der Verdichtung duellbezogener Regelungen in der Zeit zwischen ca. 1700 und ca. 1740 [Erstes Kapitel]. Daran schließt sich ein zweiter Schritt, der die Etablierung der studentischen Geheimgesellschaften in den Lebenswelten der Universitätsstädte zwischen dem Beginn der 1740er und dem Ende der 1760er Jahre in den Blick nimmt und die darauf hin einsetzende Welle arkangesellschaftlicher Verbotsedikte durch die Obrigkeiten beschreibt [Zweites Kapitel]. Auf dieser Grundlage werden dann die Denunziationen selbst untersucht [Drittes Kapitel], bevor im Anschluss beobachtet wird, wie im ausgeformten Medienzeitalter[100] des späten 18. Jahrhunderts neue Wege und Handlungsfelder im Kampf um die Praktiken Akademischer Freiheit erschlossen werden [Viertes Kapitel]. Schließlich wird eine Politikgestaltung beschrieben, die seit den

---

98 Marian Füssel spricht in diesem Kontext von „Alltagskulturgeschichte" und der „Erforschung der Alltagswirklichkeit frühmoderner Universitätsstädte"; ders., Devianz als Norm?, hier S. 148 und 166; vgl. auch Winfried Müller, Die Universitäten des Alten Reiches in der Frühen Neuzeit, in: Jahrbuch für Universitätsgeschichte 9/2006: Die Universitäten des Alten Reiches in der Frühen Neuzeit. Gastherausgeber: Winfried Müller, S. 9–14, insb. S. 10, 12–14, Müller spricht hier von der „Veralltäglichung" von „jenseits der intellektuellen Wissensvermittlung liegende[n] Prägungen" (S. 14).

99 Vgl. jetzt auch: Wolfgang Kaschuba, Editorial, in: Jahrbuch für Universitätsgeschichte 10/2007: Alltagswelt Universität. Gastherausgeber: Wolfgang Kaschuba, S. 7–10, hier S. 8: „Denn nur wenn eine alltagsweltliche Perspektive, die sozial- und kulturgeschichtlich gerahmt ist, nach den Talaren nun auch die anderen verbrämenden Schleier der akademischen Welt endlich lüftet, wird der Blick frei auf ihre […] Regeln und Ordnungen, Herrschafts- und Abhängigkeitsverhältnisse, Karrieren und Statuskonzepte, rituellen und symbolischen Praxen."

100 Vgl. einführend: Ernst Fischer/Wilhelm Haefs/York-Gothart Mix, Einleitung: Aufklärung, Öffentlichkeit und Medienkultur in Deutschland im 18. Jahrhundert, in: dies. (Hg.), Von Almanach bis Zeitung. Ein Handbuch der Medien in Deutschland 1700–1800, München 1999, S. 9–23.

frühen 1780er und dann besonders in den 1790er Jahren versucht, in überterritorialer Ausrichtung und auf alternativen Wegen zu agieren – eine Praxis, die auch auf den Erfolg der bisherigen Bemühungen um einen Informationstransfer mittels Denunziationen hin gelesen wird [Fünftes Kapitel]. In die Kapitel zu diesem Entwicklungsgang sind systematische Fragestellungen jeweils horizontal eingezogen. Schließlich werden die vertikalen und horizontalen Beobachtungen in einem systematisierenden Schlusskapitel zusammengeführt.

In diesem Schema kristallisieren sich die Rahmenbegriffe des Zugriffs heraus: Politik und Kommunikation. Ihr Verständnis und ihre Operationalisierbarkeit für die vorliegende Arbeit sollen im Folgenden kurz umrissen werden. Beginnen wir mit der *Politik*. Der in Bezug auf das Phänomen der Denunziation und dessen soziale Praxis verwandte Politikbegriff ist prozessual und praxisorientiert ausgerichtet, er ist nicht starr, sondern an einem zielgerichteten Handeln orientiert. Er ist damit dem Grundverständnis Neuer Politikgeschichte verpflichtet, wonach insbesondere Kategorien des Gestaltens obrigkeitlicher Aktivitäten in einem staatsfernen Politikverständnis interessant sind.[101] Rudolf Schlögl hat in diesem Sinne Politik als „soziales Geschehen" beschrieben, in dem „bezogen auf Kollektive Entscheidungen hervorgebracht und so kommuniziert werden, dass sie allgemeine Verbindlichkeit beanspruchen können".[102] Politik wird im Blick auf konkrete Gegebenheiten und Entwicklungsprozesse zu einem veränderlichen Prozess: „‚Politics' is defined here as a system of interaction between groups of people."[103] Es geht mithin um die produktive „Rezeption" von Politik, wobei die „Grenze zwischen Politik und Nicht-Politik" fließend bleibt.[104] In diesen Übergangsprozessen wird im Blick auf vormoderne Lebenswelten als Objekten der Politikgestaltung der Gegenstand konturiert: Wir blicken auf eine sich politisierende und noch nicht auf eine politische Gesellschaft.[105] In den Blick gerät so eine lebensweltlich orientierte Handlungsgeschichte, mit der wir die Sozialisation des Politischen im Alltag beobachten können. Wie gehen die Studenten mit den auf sie ausgerichteten landesherrlichen und universitären Maßnahmen um? Welche aktiven Handlungsoptionen entwickeln sie daraus? Es geht nicht um

[101] Exemplarisch: Ute Frevert, Neue Politikgeschichte, in: Joachim Eibach/Günther Lottes (Hg.), Kompass der Geschichtswissenschaft. Ein Handbuch. Göttingen 2002 (UTB für Wissenschaft 2271), S. 152–164, hier S. 156; dies., Neue Politikgeschichte: Konzepte und Herausforderungen, hier S. 12f. und 23; Landwehr, Diskurs – Macht – Wissen, z.B. S. 77f., 95f., 99, 101–103; Nicklas, Macht – Politik – Diskurs, S. 20–25.

[102] Schlögl, Vergesellschaftung unter Anwesenden, S. 21.

[103] Friedrichs, Urban Politics in Early Modern Europe, S. XIV.

[104] Thomas Mergel, Überlegungen zu einer Kulturgeschichte der Politik, in: Geschichte und Gesellschaft 28 (2002), S. 574–606, hier S. 583f.; siehe außerdem Frevert, Neue Politikgeschichte, S. 163f.

[105] Vgl. Wolfgang Neugebauer, Aufgeklärter Absolutismus, Reformabsolutismus und struktureller Wandel im Deutschland des 18. Jahrhunderts, in: Werner Greiling/Andreas Klinger/Christoph Köhler (Hg.), Ernst II. von Sachsen-Gotha-Altenburg. Ein Herrscher im Zeitalter der Aufklärung. Köln/Weimar/Wien 2005 (Veröffentlichungen der Historischen Kommission für Thüringen. Kleine Reihe 15), S. 23–39, hier S. 23.

eine „Interaktion von Herrschenden und Beherrschten“ in „herrschaftskritischer Absicht“. Vielmehr zielt ein solch reflexives und prozessuales Politikverständnis darauf, die Mechanismen des Alltags und damit ein „entspanntes Verhältnis von mikro- und makrohistorischen Aspekten“ in den Blick zu nehmen.[106] Von Interesse sind die Wirkungszusammenhänge von „Struktur-Handlungs-Relationen“.[107] Im Brennpunkt der Studie steht das Phänomen der Denunziation als Ausdruck und Instrument der Politik in der Lebenswelt der Universitätsstadt.

So verstanden ist Politik kein eindimensionales Gebilde, sondern ein Prozess, der eine Weiterentwicklung bzw. zumindest eine Weiterschreibung selbst gesetzter Standards und Gebote mittels kritischer Prüfung ihrer Wirkmächtigkeit durch die Obrigkeiten beschreibt. Dieses Wechselspiel ist ein beständig ablaufender Prozess im 18. Jahrhundert, der aus den Handlungen der Politikträger und ihrer Ausführungsorgane einerseits und den Personen der Zielgruppen der jeweiligen Politik andererseits generiert wird. Es geht konkret um das Inbezugsetzen des Alltags der Studenten mit den struktur- und rahmenbildenden Tätigkeiten der Disziplinarpolitik. Die Normproduktion hat zwar auf das Leben der Menschen vor Ort eingewirkt, aber nicht immer so, wie es intendiert war, und umgekehrt hat das Verhalten bzw. das Reagieren der Menschen auf die Gestaltung von Normen und Politik zurückgewirkt. Politik stellt sich nicht als Prozess dar, „in dem von oben nach unten dekretiert, regiert, entschieden wird“.[108] Ein neues Politikverständnis geht konform mit einem Verständnis von frühneuzeitlicher Herrschaft als einem mehrpoligen Bezugssystem, wobei die Ausgestaltung der Herrschaft, so Markus Meumann und Ralf Pröve, als ein dynamischer und kommunikativer Prozess verstanden wird:

> Damit ist eine veränderte Auffassung von Herrschaftspraxis gemeint, die nicht länger von einer bipolaren Beziehung von Herrschenden und Beherrschten ausgeht, sondern diese durch ein multipolares Modell ablöst, in dem die bisherigen Pole des Machtausübenden und des Beherrschten nur mehr zwei von mehreren Bezugspunkten darstellen. Dazu treten andere Agenten und Referenzebenen, Personen ebenso wie Medien und Strukturen, die von Herrschenden wie von Beherrschten gemeinsam als Verständigungsrahmen akzeptiert und immer wieder neu bestätigt bzw. diskursiv verändert wurde.[109]

---

[106] Wolfgang Reinhard, Was ist europäische politische Kultur? Versuch zur Begründung einer politischen Historischen Anthropologie, in: Geschichte und Gesellschaft 27 (2001), S. 593–616, hier S. 593, 597 und 595; siehe außerdem: Friedrichs, Urban Politics in Early Modern Europe, S. 3f.; Brachtendorf, Konflikte, Devianz, Kriminalität, S. 15.

[107] Landwehr, Diskurs – Macht – Wissen, S. 102. Siehe auch Nicklas, Macht – Politik – Diskurs, S. 12f. (Wirkungszusammenhänge).

[108] Frevert, Neue Politikgeschichte, S. 158; siehe auch Härter, Policey und Strafjustiz in Kurmainz, Zweiter Halbband, S. 818f.

[109] Markus Meumann/Ralf Pröve, Die Faszination des Staates und die historische Praxis. Zur Beschreibung von Herrschaftsbeziehungen jenseits teleologischer und dualistischer Begriffsbildungen, in: dies. (Hg.), Herrschaft in der Frühen Neuzeit. Umrisse eines dynamisch-kommunikativen Pro-

Politik als Vollzugssystem von Herrschaft verstanden meint also im Blick auf die universitätsstädtischen Gegebenheiten des 18. Jahrhunderts und die Lebenskultur der Studenten ein agiles obrigkeitliches Handeln, das auf Änderungen und Dysfunktionen in der alltäglichen Lebenswelt in innenpolitischer als auch überterritorialer Perspektive reagiert. Theoretische Abstraktion und historische Gegebenheit gehen dabei Hand in Hand. Wo allerdings die Grenzen dieser Flexibilität im 18. Jahrhundert – mithin die Grenzen gestaltender Politik lagen – wird ebenso zu prüfen sein.

Innerhalb eines solchen Politikverständnisses spielen kommunikative Abläufe eine zentrale Rolle, denn durch sie wird der interaktive Politikprozess überhaupt erst ermöglicht. Die Form und Intensität der *Kommunikation* hat in erheblicher Weise damit zu tun, wie wer tatsächlich erreicht werden kann. Die studenten- und universitätsgeschichtliche Forschung hat die Wege herausgearbeitet, die die Obrigkeiten gegangen sind, um möglichst viele, respektive alle Studenten anzusprechen: die Erlasse und Edikte sind gedruckt, sie sind an den Schwarzen Brettern (die sich jeweils an zentralen Orten der Universität befanden)[110] ausgehängt und immer wieder in Regelwerken zusammengefasst worden.[111] Dem gegenüber standen die umgekehrt laufenden Kommunikationsprozesse des Informationstransfers von den Einzelnen an die Obrigkeiten. Dabei wird zunächst zu zeigen sein, dass wir es auch hier nicht mit zwei statisch voneinander getrennt, mithin in zwei Kanälen von ‚oben nach unten' bzw. von ‚unten nach oben' laufenden Kommunikationssträngen zu tun haben – beide bedingen sich und reagieren aufeinander.[112] Damit meint Kommunikation nicht nur den einfachen Akt des Informations- bzw. Wissenstransfers (der ‚Nachricht') von A (Sender) nach B (Empfänger) mittels C (Medium),[113] sondern mit dem Akt der Kommunikation ist ein Prozess gemeint, der sowohl die Herkunft der zu kommunizierenden Informationen und Wissensbestände als auch ihre Zusammenstellung und Beschaffung, ihre Modellierung und Aufbereitung *vor* der eigentlichen Weitergabe an den Empfänger umfasst. Des Weiteren spielen auch die Form des Mediums, die

zesses. Münster 2004 (Herrschaft und soziale Systeme in der Frühen Neuzeit 2), S. 11–49, hier S. 45.

110 Siehe dazu auch das Dritte Kapitel, Abschnitt I.

111 Vgl. exemplarisch: Leges Academicae Studiosis in Regia Fridericiana observandae. Halae Magdeburgicae [nach 1767], [ULB Halle, Pon. Yb 3775 w, QK] sowie Gesetze für die Studierende auf der Universität zu Greifswald; von der von Sr. Königl. Majestät zu derselben Visitation allergnädigst verordneten Commission gegeben und publicirt. Greifswald, den 22ten Jun. 1774. [UB Greifswald: Hs 320:6].

112 Zur Problematik von ‚oben-unten' bzw. ‚unten-oben'-Schemata und -Dichotomien siehe Hohkamp, Herrschaft in der Herrschaft, insb. S. 16–20, 255.

113 Zu diesem klassischen Model kommunikativer Strukturen siehe im Kontext des 18. Jahrhunderts: Ralf Pröve, Herrschaft als kommunikativer Prozess: das Beispiel Brandenburg-Preußen, in: ders./ Norbert Winnige (Hg.), Wissen ist Macht. Herrschaft und Kommunikation in Brandenburg-Preußen 1600–1850. Berlin 2001 (Schriftenreihe des Forschungsinstituts für die Geschichte Preußens e.V. 2), S. 11–21, hier S. 13f. und im Kontext der Denunziationsforschung (dort auch weitere Literatur): Hüchtker, Das „Räubergesindel" und die Unruhen in der Zeit der Französischen Revolution, S. 152f.

Träger und Wege der Nachrichten eine wichtige Rolle. Zwar wird hier nicht das Medium selbst zur zentralen Instanz, aber dessen Materialität[114] kann sehr wohl Aussagen über den Vorgang der Kommunikation, also auch der Denunziation, liefern. Und ebenso meint Kommunikation nicht nur das passive In-Empfang-Nehmen der Informationen durch den Adressaten, sondern auch dessen Umgang damit: Gehen sie in einen Diskurs ein oder werden sie individuell-arkan behandelt? Werden sie verschriftlicht und archiviert? Diese Fragen und die damit verbundenen Arten der Kommunikation liefern Anhaltspunkte für die Einstufung von und den Umgang mit den durch Denunziationen transportierten Wissensbeständen auch auf Seiten des Empfängers, der Obrigkeiten: Wie ging man mit den gewollten Denunziationen um? Die Struktur des Kommunikationsvorgangs spielt insgesamt eine erhebliche Rolle für ihre Einordnung und Beschreibung – so wird deutlich, wie Denunzianten Wege fanden, gehört zu werden. Im Bezugsfeld einer sozial- und alltagsgeschichtlich orientierten Kommunikationsgeschichte sowie einer kulturgeschichtlich ausgerichteten Politikgeschichte ist es möglich, die historische Denunziation als Forschungsgegenstand zu verorten. Damit kommt die Frage in den Blick, welches Handeln tatsächlich als ‚Denunziation' zu verstehen ist?

Im Blick auf dieses Problem entwickelt und nutzt die vorliegende Arbeit als heuristisches Modell eine *Typologie informierenden Verhaltens*. Dies geschieht mit dem Ziel, die Verschiedenartigkeiten der Informationswege aufzuzeigen und zu profilieren, mithin der historischen Kommunikationssituation und ihren divergierenden Quellen und Motivationen zu entsprechen.[115] Es geht nicht um eine Reduzierung oder Einebnung des historischen Phänomens der Denunziation, sondern um seine Konturierung am historischen Beispiel.[116] Die Elemente dieser Typologie sind: anonyme Denunziationen, offizielle und nichtanonyme Anzeigen, Gerüchte, Spitzelinformationen sowie Aussagen in laufenden Untersuchungen. Blicken wir im Folgenden auf die einzelnen Typen.

Die universitären Obrigkeiten der Frühen Neuzeit unterschieden in einem sich allmählich entwickelnden Prozess die *anonyme Denunziation* und die *rechtlich sanktionierte Anzeige* – dies lässt sich etwa am unterschiedlichen Umgang mit Injurien- und Schwangerschaftsklagen einerseits und Denunziationen geheimer Gesellschaften ander-

---

[114] Vgl. exemplarisch: K. Ludwig Pfeiffer, Materialität der Kommunikation?, in: Hans Ulrich Gumbrecht/ders. (Hg.), Materialität der Kommunikation. Frankfurt a.M. 1988, S. 15–28; Martin Fontius, Post und Brief, in: ebd., S. 267–279.

[115] Vgl. im zeithistorischen Kontext: Thonfeld, Sozialkontrolle und Eigensinn, S. 5, 73–75 sowie außerdem Würgler, Verschwiegenheit und Verrat, S. 103, der vom „Phänomen gradueller Denunziation" spricht; siehe auch Nicklas, Macht – Politik – Diskurs, S. 10, der von der „Phänomenologie der Vielfalt" als Abbild des Seins spricht.

[116] Koch, Denunciatio, S. 10, plädiert angesichts der „Unmöglichkeit", die Denunziation „auf eine allgemeingültige Formel" reduzieren zu können, für den „Weg der Annäherung". Siehe auch Hohkamp, Denunziation für und gegen die Obrigkeit, S. 63f. (die alle Informationsvorgänge an die Obrigkeit als Denunziation versteht); vgl. außerdem Hohkamp/Ulbrich, Wege zu einer inter- und intrakulturellen Denunziationsforschung, S. 12f. und Fitzpatrick, Denunciation and Problems of Loyalty and Citizenship, S. 395.

erseits ablesen. Eine Hypothese der Arbeit ist, das damit *eine* Nahtstelle im Alten Reich des 18. Jahrhunderts zu beobachten ist, an der sich eine politisch motivierte Denunziation von den lebensweltlich-rechtlich begründeten Anzeigen zu lösen beginnt. Komplementär dazu kreierten die Studenten ihren eigenen Begriff von denunziatorischem Verhalten („Petzen“).[117] Der auf diese Weise unausgesprochen bestehende Konsens zwischen Studenten und Universitätsobrigkeit über das Denunziationsverhalten hat sich in einer ganz konkret fassbaren, schriftlichen Form der Nachrichtenübermittlung materialisiert: dem anonymen Denunziationszettel. Im Zentrum der Studie stehen damit jene Vorgänge, die zeitgenössisch auch im sozialen Feld der Handelnden als Denunziation angesehen wurden. Diese sind von Menschen auf den Weg gebracht worden, die nicht aus Dienstverpflichtungen oder anderen (auch honorierten) Abhängigkeitsverhältnissen heraus gehandelt haben, sondern die aus individuellen Kontexten und Entscheidungslagen heraus generiert wurden. Ihre Wesenselemente – die spezifischen Medien sowie die benutzte Sprache – können gezielt auf die in den Quellen greifbaren Erscheinungsformen hin befragt werden: Warum wurden welche Medien und Übermittlungswege gewählt? Gab es dabei erkennbare, typische Muster? Und: Kann man in den schriftlichen Denunziationen Argumentationsschemata bzw. semantische Stereotype erkennen, die eine spezifische Denunziationsrhetorik ausmachen? Werden die Denunziationen jeweils aus der einzelnen Situation heraus und auf diese bezogen gerechtfertigt? Werden Denunziationen im 18. Jahrhundert überhaupt inhaltlich gerechtfertigt und fundiert?

Darüber hinaus kommt ein weiterer Typ des Informationstransfers an die Obrigkeiten in den Blick,[118] von dem sich oft nicht sagen lässt, inwieweit die mit ihm transportierten Informationen und Nachrichten gezielt lanciert worden sind oder ob sie zufällig durch sich überschneidende Kommunikationskreise zur Kenntnis der Obrigkeit gelangten: die *Gerüchte* als „Teil einer mündlichen Wissensvermittlung“, dem innerstädtischen *Hörensagen.*[119] Sie stellen eine Art Graubereich denunziatorischen Handelns dar. Man konnte

---

[117] Studenten=Lexicon. Aus den hinterlassenen Papieren eines unglücklichen Philosophen Florido genannt, ans Tageslicht gestellt von Christian Wilhelm Kindleben der Weltweisheit Doktor und der freyen Künste Magister. Halle 1781 (Nachdruck der Originalausgabe Leipzig 1973), S. 18: „Anpetzen“; einen „bey seinen Vorgesetzten anschwärzen“, und S. 156: „Petzen“; auch: Studentensprache und Studentenlied in Halle vor hundert Jahren. Neudruck des „Idiotikon der Burschensprache“ von 1795 und der „Studentenlieder“ von 1781. Eine Jubiläumsgabe für die Universität Halle=Wittenberg dargebracht vom Deutschen Abend in Halle. Halle 1990 (Reprint der Originalausgabe 1894), S. 11, 86. Siehe außerdem: Robert Paschke, Studentenhistorisches Lexikon. Aus dem Nachlaß herausgegeben und bearbeitet von Friedhelm Golücke. Köln 1999 (GDS-Archiv für Hochschul- und Studentengeschichte. Beiheft 9), S. 69. Siehe auch König, Aus zwei Jahrhunderten, S. 11, 83.

[118] Siehe dazu auch: Hohkamp/Ulbrich, Wege zu einer inter- und intrakulturellen Denunziationsforschung, S. 13; Hüchtker, Das „Räubergesindel“ und die Unruhen in der Zeit der Französischen Revolution, S. 184.

[119] Jakob Vogel, Die Politik des Gerüchts. Soziale Kommunikation und Herrschaftspraxis in Frühneuzeit und Moderne, in: Politik des Gerüchts. Hamburg 1996 (Werkstatt Geschichte 15), S. 3–10; Gerhard Sälter, Gerüchte als subversives Medium. Das Gespenst der öffentlichen Meinung und die Pariser Polizei zu Beginn des 18. Jahrhunderts, in: ebd., S. 11–19; Andreas Würgler, Fama und Ru-

gezielt Informationen, Wissen oder Vermutungen in den Informationshaushalt einer Universitätsstadt einspeisen ohne unmittelbar als Denunziant aufzutreten. Die Weitergabe von Neuigkeiten über ein Duell oder eine landsmannschaftlich organisierte Theateraufführung konnte über Dritte auch eher zufällig in Ohren gelangen, für die sie nicht bestimmt waren und erst dort durch Umdeutung bzw. Übersetzung in obrigkeitlich relevante Kontexte denunziatorischen Gehalt erlangen.[120]

In Bezug auf den mündlichen Informationshaushalt der Stadt kommt schließlich der nächste Typ der Informationsübermittlung in den Blick: die bezahlten *Zuträger und Spitzel.* Auch wenn es im Alten Reich des 18. Jahrhunderts im Gegensatz zum Paris des 18. Jahrhunderts noch keine systematisch ausgebauten geheimpolizeilichen Strukturen gegeben hat,[121] haben Obrigkeiten dennoch gezielt versucht, Zuträger aus Lebenswelten zu gewinnen, deren Kontrolle und Disziplinierung ihnen ohne einschlägige Informatio-

---

mor. Gerücht, Aufruhr und Presse im Ancien Régime, in: ebd., S. 20–32; Dietlind Hüchtker, „Da hier zu vernehmen gekommen ...". Gerüchte und Anzeigen am badischen Oberrhein im Ancien Régime, in: Denunzianten in der Neuzeit: Politische Teilnahme oder Selbstüberwachung? (Sozialwissenschaftliche Informationen [Sowi] 27 [1998]), S. 93–99; dies., Das „Räubergesindel" und die Unruhen in der Zeit der Französischen Revolution, insb. S. 159–163 (hier das Zitat S. 160), 179f. und 193f.; Walz, Dörfliche Hexereiverdächtigung und Obrigkeit, S. 90; Katharina Simon-Muscheid, Frauen vor Gericht. Erfahrungen, Strategien und Wissen, in: Münch (Hg.), „Erfahrung" als Kategorie der Frühneuzeitgeschichte, S. 389–399; Ceballos Gómez, Staat, lokale Eliten und Denunziation im Amerika des Ancien Régime, S. 55–75, insb. S. 65; Hüchtker, „Da hier zu vernehmen gekommen ...", S. 94–98; Rau, Von „Lockungen", „Verführungen" und „Zwang", S. 345; außerdem: Jörg Requate, „Unverbürgte Sagen und wahre Fakta". Anmerkungen zur „Kultur der Neuigkeiten" in der deutschen Presselandschaft zwischen dem 18. und der ersten Hälfte des 19. Jahrhunderts, in: Bernd Sösemann (Hg.), Kommunikation und Medien in Preußen vom 16. bis zum 19. Jahrhundert. Stuttgart 2002 (Beiträge zur Kommunikationsgeschichte 12), S. 239–254, insb. S. 239–241; zu den aktuellen Fragestellungen der Gerüchteforschung siehe: Hedwig Pompe, Tagungsbericht zu: Fama: Die Kommunikation der Gerüchte, in: http://hsozkult.geschichte.hu-berlin.de/tagungsberichte/id=1338 [Februar 2007]. Außerdem für einen Überblick: Hans-Joachim Neubauer, Fama. Eine Geschichte des Gerüchts. Berlin 1998 sowie die Rezension dazu von Gerhard Sälter, in: http://hsozkult.geschichte.hu-berlin.de/rezensionen/id=251 [18.02.2000].

[120] Dietlind Hüchtker charakterisiert das Hörensagen als „unpersönliche Verbreitung von Wissen" (Das „Räubergesindel" und die Unruhen in der Zeit der Französischen Revolution, S. 190); siehe auch Nolte, Demagogen und Denunzianten, S. 39.

[121] Gerhard Sälter, Lokale Gemeinschaften und frühneuzeitliches Anzeigeverhalten. Zur Kooperation von Familien, Polizei und *Communities* bei Sanktionen durch *Lettres de cachet* in Paris (1697–1715), in: Hohkamp/Ulbrich (Hg.), Der Staatsbürger als Spitzel, S. 297–321, hier u.a. S. 300–306; Gudrun Gersmann, Schattenmänner. Schriftsteller im Dienst der Pariser Poizei des Ancien Régime, in: Jerouschek/Marßolek/Röckelein, Denunziation, S. 99–126; dies., Vom Denunzianten zum Revolutionär. Die Pariser Buchpolizei des Ancien Régime und ihre Informanten, in: Hohkamp/ Ulbrich (Hg.), Der Staatsbürger als Spitzel, S. 341–358; Günter Jerouschek, Mit Worten töten. Historische und psychologische Überlegungen zur Denunziation, in: Historical Social Research – Historische Sozialforschung 26 (2001), Nr. 2/3. Sonderheft Denunziation. Hg. v. Inge Marßolek und Olaf Stieglitz, S. 44–54, hier S. 52f.

nen nur schwer möglich war.[122] Daniel Wilson hat auf Basis intensiver Quellenkenntnis für die Universitätsstadt Jena am Ende des Jahrhunderts von einem regelrechten „Nachrichtendienst“ gesprochen.[123] Hinzu kommt, dass neben Prorektoren und Professoren, die eigene Zuträger unterhalten konnten, die Universitätspedelle als Grenzgänger zwischen Studentenalltag und Universitätspolitik im Rahmen ihrer Dienstgeschäfte traditionell Informationen kauften.[124] Dieser Informationstransfer hat sicher auch denunziatorische Implikationen, er folgt aber einer anderen Logik:[125] Hier stammen die Informationen – im Gegensatz zu den anonymen Denunziationszetteln – aus (semi)professionellen Zusammenhängen, die in erster Linie materiell, durch finanzielle Vergütung bzw. durch dienstliche Verpflichtungen motiviert und verursacht waren.[126] Mit den *Aussagen vor Gericht in laufenden Untersuchungen*, die zumeist auf Verhören basierten und die den Obrigkeiten über die spezifischen Inhalte von anonymen Denunziationen, offiziellen Anzeigen, Gerüchten und Spitzelinformationen hinaus weiter reichende Informationen zur Verfügung stellten, haben wir die Typologie informierenden Verhaltens umrissen.

Kernstück der vorliegenden Arbeit ist die anonyme Denunziation. Mit ihr haben wir einen Moment des Auftretens von Denunziationen in einem politisch gleichsam modernen Sinn im Blick. Es wird also nicht behauptet – dies sei ausdrücklich betont –, dass

---

[122] Siehe exemplarisch: Michaela Hohkamp, Denunziation für und gegen die Obrigkeit. Konstanz am Ende des 18. Jahrhunderts, in: dies./Ulbrich (Hg.), Der Staatsbürger als Spitzel, S. 61–85, hier S. 65–71 und 79f.; Landwehr, „... das ein nachbar uff den andern heimblich achtung gebe.“, S. 36f. und 41; Würgler, Verschwiegenheit und Verrat, S. 99–105; Hüchtker, Das „Räubergesindel“ und die Unruhen in der Zeit der Französischen Revolution, S. 180; Rau, Von „Lockungen“, „Verführungen“ und „Zwang“, S. 351–353; Nolte, Demagogen und Denunzianten, S. 89.

[123] W. Daniel Wilson (Hg.), Goethes Weimar und die Französische Revolution. Dokumente der Krisenjahre. Köln 2004, S. 31.

[124] Vgl. Ulrich Rasche, Über die „Unruhe“ am „academischen Uhrwerck“. Quellenstudien zur Geschichte des Dienstpersonals der Universität Jena vom 17. bis zum frühen 19. Jahrhundert, in: Zeitschrift des Vereins für Thüringische Geschichte 53 (1999), S. 45–112, hier S. 52f.; Brüdermann, Göttinger Studenten und akademische Gerichtsbarkeit, S. 61f.; Wilson, Goethes Weimar und die Französische Revolution, S. 31f. (dort ein Reihe Quellenbelege); siehe auch ders., Das Goethe-Tabu. Protest und Menschenrechte im klassischen Weimar. München 1999, S. 290; Wagener, Pedelle, Mägde und Lakaien, S. 280 („Auf Universitätskosten durften auch Späher angestellt werden.“). Darin und in anderen Punkten ähnelten die Aufgaben der Pedelle jenen der Stadtknechte; vgl. Behrisch, Städtische Obrigkeit und soziale Kontrolle, S. 225.

[125] Siehe: Holger Zaunstöck, Überwachung durch Denunziation? Studentische Arkanwelten als Gegenstand der Politikgestaltung vor 1800, in: Arkanwelten im politischen Kontext. Hg. v. Monika Neugebauer-Wölk. Hamburg 2003 (Aufklärung. Interdisziplinäres Jahrbuch zur Erforschung des 18. Jahrhunderts und seiner Wirkungsgeschichte 15), S. 187–212, hier S. 197f.

[126] Vgl. etwa: Jerouschek/Marßolek/Röckelein, Denunziation – ein interdisziplinäres Forschungsfeld, S. 16 („angeheuerte Berufsspitzel“) und 19 („Berufsdenunziantentum“); Sälter, Denunziation, S. 156; Walter Müller-Seidel, Zur Einleitung, in: ders./Wolfgang Riedel (Hg.), Die Weimarer Klassik und ihre Geheimbünde, Würzburg 2003, S. 9–26, hier S. 10f.; Alf Lüdtke/Gerhard Fürmetz, Denunziation und Denunzianten: Politische Teilnahme oder Selbstüberwachung?, in: Denunzianten in der Neuzeit: Politische Teilnahme oder Selbstüberwachung? (Sozialwissenschaftliche Informationen [Sowi] 27 [1998]), S. 80–86, hier S. 81.

damit der Ursprung denunziatorischen Verhaltens benannt ist. Die Sache verhält sich anders herum. Das Erkenntnisziel besteht nicht darin, den Anfangspunkt dieser Entwicklung bezeichnen zu wollen. Es kommt im Blick auf die frühneuzeitliche Denunziation vielmehr darauf an, die *jeweiligen* Bedingungskonstellationen in den Blick zu nehmen. Diese Perspektive dient der weitergehenden Verständnisfrage, wie das Phänomen der Denunziation Teil von zivilen Gesellschaften wird. Ziel der Arbeit ist es, die *Emergenz der Denunziation* im Raum der Universitätsstädte des 18. Jahrhunderts zu beschreiben. Der Begriff der Emergenz hat in den letzten Jahren sowohl in den Kultur als auch in den Naturwissenschaften interdisziplinär Karriere gemacht. Deshalb hat Hans Ulrich Gumbrecht von der „Emergenz der Emergenz" gesprochen.[127] Die Arbeitsfelder, in denen er verwandt wird, sind kaum noch zu überblicken.[128]

Aus dem weit gespannten Begriffsfeld wird der Begriff ‚Emergenz' hier für die Beschreibung neu auftauchender Phänomene in sozialen Kontexten unter Hinzuziehung ihrer jeweiligen Entstehungsbedingungen adaptiert.[129] Die Emergenz der Denunziation umschließt damit sowohl die bewusst in Gang gesetzten und gesteuerten, qualitativen Entwicklungsprozesse im Vorfeld, die auf ihre Stimulation ausgerichtet sind, als auch den Vorgang des Auftretens, des Sichtbarwerdens und der Zurkenntnisnahme der Denunziation selbst. Mit Abschluss des Emergenzprozesses ist die Denunziation in der jeweiligen Gesellschaft verankert, eingeführt und damit anwendbar. Dies sagt noch nichts über das Ausmaß ihrer Akzeptanz aus und auch nichts darüber, ob viele oder wenige Studenten, und wenn ja, unter welchen Umständen, denunziatorisch gehandelt haben. Mit einer auf die Erfassung und Beschreibung ihrer Emergenz ausgerichteten Analyse aber lassen sich die konkrete historische Situierung, der Bedingungsrahmen, die Erscheinungsformen, die Argumentations- und Handlungsmuster von Denunziationen und auch die Reaktionen auf sie greifen.

In der Zusammenführung aller im Vorangegangenen aufgefächerten Aspekte zur Emergenz der Denunziation im Handlungsraum der Universitätsstadt des 18. Jahrhunderts lässt sich ein integrativer Ansatz entwickeln: das *Milieu des Verdachts*. Das Milieu des Verdachts beschreibt den Nährboden und die Umstände für Denunziationen. Die Bezeichnung trifft die Stimmungen und Spannungen im Umfeld der durch obrigkeitliche

---

[127] Hans Ulrich Gumbrecht, Die Emergenz der Emergenz. Was sich nicht von einer Theorie erfassen oder vorhersagen läßt: Klassische Grundannahmen über die Produktion von Wissen sind in Bewegung geraten, in: Frankfurter Allgemeine Zeitung vom 19. April 2003, Nr. 92, S. 38.

[128] Siehe dazu exemplarisch: Thomas Wägenbaur, Einleitung, in: ders. (Hg.), Blinde Emergenz? Interdisziplinäre Beiträge zu Fragen kultureller Evolution. Bonn 2000 (Hermeia 1), S. 1–32; Rupert Riedl, Wie wohl das Neue in die Welt kommt? Eine Einführung, in: Ludwig Huber (Hg.), Wie das Neue in die Welt kommt. Phasenübergänge in Natur und Kultur. Wien 2000 (Wiener Beiträge zur Wissenschaftstheorie 6), S. 9–22; Achim Stephan, Theorien der Emergenz, in: Information Philosophie 28 (2000), Heft 2, S. 18–27.

[129] In der Philosophie entspricht diese Vorgehensweise einer schwachen Emergenz, die „auf die Bestandteile und die Mikrostruktur ihres jeweiligen Trägers zurückführbar" ist; Stephan, Theorien der Emergenz, S. 27.

Verbotsgesetze geächteten studentischen Arkangesellschaften und der Praktiken akademischer Freiheit in *atmosphärischer* Weise.[130] Die arkan organisierten Studenten waren daran interessiert, dass so wenig wie möglich Informationen nach außen drangen bzw. nur diejenigen Personen in ihre Aktivitäten involviert wurden, auf deren Dienstleistungen und Zuarbeiten sie angewiesen waren und denen sie vertrauen konnten bzw. mussten. Die universitären Obrigkeiten wiederum waren daran interessiert, so viele Informationen wie möglich zu erlangen. Mithin bestand eine permanente Entdeckungs- und Denunziationsgefahr. *Das Gespenst des Verdachts ging um.* Diesen Überlegungen entspricht die Beobachtung, dass „in der Regel im gleichen sozialen Milieu denunziert wurde".[131] Ähnliche Beschreibungen, die sich auf den unspezifischeren Klimabegriff beziehen, hat die Denunziationsforschung zur Vormoderne bereits genutzt. So wurde vom „Klima der Angst",[132] von einem „denunziationsfreundlichen Klima",[133] von einem „Klima gegenseitiger Bespitzelung und Angst"[134] bzw. von einem „Klima der Unsicherheit und der Angst" oder einem „Klima des Misstrauens"[135] und schließlich einem „Klima der Furcht"[136] gesprochen.

Die Annahme eines Milieus des Verdachts erlaubt darüber hinaus, das Atmosphärische konzeptionell zu fassen.[137] Die Begriffe *Milieu* und *Verdacht* verkörpern sowohl zwei bestimmende Merkmale der historischen Gegebenheiten wie auch konzeptionell operationalisierbare Herangehensweisen. Der Milieubegriff wird in der Geschichtswissenschaft in der Regel mit Forschungen vor allem zum 19. Jahrhundert und zur Zeitgeschichte assoziiert, mit Arbeiten zu politisch bzw. weltanschaulich und religiös (sozialistisch, konservativ, katholisch, protestantisch) unterschiedlich ausgeprägten Lebenszusammen-

---

130 Vgl. in diesem Kontext Mohnhaupt, Grundlinien in der Geschichte der Gesetzgebung, S. 156 zur „legislatorischen Milieu-Theorie" (Gesetzgebung unter besonderer Berücksichtigung von lokalen bzw. regionalen Bedingungen, dazu auch ebd., S. 158–160).

131 Jerouschek/Marßolek/Röckelein, Denunziation – ein interdisziplinäres Forschungsfeld, S. 18 .

132 Jerouschek/Marßolek/Röckelein, Denunziation – ein interdisziplinäres Forschungsfeld, S. 21; siehe auch Walz, Dörfliche Hexereiverdächtigung und Obrigkeit, S. 80.

133 So Michaela Hohkamp in Bezug auf die Spitzelaktivitäten der österreichischen Polizeiorgane in Konstanz; allgemeiner spricht sie auch über „Milieukenntnisse"; Hohkamp, Denunziation für und gegen die Obrigkeit, S. 64 und 85.

134 Amalie Fößel, Denunziation im Verfahren gegen Ketzer im 13. und beginnenden 14. Jahrhundert, in: Jerouschek/Marßolek/Röckelein (Hg.), Denunziation. Historische, juristische und psychologische Aspekte, S. 48–63, hier S. 57.

135 Weber, „Anzeige" und „Denunciation" in der frühneuzeitlichen Policeygesetzgebung, S. 595f. (Zitate) und auch 609: „Gewiß scheint, dass die Aufforderung zur Anzeige bis zu einem gewissen Grad ihren Zweck erfüllt hat, nämlich ein Klima zu schaffen, in dem die Gesetzesübertretung aufgrund der drohenden Anzeige zu einem unkalkulierbaren Risiko wurde."

136 Peter Godman, Weltliteratur auf dem Index. Die geheimen Gutachten des Vatikans. Unter Mitwirkung von Jens Brandt. Berlin/München 2001, S. 29.

137 Auch Olaf Stieglitz (Wort-Macht, Sichtbarkeit und Ordnung, S. 255f.) hat sich kritisch gegenüber Bezeichnungen wie „Atmosphäre der Angst" (in Bezug auf die McCarthy-Ära) geäußert, die mehr verschleiern als erklären würden.

hängen in Verbindung gebracht.[138] In den Beschreibungen des Jahrhunderts der Aufklärung begegnet er uns eher selten, und wenn, dann sehr unspezifisch, in einem eher assoziativen Gebrauch. Deshalb gilt es zunächst zu prüfen, ob der für die neuere Geschichte entwickelte Milieubegriff überhaupt auf die Gesellschaft des 18. Jahrhundert transferierbar ist. Oder anders gefragt: Was bestimmt ein Milieu jenseits seiner konkret historischen Bezüge, was sind seine strukturellen Merkmale?

Ausgehend von der „Flexibilität des Milieubegriffs" sind es zunächst zwei Grundmerkmale, die ein Milieu strukturieren: „eine gemeinsame Deutungskultur" (kulturelle Komponente) und „eine besondere Lebensweise" (soziale Komponente), die wiederum durch einen „organisierten Kommunikationszusammenhang" gekennzeichnet ist.[139] Davon ausgehend lassen sich Strukturbedingungen von Milieus enger greifen. Der Zeithistoriker Frank Bösch hat folgende Definition entwickelt: „Der Begriff umschreibt soziale Gruppen, die nicht allein ähnliche materielle Interessen aufweisen, sondern sich durch eine gemeinsame, kulturell verbundene Lebensweise auszeichnen." Seiner Definition liegen vier Elemente zugrunde: „ein gemeinsames Wert- und Normensystem, gemeinsame Organisationen, intergenerationelle Tradierung der Deutungskultur und eine Abgrenzung zu anderen Milieus".[140]

Diese Kriterien lassen sich prinzipiell auf die Welten der arkanen Studentengesellschaften, auf die studentische Gruppenkultur und ihre Freiheitsvorstellungen im 18. Jahrhundert übertragen: Überlegungen und Konzepte der Milieuforschung können also auch für die frühneuzeitliche Geschichte fruchtbar gemacht werden. Milieus sind mithin nicht an den „Kontext der Modernisierung" gebunden,[141] sondern lassen sich auch in zeitlich früher situierten Lebenswelten verifizieren. Dabei ist nicht die Theorie, sondern das Milieu selbst Gegenstand der Untersuchung.[142] Deshalb wird eine analytisch orientierte, zugleich aber heuristisch geprägte Vorgehensweise favorisiert, um die gesellschaftlichen Phänomene der studentischen Freiheit und Arkankultur sowie die politischen Reaktionen darauf greifen, beschreiben und ordnen zu können.

---

[138] Zum Milieubegriff einführend siehe: Olaf Blaschke/Frank-Michael Kuhlemann, Religion in Geschichte und Gesellschaft. Sozialhistorische Perspektiven für die vergleichende Erforschung religiöser Mentalitäten und Milieus, in: dies. (Hg.), Religion im Kaiserreich. Milieus – Mentalitäten – Krisen. Gütersloh 1996 (Religiöse Kulturen der Moderne 2), S. 7–56, insb. S. 22–24 und passim sowie Christoph Schank, „Kölsch-katholisch". Das katholische Milieu in Köln (1871–1933). Köln/Weimar/Wien 2004 (Kölner Veröffentlichungen zur Religionsgeschichte 34), S. 10–18.

[139] Blaschke/Kuhlemann, Religion in Geschichte und Gesellschaft, S. 23; siehe dazu auch Schank, Das katholische Milieu in Köln, S. 11 mit kritischem Unterton.

[140] Frank Bösch, Das konservative Milieu. Vereinskultur und lokale Sammlungspolitik in ost- und westdeutschen Regionen (1900–1960). Göttingen 2002 (Veröffentlichungen des Zeitgeschichtlichen Arbeitskreises Niedersachsen 19), S. 11; vgl. auch Stefan Breuer, Gescheiterte Milieubildung. Die Völkischen im deutschen Kaiserreich, in: Zeitschrift für Geschichtswissenschaft 52 (2004), Heft 11, S. 995–1016, hier S. 995.

[141] Schank, Das katholische Milieu in Köln, S. 15.

[142] Schank, Das katholische Milieu in Köln, S. 13f. (Zitat S. 14).

Im Kontext dieser Überlegung kommt Frank Rexrodts Studie über das „Milieu der Nacht" in den Blick, in der die Genese von Vorstellungen über das Anderssein von Stadtbewohnern am Rand der Gesellschaft (Vaganten, Prostituierte etc.) im spätmittelalterlichen London nachgezeichnet und die daraufhin ablaufenden institutionellen Externalisierungsprozesse beschrieben werden.[143] Rexrodt verwendet den Milieubegriff eher sinnbildlich zur Beschreibung eines Zusammenhangs, in dem das Agieren von Menschengruppen, das Denken darüber sowie in der Folge das Perhorreszieren, Stigmatisieren und Ausgrenzen durch die Obrigkeiten eingeordnet werden. Milieu fungiert hier als eine semantische Metaebene, die zeitgenössische Konstruktionen durch Obrigkeiten erfasst. Im Gegensatz dazu beschreibt das „Milieu des Verdachts" im Umfeld der arkanen Studentenkultur einen Lebenszusammenhang, dessen Organisationsstrukturen und innere Verbindlichkeiten, Wertvorstellungen, Handlungsstrategien und Performanzen *tatsächlich und unabhängig* von den Reflexionen und Imaginationen der Obrigkeiten existent waren. Zwar überhöhten auch die Obrigkeiten des 18. Jahrhunderts die Wirkungen, Folgen und Gefahren, die von der Arkankultur ausgingen, was zu Urteilsschablonen und rhetorischen Stereotypen führte. Diese Bilder aber standen auf einem empirischen Fundament und knüpften an reale Autonomiemuster der Studenten an, sie funktionierten als ein zusätzlicher Handlungsimpuls. Denn bereits das den Obrigkeiten zugängliche faktische Wissen sowie die Erfahrungen im Kampf gegen die Praktiken akademischer Freiheit waren ausreichend, um aus ihrer Sicht politisch-disziplinäre Gegenmaßnahmen zu ergreifen. Das so konstituierte Milieu war ein im 18. Jahrhundert langfristig wirkender Lebenszusammenhang, eine greifbare und abgrenzbare historische Größe, deren Funktionsmechanismen und performative Praktiken zugleich evident im Alltag der Universitätsstädte und im Bewusstsein der Obrigkeiten präsent waren. Das Milieu wird deshalb nicht erst durch Zuschreibungsleistungen ex post konstruiert und so in eine vermeintliche Realitätskategorie überführt,[144] es existierte vielmehr bereits real für die Zeitgenossen. Mithin gehen in der Kategorie *Milieu des Verdachts* historische Gegebenheiten *und* Analyseverfahren zu deren Interpretation auf: Historische Realität und Konzeptionsbildung bedingen so einander.

Dieses Gesamtmilieu setzte sich im Inneren aus einzelnen Segmenten zusammen, zu denen die verschiedenen Orden, Landsmannschaften und Logen ebenso gehörten wie Gruppen der Stadtbürger, die durch Dienstleistungen eng mit den Studiosi verbunden waren (Gastwirte, Zulieferer, Schneider, Goldschmiede, Aufwärterinnen usw.), als auch die Universitätsprofessoren in ihrer Doppelfunktion als akademische Lehrer und politische Praktiker vor Ort. Diese Einzelbestandteile lassen sich auch als Unter- bzw. Einzelmilieus darstellen,[145] zwischen denen Friktionen auftraten.[146] Die Orden beispielswei-

---

[143] Frank Rexroth, Das Milieu der Nacht. Obrigkeit und Randgruppen im spätmittelalterlichen London. Göttingen 1999 (Veröffentlichungen des Max-Planck-Instituts für Geschichte 153), insb. S. 27–31.

[144] Vgl. Blaschke/Kuhlemann, Religion in Geschichte und Gesellschaft, S. 55f.

[145] Vgl. in diesem Zusammenhang auch so genannte „Mikromilieus", deren Mitglieder sich durch einen unmittelbaren und persönlichen Umgang und einen vergleichbaren Lebensstil auszeichnen; Blasch-

se standen sich in der Regel feindlich gegenüber und befanden sich zudem in Konkurrenz zu den Landsmannschaften, die von den Orden aufgrund des in ihnen praktizierten geografisch determinierten Organisationsverhaltens als nicht elitär und somit nicht gleichberechtigt angesehen und behandelt wurden. In dem Wissen um die Anderen im Milieu aber wurde ein übergreifender Zusammenhang generiert. Auf der Basis der obrigkeitlichen Normgebung, die die nötigen Handlungsmöglichkeiten schuf, wurde ein Mechanismus des Verdächtigens in Gang gesetzt, der die Konkurrenzen im Milieu auf eine neue Stufe stellte: Mit ihm war nun die Möglichkeit gegeben, die Konflikte mittels Denunziationen an die Obrigkeit zu delegieren; verdächtigt und beschuldigt werden konnte jetzt gezielt jeder und jederzeit.

Der *Verdachtsbegriff* ist dabei kein Modernismus, der aus dem 21. in das 18. Jahrhundert gleichsam unsensibel rückprojiziert wird. Schon die Zeitgenossen haben den Begriff nicht nur verwandt, sondern auch reflektiert, so etwa in *Zedlers* Universallexikon. Verdacht war demnach „eine nachtheilige, wiewohl zweifelhaffte Meynung von der Aufrichtigkeit einer Person, oder von der wahren Beschaffenheit einer Sache“.[147] War einmal ein Verdacht gegen eine Person oder eine Personengruppe geschöpft, konnte dieser aus dem Milieu heraus an die Vertreter der Obrigkeit kommuniziert werden. Verdacht bezeichnet also eine spezifische Form der Wahrnehmung, die durch zuvor gesetzte Normen begründet und ermöglicht wird, und er bildet so zugleich den Ausgangspunkt für jede Denunziation. Erst auf der Basis eines Verdachts wird – zusammen mit präzisierenden Fakten – die Handlungsoption Denunziation ermöglicht.

Die Wahrnehmung von Verdachtsmomenten war allerdings nicht auf das engere Milieu beschränkt, sondern im Gefüge des durch Mündlichkeit geprägten Kommunikationsraumes der Stadt („Kommunikation unter Anwesenden“)[148] auch extern registrierbar. Denn auch Personen außerhalb des Milieus konnten durch Informationsdiffusion und das allgemeine Hörensagen in die Lage versetzt werden, eine Ordenszusammenkunft zu erkennen oder die Abläufe im Vorfeld von Duellen zu identifizieren. Dies verweist auf ein weitergehendes Handlungsfeld, das sich auf die gesamte Lebenswelt frühneuzeitlicher Universitätsstädte erstreckte. Unter Lebenswelt ist dabei mit Rudolf Vierhaus die „mehr oder weniger deutlich wahrgenommene Wirklichkeit“ gemeint, in der „soziale Gruppen

---

ke/Kuhlemann, Religion in Geschichte und Gesellschaft, S. 47f., 51f.; siehe dazu auch Schank, Das katholische Milieu in Köln, S. 12, der allerdings darauf verweist, dass dies in der konfessionsorientierten Milieuforschung der Neueren Geschichte bislang keine nachhaltige Rezeption erfahren hat.

146 Vgl. dazu: Blaschke/Kuhlemann, Religion in Geschichte und Gesellschaft, S. 23, 52 („Reibungen innerhalb der Milieus“).

147 Johann Heinrich Zedler, Grosses vollstaendiges Universal-Lexicon Aller Wissenschaften und Kuenste, Welche bißhero durch menschlichen Verstand und Witz erfunden und verbessert worden, [...]. Halle/Leipzig 1732ff., hier Bd. 47 (1746), Sp. 287.

148 Vgl. Schlögl, Vergesellschaftung unter Anwesenden, S. 27f., 44f., 56f. 59f.; Gerd Schwerhoff, Öffentliche Räume und politische Kultur in der frühneuzeitlichen Stadt: Eine Skizze am Beispiel der Reichsstadt Köln, in: Schlögl (Hg.), Interaktion und Herrschaft, S. 113–136, hier S. 116 („die fortwährende Dominanz der face-to-face-Kommunikation“).

und Individuen sich verhalten und durch ihr Denken und Handeln wiederum Wirklichkeit produzieren". Lebenswelt ist „raum- und zeitbedingte Wirklichkeit, in der tradierte und sich weiter entwickelnde Normen gelten und Institutionen bestehen und neue geschaffen werden".[149] Die spezifischen Konstellationen in den Universitätsstädten der Frühen Neuzeit ließen „selbstverständliches, alltägliches Wissen" entstehen, das „die Welt ordnet und die Lebensgewohnheiten des Individuums strukturiert".[150] Die auf diesem Muster beruhende Lebenswelt der Universitätsstadt, das „Umfeld des täglichen Lebens",[151] setzte sich aus institutionellen (Universität), juristischen (städtische und akademische Gerichtsbarkeit), sozialperformativen und konfliktreichen (Studenten – Stadtbürger – Militär) sowie wirtschaftlichen (Dienstleistungsgewerbe, Buchdruck und Buchhandel) Implikationen zusammen. Je nach Abhängigkeitsstruktur zu diesen verschiedenen Koordinaten in der Universitätsstadt und Zugehörigkeit zu einer spezifischen Sozialgruppe in der Stadt entwickelten sich „heterogene Lebenslagen",[152] deren Zusammenspiel die Lebenswelt Universitätsstadt generierte. Das seit der Mitte des 18. Jahrhunderts sich ausbildende *Milieu des Verdachts* war ein Neuling in diesem Beziehungsgefüge. Die übergreifenden Bedingungen der Lebenswelt Universitätsstadt waren Voraussetzungen für das Milieu des Verdachts, das sich als ein genuiner Bestandteil in ihr manifestierte.

Das Milieu des Verdachts im engeren und die Lebenswelt der frühneuzeitlichen Universitätsstadt im weiteren Sinn bilden in unserer Geschichte den Bedingungsrahmen und den Wirkungsraum für die Denunziation. Ziel der Arbeit ist es deshalb, einen Entwicklungsweg der Denunziation in der Gesellschaft des Alten Reiches nachzuzeichnen. Damit ist nicht behauptet, dass es sich um *den* Weg gehandelt hat – es wird *eine* Geschichte der Denunziation, nicht *die* Geschichte der Denunziation erzählt. Aus diesen Überlegungen formt sich die übergreifende Frage nach einer *Denunziationspolitik* im 18. Jahrhundert. In der vorliegenden Studie werden dafür in vergleichender Perspektive verschiedene Universitätsstädte des 18. Jahrhunderts betrachtet.[153] Im Zentrum der Arbeit werden die Verhältnisse an der preußischen Universität Halle stehen, da hier die Quellenlage außerordentlich gut ist. Die Fridericiana steht als Referenzfall für die um sie herum gruppierten Universitätsstädte. Diese wurden vornehmlich nach dem Gesichtspunkt der Lage in verschiedenen Territorialstaaten ausgewählt. Mit dieser Verfahrensweise bekommen wir eine vergleichende Frageperspektive in den Blick: Gab es verschiedene Umgangs-

---

149 Vierhaus, Die Rekonstruktion historischer Lebenswelten, S. 13f., sowie auch S. 17 und 22.

150 Andreas Schulz, Lebenswelt und Kultur des Bürgertums im 19. und 20. Jahrhundert. München 2005 (Enzyklopädie Deutscher Geschichte 75), S. 53.

151 Bernd Roeck, Lebenswelt und Kultur des Bürgertums in der Frühen Neuzeit. München 1991 (Enzyklopädie deutscher Geschichte 9), S. 3.

152 Schulz, Lebenswelt und Kultur, S. 72. Siehe auch Andreas Mehl/Ch. Schubert, Die antike griechische Stadt als Lebenswelt, in: Bericht über die 40. Versammlung deutscher Historiker in Leipzig: 28. September bis 1. Oktober 1994. Leipzig 1995, hier S. 40.

153 Siehe dazu auch: Ekaterina Emeliantseva, Historischer Vergleich und lebensweltlich orientierte Geschichtsschreibung: Ein möglicher Weg zu einer integrierten Geschichte Europas, in: http://hsozukult.geschichte.hu-berlin.de/forum/2005-04-002 [letzter Besuch: April 2007].

weisen mit Denunziationsverhalten? Schließlich wurden die Universitätsstädte so ausgewählt, dass sich ein geografisch-kommunikatives Muster ergibt. Um den Referenzpunkt Halle herum sind Fallbeispiele im Kreis gruppiert, die einen interterritorialen Kommunikationszusammenhang vermuten lassen. Außerdem wurden zwei südlich und nördlich weiter entfernte Städte ergänzend ausgesucht. Diese zusätzliche geografische Ebene ist deshalb interessant, weil die Studenten und mit ihnen die Orden und Landsmannschaften Beziehungssysteme aufgebaut haben, die netzartig über die Universitätslandschaft des Reiches gezogen worden sind. Ausgewählt wurden ergänzend zum preußischen Halle: das kursächsische Leipzig, das ernestinische Jena, das hannoversche Göttingen, das braunschweigische Helmstedt, das kursächsische Wittenberg sowie das mecklenburgische Rostock und das brandenburg-bayreuthische bzw. brandenburg-ansbachische und seit 1792 preußische Erlangen.

IV Die Suche nach der Denunziation – die Quellen

In den Überlieferungen der Universitäten existiert nirgendwo ein geschlossener Bestand unter der Rubrik ‚Denunziationen'.[154] Die Denunziationsquellen bzw. die sie umrahmenden Vorgänge im Zuge von Duellen und arkaner studentischer Vergesellschaftung sind weder zeitgenössisch noch in der Nachbearbeitung zusammengestellt worden, sie finden sich in verschiedenen Überlieferungszusammenhängen. Die einschlägigen Akten tragen einen entsprechenden Hinweis oft nicht im Titel.[155] Die Orte, an denen wir der Denunziation im 18. Jahrhundert begegnen, sind heterogen und oft versteckt.

Eine Quellengruppe für die vorliegende Studie stellen die landesherrlichen und universitären Edikte, Reskripte, Mandate und Erlasse dar, die den institutionellen Handlungsrahmen für Denunziationen textlich fixierten.[156] Diese Normtexte finden sich in ganz unterschiedlichen Überlieferungen, so etwa in eigens dafür geschaffenen Konvoluten bzw. Ediktsammlungen und auch Einzelediktvorgängen.[157] Neben der rahmenset-

[154] Vgl. zum „Schweigen heutiger Archive" (so Hohkamp/Ulbrich, Wege zu einer inter- und intrakulturellen Denunziationsforschung, S. 14): Hohkamp, Denunziation für und gegen die Obrigkeit, insb. S. 62 und 84.

[155] Dagegen finden sich sporadisch Aktenüberlieferungen verschiedener Universitätsgerichte mit Sammlungen von denunciationes, also im frühneuzeitlichen Verständnis vorgebrachten Anzeigen, die sich auf so klassische Tatbestände universitätsstädtischer Lebenswelten bezogen wie voreheliche Schwangerschaften und Injuriensachen. Solche Bestände sind für die kursächsischen Universitäten Leipzig (1779–1787) und Wittenberg (Rügenprotokolle 1742–1815) nachgewiesen. Siehe dazu das Dritte Kapitel, Abschnitt IV.4.

[156] Vgl. dazu exemplarisch Holenstein, Normen und Praktiken der Anzeige in der Markgrafschaft Baden-Durlach, insb. S. 111–121; siehe das Erste Kapitel.

[157] Exemplarisch für Halle: UA Halle, Rep. 5 Universitätsgericht, Nr. 1: Bekanntmachungen, Edikte, Reskripte des königlichen Hauses an das Universitätsgericht. 1702–1807; StA Halle, Kap. II Abtlg.

zenden Funktion lassen sich die Edikte und Reskripte als Reaktionen, Interpretationen und Strukturierungsversuche von Entwicklungen, Prozessen und Ereignissen im Alltag der Universitätsstädte durch die Obrigkeiten lesen. Selbstredend erliegen wir dabei nicht der Versuchung, die Texte als ein Abbild der zeitgenössischen Gegenwart zu sehen – eine Einsicht, die in der Forschung mittlerweile zum quellenkritischen Standard gehört. Die Schriftstücke waren natürlich durch die Wahrnehmungen, Positionen und Ziele der Obrigkeiten vorgeprägt und strukturiert. Aber dennoch: Sie spiegeln auf diese spezifische Weise das Leben und die Konfliktlinien in den Universitätsstädten wider. Tritt uns also ein Edikt oder ein Reskript in den Akten entgegen, so ist davon auszugehen, dass es (eine sicher simple, aber wichtige Beobachtung) eine Reaktion auf zuvor abgelaufene Aktivitäten in der Lebenswelt der Universitätsstadt darstellt, dass aus den Formulierun gen in den Texten auf allgemeine Handlungslinien und konkrete Kontexte in den Städten geschlossen werden kann und dass der spezifische Gesetzestext deshalb mit anderen Quellen korrelierbar ist.[158] Generell lässt sich für diesen zentralen politischen Regelungs- und Kommunikationsmechanismus beobachten, dass der Normierungswille nicht (nur) von theoretischen Überlegungen angeregt und in die Lebenswirklichkeit übertragen wurde. Die Normen waren nahezu immer *Reaktionen* auf Abläufe in den Universitätsstädten, die entweder aus Untersuchungen des akademischen Gerichts resultierten und bestehende Tatbestände wiederholten bzw. spezifizierten oder aber in der Folge als Konsequenz Gerichtsverfahren hervorriefen.

Die Akten dieser Untersuchungen der akademischen Gerichte sind die wichtigste Quellengruppe. Die einschlägigen Bestände in den jeweiligen Universitätsarchiven wurden auf Denunziationen durchgesehen – Duellvorgänge finden sich zumeist in den Beständen zu Tumulten, Exzessen und Injurien; die Ordens- und Landsmannschaften haben in der Regel eigene Signaturen innerhalb der Universitätsgerichte erhalten und sind dann nach Einzelvorgängen sortiert. Ähnlich wie hinsichtlich der Gesetzestexte kann auch hier auf einen hohen quellenkritischen Standard zurückgegriffen werden, den vor allem die Historische Kriminalitätsforschung in Anwendung kulturalistischer Methoden entwickelt hat. Gerichtsakten erlauben – hierin liegt ihr singulärer Wert – eine Annäherung an die Lebenswirklichkeit vergangener Epochen. Allerdings muss dabei immer mitbedacht werden, dass die Akteure aus individuellen Motiven und Interessen heraus gehandelt und deshalb die Ereignisse im Alltag subjektiv gefärbt wiedergegeben haben.[159]

B. No 10: Königl Preuß Processual=Edicte und andere einschlagende Verordnungen. 1774–1816; ULB Halle, AB 170393 (Ediktsammlung) sowie Yb 3778 Qk: Sr. Königl. Majestät in Preußen geschärfftes Edict wieder [!] die öffentliche Tumulte / unanständiges Geschrey / Einwurff= und Schmeißung der Fenster und andere excesses de dato den 27. Decembr. 1722.

[158] Siehe in diesem Kontext: Lothar Schilling, Gesetzgebung und Erfahrung, in: Münch (Hg.), „Erfahrung“ als Kategorie der Frühneuzeitgeschichte, S. 401–411, hier S. 403.

[159] Siehe: Schwerhoff, Köln im Kreuzverhör, S. 33, 42–48, 104–109; Ulrike Gleixner, „Das Mensch“ und „der Kerl“. Die Konstruktion von Geschlecht in Unzuchtsverfahren der Frühen Neuzeit (1700–1760). Frankfurt a.M./New York 1994 (Geschichte und Geschlechter 8), S. 9–27; Hohkamp, Herrschaft in der Herrschaft, S. 23f.; Griesebner, Konkurrierende Wahrheiten, S. 144–176, 287–

In Bezug auf die einzelnen Denunziationsvorgänge bedeutet dies, dass wir zwar die Chance haben, mit den Denunziationszetteln den unmittelbaren Vorgang in den Blick zu nehmen. Zugleich aber waren in sie bereits Interessen, Erwartungen und Erfahrungen eingeflossen und sie mussten entlang den bestehenden Normen aufgebaut sein.[160] Die Denunziationen sind so erfolgt, wie es die gesetzten Rahmenbedingungen vorgaben bzw. ermöglichten. Sie treten uns so in ihrer inhaltlichen Determiniertheit als vorgeformt und auf politisch-rechtliche Leitlinien bezogen entgegen. Denunziationen waren ohne diese obrigkeitlichen Vorgaben nicht denkbar. Denn was hätte man denunzieren sollen, wenn nicht die Obrigkeit zuvor eine Verhaltensweise oder eine Organisation als deviant eingestuft und damit zugleich Denunziationsadressaten geschaffen hätte? Denunziationen sind immer Reaktionen auf lebensweltliche Prozesse, Praktiken und Erscheinungen, die zuvor durch die Obrigkeit als widergesetzlich normiert worden sind und zu deren Verfolgung es der Information, der Denunziation bedurfte. Die zu übermittelnden Informationen waren der Kern der Sache. Verwiesen diese auf strafwürdige Aktivitäten, war der Weg zur Denunziation frei. Gleichzeitig bedeutet diese Verfahrensweise nicht, dass Denunziationsverhalten nicht aus individuellen, unabhängigen Impulsen heraus entsprungen ist. Denunziationsmöglichkeit und Denunziationsvollzug sind zwei Seiten einer Medaille. Die Denunziation war Bestandteil konkret historisch verwurzelter „menschlicher Praktiken“.[161]

Im Kontext dieser Überlegungen und Fragen ist es förderlich, dass die Denunziationen in den Akten zu den einzelnen Gerichtsuntersuchungen belassen worden sind: Sie befinden sich in ihrem Entstehungs- und Bezugsumfeld. Allerdings haben wir eine lokal unterschiedliche Überlieferungssituation vor uns. Während für Halle, Erlangen, Göttin-

---

295; Ralf-Peter Fuchs/Winfried Schulze, Zeugenverhöre als historische Quellen – einige Vorüberlegungen, in: dies. (Hg.), Wahrheit, Wissen, Erinnerung. Zeugenverhörprotokolle als Quellen für soziale Wissensbestände in der Frühen Neuzeit. Münster 2002 (Wirklichkeit und Wahrnehmung 1), S. 7–40, insb. S. 7–9 und 23f.; Arnold Esch, Mittelalterliche Zeugenverhöre als historische Quelle. Innenansichten von Zeiterfahrungen und sozialem Leben, in: Fuchs/Schulze (Hg.), Wahrheit, Wissen, Erinnerung, S. 43–56, hier S. 43–45 und 55f.; Martin Scheutz, Zwischen Mahnung und Normdurchsetzung. Zur Rezeption von Normen in Zeugenverhören des 18. Jahrhunderts, in: Fuchs/Schulze (Hg.), Wahrheit, Wissen, Erinnerung, S. 357–397, hier S. 367f. und 377f.; ders., Alltag und Kriminalität, z.B. S. 488; außerdem: Ruth-Elisabeth Mohrmann, Zwischen den Zeilen und gegen den Strich – Alltagskultur im Spiegel archivalischer Quellen, in: Der Archivar 44 (1991), Heft 2, Sp. 233–246, S. 238: „Wirklich glauben darf man im Grunde niemandem. Alle Reden und Eingaben, sei es der Täter, sei es der Opfer, verfolgen letztlich Strategien.“

160 Vgl. in diesem Kontext die Diskussion um die Konstruktion von Wahrheit vor Gericht in Verhörprotokollen bei: Eibach, Frankfurter Verhöre, S. 29–35, der schreibt, dass man die „hermeneutische Hürde zwischen den Erfahrungsweisen der Lebenswelt und dem Verstehenshorizont des Gerichts [...] nicht zu hoch einschätzen“ sollte (S. 35). Dies trifft auch auf die Lebenssituation in den Universitätsstädten zu.

161 Das Zitat: Silvia Serena Tschopp, Programmatischer Eklektizismus. Kulturgeschichte im Spannungsfeld europäischer Wissenschaftstradition, in: Christina Lutter/Margit Szöllősi-Janze/Heidemarie Uhl (Hg.), Kulturgeschichte. Fragestellungen, Konzepte, Annäherungen. Innsbruck/Wien/München/Bozen 2004 (Querschnitte 15), S. 37–59, hier S. 38.

gen, Helmstedt und Wittenberg die Akten in breitem Umfang erhalten und zugänglich sind, trifft dies auf Leipzig und Jena nicht zu.[162] Wir haben aber die Gegenüberlieferung landesherrlicher Akten auf der Ebene der Staatsarchive. Diese Bestände haben über die Ersatz- bzw. Ergänzungsfunktion bei defizitären Überlieferungslagen hinaus große Bedeutung für die Erfassung des Umfeldes der Denunziation. Denn die Akten auf der Ebene der territorialstaatlichen Regierungen belegen in Korrespondenz und Berichtsform die Kommunikationen mit den Universitäten bzw. der Lebenswelt in den Universitätsstädten und sie zeichnen die Entstehungsprozesse für die normsetzenden Edikte und Reskripte nach. Des Weiteren weisen die Aktenbestände über den innenpolitischen Kontext hinaus: Hier sind auch die Vorgänge, Korrespondenzen und Vertragsüberlegungen auf einer den Territorialstaat übergreifenden Handlungsebene dokumentiert.[163]

Bei den Quellen der Arkangesellschaften handelt es sich um die Ordensmaterialien der arkanen Studentengesellschaften, die nahezu ausschließlich in den Untersuchungsakten der Universitätsgerichte und der landesherrlichen Überlieferung zu finden sind. Dabei gilt es zwei Dokumentenwege zu unterscheiden: Ein Teil dieser Quellen ist von den untersuchenden Beamten und Universitätsdienern bei Visitationen – unmittelbar – beschlagnahmt worden, während der andere Teil von den Studenten selbst (meist im Zuge von Untersuchungen) den Behörden ausgehändigt worden ist. Insbesondere bei den zuletzt genannten Materialien, bei denen es sich in der Mehrzahl um die Statuten bzw. Gesetze der Verbindungen handelt, ist Skepsis angebracht, da aus taktischen Motiven heraus oft zwei unterschiedliche Fassungen existierten oder bei Bedarf von den Studenten angefertigt wurden.[164] Dazu kommen die Überlieferungen der Freimaurerlogen in

---

[162] In Leipzig wurden die Akten wahrscheinlich im 19. Jahrhundert kassiert bzw. sind Kriegseinwirkungen zum Opfer gefallen, so die freundliche Auskunft der für frühneuzeitliche Bestände zuständigen Archivarin Petra Hesse.

[163] Siehe beispielhaft für Preußen: GStA PK, I. HA Rep. 76 alt II B Universität Halle (1786–1809) – Nr. 10 (A. Generalia): betr. Die Ordensverbindungen unter den Studenten. Vol. I von 1772–1789; I. HA Rep. 76 alt II B Universität Halle (1786–1809) – Nr. 11 (A. Generalia): betr. Die Ordensverbindungen unter den Studenten. Vol. II von 1792–1798 sowie GStA PK, I. HA Rep. 76 alt II Nr. 81 Acta des königl. Ober-Schul-Collegii, [...] Ober Curatorii der Universitäten betr. Anzeigen und Verfügungen, wegen solcher Studenten, welche von andern Universitäten relegiert, auf die Universität Halle gekommen sind. 1797–1806.

[164] Fabricius, Die Studentenorden des 18. Jahrhunderts, S. 64; Schulze/Ssymank, Das deutsche Studententum von den älteren Zeiten bis zur Gegenwart, S. 166; Dressel, Die Landsmannschaften und Studentenorden an der Universität Helmstedt, S. 115, 122; Ernst Deuerlein, Neues vom Constantisten=Orden, in: Wende und Schau, Kösener Jahrbuch, Zweite Folge 1932, S. 98–193, hier S. 99; Wilson, Das Goethe-Tabu, S. 195 (hier als Erkenntnis des Geheimen Consiliums in Sachsen-Weimar-Eisenach um 1790 formuliert). Als zeitgenössische Bestätigung: Etwas über die Studentenorden, vornehmlich über die sogenannten Mosellaner, in: Neue Litteratur= und Völkerkunde. Hg. v. Johann Wilhelm von Archenholtz, 2. Bd., Leipzig 1789, S. 385–401, hier S. 396f. sowie: Ueber die sogenannten Orden auf Universitäten, in: Journal von und für Deutschland 8 (1791), 8. St., S. 686–693, hier S. 688f. Auch wurden Statuten vernichtet, bevor sie im Zuge von Untersuchungen dem Universitätsgericht vorzulegen waren; vgl. UA Erlangen, A 3 / 14 Nr. 18 und 19: Acta die Untersuchung des Schwarzen Ordens betr. 1798. I. und II. Band, Bl. 331: „Einband des am 2. Sept.

den Universitätsstädten, denn auch hier waren Studenten organisiert. Die Freimaurerei war ein arkaner Gesellschaftsentwurf, der nicht von den Obrigkeiten in der Weise gemaßregelt und zum Verfolgungsgegenstand erklärt worden ist, wie dies bei den Studentenorden und Landsmannschaften der Fall war. In ihr versammelte sich eine universitätsstädtische Honoratiorenschicht, bestehend aus Funktionsträgern in der Stadt, landesherrlichen Beamten, Militärs und (vor allem) Universitätspersonal, die in den Logen zusammen mit einer großen Zahl Studenten arbeiteten. Diese Quellen sind besonders im Blick auf die Politikgestaltung in den Lebenswelten der Universitätsstädte von Interesse. Denn die Logen der Freimaurer fungierten als eine inoffizielle, dem Staat nah stehende Instanz, die auch dezente Kontrollfunktionen wahrnahm. Von Interesse sind dabei die Protokollbücher der Logen, in denen – wenn auch in einer formalbürokratisch anmutenden Sprache – das alltägliche Leben in den Logen, ihr Lebensrhythmus aufgezeichnet wurde.[165]

Mit diesen Quellen und Beobachtungen sind wir chronologisch am Ende des 18. Jahrhunderts angelangt, und damit in einer Zeit, in der sich eine bis dahin in der Frühen Neuzeit unbekannte Vielfalt an Duckerzeugnissen zu einer eigenständigen und einflussreichen Medienwelt entwickelt hatte. Die Vielfalt der Zeitungen, Zeitschriften und Einzeldrucke wurde auch als Austragungsraum für Konflikte im Feld Akademischer Freiheit und arkaner Studentenvergesellschaftung genutzt. Die Printmedien wurden sowohl von den Obrigkeiten als auch von den Studenten eingesetzt und der engere Rahmen der Universitätsstadt im Laufe des Jahrhunderts damit verlassen.

Insgesamt handelt es sich um eine vielfältige, zum Teil aus disparaten Zusammenhängen stammende Überlieferungssituation, auf deren Grundlage die Entwicklungsgeschichte des Denunziationsverhaltens in Universitätsstädten des 18. Jahrhunderts zu rekonstruieren ist. Es gilt also im Laufe des Darstellungsganges unterschiedliche Quellentypen auf einen Gegenstand hin in Bezug zu setzen, der in der Regel nicht im Zentrum der Quellen steht. Damit soll ein soziales Handlungsmuster aus überwiegend institutionellem bzw. offiziellem Schriftgut herausgearbeitet werden, das nur sehr bedingt darauf angelegt war, dieses Verhalten zu archivieren und damit zu überliefern. Deshalb argumentiert die vorliegende Studie immer in dem Bewusstsein, dass es neben der Anordnung der Fakten wesentlich auf deren Inbezugsetzung ankommt. Mithin geht es darum, Ereignisse und Entwicklungen zu rekonstruieren, die für sich nicht zwangsläufig eine ‚fertige Geschichte' ergeben, die quasi eins zu eins aus den Archiven zu heben wäre. Vielmehr entsteht die Geschichte erst durch die problematisierende Verbindungsarbeit. Diese Konstruktionsarbeit wird durch Annahmen, Fragestellungen und Erkenntnisziele des Historikers geprägt.[166] Leerstellen im Quellenmaterial müssen mit begründeten

---

1798 angeblich verbrannten Statutenbuchs des schwarzen Ordens", der von einem Studenten zu den Akten gegeben worden ist.

[165] Z.B.: GStA PK, 5.2. H 18 Nr. 90: Protokollbuch der Loge zu den drei Degen in Halle 1790ff.

[166] Dazu allgemein: Chris Lorenz, Konstruktion der Vergangenheit. Eine Einführung in die Geschichtstheorie. Köln/Weimar/Wien 1997 (Beiträge zur Geschichtskultur 13); Richard J. Evans, Fakten und

Wahrscheinlichkeiten überbrückt und gefüllt werden, und zwar durch eine behutsame, sich aus dem Material ergebende Vorgehensweise. Spekulationen sollen dabei vermieden werden. Stattdessen wird an entsprechenden Stellen auf mögliche Optionen verwiesen. Eine solche Vorgehensweise resultiert auch aus der Einsicht, dass mit dem Untersuchungsgegenstand der Denunziation im Umfeld arkaner Vergesellschaftung gleich zwei Bereiche in den Blick kommen, die in besonderer Weise zu Mutmaßung und Spekulation einladen. Man hat dies eindrücklich an der Debatte um die Thesen des amerikanischen Germanisten W. Daniel Wilson zur Spitzeltätigkeit Johann Wolfgang Goethes und Carl Augusts von Sachsen-Weimar-Eisenach gegen Geheimbündler, Jenaer Intellektuelle und Studenten beobachten können.[167] Der gegen Wilson erhobene Zentralvorwurf war eben der stellenweise laxe Umgang mit Vermutungen und Wahrscheinlichkeiten, die in den Zustand von Argumenten transferiert wurden.[168]

Schließlich kommt eine quantifizierende Frageperspektive in den Blick: Spiegeln die Denunziationen, die wir in den Überlieferungen greifen können, das tatsächliche Ausmaß denunziatorischen Handelns wider? Michaela Hohkamp hat festgestellt, dass „verfügbar und analysierbar“ nur die „geglückten Denunziationen“ sind, also diejenigen, die „von den jeweiligen Obrigkeiten auch angenommen, aufgeschrieben und dokumentiert worden sind.“ Auch habe es in obrigkeitlichen Archiven eine selektive Dokumentation denunziatorischer Praktiken nach dem jeweiligen Gebrauchswert für die Behörden gegeben. Damit, so Hohkamp weiter, bekommen wir eher die „obrigkeitliche Denkungsart“ als die Denunzianten in den Blick.[169] Schließlich generalisiert sie diese Beobachtungen wie folgt: „Lückenhafte Nachlässe oder gar weitreichendes Fehlen einschlägiger Aktenbestände bilden nämlich [...] den praktischen Gebrauch ab, den Obrigkeiten im institutionellen Herrschaftsgefüge ihrer Zeit von Anzeigen und Denunziationen machten.“ Die Erklärung des Phänomens, wonach in „manchen Gebieten des Alten Reiches kaum Belege für denunziatorisches Handeln vorhanden sind“, bedeutet zugleich, die Frage nach

Fiktionen. Über die Grundlagen historischer Erkenntnis. Frankfurt a.M. u.a. 1998; siehe außerdem auch: Nicklas, Macht – Politik – Diskurs, S. 14.

[167] W. Daniel Wilson, Geheimräte gegen Geheimbünde. Ein unbekanntes Kapitel der klassisch-romantischen Geschichte Weimars. Stuttgart 1991; ders., Unterirdische Gänge. Goethe, Freimaurerei und Politik. Göttingen 1999; ders., Das Goethe-Tabu (ebenfalls 1999).

[168] Siehe dazu etwa die Zusammenfassungen bei Joachim Bauer/Gerhard Müller, „Des Maurers Wandeln, es gleicht dem Leben“. Tempelmaurerei, Aufklärung und Politik im klassischen Weimar. Rudolstadt/Jena 2000 (Zeitschrift des Vereins für Thüringische Geschichte, Beiheft 32), S. 15f. sowie Hartmut Reinhardt, Geheime Wege der Aufklärung. Goethe, der Illuminatenorden und das Epos-Fragment „Die Geheimnisse“, in: Walter Müller-Seidel/Wolfgang Riedel (Hg.), Die Weimarer Klassik und ihre Geheimbünde. Würzburg 2003, S. 145–176, hier S. 147–162; ders., Der Ermittler. Über den amerikanischen Goethe-Kritiker W. Daniel Wilson, in: Karl Eibl/Bernd Scheffer (Hg.), Goethes Kritiker. Paderborn 2001, S. 191–208; Zaunstöck, Überwachung durch Denunziation?, S. 205–212.

[169] Hohkamp, Denunziation für und gegen die Obrigkeit, S. 62. Siehe auch: Hohkamp/Ulbrich, Wege zu einer inter- und intrakulturellen Denunziationsforschung, S. 14; Hohkamp/Kohser-Spohn, Die Anonymisierung des Konflikts, S. 391.

der Brauchbarkeit der übermittelten Informationen zu stellen.[170] Daraus folgt, dass es Denunziationsvorgänge aus der Bevölkerung in hoher Zahl gegeben hat, die keinen Eingang in die herrschaftspraktischen Abläufe der Obrigkeiten und dann in die Archive gefunden haben, weil entweder die Behörden damit mengenmäßig überfordert waren oder weil die Amtsträger ganz gezielt einzelne Denunziationen herausgegriffen haben, die ihnen besonders wichtig erschienen.[171] Mithin entsteht ein Bild, wonach die Obrigkeiten einer Flut von Denunziationen gegenüber standen und sich daraus je nach Situation und Interesse bedienen konnten.

Stimmt dieses Bild? Die vorliegende Arbeit wird dieser Frage nachgehen und versuchen, einen *Denunziationskreislauf* im 18. Jahrhundert phasenproportional nachzuzeichnen: Die Obrigkeiten fassen (1.) den Vorsatz, Denunziationen anzuregen und gießen diesen in Gesetzes- und Normtexte. Diese entfalten (2.) in den jeweils betroffenen Milieus und Lebenswelten Wirkungen, aus denen denunziatorische Bereitschaft resultieren kann. Diese zunächst einmal theoretisch, vielleicht auch mental vorhandene Bereitschaft muss sich dann (3.) in tatsächlich erfolgten, schriftlichen (oder mündlichen) Denunziationen manifestieren. So schließt sich der Kreis zurück zu den Obrigkeiten, die nun (4.) Gebrauch von den durch Denunziationen erhaltenen Informationen in der praktischen Politik machen. Um diesen Kreislauf zu erfassen, muss gefragt werden, auf welcher Grundlage, unter welchen sozial-mentalen Bedingungen, auf welchen Wegen, mit welchem Inhalt und in welchem Umfang Denunziationen mit welchen Reaktionen auftauchten. Der Ausgangspunkt für unsere Geschichte sind die Duelledikte des frühen 18. Jahrhunderts.

---

[170] Hohkamp, Denunziation für und gegen die Obrigkeit, S. 63.

[171] „Wieviel andere Anzeigen und Denunziationen dieser Art im Arkanum der Konstanzer Ratsstube verschwanden, läßt sich nicht sagen.“; Hohkamp, Denunziation für und gegen die Obrigkeit, S. 84. Siehe in diesem Kontext auch die Überlegung bei: Landwehr, „... das ein nachbar uff den andern heimblich achtung gebe.“, S. 53: „Herrschende forderten direkt zu Denunziationen auf, waren von ihnen in ihrer Herrschaftsausübung abhängig, fürchteten sie aber zugleich, da sie um den Mißbrauch wußten und die möglicherweise nicht mehr zu bewältigende Massenhaftigkeit von Anzeigen, die den Apparat eher lähmten als stützen.“

Erstes Kapitel

Akademische Freiheit und Politikgestaltung. Das Muster der Denunziation in den Duelledikten um 1700

I Das Duell als Kerndelikt studentischer Konfliktkultur

Das studentische Leben der Frühen Neuzeit war unruhig. Der Alltag der Studiosi war bestimmt von Gewalt andeutenden und vollziehenden Praktiken – von der rituellen Aufnahme in den Stand der Studenten, der Deposition bzw. dem Pennalismus,[1] über Tumulte und Exzesse gegen Bürger, Soldaten bzw. Schaarwachen[2] bis hin zu nächtlichem Singen, Jauchzen und Schreien,[3] dem ‚Wetzen' am Stein auf der Straßenmitte mit dem Degen oder anderen Waffen sowie der dazugehörigen verbalen Artikulation[4] und nicht zuletzt aufgrund devianter und provokativer Praktiken (Schlittenfahrten, Schießereien, Wilddie-

---

1 Dazu jetzt: Marian Füssel, Riten der Gewalt. Zur Geschichte der akademischen Deposition und des Pennalismus in der frühen Neuzeit, in: Zeitschrift für historische Forschung 32/4 (2005), S. 605–648 – die Deposition (als universitär institutionalisierter, eintägiger „kontrollierter Exzess" im Gegensatz zum studentischen Pennalismus, der sich über das so genannte Pennaljahr erstreckte [S. 626f., 636]) wurde in der ersten Hälfte des 18. Jahrhunderts an den meisten Universitäten „aufgegeben" bzw. – wie in Halle – „gar nicht erst" eingeführt (S. 634).

2 Stadtwache. Das *Studenten=Lexikon* von Christian Wilhelm Kindleben aus dem Jahr 1781 beschreibt dies plastisch (S. 227): „Schaarwächter heissen in Halle die Rathsdiener oder Häscher, welche eigentlich von dem Magistrat abhängen, von diesem aber gegen die Abendzeit der Universität überlassen werden, da sie denn bey zu besorgendem Auflauf der Studenten gepanzert gehen, und große Stangen tragen, mit welchen sie nach den laufenden Studenten werfen, welche, wenn sie eine solche Stange an den Füssen trifft, fallen müssen. Dieses Werfen geschieht von den Schaarwächtern, um die Studenten desto eher zu fangen und zu schleppen." Dazu außerdem: Kompendiöses Handlexikon, der unter den Herrn Purschen auf Universitäten gebräuchlichsten Kunstwörter, Zum Nuzzen der angehenden Herren Studenten, und aller kuriösen Liebhaber nach alphabetischer Ordnung verfertigt von Robert Salmasius, in: Vergnügte Abendstunden, in stillen Betrachtungen über die Vorfälle in dem Reiche der Natur, Künste und Wissenschaften zugebracht. Teil 2. Erfurt 1749, S. 65–79 (Achtes und Neuntes Blatt). Reprint in: Bibliothek zur historischen deutschen Studenten- und Schülersprache. Bd. 2. Berlin/New York 1984. Hg. v. Helmut Henne und Georg Objartel, S. 1–15, hier S. 14f. Am Göttinger Beispiel siehe: Brüdermann, Göttinger Studenten und Akademische Gerichtsbarkeit, S. 79–87 sowie zur Scharwache allgemein: Holenstein/Konersmann/Pauser/Sälter, Der Arm des Gesetzes, S. 10 und 14f.

3 Siehe etwa UA Leipzig GA IV 71: Acta einige in der Fleischergasse von etlichen Studiosis unternommenen Excesse betr. 1726, Bl. 1: „Leipzig aufm Rathhause, den 13. Febr: 1726. Anna Rosina, Michael Lehmanns, eines Schuflickers Eheweib, Bringet an, sie habe H. D. Behranns hinterhäusgen in der Fleischer Gasse in Pacht und wären gestern Abend um 6. Uhr eine Anzahl Studiosi von ohngefehr 10. bis 12. Personen, welche zuvor die Gasse heran starck geschrien, in dieses Häusgen und dessen untere WohnStube [ab hier unleserlich, H.Z.]".

4 „Wezzen heist die Steine hauen, dass sie des = = werden mögen. Dadurch kann ein praver Pursch recht zeigen, dass er Galle [Mut, Courage u.ä., H.Z.] hat. Es geschiehet dieses zunachte auf den Gassen. Man hauet von einer Seite zur anderen. Je mehr Funken, je mehr Galle. Es mus prav dabei periret, gefluchet, und geschrien werden: Licht weg! Licht weg!"; Kompendiöses Handlexikon, der unter den Herrn Purschen auf Universitäten gebräuchlichsten Kunstwörter (Reprint), S. 15 und 7 („Galle"). ‚Pereiren' bedeutet: „einem ein pereat bringen. Dieses pflegen die Studenten öffentlich auf der Straße zu thun, wenn sie einem nicht gut sind."; Studenten=Lexicon, S. 155.

berei, Gottesdienststörungen). Diese Aufzählung findet sich mit lokalen Akzentsetzungen in nahezu allen älteren und jüngeren Studien zu einzelnen Universitäten.[5] Exemplarisch greifen lassen sie sich etwa im preußischen Edikt *Wider die Tumulten* von 1724 für die Universität Halle.[6] Es wird das studentische Geschrei, die „spolirung der Glücks-Buden, Bestürm=und Plünderung der Juden Schulen und einiger Häuser, wie auch Einwerff= und Schmeißung derer Fenster“ sowie das „Wetzen in die Steine“ unter Strafe gestellt und mit der üblichen Androhung verbunden, später keine Beförderung im Landesdienst zu erhalten.[7] Gleichzeitig wird geregelt, wie die Stadt zu handeln hat: Im Falle eines studentischen Tumults soll die Bürgerglocke geläutet werden, es sollen einige „compagnien von jungen frischen Bürgern mit Ober= und Untergewehr“ sowie eine hinlängliche Zahl von Bornknechten im Tal mit „höltzernen Morgensternen“ zusammentreten; jene auf dem Markt, diese auf dem Domplatz oder auf dem Berlin.[8] Überdies soll die „geharnischte Stadt= und Schaarwache durch die Gaßen der Stadt patroulliren“ und die Studenten aber auch den zusammenlaufenden Pöbel („Handwercks=Pursche, Mägde, und Jungens“) auseinander treiben. Dagegen ist der Einsatz der in Halle liegenden Garnison nicht dezidiert vorgesehen – „aus bewegenden Uhrsachen“, d.h. aus Deeskalationsgründen.[9] Die

---

5 Siehe exemplarisch: Krug-Richter, Du Bacchant, quid est Grammatica?, S. 87–89 und 101f.; dies., Von Messern, Mänteln und Männlichkeit, S. 34–37 und 39–46; außerdem: Schrader, Geschichte der Friedrichs-Universität zu Halle. Erster Teil, S. 80; Michael Mehlow, Das hallesche Studentenleben zur Zeit August Hermann Franckes, in: Die Universität zu Halle und Franckens Stiftungen. Hg. v. Ralf-Torsten Speler. Halle 1998 (Kataloge des Universitätsmuseums der Zentralen Kustodie N. F. Nr. 4), S. 66–77, hier S. 73f.; Hardtwig, Genossenschaft, Sekte, Verein, S. 49; Füssel, Devianz als Norm?, S. 152.

6 ULB Halle: AB 170393 (58): Königl. Majestät geschärfftes Edict Wider die Tumulten. Halle 1724.

7 Vgl. exemplarisch für Preußen: Leges Academicae Studiosis in Regia Fridericiana observandae. Halae Magdeburgicae, [nach 1767], ULB Pon. Yb 3775 w, QK, hier S. 35 das königliche Reskript vom 19. Oktober 1724, wonach Landeskinder, die gegen Verbote und Befehle verstoßen, von Stipendien und Beförderungen ausgeschlossen werden und namentlich zu melden sind, sowie S. 37–39 den Aufruf der Universitätsobrigkeit vom 18. Juli 1750 zu einer ordentlichen Lebensführung der Studenten, der mit der Androhung des Verlustes von Stipendien und Beförderungen im Land schließt. Zum weiteren Kontext siehe jetzt: Wolfgang Neugebauer, Amtsträgerformation und Universität im Deutschland der Frühen Neuzeit. Einige grundsätzliche Annotationen, in: Jahrbuch für Universitätsgeschichte 9/2006: Die Universitäten des Alten Reiches in der Frühen Neuzeit. Gastherausgeber: Winfried Müller, S. 165–176.

8 Der „Berlin“ war ein innerstädtisches Areal im Süden der Stadt.

9 ULB Halle: AB 170393 (58): Edict Wider die Tumulten. Halle 1724, o.P. Siehe zur hallischen Schaarwache (und damit zum Verhältnis von Stadt und Universität) auch: UA Halle, Kap. XXII Abtlg. D. No 16: Vol I. Acta den zwischen der königl. Friedrichs-Universität an einem, und dem Magistrat zu Halle am anderen Theile errichteten Vergleich, die Ansetzung der Freimeister, Gebüren des Stockmeisters und der Wache, und andere Jurisdictions Streitigkeiten betr. de 1800 (– 1808), hier sind entsprechende Verfahren von 1755, 1786 und aus der Zeit um 1800 dokumentiert.

preußische Obrigkeit verweist so auf die Verfahren aus der Zeit vor 1714, in der Halle keine Garnisonsstadt war.[10]

Ein weiteres Beispiel sind die im frühen 18. Jahrhundert in Leipzig belegten Nachttumulte; so etwa für 1727:

> Referiret der geschwohrne Vice Marcktmeister, Johann David Stroisch, wie daß nachdem in verwichener Nacht ½ 12. Uhr, einer derer Nacht Wächter aus der Ritter Straße, in die Wache unter das Rathhaus gemeldet, als ob einige Studenten in bemelter Straße, und zwar auf den so genannten Esels Plaze, die Buden übern Hauffen geschmissen, mit den Degen gewezet, und die Laternen ausgeleschet.[11]

Auch das nächtliche Ausgehen der Studenten im Schlafrock zählt zu diesen Praktiken, mit dem, so der Leipziger Bürgermeister, „Zeithero großer Unfug getrieben worden":

> Den 21. Septembr: 1713. David Wagner Marcktmeister, Referiret, daß als er gestern abends zwischen 8. und 9 Uhr nebst etlichen Knechten ausgegangen, ihnen eine Person im Schlaffrocke und einer Mütze, so sich für einen Studiosum ausgegeben, und Gottfried Bannewiz genannet, begenet, welche sie des verbothenen habits wegen mit in die Wache genommen, und aufs Rathhaus gebracht.[12]

Auf diese und vielfältig andere Weise wird der Raum der frühneuzeitlichen Universitätsstadt zur Bühne, auf der die studentische Standesehre für die Sozialgemeinschaft der Stadt demonstriert, zur Schau gestellt wurde. Die dafür eingesetzten Praktiken stellten ein Handlungsrepertoire dar, das während der Frühen Neuzeit von Studentengeneration zu Studentengeneration tradiert worden ist und das entsprechend in der konkreten Lebenssituation vor Ort abrufbar war. So dekretiert beispielsweise eine Verordnung für die Universität Helmstedt vom Februar 1725 gegen

> alle Schwärmereyen, Stuben= und Gassen=Musiquen, Ruffen und Schreyen auf denen Gassen und aus denen Fenstern, Wetzen mit dem Degen, Schimpffen, Herausfordern, und alle andere

---

[10] Zwischen 1714 und 1722 wurde das Infanterieregiment des ‚Alten Dessauers' (Leopold I. von Anhalt-Dessau) nach Halle verlegt; Freitag, Halle 806 bis 1806. Salz, Residenz und Universität, S. 178–180; Fahrig, Militär in Halle (1680–1740), S. 434f.

[11] UA Leipzig, Rep. GA IV 77: Acta Einige von etlichen Studiosis zur Nacht Zeit verübte Excesse betr. 1727, Bl. 1; siehe auch Rep. GA III 6: Acta Johann Friedrich Reunern und Cons. und die von Ihnen in Custodia verübte Excesse betr. 1726. Die nächtlichen Auseinandersetzungen zwischen Studenten und städtischem Personal konnten überaus drastische Formen annehmen; vgl. dazu UA Jena, Bestand E Abt. I Nr. 183: Acta wegen des am 23ten Mai 1786. in der Nacht von einigen Studenten gemishandelten und den 14ten August gev. Jahres verstorbenen Nachtwaechters, Friedrich Duabeus. Ergangen vor den Stadtgerichten zu Jena. Anno 1786.

[12] UA Leipzig Rep. GA IV 52: Den von einigen Studiosis, wegen verbothen gewesenen Ausgehens zur Nachtzeit in SchlaffRöcken, am 22. September, 1713. und folgende erregten Tumult betr. Vol. I 1713, Bl. 1 und 4. Siehe auch: Werner Flaschendräger, Universitätsentwicklung im Zeitalter der Aufklärung, 1680 bis 1789, in: Lothar Rathmann (Hg.) / Autorenkollektiv unter der Leitung von Siegfried Hoyer, Alma Mater Lipsiensis. Geschichte der Karl-Marx-Universität Leipzig. Leipzig 1984, S. 76–125, hier S. 118f.

> Debauchen, sie mögen Nahmen haben, wie sie wollen, desgleichen das Ausziehen und Exerciren, bey vermeidung willkührlicher Straffe, und, dem Befinden nach, der Relegation verbothen, auch zu Verhütung alles unzuläßigen Nacht=Schwärmens, die Gesellschaften und Zusammenkünffte jedesmahl noch vor zehn Uhr des Nachts, in aller Stille, und wie modesten und Tugend=liebenden Gemüthern geziemet, geendiget werden.[13]

Im Kern dieser exzessiven Handlungsweisen und performativen Praktiken stand das Duell,[14] das um 1700 zunehmend formalisiert und ritualisiert wurde.[15] Das Duell war die oberste Stufe der Auseinandersetzung im Studentenleben – weil hier das Leben der Duellanten auf dem Spiel stehen konnte und weil damit ein Höchstmaß an symbolischer Performanz zelebriert worden ist.[16] In der Studentensprache („Ausfechten") hieß das, „in einer Streitsache die Oberhand behalten".[17] Der Sieger in einem Zweikampf hatte sich auf die Verteidigung und/oder Wiederherstellung seiner Ehre eingelassen; er hatte im

---

[13] NStWf37 Alt 571: Leges et Mandata Academica. [1725–1745]: Des Durchlauchtigsten Fürsten und Herrn, Herrn August Wilhelms, Hertzogen Zu Braunschweig und Lüneburg etc. Als dermahligen Directoris Magnificentissimi Dero Julius-Universität zu Helmstädt, Gnädigste Verordnung, Das unter denen Studiosis daselbst eingerissene verderbliche Spielen, Duelliren und übermäßige Borgen betreffend. Wolffenbüttel den 22. Februar. 1725, Bl. 10–13', hier Bl. 11'/12. Siehe dazu auch die Vielzahl von Edikten, Reskripten und Erlassen, die diesbezüglich für das preußische Halle in der ersten Hälfte des 18. Jahrhunderts erlassen worden sind; so etwa: Leges Academicae Studiosis in Regia Fridericiana observandae. Halae Magdeburgicae [nach 1767], ULB Pon. Yb 3775 w, QK, S. 35–40, hier: S. 35f. das königliche Reskript vom 21. April 1711 gegen die Störungen des Gottesdienstes und Verlustigungen (Billard u.ä.) am Sonntag, S. 36 das königliche Reskript vom 1. Januar 1731, wonach Aufwiegler zu Tumulten cum infamia arretiert oder relegiert werden, S. 37 ein Decreto Concilii publicatum vom 23. Juli 1749, wonach Schießen, Jagen, Reiten, Hundeführen untersagt wird, S. 37–39 ein sehr eindringlicher und genereller Aufruf der Universitätsobrigkeit vom Juli 1750 zu einer „ehrbaren und anständigen Lebensart" (S. 38) der Studenten, z.B. das Tragen von Hirschfängern oder Seitengewehren beim „Spatzierengehen" oder das Schreien auf den Gassen sowie das Schießen etc. zu unterlassen, S. 39f. ein königliches Edikt vom 19. September 1731 gegen das Karten- und Hazardspielen mit Verweis auf das ursprüngliche Edikt vom 8. August 1714 – man hat „jedennoch mit besonderem Mißfallen in Erfahrung gebracht" (S. 39), dass weiter gespielt wird und Leute daran verarmen. Die Täter sollen 100 Dukaten Strafe und 300 Dukaten für milde Stiftungen zahlen, alle verpflichteten Funktionsträger (Militär, Verwaltung, Stadt etc.) sollen darauf achten und entsprechend handeln.

[14] Siehe Brüdermann, Göttinger Studenten und akademische Gerichtsbarkeit, S. 169. Für Beispiele aus der Zeit um 1600 siehe: Tina Braun-Rautenberg, Aspekte studentischer Freizeitkultur im frühneuzeitlichen Freiburg. M.A.-Arbeit Münster 2003, hier S. 27, 52, 55, 73.

[15] Brüdermann, Göttinger Studenten und akademische Gerichtsbarkeit, S. 169f.; Frevert, Ehrenmänner, S. 28–31; Krug-Richter, Von Messern, Mänteln und Männlichkeit, S. 50. Das erste Mandat, das zwischen (formalisiertem) Duell und Rencontre unterschied, erging wohl 1684 für Jena; siehe: Paschke, Studentenhistorisches Lexikon, S. 95.

[16] Hardtwig, Sozialverhalten und Wertwandel, S. 312; Ute Frevert, Ehrenmänner. Das Duell in der bürgerlichen Gesellschaft. München 1991, S. 17 und 29; Krug-Richter, Von Messern, Mänteln und Männlichkeit, S. 47–50.

[17] Studenten=Lexicon, S. 74.

Rahmen des studentischen Comments die Ehre zu revitalisieren.[18] Dem Duellanten des 18. Jahrhunderts ging es „um Ehre überhaupt".[19] Für den Verlierer galt das Gegenteil. In einer Gesellschaft, die dem persönlichen Ansehen innerhalb einer gesellschaftlichen Formation – hier im engeren Sinn die Studentenschaft, im weiteren Sinn die Stadtgesellschaft der Universitätsstadt –[20] zentralen Wert beimaß und dies über die Mechanismen von Ehrbezeugung und Ehrverweigerung organisierte,[21] rückte das Duell als ritualisierter Konfliktaustrag und als zentrale Regelungsinstanz in den Mittelpunkt. Die Verteidigung der Ehre des Einzelnen und der Gruppe, der er angehörte (etwa einer geografisch zusammengesetzten Landsmannschaft), war eine Handlungspflicht.[22] Vor allem wurde der Duellzwang als Bindeglied innerhalb der Studentengesellschaft gesehen – so umfasste der Zwang zur Ehrverteidigung nicht nur das punktuelle gegenseitige Duellieren, sondern prinzipiell auch die individuelle Akzeptanz und Unterordnung unter diesen übergreifenden Ordnungsmechanismus.[23]

Abgefedert wurde dieser Imperativ dadurch, dass Ehrverletzungen und Injurien nicht zwangsläufig zu Duellen führen mussten, beispielsweise konnten entsprechende Konflikte im Alltag durch das so genannte Rencontre – das unmittelbare Hiebwaffengefecht ohne zeremonielle Struktur und Verabredung[24] – an Ort und Stelle ausgetragen werden. Kam es dann aber durch die Forderung des vermeintlich oder tatsächlich Beleidigten doch zu Duellen, wurde ein Ablauf in Gang gesetzt, der darauf ausgerichtet war, jedwede öffentliche Partizipation jenseits der Duellanten und ihrer Sekundanten (manchmal noch enger Freunde) auszublenden, und der durch gemeinsame Wahl von Ort und Zeit das Duell zu einer *Performanz der Ehre* und der Männlichkeit stilisierte. Der Zweikampf

---

[18] Vgl. dazu die Beschreibung bei König, Aus zwei Jahrhunderten, S. 13–16.

[19] Frevert, Ehrenmänner, S. 29; auch: Hardtwig, Sozialverhalten und Wertwandel, S. 317.

[20] Vgl. in diesem Kontext Brachtendorf, Konflikte, Devianz, Kriminalität, S. 113: „Das Phänomen Ehre ist nicht einfach zu fassen, da es sich einer genauen Definition durch eine Vielzahl von Ehrkonzeptionen entzieht. Somit ist es unerlässlich, die Ehrkonzeption in ihrem jeweiligen sozialen Kontext zu betrachten, um die Art und Weise ihrer Verletzung und Wiederherstellung sowie das ungeschriebene Regelsystem, dessen sich die Zeitgenossen in der Auseinandersetzung bedienten, zu extrahieren." Der studentische Komment und damit auch die Verfahrensweisen im Duell wurden erst Ende des 18. Jahrhunderts, beginnend in den Studentenorden, um/nach 1770 verschriftlicht (erstmals 1778); siehe: Paschke, Studentenhistorisches Lexikon, S. 68–70; Studenten=Lexicon, S. 53; Studentensprache und Studentenlied in Halle vor hundert Jahren, S. 37.

[21] Schwerhoff, Öffentliche Räume und politische Kultur in der frühneuzeitlichen Stadt, S. 135f.

[22] Siehe etwa Füssel, Devianz als Norm?, S. 157–159, S. 27–34.

[23] Vgl. dazu Brüdermann, Göttinger Studenten und akademische Gerichtsbarkeit, S. 208–210.

[24] Neben dem Degen konnten dazu aber auch Peitschen oder Stöcker verwandt werden. Die – vermeintliche – Durchführung eines Rencontres wurde später zunehmend von den Studenten als Tarnvorgang eingesetzt, da dies innerhalb der Edikte mit geringeren Strafen belegt worden ist; siehe Brüdermann, Göttinger Studenten und akademische Gerichtsbarkeit, S. 195f.; Frevert, Ehrenmänner, S. 31f. sowie weiter unten in diesem Abschnitt.

wurde zum Moment der Wahrheit für die Duellanten: Ehre oder nicht Ehre – Rangverteidigung oder Rangverlust im Hierarchiesystem der studentischen Gemeinschaft.[25]

Die Duelle wurden ohne obrigkeitliche Konzession, Kontrolle oder auch Akzeptanz vollzogen. Im Gegenteil: Die Staaten der Frühen Neuzeit waren bestrebt, dieses Phänomens Herr zu werden, da es ihren Vorstellungen von Staatlichkeit, Rechtsetzung und Unterordnung grundsätzlich zuwiderlief. Duelle waren so gesehen autonome Handlungen, die sich in einem Raum und Umfeld vollzogen, auf das Obrigkeiten keinen Zugriff hatten bzw. haben sollten. Duelle waren ein Regelungsmechanismus, der eigenen Gesetzlichkeiten folgte. Duelle schufen einen Raum für Sanktionen, der sich jenseits staatlicher Ordnungsmuster etablierte und funktionierte. Duelle waren – so paradox das klingen mag – auch ein Ort gelebter Individualität.

In der älteren sittengeschichtlich orientierten Studentengeschichte und der neueren Korporationsgeschichte ist über einhundert Jahre hinweg die Vorstellung dominant geblieben, dass die ausladende Konfliktkultur und in ihrem Zentrum das Duell Ausdruck des jugendlichen Überschwangs gewesen seien.[26] Nicht vorhandene Triebkontrolle und ungenügende Zivilisierungsmaßstäbe hätten dies befördert. Folglich seien die obrigkeitlichen Verbote insbesondere auf die Gefahr für Leib und Leben und auf die Beseitigung archaischer Kampfmuster ausgerichtet gewesen.

Ute Frevert hat dagegen in ihrer Habilitationsschrift 1991 dezidiert darauf verwiesen, dass die Duelle als „symbolische Praxis" zu deuten seien, die „genau auf die Schnittstelle von Gesellschaft und Kultur, von sozialem System und Persönlichkeit, von korporativem Zwang und individueller Freiheit" verweist.[27] Aus dieser fundamental geänderten Sicht ergibt sich im Rückschluss auch eine andere Handlungsmotivation des frühneuzeitlichen Staates. Zwar haben ganz sicher die Verhinderung von Leibesschäden

---

[25] Vgl. etwa Krug-Richter, Du Bacchant, quid est Grammatica?, S. 95ff.; Füssel, Devianz als Norm?, S. 148f., 164; siehe auch im europäischen Kontext: Robert E. Shoemaker, The Taming of the Duel: Masculinity, Honour and Ritual Violence in London, 1660–1800, in: The Historical Journal 45 (2002), S. 525–545; Alexandra Shepard, Meanings of Manhood in Early Modern England. Oxford/New York 2003 (Oxford Studies in Social History), insb. S. 140ff.; Low, Manhood and the Duel, insb. S. 1–9 und 169f.; Markku Peltonen, The Duel in Early Modern England. Civility, Politeness and Honour. Cambridge 2003 (Idea in Context 65) sowie die Rezension von Ronald Asch zum Buch von Peltonen, in: sehepunkte 4 (2004), Nr. 4 [15.06.2004], www.sehepunkte.historicum.net/2004/06/5808.html; Norbert Schindler, Ein archaisches Duell und nie versiegende Leidenschaften. Wilderei, Salinenholzwirtschaft und staatsbeamtische Doppelloyalität im Erzstift Salzburg in der zweiten Hälfte des 18. Jahrhunderts, in: Historische Anthropologie 12 (2004), Heft 1, S. 35–77.

[26] Die Einordnung von (studentischen) Duellvorgängen in soziale, habituelle und symbolische Beziehungssysteme hat sich in der Forschung erst jüngst herauskristallisiert. So ist die Studentenkultur etwa im Bezugsfeld der Historischen Kriminalitätsforschung noch nahezu unberücksichtigt geblieben, darauf ist jüngst im Entstehungsprozess einer modernen Kulturgeschichte der frühneuzeitlichen Universität hingewiesen worden; siehe: Krug-Richter, Du Bacchant, quid est Grammatica?, S. 81f. und 94; Füssel, Devianz als Norm?, S. 146, 162f. und 166.

[27] Frevert, Ehrenmänner, S. 17.

und Todesfällen aus der Fürsorgepflicht des Staates heraus eine wichtige Rolle gespielt. Gewichtiger aber war das Ziel der Verrechtlichung. Die sich dem obrigkeitlichen Hoheitsbereich entziehenden Duellhandlungen sollten unterbunden[28] und stattdessen Konflikte an die zuständigen juristischen Instanzen delegiert werden.

Dabei hat es einen wichtigen Übergangsbereich gegeben, den jene Studenten bildeten, die nicht oder nur widerstrebend in Duelle gezogen bzw. verwickelt worden sind.[29] Gab es zwar einerseits einen weitgehenden Konsens darüber, dass die Ehre des Einzelnen für dessen Platz in der Sozialhierarchie seiner Lebenswelt bestimmend war, so gab es keineswegs eine Übereinstimmung über den unausweichlichen Gang zum Duell. In der Literatur finden sich zahlreiche Beispiele und Hinweise dafür, dass Studenten versucht haben, sich diesem Zwang zur Gewalt zu entziehen.[30]

Diese Mechanismen und die daraus resultierenden Abläufe lassen sich auch anhand ihrer Visualisierung in der Bildkultur der studentischen Stammbücher der Frühen Neuzeit belegen. Die folgende Abbildung zeigt einen solchen Vorgang – hier wird das Aufspüren eines Studenten in Jena um 1750 gezeigt, der sich offensichtlich dem Mechanismus zur Ehrwiederherstellung nach einer von ihm ausgesprochenen Beleidigung durch Verbergen zu entziehen suchte, da er entweder Angst vor einem nun quasi zwangsläufigen Duell gehabt haben mag oder aber weil er sich einer Zurücknahme des von ihm Gesagten (‚revociren‘) zunächst nicht unterziehen wollte bzw. er nicht sicher sein konnte, ob ihn dies vor einem Duell bewahren würde. Beteiligt sind in der dargestellten Szene Siebenbürger Studenten (in schwarzer Kleidung), die den Studenten im Schlafrock hinter einer Tür aufgespürt haben, die mit einer Axt eingeschlagen worden ist. Weitere Studen-

---

28 Vgl. Brüdermann, Göttinger Studenten und akademische Gerichtsbarkeit, S. 170; Frevert, Ehrenmänner, S. 31.

29 Vgl. am Göttinger Beispiel Brüdermann, Göttinger Studenten und akademische Gerichtsbarkeit, S. 209f. – hier wird auf den Ausweg eines Scheinduells hingewiesen (Studenten veranstalteten ein Duell, obwohl sie sich nach einem Streit bereits versöhnt hatten).

30 Siehe exemplarisch Brüdermann, Göttinger Studenten und akademische Gerichtsbarkeit, S. 208. In diesem Kontext sind auch die innerstudentischen Anti-Duell-Bewegungen der 1790er Jahre (insb. die so genannten *Chokoladisten* in Jena sowie die Ehrengerichte und Antiduellgesellschaften in Heidelberg, Kiel und Rostock) zu sehen; dazu u.a.: Peter Brandt, Studentische Lebensform und Nationalismus. Vor- und Frühgeschichte der allgemeinen deutschen Burschenschaft 1771–1819/23. Habil. Berlin 1987, S. 89–92, hier S. 95; Hardtwig, Sozialverhalten und Wertwandel, S. 316, 319; Riederer, Die Jenaer Konstantisten, S. 96f. In Helmstedt wurden 1803 die Anhänger der Anti-Duellbewegung – die sich gezielt dem Duellzwang entzogen, indem sie „den sogen. Verruf nicht achten" (Dressel, Die Landsmannschaften und Studentenorden an der Universität Helmstedt, S. 138) – „gehänselt und spöttisch ‚Hasen‘ genannt", woraufhin die Bewegung dort als „Hasenorden" tituliert wurde und sich bald auflöste; Marta Asche, Der akademische Senat und die studentische Verbindung an der Universität Helmstedt im 18. Jahrhundert, in: Braunschweigisches Jahrbuch 45 (1964), S. 71–91, hier S. 88 sowie zuletzt: Axel Kuhn/Jörg Schweigard, Freiheit oder Tod! Die deutsche Studentenbewegung zur Zeit der Französischen Revolution. Köln/Weimar/Wien 2005 (Stuttgarter Historische Forschungen 2), S. 193–197, 322–330.

Abb. 1 Entdeckung eines vor Ehrsanktionen flüchtigen Studenten, Stammbuchzeichnung, Jena um 1750.

ten beleuchten („wo ist das licht daß man ihn sehen kann") und beobachten („das ist dir eine curieuse affaire warum hat er nicht gerufen") die nächtliche Szene. Die Siebenbürger („leuchte doch darbey") fordern: „er muß nolens volens revociren". Der aufgespürte Student sagt darauf nun: „ich will gern revociren / excusiren sie meine Herren, ich bin betruncken geweßen." Und der Siebenbürger mit Axt erwidert: „ia wen er das thut so soll es guth sein".[31] Die Szene zeigt den Druck, der auf einem Studenten lastete, der in eine Injuriensituation geraten war; ob verschuldet oder unverschuldet, ob zu Recht oder zu Unrecht, spielte dann zumeist keine Rolle: Entweder lief alles auf ein Duell hinaus oder er unterzog sich einem Widerruf – zu dem sich der Student des vorliegenden Beispiels im Angesicht der bewaffneten Gegenseite sofort bereit erklärt.

Die Darstellung passt sich insgesamt in die Gattung der Stammbuchbilder ein, die ja oft gerade nicht eine für einen Ort spezifische Szene zeigten, sondern eher abstrahierte, auf viele Universitätsstädte zutreffende Praktiken. Stammbuchbilder waren überlokal verkaufbar und einsetzbar.[32] Das, was hier in einem Jenaer Stammbuch zur Mitte des Jahrhunderts eingezeichnet worden ist, zeigt einen sozialen Konflikt, der im Alltag wohl aller Universitäten des Alten Reiches vorgefallen ist. Keineswegs jeder Student war ein bereitwilliger Duellant, viele suchten sich diesem Zwang zu entziehen.

Genau hier konnte der frühneuzeitliche Staat ansetzen. Der sich daraus ergebende Entwicklungsgang war in einen in den Territorien des Alten Reiches zu beobachtenden gesteigerten Regelungsdrang auf allen Gebieten des alltäglichen Lebens eingebettet und wurde folgerichtig auch auf die Duellkultur übertragen – Ordnung war und ist nicht überzeitlich gegeben, sondern muss auf den konkreten Gegenstand hin „hergestellt" werden.[33] Beginnend etwa zur Mitte des 17. Jahrhunderts und ihren Höhepunkt im frühen 18. Jahrhundert erreichend lässt sich eine Welle von Duelledikten in relativ kurz aufeinander folgenden Abständen beobachten.[34] Die daraufhin für den akademischen Lebensraum veröffentlichten Gesetze sollen deshalb im Folgenden für die ausgewählten Universitätsstädte in chronologischer Abfolge betrachtet werden: 1706 für Leipzig und Wittenberg, 1709 für Jena, 1713 für Halle, 1715 für Rostock, 1725 für Helmstedt, 1735 für Göttingen, 1743 für Erlangen. Dabei steht insbesondere die Frage im Mittelpunkt, wie die unterschiedlichen Territorialstaaten in der Tradition der akademischen Disziplinargesetze die detaillierten Regelungsentwürfe der guten Policey auf den Gegenstand

---

[31] Stadtmuseum Jena, F4, 488, St 1,48: Stammbuch des Studenten Martin Gottlob von Seulen 1745–1751, Bl. 134; siehe auch den Jenaer Ausstellungskatalog: Bauer/Hellmann/Müller (Hg.), Logenbrüder, Alchemisten und Studenten, S. 146, 152f. Der offensichtlich finanziell gut ausgestatte Besitzer des Stammbuchs war Martin Gottlob von Seulen, der von 1748 bis 1751 in Jena studiert hat. Seulen gehört der Loge *Zu den drei brennenden Herzen* an; siehe dazu auch das Zweite Kapitel, Abschnitt I.

[32] Siehe dazu auch: Ute Willer, „In Saalathen ist alles schön …". Studentenstammbücher im Stadtarchiv Halle, in: Jahrbuch für hallische Stadtgeschichte 3 (2005), S. 113–135, hier S. 135.

[33] Das Zitat bei: Füssel/Rüther, Einleitung, S. 10.

[34] Siehe dazu Frevert, Ehrenmänner, S. 28 und 33; Brüdermann, Göttinger Studenten und akademische Gerichtsbarkeit, S. 170.

des Duellvergehens bezogen und somit die Lebenswelt Universitätsstadt territorialstaatlich überwölbt haben[35] – ein nicht friktionsloser Prozess.[36] Dann ist weiter zu fragen, inwiefern die allgemeine frühneuzeitliche Anzeigepflicht übertragen worden ist: Gab es auch in den Universitätsstädten des 18. Jahrhunderts einen Zusammenhang zwischen gesteigerter staatlicher Normgebung und gesetzlich verankerter Anzeigepflicht?[37]

II Erhöhte Textproduktion: Duelledikte im frühen 18. Jahrhundert

In der Zeit um 1700 finden sich in den Quellen verschiedene Begriffe für Gesetze und Erlasse, die sich nicht eindeutig systematisieren und rubrizieren lassen.[38] Wir gehen hier von einer Abstufung aus, die sich nach der Detailbezogenheit der Gesetze richtet. Demzufolge standen an oberster Stelle die Edikte, die auch Mandate, Verordnungen oder Generalia heißen konnten und die konkrete Gegenstände behandelten, dies aber zugleich mit allgemeingültigem Anspruch. Die Edikte sind in der Regel mit typografisch besonders auffälligen, tendenziell formalisierten Titelblättern ausgestattet worden, um deren Sinn als Normtext auch zu *visualisieren*.[39] Präzisiert wurden die Edikte durch Reskripte, die z.T. auch als Mandate bezeichnet worden sind, die diese weiter spezifizierten und ganz konkrete Regelungen für bestimmte Lebenskontexte und Einzelfälle beinhalteten.

---

35 Vgl. Brüdermann, Göttinger Studenten und akademische Gerichtsbarkeit, S. 39.

36 Siehe Schlögl, Vergesellschaftung unter Anwesenden, S. 35, der betont, dass die Städte im 17. und 18. Jahrhundert „wenig Energie auf systematische und planmäßige Gestaltung des öffentlichen Raumes im Sinne ‚guter Policey'" verwandten; siehe auch Friedrichs, Urban Politics in Early Modern Europe, S. 23f.; Krug-Richter, Vom Rügebrauch zur Konfliktkultur, S. 36f. Am Beispiel eines konkreten Gegenstandsbereiches wird im Blick auf frühneuzeitliche Universitätsstädte die „gestalterische Aufgabe" von Herrschaft greifbar; Marcus Sandl, Die Stadt, der Staat und der politische Diskurs am Beginn der Moderne, in: Schlögl (Hg.), Interaktion und Herrschaft, S. 357–378, hier S. 360.

37 Vgl.: Holenstein, Normen und Praktiken der Anzeige in der Markgrafschaft Baden-Durlach, S. 114; ders., Die Umstände der Normen – die Normen der Umstände, insb. S. 2; ders., Kommunikatives Handeln im Umgang mit Policeyordnungen. Die Markgrafschaft Baden im 18. Jahrhundert, in: Ronald G. Asch/Dagmar Feist (Hg.), Staatsbildung als kultureller Prozess. Strukturwandel und Legitimation von Herrschaft in der Frühen Neuzeit. Köln/Weimar/Wien 2005, S. 191–208, hier insb. S. 204 und 207; Härter, Policey und Strafjustiz in Kurmainz, Erster Halbband, S. 394f., Zweiter Halbband, S. 772.

38 Siehe dazu Jürgen Schlumbohm, Gesetze, die nicht durchgesetzt werden – ein Strukturmerkmal des frühneuzeitlichen Staates?, in: Geschichte und Gesellschaft 23 (1997), S. 647–663, hier S. 655.

39 Dies lässt sich gut an den Ediktsammlungen in der ULB Halle beobachten; siehe ULB Halle, AB 170393 und AB 180017 jeweils passim. Jürgen Schlumbohm schreibt: „Die landesherrlichen Edikte eines Territoriums erhielten ein festes Layout, eine bestimmte Schrift, oft mit aufwendigen Initialien." (Gesetze, die nicht durchgesetzt werden, S. 660).

Die Duelledikte der Jahre um 1700 hatten ganz im Verständnis frühneuzeitlicher Policey die Aufgabe, Ordnung vor Ort zu beschreiben, zu systematisieren und darzustellen.[40] Sie standen im Kontext einer breit angelegten Ordnungsoffensive in Disziplinarsachen.[41] Die Obrigkeiten hatten mit dem akademischen Personal der Universitäten und den Studenten als Adressaten einen entscheidenden Vorteil: Die Gesetzestexte bezogen sich auf eine weitgehend literale Gesellschaft. Es gab mithin wenig Übersetzungs- bzw. Rezeptionsprobleme für die obrigkeitlichen Normen; sie mussten nicht zusätzlich in eine orale Kultur übertragen werden.[42] Die Studenten waren in der Lage, die Edikte zu lesen und zu verstehen. Die Texte wurden in der Regel über eine dichte Verbreitung im Druck und durch Aushänge an zentralen Orten – insbesondere am Schwarzen Brett der Universitäten – publiziert und zugänglich gemacht. Die im Folgenden vorzustellenden Regelungstexte sind also den meisten Studenten in ihrem Inhalt bekannt gewesen.

II.1 Kursachsen: Leipzig und Wittenberg 1706

Im Frühjahr 1706 erließ der sächsische Kurfürst Friedrich August I. ein Edikt unter dem Titel *Erneuert=und geschärfftes Mandat Wieder Die Selbst=Rache / Friedens=Störungen / und Duellen.*[43] Es handelt sich um einen ausführlichen Text mit einer detaillierten und historisch argumentierenden Präambel sowie sich daran anschließenden 53 Paragraphen. Die Argumentation beginnt wie folgt:

> Was maßen Wir höchstmißfälligst vernehmen müssen / daß hin und wieder in Unserm Chur=Fürstenthum und Landen bey theils Unsern Vasallen, Kriegs=Officirern / auch andern Unsern Unterthanen / nicht weniger Studiosis, ein unordentliches und wüstes Leben eingerissen sey / dergestalt / daß bey allerhand Gelacken[44] / besonders bey übermäßigen Volltrincken / durch unbedachtsames / oder auch übermüthiges Schrauben[45] / verachten / hinterlistiges Nachreden oder Beschimpffen / Bedrohen / öffentliches Schmähen / und auf dergleichen mehrere Art / allerhand

[40] Zum allgemeinen Rahmen: Holenstein, Normen und Praktiken, S. 114.

[41] Am Beispiel Halle siehe: UA Halle, Rep. 3, Nr. 543: Acta Das Nächtl. Schwärmen und tumu[ltierens] mit der Musique [...] betr. (1693–1721), passim (Verordnungen und Reskripte zwischen 1694 und 1710); Nr. 546: Acta Das verbothene Schiesen in der Stadt und aus denen Häusern ingleichen das Nächtl. Schwärmen [?] und Schreyen betr. de anno 1694 (–1725), hier Erlasse von: 1694 (Bl. 51), 1701 (Bl. 54), 1702 (Bl. 62), 1706 (Bl. 65), 1706 (Bl. 71), 1706 (Bl. 74), 1707 (Bl. 75), 1712 (Bl. 86); Nr. 547: Acta Das verbothene Jagen, Schießen und Hetzen in denen königl. Gehegen und sonsten betreffendt. 1694–1746, hier (o.P.) Edikte für die Jahre 1700/1701/1706/1712/1725 und 1726/1728 und 1729; Nr. 548: Acta, Die Caffe= Thee und andere verdächtige Häuser alhier, betr. 1695–1718, o.P. (1701; 1716 – mit Verweisen auf Edikte von 1711 und 1712).

[42] Siehe dazu etwa im Blick auf das 18. Jahrhundert: Scheutz, Zwischen Mahnung und Normdurchsetzung, S. 394 sowie im weiteren Forschungskontext: Peter Burke, Introduction. in: ders./Roy Porter (eds.), The Social History Of Language. Cambridge/New York u.a. 1988 [[1]1987] (Cambridge Studies in Oral uand Literate Culture 12), S. 1–20.

[43] UA Leipzig, GA VI 3: Acta Mandate, Reskripte de anno 1700–1730, Bl. 103–114.

[44] Gelagen oder Gesellschaften.

[45] Reden in Bezügen.

> Zänckereyen und andere unfertige Händel / auch wohl gar unanständiges Stossen / Schlagen / bastionieren und Karbatschen / vorgehen / und endlich in ein unchristliches / schon vorlängst durch Reichs= und Landes=Gesetze höchst=verbothenes Rauffen / Balgen / Schlagen und duelliren öfffters herausbrechen / und solches mehr und mehr überhand nehmen wollen.[46]

Mit dieser Eingangsformulierung war das in den Blick genommene Feld umrissen. In der Beschränkung der Ursachen auf unsittliches Leben und Trunkenheit kamen die tiefer liegenden sozialen Gründe für Ehrkonflikte und deren Austragung nicht in Blick. Das Edikt diente dem Ziel, die gewalttätigen Erscheinungsformen von Ehrkonflikten zu beseitigen, nicht die sie begründenden gesellschaftlichen Schichtungen. Die hier beschriebenen Provokationsformen wurden dabei auf alle Untertanen bezogen, eben auch auf die Studenten in Wittenberg und in Leipzig. Der obrigkeitliche Staat nahm auf dieser generalisierenden Gesetzesebene keine Rücksicht auf den Sonderstatus der Studenten, der durch die eigene Gerichtsbarkeit begründet war. Im Gegenteil: Ganz ausdrücklich werden die Studenten in den übergeordneten Regelungsbereich des Territorialstaates einbezogen.

Im Anschluss daran führt der Kurfürst nun die zwei Grundelemente seiner Handlungsmotivation vor – die väterliche Fürsorge für die Untertanen und das Wohl des Staates sowie die Aufrechterhaltung der höheren, göttlich begründeten Sanktionspraxis:

> dem vor und an sich selbst unzuläßigen auch scharff=verpoenten Balgen und duelliren, als einem höchst=ärgerlichen Beginnen / dadurch in das der hohen Obrigkeit von Gott anvertraute Rach=Schwerdt unverantwortlich eingegriffen / und manche so fort in der Jugend und besten Blüthe ihrer Jahre / andere aber umb das gemeine wesen und das Vaterland wohlverdiente / oder demselben nützliche Personen / mit ihrem und der Ihrigen höchsten Schaden / auch wohl gar Verlust der Seelen / frühzeitig dahin gerissen worden / auf alle mögliche Weise gesteuert / und damit unser Land von Blut=Schulden befreyet werden möge.[47]

In der Folge werden alle Gesetze gelistet, die Gegenstände des neuen Edikts bereits in den Jahren 1572, 1653, 1661, 1670, 1677 und 1703 thematisiert haben. Schließlich gesteht der Kurfürst ein, dass all diese Bemühungen „wieder Vermuthen / wie man verspühren müssen / nicht zulänglich seyn wollen", weshalb nun ein neues und umfassendes Edikt notwendig geworden sei. Beachtenswert in den einleitenden Ausführungen ist weiterhin der Verweis, dass bereits 1655 per Mandat die Wiederherstellung der Ehre des Beleidigten zugesichert worden ist.[48] Die Überführung dieses Vorgangs aus den unabhängigen, studentischen Riten in den Hoheitsbereich des Staates wird zum Zielhorizont der Edikte aller Obrigkeiten des frühen 18. Jahrhunderts werden. Außerdem wird für Kursachsen 1706 betont, dass gegen die Vergehen alle denkbaren Mittel eingesetzt werden sollen.

Die Ediktparagraphen beschreiben in aller Ausführlichkeit und im Detail, wie in einzelnen Situationen künftig zu verfahren sei und welche drastischen Strafen – ähnlich wie

---

[46] UA Leipzig, GA VI 3, Bl. 104/104' und auch Bl. 105.

[47] UA Leipzig, GA VI 3, Bl. 104'.

[48] UA Leipzig, GA VI 3, Bl. 104'.

in anderen Strafkatalogen der Zeit auch – den Beteiligten angedroht werden.[49] Dabei wird in Paragraph 18 dezidiert das Verbot eigener Rache formuliert. Demnach keiner

> sein eigener Richter seyn / sondern / ohne es vor disputierlich zu achten / die ihme zugefügte Injurien und Unrecht / Uns / als seiner von GOTT ihm vorgesetzten Landes=Fürstl. Herrschafft / und in Unserer Abwesenheit Unsers Stadthalters Lbdn. [Liebden] und Geheimen Räthen / wie nicht weniger Unsern hohen Kriegs=Officirern / oder iedes mit Ober=Gerichten versehenen Obrigkeit / auf Universitäten aber die Studiosi dem Rectori und Concilio anzeigen / und der ihnen dießfalls gebührenden und in vorigen Articuln determinirten rechtmäßigen Satisfaction, die allen Beleidigten / ohnausbleiblich wiederfahren wird / von denen Richtern / an welche die Sache so fort ungesäumbt zu bringen ist / gewärtig seyn soll.[50]

Im Zuge des Verbotes der Selbstrache werden also zugleich weitere Handlungsanweisungen formuliert: Man habe derlei Vorgänge der Obrigkeit anzuzeigen, um die Angelegenheit bekannt zu machen und damit zugleich in einer konstruktiven Wendung des Vorgangs seine Ehre mit Hilfe der Obrigkeit wieder herzustellen. Dies sollte durch die Bestrafung sowie eine „Ehren=Erklärung" des Beleidigers bzw. Herausforderers geschehen. Der Text für eine solche „Abbitte" ist im Edikt vorformuliert.[51] Auf keinen Fall soll der Andere zum Duell gefordert werden.[52] Mit der eingeführten Anzeigepflicht war ein Zusammenhang zwischen der Lebenswelt der Untertanen und den Ordnungsvorstellungen der

---

49 Dass die Rechtspraxis freilich moderater mit Edikten umging bzw. umgehen musste und weniger konsequent die Handhabung der Strafvorgaben umsetzte (auch wenn es gegenläufig vereinzelt Überdehnungen der Strafmöglichkeiten gegeben hat), ist mittlerweile auf breiter Basis anerkannt; vgl. etwa Schlumbohm, Gesetze, die nicht durchgesetzt werden, S. 650, 652; Härter, Policey und Strafjustiz in Kurmainz, Zweiter Halbband, S. 789f., 816.

50 UA Leipzig, GA VI 3, Bl. 108.

51 So in den Paragraphen 2 und 10 (UA Leipzig, GA VI 3, Bl. 105'/106 und 107) je nach verbaler bzw. realer Injurie. Die Wortlaute beider Erklärungen sind: „Ich N.N. bekenne hiermit / mit meinem unbedachtsamen und straffbahrem Worten N.N. gröblich beleidigt; Wie ich nun zu Anhörung gleichmäßiger Injurien mich ihm billig dastelle; Als bitte zugleich / mein unverantwortliches beginnen mir zu verzeihen / und weiln er dergleichen mir anzuthun / aus Generosität unterlassen / so will mich schuldigst dafür bedancket / und dahin erkläret haben / daß ich / wann ich an seiner Stelle gewesen wäre / mich williglich mit gleichmäßiger Satisfaction begnügen lassen wollte", und: „Ich N.N. bekanne hiermit / daß ich N.N. mit meinem auff unbesonnene Weise geschehenen Ausschlagen / oder Werffen allzu gröblich beleidiget / wie ich nun zu Empfahung gleichmäßigen Tractaments / mich ihm hillich darstelle / also bitte zugleich / mein unverantwortliches Beginnen und ihme angethanes Unrecht mir zu verzeihen / und weiln er dergleichen mir anzuthun / aus Generosität unterlassen / so will ich mich schuldigst dafür bedancket / und zugleich erklähret haben / daß ich an seiner Stelle gewesen / mich williglich mit gleichmäßigem Abtrag begnügen lassen wollen". Vgl. in diesem Zusammenhang auch: Behrisch, Städtische Obrigkeit und soziale Kontrolle, S. 113; Woeste, Akademische Väter als Richter, S. 97f. In den Texten wird nicht von einer Entschuldigung gesprochen, da sich dieser Begriff im 18. Jahrhundert auf ein Verhalten vor Gericht bezog: sich „entschuldigen", sich von den erhobenen Vorwürfen „lossprechen"; Brachtendorf, Konflikte, Devianz, Kriminalität, S. 13.

52 UA Leipzig, GA VI 3, Bl. 108/108'.

Obrigkeiten hergestellt.[53] Damit ließ es der kursächsische Fürst aber nicht bewenden. Denn dieser Mechanismus wurde zur Denunziationsmöglichkeit ausgeweitet. In Paragraph 23 heißt es:

> Der Provocat soll sich nicht gelüsten lassen / die Provocation anzunehmen / viel weniger zum Duell zu erscheinen / sondern sofort / was sich zugetragen / mit allen Umbständen der nächsten mit Ober=gerichten begabten Obrigkeit / sie sey Civil-oder Militair, denunciren / welche alsobald den Contravenienten dieses Unsers Mandats / bey Vermeidung harter Anthuung / zur Hafft zu bringen / wohlverwahrlich zu behalten / und das Factum gehörigen Orts ungesäumt zu berichten hat.[54]

Versäumt der Provozierte aber die ‚Denunziation' und geht dennoch nicht zum Duell, so soll er trotzdem mit „halb=jähriger Gefängnüß"-Strafe belegt werden. Dies ist eine entscheidende Passage des Edikts. Denn nun wird nicht mehr von ‚anzeigen', sondern von ‚denunzieren' gesprochen – warum? In der Reaktion auf die Handlungsoption eines Herausgeforderten, wonach dieser weder zum Duell erscheint noch den Vorgang an eine Obrigkeit meldet, reagiert die kursächsische Obrigkeit auf die Vielschichtigkeit der Beziehungsfelder, in denen Ehrverletzte standen. Zum einen hatten diese die Möglichkeit, das Duell auszutragen und damit ihre Ehre zu verteidigen. Sie hatten zum zweiten die Chance, sich an die Obrigkeit zu wenden, das Duell damit zu verhindern, bzw. diesem aus dem Weg zu gehen und auf diese Weise eine obrigkeitlich sanktionierte Wiederherstellung der Ehre zu erlangen. Zudem hatten sie drittens die Möglichkeit, beides zu unterlassen. In den Handlungsoptionen zwei und drei steckte sozialer Zündstoff. Wenn man davon ausgeht, dass ehrverletzende Vorgänge sich in den engen Räumen frühneuzeitlicher Universitätsstädte wohl zumeist unter Menschen ereigneten, die sich *kannten*, sich im Alltag begegneten, dann war der Gang zur Obrigkeit ein ehrloser Akt, der bestehende Ehrkodizes verletzte. Diese Handlung war im Verständnis der beteiligten Personen keine Anzeige eines Deliktes im Rahmen allgemeinen Rechtsverständnisses, sondern eine verachtete Denunziation. Indem die kursächsische Obrigkeit im Edikt auf diese sozialen und mentalen Implikationen reagierte und dies mit der Begriffsverschiebung von ‚anzeigen' zu ‚denunzieren' sichtbar wurde, waren zwei unterschiedliche Verhaltensweisen und Informationswege charakterisiert: Anzeige und Denunziation beginnen hier auseinander zu treten. Diese Beobachtung wird dadurch weiter gestützt, dass die denunziatorische Verhaltensvariante im Edikt weiter profiliert wird; in Paragraph 41 wird folgendes festgelegt:

> Jedermann / der von einem diesem Unsern Edict zuwiederlauffenden Verbrechen Wissenschafft erlanget / besonders die Hauß=und Tisch=Wirthe / Tracteurs, Coffee-und Thee-Schencken / Sollen bey arbitrarer Straffe schuldig seyn / solche zu denunciren; Damit aber auch die Leute darzu gereitzet werden / soll iedesmahl dem ersten Denuncianten, der ein formales Duell anzeiget / Ein Hundert Thlr. der eine Rencontre kund machet / Funffzig Thlr. wann Real-Injurien

[53] In diese Anzeigepflicht wurden bei Androhung von Sanktionen auch die „Unter=Obrigkeiten" einbezogen; UA Leipzig, GA VI 3, Bl. 112 (die Paragraphen 46 und 47).

[54] UA Leipzig, GA VI 3, Bl. 109.

> vorgefallen / Dreyßig Thlr. welcher Verbal-Injurien, und was dahin zu ziehen / oder darunter begriffen / angiebet / Funffzehen Thlr. wann er solches mit Warheit darthun kann / aus derer Verbrecher bereitesten Vermögen / daferne aber dessen keines verhanden / aus diesen Fiscalischen Einkünfften / zum gewissen und ohnfehlbaren Recompas, mit Verschweigung seines Nahmens / gereichet werden.[55]

Wem also Ehrenhändel und Duelle zur Kenntnis gekommen sind, dem wird nicht nur die Pflicht auferlegt, dieses Wissen weiterzugeben, sondern es wird versucht, ihm dieses leicht und schmackhaft zu machen. Hinter diesen Angeboten stehen Erfahrungen aus der Regierungspraxis des 17. Jahrhunderts, wonach die in den Policeyordnungen verankerte Anzeige- und Rügepflicht nicht oder nur situativ bedingt eingehalten worden ist.[56] Stattdessen wird je nach der unterschiedlich eingestuften Schwere des zu denunzierenden Delikts eine Belohnung versprochen, die vornehmlich aus dem Vermögen des Denunzierten abzuführen ist. Wer ein Duell denunziert, soll 100 Taler erhalten, ein Rencontre bringt 50 Taler, eine Verbalinjurie immerhin 30 bzw. 15 Taler. Zudem wurde dem Denunzianten Anonymität versprochen – er blieb im Verborgenen und war somit für den Denunzierten ein unsichtbarer Gegner.

Mit diesem Angebot wollte der Staat den Zugriff auf die ihm verborgen bleibenden Welten der Konfliktaustragung und Ehrverteidigung in einem nichtstaatlich, sondern gruppen- und standesspezifisch geformten Raum erlangen.[57] Das dort dominierende Ehrverständnis war durch Straf- und Ausschlussmechanismen geschützt: bei den Studenten durch den so genannten „Verschiß",[58] der einer Infam-Erklärung und dem Ausschluss aus der studentischen Gruppe gleichkam. Dieser Druck im unmittelbaren sozialen Umfeld war stärker als die Pflicht zur Anzeige. Mit dem Angebot zur geschützten

---

[55] UA Leipzig, GA VI 3, Bl. 111/111'.

[56] Vgl. exemplarisch Landwehr, „... das ein nachbar uff den andern heimblich achtung gebe.", S. 41; Andreas Klinger, Der Gothaer Fürstenstaat. Herrschaft, Konfession und Dynastie unter Herzog Ernst dem Frommen, Husum 2002 (Historische Studien 469), S. 255–281; Koch, Denunciatio, S. 196f.; Holenstein, Normen und Praktiken der Anzeige in der Markgrafschaft Baden-Durlach, insb. S. 141–146; ders., Die Umstände der Normen – die Normen der Umstände, S. 19–28, 39, 43; Härter, Policey und Strafjustiz in Kurmainz, Erster Halbband, S. 395; sowie die Einleitung, Abschnitt I.

[57] Vgl. Krug-Richter, Du Bacchant, quid est Grammatica?, S. 103 – hier: der „Studentenstatus als solcher" konstituierte „eine eigene Gruppenidentität".

[58] Studenten=Lexicon, S. 224; Studentensprache und Studentenlied in Halle vor hundert Jahren, S. 112f. Ein frühes Beispiel bei Meier, Der hallische Studentenaufstand vom Jahre 1723, S. 8, 12 – hier wird Studenten, die sich nicht dem kollektiven Boykott der Collegia anschließen, angedroht, dass sie „als ein Hunds=Fott erklärt" werden; Studenten, die sich nicht dem Aufruf, aus der Stadt auszuziehen, fügen, sollen als „infam" betrachtet werden (vgl. zu beiden Beispielen auch ebd. S. 77f. und 93 – hier der Universitätskanzler von Ludewig: „Niemand in die Collegia gekommen, auch diejenige, so etwa darein gehen wollen, davon durch die an die Straßen stehende Studenten, durch Zurückrufung, abgehalten worden."). Ein spätes Beispiel (1800) bei: Dressel, Die Landsmannschaften und Studentenorden an der Universität Helmstedt, S. 135 – hier gerät ein Student in „Verruf", weil er nach einer Beleidigung (‚dummer Junge') nicht Satisfaktion gefordert hatte; dies wurde mit einem Pasquill zudem am schwarzen Brett öffentlich gemacht.

Informationsweitergabe war nun durch die Obrigkeit eine Handlungsmöglichkeit generiert worden, die den Konfliktaustrag und die Strukturen der *face to face*-Gesellschaft überschritt. Konflikte konnten nun durch direkt Beteiligte, aber auch wissende Unbeteiligte unter Schutz und Anonymisierung sowie mit Aussicht auf Belohnung (möglichst aus dem Vermögen und damit zum Schaden des Denunzierten) an die Obrigkeit kommuniziert werden. Im kursächsischen Duelledikt wurden dem Denunzianten auf gesetzestextlicher Ebene jene Attribute zugewiesen, die ihn aus Sicht der Betroffenen wie der Obrigkeiten als Denunzianten kenntlich machten. Mit dem Edikt war gleichsam ein *Denunziationsmuster* festgeschrieben worden.

Das Edikt schließt mit einer Bestimmung über seine Bekanntmachung „zu iedermanns Wissenschafft“.[59] Dafür, so der Text, „wollen Wir solches nicht allein gewöhnlich publiciren und aller Orten öffentlich anschlagen lassen / sondern es sollen auch die Prediger [...] es von denen Cantzeln ablesen.“ Dieses soll jährlich wiederholt werden; bei den Truppen soll es „des Jahres wenigstens zweymahl repetiret“ werden.[60] Auch für die Studenten wurde die Kommunikation des Ediktes genau geregelt: „auf Universitäten oder bey denen Studiosis bey deren Inscription und Ablegung des Academischen Eydes“ soll es „vorgeleget und erklähret / und ieder deme nachzukommen / auch vor Schimpff und Schaden / und denen geordneten schweren Straffen sich zu hüten / ernst anvermahnet werden“.[61] Mit diesen Bestimmungen wurden die ausführlichen Darlegungen und Strafandrohungen zum Verbot der Duelle und der Eigenwiederherstellung der Ehre allen Landeskindern ebenso bekannt gemacht, wie die Möglichkeiten zur Anzeige und Denunziation. Dies gilt aber besonders für die Lebenswelt Universität. Die Mehrzahl der Studenten wird das entworfene Spannungsfeld zwischen Anzeigepflicht und Denunziationsmöglichkeit einerseits und Akademischer Freiheit sowie studentischer Standesehre andererseits verstanden haben. Damit musste letztlich jeder Einzelne leben und sich im Falle einer tatsächlich eintretenden Verwicklung in eine Injurien- oder Duellangelegenheit für eine der möglichen Handlungsoptionen entscheiden. Wir wollen im Folgenden prüfen, ob das entworfene Denunziationsmuster allein in Kursachsen zu finden ist oder ob es sich in der Folgezeit auch in anderen Edikttexten wieder findet. Blicken wir dafür nun in chronologischer Folge nach Jena.

II.2 Thüringisch-ernestinische Staaten: Jena 1709

Das in Eisenach am 7. März 1709 erlassene Edikt Herzog Johann Wilhelms weicht auf den ersten Blick vom drei Jahre zuvor erlassenen kursächsischen Mandat ab: Es ist mit

[59] Zur Publikation von Policeygesetzen in der Frühen Neuzeit siehe grundlegend: Härter, Policey und Strafjustiz in Kurmainz, Erster Halbband, S. 221–245.

[60] UA Leipzig, GA VI 3, Bl. 113’ (§ 52). Dies waren in der Frühen Neuzeit durchaus übliche Verfahren; vgl. exemplarisch Schlumbohm, Gesetze, die nicht durchgesetzt werden, S. 660.

[61] UA Leipzig, GA VI 3, Bl. 114 (§ 52).

nur zwölf Paragraphen sehr viel kürzer gehalten.[62] Inhaltlich aber unterscheiden sich beide Normtexte nicht wesentlich: *Des Fürstlichen Hauses Sachsen/ Ernestinische Linie/ Duell-Mandat* beginnt ebenfalls mit einer einleitenden Präambel. Auch hier wird die Beobachtung formuliert, dass sich die „Excesse und Unordnungen hingegen täglich vermehret" hätten.[63] Das Mandat wird auch auf die Studierenden und akademischen Bürger der Universität in Jena bezogen. Ebenfalls finden sich Verweise auf bereits bestehende Gesetze zur Eindämmung des Duellwesens:[64] 1701 hatten die Erhalterstaaten der Universität auf einer Konferenz das Duellwesen als „besonderes Problem akademischer Disziplin" behandelt.[65] Nun habe man nur wenige Jahre später erneut mit „größtem Mißfallen" die Missachtung der Bestimmungen „wider das unchristliche Duelliren" in den „Lands= und Policey=ordnungen" vernehmen müssen. Dies alles sei so weit gegangen, dass sich auch der noch währende Reichstag in Regensburg mit dem Thema beschäftigt habe, und man dort „durch gemeinsame Zusammentretung dem bißherigen Ubel abzuhelfen bedacht gewesen" ist.[66] Außerdem betont die Präambel des Mandats weiter, dass man nach dem Vorbild anderer Regenten handelt, die „in ihren Landen geschärffte Edicta und Verordnungen publiciren und in Druck [haben] gehen lassen". Im Mandat wird bereits Verfügtes erneuert und zugleich die Gesetzeslage „nach dem

[62] Des Fürstlichen Hauses Sachsen/ Ernestinische Linie/ Duell-Mandat. Jena 1709, in: UA Jena, Bestand A Nr. 2527: Gedruckte Patente betr. 1574–1732, Bl. 41–44'; im Folgenden wird nach der Paginierung im Ediktoriginal zitiert. Siehe auch: Gerhard Lingelbach, Injurie und Injuriensachen im ausgehenden 18. und 19. Jahrhundert, in: Stefan Matuschek (Hg.), Organisation der Kritik. Die Allgemeine Literatur-Zeitung in Jena 1785–1803. Heidelberg 2004 (Ereignis Weimar–Jena. Kultur um 1800. Ästhetische Forschungen 5), S. 143–156, hier S. 155. Zum universitätsgeschichtlichen Umfeld siehe: Joachim Bauer, Die Universität Jena zwischen Tradition und Reform, in: Gerhard Müller/Klaus Ries/Paul Ziche (Hg.), Die Universität Jena. Tradition und Innovation um 1800. Stuttgart 2001 (Pallas Athene 2), S. 47–62.

[63] Siehe in diesem Kontext auch: Werner Mägdefrau, Wissenschaftlicher Höhepunkt im Zeichen der Frühaufklärung in der zweiten Hälfte des 17. Jahrhunderts, in: Alma mater Jenensis. Geschichte der Universität Jena. Hg. v. Siegfried Schmidt in Verbindung mit Ludwig Elm und Günter Steiger. Weimar 1983, S. 63–94, hier S. 79.

[64] Siehe dazu Mägdefrau, Der Aufstieg und die erste Blüte der Universität Jena in der zweiten Hälfte des 17. Jahrhunderts, S. 162f. (Mandate/Erlasse: 1684, 1693, 1694; Visitation 1696). Johann Georg II. (von Eisenach) ersuchte 1696 in diesem Zusammenhang die Herrschaften anderer Universitäten, aus Jena wegen Duellsachen relegierte Studenten nicht aufzunehmen. Dies wird aus einem Reskript des brandenburgischen Kurfürsten an die Universität Halle vom Dezember 1694 ersichtlich; siehe dazu unten Abschnitt II.3 (Halle).

[65] Siegfried Schmidt, Die Universität Jena im Zeichen von Pietismus und Aufklärung vom Beginn des 18. Jahrhunderts bis zur Reorganisation der Universität unter Anna Amalia, in: Geschichte der Universität Jena 1548/58–1958. Festgabe zum vierhundertjährigen Universitätsjubiläum. Im Auftrag von Rektor und Senat verfasst und herausgegeben von einem Kollektiv des Historischen Instituts der Friedrich-Schiller-Universität Jena unter Leitung von Max Steinmetz. Bd. I: Darstellung. Jena 1958, S. 167–216, hier S. 212, außerdem 173.

[66] UA Jena, Bestand A Nr. 2527, Duell-Mandat 1709, S. [2].

Exempel“ anderer „Regenten auf den Zustand itziger Zeiten“ gebracht.[67] Es ist also sicher davon auszugehen, dass das kursächsische Edikt bekannt war. In Bezug auf die Jenaer Universität wurde das Ziel formuliert, im Einklang mit anderen Fürstentümern auf der Höhe der Zeit im Kampf gegen die Duelle zu agieren. Bemerkenswert ist, dass dabei nicht nur vergleichbare Bestimmungen formuliert werden, sondern dass gleichzeitig in Bezug auf die Informationsgewinnung – die „informelle Erfassung der Situation vor Ort“[68] – ein zusätzlicher Akzent gesetzt wurde.

Im Zentrum des Mandats stand die Verfügung, dass Betroffene sich bei Ehrverletzungen an den jeweiligen Repräsentanten des Staates vor Ort zu wenden („bey der Obrigkeit Hülffe suchen“) und sich mit der im Gesetz „geordneten Satisfaction“ zu „begnügen“ haben.[69] Also stand auch für die Erhalter der Jenaer Universität der Hoheitsanspruch im Zentrum. Die Paragraphen des Edikts bestimmen, welche Injurie mit welchen Strafen zu belegen ist, und sie betonen auch die Notwendigkeit einer öffentlichen Abbitte oder Ehrenerklärung – ohne allerdings die entsprechenden Texte vorzuformulieren – mit dem Hinweis, dass diese nicht nur die erkennbare Einsicht des Beleidigers in das eigene unrechtmäßige Tun erkennen lassen soll, sondern auch der Beleidigte „um Verzeihung“ gebeten werden muss.[70] Sollte sich dennoch eine Duellsituation ergeben, habe der Provozierte die Pflicht, die Sache dem nächsten Oberrichter zu „denunciren“. Damit ist zunächst die Anzeigepflicht gemeint.[71] Diese betrifft auch „endlich die jenigen / so bey den Duellen zugesehen / und solche / da sie es füglich und ohne einige Gefahr zu thun vermocht / [nicht] verhindert“ haben.[72] Darüber hinaus wird, dem kursächsischen Vorbild folgend, auch für die thüringischen Lande und die Universität in Jena ein Denunziationsmuster eingeführt:

> Da hingegen die jenigen / die ein formales Duell / Rencontre / verbal- oder Real-Injurie denunciren / aus der Verbrecher Vermögen oder solcherley Fiscalischen Einkünfften / und zwar vor ein Duell mit 50. Thlr. vor eine Rencontre mit 25. Thlr. vor Real-Injurien mit 15. und vor Verbal-Injurien mit 10 Thlr. recompentiret / und niemand kund gemacht / sondern mit den Nahmen verschwiegen [werden].

Dieses Spektrum wurde in Thüringen zusätzlich um einen wesentlichen Punkt erweitert: „da sie [die zu erwartenden Denunzianten] aber boßhaffter Weise einen fälschlich angeben / mit der den Denunciaten zugedachten Straffe / angesehen werden sollen“.[73] Ein De-

---

[67] UA Jena, Bestand A Nr. 2527, Duell-Mandat 1709, S. 3.

[68] Holenstein, Kommunikatives Handeln im Umgang mit Policeyordnungen, S. 207.

[69] UA Jena, Bestand A Nr. 2527, Duell-Mandat 1709, S. 3.

[70] UA Jena, Bestand A Nr. 2527, Duell-Mandat 1709, Paragraph II, S. 3 (Zitat; Verbalinjurien); Paragraph III, S. 4 (Realinjurien).

[71] UA Jena, Bestand A Nr. 2527, Duell-Mandat 1709, Paragraph V, S. 5, siehe in diesem Kontext auch die Formulierungen in Paragraph X und XI (hier in Bezug auf die Anzeigepflicht der hohen und niederen Zivil- und Militärbedienten – „in Summa alle Obrigkeiten“); S. 7f. (Zitat S. 7).

[72] UA Jena, Bestand A Nr. 2527, Duell-Mandat 1709, Paragraph IX, S. 6f., hier S. 7.

[73] UA Jena, Bestand A Nr. 2527, Duell-Mandat 1709, Paragraph IX, S. 6f., hier S. 7.

nunziant war also für die thüringischen Obrigkeiten eine Person, die das deviante Tun eines Dritten im Sinne der Obigkeit meldete und dafür Entlohnung erhielt sowie Anonymität zugesichert bekam. Gleichzeitig hegte man an seiner Integrität großen Zweifel. Dahinter stand die Erfahrung, dass Denunzianten zum eigenen Nutzen oder zum Schaden anderer auf der Basis und mit Hilfe der vom Souverän sowie seiner Bürokratie und Ämterstruktur zur Verfügung gestellten Mittel handelten. Die Amtsträger wurden deshalb im Mandat aufgefordert, kritisch mit den Informationen umzugehen, die über das ermöglichte Denunziationsverhalten lanciert wurden. Die Obrigkeit sah also die Doppelbödigkeit ihrer Angebote zur Informationsgewinnung; sie war sich der Möglichkeiten zur Fremdinstrumentalisierung bewusst. Deshalb findet sich auch eine Strafbestimmung für vorsätzlich falsch Denunzierende. Das Mandat schließt mit einer Verfügung über die Bekanntmachung der Bestimmungen in den thüringischen Landen.[74]

Das Duelledikt ist einige Monate später am 13. November 1709 durch ein zusätzliches, speziell an die Universität Jena gerichtetes Reskript ergänzt und spezifiziert worden. Hieraus geht hervor, dass unterdessen zwischen der Landesregierung und den anderen Erhaltern der Universität sowie den Akteuren vor Ort ein Berichtsverfahren stattgefunden hat.[75] Aus dem Reskript wird ersichtlich, dass die Duellfrage Teil des von den Studenten zu leistenden Eides bei der Immatrikulation geworden ist und dass jedem ankommenden Studenten ein Exemplar des Edikts „gegen Abtragung eines leidlichen Preises bey der Inscription zuzustellen“ war.[76] Die breitmöglichste und verlässlichste Verbreitung und Zurkenntnisnahme des Ediktes sollte so sichergestellt werden. Besonders interessant an diesem Reskript ist eine Bestimmung, die sich auf die Frage der Denunziation bezieht. In Paragraph sieben heißt es:

> Im übrigen wird die genaue Observirung des Duell-Mandats, Unserer Hoffnung nach, der Universitaet mehr Seegen und Nutzen, alß Schaden bringen, wie denn Unser ernstlicher Wille ist, daß wieder diejenigen, welche die Angeber der Verbrechen, oder Kläger und Denuncianten vom Commercio gleichsam excludiren wollen, mit aller Schärffe und Nachdruck von Euch inquiriret, die Personen so dessen schuldig befunden werden, in Verhafft gezogen, und zu fernerem Verordtnung an Unß bericht erstattet werden solle.[77]

Zunächst ist bemerkenswert, dass in dieser grundsätzlichen Bestimmung mit drei unterschiedlichen Begriffen die drei differenten Informationsmöglichkeiten bzw. Rechtswege benannt werden, mit Hilfe derer die Obrigkeit in Jena an die Kenntnis von Duellvorgän-

---

74 UA Jena, Bestand A Nr. 2527, Duell-Mandat 1709, Paragraph XII, S. 8 („jährlich zum wenigsten einmal aller Orten von Cantzeln abgelesen / und den Zuhörern unter beygehender Admonition [Ermahnung] desto besser erkläret und kund gemacht werden“).

75 Anti-Duell-Reskript an die Universität Jena vom 13. November 1709, in: UA Jena, Bestand A Nr. 2548: Altes Copial- und Rezeß-Buch der Universität Jena 1557–1794, Bl. 502–505', hier die Einleitung. Ich danke Thomas Pester (Jena) für die Bereitstellung einer Transkription des Reskripts nach der im Folgenden zitiert wird.

76 UA Jena, Bestand A Nr. 2548, Anti-Duell-Reskript 1709, Paragraph 1.

77 UA Jena, Bestand A Nr. 2548, Anti-Duell-Reskript 1709, Paragraph 8.

gen gelangen konnte: die Anzeige, die Klage, die Denunziation. Vor allem aber wird in dieser Bestimmung offen der Umgang mit denjenigen Studenten geregelt, die Anzeiger und Denunzianten vom „Commercio", also von den alltäglichen studentischen Geschäften, ausschließen. Dies ist eine direkte obrigkeitliche Reaktion auf entsprechende Vorgänge und die dahinter stehende Studentenmentalität. Es war nötig, Denunzianten nach ihrer Enthüllung vor sozialer Diskriminierung und Ächtung zu schützen. Die Festlegungen für die Universität Jena verweisen darauf, dass für die Obrigkeiten in Sachsen-Eisenach das Verfolgungsinteresse über den moralischen Implikationen denunziatorischer Vorgänge stand.[78]

Die Abläufe beim Ausschluss eines Studenten sind ebenso wie der Duellzwang zur Wiederherstellung der Ehre in der Bildkultur der studentischen Stammbücher dargestellt worden. Die folgende Abbildung, die die Vertreibung eines Studenten auf dem Jenaer Markt um 1750 darstellt, belegt dies. Maßgeblich beteiligt sind dabei Siebenbürger Studenten in schwarzer Kleidung, die einen Franken verjagen; Studenten anderer Landsmannschaften beobachten das Geschehen. Dabei rufen die Siebenbürger: „Du bestie du Canaille wilstu einstecken", „wart, wart ich will dir heimleichten", „Schmeiß zu" sowie mehrfach „ha ha ha". Die die Szene beobachtenden Studenten sprechen: „wie der auszieht", da „passirt Wachß" und „sieh Bruder die Tragoedie".[79] Die Szene zeigt an einem Jenaer Beispiel den Vorgang des Ausschlusses aus der Sozialgemeinschaft der Studenten – ein überall an den Universitäten des Reiches zu findendes Procedere, wenn ein Student den Regeln Akademischer Freiheit zuwidergehandelt hatte.

In kurzer Zeit (1706/1709) waren für Leipzig, Wittenberg und Jena in den Antiduelledikten Angebote und Strukturen festgeschrieben worden, die das Denunziationsverhalten von der Anzeigepflicht abkoppelten. Fragen wir im Folgenden deshalb, ob sich das Denunziationsmuster auch im kurze Zeit später publizierten preußischen Duelledikt für die noch ganz junge Universität Halle finden lässt, die in einer Konkurrenzsituation zu den anderen, in unmittelbarer geografischer Nähe befindlichen Universitäten stand.[80]

---

[78] Siehe zum Motiv des Verfolgungsinteresses in der Zeit um 1700 aus rechtshistorischer Perspektive: Koch, Denunciatio, S. 86f., 92f., 142, 144ff., 162, 238f., 257f.

[79] Stadtmuseum Jena, F4, 488, St 1,48: Stammbuch des Studenten Martin Gottlob von Seulen 1745–1751, Bl. 111; siehe dazu: Bauer/Hellmann/Müller (Hg.), Logenbrüder, Alchemisten und Studenten, S. 151f.

[80] Zum Konkurrenzverhältnis der mitteldeutschen Universitäten um 1700 nach der Gründung der Fridericiana 1694 in Halle siehe exemplarisch: Rolf Lieberwirth, Christian Thomasius' Verhältnis zur Universität Leipzig, in: Karl-Marx-Universität Leipzig 1409–1959. Beiträge zur Universitätsgeschichte. 2 Bde. Leipzig 1959, Bd. 1., S. 71–92, hier S. 83; Günter Mühlpfordt, Gelehrtenrepublik Leipzig. Wegweiser- und Mittlerrolle der Leipziger Aufklärung in der Wissenschaft, in: Wolfgang Martens (Hg.), Leipzig. Aufklärung und Bürgerlichkeit. Heidelberg 1990 (Wolfenbütteler Studien zur Aufklärung. Zentren der Aufklärung 3), S. 39–101, hier S. 41f.; Detlef Döring, Die Universität Leipzig im Zeitalter der Aufklärung. Geschichte, Stand und Perspektiven der Forschung, in: Historisches Jahrbuch 122 (2002), S. 413–461, hier S. 415f.

Abb. 2 Vertreibung eines Studenten, Stammbuchzeichnung, Jena um 1750.

Wurde das Denunziationsmuster jenseits dieser Konkurrenzen um die Attraktivität des Standorts übernommen?

II.3 Preußen: Halle 1713

Die preußische Obrigkeit in Berlin und Potsdam sah sich 1713 veranlasst, das *Mandat, wider die Selbstrache, Injurien, Friedenstörungen und Duelle, de dato den 28. Junii, 1713. worinnen das vorhero, am 6. August 1688. ergangene, theils wiederholet, theils in einigen Puncten erkläret und erläutert, auch geändert wird,* zu erlassen.[81] Das Mandat ist mit 16 z.T. weitläufigen Artikeln recht ausführlich geraten, und war mit einer ausführlichen Präambel versehen, die dezidiert auf das ältere kurbrandenburgische Duelledikt vom Sommer 1688 verweist. Den inhaltlichen Hauptargumentationsgegenstand dieser Gesetzeseinleitung bildeten die Mechanismen zur Wiederherstellung der Ehre. Der preußische König Friedrich Wilhelm I. stand seinen Untertanen bei angegriffener oder verletzter Ehre das Recht auf Wiedergutmachung zu; in dieser Ausdrücklichkeit ist dies in Preußen deutlicher formuliert, als in den beiden Vorgängeredikten in Kursachsen und Thüringen. Die Satisfaktion aber konnte einzig der Staat leisten: Niemand hat das Recht, die Hoheit des Staates über alle Lebensbereiche und Entscheidungsprozesse in Frage zu stellen oder gar zu unterlaufen:

> Wiewohl Wir nun zu Unsern getreuen Officirern, Dienern, Vasallen und Unterthanen die gute Hofnung haben, daß sie vielmehr in der Bravoure und Tapferkeit gegen Unsere und das Vaterlandes Feinde, als in unnützen Händeln und Duelliren, die Ehre eines rechtschaffenen Soldaten zu erwerben sich bemühen, und dabey abermahl wohl bedenken werden, wie der Höchste Gott seiner Majestät die Rache allein vorbehalten, und deswegen Könige, Fürsten und Obrigkeiten auf Erden verordnet, daß sie das Schwerd an seiner Stelle gebrauchen, das Böse und Unrecht strafen und rächen sollen, und dannenhero solche vermessentliche Duelle, sowohl zur Verachtung der göttlichen Gesetze, als zur Verkleinerung des höchsten Königlichen, Landesfürstlichen, obrigkeiltichen Amts gereichen, und Gottes gerechten Zorn über Land und Leute verursachen, die Duellanten, Schläger und Balger auch ihre von Christo theuer erkaufte Seelen in augenscheinliche Gefahr setzen.[82]

---

[81] Das Edikt wird zitiert nach: ULB Halle, Pon. Yb 3775 w, QK: Sr. Königl. Maj. in Preussen, und Curfürstl. Durchl. zu Brandenburg etc. erklärtes und erneuertes Mandat, wider die Selbstrache, Injurien, Friedenstörungen und Duelle, de dato den 28. Junii, 1713. worinnen das vorhero, am 6. August 1688. ergangene, theils wiederholet, theils in einigen Puncten erkläret und erläutert, auch gändert wird, in: Leges Academicae Studiosis in Regia Fridericiana observandae, Halae Magdeburgicae [nach 1767], S. 6–23. Das Edikt erfuhr eine Ergänzung (Artikel XVI) durch: ULB Halle: AB 170393 (11): Seine Königl. Majestät declariren das Edict Wider die Selbst=Rache / Und daß die Civil-Personen nach der Criminal-Ordnung mit der Defension zu hören. Sub Dato Berlin / den 12. Maji 1721. Siehe auch: Alenfelder, Akademische Gerichtsbarkeit, S. 131.

[82] ULB Halle, Pon. Yb 3775 w, QK: Mandat, wider die [...] Duelle, 1713, S. 6f.

In diese Bestimmungen wurde „auch die studierende Jugend“ einbezogen.[83] Der angeschlagene strenge landesväterliche Ton wird in der folgenden, konkret auf die Umstände der Ehrverletzung bezogenen Passage weiter deutlich:

> nachdem aber dieserwegen vorhin unterschiedene zweifelhafte Fälle entstanden, worüber oftmahlige Erinnerungen und Anfragen geschehen, absonderlich wenn die Unsrigen mit eines fremden Herrn und Potentaten, Officirern, Bedienten, Vasallen und Unterthanen in Streit und Duelle gerathen, indem die Erfahrung bishero gezeiget hat, daß jene, wenn sie von Fremden etwa an ihren Ehren oder Person angegriffen und lädiert worden, entweder nicht gewußt, wo oder bey was für Obrigkeit sie ihre Klage anbringen sollen, oder auch, wann sie schon bey der ordentlichen Obrigkeit um Satisfaction angehalten, ihnen dennoch selbige nicht verschaffet worden.[84]

Diese Ausführungen spiegeln die komplexe, oft uneindeutige Situation der Lebenswirklichkeit. Sehr wohl hat es Männer gegeben, die sich zur Lösung entstandener Ehrkonflikte und zur Wiederherstellung ihrer Ehre an die Obrigkeiten gewandt haben. Der Staat war aber bis dato offensichtlich nicht in der Lage, diesem Ansuchen angemessen zu entsprechen. Neben der Wiederholung und Einschärfung des grundsätzlichen Duellverbots sollte mit dem neuen Edikt dieser Mechanismus verbessert und präziser geregelt werden, wobei eine zu leistende Abbitte eine wichtige Rolle spielte.[85]

Bei dieser auf die Lösung von Ehrkonflikten zielenden Vorgehensweise stand die Frage im Zentrum, wie der Informationsfluss über Duelle und Rencontres angeregt werden konnte. Zu diesem Zweck wurde die Anzeigepflicht verschärft. Demnach hat keiner „Provocationes und Duelle anzunehmen“, vielmehr soll er

> das ihm zugefügte Tort und Unrecht Uns oder Unsern hohen Kriegsofficirern Stadthaltern, Gouverneuren und Regierungen, unter welcher der Beleidiger stehet, oder auf Universitäten den Professoribus oder den Stadtmagistraten anzeigen und hinterbringen; gestalt dann desfals einem jeden gebührende und rechtmäßige Satisfaction dafür verschaffet werden soll.[86]

Nicht der Einzelne oder die Gruppe hat die Ehre eigenmächtig wiederherzustellen, sondern über die Konfliktdelegation durch entsprechende Anzeigen sollen die Obrigkeiten

---

[83] ULB Halle, Pon. Yb 3775 w, QK: Mandat, wider die [...] Duelle, 1713, S. 7; siehe auch Artikel I, S. 8 sowie Artikel X, S. 15: „Demnach Wir auch in Erfahrung gekommen, welchergestalt vielmals einige, insbesondere Studiosi auf Unsern Universitäten, auch wohl andere mehr, sich unterstanden haben sollen, nicht nur denenjenigen, so von andern mit Verbal=oder Real=Injurien angegriffen und beleidiget worden, solches auf eine sehr unanständige Art mündlich vorzuhalten, sondern auch dieselbe durch Umkehrung der Teller und Vorbeytrinken an den Tischen, auch ander schimpfliches Unternehmen und Zeichen, von dern Tischgesellschaft und Conversation auszuschließen, und solchergestalt per indirectum zu Nehmung eigenmächtiger Revanche und Satisfaction, durch formale Duelle und Rencontres, zu encouragiren und anzuhetzen.“

[84] ULB Halle, Pon. Yb 3775 w, QK: Mandat, wider die [...] Duelle, 1713, S. 7.

[85] Ausdrücklich formuliert in Artikel II und Art. XI: ULB Halle, Pon. Yb 3775 w, QK: Mandat, wider die [...] Duelle, 1713, S. 8 und 16.

[86] Artikel IV: ULB Halle, Pon. Yb 3775 w, QK: Mandat, wider die [...] Duelle, 1713, S. 10.

als verantwortliche Instanzen einbezogen werden: „Der Prouocatus [!] und Ausgeforderte soll sich nicht gelüsten lassen, das Duell anzunehmen, vielweniger auf dem darzu bestimmten Platze zu erscheinen: sondern Wir wollen und ordnen, das derselbe, gleich nach empfangenen Cartell und Absagsbrief, oder mündlichen Ausforderung, den ihm angebotenen Kampf mit allen Umständen Uns [...] denunciren" soll. Im gleichen Atemzug wurde zudem mit Strafen für den Fall gedroht, dass man „keine Nachricht" geben bzw. das Duell nicht „denunciren, sondern verschweigen" sollte.[87] Auch die Eltern etwaiger studentischer Duellanten fanden sich einbezogen, indem auch ihnen Strafe für den Fall angedroht wurde, dass sie „weder durch gehörige Denunciation, noch anderer gestalt" potenzielle Duelle „zu verhüten gesucht" hätten.[88] Um ganz sicher zu gehen und kein Schlupfloch für rhetorisch versierte Probanden zuzulassen, wurde die Anzeigepflicht in Artikel zehn auf „sonsten jedermänniglich" ausgeweitet.[89]

Am Beispiel Halles ist also die gleichzeitige Verwendung der Begriffe ‚anzeigen' und ‚denunzieren' für den Gegenstand der offenen, nichtanonymen Anzeige unter Hinzuziehung von benannten Zeugen zu beobachten.[90] Dennoch ist auch in Preußen der Bezugsrahmen in Hinsicht auf denunziatorische Möglichkeiten weiter gezogen worden – es wurden materielle Anreize ausgelobt: „Den Denuncianten aber soll ein gewisser Recompens von Uns, und den Gütern und Mitteln der schuldigen Verbrecher und Uebertreter dieses Edicts verschaffet und würcklich gereichet werden."[91] An dieser Stelle scheidet sich der Anzeiger vom Denunzianten: Der (sich selbst) Anzeigende erhält als Lohn die Wiederherstellung seiner Ehre.[92] Der Denunziant hingegen erhält für seine Informa-

---

87 Artikel VI: ULB Halle, Pon. Yb 3775 w, QK: Mandat, wider die [...] Duelle, 1713, S. 11f., hier S. 11.

88 Artikel VII: ULB Halle, Pon. Yb 3775 w, QK: Mandat, wider die [...] Duelle, 1713, S. 12f., hier S. 12.

89 Artikel X: ULB Halle, Pon. Yb 3775 w, QK: Mandat, wider die [...] Duelle, 1713, S. 15f., hier S. 15. Die Wirte von Weinschenken, Kaffee- und Teehäusern waren beispielsweise bereits seit 1695 durch das *Reglement, Wie sich männiglich sonderlich aber Die Studiosi Bey Der Universität zu Halle In denen Wein-Theé-Coffeé und andern Schencken nebst denen Wirthen verhalten sollen* verpflichtet, die Namen der gegen das Edikt zuwiderhandelnden Studenten dem amtierenden Prorektor anzuzeigen; Absatz 2 des Reglements vom 28. März 1695; UA Halle, Rep. 3, Nr. 548: Acta, Die Caffe= Thee und andere verdächtige Häuser alhier, betr. 1695–1718, o.P. Die Wirte wurden generell in die ‚gute Policey' der Frühen Neuzeit durch die Anzeigepflicht auch für andere Delikte eingebunden; siehe exemplarisch ULB Halle, AB 170393 (30): Geschärfftes Edikt, Wieder die Raubereyen und Diebereien, etc. Sub dato Berlin, den 5 April. 1723, hier u.a. die Wiederholung bzw. der Verweis auf das Edikt vom 12. Februar 1709 mit der Benachrichtigungspflicht der Wirte an die Schulzen oder Gerichte im Dorf.

90 Vgl. Artikel XI, ULB Halle, Pon. Yb 3775 w, QK: Mandat, wider die [...] Duelle, 1713, S. 16–19, hier S. 18.

91 Artikel X: ULB Halle, Pon. Yb 3775 w, QK: Mandat, wider die [...] Duelle, 1713, S. 15f., hier S. 15. Diese Position hat auch Christian Thomasius gestützt; siehe: Koch, Denunciatio, S. 136.

92 Auch im preußischen Edikt sind dafür konkrete Verfahrensweisen eingeschrieben (z.B. „mündliche oder schriftliche Abbitte"), jedoch keine konkreten Vorformulierungen wie in Kursachsen festgelegt; siehe: ULB Halle, Pon. Yb 3775 w, QK: Mandat, wider die [...] Duelle, 1713, S. 16–19, hier S. 16.

tionsweitergabe einen „Recompens" aus dem Vermögen des Geschädigten. Diese Verfügung knüpfte an die Vorgabe zur Informationsgewinnung an, wonach „auf einige Art und Weise" etwas von „Duellen und Händeln" in „Vernehmen oder in Erfahrung" zu bringen sei. Damit war genügend Raum geöffnet, um alle Varianten der Informationsgewinnung zu berücksichtigen. Mithin war die Möglichkeit geschaffen, dass Bürger oder Studenten sich gezielt Wissen über Duelle beschaffen und dieses dann gegen Belohnung weitergeben konnten.

Ausgehend von diesen Beobachtungen stellt sich die Frage, warum die preußische Regierung in einigen Punkten dieses zentralen Edikts vergleichsweise unpräzise blieb?[93] Die Antwort darauf ist in den Gründungszusammenhängen der Universität zu suchen. Blicken wir deshalb zwanzig Jahre zurück. Gerade in der Situation der Neugründung lassen sich Verfahren beobachten, die darauf ausgerichtet waren, gezielt Erfahrungsbestände in Normtexte einzubauen: Mithin wurde die Gründungsphase der Fridericiana auch als Chance zur vorausschauenden Disziplinargestaltung genutzt. Diese Beobachtung lässt sich am konkreten Duellgegenstand verifizieren. Die einschlägige Akte im Universitätsarchiv Halle zum Duellmandat von 1713 beginnt bereits 1693.[94] Das erste Schreiben stammt aus dem Mai dieses Jahres und ist ein Reskript an die Universität, das angesichts der „allda vorgegangenen Händel und Duella" die nötigen Maßnahmen gegen die „Übertretung" des bestehenden kurbrandenburgischen Duelledikts fordert.[95] Ein zweites Schriftstück

[93] Die Bestimmungen zur Verbreitung und Repetition blieben im üblichen Rahmen: Das Edikt soll gedruckt und allen Orts – auch an Universitäten – ausgehangen werden; ULB Halle, Pon. Yb 3775 w, QK: Mandat, wider die [...] Duelle, 1713, Artikel XV, S. 21f. Auch in Halle bekamen neue Studenten bei der Inskription Edikte übergeben; vgl. Meier, Der hallische Studentenaufstand vom Jahre 1723, S. 3 – hier am Beispiel der Tumultedikte von 1722 und 1724.

[94] UA Halle, Rep. 3 Rektorat Nr. 544: Acta Das Duell-Mandat betreffend. Anno 1693–1725.

[95] UA Halle, Rep. 3 Rektorat Nr. 544: Acta Das Duell-Mandat, o.P. (u.a. soll kein Student von den Excerzitienmeistern unterwiesen werden, der sich nicht binnen zehn Tagen nach seiner Ankunft immatrikuliert). Ergänzt wurden diese Maßnahmen 1694 durch ein Verbot des Säbel- bzw. Degentragens für Bediente (den Studierenden war es bis 1750 erlaubt), das aber unterlaufen wurde und das vier Jahre später Ende November 1698 erneut angemahnt werden musste; UA Halle, Rep. 3, Nr. 545: Acta Das von Sr. Churfürstl. Durchl. In Brandenb. den hiesigen handwergs Purschen, Laquyen und Jungen verbotene Degen und Sebeltragen betr. de Anno 1694 (–1723), o.P.; StA Halle Kap. XXII Abtlg. D. No 9: Die Verbesserung der Sitten bey den hällischen Studiosis auch Verboth des Degen tragens desgl. wegen derer Hazard Spiele. 1750, dort das Edikt o.P. – 1750 (oder zu Beginn 1751) wurde ein Aushang am Rathaus angebracht, der das Degen- und Hirschfängertragen verbot (ebd., o.P.); Johann Christian Förster, Übersicht der Geschichte der Universität zu Halle in ihrem ersten Jahrhunderte. Hg. v. Regina Meÿer/Günther Schenk. Nachdruck der bei Carl August Kümmel in Halle 1794 erschienen ersten Auflage. Halle 1998 (Schriftenreihe zur Geistes- und Kulturgeschichte), S. 134f.; Schrader, Geschichte der Friedrichs-Universität zu Halle. Erster Teil, S. 86, 347f.; Schulze/Ssymank, Das deutsche Studententum von den älteren Zeiten bis zur Gegenwart, S. 190; Schmidt, Die Universität Jena im Zeichen von Pietismus und Aufklärung vom Beginn des 18. Jahrhunderts, S. 212; Hardtwig, Sozialverhalten und Wertwandel, S. 317; Brüdermann, Studenten

vom 24. August 1693 verlangt die generelle Befolgung des Duelledikts von 1688 und hebt dann die Pflicht der landesherrlichen Untertanen zur Anzeige hervor. Dabei ist den brandenburgischen Obrigkeiten schon 1693, also noch vor der offiziellen Inauguration der Universität bewusst, dass die Händel und Duelle von den Involvierten bzw. denjenigen, die davon Kenntnis haben, *nicht* angezeigt werden. Denn es hat sich

> zu unterschiedlichen mahlen hin und wieder zu getragen, dass wann Leute sich unter ein ander sehr gescholten, in Hand gemenge oder sonst in action gerathen, solchen Händeln verschiedene Personen zu gesehen, und da sie wohl gekont, sich dennoch nicht interponiret, vielweniger die vorgelauffene actiones und Händel denunciiret.[96]

Es ist also kein Zufall, dass ausdrücklich auf die Einhaltung der Anzeigepflicht gedrungen wurde.[97] Der zeitlich parallel ablaufende Ausarbeitungsprozess der Universitätsstatuten spiegelt diese Bemühungen ebenfalls wider. Denn hier wurden die Rahmenbedingungen zum Umgang mit Anzeigen in grundsätzlicher Weise verankert.[98] Der nach dem Tod des ersten Universitätskanzlers Veit Ludwig von Seckendorff 1692 zum Universitätsdirektor berufene und mit der Ausarbeitung der Statuten beauftragte Jurist Samuel Stryk[99] hatte Regelungen zum Umgang mit eingehenden Informationen in sie einfließen lassen. Diese bestimmten, wie die Universitätsobrigkeit und das Universitätsgericht damit umzugehen haben:

> da es auf Universitäten öfters zu geschehen pflegt, dass angeklagte Studenten sich aufs Leugnen legen, gleichwohl die Zulassung des Reinigungseides gefährlich und den Beklagten, wenn

---

als Einwohner in der Universitätsstadt Helmstedt, S. 19, 21; Alenfelder, Akademische Gerichtsbarkeit, S. 130f.

96 UA Halle, Rep. 3 Rektorat Nr. 544: Acta Das Duell-Mandat, o.P.

97 Ein weiteres Schreiben des Kurfürsten datiert vom 24. März 1696, nachdem die Theologische Fakultät Vergehen gegen das Duelledikt in einem Memorial gemeldet hatte; UA Halle, Rep. 3 Rektorat Nr. 544: Acta Das Duell-Mandat, o.P.

98 Zu den Spannungen zwischen Stadt und Universität um 1700 in Halle siehe: Gustav Friedrich Hertzberg, Geschichte der Stadt Halle an der Saale von den Anfängen bis zur Neuzeit. Nach den Quellen dargestellt. Bd. II: Halle während des 16. und 17. Jahrhunderts (1513–1717). Halle 1891, S. 555f., 581 und 673f.; Heinz Kathe, Die Universität Halle in den ersten fünfzig Jahren ihres Bestehens, in: Die Universität zu Halle und Franckens Stiftungen. Hg. v. Ralf-Torsten Speler. Halle 1998 (Kataloge des Universitätsmuseums der Zentralen Kustodie N. F. Nr. 4), S. 11–23; Füssel, Universität und Öffentlichkeit, passim sowie ein entsprechendes landesherrliches Reskript aus dem Jahr 1700: StA Halle, Kap. XXII Abtlg. D. No. 6: Acta Einige Zwischen E. E. Rathe und der Universität allhier obhandenen Streitigkeiten betr. de ao. 1700 (–1714), Bl. 5–8.

99 Rolf Lieberwirth, Die Gründung der Universität Halle aus dem Geist des Naturrechts: Die Frühzeit, in: Gunnar Berg/Hans-Hermann Hartwich (Hg.), Martin-Luther-Universität. Von der Gründung bis zur Neugestaltung nach zwei Diktaturen. Opladen 1994, S. 9–25, hier S. 14; Friedrich de Boor, Die ersten Vorschläge von Christian Thomasius „wegen auffrichtung einer Neuen Academie zu Halle“ aus dem Jahre 1690, in: Donnert (Hg.), Europa in der Frühen Neuzeit. Bd. 4: Deutsche Aufklärung (1997), S. 57–84, S. 59. Außerdem auch: Manfred Brümmer, Staat kontra Universität. Die Universität Halle-Wittenberg und die Karlsbader Beschlüsse 1819–1848. Weimar 1991, S. 18–21.

> sie sich gut aufgeführt haben, schimpflich ist: so hat der Prorector mit den Dekanen den bisherigen Lebenswandel des Beklagten, den etwa auf ihn fallenden Verdacht, und was er zur Ablehnung solches Verdachts anzubringen hat, zu untersuchen; da es sich denn leicht ergeben wird, ob ein solcher loszusprechen oder zur Ableistung des Reinigungseides zu verurtheilen sey. Aus dieser Ursache soll der Prorector keinem Denuncianten Gehör geben, wofern er nicht wahrscheinliche Vermuthungen der denuncirten That beyzubringen vermag.[100]

Es war also Vorsicht demgegenüber geboten, was den Universitätsobrigkeiten gemeldet wurde: Man solle nicht allem Glauben schenken, was weitergegeben oder berichtet wurde, nicht jede kommunizierte Information war vertrauenswürdig. Ein Standpunkt, dem sich auch Christian Thomasius anschloss.[101]

Für das preußische Halle ergibt sich in der Zusammenschau ebenfalls ein Befund, der zeigt, dass obrigkeitliche Disziplinarpolitik um 1700 mit der Einführung von denunziatorischen Möglichkeiten verbunden war. Zwar wurden in Preußen die Begriffe anzeigen/denunzieren vergleichsweise uneindeutig und changierend benutzt; auch fehlt eine ausdrücklich ausformulierte Anonymitätszusage für potentielle Denunzianten. Mit der – sich auch für Unbeteiligte stellenden – Möglichkeit aber, ordnungswidrige Vorgänge und deviant handelnde Menschen gegen Entlohnung zu melden und mit der damit einhergehenden Forderung nach einem quellenkritischen Vorgehen der Amtsträger vor Ort, war auch für Halle die Legitimierung von Denunziationsverhalten vollzogen worden. Die Obrigkeit in Brandenburg-Preußen verfolgte eine Doppelstrategie: Sie war auf Denunziationen angewiesen, um Kenntnis von Gesetzesverstößen zu erlangen, und sie förderte diese Praxis aktiv mit materiellen Anreizen – gleichzeitig wurde genau darauf geachtet, wer was warum meldete.[102]

II.4 Mecklenburg: Rostock 1715

Von Halle aus lässt sich eine direkte Linie zur mecklenburgischen Universität in Rostock ziehen: Nachdem für diese im März 1715 ein Edikt wider *Die Selbst=Rache der Beleydigten* erlassen worden war,[103] setzte sich der Rostocker Prorektor in dieser Angelegenheit im Juli 1715 mit Halle in Verbindung; man kannte das preußische Mandat von

---

100 Zitiert nach: Studenten=Lexicon, S. 274f.

101 Koch, Denunciatio, S. 1 (hier das Zitat), 71, 83, 146–153.

102 Vgl. in diesem Kontext auch: Schlumbohm, Gesetze, die nicht durchgesetzt werden, S. 662; Landwehr, „... das ein nachbar uff den andern heimblich achtung gebe.“, S. 50–52.

103 Das Edikt wird nach einem Original in der ULB Halle zitiert: Abt. Sondersammlungen – Handschriften, Mecklenburgische Policey Justitz Steuer-, Cammer-, Domanien-, Lehen-Sachen u. Privilegia, Ze 61 (6), Bl. 62 [–72'], eigentlich o.P., nur das erste Bl. ist pag.: Ihro Hoch=Fürstl. Durchl. zu Mecklenburg Herrn Herzogs Carl Leopolds / Erneuert = und geschärfftes Duel – Edikt, Die Selbst=Rache der Beleydigten / Zusambt Darin enthaltener deren Rechtlichen Satisfaction, Auch Hart= und ernster Bestraffung Der Duellanten, Seconden, Cartel-Träger / Beschicks / und anderer dergleichen Zwey=Balgen / mit besondernden Leuten. de dato Rostock den 27. Martii Anno 1715. Rostock / Gedr. Bey Joh. Weppling / Fürstl. und Acad. Buchdr.

1713.[104] Das mecklenburgische Edikt weist sowohl die formale Struktur vorangegangener Edikte anderer Territorien, als auch in weiten Teilen eine inhaltliche Kongruenz auf; es ist mit 35 Paragraphen detailliert und ausführlich. Zunächst verweist auch Herzog Carl Leopold von Mecklenburg-Schwerin in einer Präambel auf bereits bestehende Vorschriften auf Reichs- und Landesebene gegen die in Rede stehende „unzuläßige Duella und verdächtige Rencontres“ sowie „anderswo angefangene Händel“, die „in Unserm Territorio“ ausgetragen werden.[105] Davon ausgehend erfolgt die Erläuterung der größeren Zusammenhänge: Das „stets wehrende Edictum“ dient „besonders auch dem gemeinen Besten“, da „viele geschickte / nützliche und erfahrne Männer / so wol in Civil, als Militair und andern Bedienungen / wie auch die studirende Jugend auff Academien, zu hertzschmertzendem Leydwesen und Betrübniß ihrer Eltern und Angehörigen / in der besten Blüthe ihrer Jugend freventlich und muthwillig entzogen und weggerissen werden“.[106] Deshalb werden im ersten Paragraphen alle Beleidigungen „mit unziemlichen Gebehrden / groben Schertzen und anzüglichen Worten / weniger in der Tat mit real-injurien“ verboten. Sollte es aber dennoch zu Ehrkonflikten durch Beleidigungen oder Tätlichkeiten kommen, stellte auch das mecklenburgische Edikt die Handlungshoheit des Souveräns über den Privataustrag in den Mittelpunkt:

> So wollen Wir doch keines weges verstatten / sondern verbieten hiemit gantz ernstlich / daß der Beleydigte seine eigenmächtige Satisfaction von dem Beleydiger durch eigene Rache ihme selbst nehmen / sondern wollen / daß er / auff vorgängige Anzeige / dieselbe allein von Uns / als seiner ihme von GOtt vorgesetzten Landes=Obrigkeit / zulänglich und vergnüglich erwarten solle.[107]

Die sich anschließenden Paragraphen regeln ausführlich, welches Vergehen mit welchen Sanktionen in symbolischer als auch physischer Weise bis über den Tod hinaus (unehrenhafte, nicht standesgemäße Bestattungen) belegt wird. Dabei ist immer der Akt zur Wiederherstellung der Ehre des Beleidigten aufgeführt: Zumeist soll dies durch eine Abbitte bzw. Ehrenerklärung erfolgen, deren Text im Edikt ähnlich wie in Kursachsen vorformuliert ist.[108] Auch die jeweiligen richterlichen Zuständigkeiten werden geregelt. Für die Studenten gilt: „Und da dergleichen Händel auf Universitäten für criminel zu achten / so cognosciret der Richter / so die Criminal - Gerichts - bahrkeit exerciret.“[109] Ebenso ist die flächendeckende Verbreitung und Bekanntmachung des Edikts im Land geregelt.[110]

---

104 Siehe zu diesem Vorgang den Abschnitt II.3 in diesem Kapitel.

105 ULB Halle, Abt. Sondersammlungen, Ze 61 (6), Duel – Edikt, hier Bl. 62.

106 ULB Halle, Abt. Sondersammlungen, Ze 61 (6), Duel – Edikt, Bl. [62’].

107 ULB Halle, Abt. Sondersammlungen, Ze 61 (6), Duel – Edikt, Bl. [62’–63, Zitate 63].

108 ULB Halle, Abt. Sondersammlungen, Ze 61 (6), Duel – Edikt, Paragraph III, Bl. [63’–64].

109 ULB Halle, Abt. Sondersammlungen, Ze 61 (6), Duel – Edikt, Paragraph XXXI, Bl. [71–71’]. Vgl. auch die Festlegung im kursächsischen Edikt, dass die Studentenduelle als „Criminal“ anzusehen und somit dem Richter zuzuführen sind, „der die Criminal-Gerichtsbarkeit hat“; UA Leipzig, GA VI 3, Paragraph 49, Bl. 112’/113, hier 113.

110 Vgl. Härter, Policey und Strafjustiz in Kurmainz, Erster Halbband, S. 238.

Dabei wird ähnlich wie in den anderen Punkten auch die Verfahrensweise für die Universität gesondert geregelt. Das Edikt ist demnach mittels eines „zu affigirenden Programmatis, de Tabulá publica" für die bereits anwesenden Studenten bekannt zu machen. Die neu ankommenden erhalten die Statuten und ein Exemplar dieses Edikts.[111]

Im Mittelpunkt der Handlungsverpflichtungen für die Untertanen stand als notwendiger Kommunikationsakt zur Durchsetzung des Edikts in Mecklenburg eine detailliert formulierte und mehrfach wiederholte Anzeigepflicht:

> so ist hierbey Unser ernster Wille und Befehl / daß alle Unsere Hoff=Civil-oder KriegsBediente biß an die Fendrichs inclusive, oder die mit denen in gleiche qualitet stehen: (dann bey denen Unter-Officirern und Gemeinen von der milice, ausser denen von Adel / so in solchem character sich befinden / hat es bey Unsern Kriegs=Articuln sein Bewenden) hohes oder niedrigen Standes / Adel oder Un-Adelich / Frembde / ODER Einheimische / ingleichen die Studiosi auff Unser Universität / oder in Unserm Lande / wann sie auff vorgedachter Ahrt / es sey wegen vorgebracht=Plauderey / verächtlichen Gebehrden / schimpflichen Worten und Bedrohungen / oder andern Thätlichkeiten / von iemand beleydigt werden solten / sich desfals zu keiner selbst= Rache bewegen lassen / weniger darzu / oder zu einer Außforderung zu einem Duell mit Pistolen oder Degen greiffen / sondern alle ihnen geschehene Beleidigung gehörigen Orths so fort gebührend anzeigen / und so dann nach Beschaffenheit der Beleydigung / oben determinirte rechtliche satisfaction, von Unß / ihrer von Gott ihnen vorgesetzten LandesFürstlichen Herrschaft / und Unsern Gerichten / unverweilet / und ohne den zu besorgenden geringsten Vorwurff / alß wann diese Anzeige ihnen disreputirlich seyn sollte: / alß welchen Wir mit 2. jähriger Gefängniß / nebenst einer geziemenden öffentlichen Abbitte / an den vorrückenden / ohne Ansehen der Persohn / unnachläßig gestraffet wissen wollen / gewärtigen sollen.[112]

Mit der Ausformulierung der Anzeigepflicht für alle Untertanen – auch für die Studenten aus dem Land und aus fremden Territorien – wurde zugleich betont, dass der Vorgang der Anzeige nicht „disreputirlich", also nicht unehrenhaft sei: Wer dies behaupten oder jemandem vorwerfen sollte, wird mit zwei Jahren Gefängnisstrafe bedroht. Hierin spiegelt sich auch für die mecklenburgischen Verhältnisse der Umstand, dass die Anzeigepflicht alles andere als ein weithin akzeptiertes Instrument gewesen ist. Die Anzeigeverpflichtungen und der Verweis auf deren Unschädlichkeit für die persönliche Integrität („ohne den geringsten Abbruch seiner habenden reputation") durchziehen von diesem Ausgangspunkt an das gesamte Edikt. Die Anzeigepflicht wurde ähnlich wie in Preußen ausdrücklich auf die Eltern bezogen; damit wurden zugleich innerfamiliäre Wissensbestände zur Bekanntmachung eingefordert.[113] Gleiches galt auch für die Kenntnis von

---

[111] ULB Halle, Abt. Sondersammlungen, Ze 61 (6), Duel – Edikt, Paragraph XI, Bl. [67], Paragraph XXXV, Bl. [72].

[112] ULB Halle, Abt. Sondersammlungen, Ze 61 (6), Duel – Edikt, Paragraph XI, Bl. [67].

[113] „Der Ausgeforderte soll die geschehene Aufforderung weder annehmen / noch zu dem Zwey= Kampff sich darauff gestellen / sondern sothane Provocation so fort gehörigen Orthes / ohne den geringsten Abbruch seiner habenden reputation, denunciiren: Unterliesse er diese / so soll er mit halbjähriger Gefängniß bey Wasser und Brodt / beleget werden / ob er gleich die Ausforderung nicht angenommen / noch sich zu dem Duell gesteuet hätte; Nehme er aber die Ausforderung an / und ver-

Duellen bzw. Duellplanungen im öffentlichen Raum – Zuschauer von Zweikämpfen wurden zur Information verpflichtet und mit Strafen für den Verweigerungsfall bedroht, oder sie wurden dazu aufgefordert, die Sache zu verhindern. Abschließend wurde die allgemeine Informationspflicht im Edikt noch einmal eingeschärft: „Gestaltsam alle vorbenahmte Persohnen und jedermänniglich schuldig seyn soll / so bald von dergleichen Händel ihm etwas kund wird / solches des Ohrtes Obrigkeit / pro qualitate der sich verunwilligenden / so fort anzuzeigen“.[114]

Im Vergleich dieser Bestimmungen mit den zuvor erlassenen Gesetzen anderer Territorien wird ein fundamentaler Unterschied sichtbar. In Mecklenburg ist eine umfassende Anzeigepflicht in der Tradition guter Policey erlassen worden. Im Edikt werden die Termini Anzeige und Denunziation synonym für den gleichen Akt – die obrigkeitlich sanktionierte Anzeige – verwendet. Zwar wusste man auch in Rostock um die gebrochene Wahrnehmung dieses Instruments durch die Untertanen, weshalb entsprechende Formulierungen und Strafandrohungen eingebaut worden sind. Auf die Einführung eines Denunziationsmusters mit den dazugehörigen Elementen der Anonymitätszuge, der Auslobung von Belohnungen, der Quellenkritik und Vorsicht gegenüber Wissensbeständen aus Denunziationen Dritter, wurde aber ganz verzichtet. Die Einschreibung denunziatorischer Angebote in landesherrliche Duelledikte am Beginn des 18. Jahrhunderts wurde offensichtlich nicht zur gängigen Praxis. Es hatte sich kein Automatismus entwickelt. Dies ist bemerkenswert und wirft die Frage nach den Gründen dafür auf. Damit in Zusammenhang steht eine strukturelle Beobachtung: Die Frequenzentwicklung der Rostocker Universität war in den Jahren nach 1700 quantitativ deutlich geringer als die der großen mitteldeutschen Universitäten.[115] Daraus folgend bietet sich für einen Erklärungsansatz die Überlegung an, dass es einen Zusammenhang zwischen der Größe der Universität – und damit ihrer Überschaubarkeit – und dem Einrichten eines Denunziationsmusters gegeben hat. Verfolgen wir diesen Gedanken weiter und blicken nach Braunschweig-Wolfenbüttel.

---

schwiege selbige / so ist er dem Provocanten gleich zu bestraffen / als wann der Duell würcklich erfolget wäre.“ Sowie: „Auch deren Eltern / welche den von denen unter ihrer potestät noch stehenden Kindern concertirten Duell, durch gehörige Denunciation, oder anderer Gestalt nicht verhüten gesuchet / sondern wolln gar darzu Anlaß order Ursache geben / sie angereitzet und bevollhertziget haben / wollen Wir gleichfals mit Einziehung der Helffte ihrer Güther ad dies vitae, Gefängniß und anderen harten Straffen / nach Befindung ihres Zustandes und der Begangenschafft / bestraffen.“ ULB Halle, Abt. Sondersammlungen, Ze 61 (6), Duel – Edikt, Paragraph XVI, Bl. [68–68'] und Paragraph XX, Bl. [68–69].

114 ULB Halle, Abt. Sondersammlungen, Ze 61 (6), Duel – Edikt, Paragraph XXVI, Bl. [70] und Paragraph XXVII, Bl. [70'].

115 Siehe Matthias Asche, Von der reichen hansischen Bürgeruniversität zur armen mecklenburgischen Landeshochschule. Das regionale und soziale Besucherprofil der Universitäten Rostock und Bützow in der Frühen Neuzeit (1500–1800). Stuttgart 2000 (Contubernium 62), insb. S. 71, 171, 206f., 247f.

II.5 Braunschweig-Wolfenbüttel: Helmstedt 1725/1726

Im Februar 1725 erließ Fürst August Wilhelm von Braunschweig-Wolfenbüttel (und Herzog von Braunschweig-Lüneburg) in Rücksprache mit seinem Vetter Georg I. auf dem englischen Thron eine „Verordnung" gegen das Spielen, nächtliche Lärmen, Duellieren und übermäßige Kreditieren.[116] Die Verordnung unterschied sich in ihrem formalen Textaufbau (Präambel - Artikel – Schlusspassage) nicht von den Edikten der anderen Territorien, sie wich aber in der inhaltlichen Struktur grundsätzlich von diesen ab. In der Einführung der Verordnung wurde auch für Helmstedt auf ältere Erlasse und deren Erneuerung in einigen Punkten verwiesen. Das Duell bleibt hier aber ein Delikt unter anderen und wird nicht gesondert herausgestellt: Die Präambel wendet sich gegen das „verderbliche Spielen", das „ärgerliche Nacht=Schmausen" und das „so offt und ernstlich verbothene Duelliren" sowie gegen andere „der studirenden Jugend höchstschädliche Unordnungen".[117] Der Erlass besteht trotz dieser breiten Deliktspanne nur aus zwölf Artikeln, wovon sich lediglich zwei, der fünfte und sechste, mit dem Duell beschäftigen. Darin wird betont, dass die

> des Duellirens, Schlagens und Balgens wegen von Zeit zu Zeit publicirte Edicta mit mehrern Nachdruck, als bishero geschehen, gehalten, die Contravenienten, nach deren Inhalt, gebührend bestraffet und keinem wer da auch sey, hierunter, wie zu Zeiten geschehen zu seyn, verlauten will, conniviret und nachgesehen werde.[118]

Mit dieser Formulierung wurde auf ein im Druck verbreitetes Edikt aus dem Jahr 1691 Bezug genommen, worin als Duellstrafe die Relegation festgelegt worden war,[119] die allerdings seitdem verwässert worden sei („promiscue mit Redimirung").[120] Die neue Verordnung für Helmstedt sollte beim halbjährigen Wechsel des „Vice-Rectorats" ver-

---

[116] NStWf 37 Alt 57: Leges et Mandata Academica, Des Durchlauchtigsten Fürsten und Herrn, Herrn August Wilhelms, Hertzogen Zu Braunschweig und Lüneburg etc. Als dermahligen Directoris Magnificentissimi Dero Julius-Universität zu Helmstädt, Gnädigste Verordnung, Das unter denen Studiosis daselbst eingerissene verderbliche Spielen, Duelliren und übermäßige Borgen betreffend. Wolffenbüttel den 22. Februar. 1725, Bl. 10–13' (Bl. 11: „auf vorgängig gewöhnliche Communication"). Siehe auch Brüdermann, Studenten als Einwohner in der Universitätsstadt Helmstedt, S. 21f.; Asche, Der akademische Senat und die studentische Verbindung an der Universität Helmstedt, S. 88; Wiebke Kloth, Die Universität Helmstedt und ihre Bedeutung für die Stadt Helmstedt. Helmstedt 2003 (Beiträge zur Geschichte des Landkreises und der ehemaligen Universität Helmstedt 16), S. 47f. und 89f.

[117] NStWf 37 Alt 57: Leges et Mandata Academica, Gnädigste Verordnung, 1725, Bl. 11.

[118] NStWf 37 Alt 57: Leges et Mandata Academica, Gnädigste Verordnung, 1725, Bl. 12, hier auch das folgende.

[119] Zur Strafform der Relegation, einer „Ehrenstrafe", siehe Brüdermann, Göttinger Studenten und akademische Gerichtsbarkeit, S. 134–136 (Zitat S. 134).

[120] Das Freikaufen bzw. Umwandeln von Strafen in Geldbußen war eine gängige Praxis, gegen die die landesherrlichen Obrigkeiten im Laufe des 18. Jahrhunderts zunehmend versucht haben anzugehen. Vgl. Brüdermann, Göttinger Studenten und akademische Gerichtsbarkeit, S. 125, 179–181.

lesen sowie gedruckt und ausgehangen werden, damit sich „keiner mit der Unwissenheit [...] entschuldigen möge".[121]

Besonders bemerkenswert ist neben der Kürze der Bestimmungen die Tatsache, dass sich in der gesamten Verordnung keine Aufforderung zur Anzeigepflicht der Vergehen findet – ebenso fehlen denunziatorische Implikationen und Angebote. Trotz nach wie vor bestehender Disziplinprobleme hat die Obrigkeit für Helmstedt *ganz* auf diese Mittel verzichtet.[122]

Auch ein Jahr später wurde dieses disziplinarpolitische Vorgehen weiter verfolgt. Am 1. September 1726 war ein zusätzliches, nun im Namen von Georg I. erlassenes, spezifische *erneuertes und geschärfftes Duel-Mandat* erschienen.[123] Das Mandat ist erkennbar in Form eines Reskripts gehalten. Es hat einen durchlaufenden Text (keine Artikel oder Paragraphen) und es ist in seiner Textlänge deutlich kürzer. Der Duellgegenstand wird zwar nun eigens thematisiert, jedoch nicht – wie in Kursachsen, Sachsen-Eisenach, Preußen und Mecklenburg – so weit in den Mittelpunkt obrigkeitlichen Interesses gerückt, dass ihm ein eigenes Edikt zugestanden wurde. Im Mandat stand insbesondere die konkrete Beobachtung im Vordergrund, dass nach den weit zurückreichenden und wiederholten Ermahnungen und Verboten der Duelle nun

> so gar nach der von Unsers Herrn Vettern, Hertzogs August Wilhelm Lbd. unter andern auch dieses Punctes halber unterm 22ten Febr. letztverwichenen Jahres publicierten Verordnung das schädliche Duelliren überhand genommen, und seit dem einige Duellanten sehr gefährliche, deren Eltern und Anverwanten traurige und Unserer Gesamt=Universität nachtheilige Casus sich zugetragen.

Dieser Regelungstext war also ein unmittelbarer Reflex auf Ereignisse in der Lebenswelt der Universitätsstadt Helmstedt. In ihm ging es in der Hauptsache um die Erfassung der an Duellen und Rencontres in irgendeiner Form beteiligten Personen (Sekundanten, Unterhändler) und die Verschärfung der Strafandrohungen; etwa für den Fall, dass Pistolen verwandt werden. In diesem Kontext wird nun auch eine „Ehren=Erklärung im Con-

---

[121] NStWf 37 Alt 57: Leges et Mandata Academica, Gnädigste Verordnung, 1725, Bl. 12, 13'.

[122] Zur Situation in Helmstedt im 18. Jahrhundert: Brüdermann, Studenten als Einwohner in der Universitätsstadt Helmstedt, hier zum frühen 18. Jahrhundert insb. S. 15, 18f., 22, 25; Römer, Helmstedt als Typ der Universitätsstadt, S. 68, 72f. sowie auch Marta Asche, Das Verhältnis der Helmstedter Bürger zu den Studenten der Universität im Spiegel herzoglicher Verordnungen des 18. Jahrhunderts, in: Braunschweigisches Jahrbuch 46 (1965), S. 104–124 (hier geht es um das 1764 erneuerte Kreditedikt und die Freitische des 18. Jahrhunderts).

[123] NStWf 37 Alt 57: Leges et Mandata Academica. [1725–1745], Des Allerdurchlauchtigsten, Großmächtigsten Fürsten und Herrn, Herrn Georgen, Königs von Groß=Britannien, Franckreich und Irrland, Beschützers des Glaubens, Hertzogen zu Braunschweig und Lüneburg, der Heil. Röm. Reichs Ertz=Schatzmeister und Chur=Fürsten Als dermaligen Directoris Magnificentissimi Dero Julius Universität zu Helmstedt, erneuertes und geschärfftes Duel-Mandat. Hannover, Gedrukt in der König= und Chur=Fürstl. Hoff=Druckerey den 1. Septembr. 1726, Bl. 14–16; das Mandat wird auch genannt bei: Kloth, Die Universität Helmstedt, S. 90.

sistorio publico in Gegenwart derer, so die geschehene injurien angehöret", eingeführt und der innerstudentische Ausschluss von Studenten, die sich der Wiederherstellung ihrer vermeintlich beschädigten Ehre durch ein Duell widersetzten, unter Strafe gestellt.[124]

Das Mandat lässt indirekt auf eine weitere Ursache schließen: Die Sorge um den Flor der Universität. Aus Sicht der Obrigkeiten wirkte sich der Ruf einer Universitätsstadt, ein bekannter und berüchtigter Duellplatz zu sein, negativ auf die Frequenz aus – aus Sorge würden Eltern ihre Kinder nur zögernd oder gar nicht auf eine solche Universität schicken.[125] Dies entsprach sicher den familiären Handlungsweisen, es eröffnet sich aber auch eine andere Perspektive auf die Dinge. Denn ein erheblicher Teil der Studenten kam womöglich gerade wegen der Freizügigkeit und den Möglichkeiten, die ihnen aus ihrer Sicht zustehenden Freiheiten auszuleben.[126] Deshalb, so ist zu vermuten, befanden sich die Obrigkeiten in Wolfenbüttel bzw. Hannover und Helmstedt in einer verfahrenen Situation: Sie mussten einerseits aus obrigkeitlich-fürsorglichen Gründen Duelle verbieten und versuchen, diese Praxis auszutrocknen; auch um die krisenhafte Frequenz der Universität nicht weiter zu gefährden. Andererseits waren sich die Handlungsträger darüber bewusst, welche negativen Folgen eine zu strenge Umsetzung der Duelledikte haben könnte. Die Studenten würden aus Angst vor drastischen Strafen wegbleiben und sich Orte suchen, an denen man die Akademische Freiheit besser ausleben konnte. Dies wiederum würde sich durch sinkende Studentenzahlen negativ auf die Einkünfte der Stadt auswirken. Aus einer solchen, aus Sicht der Studenten motivierten Perspektive, erwächst ein ganz anderes Bild: In Helmstedt versuchte man vergleichsweise moderat gegen Duelle und den Ruf der Universität in Studentenkreisen vorzugehen – im Gegensatz zu Leipzig, Jena, Halle und Rostock. Die Ermahnungen in der Verordnung von 1725 und im Mandat von 1726 an die Professoren vor Ort, die Maßgaben im obrigkeitlichen Sinn zu befolgen und auch umzusetzen, lassen sich so womöglich doppelperspektivisch lesen.

Trotz der offensichtlichen Erfolglosigkeit der Verordnung von 1725 verzichtete man ein Jahr später im spezifischen Duellmandat weiterhin ganz auf die Einführung einer An-

---

[124] NStWf 37 Alt 57: Leges et Mandata Academica, geschärfftes Duel-Mandat, 1726, Bl. 14'/15; siehe auch Brüdermann, Studenten als Einwohner in der Universitätsstadt Helmstedt, S. 21.

[125] Vgl. NStWf 37 Alt 57: Leges et Mandata Academica, geschärfftes Duel-Mandat, 1726, Bl. 16; siehe auch: Sabine Ahrens, Die alte Universität – aus der Geschichte der Academia Julia zu Helmstedt. Ausstellungskatalog zur Sonderausstellung vom 4. Juni bis 31. Oktober 2000. Helmstedt 2000 (Veröffentlichungen der Kreismuseen Helmstedt Band 4), S. 13. Auch für Jena ist ein solcher Argumentationszusammenhang belegt, siehe: Bauer, Die Universität Jena zwischen Tradition und Reform, S. 54.

[126] Helmstedt galt im 17. und 18. Jahrhundert als ein Ort des Duells; vgl. etwa König, Aus zwei Jahrhunderten, S. 82; Asche, Der akademische Senat und die studentische Verbindung an der Universität Helmstedt im 18. Jahrhundert, S. 88; Ahrens, Die alte Universität – aus der Geschichte der Academia Julia zu Helmstedt, S. 119f.; Brüdermann, Studenten als Einwohner in der Universitätsstadt Helmstedt, S. 19. Außerdem: Hardtwig, Sozialverhalten und Wertwandel, S. 309f.

zeigepflicht und auch eines Denunziationsmusters. Für die naheliegende Überlegung, dass dies nicht notwendig gewesen ist, weil die Studenten und Einwohner dies bereits ausreichend praktizierten, gibt es bislang keine Hinweise. Aus den Ermahnungen an die Professoren und die Universität sowie den Rat, den Bürgermeister und die Gerichtsschultheißen der Stadt, in diesen Fällen zusammen zu arbeiten, ist eher das Gegenteil zu schließen.[127] Die Obrigkeiten setzten für Helmstedt nicht auf die Studenten, sondern auf die Amtsträger sowie eine selektierende Frequenzpolitik. Da die Erfahrung gezeigt habe, dass nur wenige Studenten „ihre Studia negligiren, und ihre Zeit mit sauffen, spatzierengehen und ausreiten zubringen", diese aber die meiste „Unordnung auf Universitäten anrichten", sollen der Vizerektor und der Senat kundschaftend aktiv werden („genaue Erkundigung" einziehen). Diejenigen, die sich so aufführen und trotz Ermahnung resistent bleiben, sollen mit dem Consilio abeundi, d.h. der Fortweisung von der Universität, verstanden als „Erziehungsmittel", als „Rat, fortzugehen",[128] bestraft werden. Man nahm diesen quantitativen Verlust für einen Gewinn an Qualität in Kauf: Es war den Obrigkeiten nicht „an einem grossen Numero Studiosorum" als vielmehr „an einem Selectu derselben und geringer Anzahl wolconduisirter Jugend" gelegen.[129] Man war also bereit, geringe Abstriche an der Gesamtfrequenz zu machen und die vor Ort befindlichen Unruhestifter auszusortieren – allerdings ohne großes Aufsehen. Gleichzeitig wurden die anderen Studenten nicht durch allzu harte Edikte und Reskripte unter Druck gesetzt. Auf diese Weise konnte auch der Ruf Helmstedts als ‚akademisch freie' Stadt weiter bestehen. Die landesherrliche Universitätspolitik hat mit dieser Verfahrensweise für Helmstedt ein drittes Modell entworfen. Auf die Einführung des Denunziationsmusters und den Entwurf einer umfassenden Anzeigepflicht wurde verzichtet. Vor diesem Hintergrund möglicher Politikverfahren blicken wir nun auf die beiden Neugründungen des 18. Jahrhunderts in Göttingen und Erlangen und fragen, welche Wege in der Disziplinarpolitik dort favorisiert worden sind.

II.6 Hannover: Göttingen 1735

Ein Jahrzehnt später erließ die hannoverische Regierung unter Georg II. ein Duelledikt für das „landesherrliche Prestigeobjekt"[130] der sich in Gründung befindenden Universität. In seinem Entstehungsprozess sind die Duelledikte aus Leipzig und Helmstedt zur

[127] NStWf 37 Alt 57: Leges et Mandata Academica, Gnädigste Verordnung, 1725, Bl.13/13'.

[128] Vgl. Brüdermann, Göttinger Studenten und akademische Gerichtsbarkeit, S. 131 sowie zum consilium abeundi auch Woeste, Akademische Väter als Richter, S. 56.

[129] NStWf 37 Alt 57: Leges et Mandata Academica, geschärfftes Duel-Mandat, 1726, Bl. 15, 16.

[130] So Rudolf Vierhaus, Göttingen vom Ende des Dreißigjährigen Krieges bis zur Zeit der Französischen Revolution und Napoleons, in: Böhme/ders. (Hg.), Göttingen. Geschichte einer Universitätsstadt. Bd. 2, S. 19–44, S. 28: das „Kurfürstentum Hannover verfügte bis dahin über keine eigene Hochschule", die Universität Helmstedt galt „noch immer als gesamtwelfische Einrichtung".

Kenntnis genommen worden.[131] Man kannte also die alternativen Politikvarianten im Umgang mit den Duellen und der Akademischen Freiheit. Das *Duel-Edict Für die Universität Göttingen* aus dem Jahr 1735[132] stellte die Sorge um die Frequenz der jungen Universität und das nicht zu akzeptierende Verfahren der „Selbst=Rache" in den Mittelpunkt. Das Edikt richtet sich gegen jene Studenten, die „ein wüstes und wildes Leben führen und lieben"; die anderen Studenten sollen geschützt und den Eltern Sorgen genommen werden.[133] Besonders Pasquillen wurden unter Androhung strenger Gefängnisstrafen verboten.[134] Andere Beleidigungen sollten durch Abbitten und Ehrerklärungen aus der Welt geschafft werden:

> Wann Pasquille affigiret gefunden werden, oder sonst zum Vorschein kommen, sollen solche durch den Nachrichters Knecht öffentlich verbrantt, auf den Urheber ex officio inquiriret, und derselbe nach Wichtigkeit des dem anderen zugefügten Schimpfs mit drey oder vier monatlicher Gefängniß, auch wohl mit ein oder zwey monatlichen Vestungs=Bau, oder Zucht=Hause, bestraffet; andere schrifftliche Verunglimpffungen aber, die die Form und Requisita eines Pasquils nicht haben, wie auch blosse ehrenrührige Worte oder Gebärden, nach Befindung ihrer Beschaffenheit, Enormität und Umstände, mit 14. tägigem, 4, 6, und mehr wöchigem Gefängniß dergestalt geahndet werden, daß der Beleidigte zugleich durch eine Ehren=Erklärung, oder Abbitte und Widerruf des Beleidigers in öffentlichen Gerichte, zu seiner billigmäßigen Satisfaction gelange.[135]

Darüber hinaus wurden wie andernorts auch die traditionellen studentischen Praktiken des Nachtlärmens und Degenwetzens „in die Steine" sowie alle Injurien durch Gebärden und Worte unter Strafe gestellt – und dabei eine dezidierte Anzeigepflicht eingeführt:

> Wann aber ein Studiosus oder anderer Universitäts=Verwandter zu Göttingen auf einige Weyse mit Worten und Wercken beleidigt wird, oder sich für beleidiget hält; so hat er solches, mit Beyseitsetzung aller Selbst=Rache, dem dortigen Senatui Academico zu denunciiren, von dem ihm so dann unverweilete und zureichige Satisfaction verschaffet werden soll.[136]

---

[131] Brüdermann, Göttinger Studenten und akademische Gerichtsbarkeit, S. 176, Anm. 38.

[132] Es wird nach einem Original des Edikts in der ULB Halle zitiert: [AB] Bk 70: Duel-Edict Für die Universität Göttingen, nebst der Verordnung Wegen des Betragens der Studiosorum daselbst gegen die Garnison und Wachten. Unpag. 1735 und 1738.

[133] ULB Halle: [AB] Bk 70: Duel-Edict, Göttingen, 1735, die Artikel I und IV; Brüdermann, Göttinger Studenten und akademische Gerichtsbarkeit, S. 176f. Die Sorge um die Frequenz ist auch in den Auftaktformulierungen im *Edict wegen des Verhaltens der Studiosorum gegen die Garnison und Wachten zu Göttingen vom 17. August 1738* enthalten; ULB Halle: [AB] Bk 70, o.P.

[134] Vgl. zu Helmstedt zeitlich parallel Römer, Helmstedt als Typ der Universitätsstadt, S. 72; und für die Zeit um 1800: Dressel, Die Landsmannschaften und Studentenorden an der Universität Helmstedt, S. 135.

[135] ULB Halle: [AB] Bk 70: Duel-Edict, Göttingen, 1735, Artikel VII. Realinjurien werden in Artikel VIII behandelt (Schläge, Peitsche, Stock), wobei unterschieden wird, ob „in der ersten Hitze" oder „vorsätzlich".

[136] ULB Halle: [AB] Bk 70: Duel-Edict, Göttingen, 1735, die Artikel II und IV.

Dabei lies es das hannoverische Edikt aber nicht bewenden und formulierte die Informationsverbindlichkeit für verschiedene Umstände weiter aus. Im Zuge von Duellforderungen wurde festgeschrieben, dass der „Herausgeforderte dem Magistratui Academico sofort davon Eröffnung thun“ soll:

> Sollte jedoch der Provocans nach der von ihm geschehenen, und von dem Provocato angenommenen, Ausforderung vor dem würcklichen Duell eines bessern sich besinnen, seinen Unfug des Provocirens erkennen, und mit dessen Bereuung die Sache, ehe sie kund worden, der Academsichen Obrigkeit selbst anmelden, so soll er mit vorgesetzter Straffe übersehen, und bloß in eine mäßige Geld=Buße condemniret werden.

Aber auch das umgekehrte Verfahren wird im sich anschließenden zwölften Artikel geregelt:

> Wann der Provocatus die ihm geschehene Provocation vor dem Duel der Obrigkeit zwar denunciiret, aber zu der Provocation durch eine dem Provocanten zugefügte Beschimpfung Anlaß gegeben, so ist der Provocatus solches seines Denunciirens ungeachtet, darum, daß er durch Beschimpffung des Provocanten zum Autore rixae sich gemachet, gebührend zu bestrafen; das hebet aber so dann die von dem Provocanten verwürckte oben Art. XI. ausgedrückte Straffe nicht auf, sondern dieselbe ist an ihm dannoch zu vollziehen.[137]

In diesen Passagen wird ‚denunciren‘ als ‚anzeigen‘ verstanden. Mit dem Artikel zwölf ist zusätzlich eine Vorsichtsmaßnahme gegenüber doppelbödigen Anzeigen eingebaut worden. Der Selbstanzeiger eines Duells wird nicht mehr – das ist neu gegenüber allen anderen Duelledikten – als einsichtig und vertrauenswürdig eingeschätzt. Die Anzeigepraxis hat offenbar gezeigt, dass besonders geschickte Studenten die Normvorgaben nutzten, um sich nach einer von ihnen verübten Beleidigung der darauf folgenden Herausforderung zum Duell durch eine Anzeige zu entziehen. Über diese quellenkritische Vorsichtsmaßnahme hinaus etablierte man auch für Göttingen denunziatorische Angebote. Im Edikt wurde festgelegt, dass wenn dem Prorektor oder dem Senat „etwas kund geworden“, sie so schnell als möglich handeln sollen, um die Erfolgsquote der Zugriffe hoch zu halten.[138] Diese Kenntnisse konnten an die universitären Obrigkeiten durch gewöhnliche Anzeigen und auch durch verdeckte Denunziationen gelangen. Die Einführung dieser Handlungsmöglichkeit erfolgte in drei Schritten. Zunächst wurde die Pflicht zur Anzeige wiederholt: „Wer von einem geschehenen, oder vorseyenden, Duel Nachricht bekömt, soll dem jedesmahligen Pro-Rerectori solches unverzüglich anmelden, damit letzternfals die Vollziehung des Duels, wann es möglich ist, verhindert werden könne.“ Dann wird die Verweigerung dieser Festlegung mit Strafen belegt; wenn jemand „dieses Anmelden“ unterlässt, hat er mit Geldstrafen oder „anderer Willkührlicher Straffe“ zu rechnen. Dieser Fundierung aus Pflichtformulierung und Strafandrohung

[137] Die Zitate: ULB Halle: [AB] Bk 70: Duel-Edict, Göttingen, 1735, die Artikel XI und XII.
[138] ULB Halle: [AB] Bk 70: Duel-Edict, Göttingen, 1735, Artikel XV.

wird schließlich die Zusage der Anonymitätswahrung beigegeben, wodurch zugleich auch eine Denunziationsmöglichkeit für nicht unmittelbar Beteiligte eröffnet wird:

> Eben das haben auch diejenige verwürcket, und soll an ihnen vollstrecket werden, welche von einer vorseyenden, oder vorgegangenen, Rencontre Wissenschafft gehabt, und es dem Pro-Rectori nicht angezeiget. Der Pro-Rector ist aber so dann schuldig, und wird hiermit befehliget, die Person, die ihm dergleichen anzeiget, auf ihr Begehren allerdings zu verschweigen, um ihren Namen zu ihrem Nachtheil und Gefährde nicht kund zu machen.[139]

Allerdings verzichtete die Obrigkeit für Göttingen auf zusätzliche Belohungszusagen im Edikt. Stattdessen wurden die innerstudentischen Mechanismen der Verweigerung von Informationsweitergaben durch gruppeninternen Druck sowie die Androhung des sozialen Ausschlusses in den Blick genommen und unter Strafe gestellt – auch in Göttingen war man sich darüber bewusst, dass studentische Anzeiger als Denunzianten angesehen werden und entehrenden Verfahren ausgesetzt sein würden.

> Dafern jemand sich so weit vergriffe, daß er Leute zu einem Duel zusammen hetzete, oder, welches einerley ist, zu einer verstellten Rencontre anriehte, oder wann jemand demjenigen, der eine ihm kund gewordene Provocation oder Duel der Obrigkeit denuntiiret, oder der selbst provociret wäre, aber für die ihm widerfahrne Beschimpffungen durch den Weg Rechtens Satisfaction gesuchet und erlanget, aber noch zu suchen gesonnen wäre, solches verweißlich vorzuhalten, ihn deshalber von Gesellschaften auszuschließen, ihm bey Tische den Teller umzukehren, oder ihm auf andere Weyse verkleinerlich und verächtlich zu begegnen, sich unterstünde, um ihm dadurch per indirectum zum Duel, oder zu einem Duel-gleichenden Rencontre, anzutreiben; So soll derselbe Verbrecher denen würcklichen Secundanten gleich [...] bestraffet werden.[140]

Wie auch in den anderen Universitätsstädten wird am Schluss des Edikts großer Wert auf die Kommunikation und Rezeption des Textes gelegt. Das Original „soll in dem Universitäts=Archiv zu Göttingen verwahrt" werden, jeder Student soll eine „gedruckte Copey" bei der Immatrikulation erhalten, ebenso auch die Universitätsbedienten und -verwandten. Außerdem sind dem Magistrat der Stadt einige Exemplare zuzustellen.[141]

In der Zusammenschau stellen sich die im Duellmandat für die Universität Göttingen 1735 eingeführten Informationsformen als Ergebnis eines eklektischen Prozesses dar: Sie greifen die klassischen Anzeigepflichten auf und erweitern diese zur Möglichkeit von denunziatorischen Akten durch die Anonymitätszusage. Den daraus gewonnenen Informationen war einerseits zu misstrauen; die potenziellen Informanten aber waren andererseits zugleich vor Nachstellungen in der eigenen Sozialgruppe zu schützen. Insofern waren die Bestimmungen für Göttingen eine Melange aus den entsprechenden Festle-

---

[139] ULB Halle: [AB] Bk 70: Duel-Edict, Göttingen, 1735, Artikel XVII.

[140] ULB Halle: [AB] Bk 70: Duel-Edict, Göttingen, 1735, Artikel XVIII.

[141] Das Edikt bezog sich zudem auch auf die Universitätsverwandten sowie diejenigen unter städtischer bzw. militärischer Gerichtsbarkeit, die mit Universitätsverwandten in Konflikt gerieten; Brüdermann, Göttinger Studenten und akademische Gerichtsbarkeit, S. 176; ULB Halle: [AB] Bk 70: Duel-Edict, Göttingen, 1735, die Artikel XX und XXI, o.P.

gungen der Gesetze für die Universitäten in Leipzig, Wittenberg, Jena, Halle und Rostock. Das moderate Helmstedter Modell fand für Göttingen keine Berücksichtigung.

Darüber hinaus wurde in der Situation einer neu zu gründenden Universität – ähnlich wie in Halle – die Möglichkeit genutzt, weitere einschlägige Bestimmungen in die Statuten einzuschreiben. Dort findet sich in Paragraph 30 die Festlegung, dass der Prorektor kritisch mit den ihm zu Ohren kommenden Informationen und Anschuldigungen umzugehen hat; er soll nicht „jedem Geschwätz Glauben schenken". Und hier ist zudem eine Möglichkeit zur Belohnung für diejenigen, die Informationen weitergeben, eröffnet worden: „Er [der Prorektor] mag sogar dem eine Hoffnung auf Verzeihung und Belohnung zeigen, der seine und Anderer Anschläge gestehen und ihm offenbaren will."[142]

Mit diesen Bestimmungen, die über ein Jahr später als das Duelledikt datieren (vom 7. Dezember 1736),[143] war auch für Göttingen das gesamte Repertoire denunziatorischer Handlungsmöglichkeiten eröffnet worden und das Denunziationsmuster vollständig. Im Blick auf die sich wenige Jahre später ebenfalls in Gründung befindliche Universität in Erlangen ist hieran anschließend zu fragen, ob sich auch dort dieser Katalog an Maßnahmen zur Initiation eines Informationstransfers findet.

II.7 Brandenburg-Bayreuth: Erlangen 1743

Eine Woche nach der Inauguration der Erlanger Universität erließ ihr Gründer, Markgraf Friedrich von Brandenburg-Bayreuth, am 11. November 1743 das *Edict Wider die unbefugte Selbst=Rache, Injurien, Rencontres und Duelle.*[144] Das Edikt ist formell ähnlich aufgebaut wie alle bislang vorgestellten Gesetzestexte. Es besteht aus sechzehn straff und präzise formulierten Artikeln. Dabei wurde aus universitätsstädtischen und studentenspezifischen Erfahrungen geschöpft. Das Edikt beginnt mit der Formulierung: „Demnach auf den mehresten teutschen Universitäten bekanndter massen die üble und schädliche Gewohnheit leider eingerissen, dass Studiosi eines theils über geringe und nichtswürde Kleinigkeiten schimpffliche und injuricuse Reden gegen andere, von welchen sie beleidiget zu seyn meinen, ausstossen". Daraus entstünden „förmliche Duelle" und Rencontres, gegen die mit dem Gesetz vorgebeugt werden soll.[145] Im Zentrum des Erlanger Edikts stand neben der Untersagung verbaler und realer Injurien sowie deren Bestrafung vor allem der Aspekt des Hoheitsrechts, der bereits im Edikttitel hervorgehoben ist („Wider die unbefugte Selbst=Rache") und im Text genau benannt wird:

---

[142] Wilhelm Ebel (Hg.), Die Privilegien und ältesten Statuten der Georg-August-Universität zu Göttingen. Göttingen 1961, S. 54.

[143] Ebel, Die Privilegien und ältesten Statuten der Georg-August-Universität, S. 40.

[144] UA Erlangen, Th. III, Pos. 1, Nr. 1: Edict Wider die unbefugte Selbst=Rache, Injurien, Rencontres und Duelle. [Himmelcron, 11. November 1743]. Siehe auch: Anja Beyer, Die Verfassungsentwicklung der Universität Erlangen 1743–1810. Köln/Berlin/Bonn/München 1992 (Erlanger Juristische Abhandlungen 41), S. 128–130.

[145] UA Erlangen, Th. III, Pos. 1, Nr. 1: Edict 1743, [die Präambel].

> Dergleichen Beginnen [Provokationen und Zweikämpfe] aber nicht allein guten Sitten schnur gerade entgegen laufft, und den innern Frieden der Republique auf eine ungebührliche Art stöhret, sondern auch alle eigenmächtig, und mit Ubergehung deren von Uns gesetzten Obrigkeiten, genommene Selbst=Rache Uns selbst zum Nachtheil gereichet.

In Artikel V wird die Beachtung der politischen und rechtlichen Hierarchie im Lande eingefordert und dies mit der Pflicht zur Anzeige verbunden. Sollte trotz des Verbotes einer einen anderen beleidigen,

> soll der Beleidigte durchaus nicht befugt seyn, sich dieserhalben selbst eigenmächtig Recht zu schaffen, sondern die Sache der Obrigkeit gehörig anzeigen, und solchergestalt billiger Satisfaction nach Befinden gewärtig seyn. Da auch Ehre und Existimation abzuschneiden, oder wieder zu ersetzen, niemand als die höchste Landes Herrschafft allein befuget ist.

Gleichwohl war sich auch die Herrschaft in Brandenburg-Bayreuth darüber bewusst, dass dieses angemahnte Informationsverhalten innerhalb der Studentenschaft keineswegs wertfrei funktionieren wird, sondern dass die Anzeigenden – so weit sie namentlich bekannt werden – Repressalien ausgesetzt sein würden. Deshalb legte das Edikt fest, dass diejenigen,

> welche ihnen angethane Beschimpffungen, ohne freventlich unternommene Selbst=Rache, bey der Obrigkeit anbringen, und deren Entscheidung anheim stellen, solches an ihrer Ehre und guten Nahmen keineswegs nachtheilig seyn, noch viel weniger von andern, bey Vermeidung Unser höchsten Ungnade und schwerer Straffe, aufgerücket oder schimpflich vorgeworffen werden solle.[146]

Damit beließ es das Edikt. 1743 wurde für Erlangen semantisch klar und eindeutig argumentiert – ‚anzeigen' meint hier, ein Delikt namentlich bei der zuständigen Stelle der Obrigkeit anbringen. Daraus folgend verzichtete man ganz auf die Einschreibung denunziatorischer Optionen, und dies obwohl man sich des sozialen und mentalen Drucks bewusst gewesen ist, dem Anzeiger innerhalb der Studentenschaft ausgesetzt gewesen sind. Der Markgraf setzte auf die Implementation einer traditionellen Anzeigepflicht, deren obrigkeitliche Rechtfertigungsrhetorik genügend Legitimationsraum und Vertrauen schaffen sollte. Auch verzichtet das Edikt auf die sonst üblichen Bestimmungen zur Publikation und Verbreitung.

Das Erlanger Edikt ging also nicht den Weg seines Göttinger Vorgängers, sondern bezog sich eher auf die Verfahren in Rostock und Helmstedt. Der zusammenfassende Blick auf alle gesetzgeberischen Maßnahmen der verschiedenen Territorien zur Regulierung der Ehre nehmenden und gebenden Akte innerhalb der Studentenschaft lässt disparate Entwicklungslinien in der Frage der Informationsgewinnung zu Tage treten. Das Handlungspanorama spannt dabei einen Bogen zwischen Denunziationsförderung und Denunziationsverzicht.

---

[146] Alle Zitate: UA Erlangen, Th. III, Pos. 1, Nr. 1: Edict 1743, Artikel V.

III Denunziation und Nicht-Denunziation

Der Durchgang durch die Duelledikte des frühen 18. Jahrhunderts hat gezeigt, dass die Obrigkeiten mit den klassischen Mitteln vormoderner Politik – eine detailliert ausgearbeitete, auf die spezifische Lebenswelt der Universitätsstadt zugeschnittene Normgebung auf der Basis allgemeiner Vorstellung guter Policey – versucht haben, ihren Hoheitsbereich und damit ihre Handlungspräferenz zu behaupten. Dies wurde von den Studenten mit den ihnen eigenen Formen der Ehrreproduktion auf Grundlage einer Standesvorstellung, die die universitären und landesherrlichen Obrigkeiten ausschloss, in Frage gestellt. Das Wechselspiel von verbaler oder physischer Provokation und dem sich anschließenden Konfliktaustrag im Zweikampf gehörte zum Verhaltenskodex frühneuzeitlicher Studentenkultur. Um diese Praktiken verfolgen und bestrafen zu können, waren die Obrigkeiten auf Informationen aus der Lebenswelt der Studenten angewiesen. Ein zentraler Anknüpfungspunkt bestand dabei darin, diejenigen Studenten anzusprechen, die sich dem Zwang der Ehre bzw. zu ihrer Wiederherstellung entziehen, die sich nicht den Gefahren physischer Auseinandersetzungen stellen wollten.[147] Ihnen wurde eine Satisfaktion mit rechtlichen Mitteln des Staates durch dessen *Autorität* in Aussicht gestellt. Diese war eingebettet in die klassische Form der Anzeigepflicht, verbunden mit dem z.T. ausdrücklich formulierten Verständnis für Ehrfragen und deren zentraler Sinngebung in der Sozialhierarchie innerhalb der Studentenschaft und der Stadtgesellschaft.

Allerdings konnten es die Obrigkeiten dabei nicht bewenden lassen. Denn die Erfahrung hatte gezeigt, dass die Anzeigepflicht keineswegs umfassend erfüllt wurde, dass der Zusammenhalt der Studentenschaft über die eigene Standesmentalität hoch war und Abweichungen davon geächtet wurden. Aus diesem Grund war man gezwungen, weiter zu denken und auch weiter zu gehen. An der Zuweisung von spezifischen Attributen

[147] Ein ansehnliches Bild von der Spaltung der Studentenschaft in ‚wahre Burschen‘ (diejenigen, die den Zwang zur Wiederherstellung der Ehre zum handlungsleitenden Diktum erhoben) und den ‚Pinseln‘ oder auch ‚Klössen‘ (jenen Studiosi, die sich dem Zwang studentischer Gewaltpraktiken entzogen) gibt das Stichwort „Tumult“ in: [Lizentius Prokax], Beitrag zu des Herrn Robert Salmasius Wörterbuche der akademischen Kunstwörter, in: Vergnügte Abendstunden, in stillen Betrachtungen über die Vorfälle in dem Reiche der Natur, Künste und Wissenschaften zugebracht. Teil 2. Erfurt 1749, S. 353–357, 361–365 (Vier und vierzigstes und Fünf und vierzigstes Blatt). Reprint in: Bibliothek zur historischen deutschen Studenten- und Schülersprache. Bd. 2. Hg. v. Helmut Henne und Georg Objartel. Berlin/New York 1984 S. 16–25, S. 25: „Ein Tumult aber ist eigentlich nichts anders, als ein gewisser Krieg, der daraus entstehet, wenn man den braven Burschen ihre Freiheit nehmen will. […] Die allerpraveste Purschen führen dabei an, und lassen die Freiheit entsetzlich hoch leben, ihre Feinde aber ganz teufelmässig periren. Da gehet nichts drüber. Kein Stein wird verschonet, sondern er mus die Schärfe des Degens fühlen. […] Die Pinsels, Pedanten, Klösse und ihre Gesellen, liegen dabei hinterm Ofen, und hören zu: denn vors Fenster dürfen sie nicht kommen; sonst werden sie gleich periret.“ Zu den Begriffen ‚Klos‘, ‚Pedant‘ und ‚Pinsel‘ siehe ebd., S. 22 sowie insb. Kompendiöses Handlexikon [1749], S. 8, 10 (hier auch „Mukker“), 11f. („Petimäter“); zum ‚pereiren‘ siehe oben Anm. 4. Vgl. außerdem Anm. 89.

und der Ausformulierung von entsprechenden Handlungsoptionen lässt sich ein Wandel in den Informationsmechanismen beobachten. Einhergehend mit einer sich zunehmend durchsetzenden Ergebnisorientierung entwickelten die Obrigkeiten im Blick auf die schwer zu steuernden Praktiken studentischer Freiheit einen Willen zur Förderung und Etablierung denunziatorischen Verhaltens. In der Festschreibung des daraus resultierenden Denunziationsmusters in die Edikttexte vollzogen sie zugleich dessen gesetzliche Verankerung und mediale Umsetzung: Jeder lesefähige Student, akademische Bürger und Stadtbewohner war nun in der Lage, in den schwarz auf weiß gedruckten Edikten den Denunzianten in obrigkeitlich definierter Form – wieder – zu erkennen. Am Beginn des 18. Jahrhunderts vollzog sich ein Kristallisationsprozess, der deutlich werden ließ, was Denunziationsverhalten charakterisiert, wer demzufolge ein Denunziant ist und dass man von obrigkeitlicher Seite mit diesem zu kooperieren bereit war.

In spezifischen Raum-Zeit-Bezügen lassen sich Merkmale bestimmen, die die Anzeige von der Denunziation trennen.[148] In den Duelledikten lassen sich folgende Denunziationsattribute klar greifen:[149] 1.) die Zusage der Anonymität an den Denunzianten, 2.) die Aussicht und Versicherung einer materiellen, d.h. finanziellen Belohnung auf Kosten der Denunzierten oder durch den Staat, 3.) der skeptische und kritische Umgang mit den transferierten Informationen durch die Obrigkeiten, sowie 4.) das Wissen der Obrigkeiten darum, dass die potenziellen Denunzianten in ihrem Lebensumfeld verachtet wurden und dass sie Repressalien und Ehre mindernden Praktiken ausgesetzt waren.

Diese vier Elemente sind in der Zeit um 1700 nicht erfunden worden. Belohnungen für Anzeigen sind bereits im Mittelalter und im 16. Jahrhundert zu greifen[150] und sie werden in der Zeit des frühen 18. Jahrhunderts parallel auch in anderen Politikfeldern eingesetzt.[151] Anonymitätszusagen begegnen uns bereits im 17. Jahrhundert.[152] Beide

---

[148] Vgl. dazu Koch, Denunciatio, S. 6 sowie auch 72f.

[149] Siehe auch Würgler, Verschwiegenheit und Verrat, S. 109.

[150] Vgl. Jerouschek/Müller, Die Ursprünge der Denunziation im Kanonischen Recht, S. 23; Koch, Denunciatio, S. 50, 135f.

[151] 1723 hatte die preußische Regierung beispielsweise ein Räuberedikt verfügt (ULB Halle: AB 170393 [30]: Geschärfftes Edikt) – aber schon ein Jahr später hatte man in Berlin registrieren müssen, dass das Edikt seine Wirkung in der Praxis weitgehend verfehlte. Im Angesicht dieser Situation offerierte der preußische Staat 1724 im Edikt *Wieder die Raubereyen / Und daß dem Anzeiger einer Zigeuner=oder Diebes=Rotte Zehen Thaler gezahlet / Die im Werck ergriffenen Zigeuner und Räuber ohne Anfrage aufgehangen / die sich wiedersetzenden aber auf der Stelle tot geschossen werden sollen* (ULB Halle: AB 170393 [63], o.P.) bereits im Titel eine finanziell attraktive Belohung für potenzielle Anzeiger. So wird verordnet, „daß demjenigen, welcher dem nechsten commandirenden Officier, oder wenn selbiger zu weit entfernt wäre, der nechsten Gerichts=Obrigkeit eine Räuber= Zigeuner=oder Diebs=Bande, so sich etwa in einem Walde, Gebüsch oder sonst irgendwo aufhält, anzeiget, Zehen Reichsthaler aus der Creys=Casse zum Recompens gegeben" werde.

[152] Etwa für Anzeigende bei Hexenprozessen und auch in Rügeverfahren (abweichend von deren sonst normalen Verfahrensweisen); Walz, Dörfliche Hexereiverdächtigung und Obrigkeit, S. 85; Koch, Denunciatio, S. 8, 51 (hier Anm. 92), 191f.

Verfahrensweisen – Anonymitätsangebot und Entlohnungszusage – waren keineswegs unumstritten und breit etabliert. Auch die Quellenkritik durch die Obrigkeiten, die Vorsicht bei angezeigten bzw. denunzierten Delikten und gegenüber übermittelten Informationen war keine neue Erkenntnis. Man war sich im ausgehenden 17. Jahrhundert bewusst, dass das Instrument der Anzeige auch gezielt für individuelle Interessen und Konfliktlösungsstrategien eingesetzt worden ist. Schließlich wussten die Obrigkeiten als sie daran gingen, die Duelledikte zu konstruieren und zu formulieren auch, dass die Menschen Anzeigevorgänge jenseits von Brandgefahren und Tötungsdelikten nicht als neutrale und nötige Untertanenpflicht ansahen, sondern als inakzeptablen Kooperationsakt. Dies wird auch, wie Arnd Koch herausgearbeitet hat, durch entsprechende Reflexionen im juristischen Schrifttum bestätigt: „Nimmt man die frühneuzeitlichen Autoren beim Wort, so galten in der Bevölkerung sowohl die notwendige als auch die freiwillige denunciatio als verwerflich.“[153]

Wenn aber die einzelnen Elemente in der Zeit um 1700 nicht originär waren, was macht dann das Auftauchen des Denunziationsmusters in dieser Zeit zu einen innovativen Akt? Es war die Synthese der Einzelelemente zum politischen Instrument, es war die Konstruktionsleistung der Obrigkeiten. Die Denunziation wurde durch obrigkeitlichen Willen ‚gemacht‘.[154] Die Kombination aller vier Elemente in einem ganz konkreten Verwendungs- und Zielzusammenhang generierte die Transformation der Anzeige zum Denunziationsverhalten. Dieses Verfahren öffnete die Tür für den Eintritt denunziatorischer Handlungen, die von allen Beteiligten auch als solche verstanden wurden, in die Lebenswelt einer Gesellschaft. Allerdings sind der Entwurf und die Implementation des Denunziationsmusters um 1700 nicht zwangsläufig erfolgt. Es gab ebenso Entscheidungen gegen die Denunziation.

Das Denunziationsmuster gehörte nicht zum Standardrepertoire aller untersuchter Universitäten: Es ist in Kursachsen für Leipzig und Wittenberg, in Sachsen-Eisenach für Jena, in Preußen für Halle (hier ohne Anonymitätszusage) und in Kurhannover für Göttingen zu finden – nicht dagegen in Mecklenburg für Rostock, in Braunschweig-Wolfenbüttel für Helmstedt und in Brandenburg-Bayreuth für Erlangen. Eine erste sich anbietende Erklärungsoption ist, dass ältere Universitäten die schlechten Erfahrungen mit der Disziplinierbarkeit der Studentenschaft um 1700 in neue Edikte mit neuen Informationstechniken umgesetzt haben und diese dann von den neu gegründeten Universitäten übernommen worden sind. Eine solche Verfahrensweise lässt sich in einer Linie Leipzig/Wittenberg – Jena – Halle – Göttingen ausmachen. Sie funktioniert allerdings nicht bei den anderen untersuchten Universitäten, unter denen sich mit Helmstedt und Rostock Gründungen des 16. Jahrhundert befinden, aber mit Erlangen auch eine späte Neugründung der Frühen Neuzeit (1743), die zudem auf die gerade durchlaufenen Gründungsprozesse in Halle (1694) und Göttingen (1738) hatte blicken können. Aus dieser

---

[153] Siehe Koch, Denunciatio, S 93f. (Zitat S. 94).

[154] Vgl. Landwehr, Diskurs – Macht – Wissen, S. 108.

Perspektive erscheint das Einschreiben des Denunziationsmusters in die zentralen Duelledikte als ein bewusstes Befürworten oder Verweigern: Weder die lang bekannten Normverstöße der Selbstrache und deren schwierige Regelbarkeit, noch das Wissen um sie bei Universitätsneugründungen führten *zwangsläufig* zur Entscheidung für das Anbieten denunziatorischer Optionen.

Dafür relevanter waren die Größe der Universität und die Frequenzproblematik. Das Denunziationsmuster findet sich in den Duellgesetzen für die großen Universitäten der Zeit. Diese Beobachtung lässt sich auf die Ebene der einzelnen Landesuniversitäten herunterbrechen; beispielsweise wurden im Zeitraum von 1706 bis 1710 in Leipzig 2850, in Halle 2702, in Jena 2445 und in Wittenberg 1477 Studenten immatrikuliert.[155] Die Etablierung des Denunziationsmusters in den Duelledikten lässt sich so auch als Antwort auf ein Ordnungsproblem mit den Quantitäten von Sozialgruppen begreifen: Sie lässt sich für große Universitäten mit hoher Frequenz beobachten, weil sie dort aus Sicht der Obrigkeiten zur Umsetzung der Disziplinarpolitik nötig gewesen ist. Für die kleinen bzw. mittleren Universitäten trifft dies augenscheinlich weniger oder gar nicht zu. Aus deren Perspektive war ein allzu hartes Vorgehen gegen die Praktiken der Akademischen Freiheit trotz vergleichbarer Disziplinarvorstellungen weniger wünschenswert. Dies wird exemplarisch an einem Briefwechsel zwischen Rostock und Halle im Sommer 1715 deutlich. In Halle hatte man seit 1713 bereits erste Erfahrungen mit dem neuen Duelledikt gesammelt, jenes für Rostock war frisch und gerade wenige Monate alt. Der Rostocker Rektor schrieb im Juli 1715 nach Halle:

> der regierende Hertzog von Mecklenburg, unser gnädigster Fürst und Herr, [hat] ein Duell=Edict in dero Landen publiciren lassen, worinnen auch unsere Universität und die daselbst sich aufhaltende Studiosi mitbegriffen. Wir aber vermeinen, daß eine solche riqueur unserer Academie zimlich nachtheilig seyn würde, weil dadurch viele möchten abgeschrecket werden, hieher zu kommen, auch junge Leute und deren Eltern selbst um ihre fortün leichtlich gebracht und in großes Hertzeleid gestürtzet werden könnten, angesehen die juveniles calores und primi motus sich so stracks nicht dämpffen und compenciren lassen.[156]

Daraus ist zu schließen, dass es zwar die studentischen Händel- und Zweikampfpraktiken in Rostock gab, dass die Leitung der Universität aber der Meinung war, dass das herzogliche Edikt die tatsächlichen Gegebenheiten überzeichnete, ja dahin gehend dramatisierte, dass Eltern aus der daraus resultierenden Sorge künftig keine Studenten mehr nach Rostock schicken würden. In Anbetracht der ohnehin schon geringen Rostocker Frequenz – 1715 hatten sich nur 67 Studenten neu eingeschrieben[157] – wäre dies fatal

---

[155] Die Zahlen nach Franz Eulenburg, Die Frequenz der deutschen Universitäten von ihrer Gründung bis zur Gegenwart. Berlin 1994 (Nachdruck der Ausgabe von 1904), S. 135 und 294f.; sowie: Asche, Von der reichen hansischen Bürgeruniversität zur armen mecklenburgischen Landeshochschule, S. 171, 206f.; Rasche, Umbrüche – Zur Frequenz der Universität Jena, S. 95, 97.

[156] UA Halle, Rep. 3 Rektorat Nr. 544: Acta Das Duell-Mandat, Brief vom 11. Juli 1715, o.P.

[157] Eulenburg, Die Frequenz der deutschen Universitäten, S. 294.

gewesen. Deshalb sei es ratsam, entspannter mit den Gesetzestexten umzugehen. Man habe glaubwürdig erfahren, „daß andere Universitäten, wo solche Duell=Edicte sich befinden, und insonderheit die dasige [Halle], einige moderation intuitu Studiosorum erhalten haben.“ Hieran anschließend formulierten die Rostocker akademischen Lehrer den Wunsch nach Information („hierüber einige geneigte nachricht zu ertheilen, ob solche Linderung in ansehung der Studiosorum würcklich ertheilet worden und worinnen selbige bestehe“) mit dem Ziel, beim mecklenburgischen Fürsten mit einer entsprechenden „unterthänigsten petitio, zu reüssiren, Wenn von anderen Universitäten Wir dergleichen Limitation der Duel=Edicte werden beylegen können“.[158]

Die Antwort der Universität Halle vom 6. August des Jahres fiel ausführlich, kooperativ, zugleich auch abgrenzend aus. Der hallische Prorektor Johannes Friedemann Schneider[159] schrieb zunächst bestätigend, dass das königlich-preußische Duellmandat zu „gehorsamster observierung“ zwar publiziert sei, jedoch die Studenten dagegen verstoßen würden, weshalb man sich in einer „Sententz“ an den König gewandt habe. Diese richte sich nach „dem rigeur und Inhalt“ des Duellmandats, man habe aber zugleich angefragt, ob man nicht die „ursachen u[nd] umstände so denen delinquenten wegen ihrer Jugend, Trunckenheit, oder geschehenen Ubereilung zur Linderung der sonst ordentlichen strafe zu statten kommen“ und „Gnade vor Recht ergehen“ lassen möchte. So könnten die im Mandat festgesetzten Todes- und Gefängnisstrafen entweder in eine „Geldbuße zum besten des Fisci Academici“ oder in „öffentliche relegation und Academisches carcer“ umgewandelt werden.[160]

In diesem Bericht wird deutlich, dass sich die in den Duelledikten – auch in Mecklenburg für Rostock –[161] geforderten drastischen Leibes- und Gefängnisstrafen in der Lebenswirklichkeit der Universitätsstädte als nicht praktikabel erwiesen. Bemerkenswert ist, dass der hallische Prorektor die Strafmilderung nicht nur mit dem Überschwang der Jugend begründete, sondern auch in Rücksicht auf die Trunkenheit der Studenten. Dieses Argument wurde in den Edikten aber ausdrücklich von den landesherrlichen Obrigkeiten zurückgewiesen.[162] Der dem zuwiderlaufende Vorschlag der hallischen Universitätsobrigkeit lässt also auf eine dezidierte Praxisorientierung im Blick auf den Alltag schlie-

[158] UA Halle, Rep. 3 Rektorat Nr. 544: Acta Das Duell-Mandat, Brief vom 11. Juli 1715, o.P.; die letzte Passage ist in der Quelle unterstrichen.

[159] Professor für Metaphysik und Logik; Förster, Übersicht, hg. v. Meyer/Schenk, S. 259.

[160] UA Halle, Rep. 3 Rektorat Nr. 544: Acta Das Duell-Mandat, Brief der Universität Halle vom 6. August 1715, o.P.

[161] ULB Halle, Abt. Sondersammlungen, Ze 61 (6), Duel – Edikt, passim, z.B. § XXX (Bl. 71): Bei einem tatsächlichen Rencontre soll der „Aggressor“, egal ob es zu einem Todesfall kommt oder nicht, einem Mörder gleich behandelt werden und mit dem Schwert (wenn er Adliger ist) oder am Galgen gerichtet werden.

[162] Eben gerade auch im preußischen Duelledikt: ULB Halle, Pon. Yb 3775 w, QK: Mandat, wider die [...] Duelle, 1713, Art. XIII, S. 19f., hier S. 20.

ßen.[163] Das hallische Schreiben berichtete zwar von der Anfrage an den preußischen Hof, enthielt jedoch nichts über die königliche Erwiderung. Möglicherweise lag diese ja zum Zeitpunkt der Antwort noch nicht vor, oder aber man hielt sich bewusst bedeckt.[164] Die Sorgen drehten sich bei der Handhabung des Duelledikts in Halle im Gegensatz zu Rostock nicht um den Ruf der Universität und deren Frequenz, stand Halle doch 1715 hinter Jena an der Spitze aller deutscher Universitäten,[165] sondern um die Realisierbarkeit der disziplinarpolitischen Vorschriften. Es gab in der universitätspolitischen Praxis des frühen 18. Jahrhunderts im Blick auf das Kerndelikt des Duells bzw. Zweikampfs

---

[163] Kurze Zeit später votierte auch die landesherrliche Obrigkeit für ein angemessenes Umsetzen der Strafandrohungen „unter der Hand"; siehe: UA Halle, Rep. 3, Nr. 561: Acta, Die Disciplinam Academicam betreffende worinnen die Untersuchung des ausgeübten Schneeball werffens befindlich. Anno 1717 (–1748), Bl. 1–2 ein Schreiben aus Berlin vom 26. Januar 1717.

[164] In der (schmalen) Akte zum preußischen Duelledikt im Universitätsgericht Halle ist kein weiteres Schreiben aus dem Jahr 1715 überliefert.

[165] In diesem Jahr wurden in Halle 551 und in Jena 728 Studenten immatrikuliert (in Leipzig 462); Eulenburg, Die Frequenz der deutschen Universitäten, S. 294. Es sei betont, dass diese Beobachtung an der zentralen Duellpolitik nicht zu generalisieren ist – auch in Halle machte man sich Sorgen um die Frequenz, offenbar aber nach verschiedenen Sachgegenständen abgestuft und unterschiedlich intensiv. Größere Universitäten und ihre Landesherren lebten in der Befürchtung, florierende Universitäten könnten durch schlechtes Gerede und negative Presse Schaden nehmen. Ein klassisches Beispiel dafür ist das Problem des Schutzes der hallischen Studenten vor unfreiwilliger Rekrutierung zum Militär in der ersten Hälfte des 18. Jahrhunderts; dazu einführend: Kathe, Die hallische Studentenschaft zur Zeit Friedrichs des Großen, S. 136–138. Eine dafür exemplarische Quelle ist: Königl. Patent, wegen allgemeiner und besonderer Sicherheit derer auf die Universität Halle von auswärtigen Orten zu und abreisender, auch daselbst sich befindender Studiosorum, vor aller gewaltsamen Werbung, etc. Gegeben zu Berlin, den 24ten August 1737. Friedrich Wilhelm; in: Leges Academicae Studiosis in Regia Fridericiana observandae. Halae Magdeburgicae [nach 1767], ULB Pon. Yb 3775 w, QK, S. 33–35: „Uns hat Unsere sich zu Halle befindende Universität allerunterthänigst berichtet: wie das der auswärtige Ruf von vielen Orten erschollen, sich auch die gemeine Zeitungsschreiber dergleichen Blame auszubreiten an vielen Orten strafbar unterstanden: als wann auf Unserer Universität Halle sich befindende Studiosi keine Sicherheit vor den gewaltsamen Werbungen hätten; auch, bey etwa vorgehenden Uneinigkeiten und Excessen mit der Guarnison, die Studenten von ihrem Foro ordinario abgezogen und dem Foro militari ausgeliefert und übergeben würden; weshalb viele auswärtige Eltern und Vormündere Bedenken trügen, ihre Kinder Pflegbefohlene auf Unsere Universität, die Studia daselbst fortzusetzen, zu schicken, wie sehr sie sonsten auch wünschten, daß die Ihrigen an solchen Orten, wegen beständigen Fleisses der Professorum und daß in allen Facultäten die Collegia in allen und jeden Disciplinen zur gesetzten Zeit geendigt und vollbracht würden, ihre Studia treiben und absolviren möchten." (S. 33f.) Und: „diese ungegründete Blame von übelgesinneten und gehäßigen Menschen zu dem Ende ausgestreuet worden, um den bisherigen Flor der Universität, besonders der Auswärtigen, die von der guten Verfassung und Einrichtung keine iegentliche und genaue Nachricht haben, zu hindern, und, so viel an ihnen ist, andere durch dergleichen Lästerung von derselben abzuziehen" (S. 34). Siehe außerdem das königliche Reglement vom 30. Dezember 1745 und das Decretum in Concilio Academico vom 6. April 1714 (in: ebd., S. 36f.) gegen den Müßiggang und die Schmausereien sowie Musiken, durch die „die Universität auch bey Auswärtigen in eine üble Opinion gesetzet werden könne" (S. 36).

zwei differente Sichtweisen: hier die Präferenz von Frequenz und Ruf, dort die Präferenz der Disziplinarpolitik.[166] Die Landesherren der großen Universitäten profilierten ihr Verfolgungsinteresse gegen die Selbstrache, die Wolfgang Hardtwig zu Recht als „ein anarchisches Element"[167] bezeichnet hat, durch das sich die frühneuzeitlichen Obrigkeiten in Frage gestellt sahen, und implementierten ein Denunziationsmuster.

In der Zusammenschau aller Aspekte wird das Denunziationsmuster als qualitativ neues disziplinarpolitisches Instrument greifbar, das auf eine quantitativ determinierte Ordnungsdimension Bezug nahm: Das studentische Leben auf den großen Universitäten war enorm schwer zu domestizieren. Außerdem erleichterte die Größe der Studentenschaft die Bedingungen für potenzielle Denunzianten: Es war einfacher, an einer großen Universität wie Halle eine Denunziation erfolgreich und ohne Konsequenzen in der eigenen Sozialgruppe anzubringen als an deutlich kleineren, für den Einzelnen in ihrem Ge-

---

[166] Siehe dazu auch: Brüdermann, Göttinger Studenten und akademische Gerichtsbarkeit, S. 489–491 (die akademische Gerichtsbarkeit im „Dienste der Besucherfrequenz"). Beide Positionen sind oft innerhalb einer Universität auf der Ebene von Einzelvoten anzutreffen. Dies wird beispielhaft an den vom Kurfürsten eingeforderten Stellungnahmen der Professoren der Leipziger Universität zum Zustand der Universität im Jahr 1711 deutlich. Hier spiegeln sich – fünf Jahre nachdem das kursächsische Duelledikt erlassen worden war und zwei Jahre vor dem preußischen Mandat für das benachbarte Halle – insbesondere auch die Auswirkungen der Konkurrenzsituation zur Fridericiana. In den Gutachten wurden als Ursachen für den kritikwürdigen Zustand der Universität z.B. die Bestimmung, dass die preußischen Landeskinder auf den inländischen Universitäten studieren sollen, was sich negativ auf die Leipziger Frequenz auswirke, sowie die Bedenken vieler furchtsamer Eltern wegen des katholischen Gottesdienstes genannt. Der schlechte disziplinarische Zustand soll, abgesehen davon, dass besser gebildete Schüler von den Schulen auf die Universität geschickt werden sollen (dazu auch Mägdefrau, Der Aufstieg und die erste Blüte der Universität Jena in der zweiten Hälfte des 17. Jahrhunderts, S. 162), durch die qualitative Hebung der Ausbildungssituation (Bibliothek, Seminare) sowie die Einführung von regelmäßigen Visitationen alle fünf Jahre und schließlich vor allem durch die „Einschrenkung aller derjenigen Lustbarkeiten, welche die unbedachtsame und lüsterne Jugend zu excessen verleiten, als in Theé und Coffee Häusern, Trinkkellern, Spielhäusern, Bierschenken in der Stadt, Vorstädten, und benachbarten Dörffern" abgestellt werden. Andere Gutachten rücken die Duellfrage weiter in den Mittelpunkt und votieren (so Johann Burkhard Mencke) für die harten Strafen im Edikt, damit die anderen Studenten in Sicherheit sind. Dagegen wird von anderen Professoren argumentiert, dass das Duellmandat eher einige junge Leute von Leipzig abhalte: „So hat auch Ew. Königl. Majt. Allergnädigstes Duell=Mandat ihrer viele bisher abgeschreckt, daß sie sich nicht getraut hier zu leben." Mencke schlägt schließlich zur Hebung des Leipziger Rufs vor, den königlichen Prinzen eine Zeit lang in Leipzig sich aufhalten zu lassen. Und die Professoren der Juristischen Fakultät geben zusätzlich zu bedenken, dass die „Landes-Kinder, und absonderlich von Adel, durch Veranlassung der schärffe des sonst sehr heilsamen Duel-Edicts, und der überhand nehmenden Theurung halber nicht so häuffig, als vormahls, sich allhier aufgehalten"; UA Leipzig, Rep I / I 33: Acta Der von S. Königl. Majestät in Pohlen und Churfürstl. Durchl. zu Sachsen etc. von iedem dero Herrn Professoren wegen des Zustandes der Universität erforder. Bedenken betr. 1711, Bl. 1/1', 5'/6, 10–11', 24/24', 38, 67–68, 81. Ich danke Detlef Döring (Leipzig) für den Hinweis auf diese Akte.

[167] Hardtwig, Sozialverhalten und Wertwandel, S. 317.

samtzusammenhang leichter zu übersehenden Universität wie Helmstedt, wo sprichwörtlich noch jeder jeden kannte.[168] Das Denunziationsmuster taucht nach 1700 in den Normtexten jener Territorien auf, die frequenzstarke Universitäten (Leipzig, Wittenberg, Halle, Jena, später auch Göttingen) beheimateten. Hier wurde die Lebenswelt der frühneuzeitlichen Universität zum *Denunziationsraum*. Umgekehrt fehlten in kleineren studentischen Zusammenhängen (Rostock, Helmstedt, Erlangen) denunziatorische Angebote – dort bestand innerhalb der Studentenschaft ein erhöhter Verhaltens- und Konformitätsdruck, da die Enge des sozialen Handlungsfeldes den Austrag von Ehrpraktiken schwieriger werden ließ. Die Gefahr, innerstudentischen Strafmaßnahmen ausgesetzt zu werden, war bei Zuwiderhandlung dementsprechend hoch. Das Wissen um diese Mechanismen war auch bei den Obrigkeiten vorhanden und wurde immer wieder herausgestellt:

> Wir wiederholen auch hiemit, was Vice=Rector und Professores unterm 5. April. gegenwärtigen Jahres [1726] mittelst eines öffentlichen Anschlages kund gemachet, daß nemlich diejenige, so sich unterstehen, einen, der ihrer Meynung nach injuriiret worden, von den Tisch= und andern Gesellschafften so lange zu excludiren, bis sie ihre Sache ausgemachet, mit der Relegatione, diejenige aber, so sich verleiten lassen denen Anfängern beyzupflichten und den injuriirten nicht unter sich leiden wollen, mit dem Carcer bestraffet werden sollen.[169]

Aus dieser Passage des Helmstedter Duellmandats von 1726 wird beispielhaft noch einmal deutlich, welchen Zwängen sich Studenten ausgesetzt sahen, die sich dem schwer zu entrinnenden Wechselspiel von Ehre nehmen und Ehre geben entziehen wollten. An einem Verlust des jeweils individuellen Platzes in der Sozialgemeinschaft der Studenten war den Obrigkeiten nicht gelegen, denn soziale Inklusions- und Interaktionsmechanismen waren für ein diszipliniertes Klima unter den Studenten in der Stadt durchaus gewünscht.[170] Obrigkeitlich sanktionierte Denunziationsmöglichkeiten hätten den innerstudentischen Druck noch weiter erhöht und sich so zu einem kontraproduktiven Politikmittel verkehren können.

IV Gesetz und Lebenswelt

Diese Beobachtungen führen zur Frage nach der realen Anzahl von Duellen und Rencontres. Damit ist zugleich auf eines *der* Defizite zur Kulturgeschichte der frühneuzeit-

[168] Dies spiegelt sich auch in den Immatrikulationszahlen: In Halle wurden im Jahr des Duelledikts (1713) 551 Studenten immatrikuliert, in Helmstedt im Jahr des dortigen Edikts (1725) 192; Eulenburg, Die Frequenz der deutschen Universitäten, S. 295.

[169] NStWf37 Alt 571: Leges et Mandata Academica, geschärfftes Duel-Mandat, 1726, Bl. 15.

[170] Vgl. etwa Brüdermann, Göttinger Studenten und akademische Gerichtsbarkeit, S. 158–162; siehe auch das Zweite Kapitel, Anm. 100.

lichen Studentenschaft verwiesen.[171] Im *Studenten=Lexicon* von 1781 war mit Blick auf die hallischen Verhältnisse wenig aussagekräftig geschrieben worden, dass das Duellieren zwar „auf Universitäten verboten" sei, „aber oft insgeheim" geschehe.[172] Neuere Studien lassen nun eine erste Feststellung zu, wonach im 18. Jahrhundert Duelle in der Häufigkeit, wie es die Edikttexte suggerieren, nicht vorgekommen sind.[173] Das in nahezu allen Edikten formulierte Verbot von vorgetäuschten Rencontres, mit denen ritualisierte Duelle verborgen und im Falle der Entdeckung ein milderes Strafmaß erreicht werden sollte,[174] ist allerdings ein Hinweis auf eine rege Zweikampfkultur.[175] Dies wird durch die in fast allen Edikten zu findenden Ermahnungen und Anleitungen zu kurzen, wenig umständlichen Prozessen und zu schneller Verurteilung indirekt gestützt.[176]

Im Blick auf diese Indizien ist polemisierend zu fragen, ob bereits *ein* Duell Grund genug war, ein Edikt auszulösen, oder ob es Dutzende oder gar Hunderte sein mussten? Auf dem Weg zur Beantwortung dieser Frage wirft eine Akte im Universitätsarchiv Halle von 1806/07 ein Schlaglicht. In diesem Jahr ist eine großflächige Kassation von Disziplinarakten der Universität durchgeführt worden.[177] Mit hoher Gründlichkeit sind dabei

---

[171] Siehe in diesem Kontext Krug-Richter, Von Messern, Mänteln und Männlichkeit, S. 29–33 („Studentische Konfliktkultur – ein Desiderat der modernen Frühneuzeitforschung").

[172] Studenten=Lexicon, S. 64.

[173] Vgl. die Zahlen für Göttingen bei Brüdermann, Göttinger Studenten und akademische Gerichtsbarkeit, S. 186, 193, 197; sowie auch Riederer, Die Jenaer Konstantisten, S. 96f. Die Zahlen bei Frevert, Ehrenmänner, S. 14 deuten ebenso darauf hin. Siehe außerdem die Beobachtung am Beispiel der Universität Köln (17./18. Jahrhundert) bei Füssel, Devianz als Norm?, S. 156.

[174] Z.B.: UA Leipzig, GA VI 3, Bl. 111' (§ 42); UA Jena, Bestand A Nr. 2527, Duell-Mandat 1709, Paragraph X, S. 7; ULB Halle, Pon. Yb 3775 w, QK: Mandat, wider die [...] Duelle, 1713, Artikel XI, S. 16–19, hier S. 19; ULB Halle, Abt. Sondersammlungen, Ze 61 (6), Duel – Edikt, Paragraph XXIX, Bl. [70'–71]; ULB Halle: [AB] Bk 70: Duel-Edict, Göttingen, 1735, Artikel IX, o.P.; UA Erlangen, Th. III, Pos. 1, Nr. 1: Edict Wider die unbefugte Selbst=Rache 1743, Artikel XII. und auch XIII., Bl. 3'/4.

[175] Vgl. in diesem Kontext am Freiburger Beispiel um 1600 auch Krug-Richter, Von Messern, Mänteln und Männlichkeit, S. 26, die hier von „zahlreich überlieferten bewaffneten" Händeln zwischen Freiburger Studenten berichtet.

[176] Vgl.: UA Leipzig, GA VI 3, Bl. 113/113' (§ 49; hier 113'); UA Jena, Bestand A Nr. 2527, Duell-Mandat 1709, Paragraph XII, S. 8; UA Jena, Bestand A Nr. 2548, Anti-Duell-Reskript 1709, Paragraph 5 sowie Paragraph 8; ULB Halle, Pon. Yb 3775 w, QK: Mandat, wider die [...] Duelle, 1713, S. 23 (in Preußen waren in Duellsachen keine Advokaten zulassen; eine ähnliche Bestimmung findet sich 1706 auch für Kursachsen [siehe ebd.]); ULB Halle: Yb 3778 Qk: Sr. Königl. Majestät in Preußen geschärfftes Edict wieder die öffentliche Tumulte / unanständiges Geschrey / Einwurff= und Schmeißung der Fenster und andere excesses de dato den 27. Decembr. 1722, S. 6; ULB Halle, Abt. Sondersammlungen, Ze 61 (6), Duel – Edikt, Paragraph XXXIII., Bl. [71']; ULB Halle: [AB] Bk 70: Duel-Edict, Göttingen, 1735, Artikel VI, o.P.; Ebel, Die Privilegien und ältesten Statuten der Georg-August-Universität, S. 46, 48 (Statuten § 17).

[177] UA Halle, Rep 5, Nr. 20: Acta die Fortschaffung der unbrauchbaren alten Akten betreffend. de 1806 (–1807), hier das königliche Reskript dazu (Bl. 8) sowie die folgende Arbeitsanweisung für den Aktuar (o.P.).

im *Verzeichniß der aus dem Criminal=Fach wegzuschaffenden Acten* alle kassierten 2136 Einzelfälle (!), die das gesamte 18. Jahrhundert umspannen, mit Titel gelistet worden. Hier finden sich die eingangs beschriebenen Konfliktfelder und studentischen Praktiken in ihrer ganzen Vielfalt wieder. Die Aktentitel zeugen von Exzessen, sehr oft von Schlägereien, Tätlichkeiten und Injurien, von Händeln und Tumulten, Nachtschwärmereien, Musik und Glücksspiel, von Misshandlungen, Gewalttätigkeiten und Verwundungen sowie von unehelichen Schwangerschaften. Spezifisch benannt werden in diesem Reigen auch Duelle, Rencontres und so genannte „actiones", d.h. Handlungen im Sinne einer physischen Auseinandersetzung bzw. eines Zweikampfes.

Insgesamt finden sich 26 actiones und 42 Duelle bzw. Recontres, die Mehrzahl davon in der ersten Jahrhunderthälfte. Diese Zahlen korrelieren auffällig mit den Angaben in der Dreyhauptschen Stadtgeschichte Halles von 1749/1750, die etwas mehr als ein Dutzend Tötungen und schwere Verletzungen bei Duellen bzw. Rencontres in den Jahren zwischen 1693 und 1747 aufführt.[178] Schon im Blick auf die Gesamtzahl der erfassten Delikte wird deutlich, dass es sich um eine vergleichsweise kleine Deliktgruppe gehandelt hat. Setzt man diese Zahlen zudem in Beziehung zu den jährlichen Immatrikulationen in Halle – über das 18. Jahrhundert hinweg im Durchschnitt ca. 490 –[179] wird der Eindruck verstärkt, dass tatsächlich geführte Duelle zwar vorkamen, sie im Meer der kleineren, alltäglichen Beleidigungen und Konflikte aber doch eher die Ausnahme darstellten. Es reichten also vergleichsweise geringe Fallzahlen aus, das Duell zu einem zentralen Politikgegenstand werden zu lassen. Dafür war die hohe symbolische Wirkungskraft des Duells verantwortlich – deren Bedeutung mit dieser Beobachtung gleichsam zusätzlich unterstrichen wird.[180]

Von dieser Feststellung ausgehend kommt zugleich auch eine Grauzone in den Blick: Denn letztlich bleibt unklar, inwieweit die Studentenschaft in Duellangelegenheiten tatsächlich eine hohe Geschlossenheit und Verschwiegenheit praktiziert hat,[181] und deshalb eine unbestimmbare Anzahl Duelle nicht bekannt geworden sind. Zudem ist eine weitere Beobachtung bemerkenswert: ca. 40 Prozent der in Halle tatsächlich vor das Universi-

[178] Johann Christoph von Dreyhaupt, Pagus Neletici et Nudzici, oder Ausführliche diplomatisch-historische Beschreibung des zum ehemaligen Primat und Ertz-Stifft, nunmehr aber durch den westphälischen Friedens-Schluß secularisirten Hertzogthum Magdeburg gehörigen Saal-Creyses, und aller darinnen befindlichen Städte, Schlössen, Aemter [...], insbesonderheit der Städte Halle, Neumarckt, Glaucha, Wettin, Lobejün, Cönnern und Alsleben. Hg. v. Uwe Meißner. Halle 2002 (Nachdruck der Ausgabe 1749–1750), Zweytrer Theil 1750, S. 61–64.

[179] Asche, Von der reichen hansischen Bürgeruniversität zur armen mecklenburgischen Landeshochschule, S. 171; Eulenburg, Die Frequenz der deutschen Universitäten, S. 293–299.

[180] Siehe in diesem Kontext auch: Frevert, Ehrenmänner, S. 36 zur Situation in der Mitte des 18. Jahrhunderts: „Nicht die tatsächliche Zahl vorgefallener Duelle jedoch mobilisierte die Öffentlichkeit, sondern ihr symbolischer Gehalt, ihre Grundidee".

[181] Siehe dazu etwa die Göttinger Beispiele von 1737 und 1766 bei Brüdermann, Göttinger Studenten und akademische Gerichtsbarkeit, S. 210.

tätsgericht gekommenen Fälle datieren in die Jahre vor dem preußischen Duelledikt von 1713, 60 Prozent danach.[182] Dies lässt die Vermutung zu, dass die studentische Duellpraxis durch den Edikterlass kaum berührt worden ist.[183]

Es bleibt also festzuhalten, dass die Duelledikte zwar auf der Lebenswirklichkeit fußten, gleichzeitig aber tendenziell dazu neigten, die Situation zu überzeichnen. Dies war im Blick auf die disziplinarpolitischen Wirkungsabsichten so gewollt: Die Überzeichnung diente (auch) der Legitimierung des sozialpsychologisch problematischen Denunziationsmusters. Die Duelledikte hatten generell die Funktion, den Ordnungswillen der Herrschaft vor Ort anzuzeigen und darzustellen. Sie „materialisieren"[184] diesen in Druckerschwärze auf Papier. Eine Umsetzung der Normen in eine veränderte Verhaltenspraxis, ein Mentalitätswandel war damit noch keinesfalls gegeben. Duelledikte symbolisierten Herrschaft und konkrete Disziplinarpolitik in den Universitätsstädten. Machtdemonstration und tatsächlicher Disziplinierungswille gingen in den Duelledikten Hand in Hand.[185] Den Link zwischen beiden Funktionsebenen stellten die eingeforderten Anzeigen und Denunziationen dar, die die Studentenschaft spalteten. Für die einen waren sie eine denkbare und ausführbare Handlungsoption, für die anderen ein Akt des Verrats[186] an den Leitbildern studentischer Freiheit und Ehre. Das Auftreten der arkanen Studentengesellschaften ab der Mitte des Jahrhunderts verschärfte diese innerstudentischen Spannungen weiter.

---

182 Ganz exakt lässt sich dieser Wert nicht berechnen, weil etwa eine halbes Dutzend Fälle in das Jahr 1713 datieren (die einzelnen Vorgänge sind nur mit dem Jahr, nicht dem exakten Anfangsdatum versehen).

183 Es sei hier noch einmal angemerkt, dass dieses resistente Verhalten üblich war: So unterliefen die Studenten beispielsweise 1750 und in den Folgejahren prinzipiell die königlichen Vorgaben zur Einhaltung der Sperrstunde und zum Verbot der Glücksspiele, StA Halle, Kap. XXII Abtlg. D. No 9: Die Verbesserung der Sitten bey den hällischen Studiosis [1750], passim o.P. Dieses Problem zieht sich durch die Akten bis zum frühen 19. Jahrhundert; vgl.: UA Halle, Kap. XXII Abtlg. D. No 13: Acten: die zwischen dem Magistrat und der königl. Friedrichs Universität hierselbst über verschiedene, besonders Jurisdictions= und policeilichen Verhältnisse angehende Gegenstände geführte Correspondence betr. 1760. [bis 1813], passim.

184 Hüchtker, Das „Räubergesindel" und die Unruhen in der Zeit der Französischen Revolution, S. 174.

185 Siehe in diesem Zusammenhang auch die Interpretation Jürgen Schlumbohms (Gesetze, die nicht durchgesetzt werden, S. 659), wonach das Ziel, die „Befolgung der verkündeten Norm zu erreichen", „weniger zwingend" als „im modernen Verständnis von staatlicher Gesetzgebung" dazugehörte – eine Feststellung, die es im Blick auf die Duelledikte zu relativieren gilt. Siehe die grundlegende Kritik an Schlumbohms Konzept, der im wesentlichen die „symbolischen, performativen Absichten des Staates mit seiner ausufernden Gesetzgebung" betonte, von André Holenstein: Die Umstände der Normen – die Normen der Umstände, S. 40–46 sowie auch Schilling, Gesetzgebung und Erfahrung, S. 406.

186 Siehe dazu auch Nolte, Demagogen und Denunzianten, S. 41f.

Zweites Kapitel

Die Eroberung der Universitätsstadt. Studentenorden, Landsmannschaften und neue Edikte nach 1740

I Neue Konkurrenzen: Studenten als freimaurerische Missionare und Ordensgründer

In den 1740er Jahren des 18. Jahrhunderts änderte sich die kulturelle Praxis der Studenten grundlegend. Zu den Handlungsmustern Akademischer Freiheit kam nun ein gänzlich neues Aktionsfeld hinzu: die arkane Vergesellschaftung. Die Entwicklung der – sich selbst so nennenden – *Orden* der Studenten stand in einem breiteren gesellschaftsgeschichtlichen Kontext der Zeit. Die Ausbreitung der Freimaurerei im Alten Reich seit 1737 bildete dafür den größeren Rahmen, wobei die Studenten gerade zu Beginn eine aktive Rolle spielten. Sie vollzog sich jenseits territorialstaatlicher Grenzen durch das Engagement kleiner Aktivistenzirkel, die die neue Vergesellschaftungsform in ihrem jeweiligen städtischen Umfeld einbrachten, und sie verlief im wesentlichen über drei Linien, die sich an Stadttypen festmachen lassen: Logen wurden zwischen 1737 und der Mitte der 1740er Jahre in Handels-, Residenz- und eben in Universitätsstädten gegründet.[1]

In den Lebenswelten der Universitätsstädte zeichnen sich zwei differente Wege der Etablierung der Freimaurerei ab. Zum einen ist im Zuge der ersten Logengründung in einer deutschen Universitätsstadt im März 1741 in Leipzig (*Zu den drei Zirkeln*) zu beobachten, dass die Aktivisten zwar ausnahmslos junge Männer in einem Lebensalter unter 27 waren, dass sich aber darunter offenbar keine Studenten befanden. Immerhin war der erste Meister vom Stuhl der Loge (Adrian Deodat Steger) 1740 promoviert worden. Er stammte aus einer Leipziger Ratsherrenfamilie; weitere fünf der sieben Gründungsmitglieder kamen aus Leipziger Kaufmannsfamilien.[2] Eine ähnliche Gründungssituation

---

[1] Für einen Überblick (wenn auch mit Lücken und einzelnen Ungenauigkeiten) zum gesamten Alten Reich immer noch unverzichtbar: Richard van Dülmen, Die Gesellschaft der Aufklärer. Zur bürgerlichen Emanzipation und aufklärerischen Kultur in Deutschland. Frankfurt a.M. 1986 [²1996], S. 155f., 174f.; ebenso: Karl Heinz Francke/Ernst-Günther Geppert, Die Freimaurer-Logen Deutschlands und deren Großlogen 1737–1985. Matrikel und Stammbuch. Nachschlagewerk über 248 Jahre Geschichte der Freimaurerei in Deutschland. Bayreuth 1988 – hier werden allerdings nur die offiziell von den deutschen Großlogen anerkannten Tochterlogen, nicht aber die so genannten Winkellogen gelistet; zum Typus der Winkellogen: Eugen Lennhoff/Oskar Posner, Internationales Freimaurer-Lexikon. München 1992 [¹1932, unveränderter Nachdruck der Originalausgabe], Sp. 1712. Siehe außerdem: Geheime Gesellschaft. Weimar und die deutsche Freimaurerei. Katalog zur Ausstellung der Stiftung Weimarer Klassik im Schiller-Museum Weimar 21. Juni bis 31. Dezember 2002. Hg. v. Joachim Berger und Klaus-Jürgen Grün. München/Wien 2002, S. 54.

[2] Die Anfänge der Leipziger Freimaurerei sind nur lückenhaft dokumentiert; siehe Siegfried Hoyer, Die Leipziger Freimaurerlogen im 18. Jahrhundert unter sozialgeschichtlichen Aspekten, in: Donnert (Hg.), Europa in der Frühen Neuzeit, Bd. 4: Deutsche Aufklärung (1997), S. 417–432, hier S. 418–421. Das alphabetische Mitgliederverzeichnis von Wilhelm Friedrich Kunze, Die Mitglieder der St. Johannisloge Minerva zu den drei Palmen im ersten Jahrhundert 1741–1841. Leipzig 1860, enthält keine Berufsangaben bzw. Angaben zum sozialen Status. Die soziale Zusammensetzung der Loge am Ende ihres ersten Jahres hat Siegfried Hoyer (ebd., S. 421) mit Hilfe von stadt-

lässt sich ebenfalls für Frankfurt an der Oder Ende des Jahres 1741 nachzeichnen. Diese Logengründung wurde von Berliner Maurern von außen im Umfeld der Frankfurter Messe initiiert und von Kaufleuten bestimmt. Aufgenommen wurde hier lediglich ein Student.[3] In Städten, deren Sozialstruktur geprägt war von der Universität *und* einem starken Wirtschaftsleben kamen die ersten arkanen Gesellschaftsimpulse offenbar eher aus dem Bereich des Wirtschaftsbürgertums.

Ganz anders verlief die Entwicklung in Städten, die durch eine Universität bestimmend geprägt worden sind. Für die freimaurerischen Gründungsimpulse in diesen Städten waren Studenten von zentraler Bedeutung. In Halle erfolgte Weihnachten 1743 die Gründung der ersten Loge *Zu den drei goldenen Schlüsseln* als eine dezidiert studentische Veranstaltung. Die Studenten stellten in der Anfangszeit der Loge nahezu komplett den Beamtenbestand.[4] Wie in der Freimaurerforschung seit langem bekannt ist, beschränkten sich die hallischen Studentenmaurer nicht lokal. Sie hatten entscheidenden Anteil an der Gründung der Jenaer Loge *Zu den drei Rosen* im Winter 1744/45 – auch dies also eine primär studentische Initiative.[5] Eine ähnliche Konstellation findet sich auch in Göttingen. Die Göttinger Loge *Friedrich* wurde ebenfalls von hallischen Studenten im Frühjahr 1747 gegründet.[6] Sie war nicht selbständig, sondern arbeitete als

---

geschichtlichen Quellen und den Universitätsmatrikeln zu zwei Dritteln rekonstruiert – dort sind keine Studenten gelistet.

3 Karlheinz Gerlach, Freimaurer und Rosenkreuzer in Frankfurt an der Oder (1776–1806), in: Donnert (Hg.), Europa in der Frühen Neuzeit, Bd. 4: Deutsche Aufklärung (1997), S. 455–477, hier S. 456.

4 Freimaurer-Museum Bayreuth, Nr. 7866: Constitutions, Histoires, Loix, Charges, Reglements & Ysages de la Tres venerable Confrairie des Acceptes Francs & Libres Maçons assembles en Corps [?] dans la guste & par faite Loge aux 3 Clefs d'Or. institueé par Permission Speciale de la Majesté Prussienne a Halle en Saae [!] le 14me Decembre L' AN De Grace MDCCXLIII. Au nom de Dieu, Amen, Bl. 3ff. – ich danke Renko Geffarth (Halle) für den Hinweis auf diese Quelle; Friedrich August Eckstein, Geschichte der Freimaurerloge im Orient von Halle. Eine Festgabe zur Secularfeier der Loge zu den drei Degen. Halle 1844, insb. S. 2f., 26; Monika Neugebauer-Wölk, Der Kampf um die Aufklärung. Die Universität Halle 1730–1806, in: Gunnar Berg/Hans-Hermann Hartwich (Hg.), Martin-Luther-Universität. Von der Gründung bis zur Neugestaltung nach zwei Diktaturen. Opladen 1994, S. 27–55, S. 38f.

5 Die Gründungsvorgänge sind beschrieben bei Joachim Bauer, Freimaurerei, Geheimgesellschaften und Studenten in Jena zu Beginn der zweiten Hälfte des 18. Jahrhunderts, in: ders./Riederer (Hg.), Zwischen Geheimnis und Öffentlichkeit. Jenaer Freimaurerei und studentische Geheimgesellschaften. Erlangen/Jena 1991 (Schriften zur Stadt-, Universitäts- und Studentengeschichte Jenas 1), S. 10–41, S. 18–20; Joachim Bauer/Gerhard Müller, Jena, Johnsson, Altenberga. Ein Beitrag zur Geschichte der deutschen Freimaurerei im 18. Jahrhundert, in: Bauer/Hellmann/Müller (Hg.), Logenbrüder, Alchemisten und Studenten, S. 19–85, hier insb. S. 24f.

6 Moritz Heyne, Mitteilungen zur Vorgeschichte der Loge Augusta zum goldenen Zirkel in Göttingen aus dem 18. Jahrhundert. Von Moritz Heyne Mstr. v. St. handschriftlich für BBr. Göttingen 1896, S. 3; Paul Ssymank, Die Geschichte der Freimaurerei in Göttingen. 1744 bis 1935. Ms. Göttingen 1935, S. 4–7 [Gottfried Wilhelm Leibniz Bibliothek Hannover, W 50168]; Brüdermann, Göttinger Studenten und akademische Gerichtsbarkeit, S. 219f.

eine hallische Deputationsloge. Als der hallische Freimaurer und Mitgründer Philipp Carl Freiherr von Knigge[7] im Herbst 1747 nach Hannover ging, wurde sie zu einer Filiale einer Loge in Hannover. Die Göttinger Loge hatte bei einer geringen Mitgliederzahl (zwölf) einen Schwerpunkt im Bereich adeliger Studenten.[8] Die studentischen Freimaurer aus Halle fungierten offenbar im mitteldeutschen Universitätsraum als freimaurerische Missionare.

Allerdings hatten die spezifisch studentischen Gründungen nach dem Verständnis einer sozial offenen Freimaurerei keine dauerhafte Chance. Der studentische Gründungs- und Führungsimpuls wurde nur wenige Jahre später umgewandelt. Schon bald kamen städtische Honoratioren, Professoren und auch Militärangehörige hinzu. Dies zeigte sich vor allem darin, dass die das Logenleben entscheidend prägenden Ämter nach und nach in die Hände von Professoren und Honoratioren übergegangen sind.[9] Man kann diesen Prozess gut an der Erlanger Loge *Libanon zu den drei Cedern* sehen, die im Spätsommer 1757 gegründet worden ist. Diese war zwar auch für Studenten attraktiv, aber nicht von ihnen initiiert worden. Der Impuls ging von der Bayreuther Hofloge aus, und der erste Meister vom Stuhl war ein Professor der Universität, Christian Ernst von Windheim. Im Zuge von Streitigkeiten wandten sich die Erlanger Maurer an den Hof in Bayreuth und schilderten dabei, dass die Loge akademisch strukturiert sei (Professoren und Studenten). Die Reaktion war bezeichnend: Der Markgraf hatte sich eingehend mit der Situation befasst und teilte am 1. Februar 1758 mit, dass man „die Loge in Erlangen nicht

---

7 Knigge stammte selbst auch aus dem Hannoverischen und war 1744 in Halle in die Loge *Zu den drei goldenen Schlüsseln* aufgenommen worden. Der andere Mitgründer der Göttinger Deputationsloge war Balthasar Friedrich von Mithof (bzw. Miethoff) – er wurde ebenfalls 1744 in Halle aufgenommen und war dort 1745 Meister der Schlüssel-Loge; Eckstein, Geschichte der Freimaurerloge im Orient von Halle, S. 28; Ssymank, Die Geschichte der Freimaurerei in Göttingen, S. 5.

8 Ssymank, Die Geschichte der Freimaurerei in Göttingen, S. 5f.

9 Vgl. dazu für Halle Eckstein, Geschichte der Freimaurerloge im Orient von Halle, S. 2–31 sowie außerdem GStA PK, 5.2. H 18 Nr. 123 („Zur Geschichte der L. z. d. 3 Degen"), Bl. 27; für Jena Bauer, Freimaurerei, Geheimgesellschaften und Studenten in Jena, S. 21; Riederer, Aufgeklärte Sozietäten und gesellige Vereine in Jena und Weimar, S. 80–83; Bauer/Müller, Jena, Johnsson, Altenberga, S. 26, 28; für Göttingen siehe Ssymank, Die Geschichte der Freimaurerei in Göttingen, S. 5 und 57 – hier folgte 1747 (Loge *Friedrich*) auf den Studenten Mithof (Miethoff) der Rechtsprofessor Georg Ludwig Böhmer, Sohn des hallischen Juristen Justus Henning Böhmer, als Meister vom Stuhl, und in der folgenden Loge (1765ff., *Augusta zu den drei Flammen*) kam kein Student mehr in diese Position. Bei späteren Logengründungen ist dieser Prozess offenbar von Beginn an präsent, sehr eindrücklich etwa in Gießen ab 1778, wo man von einer Professorenloge sprechen kann; UB Marburg: 4° Xr 80/451: [Keiler, Helmut (Hg.)], Dokumente der gerechten und vollkommenen Freymaurer-Loge „Ludwig zu den drey goldenen Löwen" zu Gießen 5778 – 5796. Freimaurerloge „Ludewig zur Treue" Gießen 5979 – 1979; UB Giessen: 4° 21.526.03: [ders. (Hg.)], Mitgliederlisten der Freimaurerloge Ludwig zu den drey Löwen im Orient Giessen 1778 – 1780 – 1816. Gießen 1995; UB Marburg: 4° Xr 83/27: ders., (Hg.), Freimaurer in der Gießener Universität. Gießen 1982.

bloß für Gelehrte und Studenten, sondern auch für Bürger und andere Leute geschaffen" habe.[10]

Parallel zu diesen innerfreimaurerischen Entwicklungsprozessen der Jahrhundertmitte etablierten sich sukzessive die Orden der Studenten. Wir wollen im Folgenden nach der Bedingungskonstellation im arkanen Feld für diesen Vorgang fragen. Von der sozial- und mentalitätsgeschichtlichen Forschung wurden sie ganz im Gegensatz zur älteren sittengeschichtlichen Forschung, die in ihnen fast ausschließlich die Zu- und Überspitzung studentischer Untugenden gesehen hatte, in den Entwicklungshorizont der sich ausbildenden Moderne gestellt. So formulierte Wolfgang Hardtwig, dass die „seit etwa 1750/1770" zahlreich „neu gegründeten studentischen Orden erste Versuche der Studierenden" darstellten, „sich selbst in den bürgerlichen Wertkanon und in die entstehende bürgerliche Gesellschaft bewusst und zielgerichtet zu integrieren".[11] Die ältere und neuere Forschung eint die Beobachtung, dass der ‚Hang zur Geheimniskrämerei' der Zeit das fundierende mentalitätsprägende Umfeld dafür geschaffen habe: „Vor allem gilt wohl auch für die studentischen Verbindungen, was die zeitgenössische Literatur über die Geheimgesellschaften überhaupt feststellte: Das Geheimnis und das Verbot wirkten an sich selbst schon als Attraktion und erhöhten den Gruppenzusammenhalt."[12]

Was in dieser Interpretation allerdings unterschätzt und zu wenig berücksichtigt worden ist, sind die Konkurrenz- bzw. Verdrängungsmechanismen im arkanen Raum, die eine alternative Sicht auf die Dinge erlauben.[13] Wolfgang Hardtwig hatte den Entwicklungskontext der studentischen Arkangesellschaften wie folgt beschrieben: „In den fünfziger und sechziger Jahren des 18. Jahrhunderts bildeten sich akademische Orden, Gesellschaften, gemischt aus Professoren und Studenten. Daneben traten ‚normale' Freimaurerlogen auf, in die Studenten aufgenommen worden sind."[14] Und Joachim Bauer hat diesen Zusammenhang so formuliert: „Die Gründung von Freimaurerlogen in Universitätsstädten und die Gewinnung der akademischen Jugend scheint in dieser Phase freimaurerischer Entwicklung bewusst und zielstrebig erfolgt zu sein."[15]

---

[10] Der Vorgang ist dargestellt bei: Deuerlein, Studentengeschichtliches, S. 141f. (Zitat S. 142).

[11] Wolfgang Hardtwig, Auf dem Weg zum Bildungsbürgertum. Die Lebensführungsart der jugendlichen Bildungsschicht 1750–1819, in: Helmut Asmus (Hg.), Studentische Burschenschaften und bürgerliche Umwälzung. Zum 175. Jahrestag des Wartburgfestes. Berlin 1992, S. 36–53, hier insb. S. 37 (Zitat), 39f. sowie ders., Genossenschaft, Sekte, Verein in Deutschland, S. 51–54; ders., Studentenschaft und Aufklärung, insb. S. 255–259; ders., Krise der Universität, studentische Reformbewegung (1750–1819) und die Sozialisation der jugendlichen deutschen Bildungsschicht. Aufriß eines Forschungsproblems, in: Geschichte und Gesellschaft 11 (1985), S. 155–176. Siehe außerdem: Brandt, Studentische Lebensform und Nationalismus, etwa S. 82, 86–88, 649; Riederer, Die Jenaer Konstantisten, S. 103–105.

[12] Hardtwig, Sozialverhalten und Wertwandel, S. 310.

[13] Vgl. Dressel, Die Landsmannschaften und Studentenorden an der Universität Helmstedt, S. 116: „Ein direkter Zusammenhang zwischen den Freimaurerlogen und den Studentenorden – abgesehen von den akademischen Logen – ist kaum nachweisbar."

[14] Hardtwig, Zivilisierung und Politisierung, S. 82.

[15] Bauer, Freimaurerei, Geheimgesellschaften und Studenten in Jena, S. 31.

Gründungsimpulse für offizielle Freimaurerlogen in Universitätsstädten waren jedoch oft aus genau der entgegengesetzten Konstellation heraus entstanden: Nicht die von Bürgern oder Akademikern gegründeten Logen ermöglichten auch den Studenten Zutritt, sondern die Studenten selbst waren es, die überhaupt erst Logen errichteten. Sie mussten dann ‚ihre' Logen aber nicht nur teilen, sondern auch eine generelle Bedingungskonstellation akzeptieren: das Abhängigkeitsverhältnis zu einer Mutter- bzw. Großloge; beispielsweise waren die Logen in Halle und Jena an die Berliner Mutterloge *Zu den drei Weltkugeln* angebunden.[16] Mit der Freimaurerei bildeten sich also einerseits neue Freiräume und Erfahrungswelten für Studenten, diese wurden aber andererseits unmittelbar in ein Obödienzsystem eingeordnet. Als die Studenten in den 1740er Jahren nach und nach die Handlungshoheit in den von ihnen gegründeten Logen verloren, gaben sie sich damit nicht zufrieden und entwickelten bzw. partizipierten an Konkurrenzunternehmen mit dem Ziel, die neue arkangesellschaftliche Idee nicht aus den Händen zu geben und die Gestaltungshoheit zu behalten.[17] Die Motivation dafür ist im studentischen Selbstverständnis zu sehen. Ein Kernmotiv studentischen Handelns bestand ja in einer substanziellen „Form der Freiheitswahrung gegenüber dem Staat"[18] und gegenüber den Philistern, den Bürgern der Stadt.[19] Dieser Handlungsimpuls wurde auf das sich im Reich ausdehnende Feld geheimer Vergesellschaftung übertragen. Der Freiheitsimpetus weckte auch hier einen nachhaltigen Behauptungswillen. In diesem Prozess wurde die Freimaurerei zu einem zentralen Bezugsfeld studentischen Organisationsverhaltens im 18. Jahrhundert,[20] das sowohl Bindungen als auch Gegenreaktionen provozierte.

Entlang dieser Entwicklungslinie verlief zugleich auch ein Bruch innerhalb der sich als ein Stand verstehenden und dies auch bei passenden Gelegenheiten zeigenden Stu-

---

[16] Eckstein, Geschichte der Freimaurerloge im Orient von Halle, S. 2f.; Bauer/Müller, Jena, Johnsson, Altenberga, S. 24. So auch die ersten Logenaktivisten in Frankfurt an der Oder; Gerlach, Freimaurer und Rosenkreuzer in Frankfurt an der Oder (1776–1806), S. 456.

[17] Siehe in diesem Kontext auf der Basis der älteren Forschung auch die Bemerkung bei Brüdermann, Göttinger Studenten und akademische Gerichtsbarkeit, S. 220: „Daß Studentenorden die Ableger von Freimaurern gewesen wären, ist nicht beweisbar."

[18] Hardtwig, Sozialverhalten und Wertwandel, S. 317 im Kontext der Duellkultur.

[19] Siehe dazu exemplarisch aus der jüngeren Forschung: Brüdermann, Göttinger Studenten und akademische Gerichtsbarkeit, S. 249ff.; Jörg Schweigard, Aufklärung und Revolutionsbegeisterung. Die katholischen Universitäten in Mainz, Heidelberg und Würzburg im Zeitalter der Französischen Revolution (1789–1803). Frankfurt a.M. u.a. 2000 (Schriftenreihe der Internationalen Forschungsstelle ‚Demokratische Bewegungen in Mitteleuropa 1770–1850' 29), S. 141–146.

[20] Siehe beispielsweise zu Göttingen: Heyne, Mitteilungen zur Vorgeschichte der Loge Augusta zum goldenen Zirkel, S. 4f., 16, sowie Ssymank, Die Geschichte der Freimaurerei in Göttingen, S. 10f., 16f.: Hier waren 1779 21 der 80 Mitglieder der Loge *Augusta zu den drei Flammen* Studenten – in den folgenden Jahren bis 1785 stieg der studentische Anteil numerisch und prozentual an, was sich aus den Neuaufnahmen in die Loge ablesen lässt. Auch in der zweiten Göttinger Loge (*Zum goldenen Zirkel*; 1773–1793 [zu dieser Loge ausführlich: Heyne, Mitteilungen zur Vorgeschichte der Loge Augusta zum goldenen Zirkel, S. 15–21]) war ein sehr hoher Studentenanteil von über zwei Dritteln aller Mitglieder zu verzeichnen. Zu Halle: Zaunstöck, Die halleschen Aufklärungsgesellschaften im 18. Jahrhundert, insb. S. 49–57, 185f.

dentenschaft.[21] Diese Einheit hatte schon – wie wir gesehen haben – durch andere Implikationen seit langem Risse bekommen, denn es gab ja immer wieder Studenten, die sich dem Zwang zur Wiederherstellung ihrer Ehre entzogen oder dies zumindest versuchten.[22] Dieses Auseinander-Driften wurde durch ausbrechende Friktionen innerhalb der arkanen Kultur der 1740er und 1750er Jahre weiter forciert. Denn wer als Student Freimaurer wurde, war zugleich für die nun neu entstehenden Orden verloren. Er hatte sich den Verhaltensformen einer Gesellschaft geöffnet, die den studentischen Leitideen zuwiderliefen. In diesem Kontext sind die verbreitet anzutreffenden gegenseitigen Mitgliedschaftsverbote der zweiten Jahrhunderthälfte zu sehen.[23] Beispielsweise konnten die Mitglieder des *Unitistenordens* nicht Mitglied der hallischen Loge *Zu den drei Degen* werden.[24] Und umgekehrt lehnte die Göttinger Freimaurerloge *Augusta zu den drei Flammen* (1765 gegründet) Beziehungen zu Studentenorden kategorisch ab.[25] In Jena erlaubten die Jenaer *Unitisten* in den 1790er Jahren keine Freimaurermitgliedschaften ihrer Ordensbrüder.[26]

Von diesen Beobachtungen ausgehend, kann man von der Gleichzeitigkeit verschiedener kultureller Muster sprechen, die von Beginn an in einer Konkurrenzsituation zueinander standen. Die Praktiken Akademischer Freiheit – tradiert und intensiviert durch die

---

21 Etwa: Bey höchster Anwesenheit Ihro Durchlaucht des Herzogs Ferdinand von Braunschweig= Lüneburg auf der Georg=Augustus=Universität bezeugten ihre Freude in unterthänigster Ehrfurcht nachstehende daselbst Studirende. Göttingen, den 4ten Jul. 1768, in: Abraham Gotthelf Kästner, Nachricht von demjenigen was bey höchster Gegenwart des Durchlauchtigsten Herzogs Ferdinand von Braunschweig und Lüneburg zu Göttingen vorgegangen. Göttingen 1768, S. 53–64, hier S. 56–64.

22 Vgl. z.B. Brüdermann, Studenten als Einwohner in der Universitätsstadt Helmstedt, S. 21.

23 Brandt, Studentische Lebensform und Nationalismus, S. 83.

24 Max Flemming, Geschichte der Hallischen Burschenschaft von 1814–1860 mit einer Übersicht über die studentischen Verbindungen von der Gründung der Universität bis zum Entstehen der Burschenschaft. Berlin 1933, S. 246; Rudolf Maennel, Die Hallische Loge der Societät der ewigen Freundschaft und der Studenten-Orden vom Stern, in: Bundesblatt 2 (1888), Heft 13, S. 343–349, hier S. 348f. Siehe auch: Götze, Die Jenaer akademischen Logen und Studentenorden des 18. Jahrhunderts, S. 92.

25 Heyne, Mitteilungen zur Vorgeschichte der Loge Augusta zum goldenen Zirkel, S. 5; Brüdermann, Göttinger Studenten und akademische Gerichtsbarkeit, S. 220.

26 Riederer, Die Jenaer Konstantisten, S. 104. Wolfgang Hardtwig weist aber auch darauf hin, dass zumindest einzelne Orden (*Konstantisten* in Erlangen und *Amicisten* in Marburg um 1790) eine parallele Mitgliedschaft in Freimaurerlogen ermöglichten; ders., Studentenschaft und Aufklärung, S. 243; siehe auch Brandt, Studentische Lebensform und Nationalismus, S. 85. Diese Verfahrensweise ist im Zuge von speziellen inneren Reformbemühungen zu sehen; siehe Fabricius, Die Studentenorden des 18. Jahrhunderts, S. 56 (*Amicisten* in Jena 1794) und vor allem Schulze/Ssymank, Das deutsche Studententum, S. 165f., sowie Götze, Die Jenaer akademischen Logen und Studentenorden, S. 48–50. Sowohl Schulze/Ssymank (S. 166) als auch Götze (S. 50) vermerken, dass den Ordensbrüdern der Konstantisten der Beitritt zu Freimaurerlogen laut dem „Satzungsentwurf" von/um 1790 gestattet sein sollte. Zum *Konstantistenorden* in diesem Kontext siehe das Fünfte Kapitel, Abschnitt IV.2.

Orden der Studenten – blieben dabei wirkmächtig und sind kaum zu unterschätzen.[27] Am Ausgangspunkt des Entstehungsprozesses genuin studentischer Arkanformen stand die Überführung der Freimaurerei in den Universitätsstädten weg von einem studentischen Impuls hin zu einer neuen und sozial breiter angelegten Organisationsform, die mit den autonomen Prinzipien studentischer Akademischer Freiheit nicht vereinbar war. Zugleich war das Faszinosum der neuen geheimen Vergesellschaftungskultur zu groß, um auf inaktive Distanz zur Freimaurerei zu gehen. Vielmehr entstand *parallel* zur Frühphase der deutschen Maurerei eine breite alternative Arkankultur, die in den meisten Fällen nicht nur freimaurerische Organisationsstrukturen adaptierte oder nachahmte, sondern die ihre Identität auf dezidierte Distanz zur offiziellen Freimaurerei gründete.

Diese Alternativkultur war keine geschlossene Bewegung unter einem gemeinsamen organisatorischen Dach. Sie bestand aus einer noch wenig erforschten Vielfalt unterschiedlicher sozialer und inhaltlicher Organisationsmuster und Konzepte, die sich alle durch ein hohes Maß an Autonomie auszeichneten. In diesem größeren Rahmen arkaner Vergesellschaftung jenseits der Logen der Freimaurer suchten auch die Studenten in den 1740er Jahren ihre eigenen Wege. Dabei ist zunächst auf eine eher unerwartete und auch ungewöhnliche Verbindungslinie zu verweisen. In diesen Jahren breiteten sich gemischtgeschlechtliche adelige Ordensgesellschaften aus, die sich von der Freimaurerei abgrenzten. Diese Orden und ihre lokalen Ableger waren an und im Umfeld von Residenzen aktiv. In diesen Organisationskontext gehört der so genannte *Mopsorden* (gegründet 1738/40).[28] Der Orden hat sich wahrscheinlich über katholische und protestantische Höfe bis in Universitätsstädte der 1740er Jahre verbreitet. In der Literatur werden als entsprechende Logenstandorte Greifswald, Marburg, Jena, Halle und Göttingen sowie auch Helmstedt genannt, wobei einige dieser Nennungen auf unsicherer Quellengrundlage

---

27 Siehe in diesem Kontext (Praktiken der Orden): Brandt, Studentische Lebensform und Nationalismus, S. 95, 97; Hardtwig, Auf dem Weg zum Bildungsbürgertum, S. 47, 49 und ders., Sozialverhalten und Wertwandel, S. 328. Siehe außerdem: Riederer, Die Jenaer Konstantisten, S. 104: „Auf der anderen Seite fehlten *nirgends* Instruktionen, die, wie auch immer, mit den traditionell neuralgischen Punkten innerstudentischen Umgangs (Duell, Ehre, Worttreue, etc.) in Zusammenhang standen." [Hervorhebung H.Z.], und zu den Rostocker *Konstantisten*: Adolph Hofmeister, Rostocker Studentenleben vom 15. bis ins 19. Jahrhundert, in: Archiv für Kultur-Geschichte 4 (1906), S. 1–50, 171–196, 310–348, hier S. 335–337. Außerdem: Dressel, Die Landsmannschaften und Studentenorden an der Universität Helmstedt, S. 146, hier werden die Gesetze des *Unanimitäts-Ordens* zitiert (1775), und S. 156f. die Gesetze der *Harmonisten* (1798); der erste Paragraph lautet: „Da bey dergleichen Verbindungen die Erhaltung der Ehre eins der Haupt-Zwecke seyn muss; so mus ein jedes Mitglied dieses Ordens ein genaues Point d'honneur beobachten und keine Beleidigung auf sich sizen lassen, sondern deswegen alzeit Genugtuung zu erlangen suchen. Wer sich dawider vergeht, wird aus dem Orden gestossen. Niemand aber wird auch so unvernünftig seyn und muthwillig Händel suchen, oder andere ihn zu beleidigen reizen."

28 Siehe dazu (mit Quellenverweisen) Zaunstöck, Sozietätslandschaft, S. 88f. sowie Bärbel Raschke, Androgyne Arkangesellschaften und Freimaurerei. Entwicklungs- und Beziehungsprobleme aus der Perspektive hochadliger Frauen, in: Berger/Grün (Hg.), Geheime Gesellschaft, S. 153–159, hier S. 155–157.

stehen.[29] Davon ausgenommen ist der wohl von Helmstedt aus initiierte Ableger in Göttingen,[30] über den wir auf zeitgenössischer Quellenbasis gut unterrichtet sind. Das Bemerkenswerte an diesem Prozess ist, dass sich die Ordensableger anpassungsfähig an die völlig andere Sozialsituation in den Universitätsstädten zeigten, und dass vor allem die Aneignungs- und Gestaltungskräfte der Studenten so groß waren, dass sie den Charakter dieses Ordens vor Ort grundsätzlich veränderten. Denn die Loge in Göttingen (1747/48) war eine nahezu ausnahmslos studentische Einrichtung. In ihr finden sich 55 studentische Mitglieder.[31] Die Loge gilt als „Gegengründung" zum 1747 erfolgten Etablierungsversuch der offiziellen Freimaurerei in der Universitätsstadt.[32] In Göttingen wurde also Ende der 1740er Jahre ein spezifischer Typ arkaner Vergesellschaftung ummodelliert und in eine neue Form studentischer Soziabilität überführt.

Ähnliches ist kurze Zeit später 1752 bei der von einem Jenaer Studenten in Göttingen errichteten *Martinsloge* des gemischtgeschlechtlichen *Esperanceordens* zu beobachten. Diese ebenfalls „Städtetyp übergreifende" Ordensgesellschaft scheint insgesamt ein hohes Anpassungsvermögen entwickelt zu haben: Sie hatte Niederlassungen in Universitäts-, Residenz- und Handelsstädten. Die Göttinger Loge – die offenbar unmittelbar nach der Auflösung der dortigen ersten Freimaurerloge *Friedrich* (1753) zustande kam – bestand sehr wahrscheinlich ausschließlich aus Studenten der Georgia Augusta.[33] Auch der

---

29 Winfried Dotzauer, Zur Sozialstruktur der Freimaurerei in Deutschland, in: Helmut Reinalter (Hg.), Aufklärung und Geheimgesellschaften. Zur politischen Funktion und Sozialstruktur der Freimaurerlogen im 18. Jahrhundert. München 1989 (Ancien Régime, Aufklärung, Revolution 16), S. 109–149, hier S. 146; Raschke, Androgyne Arkangesellschaften und Freimaurerei, S. 156f. Beide fußen auf der nicht abgesicherten Darstellung bei: Karlheinz Goldmann, Ein Opfer der französischen Revolution? Der geheimnisvolle Mopsorden (1740) 1741–1782 (ff.), in: Mopsiade. Möpse aus drei Jahrhunderten. Darmstadt [1973], o.S.

30 Dressel, Die Landsmannschaften und Studentenorden an der Universität Helmstedt, S. 119.

31 Otto Deneke, Göttinger Studenten=Orden. Göttingen 1938, S. 9–24 (die Liste der Mitglieder S. 23f.); Ssymank, Die Geschichte der Freimaurerei in Göttingen, S. 7; Brüdermann, Göttinger Studenten und akademische Gerichtsbarkeit, S. 228.

32 So Ssymank, Die Geschichte der Freimaurerei in Göttingen, S. 6 und auch S. 7 – hier vermutet Ssymank, dass die Aufdeckung der Göttinger Loge des Mopsordens „zweifellos die Stellungnahme von Regierung und Universität gegenüber der Loge Friedrich" beeinflusst habe. „Beide Stellen konnten es nicht gern sehen, dass sich die jungen Studenten in größerer Anzahl in einer freimaurerischen Bauhütte sammelten und so die strengen Gesetze gegen alle studentischen Einungen umgingen und dass ihnen dabei die zur Loge gehörenden Professoren noch Vorschub leisteten." Siehe auch Brüdermann, Göttinger Studenten und akademische Gerichtsbarkeit, S. 228 („Gegen und Konkurrenzgründung"). Außerdem waren 1747 Landsmannschaften in Göttingen aktiv; Deneke, Göttinger Studenten=Orden, S. 25.

33 GStA PK, 5.1.10. Nr. 230: Protokolle der Loge Irene 1757–1765; die Logen des Esperance-Ordens betr., o.P. (hier eine Mitgliederliste der Göttinger *Martinsloge*); Deneke, Göttinger Studenten=Orden, S. 46f.; Riederer, Aufgeklärte Sozietäten und gesellige Vereine in Jena und Weimar, S. 114 (Zitat), 116; Walter Richter, Der Esperance- und ZN-Orden, in: Einst und Jetzt. Jahrbuch des Vereins für corpsstudentische Geschichtsforschung 19 (1974), S. 30–54, S. 37–41 (hier auf der Basis von Stammbucheintragungen); Zaunstöck, Sozietätslandschaft, S. 191f. Eine prosopographische

Ableger des Esperanceordens in Göttingen wurde den sozial-strukturellen Gegebenheiten vor Ort angepasst. Die beiden Göttinger Beispiele[34] sind zugleich ein Beleg für die Stärke alternativer arkangesellschaftlicher Formationen mit bestimmender studentischer Beteiligung gegenüber der offiziellen Freimaurerei in den Jahren um 1750.

Ähnliche Adaptionsprozesse sind zur gleichen Zeit auch in Helmstedt zu beobachten. Hier finden wir eine Loge der *Oculisten-Gesellschaft*, eine geheime Verbindung, die sich laut Statutentext in der Augenheilkunde übte und die ebenfalls Männer als auch Frauen mit der Begründung aufnahm, dass Vorurteil widerlegen zu wollen, wonach Frauen „zur Verschweigung wichtiger Geheimnisse nicht fähig" seien.[35] Die von Berlin aus besonders im Niedersächsischen aktive Gesellschaft hatte Logen in Wolfenbüttel (um/nach 1740) und Braunschweig (1744 gegründet), denen ausnahmslos Adelige angehörten. In Braunschweig-Wolfenbüttel soll es zu dieser Zeit darüber hinaus weitere, ebenfalls geheime Adelsgesellschaften gegeben haben. Hinter diesen Aktivitäten stand vor allem Friedrich August von Veltheim auf Harbke, der auch der Deutschen Gesellschaft in Helmstedt angehörte.[36] In diesem Umfeld findet sich auch der Ableger der Oculisten-Gesellschaft in der Universitätsstadt Helmstedt (1748).[37] Die Zusammensetzung dieser Loge bestätigt die für Göttingen beobachteten Aneignungskräfte der Studenten. Die Helmstedter Loge der Gesellschaft unterlag denselben Adaptionsvorgängen und Umgestaltungen. Auch hier waren nahezu alle Mitglieder Studenten. In das weitere Umfeld dieser arkankulturellen Aneignungsprozesse gehören auch der Helmstedter Ableger der

---

Bearbeitung der Göttinger Mitglieder, die die Quellen aus den Stammbüchern mit jenen aus dem Protokollbuch im Geheimen Staatsarchiv korreliert, steht aus.

34 Für 1753 ist in Göttingen ein weiterer „sehr starker Orden" nachweisbar; Deneke, Göttinger Studenten=Orden, S. 47f.

35 Gesetz-Buch der hocherleuchteten Oculisten-Gesellschaft. Enthaltend einige allgemeine Verordnungen, Pflichten und Absichten derselben. Herausgegeben auf Special-Befehl der Grossen Loge von einem treuen und ehrliebenden Bruder und Meister. O.O. [Frankfurt] und o.J. [1745], insb. S. 3–5 und 12–28, das Zitat S. 19f. sowie Aloys Henning, Eine frühe Loge des 18. Jahrhunderts: Die „Hocherleuchtete Oculisten-Gesellschaft" in Wolfenbüttel, in: Donnert (Hg.), Europa in der Frühen Neuzeit, Bd. 5: Aufklärung in Europa (1999), S. 65–82, S. 71–76 zur Augenheilkunde der Zeit und ihrem Bezug auf die Gesellschaft („Ophthalmiatrica"); Henning kann nachweisen, dass sich im Nachlass der Gesellschaft sowohl ein Modellauge als auch entsprechende Instrumente, etwa eine „eiserne Starnadel", befanden (S. 73), sowie S. 76–82 detailliert und ausgewogen zur metaphorischen Deutung der Gesellschaftsarbeit und den denkbaren Beziehungen zur Freimaurerei im Vergleich zu den tatsächlichen augenärztlichen Implikationen mit einem sowohl-als-auch Ergebnis. Siehe außerdem: Asche, Der akademische Senat und die studentische Verbindung an der Universität Helmstedt, S. 72f.; Mechthild Wiese unter Mitarbeit von Wolfgang Kelsch, Freimaurer in ihrer Zeit. Begleitpublikation zur Ausstellung des Braunschweigischen Landesmuseums zum 250jährigen Bestehen der Braunschweiger Freimaurerlogen. Braunschweig 1994 (Veröffentlichungen des Braunschweigischen Landesmuseums 75), S. 48–52.

36 Henning, Eine frühe Loge des 18. Jahrhunderts, S. 67f., 70.

37 NStWf, 37 Alt 596: Die von den Studenten an den Häusern der Professoren verübte insolentien und die damit verknüpfte Unruhen betr. 1741–1762, Bl. 64'.

Sozietät der ewigen Freundschaft (1750/51)[38] sowie eine weitere studentische Geheimgesellschaft, der so genannte *Antiseminaristische Orden* (1751);[39] 1757 wurde zudem von einem „wunderlichen Orden“, der wohl aus Göttingen nach Helmstedt gekommen war, berichtet.[40]

Auch im inner-freimaurerischen Bereich kam es zu Konkurrenzentwicklungen und Adaptionsprozessen schon vor der „seit den ausgehenden 50er Jahren des 18. Jahrhunderts ausufernden Organisationsbildung“.[41] So finden wir in Jena etwa die Loge *Zu den drei brennenden Herzen*, eine „Konkurrenzgründung“ zur offiziellen *Rosenloge*,[42] die sich auf das Gewinnen bzw. Abwerben studentischer Mitglieder konzentrierte. In Leipzig wurde 1753 die Winkelloge *Zu den drei Zahlen* durch den Meister vom Stuhl der offiziellen Freimaurerloge *Minerva* aufgefordert, ihre Arbeit einzustellen, die Insignien auszuliefern und die Bücher zu kassieren; die Winkelloge kam dem nach, und einige ihrer Mitglieder traten zur Minerva über.[43] In diesen Kontext gehört auch die Herausbildung des Gesellschaftstyps der Akademischen Logen ab ca. 1748 insbesondere in und von Jena aus. Ihre Existenz ist bis in die Zeit um 1770 nachweisbar, jene Jahre in denen die Studentenorden an den (protestantischen) Universitäten die Führungsrolle übernahmen. Diese Logen orientierten sich an der Freimaurerei und wiesen eine Mitgliederstruktur bestehend aus städtischen Honoratioren, Professoren und (quantitativ dominierend) Studenten auf.[44]

In Halle lassen sich die arkangesellschaftlichen Diversifizierungsprozesse besonders plastisch greifen. Unmittelbar nach dem Ende der ersten offiziellen Loge *Zu den drei goldenen Schlüsseln* (1749) sind die Aktivitäten einer Akademischen Loge 1750/51 nachweisbar, in der 15 Studenten aktiv waren.[45] Schon zuvor aber waren in der preußischen Universitätsstadt offenbar Konkurrenzen im Feld arkaner Vergesellschaftung ausgebrochen. Aus der Biografie des Historikers Georg Andreas Will aus dem Jahr 1791

---

38 Freimaurer-Museum Bayreuth, Nr. 10363: Untersuchungs Acta die errichtete Societas der ewigen Freundschaft betr. [Halle] 1751, Bl. 5; Richter, Akademische Orden in Helmstedt, S. 67.

39 NStWf , 37 Alt 2594: Acta die unter den Studenten in Helmstedt errichteten Ordensverbindungen und die gegen die Mitglieder eingeleiteten Untersuchungen betr. Vol. I de a. 1751–1775. [Antiseminaristenorden und Unanimitätsorden, hierin auch das Statutenbuch, die Receptionsdiploma, ein silbernes Kreuz und verschiedene Circularschreiben des letzteren Ordens.], hier Bl. 8–38: Acta die von Serenissimo per clementissimum Rescriptum det. Wolfenbüttel d. 20. Aug. 1751. gnädigst anbefohlene Untersuchung den sogenannten Anti=Seminaristen betr. Ao. 1751.

40 NStWf, 37 Alt 596: verübte insolentien und Unruhen, 1741–1762, Bl. 64'. Zusammenfassend zur arkangesellschaftlichen Studentenszene in Helmstedt um/nach 1760: Dressel, Die Landsmannschaften und Studentenorden an der Universität Helmstedt, S. 119ff.; Asche, Der akademische Senat und die studentische Verbindung an der Universität Helmstedt, S. 74ff.

41 Das Zitat: Bauer, Freimaurerei, Geheimgesellschaften und Studenten in Jena, S. 31.

42 Bauer/Müller, Jena, Johnsson, Altenberga, S. 33f., hier S. 34 das Zitat.

43 Friedrich Kneisner, Geschichte der deutschen Freimaurerei in ihren Grundzügen. Berlin 1912, S. 32.

44 Siehe dazu: Zaunstöck, Zwischen Bürgerwelt und Studentengesellschaft, S. 90–93.

45 Eine Loge der *Sozietät der ewigen Freundschaft*; Zaunstöck, Zwischen Bürgerwelt und Studentengesellschaft, S. 89f.

über Johann Wolfgang Brenk, den „sonderbaren“ Mann (was wohl den Charakter eines ‚Sinnsuchers‘ umschreibt), wissen wir von einer in der zweiten Hälfte der 1740er Jahre in Halle aktiven Geheimgesellschaft.[46] Will schreibt hier, dass Brenk der Vorsteher eines Ordens in Halle und vielleicht auch der Stifter eines (darüber hinaus reichenden) Gesamtordens war – „vermuthlich [...] einer der ersten und ältesten der akademischen Orden, die nachmals die Universitäten wie ein Strom überschwemmten“.[47] Das Gründungsdatum und der Ursprungsimpuls dieser Gesellschaft liegen im Dunkeln. Will, der durch Brenk in Halle Mitglied der Gesellschaft geworden war,[48] äußert sich dazu nicht. Aus dem Stammbuch von Will, das Walter Richter 1976 ausgewertet hat, können wir immerhin den 19. März 1747 als Orientierungsdatum festmachen – an diesem Tag hat sich Brenk in Halle in das Buch eingeschrieben.[49]

Auch der exakte Name der Gesellschaft ist nicht bekannt, denn dieser war „ein Geheimnis“ und man durfte „ihn selbst in Ordenssachen nicht ausschreiben, sondern nur mit wenigen Buchstaben anzeigen“. Dadurch „sollte verhütet werden, daß man ihr nachfrage, oder viel von ihr spreche“.[50] Dieses Verhalten lässt auf eine gute Kenntnis arkaner Vergesellschaftungskultur schließen, denn es ging hier nicht nur darum, ein Schutzelement zur Geheimhaltung der Gesellschaft einzubauen, sondern auch darum, in der Tradition mündlicher Überlieferung das Wissen der Eingeweihten weiterzugeben.[51] Inhaltlich beschäftig-

---

[46] [Georg Andreas] Will, Lebensgeschichte eines im hohen Alter verstorbenen sonderbaren Mannes M. Johann Wolfgang Brenk's, der im 46ten Jahre seines Lebens von der christlichen zur iüdischen Religion übergieng und sich zu Amsterdam beschneiden ließ, aus glaubwürdigen Nachrichten beschrieben. Anspach 1791, hier S. 68–73; die Quelle ist erstmals wiedergegeben bei: Walter Richter, Akademische Orden in Helmstedt, in: Braunschweigisches Jahrbuch 57 (1976), S. 49–91, hier S. 59–61. Im Folgenden wird nach dem Original zitiert.

[47] Will, Lebensgeschichte, S. 68.

[48] Will, Lebensgeschichte, S. 68f.

[49] Richter, Akademische Orden in Helmstedt, S. 61.

[50] Will, Lebensgeschichte, S. 69; diese Gesellschaft hatte auch „gewisse Zeichen“ und „eine geheime Schrift“.

[51] Siehe dazu: Monika Neugebauer-Wölk, „... you shall not reveal any pairt of what you shall hear or see ...“. Geheimnis und Öffentlichkeit in masonischen Systemen des 18. Jahrhunderts, in: Michael Bergunder/Daniel Cyranka (Hg.), Esoterik und Christentum. Religionsgeschichtliche und theologische Perspektiven. Helmut Obst zum 65. Geburtstag. Leipzig 2005, S. 11–29, insb. S. 14–17. Auch das Verhalten des Seniors des Göttinger Ordens *C. C. e. S.* 1765 deutet darauf hin: „Knesel, der als gegenwärtiger Senior von C. C. e. S. bezeichnet wird, legt auch die Gesetze des Ordens vor, die er aus dem Gedächtnis aufgeschrieben haben will“; Deneke, Göttinger Studenten=Orden, S. 51. Und 1783 gibt der hallische *Konstantist* Friedrich Wilhelm Gaertner bei einem Verhör so genannte Ordenscharaktere (spezifische Zeichen einer Geheimschrift) „aus dem Gedächtnis“ an; UA Halle, Rep. 5, Nr. 36: Acta Die Untersuchug des neuerlich angezeigten Confidentisten Ordens auf hiesiger Universitaet Ingleichen die Untersuchung derer am 24. Novembr. d a bey Reideburg zwischen denen Constantisten und Unitisten [...] vorgefallene O. Schlägereyen, und Bestraffung derer Combattanten betr. 1783, Bl. 65'. Derlei Ordensgeheimschriften waren üblich; vgl. auch UA Leipzig, Rep. II / XVI / I, 2: Acta, Die Ordens-Verbindungen der Studiosorum betr. (1798–1801), verfilmt, hier die Aufnahmen 0412/0413. In Erlangen wurde verlangt, dass die Ordenscharaktere, „sobald sie

te sich die Gesellschaft mit der „Menschenkenntnis" unter dem Wahlspruch „Prudentia, Amore, Experentia"; Themen waren u.a. die Physiognomie, Philosophie und Chiromantie.[52]

Die Mitglieder der hallischen Gesellschaft, in der Will „mit einigen würdigen Personen bekannt wurde", spiegeln die in dieser Zeit für Universitätsstädte und eben auch für Halle typische Zusammensetzung wider. Will schreibt dazu: „Doctor Häusler,[53] der nachmalige Professor der Rechte zu Halle, ein Baron von Thüringen, verschiedene von den französischen Flüchtlingen, die zu Halle ansässig waren, und einige artige Studenten, traf ich als Gesellschafter an".[54] Mit dem Verweis auf die ‚artigen' Studenten findet sich hier zudem ein Hinweis auf die im Vollzug befindliche Spaltung der Studentenschaft im 18. Jahrhundert – die artigen Studenten waren im Gegensatz zu den ‚braven' und ‚wahren' Burschen die,[55] die sich dem Kodex Akademischer Freiheit zu entziehen suchten und sich in sozial offenen geheimen Gesellschaften engagierten. Mit diesem Sozialprofil musste die Gesellschaft allein durch die sich überschneidenden Rekrutierungsgruppen innerhalb der Stadt zum Konkurrenten für die Freimaurer werden. Und Brenk stand als zentrale Figur der Gesellschaft der „Freymäurerey", die er „im übrigen gar nicht begünstigte", skeptisch gegenüber. Deshalb, so vermutet Will wohl zu Recht, hat er der offiziellen Maurerei „diesen seinen Orden entgegen" gesetzt.[56]

Der hier zu beobachtende antimasonische, Unabhängigkeit und Eigenständigkeit repräsentierende Habitus findet sich – in zugespitzter Weise – auch in den Anfängen der Studentenorden, die in Halle zeitlich parallel bereits Ende der 1740er Jahre zu finden sind. Neben den genannten Adaptionsformen war hier die *Loge der Tugend* des *Inviolableordens* (gegründet 1748) eine der frühesten eigenständigen Gründungen überhaupt.[57] Diese Loge hatte gleichsam prototypischen Charakter und verkörperte grundlegende

---

nur zu entbehren[,] möglichst verbrannt werden" sollen; UA Erlangen, A 3 / 14 Nr. 5: Die Untersuchung der sogenannten Studenten Creuz- Concordien- und Harmonie oder Olarmony Orden betrf. 1770–1771, Schriftstück 15. Außerdem: Helmut Keiler (Hg.), Die Schwarzen Brüder. Bezug Grolmann-Recherchen. Transkription Erich Hubbertz. Giessen 1994 (UB Giessen: 4° 21.506.25), hier die Gesetze dieses Ordens mit Transkription.

52 Will, Lebensgeschichte, S. 70f.; hier werden auch die Arbeiten in der Gesellschaft benannt: Vorträge und deren kritische Beurteilung sowie das Verfassen und Zustellen von ‚geheimen Urteilen' zum Charakter der einzelnen Mitglieder mit dem Ziel der Besserung (Widerspruch war nur bei beleidigenden Unwahrheiten und Injurien erlaubt).

53 Gemeint ist möglicherweise Philipp Jakob Heisler, der 1752 außerordentlicher und 1754 ordentlicher Professor der Rechte in Halle wurde; Förster, Übersicht, hg. v. Meÿer/Schenk, S. 223.

54 Beide Zitate: Will, Lebensgeschichte, S. 69.

55 Siehe dazu das Erste Kapitel, Anm. 147.

56 Will, Lebensgeschichte, S. 68.

57 UA Halle, Rep. 5, Nr. 26, Acta die Untersuchung des sogenannten Ordens Inviolable betref. 1766, Bl. 12'.

Merkmale aller späteren Studentenorden.[58] In der Loge waren ausschließlich Studenten Mitglied, sie verpflichteten sich zur Armenunterstützung nach innen (Ordensbrüderhilfe) und auch außen (laut den Gesetzen kleine Beiträge für Arme, Kranke, Waise in der Stadt der Loge), und sie stellten vor allem die Hiebwaffenbeherrschung und das Duell, „das Prinzip der unbedingten Satisfaktion", in den Mittelpunkt ihres Gesellschaftslebens.[59] Außerdem war es statuarisch untersagt, Mitglied einer Freimaurerloge zu werden: „Keiner von unsern Ordens Brüdern darff sich unterstehen ein Frei Mäurer zu werden, wir schließen auch diese Leute gäntzlich von unsern Orden aus."[60]

An der Lebenswelt der Universitätsstadt Halle lassen sich somit in zusammenfassender Perspektive zwei grundlegende Beobachtungen machen: Zum einen waren in der Mitte bzw. in den späten 40er Jahren des 18. Jahrhunderts vier unterschiedliche arkangesellschaftlichen Formen aktiv, die untereinander in Konkurrenz standen und sich voneinander abgrenzten und die maßgeblich bzw. ausschließlich von Studenten getragen wurden. Die tiefe Spaltung der Studentenschaft in ihrem Organisationsverhalten vollzog sich nicht erst in der Krisenzeit um 1800 (wie von der Forschung angenommen)[61], sondern bereits in der Mitte des Jahrhunderts im Zuge eines Reibungs- und Behauptungsprozesses verschiedener Organisationsmodelle gegeneinander. In diesem Spannungsfeld ist mit dem *Inviolableorden* auch der erste Studentenorden greifbar, der einen wegweisenden und innovativen Schritt vollzieht: Er verschmolz die neue Kulturform arkaner Vergesellschaftung mit den Praktiken Akademischer Freiheit in ausdrücklicher Abgrenzung zur offiziellen Freimaurerei.[62] Damit war ein Organisationsmodell geschaffen, das

---

[58] Siehe dazu Brandt, Studentische Lebensform und Nationalismus, S. 83: „Seit Beginn der 1750er Jahre kann man von einem spezifisch studentischen Ordenswesen sprechen, das von der Freimaurerei unabhängig ist."

[59] UA Halle, Rep. 5, Nr. 26, Untersuchung des Ordens Inviolable 1766, Bl. 1–2'; König, Aus zwei Jahrhunderten, S. 102–106 (hier S. 106 das Zitat); UA Halle, Rep. 5, Nr. 28: Acta die [...] Anzeige des noch bis dato fortdauernden Inviolable Ordens betr. 1768, Bl. 29–31' („Gesetze und Ceremonien des 2 ten und obern Grades des Ordens Inviolable"); Ein Mitglieds-Diplom aus der Hauptloge Inviolabilis vom Jahre 1767, in: Monatshefte der Comenius-Gesellschaft 17 (1908) 1, S. 61–63; Schrader, Geschichte der Friedrichs-Universität zu Halle. Erster Teil, S. 598; Friedrich August Pietzsch, Das Verbindungswesen an der Universität Duisburg. Versuch einer Darstellung an Hand von Stammbüchern Duisburger Studenten, in: Duisburger Forschungen 4 (1961), S. 1–45, hier S. 12, 16; Hertzberg, Geschichte der Stadt Halle an der Saale, Bd. III: Geschichte der Stadt Halle an der Saale während des 18. und 19. Jahrhunderts (1717–1892). [Halle 1893], S. 288. Christian Wilhelm Kindleben schrieb noch 1781 in seinem Studenten=Lexicon (S. 151), dass der „Inviolableorden, welches der älteste, und wegen der bey der Aufnahme eines neuen Ordensbruders dabey gewöhnlichen Ceremonien so wohl, als auch wegen der Ordensregeln der fürchterlichste ist". Siehe außerdem: Flemming, Geschichte der Hallischen Burschenschaft, S. 6.

[60] UA Halle, Rep. 5, Nr. 28: Acta die [...] Anzeige des noch bis dato fortdauernden Inviolable Ordens betr. 1768, Bl. 29' (Absatz 13 der Gesetze des zweiten Grades).

[61] Dazu: Hardtwig, Genossenschaft, Sekte, Verein, S. 54.

[62] Vgl. in diesem Zusammenhang auch die Beobachtungen zur Situation in Göttingen von Otto Deneke: „Bei keinem der hier behandelten Studentenorden aus der Zeit 1752/66 (es sind mehr als ein Dutzend) lassen sich aus den Göttinger Quellen Beziehungen irgendwelcher Art, freundliche oder

nachhaltig Tragfähigkeit bis in das frühe 19. Jahrhundert entfalten sollte. Ganz im Gegensatz zu seinen Mitkonkurrenten: Die Gesellschaft von Johann Wolfgang Brenk ging wohl in den frühen 1750er Jahren ein und hat in Halle und anderen Universitätsstädten keine Folgeorganisationen nach sich gezogen.[63] Die Akademischen Logen hatten zwar auch in Halle längeren Bestand, verschwanden aber wie überall im Reich spätestens um 1770.

Zum anderen gerieten auch die Logen der Freimaurer in Halle – ebenso wie in Jena, Leipzig, Göttingen und Helmstedt – Ende der 1740er Jahre in eine organisationsgeschichtliche Krise.[64] So konnte sich etwa die Loge in Göttingen (1747–1753)[65] nicht behaupten; erst eine spätere Neugründung führte dort zur Entfaltung einer freimaurerischen Tradition.[66] In Leipzig,[67] Jena[68] und Halle kam es zu Krisenphasen bzw. zum kurzzeitigen Erliegen der Logenarbeit. Besonders in Halle sind diese Symptome augenfällig: 1749 stellte die erste offizielle hallische Freimaurerloge ihre Arbeit ganz ein und erst 1756 kam es zur Neugründung einer Loge an der Saale (*Philadelphia*).[69] In Rostock

---

feindliche, zu der richtigen Freimaurerei erkennen" (Göttinger Studenten=Orden, S. 63). Ähnlich äußert sich auch Ernst Deuerlein zu den Erlanger Verhältnissen. Hier waren studentische Arkangesellschaften erst in den frühen 1760er Jahren entstanden, wobei der Meister der Erlanger Freimaurerloge (Professor Windheim) möglicherweise aktiv war – allerdings gehörte keines der Mitglieder der betreffenden studentischen Geheimgesellschaft (*Kreuzorden*) der Freimaurerloge an; Deuerlein, Studentengeschichtliches, S. 143. Siehe ähnlich zur Situation in Helmstedt (um 1760) Richter, Akademische Orden in Helmstedt, S. 63.

63 Den einzigen Hinweis gibt es auf das Jahr 1753, in dem Brenk im Namen der Gesellschaft einen Artikel in den von ihm herausgegebenen *Allgemeinen oekonomischen Nachrichten* publiziert und in Nürnberg einen Geistlichen aufgenommen hat; Will, Lebensbeschreibung, S. 72.

64 In etwa zur gleichen Zeit ist auch eine Problemphase der Logen in den Residenzstädten zu beobachten – viele Erstgründungen kamen auch hier nicht über eine Anfangszeit hinaus und wurden z.T. erst zwei Jahrzehnte später neu gegründet; vgl. exemplarisch dazu die Sozietätenliste mit den dort eingetragenen Gründungen und der jeweils angegebenen Literatur für die einzelnen Städte bei Zaunstöck, Sozietätslandschaft, S. 282ff.

65 Nach der Verfolgung des *Mopsordens* 1748 sei die Obrigkeit auch gegenüber die Freimaurerloge in Göttingen („Friedrich"; 1747 gegründet) skeptisch geworden, woraufhin diese sich 1753 aufgelöst habe; so Brüdermann, Göttinger Studenten und akademische Gerichtsbarkeit, S. 219f.

66 In Göttingen 1765 die Loge *Augusta zu den drei Flammen*; Heyne, Mitteilungen zur Vorgeschichte der Loge Augusta zum goldenen Zirkel, S. 3ff.; Ssymank, Die Geschichte der Freimaurerei in Göttingen, S. 8–21; Brüdermann, Göttinger Studenten und akademische Gerichtsbarkeit, S. 220 – auch hier ist eine Koinzidenz mit maurerischen Neugründungen bzw. Entwicklungsschritten in Jena-Weimar (1764 *Amalia*), Halle (1765 *Zu den drei Degen*) sowie Leipzig (1766 *Minerva zu den drei Palmen*) zu registrieren.

67 Ende 1745; Hoyer, Die Leipziger Freimaurerlogen im 18. Jahrhundert, S. 420; Zaunstöck, Sozietätslandschaft, S. 282 (insb. Anm. 30).

68 1748/50 – verursacht durch die Aktivitäten der Loge *Zu den drei brennenden Herzen*; siehe dazu weiter oben.

69 Eckstein, Geschichte der Freimaurerloge im Orient von Halle, S. 32ff.; Ernst Friedrich Germar, Geschichte der Loge zu den drei Degen, in: Maurerhalle 3 (1844), S. 197–219, insb. S. 200ff.

wurde überhaupt erst 1760 eine Loge gegründet.[70] Die Gründe für die maurerische Problemphase in den Universitätsstädten um 1750 sind bisher nicht erforscht. Im Angesicht der *gesamten* arkanen Gesellschaftsbewegung dieser Jahre im engen Raum der Universitätsstadt ist zu vermuten, dass dafür die inneren, entscheidend von Studenten initiierten Zentrifugalkräfte wesentlich mitverantwortlich waren. Wenn die Freimaurerei nicht vom Jahrhundertende und damit als Erfolgsgeschichte, sondern aus der Zeit heraus betrachtet wird, dann wird deutlich, dass der Siegeszug der Logen in der zweiten Jahrhunderthälfte nicht zwingend vorauszusehen war.

Fassen wir kurz zusammen: In unmittelbarer Folge zur Etablierung der offiziellen Freimaurerei, bei der die Studenten vielerorts eine bzw. die zentrale Rolle gespielt haben, entfaltete sich während der 1740er Jahre im Alten Reich eine breite arkane Kultur, die eine Konkurrenzsituation generierte. Die diversen Arkanformen schufen durch Abgrenzung Eigenidentitäten und erhoben den Anspruch, die Mentalität ihrer Mitglieder zu formen. Allerdings war diese Alternativkultur insgesamt nicht in der Lage, eine dauerhafte Gegenbewegung zur Freimaurerei aufzubauen. Einzig die Studenten entwickelten einen ernst zu nehmenden Entwurf. Sie schufen aus dieser Gesamtsituation heraus eine nachhaltige und konkurrenzfähige Alternativorganisation. Dieser Prozess war verantwortlich für das grundlegende Konkurrenzmuster arkaner Vergesellschaftung in den Universitätswelten des Alten Reiches: hier die staatsnahe Freimaurerei, dort die Studentenorden. Diese Entwicklung haben die Obrigkeiten früh gesehen und darauf unmittelbar mit Spezialuntersuchungen durch die akademischen Gerichte reagiert: so 1748 gegen den *Mopsorden* in Göttingen[71] und die *Oculisten-Gesellschaft* in Helmstedt[72] sowie 1751 gegen die *Sozietät der ewigen Freundschaft* in Halle.[73]

Die Profilierung einer neuen Studentenkultur im Geheimen hatte offensichtlich noch einen Nebeneffekt. Denn es scheint so, dass die seit dem 16. Jahrhundert bekannte Vergesellschaftungsform der Landsmannschaft ab ca. 1750 eine neuerliche, an den Arkanmustern der Zeit orientierte Aufschwungphase durchlief. Die Landsmannschaften wurden bereits seit der Mitte des 17. Jahrhunderts mehrfach obrigkeitlichen Verbotsedikten unterzogen.[74] Gleichwohl begegnen wir ihnen in den Archivalien aus dem frühen 18.

---

70 H. Seemann, Geschichte der „vereinten Loge Irene zu den 3 Sternen, Tempel der Wahrheit und Prometheus“ zu Rostock sowie ihrer 3 Stammlogen. Nach den Akten des Archivs bearbeitet. Bützow 1930, hier S. 6f.

71 UA Göttingen, (KA 6a, 5) Kur. 8101: Verordnung zur Abstellung des Mops-Ordens zu Göttingen 25.1.1748–9.12.1763.

72 Asche, Der akademische Senat und die studentische Verbindung an der Universität Helmstedt, S. 72f.

73 Freimaurer-Museum Bayreuth, Nr. 10363: Untersuchungs Acta, [Halle] 1751.

74 Siehe die Zusammenstellung bei: Hardtwig, Genossenschaft, Sekte, Verein, S. 44f.; außerdem: Mägdefrau, Der Aufstieg und die erste Blüte der Universität Jena in der zweiten Hälfte des 17. Jahrhunderts, S. 160f. Am Rostocker Beispiel: Hofmeister, Rostocker Studentenleben, S. 171–175, 310–314.

Jahrhundert immer wieder.[75] So lassen sich landsmannschaftliche Verbindungen etwa in Wittenberg seit dem Jahr 1700 bis ca. 1717 nachweisen.[76] 1706 hat es „affairen" unter den Verbindungen gegeben, die zu einem kurfürstlichen Erlass im gleichen Jahr geführt haben, der der Universität mit folgenden Worten übermittelt wurde:

> Gestalt auch Ihr [...] alle verdächtige Zusammenkünffte und Excesse / fürnehmlich aber die wieder Einführung des Nationalismi [d.h. der Landsmannschaften] bey nachdrücklicher und nach Befinden Leib= und Lebens=Strafe / Krafft dieses zu untersagen / wie nicht weniger alle diejenigen / welche sich des ietzigen straffbaren Unternehmens allbereit theilhafftig gemachet / oder noch theilhafftig machen möchten / aller künfftigen Beförderung in unsern Churfürstentum und Landen zu Geist= und weltlichen Aembtern / ingleichen die Benificiarios / derer Stipendien / des Convictorii und was dessen mehr / vor verlustig zu erklären / ihnen auch sofort angeregte Stipendia würcklich einzuziehen.[77]

Der Text ist ein Beleg dafür, dass sich in der Zeit um 1700 in Wittenberg eine aktive und breite landsmannschaftliche Organisation entwickelt hatte.[78] Beispielsweise findet sich in den Untersuchungsakten das Original der Statuten der *Frießländischen Landsmannschaft* von 1704.[79] Darin wird u.a. ausdrücklich „Vom Schmaußen" gehandelt, jenem Feierzwang, den die Obrigkeiten vehement beseitigen wollten.[80] Diese frühe Quelle des 18. Jahrhunderts zeugt allein schon durch ihre äußere Erscheinung – fester, farbiger Einband mit goldenen Verziehrungen – als auch durch ihre in Statutenform geregelte Selbstverfasstheit von den autonomen Organisationstendenzen der Studiosi. Ähnliche Entwicklungen lassen sich zeitnah (Ende 1717) auch für das benachbarte preußische Halle greifen:

> Es ist denenselben Vorhin bekannt, wie dass die Studiosi auf hiesiger Universitaet sich bis hero unternommen, gewisse Nationes und Landsmannschafften auf zu richten, und zu solchen Ende in denen oefentlichen Wein und Bier Häusern ihre Convocationes und Zusammenkünffte zu halten bis in die späte nacht zu schmaussen und mit denen Stadtmusicanten auch [in] vielen Gassen in der Stadt herum zu schwermen. Nachdem aber Sr. Königl. Maj. dergleichen ungebührliche Societäten Zusammenkünffte und Schmaussereyen als wo lauter Unordnung und aller Hand Excesse vorgehen, laut eines dieserhalb an hiesige Universitaet abgelassenen und gleich ietzo per staffetta angekommenen allergnädigsten Reskripti sofort gäntzlich aufgehoben und eingestellet wissen wollen, wie auch solche durch Ein gedrucktes Patent bereits ernstlich Verbothen.[81]

---

[75] Etwa durch ein Verbotsedikt von 1724 für Jena; Schmidt, Die Universität Jena im Zeichen von Pietismus und Aufklärung, S. 211.

[76] UA Halle, Rep. 1 Universität Wittenberg, Nr. 1883–1888: betr. die Untersuchung der Abstellung des eingerissenen Nationalismus vol. I–VI. 1701–1718, Vol. a (1888), Bl. 170 – ein Schriftstück von 1701, das sich auf den Herbst 1700 bezieht (hier gab es Probleme wegen „des Nationalismi").

[77] UA Halle, Rep. 1, Nr. 1883–1888, hier Vol. I (1883), Bl. 64 und 69 (das Mandat).

[78] Vgl. die vielen Einzelfälle in den Akten: UA Halle, Rep. 1, Nr. 1883–1888, Vol. II (1885), Vol. V (1886) – beide in Bezug auf 1706 sowie auch Vol. VI (1887) in Bezug auf 1717.

[79] UA Halle, Rep. 1, Nr. 1883–1888, hier Vol. Ia (1884), Bl. 30–39.

[80] UA Halle, Rep. 1, Nr. 1883–1888, hier Vol. Ia (1884), Bl. 30, 36.

[81] StA Halle, Kap. XXII Abtlg. D. No 9: Die Verbesserung der Sitten, 1750, o.P.

Es wurde um die Mitarbeit bzw. Zusammenarbeit der Stadt geworben, damit „allhier denen gast- und Bier Wirthen Verbothen werde, dergleichen Zusammenkünffte und Schmaussereyen gewisser Landsmannschafften weiter zu Verstatten, und in ihren Häusern zu dulden“.[82]

Die im frühen 18. Jahrhundert entdeckten landsmannschaftlichen Vereinigungen – auch in anderen Universitätsstädten wie Rostock[83] – waren Phänomene, die in der Tradition einer Vereinigungsbewegung nach geografischem Herkunftsprinzip an den frühneuzeitlichen Universitäten standen.[84] Dieser Bezug ist wichtig, weil er zeigt, dass es bereits eine ausgeprägte studentische Organisationskultur vor den Orden gegeben hat. Daraus resultierte ab der Mitte des Jahrhunderts eine weitere innerstudentische Friktionslinie: Landsmannschaften und Orden standen sich feindlich gegenüber. Die Studentenorden sahen sich als über allen anderen stehende studentische Elite ohne Regionalitätsbezug an – die geografisch organisierten Landsmannschaften lehnten dieses Dominanzverhalten ab.[85] Hinzu kam, dass auch die verschiedenen Studentenorden sich nicht als kongruente Teile einer Gesamtbewegung sahen, sondern gegeneinander in Konkurrenz traten und sich auch – im wörtlichen Sinn – bekämpften.[86] Sichtbarer Ausdruck dafür war die in nahezu allen Ordensstatuten festgeschriebene Klausel, wonach ein Neuaufzunehmender in keinem anderen Orden aktiv sein dürfe:[87] „Die Statuten [der Studentenorden] verboten durchweg die gleichzeitige Zugehörigkeit zu irgend einer anderen Vereinigung.“[88] Damit versicherten sich die einzelnen Orden zugleich der Nichtzugehörigkeit neuer Mitglieder zu anderen Studentenorden und auch zu Freimaurerlogen.

Auf diese komplexen und friktionsreichen Entwicklungen reagierten die Obrigkeiten bald mit über den Einzelfall hinausgehenden Maßnahmen. Sie griffen auch hier zum Mittel des Edikts, um die neu entstandene Wirklichkeit zu strukturieren und für politische Maßnahmen handhabbar zu machen. In diesen neuen Edikten wurden Orden und

---

[82] StA Halle, Kap. XXII Abtlg. D. No 9: Die Verbesserung der Sitten, 1750, o.P. Auch die Beteiligung der Stadtmusikanten soll untersagt werden.

[83] Hofmeister, Rostocker Studentenleben, S. 322–325; Asche, Von der reichen hansischen Bürgeruniversität zur armen mecklenburgischen Landeshochschule, S. 246f.; Hardtwig, Sozialverhalten und Wertwandel, S. 308.

[84] Siehe z.B.: Hardtwig, Genossenschaft, Sekte, Verein, S. 46; Asche, Von der reichen hansischen Bürgeruniversität zur armen mecklenburgischen Landeshochschule, S. 242–246.

[85] Als ein Beispiel siehe das ‚abtrünnige‘ Verhalten einiger Erlanger Studenten in den Ordensauseinandersetzungen mit der Obrigkeit 1768; Deuerlein, Ernstes und Heiteres, S. 11.

[86] Zusammenfassend dazu: Hardtwig, Genossenschaft, Sekte, Verein, S. 54; Belege dafür etwa bei: Brüdermann, Göttinger Studenten und akademische Gerichtsbarkeit, S. 223, auch 225. Siehe weiterhin: Richter, Akademische Orden in Helmstedt, S. 81; Asche, Der akademische Senat und die studentische Verbindung an der Universität Helmstedt, S. 77.

[87] So exemplarisch das Ordensbuch des *Unanimitätsordens* in Helmstedt 1775; NStWf, 37 Alt 2595: Acta die unter den Studenten in Helmstedt errichteten Ordensverbindungen und die gegen die Mitglieder eingeleiteten Untersuchungen betr. Vol. II 1775. (Antiseminaristen und Unanimitätsorden), hier Bl. 8.

[88] Hardtwig, Genossenschaft, Sekte, Verein, S. 54.

Landsmannschaften gleichermaßen verboten und die Mitgliedschaft darin unter Strafe gestellt. Denn die studentischen Arkangesellschaften definierten einen autonomen Handlungsbereich, ohne eine darüber stehende Autorität wie die Universität und den Territorialstaat zu akzeptieren. Stattdessen entwarfen die Orden und Landsmannschaften eine auf Nachhaltigkeit angelegte eigene Hierarchie mit inneren Weisungsbefugnissen und Abhängigkeiten – verkörpert durch die Führungsgruppe aus Senior, Subsenior, Adjutant, Sekretär – und darüber hinaus so etwas wie eine eigene Rechtshoheit für Verwerfungen im Arkanraum.[89] Somit findet sich im Blick auf die Orden und Landsmannschaften der strukturell gleiche Grundgegensatz wie in Bezug auf die Selbstrache durch Duelle: Der frühneuzeitliche Staat sah seinen Autoritätsanspruch in Frage gestellt. Aus dieser Grundkonstellation heraus beschrieben und konstruierten die Obrigkeiten in der Mitte des 18. Jahrhunderts einen neuen Verfolgungsgegenstand.

II Die „lächerlichen Studenten=Orden" – Edikte gegen studentische Arkangesellschaften 1748 bis 1769

Die Ordensedikte sind in ersten Ansätzen um 1750 zu greifen und wurden dann vor allem in den 1760er Jahren in kurzen Abständen nacheinander formuliert und publiziert. Dabei spielte neben allgemein-disziplinarischen Gründen wie Geld- und Zeitverschwendung vor allem eine Handlungsmotivation eine zentrale Rolle:[90] Der Vorwurf, dass die Studentenorden ‚Staat im Staate'[91] machen würden – ein Motiv, das sich im Zuge der Ordensgenese auf Seiten der Obrigkeiten ab Mitte der 1760er Jahre verfestigte.[92] Daraus resultierte das Ziel, das „Gewaltmonopol"[93] der Studenten zu beseitigen. In diesem Zusammenhang findet sich darüber hinaus ein weiteres Motiv, das nicht in die Edikte eingeschrieben wurde, aber unterschwellig latent präsent war: die gewachsenen Friktionen zwischen der offiziellen Freimaurerei und den studentischen Ordensbrüdern. Auf dieser Ebene gingen staatliches Disziplinierungs- und arkangesellschaftliches Dominanzinteresse Hand in Hand. Für Jena ist dieser Kontext kürzlich im Einzelfall sichtbar gemacht worden. So hatte es in führenden Positionen des Weimarer Hofes 1766 eine

---

89 Siehe in diesem Kontext etwa den Bericht des Seniors der *Rostocker Landsmannschaft* für 1743/44 – Hofmeister, Rostocker Studentenleben, S. 318–322.

90 Umfassend zu den Motiven für die Ordensbekämpfung: Brüdermann, Göttinger Studenten und akademische Gerichtsbarkeit, S. 221–227.

91 Siehe zu dieser Denkfigur die Einleitung, Anm. 96.

92 Vgl. am Göttinger Beispiel für die 1750er Jahre Deneke, Göttinger Studenten=Orden, S. 51, wo das Motiv noch keine Rolle gespielt habe. Dagegen wurde es dann in der Erlanger Untersuchung 1768 benutzt; Deuerlein, Ernstes und Heiteres, S. 8.

93 Hardtwig, Sozialverhalten und Wertwandel, S. 308.

Interessendoppelung gegeben: Regierungsverantwortliche hatten als Hochgradmaurer des Systems der *Strikten Observanz* in einer schwierigen Situation ihrer eigenen Geheimgesellschaft durchgesetzt, dass in Jena eine Untersuchung gegen die dort aktiven akademisch-studentischen Gesellschaften geführt wurde, die im Ergebnis zum berühmten Ordensmandat vom Februar 1767 führte.[94]

Am Beginn der Entwicklung der Ordensedikte stand 1748 die noch junge Göttinger Universität, für die ja im Zuge ihrer Gründung ein scharfes Duelledikt erlassen wurde, in dem das Denunziationsmuster eingesetzt worden war. Kurz danach (1750) folgte die mecklenburgische Obrigkeit mit einer einschlägigen Verordnung. Beide reagierten unmittelbar auf die sich neu bildende bzw. wieder belebende Szene studentischer Arkangesellschaften, und zwar infolge der ersten Untersuchungen akademischer Gerichte. Das Göttinger Edikt von 1748 verbot dezidiert den ersten Studentenorden an der Georgia Augusta – den *Mopsorden* – und zugleich auch alle anderen Orden; gemeint waren damit aktive Landsmannschaften sowie ein aus drei Studenten bestehender *Josephsorden*.[95] Am 27. Januar 1748 hatte sich die Regierung in Hannover an die Universität gewandt und mitgeteilt, dass man erfahren habe, dass auf anderen Universitäten „so genannte Ordens“ eingeführt worden wären, die „Conventicula“ halten und allerlei „Desordres“ verursachen würden. Gleichzeitig wird daran erinnert, welche Schäden für die Studiosi sowie Folgen für die Disziplin („Debauchen“) derlei Zusammenschlüsse hätten, weswegen „auf allen Universitäten mit solchem Ernst“ die Landsmannschaften verboten seien. Deshalb sei die „Einführung solcher Orden durch „diensame Mittel zu verhüten“. Außerdem sollen keine Zusammenkünfte „solcher Societaeten“ und „Anwerbungen“ durch sie gestattet werden. Schließlich wird in Göttingen angefragt, ob es vielleicht sinnvoll sei, ein diesbezügliches, gegebenenfalls von der Universität zu entwerfendes Edikt zu publizieren und den ankommenden Studenten bei der Immatrikulation auszuhändigen.[96]

Es bestand tatsächlich Handlungsbedarf, denn die Universität reagierte umgehend mit einem Entwurf für ein Edikt,[97] das dann bereits am 8. Februar 1748 in gedruckter Form publiziert worden ist.[98] Konkreter Anlass war insbesondere die Entdeckung des *Mopsordens*, der sich Gesetze gegeben und Zusammenkünfte gehalten hatte, der über „erwählte“ Meister sowie Beisitzer verfügte und der für die Rezeption Geld nahm. Mit ihm sollte angeblich der verbotene „Pennalismus unter der Ordens=Gestalt in der That wieder hervorgebracht werden“. Die Obrigkeit sah die Einheit der Studenten gefährdet.[99] Im

---

94 Müller, Freimaurerei und politische Führungseliten, S. 171.

95 Brüdermann, Göttinger Studenten und akademische Gerichtsbarkeit, S. 228.

96 UA Göttingen, Kur. 8101 [(KA 6a, 5)]: Verordnung 1748–1763, Bl. 3–5 (Zitate Bl. 3/3'/4).

97 Der auf den Vorschlägen der Universität basierende Entwurf: UA Göttingen, Kur. 8101 [(KA 6a, 5)]: Verordnung 1748–1763, Bl. 10–14.

98 UA Göttingen, Kur. 8101 [(KA 6a, 5)]: Verordnung 1748–1763, Bl. 21–22 und Bl. 35–36.

99 Die Zitate: UA Göttingen, Kur. 8101 [(KA 6a, 5)]: Verordnung 1748–1763, Bl. 10/10' sowie Bl. 11, wo betont wird, dass durch derlei Gesellschaften „daß nöthige Band einer durchgängigen Einigkeit [aller Studenten] gar leicht getrennet“ würde.

gedruckten Edikt finden sich die immer wiederkehrenden Strafandrohungen (Konsequenzen im Hinblick auf eine künftige Anstellung im Land, Verlust der Stipendien, Relegation für die Ordensmeister),[100] die z.B. schon in den frühen Erlassen gegen die Landsmannschaften, wie etwa 1706 in Wittenberg, begegnen. Darüber hinaus wird eine Anzeigepflicht für Hausbesitzer implementiert, „damit dergleichen neuerliches Beginnen um desto eher entdecket und kund werden möge“. Alle Hauswirte und Hausinhaber haben es, „so bald sie dergleichen Zusammenkünffte in ihren Häusern wahrnehmen, von Stund an, dem zeitigen Prorectori und Senatui academico“ – bei gleichzeitiger Androhung von Geld, Gefängnis- oder Leibesstrafen für den Fall der Zuwiderhandlung – „gebührend anzuzeigen“.[101] Ein Denunziationsmuster, wie es gut zehn Jahre zuvor im Duelledikt entworfen worden war, findet sich hier nicht.

Während die Göttinger Obrigkeiten unmittelbar auf die neu entstehende arkangesellschaftliche Szene reagierten, stand das Edikt für die mecklenburgische Universität in Rostock unter anderen Vorzeichen. Hier blickte man auf eine seit längerem bestehende und immer wieder aufflammende Tradition landsmannschaftlichen Organisationswesens zurück. Die die *bisherigen Landesmannschaften und was dem anhängig betreffende Verordnung* vom 15. Juli 1750 thematisierte die „Schmausereyen“ und die „Geldausgaben“ und die „Veranlassung zu Händeln, Mishelligkeiten, Ausschweifungen, Beunruhigungen und Beleydigungen“ durch die „sogenannten Landesmannschaftlichen Verbindungen“. Dabei versäumten es die Rostocker Universitätsoberen (Prorektor und Konzil) nicht, in der Präambel der Verordnung darauf hinzuweisen, dass man andernorts dieses Unwesen bereits seit längerem im Griff habe: „Je aufrichtiger die Neigung der Akademischen Obrigkeiten für die Wolfahrt und das warhafte Beste ihrer Bürger gewesen, desto sorgfältiger haben sie sich in Abstellung desselben erwiesen, und es ist den mehresten von ihnen darin also geglücket, daß man weder Spuren noch Ueberbleibsel der national Verbindungen und Landesmannschaften weiter auf ihnen antrifft.“ Nur in Rostock sei dies bisher nicht geglückt.[102] Aufgrund dieser Einsicht wurde generell die Errichtung von „Gesellschaften, Zusammenthuungen und Verbindungen“ und die damit prospektiv einhergehenden „Schmäuse, öffentl. Aufzüge, Musiquen und andere festivitaeten, daran nur eine derer bisherigen Landesmannschaften allein Theil nehmen würde“, wie auch die „sonst gewöhnliche Verfertigung der unter den generellen Nah-

[100] In einem Reskript gegen Duelle und Orden vom 11. Januar 1766 wurde ausdrücklich die Bestimmung erneuert und eingefordert, dass die Namen von Duellanten und Ordensmitgliedern an die Regierung zu melden sind; UA Göttingen, X F 2 628 [(SA 628)]: Acta betr. Corporative Rechte der Universität. Disciplin Generalia Duelle 1735–1825, hier Schriftstück/Vorgang 27.

[101] UA Göttingen, Kur. 8101 [(KA 6a, 5)]: Verordnung 1748–1763, Bl. 12'/13 (im Entwurf) und Bl. 22 (hier, im gedruckten Edikt, wird die Anzeigepflicht ausdrücklich auf Zusammenkünfte des *Mopsordens* beschränkt).

[102] UA Rostock, R I A 24/1: Verordnung gegen die bisherigen Landsmannschaften. 1750 (im Druck ausgegeben durch die Universität am 2. September d. J.), o.P. – zitiert nach den nummerierten Abschnitten in der Verordnung; die Zitate in der Einleitung. Siehe auch Hofmeister, Rostocker Studentenleben, S. 328f.

men einer Landesmannschaft gedruckten Carminum [Gesangbücher]" verboten.[103] In Rostock wurden 1750 ausschließlich landsmannschaftliche Verbindungen und deren Praktiken thematisiert; nicht die Studentenorden.[104] In dieser Perspektive ging es der Obrigkeit im Falle Rostocks auch um die Gefahr für die innere Stabilität der gesamten Studentenschaft an der Universität. So formulierte der dritte Abschnitt, dass diejenigen, die derlei Gesellschaften zu gründen beabsichtigen „und sich von andern ihrer Mitgenossen zu trennen oder durch irgend einiges Abzeichen zu unterscheiden" suchen, mit dem consilium abeundi oder gegebenenfalls mit der Relegation bestraft werden. Denunziationsmöglichkeiten aber fehlen auch in diesem Gesetz, genau wie über drei Jahrzehnte zuvor im Duelledikt.

Ähnliche Verbote finden sich ein Jahrzehnt später in der entsprechenden Verfügung für die Universität Helmstedt vom 6. Oktober 1760,[105] wenngleich hier der Akzent etwas anders gesetzt wurde. Die Verordnung basierte auf einem fürstlichen Reskript vom 13. September an den „Vice Rectore" und die Professoren, das wie folgt argumentierte:

> So werden gleichwohl, wider Verhoffen, von verschiedenen Orthen zuverlässich versichert, wie statt dessen vielmehr unter denen Studiosis eine unordentliche Lebensarth überhand zu nehmen beginnen, und, daferne dagegen nicht in Zeiten die nöthige Veranstaltung vorgekehret wurde, die Aufnahm der Universität gar sehr behindert, und den Eltern und Vormündern umb so mehr bedencklich finden würden, ihre Söhne und Pflegbefohlene dahin zu senden. Es wird dieses Unwesen, wie wir höchst misfällig vernehmen, insonderheit dadurch veranlasset, nachdem die Studiosi seit einiger Zeit die sogenannte Landsmannschafften wieder eingeführt und von euch bishero wenigstens connivendo geduldet worden, da vielmehr eure Pflicht und Schuldigkeit erfordert hätte, diesem Übel in Zeiten Einhalt zu thun, indem euch nichth unbekannt seyn kann, was durch dergleichen unerlaubte privat veranstaltungen ehedem vor schlimme folgen veranlasset worden, mithin auch künfftig zu besorgen stehen.[106]

Auch in Helmstedt waren also die Landsmannschaften wieder eingeführt worden. Das Verbot richtete sich demzufolge direkt und ausschließlich gegen die Landsmannschaften und die von diesen praktizierten „Acces, Receptions und Valet Schmäusse".[107] Angedroht wurde der Verlust der Benefizien sowie Karzer und Relegation; besonders waren die „seniores" der Verbindungen im Blick.[108]

In den Verordnungen bzw. Edikten aus Göttingen, Rostock und Helmstedt spiegeln sich die oben beschriebenen Entwicklungen der Zeit, und sie bilden zugleich den Aus-

---

[103] UA Rostock, R I A 24/1: Verordnung 1750, o.P., die Abschnitte 3 und 7.

[104] Vgl. UA Rostock, R I A 24/1: Verordnung 1750, o.P., Abschnitt 1. Siehe außerdem: G. Kohfeldt, Rostocker Professoren und Studenten im 18. Jahrhundert. Schilderungen nach den Akten und nach zeitgenössischen Berichten. Zur 500=Jahrfeier der Universität Rostock. Rostock 1919, S. 168f.

[105] NStWf, 37 Alt 571: Die auf der Universität zu Helmstedt wieder einreißende Landsmannschaften betr. 1760, Bl. 6–7'. Siehe auch: Dressel, Die Landsmannschaften und Studentenorden an der Universität Helmstedt, S. 118, 141–143 (bereits 1758 waren hier Ordensverbindungen verboten worden; S. 143).

[106] NStWf, 37 Alt 571: Landsmannschaften 1760, Bl. 2–3, hier Bl. 2–2'.

[107] NStWf, 37 Alt 571: Landsmannschaften 1760, Bl. 6/6'.

[108] NStWf, 37 Alt 571: Landsmannschaften 1760, Bl. 6'/7.

gangpunkt für eine generellere Beschreibung des arkangesellschaftlichen Gegenstands in folgenden Edikten auch anderer Obrigkeiten. Die spezifischen Studentenorden spielten in den Verordnungen als *Bewegung* bis 1760 noch keine zentrale Rolle, vielmehr standen die sich erneut etablierenden Landsmannschaften, die auf den Universitäten des Alten Reichs schon „seit hundert und mehr Jahren" bekämpft würden,[109] im Mittelpunkt. Dabei finden sich im Rückgriff auf ältere Gesetzestexte die auch in der Folgezeit immer wieder angedrohten Strafen, wobei insbesondere das Leitungspersonal der Studentengesellschaften im Fokus stand.

Mit den sich anschließenden neuerlichen Göttinger Maßnahmen wurden die Erlasse gegen die Arkangesellschaften auf eine neue Stufe und in einen weiteren Horizont gestellt. 1760 waren für die Georgia Augusta zunächst wieder Disziplinarmaßregeln erlassen worden: Auflösung der Ordensversammlungen, Wegweisung der Anführer. Am 9. Dezember 1762 erließ Georg III. dann eine weitere „Verordnung wegen Abstellung der so genanten Orden", die sich explizit auf das Edikt von 1748 bezog und daran anknüpfte.[110] Sie hatte grundsätzlichen Charakter und war der Ausgangspunkt für eine bis 1766 dauernde Verfolgungswelle. Jetzt reagierte der Landesherr auf die mittlerweile entstandene große Zahl verschiedener Orden neuen Typs, die auch in Göttingen anzutreffen waren. Es wurde angeordnet, dass der Prorektor „alle Mühe anzuwenden" hat, um „einige Ordens=Glieder zu entdecken" und im Anschluss daran „durch die Entdeckten die Übrigen auch mittelst Eydes nahmhaft" zu machen hat. Die ermittelten Studenten haben dann einen generellen Abschwörungs- und Verpflichtungseid zu leisten, während ihres Göttinger Aufenthalts in keine Ordensgesellschaft einzutreten. Auch alle neu ankommenden Studenten mussten ab sofort ein solches Versprechen durch einen „an Eydes statt zu leistenden" Handschlag geben; ähnliches lässt sich kurz zuvor in Helmstedt bzw. kurz danach in Erlangen beobachten.[111] Die Verordnung war im Druck jedermann bekannt zu machen.

Zwar fehlt in diesem Gesetzestext ein wörtlich ausformuliertes Denunziationsmuster, mit der Handlungsaufforderung waren aber die entsprechenden Möglichkeiten des Prorektors ausgeweitet worden. Die auch in anderen Verordnungen der Zeit anzutreffende Anweisung, der jeweilige Prorektor habe alle Mühe anzuwenden, Ordensmitglieder ausfindig zu machen, beschreibt eine umfängliche Erwartungshaltung der Landesobrigkeit, die ihm dafür zugleich einen großen Handlungsspielraum gibt. Mit dieser offenen Formulierung war genügend Raum gegeben, um denunziatorische Vorgänge zu nutzen – die Möglichkeit dazu war ja seit dem Duelledikt von 1735 in der Gesellschaft der Universitätsstadt eingerichtet.

---

[109] UA Rostock, R I A 24/1: Verordnung 1750, o.P., Präambel.

[110] UA Göttingen, Kur. 8101 [(KA 6a, 5)]: Verordnung 1748–1763, Bl. 32–34 (die folgenden Zitate: Bl. 32, 33', 34).

[111] Asche, Der akademische Senat und die studentische Verbindung an der Universität Helmstedt, S. 74f.; Deuerlein, Ernstes und Heiteres, S. 7f.

Auch in Jena rückten die Orden wenige Jahre später in den Blickpunkt obrigkeitlicher Disziplinarpolitik. In den Februarerlassen Anna Amalias gegen Orden und Duelle von 1767 wurde sowohl im Allgemeinen als auch gegen spezifische Arkangesellschaften dekretiert.[112] Außerdem ist hier – in der Tradition des Jenaer Duelledikts stehend – das Denunziationsmuster für Disziplinar- und Ordensverstöße erneut festgeschrieben worden.[113] Dieses bezog sich im Wortlaut auf die „Professores und alle andere der Academie Verwandte Einwohner, [auf] alle iede HaußWirthe, in der Stadt und Vorstadt Jena und in denen Orthschafften, WirthsHäußern, Mühlen Schenken und privatHäußern außer der Stadt Jena, auch sonst iedermänniglich".[114] Der Adressatenkreis der Anzeigeaufforderung war so umfangreich, dass praktisch niemand im Wirkungsbereich der Universität unberücksichtigt blieb. Den Denunzianten wurde Anonymität und Entlohnung in Aussicht gestellt.

Außerdem wurden von diesem Zeitpunkt an auch in Jena die Studenten durch Eidesbindung bei der Immatrikulation darauf verpflichtet, keiner geheimen Ordensgesellschaft beizutreten.[115] Mitte der 1760er Jahre hatte sich damit der Anti-Ordenseid territorial übergreifend als Bestandteil einer restriktiven Disziplinarpolitik durchgesetzt. Im rechtlich-symbolischen Akt des Eides, der den Übergang der künftigen Studenten sowohl in einen neuen Rechts- als auch Sozialraum fixierte,[116] war die Arkanproblematik verankert worden. Dieser Zusatz sollte weiteren Verhaltensdruck auf die Studiosi ausüben.[117]

---

[112] Siehe dazu Bauer, Freimaurerei, Geheimgesellschaften und Studenten in Jena, S. 34.

[113] ThHStAW, A 8384, Regierungs=Acta die Abschaffung der bey der Universitaet Jena allzusehr überhand genommenen Ordens Verbindungen und was dem anhängig betr., 1767, 1788, 1789 / Ingleichen daß die Hauß und Gastwirthe zu Jena, bey Vorfällen so auf Ordens Verbindungen bezug haben, sich bey [dem] jedes maligen Pro Rectore zur Vernehmung stellen sollen, bet. 1792, hier Bl. 2' und 3, 4' und 5.

[114] ThHStAW, A 8384, Regierungs=Acta Ordens Verbindungen [1767–1792], Bl. 4' und 5. Vgl. dazu das zeitgenössische Anzeigeverhalten in Jena; z.B.: UA Jena, Bestand E Abt. I Nr. 43: Acta Commissionis die Untersuchung des von einem grossen Haufen in der Nacht zwischen dem 21ten und 22ten Aug. 1766 [...] Gewalttätigkeiten betr., Bl. 1, 5/5', 9/9', 10, 31' und 32.

[115] ThHStAW, A 8384, Regierungs=Acta Ordens Verbindungen [1767–1792], Bl. 2', 3 sowie 6: „wenn ihm eine Beleidigung zugefügt würde, sich dargegen weder selbst, noch durch andere rächen, sondern dieserhalb bey dem iederzeitigen Rectore Magnifico Hülfe suchen", und: „so lange er auf hiesiger Universität sich aufhält, weder in eine landsmannschaftliche noch andere Verbindung, sie mag unter dem Namen eines Ordens, Cränzchens, oder unter einer andern Benennung entweder bereits errichtet seyn, oder noch errichtet werden, sich begeben, noch auch, wenn er in selbige, es sey wo es wolle, bereits aufgenommen wäre, seit seines Hierseyns davon auf irgend eine Weise Gebrauch machen, vielweniger einen Seniorem oder Subseniorem anerkennen, oder selbigen unterwürfig seyn, noch selbst als einen solchen sich gerieren, und eine Unterwürfigkeit anverlangen". Außerdem: Götze, Die Jenaer akademischen Logen und Studentenorden, S. 151f. und insb. 158f.

[116] Zum Immatrikulationseid und seinen Bestandteilen siehe: Ulrich Rasche, Über die deutschen, insbesondere über die Jenaer Universitätsmatrikel, in: Genealogie 25 (2000/2001), S. 29–46 und 84–109, hier S. 42–45.

[117] Allerdings war man sich über die Sinnfälligkeit dieser Maßnahme in Jena von Anfang an unsicher und schaffte sie schließlich 1780 wieder ab; Gerhard Müller, Vom Regieren zum Gestalten. Goethe

Mit dem Edikt für die Universität Jena war das Ordensdelikt ganz in den Kanon verbotener Praktiken der Akademischen Freiheit eingereiht worden. Die Obrigkeiten reagierten damit auf die in den Universitätsstädten mittlerweile eingetretene, veränderte Situation: Nicht mehr nur die traditionellen expressiven Verhaltensweisen der Studenten im städtischen Raum und das Kerndelikt des Duells waren ihre Fixpunkte. Hinzugekommen war zusätzlich die Kultur arkaner Organisation. Deshalb war es folgerichtig, dass die Weimarer Obrigkeit nicht nur einen weiteren Verfolgungsgegenstand beschrieb und damit gesetzestextlich und juristisch handhabbar machte, sondern dass sie diesen in den Gesamtkanon studentischer Disziplinverstöße einreihte. Ein konsequentes Vorgehen war dabei die Übernahme bzw. Erneuerung des Denunziationsmusters, denn auch bei der Verfolgung der Arkangesellschaften war man auf Informationen aus der Welt der Studenten heraus angewiesen – „die Beschaffung von Informationen [wurde] zum zentralen Erfordernis und zur großen Herausforderung staatlicher Verwaltung und Politik“.[118]

Das Jenaer Vorgehen entfaltete jedoch keine generelle Vorbildwirkung: Während im kursächsischen Edikt für die Universität Leipzig vom 28. Oktober 1768 dieser Weg beschritten und die Einpassung des neuen Verfolgungsgegenstandes studentischer Geheimorganisation in den größeren Kontext disziplinarischer Verstöße der Studiosi weiter ausgebaut wurde, ist dies für das Hallenser Edikt vom Herbst 1767 und das Erlanger Edikt vom 2. März 1769 nicht zu beobachten. Blicken wir zunächst auf den den Studiosi im Druck bekannt gemachten kursächsischen Erlass. Hier wurde in einem ersten ausführlichen Absatz gegen „alles Schreyen, Lärmen, Attaquiren und Beschimpfen der Stadtsoldaten auch der Rathswache, insonderheit alles Zusammenrottiren und Tumultuiren“ dekretiert.[119] Im weiteren Textverlauf wurden dann wie in den Duelledikten der ersten Jahrhunderthälfte die Verhaltensvarianten vergleichsweise detailliert – z.B. das passive „Dabeyseyn“ bei Aufläufen – beschrieben und die bekannten Strafandrohungen (Benefizienverlust, keine Anstellung in kurfürstlichen Diensten) aufgestellt. Dieses Vorgehen zeugt nicht von einer vermeintlichen Umständlichkeit obrigkeitlicher Erlasse, sondern vielmehr von der Absicht, ein gewitztes Auslegen der einzelnen Bestimmungen

und die Universität Jena. Heidelberg 2006 (Ereignis Weimar-Jena 6), S. 194f. An anderen Universitäten wurde sie jedoch beibehalten, wie etwa in Göttingen; vgl. Brüdermann, Göttinger Studenten und akademische Gerichtsbarkeit, S. 236f., der allerdings zugleich zeigt, wie wenig wirkungsvoll diese Eide in der Praxis sein konnten (S. 240f.).

[118] So André Holenstein in Bezug auf den Policeytheoretiker Johann Heinrich Gottlob von Justi (1756); Holenstein, Kommunikatives Handeln im Umgang mit Policeyordnungen, S. 194.

[119] SHStA, 10088 Oberkonsistorium Universitäten, Spezialia, 1.) Exzesse, Pennalismus, Duelle, Loc. 1779: Acta Die von einigen Studiosis auf der Universität Leipzig unternommenen Excesse b. Vol. I 1772–1788, Bl. 123. Siehe auch: SHStA, 10088, Specialia, Exzesse, 1.) Pennalismus, Duelle Loc. 1779, Excesse Vol. II 1790–1794, Bl. 170–171 (Zusammenfassung eines Reskripts vom 27. August 1768 gegen Exzesse) und Bl. 171/171' (Extrakt aus dem Reskript vom 28. Oktober 1768). Siehe weiterführend außerdem: SHSTA, 10088 Oberkonsistorium Universitäten, XII. Irrungen, Loc. 1779, Acta Die Einschärfung derer in Beziehung auf das Verhalten der Studiosorum zu Leipzig ergangenen Vorschrifften, samt was dem anhängig btr. 1792–1810.

zu verhindern – man wollte in Kursachsen jede Verhaltensvariante erfassen. Schließlich wurden den Studenten „öffentliche Musiken" und „öffentliche Aufzüge" unter der Ausnahme gesonderter Erlaubnisse durch den Prorektor verboten. Gänzlich unerlaubt waren „alles Vivat Rufen, sowohl als anderes Schreyen und Lärmen auf den Gassen, schlechterdings, wie nicht minder der Gebrauch aller ungewöhnlichen Zeichen, als z. E. italiänischer Blumen, welche seither einige auf den Hüten getragen", ebenso wie „Cocarden von bunten Bändern". In diesem Zusammenhang wurden auch die studentischen „Landsmannschaften oder andere gewisse Gesellschaften" verboten, die sich durch „dergleichen Zeichen" von „andern zu unterscheiden suchen".[120]

Auch das in Leipzig aus dem Duelledikt von 1706 bekannte Denunziationsmuster findet sich hier wieder – allerdings verkürzt und unmittelbar bezogen auf eine spezifische Verhaltensform. Denn die kursächsischen und Leipziger Obrigkeiten hatten Mitte der 1760er Jahre besonderes Interesse daran, diejenigen zu ermitteln, die mit Anschlägen und „Zeddeln" am schwarzen Brett[121] immer wieder zur Unruhe und zum Exzess aufriefen:

> So hat sich auch ein Jeder der Zusammenberufung der Studiosorum durch angeschlagene oder ausgestreute Zeddel am schwarzen Brette oder andern Orten, es sey in welcher Absicht es nur immer wolle, gänzlich zu enthalten, und hingegen derjenige, welcher den Urheber dergleichen Zeddel dem Herrn Rectori glaubwürdig anzuzeigen weiß (wie einem jeden zu thun oblieget) sich auf Verlangen der Verschweigung seines Namens zu versehen.[122]

Diese Formulierung war Angebot und Pflicht zugleich und sie nimmt die einschlägigen Elemente auf: Die Denunziation muss glaubwürdig sein und der Name des Denunzierenden wird verschwiegen; Entlohnungen wurden allerdings nicht in Aussicht gestellt. Warum dieses Angebot nicht ebenso ausdrücklich auf die studentischen Geheimgesellschaften bezogen wurde, bleibt ebenso unklar wie die Tatsache, dass es nicht dezidiert auf die Wirte und andere Stadtbewohner ausgedehnt worden ist, wie in Jena ein Jahr zuvor.[123]

---

[120] Alle Zitate: SHStA, 10088, Spezialia, Loc. 1779, Vol. I 1772–1788, Bl. 123.

[121] Zu Zetteln als Kommunikationsmedium der Studenten siehe das Dritte Kapitel, Abschnitt I.

[122] SHStA, 10088, Spezialia, Loc. 1779, Vol. I 1772–1788, Bl. 123; SHStA, 10088 Oberkonsistorium Universitäten, Spezialia, 1.) Exzesse, Pennalismus, Duelle, Loc. 1779: Acta Das Tumultieren der Studiosorum auf der Universität Leipzig b. 1768, Bl. 53.

[123] Ein sich dafür bietender Erklärungsansatz ist möglicherweise darin zu sehen, dass es in Leipzig zu dieser Zeit aus der Stadt heraus Informationsvorgänge über das Mittel der Anzeige in Bezug auf offensichtliche Exzesse gegeben hat. Beispielsweise erfolgte im Sommer 1762 eine persönlich-namentliche Anzeige über Exzesse im Ranstädter Steinweg durch einen Bürger und Krämer („bringet denunciando an"); UA Leipzig, GA IV 103, Die von einigen Studiosis am 19. Julii 1762. auf dem Ranstädter Steinwege ausgeübte Excesse betr., Bl. 1/1' und 8/8'. Im Sommer 1764 wurden Exzesse zwischen Ratsknechten und Studenten durch eine offizielle Anzeige des Marktmeisters Carlsohn bekannt. Daraufhin gab es eine Gegenanzeige durch den Studenten Gottlob Siegesmund Manitius, mit deren Inhalt Carlsohn konfrontiert wurde. Manitius musste auf seine Anzeige einen Eid schwören; UA Leipzig, GA IV 105, Die von des Raths Gerichts=Knechten am 16. Julii 1764. an den Studiosis verübten Excesse betr., Bl. 1/1', 8–11, 14f., 17.

Schauen wir jetzt auf das hallische Edikt, das gegen die Arkangesellschaften der Studenten und das studentische Theaterspielen und -besuchen gerichtet war. Am 31. Oktober 1767 erließ die Universität Halle eine öffentlich bekannt gemachte *Verordnung, wegen der auf königlichen Befehl verbothenen Aufführung von Comödien, und Errichtung besonderer Landsmannschafften und Orden.*[124] Die Studenten wurden zum wiederholten Mal darauf hingewiesen, dass Landsmannschaften und „alle dahin einschlagende gesellschaftliche Verbindungen" bereits in den „Academischen Gesetzen" als auch durch „oft wiederholte Aushänge unter denen härtesten Strafen verboten" sind.[125] Dennoch war das Verbindungswesen in Halle offenbar unkontrollierbar geblieben und hatte den öffentlich-geselligen Raum in und vor der Stadt ebenso wie in abgeschirmten Zimmern in Besitz genommen. Außerdem war mit den regelmäßig stattfindenden Theater- bzw. Komödienaufführungen eine eigene gesellige Kultur entwickelt worden:[126]

> Dem allen ohngeachtet aber hat es dennoch unter denen Studiosis noch immer Leute gegeben, welche an Unordnungen und Gesetzwidrigen Handlungen einen Gefallen gefunden, und dahero sich angelegen seyn lassen, Gesellschaften und Verbindungen heimlich und öffentlich zu errichten, welches endlich so weit gegangen, dass sie zu ihren Zusammenkünften öffentliche Säle, Gärten, und andere Gelegenheiten gemiethet, Geld=Auflage gemacht, so genannte Leges und Statuta unter sich errichtet, ja so gar endlich an öffentlichen Orten Theatra comica erbauen lassen, und öffentliche Comödien auf selbigen Orten öfters aufgeführet.[127]

Aufgrund dieser Situation hat die Universität nach „eingezogener richtigen Erkundigung", d.h. nach der Einholung umfangreicher Informationen, Bericht an den Hof erstattet und um Verhaltensmaßregeln ersucht. Die preußische Regierung hatte daraufhin ein Reskript unter dem 20. September 1767 erlassen, in dem sich die aus Halle übermittelten konkreten und detaillierten Informationen in Form gesetzestextlicher Bestimmungen finden und welches in der *Verordnung* mit abgedruckt ist. Das Reskript spiegelt also die verborgene Studentenkultur und zeigt zugleich, wie die Studiosi den Raum der Universitätsstadt für ihre Praktiken bereits in Besitz genommen hatten. Es lautet wie folgt:

> Daß Wir so wenig weiter einige, unter dem Nahmen von Landsmannschaften, oder sonst sich verbindende Gesellschaft derer studierenden, als wenig das Aufführen derer Schauspiele von Studenten, sie mögen solches öffentlich, oder nur unter sich anstellen wollen, in mindesten

---

[124] ULB Halle, Pon. Yb 3775 w, QK, Verordnung, wegen der auf königlichen Befehl verbothenen Aufführung von Comödien, und Errichtung besonderer Landsmannschafften und Orden. 1767, in: Leges Academicae Studiosis in Regia Fridericiana observandae. Halae Magdeburgicae [nach 1767], S. 40–43.

[125] ULB Halle, Pon. Yb 3775 w, QK, Verordnung 1767, S. 40f. Siehe dazu auch: StA Halle, Kap. XXII Abtlg. D. No 9: Die Verbesserung der Sitten, 1750, o.P (hier das einschlägige anti-landsmannschaftliche Reskript von 1717).

[126] Zum Verhältnis von Studenten, Landsmannschaften und Theaterspiel in Halle siehe: Pröhle, Gottfried August Bürger, S. 39; Schrader, Geschichte der Friedrichs-Universität zu Halle. Erster Teil, S. 258, 270 (Anm. 4), 361, 365 (Anm. 22), 601; Kathe, Die hallische Studentenschaft zur Zeit Friedrichs des Großen, S. 139.

[127] ULB Halle, Pon. Yb 3775 w, QK, Verordnung 1767, S. 41.

> weiter verstatten, sondern allen Studiosis Allerhöchst Dero Intention, wegen nicht ferner zu dultenden Gesellschaften und Orden, ingleichen derer Comödien, öffentlich bekannt machen, auch falls einer den Freytisch geniesset, an einer solchen Gesellschaft, Landsmannschaft, Orden, oder Comödien=Spiel Theil nähme, denselben so fort des Beneficii verlustig erkennen, im übrigen aber, unsere sämmtlichen Studiosos auf eine väterliche Art, jedoch unter Androhung der unausbleiblichen Strafe der Relegation, begreiflich machen, und ihnen zu Gemüthe führen sollen: wie dergleichen Betragen dem Endzwecke nur gar zuwider sey, weshalb sie von denen Ihrigen auf die Universität geschicket worden; und wie in jedem ordentlichen Staate niemanden ungestraft zustehe, ohne Genehmigung des Obern, dergleichen Gesellschaften und Verbindungen, als die ihrigen wären, zu errichten; wie ferner dergleichen Absonderung, zu einerley Endzweck des Studierens bestimmter = und aus dieser allgemeinen Bestimmung unter sich verbundener junger Leute, in gewisse Partheyen, Gesellschaften, Landsmannschaften, so genannte Orden, und dergleichen, für sie selbst, und ihr eignes wahres Wohl und Glückseligkeit, nichts anders, als die betrübtesten und nachtheiligsten Folgen nothwendig nach sich ziehen müsten; wie endlich die Comödien, so unschuldig es an und für sich sey, etwa einmal ein Schauspiel, wenn solches anders mit Ordnung und gehörigen Anstand geschiehet, aufzuführen, jedennoch Allerhöchstgedachte Seine Königliche Majestät von denenjenigen, die sich daraus ihr hauptsächlichstes Geschäfte machten, alle 2. 3. 4. 6. 8. bis 12. Wochen dergleichen aufzuführen, und deshalb so gar eine beständige Einrichtung, durch Miethung derer Säle, Gärten, Zimmer, und so ferner, auch Collectirungen dazu zu machen, nicht anders urtheilen könnten, als dass ihre Absicht und Ambition blos dahin gehe, sich mehr zu Acteurs auf öffentlichen Schaubühnen, als zu andern dem Staate nützlichen Aemtern zu qualificiren.[128]

An die Wiedergabe des königlichen Reskripts schließt sich eine wiederholende und vertiefende Passage der Universität in Bezug auf den Geld- und Zeitverlust für die Studenten durch diese Aktivitäten an, die noch einmal die landesväterliche Haltung der preußischen Obrigkeit hervorhebt: Man hegte die Hoffnung, dass die Studenten nun endlich den Schaden von derlei Aktivitäten einsehen mögen. Außerdem hoffte man vor allem, dass die Studenten alle bekannten und noch unbekannt gebliebenen Gesellschaften auflösen mögen. Wer sich aber dennoch nicht entsprechend verhalte, habe mit eingehender Untersuchung, Bestrafung und dem Verlust der Benefizien zu rechnen.[129]

In Halle wurden also ähnlich wie in Göttingen – und anders als in Jena und Leipzig – neben den Landsmannschaften mit den Orden und dem Theaterspielen spezifisch und ausführlich nur die neuen Praktiken der Studenten als Verfolgungsgegenstände festgeschrieben. Bemerkenswert dabei ist, dass hier gänzlich auf eine Anzeigepflicht bzw. ein Denunziationsangebot verzichtet worden ist. Stattdessen wurden ganz im patriotischen Zeitgeist verfasste landesväterliche Formulierungen eingeflochten, die man etwa auch

---

[128] ULB Halle, Pon. Yb 3775 w, QK, Verordnung 1767, S. 41f.

[129] ULB Halle, Pon. Yb 3775 w, QK, Verordnung 1767, S. 43. Siehe in diesem Zusammenhang auch das „Allgem. Reglement vom 1. Januar 1731" von Friedrich Wilhelm I. für die Universität Halle – hier wird im elften Abschnitt ebenfalls festgelegt, dass studentische Unruhestifter zu ermahnen und zur Besserung aufzurufen und erst, wenn dies nicht fruchtet, zu bestrafen seien; Schrader, Geschichte der Friedrichs-Universität zu Halle. Zweiter Teil, S. 464–467, hier S. 466. Siehe außerdem (im Kontext der Geldaufwendungen): Heinrich Bosse, Studien- und Lebenshaltungskosten Hallischer Studenten, in: Notker Hammerstein (Hg.), Universitäten und Aufklärung. Göttingen 1995 (Das achtzehnte Jahrhundert, Supplementa 3), S. 137–158.

im Helmstedter Edikt von 1760 findet – hier hatte ja die Obrigkeit auch auf denunziatorische Angebote verzichtet.[130]

Das chronologisch abschließende Erlanger Ordensedikt wurde von Christian Friedrich Carl Alexander, Markgraf zu Brandenburg, im März 1769 ausschließlich auf die Orden zugeschnitten. Das Edikt beginnt mit folgender Einleitung:

> Es ist Uns zuverläßige Anzeige geschehen, daß die auf Unserer Friedrichs=Universität zu Erlangen studierende Jugend, gewisse auf ohnerlaubte Eydschwüre, und verpönte Confoederationes sich gründende Orden unter sich errichtet, zu deren Ablegung sie, aller güt= und ernstlichen Ermahn= auch Bestrafungen ohngeachtet, um so weniger bishero zu bringen gewesen, als selbst einige Professores durch deren aus interessirten Absichten hergeflossene pflicht-widrige Indulgenz jenes zum Ruin so vieler Studenten, und folglich auch zum totalen Verfall der Academie gereichende Uebel, mehr zu hegen, als gründlich auszurotten, vielleicht bedacht gewesen seyn mögen.[131]

Mit diesem Edikt bezog sich der Landesherr auf bereits vorliegende Gesetze und Maßnahmen an anderen Universitäten und stellte den Kampf gegen die sinkende Frequenz („Flor“) der noch jungen Erlanger Universität in den Mittelpunkt:[132]

> nach jenen löblichen Beyspielen [...] mit gänzlicher Abschaffung derer Uns zu aller Zeit mißfallenen lächerlichen Studenten=Orden, die wahre Quelle der sich zu Unserm Leidwesen geäussert considerablen Abnahme Unserer Friedrichs=Universität zu verstopfen, und zu deren neuen Flor, so wie in anderen Dingen, also auch hierinnen eine dauerhafte Grundlage zu machen.

Neben der insbesondere für die kleineren Universitäten des 18. Jahrhunderts typischen Sorge um die Frequenz tritt auch hier eine landesväterliche Ermahnung und Fürsorgepflicht hervor: „Unsere Landes=Fürstliche Sorgfalt ernstlich dahin gerichtet ist, [...] Unsere Universität in einen solchen verbesserten Zustand zu setzen, daß die Jugend in guten Sitten“ studieren kann. Da die Erlanger Universität „kein quasi privilegirter Sammel=Platz von Untugenden, dann Kost= und Zeit=verschwenderischen Verführ= und Ausschweifungen“ sei, wird die „Abschaff= und Ausrottung“ der „verderblichen Orden und Sodalitien“ angewiesen.[133] In dem Text finden sich die üblichen Strafandrohungen – u.a. soll den Ordensbrüdern „niemalen einige Versorgung angedeyhen lassen werden“. Das Edikt ist allen in- und ausländischen Studierenden gleich welchen Standes „förm-

---

[130] NStWf, 37 Alt 571: Landsmannschaften 1760, Bl. 7’: „und unsern väterlichen und wohlgemeinten auch zu ihren eigenen Besten abzielenden Ermahnungen zu gehorchen wie rechtschaffenen und wohlgesitteten Studiosis ohnedem gebühret, nicht unterlassen, sich für allen Schaden zu hüthen“.

[131] ULB Halle, II g 1018: Von Gottes Gnaden, Christian Friedrich Carl Alexander, Marggraf zu Brandenburg, in Preussen, zu Schlesien, Magdeburg, Cleve, Jülich, Berg [...] Graf [...] des löbl. Fränkischen Crayses [Edikt gegen die Orden in Erlangen]. Onolzbach, den 2. Martii 1769. Alexander M. z.B., o.P. Bereits im Herbst 1767 hatte es einen ersten Verbotserlass – veröffentlicht am schwarzen Brett – gegeben; siehe Deuerlein, Studentengeschichtliches, S. 147. Siehe in diesem Kontext auch: UA Erlangen, A 3 / 14 Nr. 1: Acta Die Ausrottung der hier in Schwang gehenden Ordens-Gesellschaften. 1767; sowie A 3 / 14 Nr. 3: Acta Die Untersuchung des Creuz Ordens. 1769.

[132] Siehe in diesem Zusammenhang ebenfalls: Deuerlein, Ernstes und Heiteres, S. 6–8.

[133] Alle Zitate: ULB Halle, II g 1018: [Edikt gegen die Orden in Erlangen] 1769, o.P. (hier: Einleitung).

lich" bekannt zu machen und halbjährlich zu wiederholen.[134] Außerdem wird dem Prorektoratseid eine entsprechende Formulierung zugefügt,[135] wonach dieser ab jetzt

> keine Orden, und Sodalitia jemalen mehr aufkommen zu lassen, sondern von einer jeden Anzeige, welche ihme von Wieder=Aufkeimung dieses hiermit abgeschafften Uebels, geschehen würde, zu dessen alsbaldiger Niederschlagung, gewissenhaften Gebrauch zu machen, mithin sich, nebst dem ganzen Senatu Academico, zu glücklicher Hinausführung vorstehenden heilsamen Werks, treu=eyfrig, wachsam, und unverdrossen zu erzeigen hat.[136]

Darüber hinaus nahm man auch in Erlangen – wie schon beim Duelledikt von 1743 – keine Anzeigepflicht oder denunziatorischen Angebote auf.

Ende der 1760er Jahre war von den Obrigkeiten durch Reskripte und Edikte das arkane Organisationsverhalten der Studenten als deviant beschrieben und unter Verfolgung gestellt worden. Im Überblick aller obrigkeitlichen Erlasse gegen Landsmannschaften und Orden lässt sich Folgendes ausmachen: Es sind inhaltliche und strukturelle Analogien erkennbar – die Erlasse waren im Vergleich zu den Duelledikten sehr viel kürzer und weniger detailliert; anknüpfend an die frühen Landsmannschaftsedikte aus der Zeit um 1700 und die Duellgesetze wurden weit über die unmittelbare Studienzeit hinausreichende Strafandrohungen erhoben; die Texte waren den Studiosi bekannt zu machen und die Eide bei der Immatrikulation wurden um die Ordensthematik erweitert. Die Gesetze behandelten den Verfolgungsgegenstand auf zwei unterschiedliche Weisen: entweder wurde die Arkankultur allein oder im Rahmen allgemeiner studentischer Vergehen thematisiert. Insgesamt wurde die arkangesellschaftliche Problematik in den weiteren Kontext verbotener studentischer Praktiken eingereiht. Dies war nicht zuletzt durch die genuine Verknüpfung von studentischer Organisationskultur und Duellwesen nötig: Es ging um die Zerstörung von autonomen Handlungsräumen und -optionen der Studenten. Mit den Edikten wurde der Hoheitskampf zwischen den staatlichen und universitären Obrigkeiten sowie den nach Autonomie strebenden Studenten auf eine neue Stufe gestellt.

In diesem Kontext ist eine weitere Beobachtung bemerkenswert: In allen Edikten wurden die Landsmannschaften und/oder die Studentenorden sowie die individuelle Mitgliedschaft darin verboten – es wurde also organisationstypologisch von den Obrigkeiten gehandelt. Nirgends wurden arkangesellschaftliche Mitgliedschaften der Studen-

---

[134] ULB Halle, II g 1018: [Edikt gegen die Orden in Erlangen] 1769, o.P. (die Absätze 2 und 3). Siehe auch Deuerlein, Ernstes und Heiteres, S. 1f. – schon im Frühjahr 1768 waren diese Strafen angedroht worden.

[135] Siehe zu Abschwörungseiden der Studenten (in unmittelbarem zeitlichen Kontext): UA Erlangen, A 3 / 14 Nr. 2: Acta Die Exsttirpirung der Studenten-Orden betr. 1769, Schriftstück 5 ein „Grundriss der MeinEidsverwarnung, als die beiden Studiosi, Russ und Wörnitz die Studenten Orden abschwören sollten. In Concilio Decanorum d. 26. Aug. 1769." sowie auch die Schriftstücke 10 und 13.

[136] ULB Halle, II g 1018: [Edikt gegen die Orden in Erlangen] 1769, o.P. (Absatz 4). Siehe auch den Beleg (für 1779) bei: Klaus-Peter Schroeder, „Seine Hauptbeschäftigung war Schwelgen und alle Gelage besuchen" – Georg Friedrich Rebmanns Studienzeit in Erlangen, in: Elmar Wadle/Gerhard Sauder (Hg.), Georg Friedrich Rebmann (1768–1824). Autor, Jakobiner, Richter. Sigmaringen 1997 (Schriften der Siebenpfeiffer-Stiftung 4), S. 15–41, hier S. 34.

ten *per se* verboten. Dies legt den Verdacht nahe, dass die Freimaurerei gezielt aus der Handlungslinie der Obrigkeiten herausgenommen worden ist – zumal ja die Obrigkeiten über die freimaurerischen Tätigkeiten eines Teils ihrer Studiosi direkt (wie in Jena und Erlangen) oder indirekt über gemeinsame Mitgliedschaften mit dem Lehrpersonal (so in Halle, Erlangen, Göttingen und Jena) informiert waren.

Schließlich ist mit Blick auf die Einschreibung des Denunziationsmusters in die neuen Gesetzestexte im Vergleich zu den Duelledikten der ersten Jahrhunderthälfte eine zunehmende Indifferenz zu verzeichnen. Es lässt sich die Tendenz ablesen, dass diejenigen Obrigkeiten, die bei der Steuerung der Zweikämpfe auf Denunziationsangebote verzichtet hatten, solche auch bei der Verfolgung der studentischen Geheimgesellschaften nicht in ihre Gesetze aufnahmen. Jene Obrigkeiten, die im Zuge des Kampfes gegen die Duelle als Aktivisten einer Implementation denunziatorischer Angebote aufgetreten waren, handeln nun auf der Ebene der Gesetzestexte – mit Ausnahme der Jenaer Universität – zurückhaltender. Deshalb soll gefragt werden, ob neben dem prinzipiellen Weiterbestehen denunziatorischer Angebote aus den älteren Edikten dafür ein Wandel in der Wahl disziplinarpolitischer Mittel verantwortlich war.

III Gesetzestexte und Handlungspraxis

Die Disziplinarpraxis in der Mitte des Jahrhunderts legt einen Wandel in den Politikstrategien nicht nahe. Es ist offensichtlich so gewesen, dass in den 1760er Jahren Anzeigen und denunziatorisches Verhalten zum Bestandteil individueller Handlungsrepertoires in der Lebenswelt der Universitätsstadt geworden waren. Auf diese Weise hatten sich hier und da Informationskanäle geöffnet, die die Obrigkeiten vor Ort nutzen konnten. Auf spezifische Ausführungen in den Erlassen wurde deshalb vermutlich zumeist verzichtet. Belege für diese Vermutung lassen sich beispielhaft in Helmstedt fassen, einer Universitätsstadt, in der denunziatorische Mechanismen sowohl in das Duell- als auch das Ordensedikt nicht eingeschrieben worden waren, obwohl hier, wie wir oben gesehen haben, schon in der Anfangszeit studentischer Arkankultur um 1750 ausgeprägte Aktivitäten feststellbar waren. In diesem Kontext sind – unabhängig von konkreten Gesetzesvorgaben – Denunziationen an die Obrigkeit gelangt. So berichtet der Herzog 1751:

> Es will verlauten, als ob unter denen dortigen Studiosis sich Factiones hervorthun und deren einige sich Anti Seminaristen nennen; wie dann, sichern Vernehmen nach, insonderheit einer Nahmens Lehmann, welcher von hier gebürtig, sich öffentlich vor ein Mitglied von den sogenannten Anti Seminario ausgegeben.[137]

Für 1758 ist ein vergleichbarer Informationsvorgang aus der Universitätsstadt heraus an den Hof nachweisbar. Ein Regierungsschreiben vom 28. März beginnt mit der Bemer-

[137] NStWf, 37 Alt 2594: Helmstedt Ordensverbindungen, Vol. I de a. 1751–1775, Bl. 9.

kung: „mir ist hinterbracht worden, daß verschiedene Studiosi Orden tragen“,[138] Zeichen also, die auf arkangesellschaftliche Gruppierungen verweisen. Wenig später (1760) wurde dann das Edikt gegen „Verbindungen und Landsmannschaften“ erlassen.[139] Auch danach finden sich weitere Belege für Informationsübermittlungen aus der studentischen bzw. universitätsstädtischen Lebenswelt heraus, so in dem von der Helmstedter Universität verfassten *Unterthänigsten Pro Memoria. Die auf der Universitaet Helmstedt eingerissene verderbliche Ordens und Landsmannschaften, und deren Vertilgung betreffend* aus dem Frühjahr 1762.[140] In dieser Zeit scheint es in Helmstedt innerhalb der Studentenschaft insgesamt sehr unruhig gewesen zu sein.[141] Der Text an den Hof beginnt mit der allgemeinen Formulierung, dass die Verbindungen der Studenten zu den „hauptsächlichsten Verderbnissen der Protestantischen Universitaeten“ zu zählen seien, und dass neue Studenten bei ihrer Ankunft sogleich freiwillig oder nicht freiwillig unter verschiedenen Verlockungen in die Orden gezogen werden.[142] Danach werden dann die bisherigen bekannt gewordenen Helmstedter Aktivitäten benannt, und es wird von neuen landsmannschaftlichen Entwicklungen berichtet. Seit drei Jahren bestehe die von einem aus Jena kommenden Studenten initiierte Holsteiner Landsmannschaft: „und wie ein glaubwürdiger Mann versichert hat, so hat diese Landsmannschaft ihr eigenes Sigill, und bekommt ein jeder neu-recipirter ein damit besiegeltes Patent oder Matricul.“ Der Informant der Universitätsobrigkeit bleibt in der Akte anonym, er wird geschützt. Weiter wird „dem sichern Vernehmen nach“ über die Senioren der Hildesheimer und Holsteiner Landsmannschaft berichtet.[143] Ob es sich dabei um einen oder mehrere Spitzel bzw. Denunzianten gehandelt hat, geht aus dem Quellenmaterial nicht hervor. Der oder die Informationsgeber waren jedenfalls gut unterrichtet. Sie stammten, so ist aufgrund ihrer guten Kenntnisse über die arkane Szene in Helmstedt zu vermuten, entweder aus dieser selbst oder waren in deren Umfeld aktiv.

Schließlich muss die Universität eingestehen, dass sich vor Ort ein breites arkanes Gesellschaftsleben entfaltet hatte – von dem man aber gute Kenntnis besaß:

> Das öffentliche Tragen der Ordens cessirte nun zwar nach dem oben-erwehnten Anschlag [der Erlass von 1760], aber die Ordens continuirten doch noch beständig, und es kamen immer mehr auf, wie denn dermahlen wenigstens ½ dutzend derselben in Helmstedt seyn sollen, von welchen folgende und einige Mitglieder derselben aus zuverläßigen Nachrichten können angegeben werden.

---

[138] NStWf, 37 Alt 2594: Helmstedt Ordensverbindungen, Vol. I de a. 1751–1775, Bl. 1.

[139] Zitat: NStWf, 37 Alt 571: Landsmannschaften 1760, Bl. 6'.

[140] NStWf, 37 Alt 596: verübte insolentien und Unruhen, 1741–1762, Bl. 64–71'.

[141] Am 4. März 1762 wurde in einem zuvor geschriebenen Promemoria berichtet, dass das „nächtliche Tumultieren, Schreyen, Singen und Pereat-Rufen“ so schlimm wie lange nicht mehr sei; NStWf, 37 Alt 596: verübte insolentien und Unruhen, 1741–1762, Bl. 16–19, hier Bl. 16. In diesen Zusammenhang gehört auch das in den Universitätsakten dokumentierte Duell um den Studenten von Rantzau (ebd., Bl. 46–48, 103–113).

[142] NStWf, 37 Alt 596: verübte insolentien und Unruhen, 1741–1762, Bl. 64.

[143] Die Zitate: NStWf, 37 Alt 596: verübte insolentien und Unruhen, 1741–1762, Bl. 65 und 66.

Die besagten Orden waren „coronate Unitas“, „Concordia et Sinceritas“, ein dem Namen nach unbekannter Orden, der „Frey-Schmiede“-Orden sowie „Concordiae et Amicitiae“. In Bezug auf letzteren werden aber zugleich auch Grenzen in der Informationsbeschaffung deutlich, denn von ihm konnte die Helmstedter Universitätsobrigkeit „weder den Vorsteher, noch die Mitglieder zuverläßig in Erfahrung bringen“.[144]

Auf der Grundlage dieser Erfahrungen entwickelte die Universität nun Vorschläge zur Abstellung des Ordensunwesens.[145] Gefordert wurden (1.) ein geschärftes Reskript, (2.) die Relegation in perpetuum verbunden mit einer Nachricht an das Vaterland für die Senioren und Subsenioren der Landsmannschaften und die Ordensmitglieder ohne Ansehen des Standes, (3.) die Einführung eines Abschwörungseides, (4.) ein Eid bei der Immatrikulation, wonach die Studenten in keinem Orden sein dürfen, seien sie es aber dennoch, wären sie umgehend fortzuweisen, und außerdem sei (5.) das bereits existierende Edikt von 1760 gegen die Landsmannschaften zu verschärfen und jetzt auch auf die Orden auszuweiten. Darüber hinaus wird im sechsten Punkt der detailliert das Denunziationsmuster aufgreifende Vorschlag zu einer entweder aus dem Haushalt der Universität oder aus Strafgeldern der entdeckten Geheimverbindungen zu belohnenden und anonym zu haltenden, mündlichen oder schriftlichen Denunziationsmöglichkeit an den Vizerektor, einen Professor oder einen Universitätsbediensteten formuliert:

> und damit 6) die etwa [von] neuem einschleichende Landsmannschaften und Ordens um so eher entdeckt und zerstöhrt werden können; so würde in eben diesem Edicte einem jeden Zehen bis Zwölf Rthler. /: welche ex Fisco perpetus der Universitaet zu nehmen, oder von denen dadurch entdeckten neuen Verbindungen durch Strafe einzutreiben wären. :/ Zur Belohung, auch die Verschweigung seines Nahmens können versprochen werden, welcher entweder mündlich oder schriftlich, entweder dem Vice Rectori selbst, oder einem Professori, oder auch dem Secretario Academiae, oder endlich denen Ministris Academiae, dergleichen neue Verbindungen, unter Entdeckung ein und anderer die Untersuchung und Ausfündigmachung erleichternde Umstände, eröfnen würde.[146]

Außerdem soll (7.) im Falle einer solchen Denunziation diese sofort weitergegeben und die Untersuchung binnen acht oder fünf Tagen eingeleitet werden. Prinzipiell sei (8.) „ein Commando von 40. bis 50 Mann regulirter Trouppen“ nötig, denn es gäbe keine Schaarwächter und die Helmstedter Bürger wollten sich nicht gegen die Studenten verwenden lassen, und es soll (9.) eine Berichtspflicht nach der Untersuchung an den Landesherrn geben. Die vorgeschlagenen Mittel werden als „scharf und strenge“ angesehen. Für die Frequenz der Universität wird angesichts der eingetretenen Situation kein Schaden angenommen. Im Gegenteil, denn es wäre zu begrüßen – und damit nimmt der Text die Argumentation aus dem Duellmandat von 1726 wieder auf –, wenn ein paar dutzend „unnütze Leute“ weggehen würden, für die dann ebenso viele, wenn nicht mehr

---

[144] NStWf, 37 Alt 596: verübte insolentien und Unruhen, 1741–1762, Bl. 66’–68.

[145] Das Folgende: NStWf, 37 Alt 596: verübte insolentien und Unruhen, 1741–1762, Bl. 68’–71’.

[146] Das Zitat: NStWf, 37 Alt 596: verübte insolentien und Unruhen, 1741–1762, Bl. 69’–70.

„gesittete Leute“ nach Helmstedt kämen, was das letzte Jahr mit vielen Relegationen bewiesen habe.[147]

Als Reaktion auf die Vorschläge wurde Ende März 1762 tatsächlich ein Kommando von Königslutter nach Helmstedt, bestehend aus einem Rittmeister, einem Leutnant, einem Militärmusiker, vier Unteroffizieren, einem Feldscher und Gemeinen, verlegt.[148] Und es gab in der Folge ein Reskript vom 25. März (dies geht aus einem Schreiben der Universität vom 7. April 1762 hervor)[149], welches sich aber offenbar nur auf einen konkreten Fall und die Einsendung besonderer Akten bezog. Darüber hinaus findet sich im Zuge dieses Vorgangs kein Generaledikt, das die Vorschläge der Helmstedter Universität aufnahm. Mithin scheint die Landesregierung auf die vorgeschlagenen starken Maßnahmen, die im Vergleich zu den bisherigen obrigkeitlichen Verfahrensweisen für Helmstedt geradezu revolutionär erscheinen, nicht eingegangen zu sein. Offensichtlich waren die beharrenden Kräfte stark, denn an der entwickelten Regelungsstrategie wurde festgehalten. Dies erscheint im Blick auf die Praxis in Helmstedt nicht als stures Verfangen, sondern als konsequentes Handeln. Man musste die Gesetzestexte wohl auch nicht ändern, da man die Erfahrung gemacht hatte, dass Informationen, die zur Untersuchung gegen die Landsmannschaften und Orden unverzichtbar waren, auch ohne Gesetzesvorgabe punktuell erfolgt waren. Es stand außer Frage, dass die so einmal vorliegenden Informationen auch genutzt worden sind. Während die Universität für die Übernahme des Denunziationsmusters in Gesetzesform plädierte, begnügte sich die landesherrliche Obrigkeit mit den tatsächlich und unabhängig ablaufenden Informationsprozessen. Dies war politisch klug: Von außen auf Helmstedt schauende Eltern und Studenten wurden so nicht unmittelbar durch neue, harsche Gesetze verunsichert.[150]

Ähnliche Entwicklungen lassen sich sieben Jahre später auch in Erlangen beobachten. Das Edikt des Markgrafen begann mit dem dezidierten Hinweis, dass ihm „zuverläßige Anzeige“ über die Arkanaktivitäten der Studenten *und* die Involvierung von Professoren in diese Prozesse geschehen sei. Offensichtlich liefen verdeckte Nachrichten aus der Universitätswelt heraus direkt an den Hof des Markgrafen, in das Zentrum politischen Handelns. Der Landesherr wies jeden zukünftigen Prorektor an, „einer jeden Anzeige, welche ihme von Wieder=Aufkeimung dieses hiermit abgeschafften Uebels,

---

[147] Die Zitate: NStWf, 37 Alt 596: verübte insolentien und Unruhen, 1741–1762, Bl. 70–71'.

[148] NStWf, 37 Alt 596: verübte insolentien und Unruhen, 1741–1762, Bl. 93. Die Anwesenheit von polizeilichem Personal war bereits im Promemoria vom 4. März 1762 gefordert worden: Es wäre gut, wenn, „so wie auf den meisten andern Universitaeten, eigene Schaarwächter bestellet wären, zu deren Besoldung sich wohl Mittel vorschlagen ließen“; ebd., Bl. 17.

[149] NStWf, 37 Alt 596: verübte insolentien und Unruhen, 1741–1762, Bl. 94/94'.

[150] Ein Beleg für diese Politik findet sich einige Jahre später: 1776 argumentierte der Geheimrat von Flögen: „Man kann des guten auch zu viel thun, und eine allzu weit getriebene Inquisition könnte der Universität einen üblen Ruf bey Auswärtigen machen, das Übel grösser vorstellen, als es ist, und der Academie Schaden und Abnahme zu wege bringen.“; Dressel, Die Landsmannschaften und Studentenorden an der Universität Helmstedt, S. 126.

geschehen würde“ nachzugehen.[151] Vergleichbares lässt sich zudem auch für Halle beobachten. Die preußischen Obrigkeiten hatten sich nicht besonnen, und aus rechtlich-ethischen Gründen auf das von ihnen ein halbes Jahrhundert zuvor mitentwickelte Denunziationsmuster verzichtet. Vielmehr hatte die Lebenspraxis die Politikgestaltung vorstrukturiert. Als die preußischen Obrigkeiten das Reskript und die Verordnung im Herbst 1767 erließen, hatte es in der Universitätsstadt an der Saale bereits Denunziationsvorgänge an die universitäre Obrigkeit in arkangesellschaftlichen Kontexten gegeben.[152] Das denunziatorische Muster und die daraus erwachsenden Handlungsoptionen waren den Studiosi durch die Duellverfügungen – die ihnen ja bei der Immatrikulation bekannt gemacht wurden – durchaus vertraut. Die Obrigkeit war also nicht unbedingt gezwungen, dies wiederholend in den neuen Gesetzestext einzuschreiben, sondern konnte die landesväterliche Fürsorge und die damit einhergehenden Ermahnungen in den Vordergrund stellen.

Von diesen Beobachtungen am Spannungsfeld zwischen gesetzestextlicher Politikgestaltung und lebensweltlichen Handlungslagen ausgehend kommt die Praxis der Denunziation in den Blick. Die Mitglieder der arkanen Studentengesellschaften wussten, dass sie aufgrund der gesamtgesetzlichen Lage jederzeit an die Obrigkeit denunziert werden konnten. Für freiwillige und auch unfreiwillige Mithelfer und Mitwisser (Wirte, Zulieferer, befreundete Studenten etc.) bestand ebenso eine latente Verdachtsgefahr. Gleichwohl konnten die auf diese Weise potenziell Bedrohten auch zu Handelnden werden, die durch denunziatorisches Verhalten in der Lage waren, im Sinne der Obrigkeit auf Abläufe im Leben der Universitätsstädte einzuwirken.[153] Die verfügbaren Indizien verweisen darauf, dass um 1760 durch das Zusammenspiel der gesetzgeberischen Maßnahmen, der Disziplinarpraxis vor Ort und der friktionsreichen arkangesellschaftlichen Kultur ein *Milieu des Verdachts* ausgebildet gewesen ist.[154] Aus diesem Milieu heraus lässt sich im Sommer 1767 in Halle als Auslöser einer Untersuchung gegen die *Niedersächsische Landsmannschaft* erstmals das Denunziationsmedium des schriftlichanonymen Denunziationszettels konkret greifen.

---

[151] ULB Halle, II g 1018: [Edikt gegen die Orden in Erlangen], 1769, o.P.

[152] Siehe dazu das Drittel Kapitel, Abschnitt II.1.

[153] Siehe in diesem Zusammenhang die Beobachtungen von Ernst Schubert, Die Studentenschaft und ihre Orden im 18. Jahrhundert (1743–1810), in: Alfred Wendehorst unter Mitwirkung von Gerhard Pfeiffer (Hg.), Erlangen. Geschichte der Stadt in Darstellung und Bilddokumenten. München 1984, S. 84–92, hier S. 89.

[154] Stefan Brüdermann hat nach der Durchsicht der Akten zur großen Göttinger Verfolgungswelle 1762–1766 festgestellt, dass nicht „zuletzt mit Hilfe der Eifersucht, die zwischen verschiedenen Orden bestand“, es dem Universitätsgericht gelungen war, „alle mutmaßlichen Teilnehmer zu ermitteln“, da diese sich „gegenseitig vor Gericht denunzierten“; Brüdermann, Göttinger Studenten und akademische Gerichtsbarkeit, S. 230, 240.

Drittes Kapitel

Die Emergenz der Denunziation im Konfliktfeld arkaner Studentengesellschaften nach 1760

I Der Zettel als Medium in der studentischen Kommunikationskultur

Der studentische Denunziant war kein mutiger Hazardeur, der sich den Ehrmaximen Akademischer Freiheit und den mächtigen Senioren der Landsmannschaften und Orden entgegenstemmte. Er tritt uns als ein Individuum entgegen, das sich in konkreten Lebenslagen im Milieu des Verdachts dazu entschloss, denunziatorisch zu handeln. Dabei war er sich seiner Risiken bewusst. Die Angst, dass sein Denunziationsverhalten bekannt werden würde, trieb ihn um, denn ihm drohten Repressalien und Racheakte bis hin zur Morddrohung.[1] Deshalb war der Denunziant gezwungen, im Verbogenen zu verbleiben und im Verborgenen zu handeln. Das einmal anheftende Stigma, ein Denunziant, ein Verräter zu sein, wirkte über den Einzelfall hinaus. Die damit einhergehenden Drohungen konnten auch in symbolische Handlungen übersetzt werden, die ihre Wirkung im Kommunikationsraum der Stadt entfalteten. Für Inszenierungen hatten die Studenten generell ein hohes Gespür: 1723 zelebrierten sie beispielsweise eine „Begräbnisfeier" auf die „Hallische Freiheit" und die „Hallische Universität".[2] Solche Verfahren konnten auch auf Denunzianten angewandt werden. In Helmstedt ist 1778 ein solcher innerstudentischer Vorgang aktenkundig geworden. Ein Ordensverräter wurde hier mit traditionellen studentischen Mitteln, die mit ihrer bedrohlichen Gebärde den Vorgang auch existenziell-physisch aufgeladen haben, entlarvt und eingeschüchtert. Johann Friedrich Schrötteringk, ein Hamburger Predigersohn, ritt abends zwischen 10 und 11 Uhr im Schlafrock, mit einer weißen Nachtmütze und mit einem Hieber bewaffnet vor das Haus eines Verräters und hat dort „eine ganze Weile still gehalten, wie eine Art steinerner Gast".[3] Die studentische Tradition des nächtlichen Umherwanderns im Schlafgewand wurde umgedeutet, um einem Abtrünnigen Angst einzujagen und zugleich ein sichtbares Zeichen zu setzen.

Die Studentenorden haben entsprechende Rachebestimmungen in ihre Statuten aufgenommen. Das Gesetzbuch der Helmstedter *Konstantisten* von 1798 schließt mit der Passage, dass jeden „der schwerste Fluch und alles Böse" treffe, der das Gesetzbuch „profanen Händen, oder gar der Obrigkeit" ausliefern würde. Es ist „schlechterdings Pflicht an solchen schwarzen Buben und Verräthern Rache, und zwar auf jede Art auszuüben, und dieses zu thun, versichern alle gegenwärtige Brüder der Beständigkeit". Die *Harmonisten* bestimmten im gleichen Jahr: Wer „petzt, d.h. bey dem academischen Senat Hülfe sucht, um sich durch dieses Mittel gegen Angriffe zu sichern, hat ohne weiteres Bedenken den strengsten Verschiss verwirkt." Außerdem wurde in den Ordensbestimmungen festgelegt, dass obrigkeitliche Verfügungen gegen die innerstudentische

1 So in Jena 1780; Müller, Vom Regieren zum Gestalten, S. 197.

2 Auch das Beschmutzen und Zerstören von Schwarzen Brettern durch Studenten gehörte zu solchen symbolischen Praktiken; Meier, Der hallische Studentenaufstand vom Jahre 1723, S. 12f. (Zitate S. 13), 15–17 sowie 26–28, 52–61 (hier die studentischen Quellen dazu).

3 Dressel, Die Landsmannschaften und Studentenorden an der Universität Helmstedt, S. 130.

Sanktionspraxis „der Ausführung dieses Gesetzes [des Harmonistenordens] gar nicht im Wege“ stehen.[4]

In den Akten der Helmstedter Universität findet sich 1807/08 ein Vorgang, in dem die Ausgrenzungsbestrebungen plastisch werden. Hier wurde ein Anschlag am schwarzen Brett der Universität im Zuge einer behördlichen Untersuchung gegen den *Konstantistenorden* dokumentiert, der den studentischen ‚Verräter‘ ächtete. Das Schriftstück lautet wörtlich:

> Allen hiesigen rechtlichen von wahrem Ehrgefühle beseelten Studiosen wird hierdurch oeffentlich bekannt gemacht, dass der Studiosus Juris Drebing wegen seines feigen niederträchtigen Betragens hierdurch förmlich in Verschiss erklärt wird; und ein jeder anderer Studiosus wird wohlmeinend gewarnt sich vor seinem Umgange auf immer zu hüten wenn er nicht mit ihm ein gleiches Schicksal haben will. In consilio omnium decretum.[5]

Der „Gemeinschaftsdruck“[6] in den Orden war also enorm und es gab die grundlegende Tendenz, diesen auf die gesamte Studentenschaft zu beziehen – beides haben die Helmstedter Beispiele gezeigt. Dass dies nötig war, zeigt einmal mehr, dass keineswegs alle Studenten gewillt waren, sich dem Diktat der Orden bzw. der Akademischen Freiheit zu unterwerfen. Die Beispiele verdeutlichen auch, dass der ausgeführte Entschluss, Obrigkeiten zu kontaktieren, trotz deren Schutzzusagen gefährlich war. Der Akt der Informationsweitergabe war ein heikler, für den potenziellen Denunzianten mit hohen Risiken behafteter Vorgang, den es vor seiner Ausführung gut zu überdenken galt. Wie konnte ein Student agieren, so ist zu fragen, wenn er sich *für* den Weg der Denunziation entschied?

Er hatte die Möglichkeit, das Medium des *Zettels* zu nutzen. Dem beschriebenen Zettel kam in der studentischen Kommunikationskultur während der gesamten Frühen Neuzeit eine wichtige Rolle zu. Exemplarisch ist dies bereits am Beispiel des Helmstedter Anschlagzettels deutlich geworden. Mit der davon abgeleiteten spezifischen Form des Denunziationszettels wurde eine über viele Generationen eingeübte Schriftkultur der Studenten adaptiert, die wiederum in einem größeren Kontext schriftlicher Mitteilungen und Informationswege stand.

Die Kommunikationskultur mit Zetteln war insgesamt im frühneuzeitlichen Alten Reich weit verbreitet und im alltäglichen Umgang mit Behörden im Zuge der sich ausdifferenzierenden Policeygesetzgebung zur gängigen Praxis geworden. Matthias Weber spricht deshalb zu Recht von einer „regelrechten Formular-, Quittungs-, Zeugnis- und Zettelwirtschaft“.[7] Es gab „Loßzettel“ (Dienstzeugnisse beim Ausscheiden aus dem

---

4 Zitate: Dressel, Die Landsmannschaften und Studentenorden an der Universität Helmstedt, S. 155, 157f.

5 NStWf, 37 Alt 2598: Acta die unter den Studenten in Helmstedt errichteten Ordensverbindungen und die gegen die Mitglieder eingeleiteten Untersuchungen betr. Vol. V 1798–1808, hier Bl. 35ff.: Acta indicialia den Constantisten=Orden, desgl. ein zwischen den Studiosis Cleve und Müller vorgefallenes Duell betr. 1807–1808, der Anschlag hier Bl. 36.

6 Ahrens, Die alte Universität – aus der Geschichte der Academia Julia zu Helmstedt, S. 118.

7 Matthias Weber, Die schlesischen Polizei- und Landesordnungen der Frühen Neuzeit. Köln/Weimar/Wien 1996 (Neue Forschungen zur Schlesischen Geschichte 5), S. 183–187 (Zitat S. 184);

Dienst einer Herrschaft, je nach dem erweitert um ein „kurzes Zeugnis"), „Akzisezettel", „Lizenzzettel" (für „Sondergenehmigungen") und „Erlaubniszettel" (etwa bei einer Heirat über die „Landesgrenzen hinweg").[8] Darüber hinaus waren im Verfahren der Rüggerichte die so genannten „Rug-Zettel" ein wichtiger Bestandteil, die die verantwortlichen Amtmänner vor den abzuhaltenden Gerichten den Gemeinden zugesandt haben.[9] In den weiteren Kontext der Anzeigepflicht von Verstößen gegen die Ordnungen guter Policey gehören die „Wundzettel". Dies waren Schriftstücke, die die Barbiere am Stadtgerichtstag vorzulegen hatten und auf denen die detaillierte Beschreibung von Verwundungen festgehalten war, die sie etwa in der Folge von Schlägereien behandelt hatten.[10] Auch in den Akten der Universitätsgerichte taucht diese Zettelgattung in Form gutachterlicher Beschreibungen von Wunden und Verletzungen immer wieder bei Untersuchungen infolge von Duellen, Schlägereien und Tumulten auf.[11] Schließlich wurden Zettel auch für aufrührerische Texte und Aufforderungen genutzt wie etwa im Rahmen der Berner Verschwörung von 1749.[12]

Weitere Funktionsbestimmungen für das Medium Zettel lassen sich – auch in universitären bzw. universitätsstädtischen Kontexten – nachweisen. So wurden Zettel als Befehlsträger vor Ort verwandt, wenn es darum ging, das unrechtmäßige Nutzen der königlichen Gehege durch die Studenten zu unterbinden und die vielzähligen damit einhergehenden Edikte umzusetzen; wie etwa 1714 in Halle, wo diesbezüglich bereits seit der frühen Universitätszeit Probleme bestanden haben (Anzeigen bzw. Beschwerden durch den „Oberforstmeister" und die Pfännerschaft).[13] Ebenso wurden Zettel in offizieller Mission benutzt, um die Ergebnisse von ausgeführten Anweisungen wie Visitationen an die Obrigkeit zurückzumelden; so beispielsweise 1717 Ergänzungszettel zu einer Relation über Studentenunruhen an den „Geheimen Rath Thomasis"[14] und 1733 bei einer Visitation der Dörfer Ammendorf, Plauma, Wesenitz, Pritschena und Peißen

---

siehe in diesem Kontext außerdem: Valentin Groebner, Der Schein der Person. Steckbrief, Ausweis und Kontrolle im Europa des Mittelalters. München 2004, insb. S. 117ff.

8 Weber, Die schlesischen Polizei- und Landesordnungen der Frühen Neuzeit, S. 186f.

9 Holenstein, Kommunikatives Handeln im Umgang mit Policeyordnungen, S. 191.

10 Ruth-Elisabeth Mohrmann, Volksleben in Wilster im 16. und 17. Jahrhundert. Neumünster 1977 (Studien zur Volkskunde und Kulturgeschichte Schleswig-Holsteins 2), S. 94f.

11 Siehe exemplarisch Göttingen 1753: UA Göttingen, C XLIII 18: Fechtmeister Scholz / Student Christian Friedrich Reidemeister (1753), o.P.

12 Andreas Würgler, Veröffentlichte Meinungen – öffentliche Meinung. Lokal-internationale Kommunikationsnetze im 18. Jahrhundert, in: Peter-Eckhard Knabe (Hg.), Opinion. Berlin 2001 (Concepts & Symbols du Dix-huitième Siècle Européen / Concepts & Symbols of the Eighteenth Century in Europe), S. 101–135, hier S. 111f.

13 UA Halle, Rep. 3, Nr. 547: Acta Das verbothene Jagen, Schießen und Hetzen in denen königl. Gehegen und sonsten betreffendt. 1694–1746, jeweils o.P.; dort auch entsprechende Edikte für die Jahre 1700 bis 1729.

14 UA Halle, Rep. 3, Nr. 561: Acta, Die Disciplinam Academicam betreffende worinnen die Untersuchung des ausgeübten Schneeball werffens befindlich. Anno 1717 (–1748), hier Bl. 12 (die Relation: Bl. 13).

in der Nähe von Halle wegen „auswärtiger Calender".[15] In Kursachsen wurden Zettel im Schriftverkehr zwischen der Landesregierung und den Universitäten in der Zeit um 1800 als offizielles Medium – „Canzley=Zettel" – verwandt. Dies waren begleitende Schriftstücke beim Austausch von Untersuchungsakten des Universitätsgerichts etwa zwischen Dresden und Wittenberg.[16]

Die Schriftkultur der Zettel haben die Studenten der Frühen Neuzeit für sich adaptiert und umdefiniert. Das Medium des Zettels benutzten sie für ihre ganz eigenen Zwecke und Interessen: Zettel kamen als Träger von Informationen und Botschaften immer dann zum Einsatz, wenn es darum ging, Vorgänge zu initiieren bzw. weiterzuverfolgen. So wurden beispielsweise „Billets" im Rahmen kleinerer personeller Zusammenhänge benutzt, um Duelle anzubahnen[17] oder um eine verdeckte, vertrauliche und auch heikle Kommunikation auf den Weg zu bringen.[18] Dies war aber nur eine Nutzungsmöglichkeit des Mediums Zettel. Vor allem auf Grund der hohen literalen Fähigkeiten in der universitären Welt wurden Zettel insbesondere dann genutzt, wenn es galt, eine möglichst große studentische bzw. akademische Öffentlichkeit im Raum der Universitätsstadt möglichst schnell zu erreichen[19] – die Zettel am Schwarzen Brett waren ein Medium von hoher Aktualität. In Konfliktzeiten, in denen sie täglich z.T. mehrfach auftreten konnten, kam ihnen die Funktion einer studentischen Zeitung zur Weitergabe der neuesten Nachrichten zu, was natürlich auch Gerüchte beinhalten konnte. Beispielsweise sagte 1768 im Rahmen einer Tumultuntersuchung an der Universität Leipzig der

---

[15] UA Halle, Rep. 27, Nr. 1290: Ediktsammlung, Bl. 14 a–e: Bericht vom 13. März 1733 an die Regierung in Magdeburg (Informationszettel: Bl. 14 d und e).

[16] Hier UA Halle, Rep. 1 (Universität Wittenberg), 2039, Bl. 23; Zettel als Informationsmedien finden sich in den Wittenberger Akten immer wieder.

[17] So etwa 1794 in Göttingen; UA Göttingen, C XCI 5: Anzeige eines bevorstehenden Duells/gewechselte Billets im Vorfeld (1794), o.P. – hier die Billets des Herausforderers („A." und „B."), namentlich „F. Hermanni" (A) und „F H." (B): „da du mich gestern abend also sowie ich aus deinem billet schließe würklich hast beleidigen wollen so handelst du wie ein furchtsamer dummer Junge, dass du dich gleich aus dem Staube machtest, und nur dadurch die gelegenheit nahmst, dir nach Verdienst ein paar ohrfeigen zu geben. Ich erwarte Nachricht, ob du dich dazu verstehst, mir Satisfaction dafür zu geben. ueberbringen dieses [!] darfst du nur ort und Zeit bestimmen. A. H." Ähnliches ist auch für Jena 1791 und 1798 belegt: UA Jena, Bestand E Abt. I Nr. 301: Studenten=Haendel= Protokoll unter den Prorectorat, des Herrn geheime Hof Rath Profess. Medic. ordinar. Doct. Christian Gottfried Gruner. Angefangen von 8ten August 1791, o.P. (hier ein Beleidigungszettel/Billet) sowie Bestand E Abt. I Nr. 278: Studenten=Haendel=Protokoll unter den Prorectorat des Herrn Hof Rath und Professor Ulrich angefangen den 6ten Februar 1792, hier u.a. Bl. 27–30.

[18] So wurde etwa 1778 die Form des ‚Billetts' von einem zur Aussage willigen Studenten genutzt, um zu übermitteln, dass er „heimlich gestehen" wolle; Dressel, Die Landsmannschaften und Studentenorden an der Universität Helmstedt, S. 128.

[19] Exemplarisch UA Leipzig, Rep. GA IV 223: [zu den Tumultakten gehörig (1718)], Bl. 1, 5/5' (Bericht vom August 1718 über einen Zettel am Schwarzen Brett sowie die Abschrift des Zettels) und außerdem Bl. 14 (Abschrift eines weiteren aufwiegelnden studentischen Zettels).

Student Johann Gottlieb Opitz aus, „daß er aus Curiosität unterm schwartzen Brete nach den aufrührischen Zetteln gesehen habe".[20]

Alle Studenten wussten, dass die Schwarzen Bretter nicht nur ein passives Medium waren, an dem die Edikte und Reskripte der jeweiligen Obrigkeiten von oben nach unten kommuniziert wurden, sondern dass die Studentenschaft diesen zentralen sozialkommunikativen Ort, den jede Universität mindestens einmal eingerichtet hatte,[21] für ihre eigenen Zwecke (um)nutzte. Man brachte hier die Zettel mit den Aufrufen und Informationen an, die im Interesse der Studentenschaft und der Praxis Akademischer Freiheit standen. Alle wussten, dass das Schwarze Brett ein Ort war, der oft und regelmäßig von vielen Studenten und akademischen Bürgern frequentiert wurde, und dass das, was dort angeschlagen war, tatsächlich schnell rezipiert und verbreitet wurde. Das Schwarze Brett war Ausgangspunkt für Konflikt anbahnende Aktionen bzw. den Studentenstand symbolisierende Handlungen: In Leipzig begann z.B. am 27. August 1768 ein „Aufzug" der Studenten „mit brennenden Fackeln unter Trompeten und Paucken Schall vom schwarzen Bret".[22] Um die aktuellen Studentenzettel hat sich im Verlauf der Frühen Neuzeit geradezu ein Wettlauf entwickelt: In den Quellen für verschiedene Universitäten kann man immer wieder beobachten, dass die Pedelle die Anschläge der Studenten möglichst zügig entfernten, um den Kommunikationsfluss früh zu unterbinden.[23] So beschrieb der hallische Universitätskanzler von Ludewig 1723 in seinen „Species facti" zum so genannten hallischen Studentenaufstand, wie kurz die Zeitspanne zwischen der Nachricht über die Ehrverletzung von Studenten (9. Juni) über die innerstudentische Verständigung („wurden die Studenten hierüber schwürig", 10. Juni) bis zum Beginn der

---

[20] SHStA, 10088, Spezialia, Loc. 1779: Das Tumultieren der Studiosorum [1768], Bl. 67'.

[21] In Halle befanden sich die Schwarzen Bretter, an denen „alle Notificationes und Publicanda angeschlagen werden" auf dem Marktplatz an der „Wage", dem zentralen, offiziell von der Universität genutzten Gebäude neben dem Rathaus (hier „neben dem Eingange"), und an der Marien- bzw. Marktkirche; Dreyhaupt, Pagus Neletici et Nudzici, Zweytrer Theil 1750, hier S. 38; Schrader, Geschichte der Friedrichs-Universität zu Halle. Erster Teil. Berlin 1894, S. 90; Meier, Der hallische Studentenaufstand vom Jahre 1723, passim. In Göttingen befand sich das Schwarze Brett „in einem Hausdurchgang des alten Kollegienhauses"; Brüdermann, Göttinger Studenten und akademische Gerichtsbarkeit, S. 114, Anm. 65.

[22] SHStA, 10088, Spezialia, Loc. 1779: Das Tumultieren der Studiosorum [1768], Bl. 34.

[23] Siehe exemplarisch dafür Jena 1766 und Leipzig 1772: In Jena waren während eines großen studentischen Tumultes im August 1766 auffordernde bzw. aufrührerische Zettel (in Bezug auf den Nichtbesuch von Collegia) angeschlagen worden, die der Pedell umgehend entfernte. Die Aktennotiz dazu lautet: „Heute früh aber die ; sub. O. et D. hier beygehefteten Zeddel am Burschen Brete angeschlagen und von dem Pedell Fiedler abgenommen und ad acta gegeben worden"; UA Jena, Bestand E Abt. I Nr. 43: Acta Commissionis die Untersuchung des von einem grossen Haufen in der Nacht zwischen dem 21ten und 22ten Aug. 1766 [...] Gewalttätigkeiten betr., Bl. 32 – die beiden Zettel befinden sich im Original in der Akte: Bl. 31a und 31b. In Leipzig hatte der Pedell Christian Friedrich Burckhardt am 22. Oktober 1772 einen anonymem Aufruf zur Versammlung der Studenten auf einem Zettel „¾ Eins" am Schwarzen Brett gefunden, diesen ebenfalls abgenommen und dann zu den Akten gegeben; UA Leipzig, GA IV 114: Die von einigen Studiosis bey und nach einer allhier vorgefallenen Juden=Trauung verübte Excesse betr. 1772, Bl. 29–30.

ersten studentischen Aktionen („viele Zettul angeschlagen", am 11. Juni) gewesen ist.[24] Aber auch nach der Abnahme der Zettel vom Schwarzen Brett durch Universitätsbedienstete war damit keineswegs der Informationsfluss unterbunden: Denn in der Studentenschaft kursierten Abschriften dieser Zettel, woraus sich manche Studiosi einen Nebenverdienst machten. Die Originalzettel wurden von der Universitätsobrigkeit als „pasquille" bezeichnet und in einigen Fällen auch von Henkern öffentlich verbrannt.[25]

Ein solch rigides Vorgehen war ein funktional-praktischer und zugleich ein symbolischer Akt: Denn die Tumult-Zettel standen am Beginn bzw. im Zentrum von studentischen Unruhen; sie waren die kommunikativen Schaltstellen für weitreichende, den Raum der Stadt überziehende Aktionen und Konfliktsituationen. Deshalb wurde gezielt nach den Autoren der Zettel gefahndet, wie z.B. am Beginn unseres Untersuchungszeitraumes 1697 in Leipzig.[26] Im 1723/24 erlassenen *Edict Wider die Tumulten*, welches fortan allen Neustudenten vorgelesen werden sollte, wurden die Zettelschreiber – die „autores der Verfertig=und Anschlagung einiger aufrührerischen Convocations-Zettel" – dezidiert benannt und ihnen Strafen angedroht.[27] Und 1750 dekretierte Friedrich II. gegen die studentische Praxis, durch Anschläge am schwarzen Brett „Complots zu formieren".[28]

In diesem spannungsgeladenen, für die handelnden Studenten gefährlichen Umfeld bot das Medium des Zettels einen ganz entscheidenden Vorteil: Mit ihm konnte man die Urheberschaft der jeweiligen Nachricht verheimlichen oder doch zumindest verschleiern und auf einen kleinen Mitwisserkreis beschränken. Die beschriebenen Zettel der Studenten waren ein *anonymes Medium* und sie hatten keinen spezifischen Empfänger –

---

24 Meier, Der hallische Studentenaufstand vom Jahre 1723, hier S. 93.

25 Ein eindringliches Beispiel für die Kommunikation der Studentenschaft über Zettel am Schwarzen Brett ist die Darstellung John Meiers zum schon angesprochenen ‚hallischen Studentenaufstand' – eine Auseinandersetzung mit der Garnison in der Stadt um prinzipielle Ehrfragen – von 1723, die auf einer Sammlung von Abschriften der vielen Zettel, die im Sommer 1723 an den Schwarzen Brettern der Universität angebracht wurden, basiert (allein in den Tagen zwischen dem 10. und dem 20. Juni 1723 gab es 30 Anschläge); Meier, Der hallische Studentenaufstand vom Jahre 1723, hier S. 4–7, 15 (Zitat S. 6), die Zettel und Schriftstücke sind in einem ausgiebigen Quellenanhang (S. 19–89) vollständig wiedergegeben, die 30 genannten Anschläge haben die Nummern 5 bis 35. Auf S. 20, Nr. 3, findet sich ein schönes Beispiel für die Verbreitung eines Gerüchts. Zur öffentlichen Verbrennung von unliebsamen Schriften bzw. Pasquillen im preußischen Halle siehe auch Dreyhaupt, Pagus Neletici et Nudzici, Zweytrer Theil 1750, S. 61–63 (hier am Beispiel antireformistischer Drucke).

26 UA Leipzig Rep. GA IV 33: Acta Den am 17. Septemb. 1697. vorgegangenen Tumult und sich dabey befundener Studiosos betr. 1697, Bl. 1: „Articuli darüber die Convictores zu vernehmen. Ob Er bey dem am jüngsten Bußtage den 17. Sept. des Abend vorgegangenen Tumult gewesen? Oder, wer sich dabey befunden, Wissenschafft habe? Ob er die an das schwarze Bret angeschlagene Zettel gefertiget? Oder fertigen helffen? Ob ihm, wer es sonst gethan, bewußt?"

27 ULB Halle: AB 170393 (58): Edict Wider die Tumulten. Halle 1724, o.P.

28 Reglement, wie die Studenten auf Königlichen Universitäten sich betragen und verhalten sollen. De dato, Potsdam, den 9. May, 1750, in: Leges Academicae Studiosis in Regia Fridericiana observandae. Halae Magdeburgicae [nach 1767], ULB Pon. Yb 3775 w, QK, S. 23–26, hier § 7, S. 25.

sie kamen, geschrieben von Einzelpersonen oder Gruppen, aus der Studentenschaft heraus und waren für die Gesamtheit der Studentenschaft bzw. für die Obrigkeiten der Universität und der Stadt bestimmt. Angesprochen wurde in der Regel das Amt – insbesondere der Prorektor – und weniger die jeweils das Amt ausfüllende Person. So stellten die Leipziger Studenten 1726 ein königliches Mandat gegen das „Schlafrocktragen“ in Zweifel, da der König in Warschau weile und eine kurfürstliche Behörde ein solches Mandat im Namen des Königs nicht ausstellen könne, weil sie dafür nicht kompetent sei. Da der „Rektor“ eine studentische Deputation nicht zu empfangen bereit war, warfen die Studenten als Reaktion Fenster ein, woraufhin einige von ihnen durch die Stadtwache festgesetzt worden sind. Daraufhin verfassten die Studenten einen „Fehdebrief“ folgenden Inhalts:

> Wofern der Rector, der infame Kerl, diejenigen Pursche, welche er hat lassen wegnehmen, [nicht] wieder auf freyen Fuß stellen wird, binnen 24 Stunden, soll solches an ihm und seiner Familie, wie auch an der gantzen Universität gerochen werden, ja die gantze Stadt soll ein anderes Ansehen bekommen. Der Pursche wird dabey nicht viel einbüßen.

Außerdem beschmutzten die Studiosi das königliche Mandat am Schwarzen Brett mit „Koth“ und durchstachen es.[29] 1768 wurde im großen Disziplinaredikt für Leipzig nicht nur erneut das Anschlagen von aufrührerischen Zetteln untersagt, sondern zusätzlich – wie wir im vorangegangenen Kapitel gesehen haben – eine Anonymitätszusage für denunziationsbereite Studenten eingeführt.[30]

Die studentische Kommunikation über die Zettel am Schwarzen Brett in die Öffentlichkeit der Universitätsstadt hinein war nicht durch die Dichotomie zwischen Obrigkeit und Studentenschaft bestimmt. Dieser Kommunikationsweg wurde häufig genutzt, um Konflikte innerhalb der Studentenschaft anzubahnen, um Mechanismen und Zwänge der Akademischen Freiheit einzufordern: Studenten wurden so zum gemeinschaftlichen Versammeln oder Tumultieren und zur Verteidigung der Standesehre aufgerufen. Und umgekehrt konnten Studenten, die sich diesen Zwängen zu entziehen suchten, über das Mittel des Zettels unter Druck gesetzt und als aussätzig erklärt werden.

Für diese Optionen und Bezugsebenen der anonymen Zettel steht exemplarisch ein Schriftstück aus Göttingen von 1744. Hier wurden einem Studenten Konsequenzen für den Fall angedroht, dass er weiter Abendmusiken darbringen sollte:

> Man hat in Erfahrung gebracht Daß Peter Hurland sich vorgenommen, heute auf den Abend bey seiner Liebsten sich abermahl mit einer schlechten Abend=Music zu prostituiren. Da man aber

---

[29] Der Vorgang ist dargestellt bei: Flaschendräger, Universitätsentwicklung im Zeitalter der Aufklärung, 1680 bis 1789, S. 118 (dort auch alle Zitate) – hier wird das studentische Verhalten noch ganz im Verständnis der älteren Kulturgeschichte als Sittengeschichte gedeutet („mancherlei Unfug“, „Rädelsführer“, die „Radikalsten unter ihnen“ hatten mit „Terror und Feuer gedroht“, das studentische Pamphlet wird als ‚frech‘ charakterisiert; ebd., S. 117f.).

[30] SHStA, Loc. 1779 (12): Excesse b. Vol. I 1772–1788, Bl. 123.

> gesonen ist seinen Tohrheiten nicht wei[t]er nachzusehn. So wird Ihme hiemit ernstlich anbefohlen sothanen Unfug zu unterlassen oder einer willkührlichen Straffe gewartig zu seyn.[31]

Der Zettel bzw. das Pasquill, wie er in der Akte bezeichnet wird, ist nicht handgeschrieben, sondern durch ausgeschnittene und aufgeklebte Lettern zusammengesetzt worden. Der Anfangsbuchstabe und die angesprochenen Personen sind dabei hervorgehoben worden. Die Schriftpassage schließt mit dem Verweis auf den Druckort („Göttingen, gedruckt bey Johann Friedrich Hager“) und einem Verweis auf die Stelle, an der auf einem obrigkeitlichen Mandat das landesherrliche Sigel stehen würde („LS“). Die Studenten persiflierten damit die Form universitärer bzw. landesherrlicher Verordnungen und Edikte. Dafür spricht auch die Angabe der Namen derjenigen, auf deren Geheiß das Schriftstück angeblich erlassen wurde: nämlich die Pedelle Peter Müller und Peter Wattengel.

Der Zettel lässt eine Doppelinterpretation zu: Zum einen mag es hier tatsächlich um eine innerstudentische Disziplinierung und Drohung gegen einen konkreten Studenten gegangen sein, dessen Name vielleicht nicht „Hurland“ gewesen ist, den man aber über eine Namensverwandtschaft, einen naheliegenden Herkunftsbezug – Kurland – oder einfach ob seiner tatsächlich exzessiven Werbungsversuche gegenüber den Göttinger Frauen identifizieren konnte. Zum anderen ging es zugleich oder auch in der Hauptsache um eine Provokation der Universitätspedelle als Vertreter der Universitätsobrigkeit, die für die Herstellung der studentischen Disziplin im Alltag zu sorgen hatten. Man machte sich mit diesem Schriftstück lustig über sie, auch weil es zugleich zwischen den Zeilen die Hilflosigkeit der Pedelle gegenüber dem studentischen Brauchtum verdeutlichte: Disziplinaranweisungen wurden von den Studenten missachtet.

Das studentische Kommunikationsverfahren über Zettel stand also auch in der Tradition der mittelalterlich-frühneuzeitlichen, bis ins 17. Jahrhundert nachgewiesenen Schmähschriften und der seit der Antike genutzten libelli famosi bzw. Pasquillen.[32] Die schriftliche und in der Regel – abgesehen von den privaten Duellforderungen im kleinen Kreis – anonyme Zettelkultur war eine ideale Kommunikationsform für die Studenten: Sie war vergleichsweise sicher, man konnte mit ihr eine hohe Verbreitung erzielen und sie war immer wieder anwendbar. Sie war ein alltäglich nutzbares Medium für die *gesamte* Studentenschaft einer Stadt.

Aus diesem Grund wurden die Vorzüge der Zettelkommunikation als Nachrichten- und Informationsträger auch innerhalb der neu entstehenden Organisationskultur der arkanen Studentengesellschaften genutzt. In vielen Untersuchungsakten gegen Studentenorden sind entsprechende Schriftstücke überliefert, die den Behörden bei Visitationen von Zimmern bzw. Sachen und Gepäckstücken verdächtiger Studenten in die Hände gefallen sind. Diese Zettel, die ordensspezifische Informationen enthalten, waren für die Universitätsgerichte Beweisstücke, die zusammen mit den offiziellen ordensinternen Unterlagen wie z.B. Gesetzbüchern und Diplomen in die Untersuchungsakten eingegangen

---

31 UA Göttingen, C XXXIII 9 (1744): Pasquill am schwarzen Brett (1744), o.P.

32 Siehe Lentz, Konflikt, Ehre, Ordnung, insb. S. 10f. und 161–163.

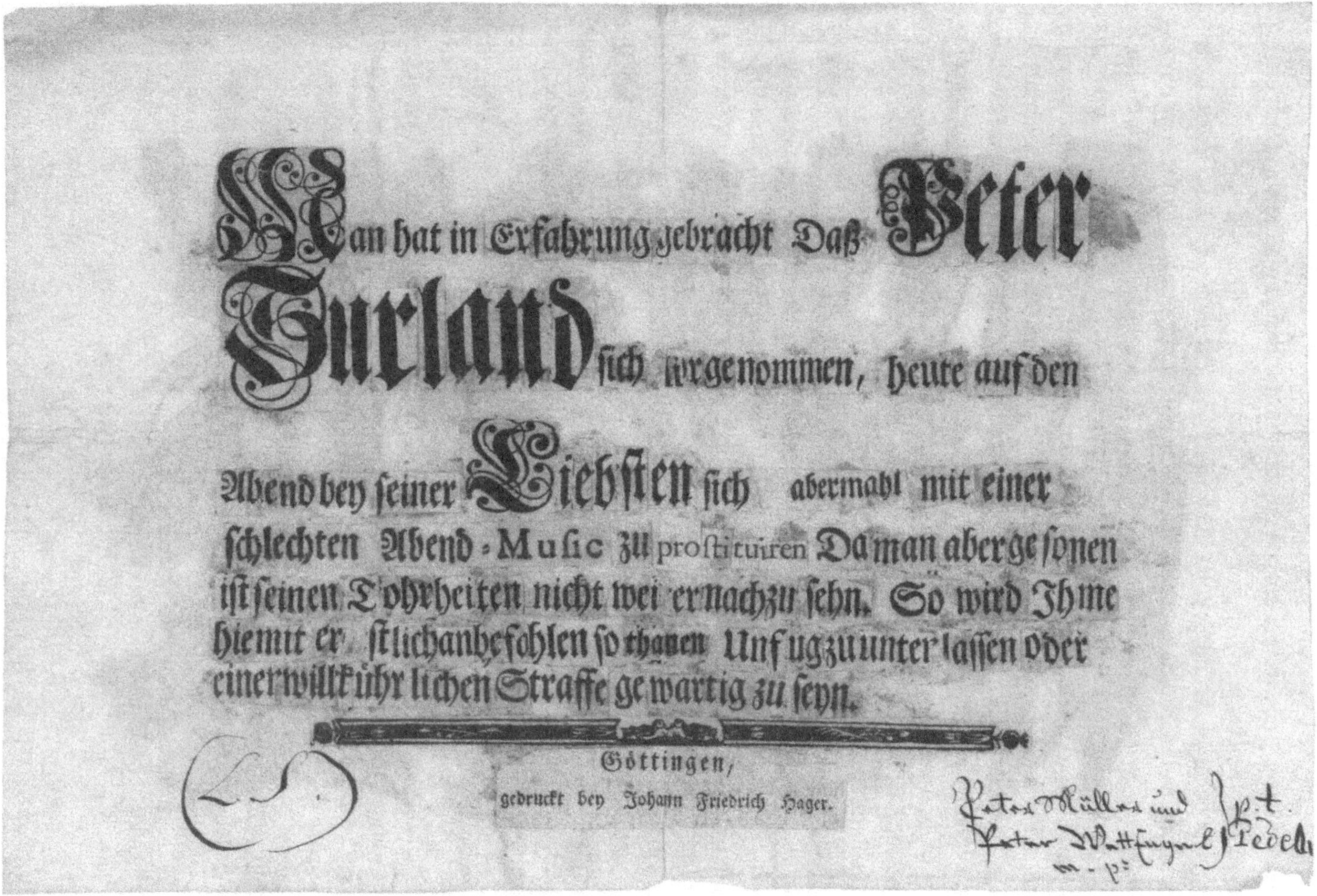

Man hat in Erfahrung gebracht Daß Peter
Surland sich vorgenommen, heute auf den
Abend bey seiner Liebsten sich abermahl mit einer
schlechten Abend-Music zu prostituiren Da man aber gesonnen
ist seinen Thorheiten nicht weiter nachzu sehn. So wird Ihme
hiemit ernstlich anbefohlen so thanen Unfug zu unterlassen oder
einer willkührlichen Straffe gewärtig zu seyn.

Göttingen,
gedruckt bey Johann Friedrich Hager.

Abb. 3 Anonymer Zettel („Pasquill“), Göttingen 1744.

sind.[33] Das hallische Universitätsgericht bezeichnete 1783 ein Schriftstück mit einer „Ordensbeschreibung", das ihr bei einer Visitation in die Hände gefallen war, als ein „geschrieben klein Zettelgen".[34]

Ein gutes Beispiel für die Zettelkultur in der Welt der Orden sind die Ergebnisse der im Sommer 1780 in Halle durchgeführten Untersuchungen gegen *Die wegen Ordens=Verbindungen verdächtigen Studiosos Friesner, Koch und Consorten*. Nach einem Exzess gegen die hallische Schaarwache am Abend des 21. Mai 1780 kam es zur Untersuchung der Stube des Studenten Friesner, in der ein unterschriebenes Billet sowie ein „Bogen in Form eines Patento mit Characteren" gefunden wurde, das zwei Unterschriften trägt, in breit geschriebener Schrift verfasst und mit zwei Petschaften versehen war. Darüber hinaus fand sich ein „kleiner Zettel", auf welchem die „Charactere dechiffrieret" waren.[35] Ansonsten seien die „Stube, Kammer und Coffer von Büchern, Kleidern, Wäsche" und ähnlichem „gantz leer gewesen", die drei Schriftstücke aber wurden „mit ad locam Judicii genommen".[36]

Auch die Visitationen der Sachen der ebenfalls in die Untersuchung involvierten Studenten Giersberg und Koch durch die Pedelle Müller und Hübner ergaben Hinweise auf Ordensaktivitäten durch ein aufwendig gestaltetes Ordenskreuz – geschmückt mit roter Seide, befestigt an einem Goldfaden – sowie durch dazugehörige Quellen in Zettel- und Briefform. Neben einem „Buch mit dem Titel Samlungen einiger lustigen Poesien und Studenten Lieder" fanden sich zwei Briefe die „Reception einiger Studenten in den Orden" betreffend, eine „in Glas geschnittene" dreieckige Petschaft[37] sowie – bei Koch – fünf verdächtige Zettel.[38] Koch wurde daraufhin durch die Professoren Ernst Christian Westphal und Johann Christian Förster vernommen. Dabei identifizierte er die Zettel und relativierte die Inhalte bzw. erklärte sie als ihm nicht verständlich: Der erste Zettel sei ihm „bey seiner Arretierung [...] abgenommen worden", das darauf befindliche Zeichen „AF" sei ihm unbekannt. Der zweite Zettel gehöre dem Studenten Naelte, der nach Frankfurt an der Oder abgegangen sei. Den dritten Zettel mit den „Characteren" habe er gefunden („im Garten" eines Wohnhauses), ohne Absicht und Wissen darum,

---

33 So etwa in Helmstedt; siehe: NStWf: 37 Alt 2596: Acta die unter den Studenten in Helmstedt errichteten Ordensverbindungen und die gegen die Mitglieder eingeleiteten Untersuchungen betr. Vol. III 1774–1778, Bl. 55ff. Receptions- Diploma, Circularschreiben und andere Scripturen des Unanimitätsordens 1774–1778 sowie Bl. 109–121 viele kleine Zettel.

34 UA Halle, Rep. 5, Nr. 38, Acta die Untersuchung und Aufhebung des neuerlich wieder entstandenen Constantisten und Unitisten Ordens auf hiesiger Universität betr. 1783, Bl. 6/6', 8 (es handelte sich um aufgeschriebene Ordensstatuten).

35 UA Halle, Rep. 5 (Universitätsgericht), Nr. 33: Acta. Die wegen Ordens=Verbindungen verdächtige Studiosos Friesner, Koch und Consorten betr. 1780, Bl. 1; der hier erwähnte „Bogen" ist tatsächlich ein Ordenspatent in Geheimschrift, das mit dem dazugehörigen Schlüssel und einer Übersetzung auf den Bl. 4–6 der Akte wiedergegeben ist. Vgl. dazu auch das geheime Alphabet der *Konstantisten* bei: Deuerlein, Neues vom Constantisten=Orden, S. 100–103.

36 UA Halle, Rep. 5, Nr. 33: verdächtige Studiosos 1780, Bl. 1'.

37 UA Halle, Rep. 5, Nr. 33: verdächtige Studiosos 1780, Bl. 7/7' (Bl. 8–10 die Briefe).

38 UA Halle, Rep. 5, Nr. 33: verdächtige Studiosos 1780, Bl. 11–13.

was diese bedeuten, genommen; Zettel Nummer vier „sey eine Rechnung, von zusammen zu legendem Gelde, weshalb der abgegangene Stud. Schmidt mit ihm und anderen, vor einiger Zeit eine Verabredung getroffen, in dem sie eine Disputir- Bücher- und Ubungs Gesellschaft zu Beförderung ihrer Wissenschaften errichten, und von dem Gelde die Bücher kauffen wollten.“ Die Gesellschaft sei aber nicht zustande gekommen. Den fünften Zettel habe ihm der Student Pelling vor dessen Abreise geschrieben – außerdem kann er generell „aufrichtig versichern, daß er sich in keinem Orden befinde“.[39]

In diesem Beispiel finden sich gebündelt die ausweichenden Begründungen und Argumentationen der verhörten Studenten vor Gericht, hier bezogen auf das Medium des Zettels. Es ist natürlich nicht überraschend, dass sich die Studiosi allerlei ausweichende Szenarien einfallen ließen, die – wenn man davon ausgeht, dass hier nicht die Wahrheit gesagt worden ist – die tatsächlichen Umstände und Gründe verschleierten. So hat man entweder gar nicht verstanden, was Ordens-Kürzel und Chiffren bedeuten, ist eher zufällig und unachtsam in den Besitz möglicherweise belastenden Schriftguts gekommen, verwies auf finanzielle Bezüge zu soliden und akzeptablen Unternehmungen – im vorliegenden Fall ist es eine in Planung befindliche wissenschaftliche Studentengesellschaft – oder stellte die Schriftstücke in einen harmlosen, alltäglichen Zusammenhang. Dies alles war für die Universitätsobrigkeit schwer zu widerlegen.

Zusammenfassend bleibt festzuhalten, dass die Studenten des 18. Jahrhunderts mit der schriftlichen Kommunikationskultur der Zettel, die Informationen und Nachrichten für eine große Zahl Studenten – im Prinzip die gesamte Studentenschaft – und auch innerhalb einer kleinen verschworenen Gemeinschaft wie den Studentenorden transportieren konnten, nicht nur vertraut waren, sondern dass sie einen zentralen Bestandteil studentischen Handelns darstellte. Die Studiosi wussten um die Praktikabilität des Mediums und die damit einhergehenden anonymen Kommunikationsmöglichkeiten. Deshalb ist es konsequent, dass die Studenten dieses Medium für die Zwecke von Denunziationen nutzen – angesichts des hohen obrigkeitlichen und innerstudentischen Disziplinierungs- bzw. Gruppendrucks wurde ein neues Informationsmedium entwickelt: die Denunziationszettel.

II Die hallischen Denunziationszettel: Anonymität als Voraussetzung

Die Zettel waren eine Kommunikationsform, die die Anforderungen des Denunzianten – die zuverlässige Informationsübermittlung und die Aufrechterhaltung der Anonymität, den Schutz der eigenen Identität – in hervorragender Weise erfüllten. Außerdem ermög-

[39] UA Halle, Rep. 5, Nr. 33: verdächtige Studiosos 1780, Bl. 11–13 (hier auch alle Zitate), die Originalzettel finden sich auf Bl. 14–18; siehe dazu weiter unten auch Abschnitt IV.5.

lichten die Denunziationszettel ein absolut autonomes Handeln: Der Denunziant konnte sie allein anfertigen und an die Zielperson übermitteln; er konnte dies so planen und organisieren, dass er ungesehen blieb. Und die Zettel waren ein optimales Medium in ihrer physischen Form, weil sie handlich, faltbar oder wenn nötig sehr klein sein konnten. Außerdem besaß jeder Student für seine Studienzwecke blankes Papier, woraus sich Zettel unauffällig herstellen ließen. Damit waren alle technischen Voraussetzungen erfüllt, um bei Denunziationen unerkannt zu bleiben und so der Rache der Betroffenen bzw. dem Sozialausschluss aus der Studentenschaft zu entgehen.

Das Kernelement der Denunziationszettel haben bereits die Universitätsgerichte in den Mittelpunkt gestellt und die Schriftstücke entsprechend bezeichnet: In Halle wurde 1783 die schriftliche Denunziation des *Confidentistenordens* als „anonymische Anzeige" bezeichnet,[40] und im gleichen Jahr wurde am Beginn einer Untersuchung gegen den *Konstantistenorden* und den *Unitistenorden* ein „Protocoll wegen des gefundenen anonymischen Zettels" aufgenommen.[41] Auch in Erlangen wurde 1794 ein schriftlicher Denunziationsvorgang vom Universitätsgericht als „anonimischer Brief" charakterisiert.[42] Die Schriftstücke bildeten die Schnittstelle zwischen Wissensbeständen in der Welt der Studenten und den auf Informationen angewiesenen universitären und landesherrlichen Obrigkeiten. Die Denunziationszettel stellen einen „Ausschnitt einer sehr viel umfassenderen Kommunikation"[43] dar, mit deren Hilfe ein Schlaglicht auf eine komplexe Wirklichkeit gelenkt werden kann. Sie erlauben jedoch keinen unverstellten Blick darauf, wie ‚es gewesen ist', sondern stellen uns vor die Aufgabe, die „papierne Wirklichkeit"[44] der Denunziation in einen Handlungskontext einzuordnen und sie vor diesem Hintergrund zu deuten.

Die denunziatorischen Schriftstücke ordnen Ereignisse in der Lebenswelt so in Zusammenhänge ein, dass sie obrigkeitlichen Anforderungen genügen, um entsprechende Reaktionen zu provozieren. Sie erzählen also eine Geschichte, die sich aus Fakten, Vermutungen sowie auch Falschanschuldigungen zusammensetzte. In diesem Sinn sind auch die Untersuchungen des Universitätsgerichts infolge der Denunziationen zu ver-

---

[40] UA Halle, Rep. 5, Nr. 36: Acta Die Untersuchug des neuerlich angezeigten Confidentisten Ordens auf hiesiger Universitaet Ingleichen die Untersuchung derer am 24. Novembr. d a bey Reideburg zwischen denen Constantisten und Unitisten […] vorgefallene O. Schlägereyen, und Bestraffung derer Combattanten betr. 1783, hier das Titelblatt.

[41] UA Halle, Rep. 5, Nr. 38: Untersuchung und Aufhebung 1783, Bl. 1; siehe auch ebd., Bl. 7': hier wird die Denunziation als „anderweite geschehene Anzeige" bezeichnet.

[42] UA Erlangen, A 1 / 13 Nr. 9: Die eingekommene Denunciation wegen vorgehen sollenden Holzunterschleifs bey dem Botanischen Garten betr. 1794, o.P.

[43] Franz Mauelshagen, Rezension zu: Robert Darnton, Poesie und Polizei. Öffentliche Meinung und Kommunikationsnetzwerke im Paris des 18. Jahrhunderts. Frankfurt a.M. 2002, in: H-Soz-u-Kult, 22.08.2003, <http://hsozkult.geschichte.hu-berlin.de/rezensionen/2003-3-114>, hier im Blick auf Chansonniers, Tagebücher und Polizeiakten.

[44] Christian Jaser, Rezension zu: Valentin Groebner, Der Schein der Person. Steckbrief, Ausweis und Kontrolle im Europa des Mittelalters. München 2004, in: H-Soz-u-Kult, 07.06.2005, <http://hsozkult.geschichte.hu-berlin.de/rezensionen/2005-2-170>.

stehen. Die Zettel lieferten zwar nachprüfbare Fakten wie Namen, Orte und Daten – die detaillierten Kontexte und die Ausmaße der Vorgänge aber mussten der Prorektor und andere Professoren sowie Gerichtsbediente ausforschen und zu einem Bild zusammensetzen. Insofern sind die Zettel in verschiedenen Zeitperspektiven zu befragen: Was sagen sie über die Verhältnisse und Ursachen bzw. Grundlagen der Denunziation *vor* ihrem eigentlichen Erscheinen aus? Was können wir aus den Denunziationszetteln über den unmittelbaren Vorgang, den Ablauf der Denunziation, ermitteln? Und welche Reaktionen riefen die schriftlich-anonymen Denunziationen auf Seiten der Obrigkeit hervor? Dieses Informationsverhalten lässt sich besonders gut und intensiv in Halle fassen. Hier lassen sich die Schreiben aus einer sehr dichten universitären Überlieferung herausfiltern und so über einen längeren Zeitraum hinweg verfolgen und vergleichen.[45]

II.1 1767: Neue Arkangesellschaften und ein erster Denunziationszettel

Mitte der 1760er Jahre hatte sich in der preußischen Grenzstadt Halle die arkane Kultur so verdichtet, dass Informationen aus der Studentenschaft heraus an die Oberfläche drängten und die universitären Obrigkeiten zum Handeln gezwungen waren. Im Januar 1765 wurde die Universitätsobrigkeit im Rahmen einer offensichtlich breiter angelegten, in den Akten nicht genauer spezifizierten Anzeige (es ist „unter anderem angezeiget worden") auf den Studenten Crusemann aufmerksam, der der Senior der *Westfälischen Landsmannschaft* sei. Dieser leugnete alles, was auf eine organisierte und hierarchisierte Arkangesellschaft hindeuten konnte – er sei zwar der Älteteste, nicht aber der Senior, sie hätten überhaupt keine Ämter wie Senior oder Subsenior, ebenso keine Leges noch eine Kasse, die Schleifen an den Hüten der Landsmannschafter seien kein bestimmtes Zeichen („willkührlich"), manche trügen es, manche nicht, ihre Zusammenkünfte seien im Gasthaus ‚Zu den 3 Königen' zum Vergnügen von Freunden.[46] Dennoch kam das Universitätsgericht in der sich anschließenden Untersuchung in Kenntnis über die Existenz nicht nur dieser Landsmannschaft, sondern stieß auf eine aktive arkane Vergesellschaftungskultur innerhalb der Studentenschaft der Fridericiana insgesamt. Diese war der Universitätsobrigkeit offensichtlich nicht ganz neu. So spricht der Aktentitel von den „unter denen Studiosis wieder eingerissenen Landsmannschafften" und verwies auf „deren Abstellung". In der Folge kam es zu ausgedehnten Verhören, die durch Namensangaben insbesondere durch den zuvor vernommenen Studenten der Rechte Johann Jacob Andreas Müller aus Wetzlar möglich wurden.[47] Außerdem kam es zu weiteren

---

[45] Hinweise darauf gibt: König, Aus zwei Jahrhunderten, S. 83, 87, 96f., 101, 111, 114, 117. Siehe in diesem Kontext auch: Günther Kraft, Historische Studien zu Schillers Schauspiel „Die Räuber". Über eine mitteldeutsch-fränkische Räuberbande des 18. Jahrhunderts. Weimar 1959 (Beiträge zur deutschen Klassik 3), S. 81f. zu einem „anonymen ‚Denunciatio'-Schreiben", von 1698, das Schiller offensichtlich als Quelle benutzt hat.

[46] UA Halle, Rep. 5 Universitätsgericht, Nr. 22: Volumen I Acta die seither unter denen Studiosis wieder eingerissene Landsmannschafften, und deren Abstellung betr. 1765, Bl. 1/1'.

[47] UA Halle, Rep. 5, Nr. 22: Volumen I, Bl. 1'–5'.

Untersuchungen, die sich bis in den Herbst des Jahres zogen und noch 1766 ihre Fortsetzung fanden.[48]

Dabei stand die Anonymität bzw. die Zusicherung, den Namen der Aussagenden geheim zu halten, im Zentrum. So hatte Müller laut Protokoll am Beginn der Untersuchungen gesagt, „wenn sein Nahme verschwiegen bleibe, wolle er alles was er wisse, heraus sagen“.[49] Im April 1765 reagierte die Universität mit einer schriftlich fixierten Situationsbestimmung und Verhaltensanordnung, die die Professoren der Universität gegengezeichnet haben und in der auch die Frage der Vertraulichkeit behandelt und zugleich als zentrale Verhaltensvoraussetzung für Denunziationen (erneut) akzeptiert wurde:

> Wie denn denen neu ankommenden Studiosis zu ihrem eigenen wahren Wohl und Besten hiermit zugleich ernstlich befohlen wird, diejenigen, so sie indergleichen verbothenen Gesellschaften zu ziehen suchen sollten, sofort bey dem zeitigen ProRectore anzuzeigen, und versichert zu seyn daß ihre Nahmen gegen jedermann verschwiegen bleiben sollen, damit diesem Unheil mit Nachdruck gesteuret, und solches von Grund auf exstirpiret werden könne.[50]

Die im Denunziationsmuster als eines seiner zentralen Bestandteile festgelegte Verschwiegenheitszusage lässt sich in der alltäglichen Disziplinarpraxis, hier für Halle, wo ja 1713 zunächst noch keine Anonymitätszusage dezidiert in das grundlegende Duelledikt eingeschrieben worden war, fassen: Auf der einen Seite fordern Studenten diese vor einer denunziatorischen Aussage ein und sichern sich damit gegen eventuelle Nachstellungen ab, auf der anderen Seite arbeiten die universitären Obrigkeiten mit diesem Mittel und dehnen es weiter aus, indem jeder neu ankommende Student von der Möglichkeit Kenntnis haben soll, sich dieses Mittels bedienen zu können. Das Loyalitätsverhalten der jungen Männer im Spannungsverhältnis zwischen Studentenschaft, Obrigkeit und Familie wurde damit von Beginn ihrer Studienzeit an unter Druck gesetzt.

Im Gang dieser Untersuchungen gegen die Landsmannschaften 1765 tauchte am Rande auch ein studentischer Orden auf. Im Verhör des 19jährigen Studenten Johann Wilhelm Hildt aus Saarbrücken hatte die Universitätsobrigkeit eine Bestätigung für die Ordensexistenz in Halle gefunden. Am unteren Rand einer Seite des Verhörprotokolls ist vermerkt: „Übrigens gestehet Comparent ein, dass er sich anjetzo in dem Orden inviolable befinde“, dass die Ordensmitglieder ihr Ordenszeichen verborgen auf der Brust tragen und die darin geschlossene Freundschaft sich nicht nur auf die Universitätszeit beschränke, „sondern solange als ein membrum am Leben wäre“.[51] Gegen diesen Orden, der in dieser Zeit augenscheinlich die arkane Szene der Studenten neben den Landsmannschaften dominiert hat, ist das Universitätsgericht ausführlich in einer großen Un-

---

48 UA Halle, Rep. 5, Nr. 23: Volumen II Acta die seither unter denen Studiosis wieder eingerissene Landsmannschafften, und deren Abstellung betr. 1765.

49 UA Halle, Rep. 5, Nr. 23: Volumen II, Bl. 3'.

50 UA Halle, Rep. 5, Nr. 23: Volumen II, o.P.

51 UA Halle, Rep. 5, Nr. 23: Volumen II, Bl. 9'–12', Zitate Bl. 10', 12.

tersuchung zwischen Sommer 1766 und Jahresbeginn 1767 vorgegangen.[52] Dabei war man erstmals dem Innenleben des Ordens auf die Spur gekommen und hatte durch die Verhöre des stud. jur. Friedrich Suhemühl aus Hattersdorff im Mecklenburgischen Genaueres über das Rezeptionsritual der Geheimgesellschaft sowie über die Mitglieder des Ordens im Verhör des Studenten Naste am 17. Oktober 1766 erfahren.[53]

Die kurze Zeit später im Juli 1767 erfolgte Denunziation der *Niedersächsischen Landsmannschaft* mittels eines Denunziationszettels hatte die hallische Universitätsobrigkeit dann endgültig wachgerüttelt. Der Wortlaut der Denunziation ist:

> Morgen in Fleischers Garten, wegen neu zu errichtender Landsmannschaft, Zusammenkunft der Magdeburger und Halberstädter unter dem Namen der Nieder= Sachsen. Der Senior heißt Nod, logirt dem Fechtboden über. Ein Adjutant ist Weinreich, Chemnitz Subsenior in des Maj. Ludwig Hause, Messow Secret. Der Billardeur Wagner in der kleinen Ulrichstraße besorgt das in den angezeigten Garten zu tragende Essen. auf dem Rathskeller sind bestellt 40. Kannen Merseburger 20. Kannen Wettiner [Verte] Soll die Untersuchung mit einigem Effekt folget werden, so müssen beide Pedelle morgen Abends oder um Mittern[acht] dur[ch] die Scharwacht den Garten mit einem m[al] umringt halten und vornemlich den Senior, Subsen. und Adjutanten sogleich arretieren und sie von den üb[ri]gen wegreißen lassen. Auf solche Weise werden ihre Statuten oder lege[s] wenn sie in continenti visitirt werden, am füglichsten bekannt gemacht und dem Judicio Acad. ohnfehlbar überliefert werden. Der Numerus dieser Consorten beläuft sich zur Zeit auf 42.[54]

Die schriftlich und anonym denunzierte Gründungsversammlung der Landsmannschaft hatte ein erstaunliches Maß an *verdeckter Öffentlichkeit* und logistischem Aufwand im engen Rahmen der Universitätsstadt offenbart. Die Landsmannschaft war keine im stillen Kämmerlein agierende kleine Gruppe von Studiosi, die aus der gleichen Gegend stammten. Sie präsentierte sich als autonome und zahlenmäßig starke Organisation, die den Augen und dem Zugriff der Universitätsobrigkeit entzogen bleiben sollte: Sie umfasste zum Gründungszeitpunkt 42 Studenten (1767 wurden in Halle 334 Studenten immatrikuliert)[55] und wies eine innerhierarchische Führungsstruktur mit einem Senior, einem Subsenior, einem Sekretär und einem Adjutanten auf. Außerdem hatte die Landsmannschaft in Zusammenarbeit mit Lieferanten und Gastronomen der Stadt eine Gründungsfeier organisiert, die nicht im Dunkel eines versteckten Zimmers abgehalten wer-

---

[52] UA Halle, Rep. 5, Nr. 26, Untersuchung des Ordens Inviolable 1766. Möglicherweise haben zu dieser Zeit weitere Orden in Halle bestanden – so sprach der Medizinstudent George Philipp Dern „zugleich auch von anderen Orden"; ebd., Bl. 10–13', hier Bl. 13.

[53] UA Halle, Rep. 5, Nr. 26, Untersuchung des Ordens Inviolable 1766, Bl. 25, 90'.

[54] UA Halle Rep. 5, Nr. 24: Acta die von den Studiosis Nood, Kemnitz, Messow und anderen intus benannten Studiosis intendirte LandsMannschaffs Errichtung betr. 1767, Bl. 1/1' – die folgenden Angaben ebd.

[55] Eine Gesamtzahl der in diesem Jahr in Halle Studierenden ist nicht exakt bezifferbar – nach Franz Eulenburg wurden im Zeitraum 1766–1770 insgesamt 1635 Studenten immatrikuliert, woraus sich für dieses Jahrfünft eine errechnete Frequenz von 587 ergibt; siehe: Eulenburg, Die Frequenz der deutschen Universitäten, S. 135, 163, 165, 297, 301; Kathe, Die hallische Studentenschaft zur Zeit Friedrichs des Großen, S. 130.

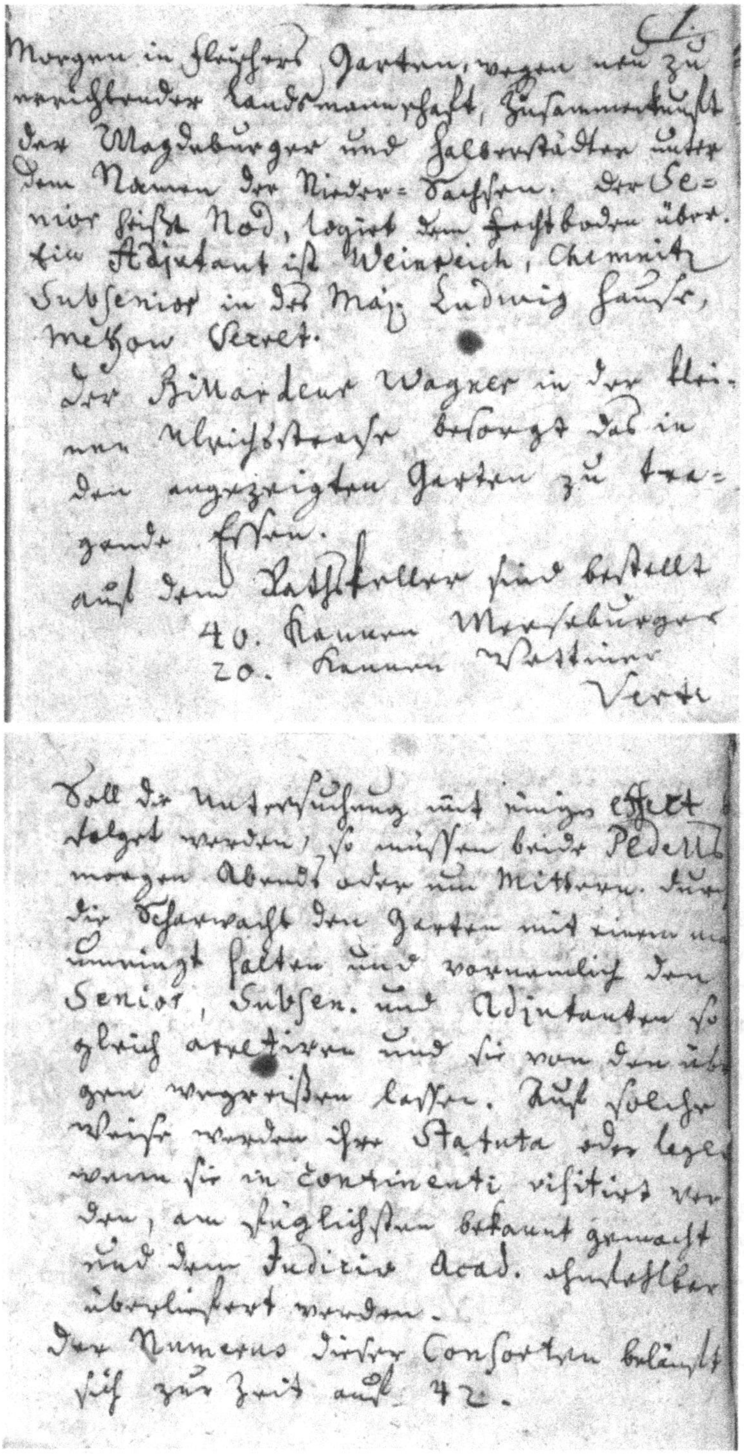

Morgen in Fläschers Garten, wegen neu zu errichtender Landsmannschaft, Zusammenkunft der Magdeburger und Halberstädter unter dem Namen der Nieder=Sachsen. Der Senior heißt Nod, logirt beim Hofbader über. Sein Adjutant ist Weinreich, Chemnitz Subsenior in der Mäg. Ludwig Hause, Methow Secret.

Der Billardeur Wagner in der kleinen Ulrichstraße besorgt das in den angezeigten Garten zu tragende Essen.

Auf dem Rathskeller sind bestellt
40. Kannen Merseburger
20. Kannen Vestiner
Verte

Soll der Untersuchung mit einigem Effect folgt werden, so müssen beide Pedellen morgen Abend oder um Mittern. durch die Scharwacht den Garten mit einem umringt halten und vornemlich den Senior, Subsen. und Adjutanten sogleich arretiren und sie von den übrigen wegreißen lassen. Auf solche Weise werden ihre Statuta oder Leges wenn sie in continenti visitirt werden, am füglichsten bekannt gemacht und dem Judicio Acad. ohnfehlbar überliefert werden.

Der Numerus dieser Consorten beläuft sich zur Zeit auf 42.

Abb. 4 Denunziation der *Niedersächsischen Landsmannschaft*, Halle 1767.

den sollte, sondern in der Freizügigkeit eines innerstädtischen Gartens („Fleischers Garten"); das Bier hatte man im Ratskeller bestellt, das Essen über den Billardeur Wagner.

Mitte der 1760er Jahre wurde der hallischen Universitätsobrigkeit bewusst, dass sich eine eigene arkankulturelle Sphäre der Studenten herausgebildet hatte, die eng mit den städtischen Dienstleistungen verbunden und der Disziplinargewalt der Universität entzogen war. Und man musste feststellen, dass es sich um eine tendenziell doppelschichtige arkane Kultur handelte. Zum einen war die Universitätsobrigkeit mit dem Paradoxon einer verdeckten Öffentlichkeit konfrontiert, die die Landsmannschaften generierten: Diese entfaltete sich zwar im öffentlichen Raum der Stadt, war aber so vorbereitet und organisiert, dass sie den Blicken der Professoren und Pedelle entzogen blieb. Hinzu kamen zum anderen die Erfahrungen aus der nur wenige Monate zurückliegenden Untersuchung gegen den *Inviolableorden*, einer graduell stärker im Verborgenen arbeitenden Arkangesellschaft. Die Universitätsobrigkeit stand nun unter Handlungszwang, sie musste die Dinge systematischer angehen. Im Sommer und Herbst hatte sie deshalb – parallel zu einer neu angelaufenen Untersuchung gegen die *Pommersche Landsmannschaft*, die zu diesem Zeitpunkt mindestens 60 Mitglieder aufwies und „sich auf dem kühlen Brunnen [einem Renaissance-Gebäude in unmittelbarer Nähe zum Markt] mit theatralischen Übungen vergnüget" –[56] intensive Nachforschungen angestellt. Dabei kam zu Tage, dass sich die Arkanstudenten ihrer selbst sicher waren und so weit gingen, regelmäßige öffentliche Theateraufführungen mit beträchtlichem logistischem Aufwand zu organisieren. Am 31. Oktober 1767 erließ dann die hallische Universität als Antwort die öffentlich gemachte *Verordnung, wegen der auf königlichen Befehl verbothenen Aufführung von Comödien, und Errichtung besonderer Landsmannschafften und Orden.*[57]

Die Universität hatte damit erneut in Abstimmung mit dem preußischen Staat die Studenten gemaßregelt und versucht, sie durch Verbote und Strafandrohungen zu einem anderen Lebenswandel zu bewegen und damit die Situation insgesamt in den Griff zu bekommen. Um tatsächlich eine Wirksamkeit des Edikts in der Lebenswirklichkeit zu erzeugen, war man auf die Denunziationen der unter Verbot und Bestrafung gestellten Verhaltensweisen und kulturellen Praktiken angewiesen. In diesem Zusammenhang ist es nicht verwunderlich, dass in der *Verordnung* keine explizite Anzeige- bzw. Denun-

---

[56] UA Halle Rep. 5, Nr. 25: Acta Die Untersuchung der Pommerschen Landsmannschaft betr. 1767, Bl. 8: die Namensliste ist alphabetisch geordnet und enthält jeweils Angaben zur Herkunft und zum Studienfach / zur Fakultätszugehörigkeit – ob es sich um eine Aufstellung des Gerichtsaktuars handelt oder ob sie die Studenten selber zusammengestellt haben bzw. ob es sogar ein denunziatorisches Schriftstück ist, lässt sich nicht exakt bestimmen. Die Untersuchung gegen die *Pommersche Landsmannschaft* war zustande gekommen, nachdem sich fünf Studenten in Berlin wegen der gegen sie verhängten Strafen nach der Unterstützung der Flucht des Studenten Möller aus dem Gefängnis beim König beschwert hatten. Friedrich II. reagierte jedoch harsch, da er dahinter eine Landsmannschaft vermutete und verlangte von der Universität diese nicht zu dulden, „vielmehr auf das rigoureuseste" zu strafen; siehe ebd. Bl. 1/1' (Zitat 1').

[57] Siehe dazu das Zweite Kapitel, Abschnitt II.

ziationsaufforderung enthalten war und man sich mit der väterlichen Ermahnung begnügte, die Studenten sollten die Nachteile ihres Tuns einsehen, und die Orden und Landsmannschaften auflösen.[58] Dieser landesväterliche Zuspruch war keine semantische Hülse, kein Täuschungsmanöver, sondern tatsächlich so gemeint. Man kann davon ausgehen, dass das Maß selbsttätigen Handelns, das man den Studenten durch den Mechanismus der Selbstauflösung der Arkangesellschaften zuwies, ernst gemeint war.[59] Dies aber war nur eine Seite. Denn wie wir gesehen haben, hat es bereits *vor* dem Reskript vom Herbst 1767 Denunziationen gegeben, die die Universitätsobrigkeit auch genutzt und auf deren Basis sie Untersuchungen durchgeführt hat. Man musste also – ähnlich wie in Helmstedt und Erlangen – auch in Halle in den 1760er Jahren die Denunziation nicht mehr unbedingt anpreisen, sondern konnte auf ein Verhalten hoffen und zurückgreifen, das auf dem seit 1713 im Zuge der disziplinarischen Maßnahmen gegen die Duelle eingeführten Denunziationsmuster basierte.

II.2 Emergenz und Koinzidenz: Untersuchungswellen und Denunziationszettel

In der Nachfolge dieser Entwicklungen fanden weitere Denunziationszettel den Weg zur hallischen Universitätsobrigkeit. Im Folgenden sollen die zeitlichen Zusammenhänge ihres Auftretens beobacht, die Zettel selbst mit ihrem Inhalt präsentiert und ihre innere Struktur in den Blick genommen werden. Generell lässt sich ein Zusammenhang zwischen dem Verfassen von Denunziationszetteln und zwei großen Untersuchungswellen beobachten. In der Mitte bzw. zweiten Hälfte der 1760er Jahre, unmittelbar nach dem Ende des 7jährigen Krieges, erlebte die Universität Halle eine erste intensive Zeit obrigkeitlicher und universitätsgerichtlicher Maßnahmen mit dem Ziel der Disziplinierung der Studenten. Ähnliches lässt sich etwa zeitgleich auch in Jena und Göttingen beobachten.[60] Wenige Jahre nach dem Ende des verheerenden Krieges hatten die Obrigkeiten offenbar wieder verstärkt Interesse, innenpolitische Fragen zu steuern; die Disziplin der Studiosi war dabei ein Dauerbrenner, der automatisch und verstärkt durch das überterri-

---

[58] Siehe in diesem Zusammenhang auch das Reglement, wie die Studenten auf Königlichen Universitäten sich betragen und verhalten sollen. De dato, Potsdam, den 9. May, 1750, in: Leges Academicae Studiosis in Regia Fridericiana observandae. Halae Magdeburgicae [nach 1767], ULB Pon. Yb 3775 w, QK, S. 23–26, hier § 12, S. 26: „Wollen Se. Königl. Majestät, daß den Studenten die Freyheit gelassen werden soll, sich auf honette und erlaubte Art zu divertiren, so, wie solches andern Leuten von guter Conduite vergönnet und erlaubet ist".

[59] Bereits im September 1766 hatte die Universität im Zuge der Untersuchungen gegen den *Inviolableorden* mit einem „Aushang", der ein allgemeines Verbot von Ordensmitgliedschaften aussprach und im Entwurf von allen Professoren der Fridericiana gegengezeichnet worden ist, den Studenten die Möglichkeiten gelassen, ihre Ordensaktivitäten mit der Begründung einzustellen, dass ein Ordenseid (falls sich ein Student nicht zur Lossagung traut oder damit argumentiert) ungültig und allein der Eid gegenüber der Universität bei der Immatrikulation bindend sei; UA Halle, Rep. 5, Nr. 26: Untersuchung des Ordens Inviolable 1766, Bl. 79–80'.

[60] Siehe dazu das Zweite Kapitel.

torial beobachtbare Aufblühen der studentischen Arkankultur auf die Agenda der Territorialstaaten kam. Eine zweite Welle ist dann in den 1780er Jahren zu registrieren.

Die oben vorgestellte, erste nachweisbare schriftlich-anonyme Denunziation aus dem hallischen Verdachtsmilieu tauchte 1767 in einer bereits sehr angespannten Situation auf. Die seit 1765 laufende hallische Großuntersuchung, die bis 1768 anhielt und einen Nachgang bis 1772/1775[61] hatte, war durch die mündliche, in den Akten anonymisierte Anzeige gegen den Studenten Crusemann als Senior der *Westphälischen Landsmannschaft* ausgelöst worden.[62] In der Folge wurde die Untersuchung auf den *Inviolableorden*, die *Pommersche Landsmannschaft*, die *Niedersächsische Landsmannschaft*, den *Amicitienorden* sowie die Landsmannschaft der *Reichsländer* ausgedehnt.[63] Das arkane Milieu der hallischen Studenten geriet also in diesen Jahren sukzessive unter großen Druck. Die Folge waren gegenseitige Verdächtigungen und Denunziationen. Neben dem Denunziationszettel gegen die *Niedersächsische Landsmannschaft* tauchten zwei weitere Denunziationsschreiben auf, die sich im Februar 1768 gegen den *Inviolableorden* bzw. den *Amicitienorden* richteten. Die Denunziationszettel stellten aufgrund ihrer Informationsfülle für die laufenden Untersuchungen die zentralen Bezugspunkte dar. Zugleich fungierten sie als Ventile für den Druck, der auf dem Milieu lastete. Die Denunziationszettel waren also Reaktionen, die durch bereits ausgelöste Verdachtsprozesse und Verfolgungsmaßnahmen angestoßen worden sind, in denen der Wille der Denunzierenden zum Ausdruck kam, nicht als bloßer Informationslieferant für die Obrigkeit, mithin als Kollaborateur zu agieren. Sie bringen ein Selbstverständnis der Denunzianten zum Ausdruck, wonach diese im Bezugsfeld von studentischer Arkankultur und obrigkeitlichem Normierungs- und Disziplinierungswillen einen eigenständigen Part zu spielen beabsichtigten, bei dem sie ein Höchstmaß an Eigenschutz zu wahren sowie aktive Handlungsoptionen zu behaupten hatten.

Die Denunziation des *Inviolableordens* vom 5. Februar 1768 ist in einer Abschrift in den Universitätsgerichtsakten wiedergegeben, da das Original „etwas undeutl[ich] und unleserig gewesen".[64] Der Text des Denunziationsschreibens lautet:

> Es ist Sr Magnificentz ohne ferneren Anstand bekannt zu machen, daß die Anzahl der Mitglieder des Ordens Inviolable zur Zeit biß an 40 angewachsen, sowie dieser Orden schon vorhin

---

[61] Siehe: UA Halle, Rep. 5, 28: Acta die [...] Anzeige des noch bis dato fortdauernden Inviolable Ordens betr. 1768 [–1772]; 29: Acta die Untersuchung des wieder neuerl. entstandenen Inviolable Ordens betreffend. 1774; 30: Acta die Untersuchung einer gewissen Ordens Verbindung, worinn der Stud. juris Moritz Christian Struck aus Wernigerode der Vornehmste seyn soll, betreffend 1774.

[62] UA Halle, Rep. 5, Nr. 22: Volumen I, Bl. 1/1'.

[63] Neben den bereits genannten Quellen siehe: UA Halle, Rep. 5, Nr. 25: Acta Die Untersuchung der Pommerschen Landsmannschaft betr. [1767]; Nr. 26: Acta die Untersuchung des sogenannten Ordens Inviolable betref. 1766; Nr. 31: Acta die zwischen einigen Reichsländern und dem Amicitien Orden auf dem Marckte den 12ten und auf dem Domplatze den 13ten August (d. a.) vorgefallene Schlägerey betre. 1768.

[64] UA Halle, Rep. 5, Nr. 27: Acta die Untersuchung des Ordens Inviolable Ingleichen des Amicitien Ordens betr. 1768, Bl. 1.

allen rechtschaffenen Gemüthern höchst verabscheuungswürdig gewesen, wes wegen auch viele auswärtige bis anhero bewogen worden Halle nicht zu frequentieren, so möchten selbst von denen hier annoch anwesenden, durch diese abscheuliche Gesellschaft dahin gebracht seyn ihr weiteres Studieren anderwerts fortzusetzen. Des Hrn ProRectores Magnificenz wird es gar nicht schwer fallen diesen so um sich greifenden Ubel, nach dieser Anzeige mit einmahl abzuhelfen, wenn sie den Studiosum Ehmen ein Hallisches Stadt- Kind unter allen Rigeur der Rechte sofort vor sich kommen lassen, und darüber vernehmen wollen. Die Zusammenkunft gedachter Leute ist auf keinen gewissen Tag bestimmt, übrigens aber auf besondere Nachricht welche sie sich jedesmahl selbst unter ihnen geben auf der so genannten Maille. Ew. Magnificentz weises Verfahren wird dem Studiosos Ehmen welcher allenfalls bis zum juramente alles zu leugnen entschloßen seyn würde allen Ausflüchten desselben bestens vorzu kehren wissen, welches die einzige Gelegenheit seyn wird diese so verhaßte Ordens Gesellschaft mit einmahl aus zu heben. Ubrigens könne bey genauerer Untersuchung hierbey mehreres zum Vorschein kommen.[65]

Die Denunzianten waren – wie in diesem Fall beispielhaft deutlich wird – immer sehr gut informiert und stellten der Universitätsobrigkeit ausreichend Fakten zur Verfügung. Im vorliegenden Fall weiß der Denunziant über die Anzahl der Ordensmitglieder Bescheid (40), er kennt nicht nur deren Versammlungsort – die Maille, ein legendäres, bei Studenten und Bürgern beliebtes Ausflugsziel mit Kaffeegarten und Wirtshaus östlich von Halle –,[66] sondern auch das ordensinterne Verfahren, wie man sich zu den Treffen verabredet, nämlich flexibel und zeitnah. Er nennt weiterhin eine oder die zentrale Person des Ordens – den Studenten Öhme/Ehmen – und identifiziert ihn zudem als Hallenser.

Die Mitglieder des *Inviolableordens* – so ist zu vermuten – holten nur einen Tag später zum Gegenschlag aus und denunzierten ihrerseits auf gleiche Weise den *Amicitienorden*, den sie offenbar als Urheber der Denunziation ansahen. Die Denunziation gegen die Amicisten vom 6. Februar 1768 lautet:

Die Sonntägl Conventus, welche die Membra des [...] Amicitien=Ordens bisher gehalten haben, gehen noch immer fort. Am Sontage, als d. 14ten [...] ist der Convent bey Kemnitzen; vor 8 tagen bey Hillen gewesen, wobey 15 boutellen Wein getrunken seyn sollen. Außer dem Hillen ist mir noch der Studiosus Engelbrecht, als ein Mitglied. bekannt worden. Man hat mir auch versichert, daß diese Gesellschafter bereits den jungen Lamprecht, der nur erst das Padagogium verlassen, angeworben hätten, als für welchen man auch ein Ordens - Zeichen besorge.[67]

Die in der Folge eingehend geführten Untersuchungen des Universitätsgerichts gegen die beiden Orden sowie auch gegen Landsmannschaften zogen sich bis zum Dezember des

---

65 UA Halle, Rep. 5, Nr. 27: Untersuchung des Ordens Inviolable 1768, Bl. 2–2'.

66 Hertzberg, Geschichte der Stadt Halle an der Saale von den Anfängen bis zur Neuzeit, Bd. III, S. 150f., 285, 297. Allgemein siehe zu den Wirtshäusern im 18. Jahrhundert: Gunther Hirschfelder, Wirtshäuser, Cafés und Hotels. Brennpunkte und Schauplätze städtischer Volkskultur im 18. Jahrhundert, in: Ruth-Elisabeth Mohrmann (Hg.), Städtische Volkskultur im 18. Jahrhundert. Köln/Weimar/Wien 2001 (Städteforschung A/51), S. 83–98.

67 UA Halle, Rep. 5, Nr. 27: Untersuchung des Ordens Inviolable 1768, Bl. 14.

Jahres hin. Sie wurden befördert durch eine weitere Anzeige[68] sowie eine nicht zu verheimlichende, über zwei Tage anhaltende Großschlägerei im Sommer gleichen Jahres, die angeblich auf zwei Duellforderungen, welche zu diesem Zeitpunkt bereits vier Wochen zurücklagen, basierte – so die Aussage des Studenten Herbst, der wiederum laut Aussage des Studenten Gabriel Exter „auf dem Markte von den Amicitionern übel tractiret, puffiret“ worden sei.[69]

Nach Untersuchungen gegen den weiterhin sehr aktiven *Inviolableorden* (1774) sowie gegen den *Defensionsorden* 1777[70] entwickelte sich ab dem Sommer 1780 eine zweite Untersuchungswelle, die vom Umfang her die erste in den 1760er Jahren deutlich übertraf und die in zwei Phasen zerfiel. Die erste Phase erstreckte sich von 1780 bis 1782. Ausgelöst wurde sie durch zwei unterschiedliche Impulse. Zum einen kam das Universitätsgericht Halle im Frühjahr/Sommer 1780 im Zuge eines Exzesses der Studenten gegen die hallische Schaarwache bzw. der daraufhin erfolgten Durchsuchung der Stube des Studenten Friesner Ordensaktivitäten auf die Spur.[71] Zum anderen wurden die Untersuchungen durch eine Anzeige des amtierenden Jenaer Prorektors Johann Jakob Griesbach über die dortigen Aktivitäten des *Oberreihnischen* bzw. *Amicitienordens* (Amicistenorden) vom 22. November 1780 ausgelöst. Bei den universitätsgerichtlichen Nachforschungen in Jena waren auch Spuren des Ordens in Halle entdeckt worden. Griesbach spricht in den sachsen-weimarischen Untersuchungsakten ganz allgemein von der „Entdeckung“ des Ordens.[72] Der Bericht Griesbachs beginnt mit dem Hinweis, wonach der Orden eine „von uns entdeckte und seit verschiedenen Jahren unter einigen hier sowohl, als auf den Academien zu Tübingen, Gießen, Halle und Erlangen studierenden Mosellanern, unter den Nahmen des Elsaser oder des Ober Rheinischen Ordens, sich ausgebreitete Verbindung“ ist.[73] In der Folge wird angekündigt, „Communication“ mit anderen Universitäten aufzunehmen,[74] was tatsächlich geschehen ist und in Halle zu ei-

---

[68] UA Halle, Rep. 5, Nr. 28: Anzeige des fortdauernden Inviolable Ordens 1768–1772.

[69] UA Halle, Nr. 31: Reichsländer und Amicitien Orden 1768, hier Bl. 9/9' sowie 36'/37.

[70] UA Halle, Rep. 5, Nr. 32: Untersuchung des „Defensions“-Ordens. Juni 1777.

[71] UA Halle, Rep. 5, Nr. 33: verdächtige Studiosos [1780], Bl. 1. Siehe dazu auch oben Abschnitt I. In das Jahr 1780 fällt auch Zedlitz' Initiative für ein „Collegium censorum“ in Halle, eine Art Präventivorgan, das sich mit Verhaltensweisen befassen sollte, die noch nicht gerichtsrelevant waren, wohl aber später zu Disziplinarverstößen führen könnten – das „Gremium kam allerdings nicht zustande“; Mainka, Karl Abraham von Zedlitz und Leipe 1731–1793. Ein schlesischer Adliger in Diensten Friedrichs II. und Friedrich Wilhelms II. von Preußen. Berlin 1995 (Quellen und Forschungen zur Brandenburgischen und Preußischen Geschichte 8), S. 460f.; Kathe, Die hallische Studentenschaft zur Zeit Friedrichs des Großen, S. 141 (Zitat) sowie UA Halle, Rep. 3, 584: Acta die vom Hoffe aus allerhöchst geschehene Verfügung, eines auf der Universität Halle anzustellenden Collegii Censorum betr. 1780 (–1781).

[72] ThHStAW, A 8451, Geheimde Canzley=Acta. Die bey der gesamt Academie Jena, unter dem Nahmen des Elsaser oder Ober Rheini[sch]en Ordens sich verbreitete Ordens Verbindung und die Bestrafung der Mitglieder derselben betr. 1780, hier Bl. 1' und 6'.

[73] ThHStAW, A 8451, Geheimde Canzley=Acta 1780, Bl. 1.

[74] ThHStAW, A 8451, Geheimde Canzley=Acta 1780, Bl. 7.

ner Ordensuntersuchung geführt hat. Der Griesbachsche Bericht enthielt neben verschiedenen ordenspezifischen Materialien einen Brief in Ordensangelegenheiten an einen Magister Juncker, verfasst von dem hallischen Studenten Meisner, der daraufhin ausführlich verhört wurde und dabei weitere Orden nannte – von denen er meinte, diese seien aktuell in Halle aktiv.[75] In den beiden folgenden Jahren 1781/82 führte das Universitätsgericht Halle dann weitere Ermittlungen und Untersuchungen gegen die *Confidentisten*, die *Unitisten* und die *Konstantisten* durch.[76] Friedrich II. erließ am 3. Februar 1782 ein generelles Verbotsreskript,[77] und in diesem Jahr wurden zudem Denunziationsprämien in Höhe von fünf Talern für die Meldung von studentischen Besuchern verbotener Theateraufführungen ausgelobt.[78]

In dieser ersten Phase tauchten noch keine Denunziationszettel auf. Allerdings ist bereits eine deutlich erhöhte Informationsbereitschaft zu registrieren. So wurde etwa die ausführliche Untersuchung gegen den *Unitistenorden* vom Oktober 1781 bis zum April 1782, in der Hinweise auf Unitistenaktivitäten seit 1779 zum Vorschein kamen, durch Informationen ausgelöst, in deren Besitz der hallische Theologe Johann Salomo Semler gekommen war.[79] Dies ist als Indiz dafür zu lesen, dass durch die sich ausweitenden Untersuchungen die Spannungen, Ängste und Verdächtigungen im Milieu der studentischen Arkangesellschaften erheblich angewachsen waren. Lassen wir dazu bestätigend den hallischen Ordensbruder Wyehers zu Wort kommen, der im turbulenten Jahr 1780 einen Brief an seinen aus der Saalestadt entwichenen Ordensbruder Stupfer (beide waren im *Amicistenorden*) geschrieben hat und darin die Ereignisse nach dessen Flucht schilderte. Nachdem er dessen Sorge teilt, keine „testimonia" aus Halle zu haben und deshalb nicht zum Examen zugelassen zu werden, schreibt Wyehers:

---

75 UA Halle, Rep. 5, Nr. 34: Untersuchung des sogenannten Elsässer- oder Oberrheinischen-Ordens. Bestrafung des Mitgliedes Karl Friedrich Meisner. Nov. 1780 – Jan. 1781, Bl. 1–9 (der Bericht Griesbachs) sowie 10–14 und 15–19 (das Verhör Meisners bzw. dessen Fortsetzung: hier nennt er den *Konstantisten-* und *Defensionsorden*, von denen er etwas gehört habe). Siehe zu diesem Vorgang auch das Vierte Kapitel, Abschnitt II.

76 UA Halle, Rep. 5, Nr. 35: Acta die Untersuchung des neuerlich entstandenen Confidentisten= Ordens und die dieserhalb, mittels regnifition des königl. Amts Giebichenstein, im dem Gasthoffe zu Nietleben, von der königl. Universitaet veranlaßte Visitation betr. 1781; Nr. 37: Untersuchung und Aufhebung des sogenannten „Constantisten"-Ordens. 1781; Nr. 40: Untersuchung und Aufhebung des sogenannten „Unitisten"-Ordens. Okt. 1781 – Apr. 1782.

77 Dies ist abgedruckt in: Rundes Chronik der Stadt Halle 1750–1835. Hg. v. Thüringisch-Sächsischen Geschichtsverein, bearbeitet von Bernhard Weißenborn. Halle 1933, S. 203–205; siehe dazu ebenfalls den Bericht der Universität an den König vom 17. September zur disziplinarischen Lage in Halle, GStA PK, I. HA Rep. 52 Magdeburg N Universität Halle – N. 7.: der Studenten Händel und Unordnung, Paket 1744–1783, Bl. 66–102: Acta Wegen des von den Studenten zu Halle gehaltenen öffentlichen Aufzugs betr., hier Bl. 67–71.

78 Waldemar Kawerau, Culturbilder aus dem Zeitalter der Aufklärung. Zweiter Band: Aus Halles Litteraturleben. Halle 1888, S. 312.

79 UA Halle, Rep. 5, Nr. 40: Untersuchung des „Unitisten"-Ordens 1781/1782, Bl. 1. Siehe dazu auch weiter unten Abschnitt IV.2.

Du wirst wohl sehr neugierig seyn, wie es hier jetzt in Halle aussiehet, ich will dir nur erst den Ausgang der vorigen Geschichte erzählen, Wolff, Friesner, Freytag, König und Khan haben 8. Wochen müssen sitzen und hernach wurden sie in perpetuum releg[iert]. George Adolph Stupffer ist in perpetuum, Metzger aber nur 2. Jahr [aus] Halle verwiesen. Topff und Bircken-staedt haben müssen 14. Tage, Tiaden, Vos, Menke und ich W aber 8 Tage Carcer Strafe bekommen, jedoch hat uns der Prorector die Hälffte frey gelassen, und ich kam schon mit dem 3ten Tag wieder loß. Zwey Ungeheuer sind an der gantzen Sache Schuld, Ganse nemlich [,] Haenisch welcher letzterer den ersten nach zum Petzen hat angehetzet. Jetzt haben wir aber unsere Freiheiten wieder, und der alte gute Heisler hat deswegen dem Minister geschrieben, weil schon andere Cajones [Schmeichler] von Professoren e. g. Foerster und Consorten uns desselben streitig zu machen suchten. Nietzki ist zum Teufel gefahren, kein Student begleitete seine Leiche, sondern er wurde wie ein gemeiner – weggestopft und nach seinem Todte sägte [!] man auf sein Grab. Der Bube Braunschweig hat derbe Prügel gehabt vor Richter, und überhaupt die gantze defensionisten Schaar, Sie sind in Passendorff unter das Billard gesteckt. Hartmann hat sich mit Wedell geschlagen und hat denselben 2. Finger lahm gehauen.[80]

Diese Milieuschilderung in einer ungelenk anmutenden und mit spezifisch studentischen Termini durchsetzten Sprache zeigt die disparaten, habituell-kulturellen Elemente: die Konsequenzen und Strafen, die die Studenten infolge von Untersuchungen durch die Universitätsobrigkeit und der damit verbundenen Disziplinarmaßnahmen zu tragen hatten (Relegation, Karzer), das Duellwesen der Studenten untereinander und die Konkurrenzen zwischen den Orden (hier *Amicisten* vs. *Defensionisten*), die Verachtung für Denunzianten („Ungeheuer") sowie den Umgang mit bzw. die Einstellung gegenüber den Professoren, die von Nachsicht und Zuneigung („der alte gute Heisler")[81] über Spott (der Schmeichler Förster) bis hin zur Entehrung (Begräbnis Nietzki)[82] reichen konnte. Schließlich bringt der berichtende Student auch das Ziel studentischen Tuns wörtlich auf den Punkt: Es ging ihnen um ihre „Freiheiten".

Die zweite, bis 1787 andauernde Phase der großen Untersuchungswelle in den 1780er Jahren wurde durch eine namentliche Anzeige des Theologiestudenten Lehmann am 23. Juni 1783 ausgelöst.[83] In dieser Phase wurden der *Concordienorden*, die *Unitisten*, die *Confidentisten*, die *Konstantisten* sowie die *Indissociabilisten* in Untersuchungen verwickelt. Die Reibungen und der Druck im Arkanmilieu hatten sich über drei Jahre hinweg aufgebaut und entluden sich in einer Abfolge von Denunziationen im Herbst 1783. Zunächst wurde am 11. September 1783 der *Konstantistenorden* mittels eines anonymen Zettels denunziert und dabei ein hoher Organisationsgrad dieses Studentenordens sicht-

---

80 UA Halle, Rep. 5, Nr. 34: Elsässer- oder Oberrheinischer-Orden 1780–1781, Bl. 21–22, Zitat 21f. (Die Namen der Studenten sind in nicht allen Fällen eindeutig; aus Lesbarkeitsgründen wurde bei der Zitatwiedergabe auf entsprechende Hinweise verzichtet, da es hier nicht auf die Identifizierung der Einzelpersonen, sondern die Illustrierung der Gesamtzusammenhänge ankommt.)

81 Der Jurist Philipp Jacob Heisler.

82 Der Mediziner Adam Nietzki, gestorben am 26. September 1780 in Halle.

83 UA Halle, Rep. 5, Nr. 43: Acta die Untersuchung und Aufhebung des sogenannten Concordisten Orden betr. 1783, Bl. 1–2'; siehe auch Rep. 5, Nr. 44: Nachrichten über und Untersuchungen gegen verschiedenen Orden. Aug. 1783.

bar.[84] In der Denunziation wird berichtet, dass der Orden eine neue „Decke" für die Ordenszeremonien in Dessau hat fertigen lassen, dass er seine, nach den obrigkeitlichen Behandlungsverboten bzw. Anzeigepflichten für Chirurgen und Militärärzte von im Duell verwundeten Studenten und Ordensbrüdern nötigen eigenen „Feltschär" sowie vier hier namentlich genannte „Ordens Schwestern" habe.[85] Außerdem wird berichtet, wo sich in Halle Orte befinden, die der Orden frequentiert bzw. wo die Ordensbrüder leben (z.B. „Bauli Clausstraße"). Außerdem wird über Glücksspiele im westlich von Halle gelegenen kursächsischen Passendorf („basendorf") berichtet.[86] Schließlich werden ausführlich Namen von Mitgliedern mitgeteilt – z.B. „Schultze der Berliner", „Wolt [Wolf] ihr Bohte", „Grundeis macht banck"[87], „Blume der Magdeburger", „Fuchsius". Der letzte Satz des Textes lautet: „Die andern [Mitglieder] werden sie schon erfassen, weil sie an uns so handeln, so haben wir sie das gemeldet".

In unmittelbarer zeitlicher Nähe erfolgte im Laufe der wegen dieses Denunziationszettels angestrengten Untersuchung gegen die *Konstantisten* am 17. Oktober 1783 die noch ausführlichere Denunziation gegen die *Unitisten*:[88]

> Wenn es Ew Magnifizenz würklicher Ernst ist, Sr Excellenz und so vieler Biederleute Wunsch in Erfüllung zu bringen d. i. verderblichen Gesellschaften auf Academien endliches Garaus zu machen, so benutzen Sie folgende gewissenhafte Anzeige. Vor allen bemächtigen Sie sich des Herren von Debschutz und seines Consortens Nicäus. Sie sind heimlich hier und halten sich wie verlautet in dem Gollnerschen Hause auf dem Markt bei dem Ordensmann Beyer aus Schlesien auf. Es ist die äußerste Vorsicht nöthich, wenn der Verhaft gelingen soll. Wählen Sie daher den gewissenhaftesten und thätigsten Ihrer Befehlsvollstrecker.

Im Anschluss bittet der Denunziant die Obrigkeit, von dieser „gewissenhaften Anzeige" keinen falschen Gebrauch zu machen und damit den „unbesoldeten Angeber" vor „rachsüchtigen Menschen" zu schützen. Er bittet um „Verschwiegenheit" und verweist darauf, wie ein „Angeber" beim gemeinen Mann („die gemeine Masse") angesehen ist.

---

84 UA Halle, Rep. 5, Nr. 38: Untersuchung und Aufhebung 1783, Bl. 2 (hier auch die folgenden Zitate).

85 Seit der Mitte des Jahrhunderts bestand ein Behandlungsverbot für im Duell verwundete Studenten durch die Stadtchirurgen. Damit verbunden war eine Anzeigepflicht an den Prorektor, welche 1768 auch auf die „Feldscheer" des in Halle befindlichen Regiments von Anhalt übertragen und anlässlich eines konkreten Falles 1777 durch Franz Adolph Fürst zu Anhalt-Bernburg erneuert wurde. UA Halle, Rep. 3, Nr. 579: Acta die geschehene Requisition an Ihro hochfürstl. Durchl. wegen inhibirung der Feldscherer, daß solche keine blessirten Studenten verbinden möchten. 1768 (–1777), Bl. 4, 7.

86 Ein Dorf bei Halle. Die dortige Schenke war über viele Studentengenerationen hinweg ein beliebter Treffpunkt. Die „Oberschenke zu Passendorf" ist zu sehen im Stammbuch Lommatzsch, das im Stadtarchiv Halle aufbewahrt wird (StA Halle, H 3, Bl. 79; auch abgebildet bei Willer, „In Saalathen ist alles schön …", S. 129). Siehe auch König, Aus zwei Jahrhunderten, S. 87.

87 Verwaltet das Geld bei den Glücksspielen.

88 UA Halle, Rep. 5, Nr. 38: Untersuchung und Aufhebung 1783, Bl. 71–72; siehe auch unten Abschnitt II.5.

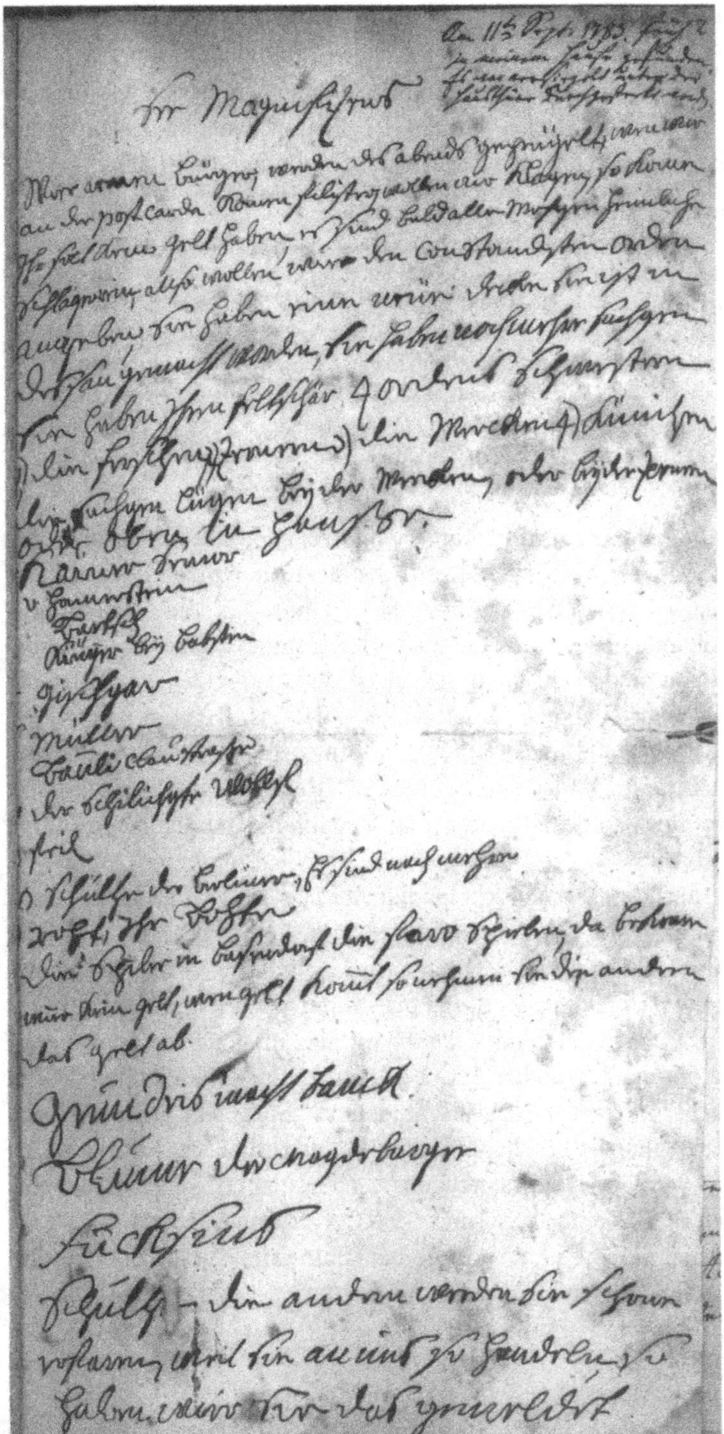

Abb. 5 Denunziation des *Konstantistenordens*, Halle, 1783.

Abgeschlossen ist das Schreiben mit dem Datum – „Halle, den 17ten October 1783" – und der doppeldeutigen Unterzeichung: „gehorsamster diener Ehrlichmann". Im Anschluss an den einleitenden Text listet der Denunziant detaillierte Angaben zu den Mitgliedern des *Unitistenordens* auf. Es werden fünfzehn Studenten genannt, wobei der Denunziant zugleich auch Funktionsbezeichnungen und Charakterbeschreibungen mitliefert:

> Der Unitisten Orden besteht aus folgenden sicher bekannten Gliedern. 1) Debschutz aus Schlesien, lebt und webt zu Neuhäusel, und bewachet die Bundeslade, nunmehr tiefer nach Sachsen herein transportirt. 2) Nicaeus, ein Hofmeister, dass Gott erbarm! 3) Richter aus A. Zerbst d. R. K. Secretair des Ordens, ein offner Kopf und nächst Debschutz die Seele des Ordens. Wohnt im maas[?]schen Hause in der Steinstrasse. 4) L. W. Stüwe aus Schlesien d. R. K. ein fürtrefflicher Grenadier! 5) B. Z. Birkenstaedt aus Meklenburg d. G. B. Ein wahrer Taugenichts und Ausgeworfener. 6) J. C. F. Sassachius aus Schlesien d. R. K. ein guter Secundant in geheimen Ehrensachen auf der malie[89]! 7) F. Wöldeke, aus Meklenburg Strelitz d. G. B. noch der Beste Mensch unter Wölfen! Falscher Ehrgeiz und Burschengnade brachte ihn unter den Orden, den er in guten Stunden öfters verwünschte!

Über „E. F. Bäseke, der ältere, aus der Mittelmark" wird berichtet, dass er gegenwärtig „Referendär zu Berlin" sei. Er sei ein „heller Kopf! aus dem die ganze Ordensverfassung" komme. Das lange Denunziationsschreiben schließt mit weiteren Vertiefungen und ergänzenden Namensnennungen: „Ausserdem sind noch einige die bei der Untersuchung leicht herauszubringen sind. Von allen diesen ist der unglückliche aber „nicht weise gewordene G. L. Krippenstapel, aus der Mittelmark, d. R. K.[90] Senior honorarius, denn der würkliche ist, v. Debschutz und Richter. [!] Krippenstapel verlohr für seines Ordens Ehre die Hand, und ward wider sein wissen, als Emeritus zum Scheinsenior erwählt." Der „Orden hat mehr solcher Figuren und Beiläufer", die auch namentlich benannt werden.

Diese Verfahrensweise der Zuordnung von Handlungen und Ämtern zu identifizierten Personen zeigte ebenfalls die dritte, in unmittelbarer zeitlicher Nähe erfolgte schriftliche Denunziation im Herbst 1783. Mit dieser „anonymischen Anzeige" wurde am 11. November 1783 der *Confidentistenorden* in eine Untersuchung gezogen.[91] Darin wurden neun Mitglieder des Ordens z.T. mit Deliktzuordnungen genannt, die sich auf Duelle (hat sich „geschlagen") und Wunden beziehen (eine „Wunde bekommen"; „hat auch einen Stich ins Gesicht"). „Krüger" hat den Studenten „Stiechhan gefordert" und da dieser nicht zum Duell erschienen sei, habe Krüger ihn öffentlich „mit der Peitsche geschlagen". Des Weiteren werden Duellorte genannt; z.B. Reideburg an der Grenze zu Kursachsen, ein für hallische Studenten aufgrund der Grenzlage attraktiver Platz zum Duellieren. Weiterhin werden die Zusammenkünfte benannt: „diese Leute commerchiren[92] am Sonnabende mit einander in Beesen".[93] Auch würden Ordensmitglieder lär-

[89] Wohl: die Maille; vgl. oben Anm. 66.
[90] Der Rechte Kandidat.
[91] UA Halle, Rep. 5, Nr. 36: Confidentisten Ordens 1783, Bl. 1.
[92] Kommersieren, einen Kommers, einen festlichen Trinkabend veranstalten.
[93] Ein Ort südwestlich von Halle.

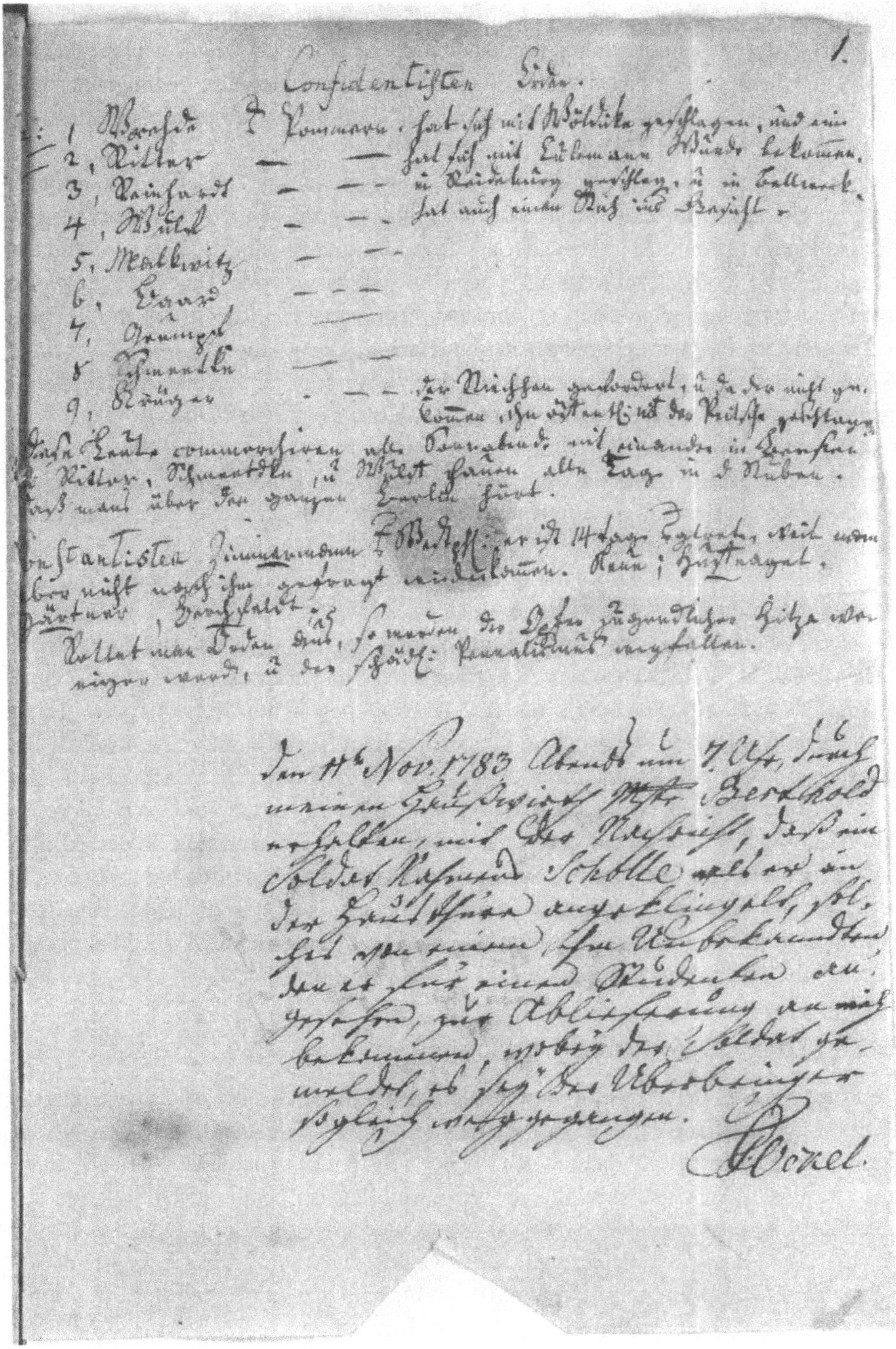

Abb. 6 Denunziation des *Confidentistenordens*, Halle 1783.

men, dass man es „über den ganzen Berlin höret". Außerdem berichtet der Denunziant, dass der *Konstantist* Zimmermann wieder in Halle sei; danach folgen weitere Namen von – wahrscheinlich – Konstantisten. Die Abfolge sich gegenseitig bedingender anonymer Denunziationsschreiben wurde durch die Enttarnung des *Indissociabilisten-Ordens* am 22. Dezember 1783 abgeschlossen.[94]

Der wellenförmige Verlauf der Untersuchungen gegen die studentischen Arkangesellschaften zwischen 1765 und 1787 sowie der damit einhergehende Emergenzrhythmus der Denunziationsschreiben verweist darauf, dass dies kein deckungsgleiches Abbild der tatsächlich existierenden Ordenskultur in der Universitätsstadt war. Die Verfolgungsinitiativen und Untersuchungswellen entzündeten sich an Informationen, die an die hallische Universitätsobrigkeit herangetragen worden sind. Deren Handeln war also *reaktiv*. Insofern dokumentieren die Gerichtsakten des Universitätsgerichts keinen Entwicklungsgang der Ordensgesellschaften, sondern konjunkturbedingte Einblicke in die Welt der studentischen Arkankultur. Ablesen lässt sich dies zudem daran, dass bei den Untersuchungen regelmäßig Hinweise auf zum Zeitpunkt der Untersuchung schon länger zurückliegende Aktivitäten der einzelnen Orden sowie auf deren überlokale und überterritoriale Kontakte auftauchten.

Die Länge der Untersuchungskonjunkturen hing neben dem persönlichen Engagement und Pflichtgefühl des jeweils amtierenden Prorektors vor allem von dem sich selbst nährenden Fortgang der Untersuchungen und dem dadurch intensivierten Druck auf das Milieu ab: Je mehr Details zu den einzelnen Orden bekannt wurden, umso mehr waren die Akteure im Milieu bereit, weitere Informationen an die Obrigkeit gelangen zu lassen. Dabei beförderten die zunehmend angespannten Verhältnisse das Entstehen der Denunziationszettel als Kernmedium komplexen denunziatorischen Handelns – die sowohl in den 1760er als auch 1780er Jahren im Verlauf mäandernder Untersuchungen auftauchten und die weite organisatorische und personelle Kreise zogen. In der Zusammenschau der Zettel bzw. Schreiben lassen sich Muster und Strukturen herauslesen, die es erlauben, die schriftlich-anonymen Denunziationen modellhaft zu fassen. Beginnen wir damit und schauen zunächst auf den unmittelbaren Vorgang des Denunziationsablaufs.

II.3 Der konkrete Vorgang der Denunziation

Im Zentrum des Denunziationsvorgangs stand das Schriftstück selbst – deshalb interessiert die Materialität der Zettel als physischen Trägern der Informationen. Diese waren weder in der Papierform und -qualität noch in der Schrift einheitlich. Die Denunziationszettel treten uns als Schriftstücke entgegen, die jeweils aus der persönlichen Situation des Denunzianten heraus entstanden sind: Sie waren unterschiedlich groß (z.B. 14x14 cm, 13x9 cm, 13x28 cm), ihre Papierqualität schwankte zwischen grob geschöpftem Gebrauchs- und feinem Briefpapier. Die Wahl des Informationsträgers ergab sich offensicht-

[94] Siehe dazu ausführlich Abschnitt II.7.

lich aus dem Moment heraus, je nach dem welches Papier den Studenten zur Verfügung stand. Sie konnten ausschließlich vorn oder auch rückseitig beschrieben sein und mehrere Seiten umfassen. Das Schriftbild schwankte zwischen sehr klein und großzügig und changierte in einem Spektrum von gut lesbar bis absichtlich verstellt. Ein gemeinsames Merkmal besaßen die Zettel: Alle waren mit Tinte geschrieben. Offensichtlich war es den Denunzianten wichtig, dass ihre Informationen speicherbar waren.

Die jeweils amtierenden Prorektoren legten Wert auf eine präzise Dokumentation der anonym-schriftlichen Denunziationsvorgänge. So finden sich direkt auf den Aktenvorgänge eröffnenden Denunziationszetteln entweder Notizen von den Prorektoren oder, diesen beiliegend, gesonderte Beschreibungen der Pedelle. Auf diese Weise ist die Eingangssituation der Denunziation – wann, wie und an wen die Zettel übermittelt worden sind – festgehalten worden. Dieses Verfahren ist bereits bei dem ersten archivierten hallischen Denunziationszettel gegen die *Niedersächsische Landsmannschaft* zu beobachten. Der Zettel ist über den Pedell August Müller lanciert worden.[95] Müller berichtete am 24. Juli 1767 präzise über den Vorgang und er gab dem Medium einen Namen – „Denunciations Zettel“:

> Am heutigen Freytage als d. 24ten Julii a. c. Vormittages um 11 Uhr finde, auf meinen Tische einen Denunciations Zettel, worin eine Zusammenkunft und intendirte, neue Gesellschaft der Magdeburger, und Halberstädter, mit Specification ihrer Vornehmsten Mitglieder angezeiget war. auf die hierbey besonders gegebene Nachricht so auf diesen Zettel befindlich, haben denselben Se: Magnificenz den zeitigen Herrn Pro: Rect: von Büchner[96] der mir obliegenden Pflicht gemäß unter eben den dato: infirmirt, als welches hierdurch zu notiren gewesen.[97]

Müller berichtete dann am gleichen Tag weiter über die ergriffenen Sofortmaßnahmen durch den Prorektor, der die Arretierung des Seniors, des Subseniors, des Adjutanten und des Sekretärs, „so sich bey der obigen Gesellschaft auf dem Wagnerschen Billiart in der kleinen Ulrichs Straße[98] aufhielten, durch die Schaarwache“ angewiesen hatte, was schließlich am „Abend nach 10 Uhr aufgegebener maßen befolget worden“. Die Studenten Nood, Chemnitz, Messow und Weinreich sind daraufhin in den Karzer gebracht und vom „Stockmeister visitirt“ (durchsucht) worden. Dabei wurden bei Chemnitz „drey schriftliche Aufsätze“ im Kontext der Landsmannschaft gefunden, die umgehend dem Prorektor überstellt worden sind.[99]

Ganz ähnlich verlief der Denunziationsvorgang kurze Zeit später gegen den *Inviolableorden*; auch dabei hatte der Prorektor unmittelbare Maßnahmen angewiesen. Am 5. Februar 1768 legte der hallische Universitätsgerichtsaktuar Ockel einen neuen Untersuchungsvorgang mit folgenden Worten an:

---

95 Der Vorgang ist auch beschrieben bei König, Aus zwei Jahrhunderten, S. 117.

96 Andreas Elias Büchner (1701–1769), Mediziner, mehrfach Prorektor und Oberaufseher des Botanischen Gartens; siehe: Förster, Übersicht, hg. v. Meÿer/Schenk, S. 201.

97 UA Halle, Rep. 5, Nr. 24: Acta die intendirte LandsMannschaffs Errichtung [1767], Bl. 2.

98 Eine Straße im Zentrum von Halle parallel zur Großen Ulrichstraße, die auf den Markt führt.

99 UA Halle, Rep. 5, Nr. 24: Acta die intendirte LandsMannschaffs Errichtung [1767], Bl. 2/2'.

> Nachdem Ihro Magnific. der Minister Academiae Müller acto einen Zettel ohne Unterschrift, welchen er in seinen Vorsaale beym herausgehen aus der Stube gefunden, überbracht und dann solcher in etwas undeutl. und unleserig gewesen, auch besonders wegen anderer Bedenklichkeiten nicht in originale ad acto zu nehmen sey. So haben Ihro Magnific. resolviret: daß vom besagtem Zettel copia dieserhalb ad Acta zu bringen seyn und dann aber dem Ministeo Academiae Müller sofort Befehl, ertheilet, den darinne benannten Stud. Oehmen Morgen früh halb Neun Uhr zur Vernehmung vorzu bescheiden.

Adressiert war der Zettel direkt an den Pedell Müller: „An Hrn Müllern auf der Waage."[100] Die unmittelbar darauf, nur einen Tag später erfolgte Denunziation des *Amicitien=Ordens* wurde direkt an den Prorektor transferiert: „Nachstehendes ist Ihro Magnificenz Recto nomine selbsten übergeben, und hierauf von denenselben resoviret worden, daß solches ad Acta gebracht und dieses nachrichtl. anhero regestriret werden solle."[101] Dieser Vorgang findet sich innerhalb der Untersuchung gegen den *Inviolableorden*. Seine Beschreibung lässt letztlich offen, ob der Denunziant selbst oder ein Bote das Schriftstück übergeben oder ob es der Prorektor gefunden hat. Zwischen der Abfassung des Zettels durch die oder den Denunzianten und der offiziellen behördlichen Registrierung lagen elf Tage: Das Schriftstück wurde am 6. Februar verfasst, in den Akten taucht es indessen erst mit einer Datierung vom 17. des Monats auf. Diese Zeitspanne war bei anderen schriftlichen Denunziationen in der Regel sehr viel kürzer. Ob die denunzierenden Studenten zögerten oder keine passende Gelegenheit fanden, den Zettel zu lancieren, oder ob der Prorektor und die Pedelle innerhalb der elf Tage verdeckte Nachforschungen anstellten, muss offen bleiben. Diese Ausnahme von der Regel verweist aber zugleich darauf, dass die universitären Obrigkeiten im Prinzip umgehend auf schriftliche Denunziationen reagierten.

Auch die zu den Akten gekommenen Denunziationszettel der zweiten Untersuchungswelle in den 1780er Jahren wurden nach diesen Verfahrensweisen aufgenommen. Die Denunziation des *Konstantistenordens* im September 1783 trägt auf der rechten oberen Ecke des Originalschriftstücks die Eingangsnotiz des Prorektors Johann Ludwig Schulze:[102] „Am 11ten Sept. 1783 früh in meinem Hause gefunden. Es war versiegelt unter der Hausthür durchgesteckt worden."[103] Die unmittelbar darauf erfolgte Denunziation gegen den *Unitistenorden* erfolgte auf andere Weise an den Prorektor:[104] „Am 17ten Octob. h. 12. Durch einen Soldaten, der den Brief versiegelt von einem ihm unbekannten Stud. bekommen zu haben, versicherte, abgegeben." In diesem Herbst gelangte ebenso ein Denunziationszettel über den Gerichtsaktuar Ockel und dessen Hauswirt an die Universitätsobrigkeit. Ockel hielt über die Denunziation des *Confidentistenordens* fest:[105]

---

[100] UA Halle, Rep. 5, Nr. 27: Untersuchung des Ordens Inviolable 1768, Bl. 1 und 2.
[101] UA Halle, Rep. 5, Nr. 27: Untersuchung des Ordens Inviolable 1768, Bl. 14.
[102] Zu Schulze siehe: Förster, Übersicht, hg. v. Meÿer/Schenk, S. 261.
[103] UA Halle, Rep. 5, Nr. 38: Untersuchung und Aufhebung 1783, Bl. 1 und 2 (Zitat).
[104] UA Halle, Rep. 5, Nr. 38: Untersuchung und Aufhebung 1783, Bl. 71.
[105] UA Halle, Rep. 5, Nr. 36: Confidentisten Ordens 1783, Bl. 1.

> den 11ten Nov. 1783 Abends um 7. Uhr, durch meinen Hauswirth Mstr. Berthold erhalten, mit der Nachricht, daß ein Soldat Nahmens Scholle als er an der Hausthüre angeklingelt, solches von einem ihm Unbekanndten, den er für einen Studenten angesehen, zur Ablieferung an mich bekommen, wobey der Soldat gemeldet, es sey der Uberbringer sogleich weggegangen.

Die nüchternen, zugleich aber plastischen Beschreibungen führen nah an den unmittelbaren Denunziationsvorgang heran. Man hat das Gefühl, die Denunzianten zu sehen, wie sie die von ihnen beschriebenen Zettel über Dritte lancieren oder diese selbst in dem Bestreben ungesehen zu bleiben, im Schutz der Dunkelheit hinterlegen. Dies beschreibt zugleich auch den Moment, in dem sich die Denunziation vollzog. Denn solange das Niedergeschriebene noch in Händen des Schreibers lag, gab es keine Denunziation, war er kein Denunziant. Erst die Umsetzung des Vorhabens, das Aushändigen der Informationen und damit deren Transfer in Kontexte, die ihnen andere Bedeutungen als im Ursprungskontext geben, lässt das Vorhaben tatsächlich zur Denunziation werden. Damit vollzieht sich der entscheidende Akt: Durch den Transfer von Namen, Daten, technischen und organisatorischen sowie topografischen Angaben wird die Obrigkeit in die Lage versetzt, aus diesen Informationen einen neuen Handlungszusammenhang herzustellen. Das Denunziationsverhalten ist ein Verbindungsakt zwischen zwei getrennt voneinander auf gleichem Raum existierenden Bedeutungskontexten. Von dieser Feststellung ausgehend wollen wir jetzt fragen, was sich über die Abläufe im Vorfeld der Denunziation sowie über die unmittelbaren Folgewirkungen sagen lässt. Blicken wir zunächst auf die Mechanismen im Vorlauf einer Denunziation.

II.4 Rückschlüsse: Vor der Denunziation

Für andere, etwa ländlich-soziale Kontexte des 18. Jahrhunderts ist in der Forschung festgestellt worden, dass einer Denunziation bereits „andere Lösungsversuche vorangegangen waren“ bzw. dass bestehende Konflikte, die nicht anders lösbar schienen, delegiert und so durch eine dritte Instanz entschieden wurden: „Geschickt genutzt, bot es [das denunziatorische Verhalten] auch die Möglichkeit, sich missliebiger bäuerlicher Amtsträger zu entledigen, ohne sich am Ort in Misskredit zu bringen oder künftigen Schikanen ausgesetzt zu sehen.“[106] Das, was Michaela Hohkamp hier im Blick auf die Gegebenheiten der Obervogtei Triberg in Vorderösterreich Mitte des 18. Jahrhunderts formuliert hat, lässt sich durchaus für die – zeitgleiche – Situation in den Universitätsstädten der protestantischen Territorien des Alten Reiches adaptieren. Auch hier waren konfliktreiche Prozesse und Entwicklungen in der Studentenschaft und/oder der arkanen studentischen Gesellschaftsszene vorausgegangen, bevor es zum Denunziationsverhalten kam. Bevor der konkrete Übermittlungsvorgang von Informationen für die Obrigkeiten sichtbar und damit zugleich zur Denunziation wurde, hat es im Milieu des Verdachts Prozesse gegeben, die auf diesen Akt zusteuerten, ohne dass dies das erklärte Ziel gewesen ist: Denunziationen waren der Endpunkt von nicht lösbaren Konfliktlinien in einem

---

[106] Hohkamp, Herrschaft in der Herrschaft, S. 131.

spezifischen Sozialmilieu. In welcher konkreten Konfliktsituation auch immer Studenten in ihrer Lebenswelt zum Entschluss kamen, diesen Weg zu gehen: Mit der Denunziation wurde ein Weg gesucht, aufgestauten Handlungsdruck abzubauen. Mindestens ein Konfliktpartizipient verweigerte ab einem gewissen Zeitpunkt das Einhalten der üblichen Mechanismen und versuchte, durch die Einschaltung der universitären Obrigkeit sich des Konfliktes und der Konfliktpartner zu entledigen oder diese spürbar zu schwächen. Dabei war es wichtig, sich in Rücksicht auf den studentischen Ehrenkodex nicht zu offenbaren.

Daneben konnte der Weg zur Denunziation auch anders grundiert sein: Wollte man einen gehassten Mitstudenten in ernsthafte Schwierigkeiten bringen, musste gegebenenfalls ein gesetzeswidriger Konflikt unterstellt werden, damit die Obrigkeit aufmerksam wurde. Allerdings reichte eine bloße Bezichtigung – so der Befund aus den für diese Studie ermittelten Denunziationen – nicht aus. Alle Denunziationen mussten möglichst viele Informationen enthalten, mussten in sich bereits eine überzeugende Geschichte darstellen, um vor den Augen der Obrigkeit glaubwürdig zu erscheinen. Dafür mussten sie konsequent auf die von der staatlichen und universitären Obrigkeit definierten Gesetzesvorgaben ausgerichtet sein. So werden zwei Abläufe im Vorfeld greifbar: Zum einen war es für potentielle Denunzianten notwendig, so viel relevante Informationen als möglich zusammenzutragen. Und zum anderen musste deren schriftliche Darlegung so strukturiert sein, dass sie den obrigkeitlichen Anforderungen entsprach und damit ernst genommen wurde – sie musste also im Auge der das Gesetz vor Ort administrierenden Amtsträger Seriosität besitzen oder zumindest suggerieren.

Blicken wir zunächst auf den Prozess der Informationssammlung. Dabei bewegen wir uns überwiegend in einem unzugänglichen Terrain. Denn in keinem der überlieferten Denunziationszettel wird gesagt, zu welchem Zeitpunkt sich der Handelnde entschloss, die Obrigkeit zu informieren; der Zeitpunkt, an dem die Entscheidung fiel, zu denunzieren, bleibt im Dunkeln. Es ist deshalb nicht zu sagen, ob der jeweilige Denunziant die ihm bereits zur Verfügung stehenden Informationen entsprechend strukturiert hat oder ob er erst ab dem Entscheidungszeitpunkt für die Denunziation begann, die nötigen Informationen zusammenzutragen, und dafür womöglich selbst in der Studentenszene einer Stadt kundschaftend aktiv wurde. Etwas mehr ist dagegen über das Wie der Informationsbeschaffung zu sagen. Hier spielten ebenso das Hörensagen und die Gerüchte in der Welt der Studenten eine wichtige Rolle[107] wie natürlich auch die konkreten Konfliktsituationen, in denen etwa bei Auseinandersetzungen in Gasthäusern und daraus resultierenden Zweikämpfen Mitglieder verschiedener Orden aneinander geraten sind. Eine wichtige Informationsquelle bot außerdem die Beschaffenheit der verdeckten Öffentlichkeit arkaner Studentenkultur insgesamt: Denn diese war zwar so organisiert, dass sie den universitären Autoritäten verborgen bleiben sollte, nach innen aber bestand eine graduelle Offenheit, die einen Gesamtzusammenhang entstehen ließ. In unterschiedlicher

[107] Siehe dazu unten Abschnitt IV.3.

Intensität wussten die – konkurrierenden – Arkangesellschaften voneinander und auch den nicht organisierten Studenten blieben die Wortführer der Szene nicht verborgen.

Außerdem hatte jede studentische Geheimgesellschaft ihre konkreten Versammlungsorte, an denen sie ihre arkangesellschaftlichen Praktiken vollzog: Es waren Wirtshauszimmer in Halle oder den umliegenden Dörfern bzw. die Stuben der Ordensmitglieder. Die *Konstantisten* beispielsweise hatten 1783 ihre Treffpunkte im „Wirtshaus zum Rosenthal vor dem Steinthore" und in Schlettau südwestlich von Halle, die *Unitisten* dagegen im „Gasthof zur Sonne" in Merseburg, und der *Confidentistenorden* versammelte sich in Nietleben westlich von Halle.[108] In diesen Zusammenhängen waren die Landsmannschaften und Orden auf die Kooperation städtischer und dörflicher Dienstleister – Wirtsleute, Getränkelieferanten, Vermieter, Schneider, Goldschmiede – angewiesen. All dies blieb im Alltag der Universitätsstadt nicht verborgen, zumal mit diesen Zweckbeziehungen die Zahl der Eingeweihten deutlich anstieg. Vor diesem Hintergrund wird es zusätzlich verständlich, warum nahezu jede anonyme Schriftdenunziation die Namen der Senioren und anderer Funktionäre von studentischen Arkangesellschaften nennt: Weil sie durch ihre Aktivitäten sozusagen zwangsläufig bekannt wurden. Es fällt auf, dass fast immer die zentralen Handlungsfiguren und Amtsträger in den Denunziationszetteln genannt werden.

Im Rahmen dieser Aktivitäten in der verdeckten Öffentlichkeit studentischer Arkankultur brachten sich zudem einige Orden bzw. deren Anführer durch exaltiertes Dominanzverhalten in besondere Gefahr, Opfer von Denunziationen zu werden. Ordenssenioren und Ordensaktivisten gerierten sich oft als besonders willige Duellanten und dies nicht zuletzt, um sich eine starke Position innerhalb der Szene zu verschaffen. In diese Falle des Wechselspiels von notwendiger Geheimhaltung und performativer Machtdemonstration in der Studentenwelt ist beispielsweise der *Inviolableorden* in den 1760er Jahren geraten. Dieser Orden hat sich durch aggressives Auftreten gegenüber Nichtordensbrüdern Feinde gemacht.[109]

Außerdem ist noch eine weitere Konstellation zur Informationssammlung beschreibbar, nämlich die des am Rande stehenden bzw. unbeteiligten Beobachters. Konkret belegbar ist dies an einer anonymen Denunziation in Jena im Februar 1792. Dort beginnt der Denunziant sein Schreiben mit den Worten: „Ich hatte getreue Gelegenheit einem tragischen Auftritte [...] beyzuwohnen und zwar unbemerkt von allem."[110]

Fassen wir zusammen: Prinzipiell ging es den Denunzianten darum, mit den ihnen zur Verfügung stehenden Fakten und Informationen – die in allen vorliegenden Fällen

---

[108] König, Aus zwei Jahrhunderten, S. 85f., 90–93 und 111. Vgl. auch den Versammlungsort der Jenaer Konstantisten (1798) außerhalb Jenas beim „Wirt zum Löwen in Eisenberg"; Deuerlein, Neues vom Constantisten=Orden, S. 149.

[109] Siehe dazu etwa: UA Halle, Rep. 5, Nr. 27: Untersuchung des Ordens Inviolable 1768, Bl. 2.

[110] UA Jena, Bestand E Abt. I Nr. 278: Studenten=Haendel=Protokoll unter den Prorectorat des Herrn Hof Rath und Professor Ulrich angefangen den 6ten Februar 1792, Bl. 21 – zu dieser Denunziation siehe ausführlich das Fünfte Kapitel, Abschnitt IV.1.

ausführlich und ausreichend waren – die verdeckte Öffentlichkeit der studentischen Arkankultur mit dem Sicht- und Handlungsfeld der Obrigkeit in Verbindung zu setzen. Welche Informationen im konkreten Fall auch immer transportiert worden sind: Sie stammten aus unmittelbarer Nähe des Geschehens und wiesen deshalb einen hohen Grad an Authentizität auf. Diese Informationen wurden in den Zetteln zu einer Geschichte verdichtet, die Überzeugungskraft besaß und stimmig erschien: Schauen wir jetzt auf die Argumentation der Denunziationen.

II.5 Die Argumentation der Denunziation

Nicht jede Denunziation ist von einer argumentierenden Passage eingeleitet oder gerahmt worden; manche übermitteln nur knapp und gebündelt die zu transportierenden Fakten; so etwa die Denunziation gegen den *Amicitienorden* vom 6. Februar 1768.[111] Die Mehrheit der überlieferten Zettel allerdings enthält erklärende Textbestandteile. Dies lässt sich an drei konkreten Fällen exemplifizieren. Das erste Beispiel ist die im September 1783 erfolgte Denunziation des *Konstantistenordens*,[112] in der – vorgeblich – im Namen der Stadtbürger gesprochen wird. Der Text beginnt mit den Worten: „Wier [!] Bürger werden des Abends geprügelt, wenn wir an [die] Post carde [die zentrale Poststelle] kommen". In offensichtlich gewollt verstellter Schrift berichtet die Denunziation dann, wie wir oben gesehen haben, ausführlich über Ordensinterna und Mitglieder. Der letzte Satz des Textes lautet: „Die andern [Mitglieder des *Konstantistenordens*] werden sie schon erfassen, weil sie an uns so handeln, so haben wir sie das gemeldet." Dies bezog sich jedoch nicht mehr auf die eingangs angezeigten Prügeleien, sondern auf Glücksspiele in Passendorf. Denn die, die hier denunzieren, werden dort – angeblich – um ihr Geld gebracht: „so nehmen sie die andern das Gelt [!] ab".

Wohl kann es gut sein, dass Stadtbürger von Ordensbrüdern drangsaliert worden sind. Zu fragen aber ist in der konkret vorliegenden Situation: Hätten sie dann mit diesen Glücksspiele betrieben? Außerdem erscheinen die Angaben zum Orden und seinen Mitgliedern zu detailliert, als dass dies außenstehende Bürger ohne eigene, gewiss heikle Nachforschungen hätten wissen können. Warum aber hätten sie solche von sich aus anstellen sollen? Dass es sich hier tatsächlich um anzeigende Stadtbürger handelt, darf bezweifelt werden. Hinzu kommt ein weiterer Punkt. Die Denunziation ist in einer Form verfasst, die darauf schließen lässt, dass die Verfasser es darauf angelegt haben, unerkannt zu bleiben.[113] Eine große Unruhe im Schriftbild und eine erkennbare Ungelenkigkeit in der Schreibweise des Textes lassen weniger auf die tatsächliche Unfähigkeit der Schreibenden schließen als vielmehr auf die Absicht, hier Stadtbürger als

---

[111] Vgl. oben Abschnitt II.2.

[112] UA Halle, Rep. 5, Nr. 38: Untersuchung und Aufhebung 1783, Bl. 2 (dort alle folgenden Zitate); siehe außerdem oben Abschnitt II.2.

[113] Dies hat auch schon Fritz König vermutet: „Der offenbar mit verstellter Hand geschriebene, nicht ganz entzifferbare Zettel"; König, Aus zwei Jahrhunderten, S. 87.

Absender zu fingieren. Das absichtliche Verstellen des Schriftbildes bzw. der Schreibweise war eine öfters angewandte Vorgehensweise. Dieses Verfahren stellte einweiteres Sicherungsmittel zur Verhütung der Identifizierung des Denunzianten dar. Tatsächlich belästigte Stadtbürger hätten eine solche Vorgehensweise wohl nicht nötig gehabt. Sie hätten sich unkomplizierter an städtische oder auch direkt an universitäre Institutionen wenden können. Diese Überlegungen werden dadurch bestätigt, dass sich auch im Verlauf der sich anschließenden Untersuchung gegen die Konstantisten keine Hinweise auf beteiligte Bürger finden. Es ist demnach mehr als wahrscheinlich, dass hier Studenten Studenten denunzierten.

Als unmittelbare Reaktion darauf war eine anonyme Denunziation gegen die *Unitisten* erfolgt,[114] die als zweites Beispiel für argumentatives Vorgehen dient. Der Text beginnt mit dem Satz: „Wenn es Ew Magnifizenz würklicher Ernst ist, Sr Excellenz und so vieler Biederleute Wunsch in Erfüllung zu bringen [die] verderblichen Gesellschaften auf Academien endliches Garaus zu machen, so benutzen Sie folgende gewissenhafte Anzeige." Mit dieser Formulierung wurde der begründende Referenzrahmen weit gezogen: Denn mit den Biedermännern, also ehrlich und gesetzestreu lebenden Menschen, waren praktisch alle Sozialgruppen in der Stadt erfasst, in deren Interesse hier angeblich vorgegangen wurde. Daran schließt der Denunziant einen direkten Handlungshinweis an: „Es ist die äußerste Vorsicht nöthich, wenn der Verhaft gelingen soll. Wählen Sie daher den gewissenhaftesten und thätigsten Ihrer Befehlsvollstrecker." Ähnliches hatte sich mit konkreten Anweisungen zum erfolgreichen Vorgehen für die Pedelle und die Schaarwache schon knapp zwei Jahrzehnte zuvor im Denunziationszettel gegen die *Niedersächsische Landsmannschaft* gefunden.[115] Der den *Unitistenorden* 1783 bei der hallischen Universitätsobrigkeit denunzierende Student drängt dann auf die Einhaltung der bei solchen Vorgängen praktizierten Anonymitätswahrung: Er sei vor „rachsüchtigen Menschen" zu schützen und bittet um „Verschwiegenheit" mit dem Hinweis darauf, wie ein Denunziant in der Stadtgesellschaft angesehen sei. Schließlich verweist er darauf, dass es sich bei ihm um einen „unbesoldeten Angeber" handelt. Damit soll zum Ausdruck gebracht werden, dass diese Denunziation eine glaubwürdige Angelegenheit sei. Der Hinweis wirbt für die Aufrichtigkeit der denunzierenden Person und die Richtigkeit der übermittelten Informationen – da mit dem Schriftstück keine finanziellen Interessen verbunden sind. Es sei an dieser Stelle betont, dass dies der einzige Verweis in den anonymen Denunziationsschreiben auf die Frage der Entlohnung von Denunzianten ist. Damit wird zugleich ein generelles Merkmal der anonymen Denunziationszettel sichtbar: Geld spielte bei diesem Denunziationsverhalten offenbar keine Rolle.

Die um Akzeptanz werbende Argumentation des Denunzianten gipfelte in der Unterzeichnung des Schriftstücks mit „gehorsamster diener Ehrlichmann". Hinzugesetzt hat

---

[114] UA Halle, Rep. 5, Nr. 38: Untersuchung und Aufhebung 1783, Bl. 71–72 (dort die folgenden Zitate).

[115] UA Halle, Rep. 5., Nr. 24: Beabsichtigte Errichtung einer Landsmannschaft durch die Studenten Nood, Kemnitz, Messow u.a. Juli 1767–August 1767, Bl. 1/1' – siehe den Text des Denunziationszettels oben in Abschnitt II.1.

dieser noch einen weiteren Hinweis: „Sr. Excellenz von Zedlitz von Schulen her und [?] bekannt von der guten Seite“. Dass die Gefahr der Entdeckung trotz aller Vorsicht des Denunzianten groß war und auch zusätzliche Beteuerungen zur Erhöhung der Glaubwürdigkeit nicht unproblematisch sein konnten, wird durch diesen Vorgang gezeigt: Denn der hallische Professor Johann Reinhold Forster kannte die Identität des Denunzianten und wusste auch zu bestätigen, dass der Denunziant den preußischen Minister tatsächlich kannte. Allerdings schützte Forster den Denunzianten zugleich und gab dessen Identität nicht preis – dazu war er aber offensichtlich auch nicht offiziell aufgefordert worden.[116]

Gehen wir zurück in das Jahr 1768 und blicken in unserem dritten Beispiel auf die schriftlich-anonyme Denunziation des *Inviolableordens* im Februar dieses Jahres. Auch dieser Zettel war in einer verstellten Schrift geschrieben. Das Original allerdings findet sich „besonders wegen anderer Bedenklichkeiten nicht in originale ad acto“.[117] Allerdings gibt es keine Hinweise für die Annahme, dass der Inhalt der in Kanzleischrift abgefassten Kopie nicht mit dem Wortlaut des Denunziationszettels übereinstimmen würde. In diesem Denunziationstext wird argumentiert, dass „dieser Orden schon vorhin allen rechtschaffenen Gemüthern höchst verabscheuungswürdig gewesen, wes wegen auch viele auswärtige bis anhero bewogen worden Halle nicht zu frequentieren, so möchten selbst von denen hier annoch anwesenden, durch diese abscheuliche Gesellschaft dahin gebracht seyn ihr weiteres Studieren anderwerts fortzusetzen.“ Und auch in diesem Denunziationsschreiben finden sich konkrete Handlungsvorschläge: „Des Hrn ProRectores Magnificenz wird es gar nicht schwer fallen diesen so um sich greifenden Ubel, nach dieser Anzeige mit einmahl abzuhelfen, wenn sie den Studiosum Ehmen ein Hallisches Stadt- Kind unter allen Rigeur der Rechte sofort vor sich kommen lassen, und darüber vernehmen wollen.“ Und weiter: „Ew. Magnificentz weises Verfahren wird dem Studiosos Ehmen welcher allenfalls bis zum juramente alles zu leugnen entschloßen seyn würde allen Ausflüchten desselben bestens vorzu kehren wissen, welches die einzige Gelegenheit seyn wird diese so verhaßte Ordens Gesellschaft mit einmahl aus zu heben.“[118]

Nähere Rückschlüsse auf die Herkunft der Denunziation sind aus der Akte nicht zu ziehen; dafür hatte ja schon das Universitätsgericht gesorgt. Was diese Denunziation allerdings zu einer besonderen macht, ist die auf die Studentenfrequenz abzielende

---

[116] UA Halle, Rep. 5, Nr. 38: Untersuchung und Aufhebung 1783, Bl. 84'/85. Siehe dazu auch weiter unten Abschnitt IV.2. Zu Forster siehe (hier jeweils auch Abschnitte zu seiner Zeit in Halle 1779–1798): Michael E. Hoare, The Tactless Philosopher. Johann Reinhold Forster (1729–1798). Melbourne 1975; Faszination Forschung. Johann Reinhold Forster (1729–1798). Staatsbibliothek zu Berlin – Preußischer Kulturbesitz. (Ausstellung und Katalog: Regina Mahlke; Ruth Weiß). Wiesbaden 1998 (Ausstellungskataloge; N.F. 31); Heike Heklau, Zum 200. Todestag von Johann Reinhold Forster (1729–1798), in: Fritz Kümmel (Hg.), 300 Jahre Botanischer Garten der Martin-Luther-Universität Halle-Wittenberg 1698–1998. Halle 1998, S. 125–133.

[117] UA Halle, Rep. 5, Nr. 27: Untersuchung des Ordens Inviolable 1768, Bl. 1.

[118] Zitate: UA Halle, Rep. 5, Nr. 27: Untersuchung des Ordens Inviolable 1768, Bl. 2–2'.

Argumentation, die durch die Umtriebe und den aggressiven Habitus des *Inviolableordens* spürbar negativ beeinflusst werde. Dieser Begründungszusammenhang ist ein bislang singulärer Fall und vermutlich zugleich ein Hinweis darauf, weshalb die Universitätsobrigkeit das Original des Denunziationsschreibens vernichtet oder zumindest nicht, wie in anderen Fällen, zu den offiziellen Akten genommen hat. Denkbar für dieses Vorgehen sind zwei Szenarien. Zum einen könnte es sich bei dem Denunzianten um einen Studenten gehandelt haben, der vielleicht unter dem Orden gelitten und/oder einem anderen Orden angehört und damit Konflikte aus der geheimen Studentenszene delegiert und somit zu lösen gesucht hat. Dass die Denunziation nicht zu den Akten genommen wurde, folgt daraus aber nicht zwingend, denn die denunzierten Studenten hatten kein Recht auf Einblick in die Untersuchungsakten, konnten mithin den denunzierenden Kommilitonen nicht identifizieren. Möglich ist allerdings, dass man den denunzierenden Studenten erkannt hat und ihn in jedem Fall schützen wollte. Die zweite Begründungsvermutung geht davon aus, dass der Denunziant im Lehrkörper der Fridericiana zu suchen ist. Wenn dem so war, stellt sich allerdings die Frage, woher er die präzisen Informationen hatte? War er selbst in die arkane Szenerie der Stadt eingebunden? Vielleicht finanzierte er (zudem) eigene Spitzel, die ihm diese Informationen beschafft haben? Dies war eine durchaus nicht unübliche Praxis unter manchen Professoren.[119] Mit der Form der anonymen Denunziation blieben ihm unangenehme Fragen sowohl in Hinsicht auf die Partizipation an Geheimgesellschaften als auch über die Informationsquellen erspart. Der Grund, warum man den Originalzettel nicht zu den Akten gab, mag deshalb darin begründet sein, dass der Prorektor Andreas Elias Büchner den Denunzianten an einem Indiz im Schreiben erkannt, zugleich aber das Untersuchungsinteresse über die individuelle Konfrontation bzw. persönliche Vorladung gestellt hat. Der Fall ist letztlich nicht auflösbar. Gleich welche der beiden Interpretationsmöglichkeiten tatsächlich zutrifft, ist dieser Denunziationsvorgang ein eindringliches Beispiel für die große Bedeutung, die der Anonymität als Wesensmerkmal und verfahrenstechnischer Voraussetzung der Denunziationsschreiben zukam.

Schließlich sei abschließend auf eine weitere Eigentümlichkeit hingewiesen, die sich in manchen Denunziationszetteln findet. Nicht ungewöhnlich war ein kryptischer Verweis am Ende der Schreiben, durch den die Neugier der Obrigkeiten mit Hilfe eines simplen psychologischen Kniffs weiter angefacht werden sollte. Ein entsprechender Satz findet sich beispielsweise am Ende der Denunziation gegen den *Inviolableorden* vom Februar 1768: „Ubrigens könne bey genauerer Untersuchung hierbey mehreres zum Vorschein kommen.“[120]

In der Zusammenschau lassen sich die Merkmale in den Denunziationsargumentationen strukturiert zusammenfassen: 1.) Die Denunzianten berufen bzw. beziehen sich auf eine größere Referenzgemeinschaft, in deren Namen zu handeln sie vorgeben. 2.) Es finden sich immer Argumentationspassagen, die sich der obrigkeitlichen Wertung der

---

[119] Siehe dazu unten Abschnitt IV.2.

[120] UA Halle, Rep. 5, Nr. 27: Untersuchung des Ordens Inviolable 1768, Bl. 2'.

studentischen Arkangesellschaften als gefährlich für Sitte und Ordnung anschließen und die auf deren Auflösung drängen – beispielsweise forderte die anonyme Denunziation, mit der im November 1783 der *Confidentistenorden* in eine Untersuchung gezogen wurde: „Rottet man Orden aus, so werden der Opfer jugendlicher Hitze weniger werden, u[nd] der schädl[iche] Pennalismus wegfallen."[121] 3.) Die Denunziationszettel beinhalten konkrete Handlungsaufforderungen bzw. spezielle Hinweise zur Unterstützung der Arbeit des Prorektors und des Universitätsgerichts. 4.) Einige Denunziationsschreiben schließen mit unspezifischen Hinweisen darauf, dass die Obrigkeit noch mehr entdecken kann, als in der Denunziation geschrieben steht. 5.) Alle Schreiben bemühen sich in den jeweils konkreten Situationen auf differente Weise um möglichst hohe Glaubhaftigkeit und Authentizität. Der anonyme Denunziant war darum bemüht, die angerufene Obrigkeit von der Akzeptierbarkeit und Richtigkeit seiner Denunziation zu überzeugen. 6.) Das offen formulierte Ziel der Denunziationen bestand darin, dass gegen die bekannt gemachten Gesellschaften und Personen offiziell in Untersuchungen vorgegangen wurde. Schließlich lassen sich 7.) in den Vorgängen keine Implikationen auf eine Entlohnung oder deren Einforderung durch die Denunzianten ermitteln. Geld als Denunziationsmotiv scheint in den studentisch-arkankulturellen Konfliktkontexten, in denen sich die Emergenz anonym gehaltener Denunziationszettel vollzog, keine Rolle gespielt zu haben.

Formulieren wir ausgehend von diesen Befunden ein Fazit zur Argumentationsstrategie. Die disziplinarpolitischen Verordnungen der Obrigkeit gaben vor, was denunziabel war. Die Argumentationsmuster der Denunzianten waren deshalb bereits vorstrukturiert, noch bevor diese zur Feder griffen. Die Denunziationsschreiben mussten auf die gesetzlichen Rahmenbedingungen ausgerichtet sein und sich in deren Wertehorizont bewegen, um Vertrauen zu erlangen[122] und Wirkung zu erzielen – und dies insbesondere, weil ein anonymes Vorgehen und die Verschleierung der Identität der Schreibenden zwingend waren. Denn das Handeln der Denunzianten stand in einer Angstkonstellation: Sie hatten immer sehr begründete Sorgen um die Folgen ihres Tuns für den Fall, dass sie enttarnt werden würden. Die zunächst anbiedernd erscheinenden Argumentationsmuster über die verwerflichen Orden und ihre Umtriebe waren weniger Formen der Selbstlegitimation bzw. ein Versuch, vom Adressaten der Denunziation Verständnis und Absolution für das eigene Verhalten zu erlangen. Sie stellten vielmehr eine Rhetorik zur Verfügung, mit denen eine Übereinkunft zwischen Denunzianten und Obrigkeiten hergestellt worden ist, die dem konkreten – beiderseitigem – Ziel der Verfolgung der denunzierten Gesellschaften und Personen diente.

Die konkreten Motive für die Denunzianten bleiben bei dieser Vorgehensweise ungenannt. Das Verbleiben in der Anonymität war für die Denunzianten ein zentrales Anliegen, dem im vorliegenden Quellenmaterial durchgängig entsprochen worden ist:

[121] UA Halle, Rep. 5, Nr. 36: Confidentisten Ordens 1783, Bl. 1.

[122] Siehe einführend: Ute Frevert, Vertrauen – eine historische Spurensuche, in: dies. (Hg.), Vertrauen. Historische Annäherungen. Göttingen 2003, S. 7–66.

Entweder ist der Denunziant durch sein geschicktes Agieren verdeckt geblieben oder die Obrigkeit hat sich in den seltenen Fällen einer eingetretenen Enthüllung tatsächlich Verschwiegenheit auferlegt. Die Identität der Denunzianten bleibt durchgängig verborgen. Vor diesem Hintergrund ist es schwer, konkrete Handlungsmotive einigermaßen zuverlässig bestimmen zu können.[123] Im erweiterten Blick erscheinen die Konflikte und Konkurrenzen im Umfeld der studentischen Arkangesellschaften als *das* zentrale Handlungsmotiv. Wie wir gesehen haben, tauchten Denunziationszettel immer dann gehäuft auf, wenn eine Untersuchung bereits im Gang war – die gegenseitigen Denunziationen waren Reaktionen, die von der eigenen Arkangesellschaft ablenken oder andere Orden und ihre Anführer bzw. Aktivisten mit in den Untergang ziehen sollten. Die Ausschließlichkeit, mit der sich die verschiedenen studentischen Gesellschaften verfeindet gegenüberstanden, produzierte eine Mentalität der Rache.

In diesem Zusammenhang lieferten auch spezifische Konstellationen Denunziationsgründe. Beispielsweise konnte sich ein im Milieu unlösbarer Konflikt zwischen einem Studenten und einer Gesellschaft anbahnen. Die erste große hallische Untersuchung 1765 war ja wesentlich durch die Aussage des Studenten Müller aus Wetzlar befördert worden: „Er könne zwar nicht sagen, daß er von jemand forciret werden wollen, sich mit in die Landsmannschafft zu begeben, soviel aber sey gewiß, daß seine Landsleuthe ihn deshalb, daß er sich nicht mit engagiret, anfeindeten und alles zuwieder thäten“.[124] Des Weiteren konnte sich z.B. auch die Werbungspraxis einzelner Orden im Rekrutierungsfeld der Arkangesellschaften als denunziationswürdig erweisen: 1768 wurde etwa behauptet, dass der *Amicitienorden* eine Werbestrategie verfolgte, mit der er junge Männer schon in der Zeit vor der Immatrikulation in den Orden zu ziehen versuchte (am Beispiel des „jungen Lamprecht“).[125]

Darüber hinausgehende Motive lassen sich im Umfeld der Denunziationszettel nicht oder nur unzureichend belegen. Die Studenten bewegten sich offensichtlich zwischen zwei verschiedenen Handlungsoptionen: Entweder sie denunzierten anonym im konkreten Konfliktfeld arkaner Vergesellschaftung oder sie wandten sich in Problemfällen auf dem offiziellen Weg einer juristisch abgesicherten Anzeige (denunciatio) an das Universitätsgericht. Waren Denunziationen aber erfolgreich angebracht worden, ergaben sich daraus unmittelbare obrigkeitliche Reaktionen.

---

[123] Zu Handlungsmotiven für Denunziationen siehe exemplarisch die frühe Forschung zusammenfassend: Sälter, Denunziation – Staatliche Verfolgungspraxis und Anzeigeverhalten der Bevölkerung, S. 158–161.

[124] UA Halle, Rep. 5, Nr. 22: Volumen I, Bl. 1'–5', Bl. 3.

[125] UA Halle, Rep. 5, Nr. 27: Untersuchung des Ordens Inviolable 1768, Bl. 14. Dies war offenbar eine durchaus übliche Praxis: Der aus Halle stammende und später denunzierte Student Oehme war bereits mit 16 oder Anfang 17 während eines Besuchs in Leipzig in den Orden aufgenommen worden, noch bevor er die hallische Universität bezogen hatte (ebd., Bl. 3/3'). Siehe auch: Paul Schwartz, Der erste Kulturkampf in Preußen um Kirche und Schule 1788–1798. Berlin 1925 (Monumenta Germaniae Paedagogica LVIII), S. 338 (hier ein Beispiel für 1792).

II.6 Nach der Denunziation

In der Folge der beim Universitätsgericht bzw. beim Prorektor in Halle eingegangenen Denunziationszettel ist immer eine unmittelbare, unverzügliche Reaktion zu beobachten. Das Eintreffen der Denunziation und die Anordnung sowie der Vollzug der ersten Untersuchungsmaßnahmen erfolgten nicht selten innerhalb von 24 Stunden. Zu diesen unmittelbaren Maßnahmen gehörten das sofortige Ergreifen, Arretieren und Verhören von Denunzierten. Ein übliches Untersuchungsmittel waren die zügig organisierten und durchgeführten Visitationen von Stuben, Koffern und persönlichen Gegenständen verdächtigter Studiosi; hierzu wurden oft die Schaarwache und auch Chirurgen – zur Begutachtung von eventuellen Zweikampfverletzungen – herangezogen.[126] Die Visitationen sind meist zu Uhrzeiten durchgeführt worden, an denen die Studenten überrascht wurden. Beispielsweise begaben sich am 4. Februar 1769 gegen zwei Uhr früh im Auftrag des Prorektors Georg Friedrich Meier (der Ästhetiker) der Professor Philipp Adolph Boehmer (der Mediziner) und der Pedell Müller gemeinsam mit dem Chirurgen Schmidt „in des Stud: Schultzen Logis“ und visitierten diese und die dort befindlichen Sachen.[127] Mit den genannten Startmaßnahmen konnten in der Regel weitere Namen und Fakten ermittelt werden, an die sich weitergehende Verhöre und Ermittlungen anschlossen.

Am Ende der Untersuchungen standen nahezu immer Strafen für involvierte Studenten. Auf der Basis des untersuchten Materials kann dabei an die in der Forschung zur Strafpraxis generell gemachte Beobachtung angeschlossen werden, wonach die in den Normtexten festgelegten Strafen nicht ausgeschöpft und angewandt worden sind. Beispielhaft für einen praxisbezogenen und auf den jeweiligen Fall ausgerichteten Ein-

---

[126] Vgl. exemplarisch die bereits oben zitierten Beispiele: UA Halle, Rep. 5, Nr. 33: verdächtige Studiosos [1780], hier Bl. 7/7’ den Bericht der Pedelle Müller und Hübner über die Visitation der Sachen des Studenten Giersberg; Nr. 34: Elsässer- oder Oberrheinischer-Orden 1780–1781, hier Bl. 14/14’ die Visitation der Stube und der Koffer des Studenten Meisner.

[127] UA Halle, Rep. 5, Nr. 28: Anzeige des fortdauernden Inviolable Ordens 1768–1772, Bl. 19 (auf Bl. 20 findet sich der Bericht von Boehmer und Schmidt). Weitere Beispiele für Halle: UA Halle, Rep. 5, Nr. 37: Aufhebung des „Constantisten“-Ordens 1781/1782, Bl. 1’–5’; Rep. 5, Nr. 38: Untersuchung und Aufhebung 1783, Bl. 4–8. Vgl. dazu auch die Maßnahmen in Helmstedt 1775 gegen den *Unanimitistenorden* bei Asche, Der akademische Senat und die studentische Verbindung an der Universität Helmstedt, S. 82f. („Die damals angewandten Methoden, einen Studenten, der verdächtigt war, einer verbotenen Verbindung anzugehören, zu überführen, waren recht unsanft“, dazu gehörte die „überraschende Haussuchung“ durch den Universitätssekretär (ebd., S. 83), siehe auch: Dressel, Die Landsmannschaften und Studentenorden an der Universität Helmstedt, S. 117. Außerdem ein späteres Beispiel in Wittenberg: SHStA, 10088 Oberkonsistorium Universitäten, Generalia, Loc. 1784: Acta Die zu Untersuchung der neuerlich zwischen Hallischen und Leipziger Studenten vorgefallenen Duelle und andern von letzten getriebenen Unwesen insbesondere der auf der Universität zu Leipzig bestehenden Ordensverbindungen angeordnete Commission betr. 1803–1805, Bl. 20–29: ein Bericht der Wittenberger Universität vom 30. Juli 1803 (wonach *Unitistenlogen* in Leipzig, Jena und Wittenberg laut Aussage der Leipziger Unitisten existieren). Hier ist eine aufwendige Visitation der Stuben in Wittenberg bei Abwesenheit der denunzierten Mitglieder dokumentiert, die allerdings bis auf einige Briefstellen keine Hinweise auf geheime Verbindungen ergab.

satz von Strafen steht der Umgang mit den 1787 in Halle namhaft gemachten Mitgliedern des *Unitistenordens*. Zu ihrer Bestrafung hatte Zedlitz im Februar 1787 ein abgestuftes Sanktionssystem vorgeschlagen: Demnach sollten die Ordensaktiven und die Werber für den Orden mit der Relegation bestraft werden. Mit 14 Tagen Karzer sollten jene Unitisten bestraft werden, die bereits früher im Orden gewesen sind, aber keine Werbungen durchgeführt haben; 10 oder 14 Tage Karzer sollten die neuen Ordensbrüder erhalten, die des Werbens verdächtig sind. Alle übrigen Unitisten sollten mit einer Strafe zwischen vier und zehn Tagen Carcer sowie Verweisen belegt werden.[128]

II.7 Ein exemplarischer Fall: die Denunziation des Indissociabilistenordens 1783

Zur Zusammenschau der im vorangegangenen aufgefächerten Einzelaspekte soll im Folgenden ein exemplarischer Denunziationsfall entfaltet werden: die Untersuchung gegen den *Indissociabilistenorden* (Orden der Untrennbaren) im Dezember 1783, ausgelöst durch die letzte Denunziation in der unruhigen und kritischen Phase für die Universität Halle im Herbst/Winter 1783. Am 22. Dezember 1783 wurde diese Geheimgesellschaft beim Prorektor Johann Ludwig Schulze angezeigt.[129] Das Denunziationsschreiben, das auf der Rückseite mit „Anonymus“ unterzeichnet und auf die übliche Weise übermittelt worden ist, trägt am oberen rechten Rand die entsprechende Eingangsnotiz von Schulze: „Ist am 22ten Abends gegen 10 Uhr unter der Hausthüre durchgesteckt gefunden worden.“[130] Darin argumentiert der anonyme Berichterstatter:

> Durch E[uer] Magnificenze Bemühen und Wachsamkeit für das Beste der hiesigen Studierenden ist es dahin gekommen das die schändlichen Verbindungen der sogenannten Unitisten und Constantisten aufgehöret haben, wenigstens keinen Einfluß mehr haben können. Dagegen aber suchen andere ungeschlachtete [!] Leute sich diesen Zeitpunkt zu Nutze zu machen, wo sie von den ehemals existirenden Ordensbrüdern keinen Wiederstand finden und durch neue schändliche Verbindungen E[uer] Magnificenz sorgsame Bemühungen zu vereiteln.[131]

Aus diesen Bemerkungen wird deutlich, dass es sich um einen Kenner der studentischen Arkanszene in Halle gehandelt hat. Denn die Behauptung, dass die *Unitisten* und *Konstantisten* keinen Einfluss mehr hätten, bezieht sich auf die Tatsache, dass beide Orden ja unmittelbar zuvor im Herbst 1783 in Untersuchungen geraten waren und deshalb ver-

---

[128] UA Halle, Rep. 5, Nr. 42, Untersuchung wegen Fortdauer des aufgehobenen „Unitisten“-Ordens und der Aufnahme zweier neuer Mitglieder. Dez. 1786 – Juli 1787, Bl. 118–120; siehe auch: GStA PK; I. HA Rep. 76 alt II B, Nr. 10 (A. Generalia), Vol. I von 1772–1789, Bl. 105/105’ ein Promemoria des Kanzlers Hoffmann, hier Bl. 105 die Überlegung, einen Ordenssenior (den Studenten Groening) stärker zu bestrafen als zwei Ordenswerber (für alle drei waren 14 Tage Karzer vorgesehen).

[129] Theologe und Philosoph; Förster, Übersicht, hg. v. Meÿer/Schenk, S. 261.

[130] UA Halle, Rep. 5, Nr. 45: Acta Die Untersuchung des sogenannten Indissociabilisten Orden betreffend. 1783, hier Bl. 5; die Untersuchung wird auch erwähnt bei: König, Aus zwei Jahrhunderten, S. 114.

[131] UA Halle, Rep. 5, Nr. 45: Indissociabilisten Orden 1783, Bl. 5; die Unterstreichungen im Original.

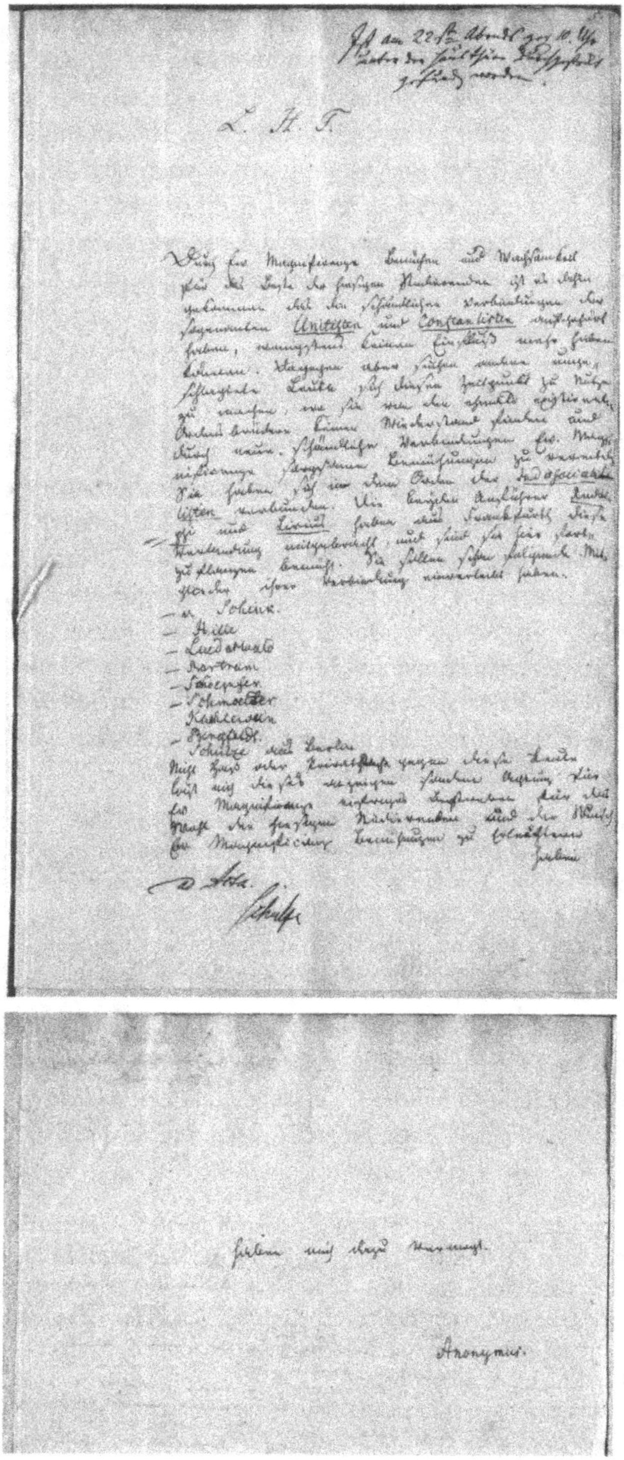

Abb. 7 Denunziation des *Indissociabilistenordens*, Halle 1783.

mutlich zur Zeit der Denunziation des *Ordens der Untrennbaren* ihre Aktivitäten ruhen ließen bzw. lassen mussten. Der Denunziant erläutert eingangs, in Sorge um das Wohlergehen der Studenten im Sinn der Universitätsobrigkeit zu handeln. Aber der Zeitpunkt und der Rahmen der Denunziation legen nahe, dass dies eher ein taktisches Argument mit dem Ziel war, den Prorektor zum Handeln zu bewegen, einen Konsens zwischen Denunziant und Obrigkeit herzustellen. Denn die Hinweise darauf, dass die *Unitisten* und *Constantisten* „keinen Einfluß" mehr hätten, und dass die neuen Ordensbrüder keinen Widerstand von den ehemaligen Brüdern anderer Orden zu erwarten haben, zeigt, dass das arkane Milieu der Saalestadt durch die vorangegangenen Untersuchungen empfindlich getroffen worden war und dass deshalb ein neu auftretender Orden keine oder kaum Konkurrenzen durch und Friktionen mit alteingesessenen Orden gewärtigen musste. So liegt die Überlegung nahe, dass hier ein Bruder der aufgehobenen Unitisten oder Konstantisten den neuen *Orden der Indissocialibisten* denunziert hat, den letzten Schritt in Ordensauseinandersetzungen gegangen ist und die andere Arkangesellschaft mit in den Untergang gezogen hat.

Der anonyme Schreiber verfügte über gute Insiderkenntnisse, die er der Universitätsobrigkeit gezielt zur Verfügung stellte. Er berichtet, dass ein neuer Orden – die *Untrennbaren* – durch die beiden „Anführer" Rudolphi und Livius von Frankfurt an der Oder nach Halle mitgebracht worden ist. Beide seien bemüht, den Orden in Halle „fort zu flanzen". Als Beweis, dass dies gelinge, werden nun die neun bereits „einverleibten" Mitglieder benannt.[132] Abschließend betont der Denunziant noch einmal: „Nicht Haß ober Privat[sache] gegen diese Leute" ließ ihn „dieses anzeigen", sondern „Achtung" für des Prorektors „eifriges Bestreben für das Wohl der hiesigen Studierenden und der Wunsch", diese „Bemühungen zu Erleichtern".[133] Hier findet sich die Doppeldeutigkeit der Eingangspassage des Denunziationsschreibens wieder, die sich in ihrer Zielausrichtung in die Argumentationsstrategie aller Denunziationszettel einreiht: Die Argumentation zielt auf eine Übereinkunft mit dem Prorektor ab bzw. suggeriert diese. Entscheidend am Ausgang des Textes ist aber der dezidierte Verweis darauf, dass der Denunziation keine Privathändel und Rachegelüste zugrunde liegen. Denn damit betont der „Anonymus", dass hier nichts erfunden wird, um Dritten zu schaden und diese in Verruf zu bringen, sondern dass es sich um wirkliche Vorgänge handelt, dass also die Fakten und Namen *stimmen*.

Dem zuträglich war außerdem der Umstand, dass in der Denunziation Verbindungen zu anderen Universitäten sichtbar wurden, da der Orden von der Viadrina in Frankfurt an die Fridericiana nach Halle gekommen war. Bereits die Halle-spezifischen Informationen hätten ausgereicht, um in der Folge eine Untersuchung auszulösen. Durch den

[132] UA Halle, Rep. 5, Nr. 45: Indissociabilisten Orden 1783, Bl. 5. Die Namen der Studenten sind: von Schenck, Hille, Ludewaldt, Bertram, Schoepffer, Schmölder, Ku[e]hlewein, Bergfeldt und Schulze – ihre Namenschreibungen weichen in der Untersuchungsakte gelegentlich geringfügig voneinander ab, sie sind hier vereinheitlicht wiedergegeben.

[133] UA Halle, Rep. 5, Nr. 45: Indissociabilisten Orden 1783, Bl. 5/5'.

zusätzlichen Bezug auf die preußische Schwesteruniversität in Frankfurt war dies nun ganz unumgänglich. Der Denunziant wusste also genau, wie er sein Ziel, das Auslösen einer universitätsgerichtlichen Untersuchung gegen die angezeigten Studenten bzw. den Orden, erreichen würde.

Prorektor Schulze reagierte umgehend. Ungeachtet des Umstands, dass die beiden folgenden Tage der 23. und 24. Dezember waren, erfolgte die Vernehmung der beiden als Anführer denunzierten Studenten Frantz Rudolphi aus Berlin und Carl Gottlieb Bernhard Livius aus der Mittelmark mit dem Hinweis einer „unter der Hand" erfolgten Anzeige,[134] was die eindeutige Bestimmung des Vorgangs ausschloss. Es war nur klar, dass der Orden und seine Brüder denunziert worden waren; mehr erfuhren die beiden Studenten nicht. Sie hatten zuvor in Frankfurt an der Oder studiert und gaben zu, gewusst zu haben, dass an der Viadrina der Orden bestanden hatte. Gleichwohl aber seien sie dort keine Ordensbrüder gewesen. Vielmehr wären nach ihrer Kenntnis die Studenten Brunstein aus Fürstenwalde, Dalcke aus Pommern und Schmidt aus Hamburg (so die Aussage von Rudolphi) sowie Dobold aus Pommern und Westphal aus Russland (so die Aussage von Livius) in Frankfurt im *Indissociabilistenorden* gewesen. Rudolphi behauptete weiterhin, dass er den mitangezeigten Studenten Livius zwar kenne, mit diesem jedoch keinen Umgang pflege. Die Denunzierten verteidigten sich also zum einen damit, dass sie leugneten Mitglieder des Ordens zu sein, und zum anderen haben beide offensichtlich keine Skrupel, in der Verhörsituation selbst zu denunzieren.

Lediglich das Weihnachtsfest hatte den Gang der Untersuchung unterbrechen können. Denn auf diese Aussagen hin wandte sich die Universität Halle sogleich mit einem Schreiben vom 27. Dezember 1783 an die Frankfurter Universität. Zunächst wird darin berichtet, dass der hallischen Obrigkeit bekannt geworden sei, dass Studenten aus Frankfurt an der Oder den *Orden der Indissociabilisten* in Halle „zu errichten suchten". Man meint dabei auch die Verärgerung der Hallenser zu spüren, wenn mitgeteilt wird, dass der Orden „vorher nicht einmahl dem Nahmen nach, bey uns bekanndt gewesen" sei. Weiter heißt es dann, dass die in Halle Denunzierten ausgesagt hätten, dass der Orden „nicht mehr zu Frankfurt fortdaure". Anschließend benennt das Schreiben die in den Verhören in Erfahrung gebrachten Namen der Frankfurter Studenten, „um auf gedachte Stud. wenn sie noch gegenwärtig sind ein wachsames Auge haben und diesen Orden, wenn er denn noch existiren solte, desto leichter entdecken und ausrotten" zu können. Davon „im Vertrauen Nachricht zu geben", erklärt sich die Universität Halle, habe man als Pflicht erachtet, zumal auch der König die Bekämpfung des so schädlichen Ordenswesens befohlen habe.[135]

Der Brief der hallischen Universität enthält mehrere Intentionen bzw. Argumentationsebenen. Zum einen wird der Universität in Frankfurt indirekt die Schuld an den Problemen mit den *Untrennbaren* in Halle zugewiesen, denn von der Oder war der Orden an die Saale gekommen. Damit schob man die unmittelbare Verantwortlichkeit

[134] UA Halle, Rep. 5, Nr. 45: Indissociabilisten Orden 1783, Bl. 1.

[135] UA Halle, Rep. 5, Nr. 45: Indissociabilisten Orden [1783], Bl. 3 u. 3'.

für diesen Orden ab. Man legte Wert darauf, nicht als Ursprungsort und Verbreitungsbasis einer neuen Arkangesellschaft zu gelten.[136] Zum zweiten kommt die hallische Universität ihrer Kommunikationspflicht im Rahmen der Ordensbekämpfung in Preußen nach, bei der es um die Informationsübermittlung relevanter Fakten ging. Gleichzeitig versuchte die Fridericiana zum dritten zugleich Auskünfte darüber zu erhalten, wie die (aktuelle) Lage bezüglich des Ordens denn tatsächlich sei: Ist die Existenz des Ordens in Frankfurt bekannt und untersucht man jetzt eventuell erneut? Haben die Frankfurter Informationen, die sie bislang zurückgehalten haben? Beachtenswert ist außerdem viertens, dass die verdächtigten hallischen Studenten nicht benannt werden. Prorektor Schulze ging also behutsam vor, denn jenseits der faktischen Ordensbekämpfung vor Ort stand ja auch der Ruf der Universität im Gefüge der preußischen Hochschulen in Frage.

Die Universität Frankfurt an der Oder reagierte nicht umgehend. Im Gegenteil: Sie ließ sich über einen Monat mit der Antwort Zeit. In Halle ging das Antwortschreiben aus Frankfurt vom 9. Februar gut eine Woche später, am 17. Februar, ein. Es war nicht nur knapp gehalten, sondern fiel auch eindeutig aus. Der Frankfurter Rektor Gotthilf Samuel Steinbart[137] spielte den Ball zurück, indem er sich zunächst für die Informationen über „einen dortigen Orts [Halle] entstehen wollenden Indissociabilisten Orden" bedankte. Dann fährt er fort: „Wir müssen aber bemerken, das dieser Orden alhier bereits im Junio 1782 entdeckt und aufgehoben worden" ist. Auch die verdächtigten Studenten seien nicht mehr auf der Frankfurter Universität.[138]

Über diese Auskünfte war der hallische Prorektor sicher nicht erfreut, denn sie halfen ihm nicht weiter: In Frankfurt war der Orden schon anderthalb Jahre zuvor aufgedeckt worden, die denunzierten Studenten waren auch nicht mehr vor Ort und über das Vorleben der hallischen Studiosi hatte er ebenfalls nichts erfahren. Neben der einigermaßen ergebnislosen und zugleich nicht unproblematischen Korrespondenz mit den Frankfurter Kollegen hatte Schulze zudem offensichtlich Studiosi vor sich, die durchdachte Verteidigungsstrategien vor dem Universitätsgericht beherrschten. Zwar hatten Rudolphi und Livius weitergehende Informationen im Verhör gegeben – diese entpuppten sich jedoch als wenig nutzbringend. Denn beide hatten ja zugegeben, den Orden zu kennen, da dieser in ihrer Frankfurter Zeit bestanden habe; sie hatten also nicht gelogen. Die denunziatorischen Aussagen der beiden entpuppten sich so als eine im Grundsatz

---

[136] Siehe in diesem Zusammenhang Brüdermann, Göttinger Studenten und akademische Gerichtsbarkeit, S. 247, der darauf verweist, dass die Göttinger Universitätsleitung Wert auf die Feststellung legte, dass „die übergreifenden Orden des späten 18. Jahrhunderts alle von anderen Universitäten nach Göttingen kamen und auch von dort Zuzug erhielten".

[137] 1738–1809; zu Steinbart siehe Günter Mühlpfordt, Die Oder-Universität 1506–1811, in: Die Oder-Universität Frankfurt. Beiträge zu ihrer Geschichte. Hg. v. Günther Haase und Joachim Winkler. Weimar 1983, S. 19–72, hier S. 63f. und Allgemeine Deutsche Biographie, 35. Bd., 1893, S. 687–689.

[138] UA Halle, Rep. 5, Nr. 45: Indissociabilisten Orden 1783, Bl. 4. Siehe auch: Ludwig Golinski, Die Studentenverbindungen in Frankfurt/O., Diss. phil. Breslau 1903, S. 62–64 u. 92f.

konzipierte taktische Maßnahme: Man darf sicher davon ausgehen, dass die Studenten entweder davon unterrichtet waren oder zumindest auf Grund ihrer Kenntnis der Frankfurter Verhältnisse vermuteten, dass die von ihnen angeschwärzten Studenten die Viadrina bereits verlassen hatten und die Untersuchung gegen die dortigen *Indissociabilisten* längst abgeschlossen war. Denn Rudolphi war erst Ostern 1783 und Livius Michaelis (29. September) 1783 nach Halle gekommen, also deutlich nach der Untersuchung in Frankfurt im Juni 1782.

Erst Ende April nahm das Universitätsgericht in Halle die Untersuchung mit einer nochmaligen Vorladung von Livius wieder auf. Dabei wurde ihm vorgehalten, dass der Verdacht gegen ihn, ein Mitglied oder sogar einer der Anführer im Orden zu sein, immer noch bestehe. Livius leugnete dies „auf das Beständigste".[139] Gleichzeitig ging man nun dazu über, die anderen am 23. Dezember 1783 denunzierten Studenten zu verhören. Am gleichen Tag (der 28. April 1784, an dem auch das zweite Verhör von Livius durchgeführt worden war), erschienen vor dem Universitätsgericht die Studenten Wilhelm Friedrich von Schenck, Friedrich Theodor Schmölder und Carl Bergfeldt. Ihnen wurde mitgeteilt, dass sie beschuldigt worden seien, Mitglieder im *Orden der Indissociabilisten* zu sein. Alle drei behaupten aber, keine Ordensbrüder zu sein, ja die Gesellschaft nicht einmal dem Namen nach zu kennen. Sie werden darauf hingewiesen, dass auf königlichen Befehl die Universität dergleichen Orden nicht dulden und die in „gegründeten Verdacht" gekommenen Studenten „zum besten der Universitaet von hier geschaffet werden sollten".[140] Offensichtlich hatte der hallische Prorektor im Vorfeld (zwischen den Auskünften aus Frankfurt und der Wiederaufnahme des Verfahrens mit dem Verhör des Livius) weiter recherchieren lassen, denn vorgeladen wurde nun der Student Dalcke. Dieser in Frankfurt an der Oder als Indissociabilist enttarnte Student hatte ja die Viadrina verlassen (so korrekt das Schreiben des Frankfurter Rektors) und war nach Halle gegangen. Er hatte eine schriftliche Bürgschaft hinterlegt, deren Richtigkeit geprüft wurde, wonach er drei Tage nach Leipzig verreist sei. Dalcke hatte sich also durch eine Kurzreise nach Leipzig entzogen. Das Protokoll fährt dann wie folgt fort:

> Gaben Ihre Magnificenz ad acta, das von den in der anonymischen ad acta gegebenen Anzeige benannten Studiosii zwar Rudolphi Luderwaldt Schoepffer Hille u. Bertram auf heute gleichfalls vorgeladen worden, daß aber Rudolphi ob ihn gleich die Citation von d. Min. Acad. Hübner [...] bekannt gemacht worden, dennoch nicht erschienen, sondern wie verlautet, diesen Morgen früh nach Berlin gereist sey.

Auch Rudolphi hatte sich mit einer spontan erscheinenden Reise der nochmaligen Vorladung entzogen. Und der Student Luderwaldt war bereits seit drei Wochen „von hier abgegangen". Die Studenten Schoepffer und Hille hatten sich am Abend zuvor entschuldigt, dass sie „wegen einer heute an zu tretenden Reise nach Halberstadt, die sich

---

[139] UA Halle, Rep. 5, Nr. 45: Indissociabilisten Orden 1783, Bl. 6.

[140] UA Halle, Rep. 5, Nr. 45: Indissociabilisten Orden 1783, Bl. 7; das Protokoll ist von den Studenten unterzeichnet worden.

nicht aufschieben" lasse, „nicht würden erscheinen können". Und auch „der Stud. Bertram ist dem Vernehmen [nach] gleichfalls verreist".[141]

Ob die Studenten nach der ersten Untersuchung verabredet hatten, im Falle der Wiederaufnahme der Ermittlungen sich durch gezieltes Verreisen und andauerndes Leugnen den Verhören zu entziehen oder ob es eine spontane Reaktion auf die zunächst erfolgte Befragung des Livius war, ist nicht eindeutig zu klären. Wir dürfen aber annehmen, dass die Ordensstudenten Verhaltensmaßnahmen für den Fall der (wieder) einsetzenden Untersuchung verabredet hatten – dies war im späten 18. Jahrhundert in der arkanen Studentenszene üblich.[142] Jedenfalls reagierten die Studenten umgehend und auf gleiche Weise: Außer Livius und Luderwaldt, der sich schon länger nicht mehr in Halle aufhielt, entwichen die gesuchten Studenten – nach Leipzig, Berlin, Halberstadt und an einen unbekannten Ort. So ist dieses Verhalten nicht als Schuldbekenntnis einzustufen und war im Prinzip über ein Verdachtsmoment hinaus nicht wirklich verwertbar (abgesehen von dem formalen Vergehen, der Vorladung nicht termingerecht entsprochen zu haben). Ein letztendlicher Beweis für die Mitgliedschaft eines denunzierten Studenten in einem geheimen Orden war zu einem solch späten Zeitpunkt der Untersuchung nur noch schwer zu erbringen, wenn originäre Ordensmaterialien bis dahin nicht in die Hände der Untersuchungsbehörden gelangt waren. Die schnellen Stubenvisitationen nach Denunziationen waren deshalb Versuche, eben diese zu erlangen. Im Fall der *Indissociabilisten* ist dies nicht gelungen. Eine Bestrafung konnte so oft nur durch Indizien und Aussagen erfolgen.[143]

Merkwürdigerweise war von den angezeigten und vorgeladenen Studenten nur Livius nicht verreist. Wenn die anderen Ordensstudenten sich entzogen hatten, warum dann Livius nicht? Auch als er zum dritten Mal vorgeladen wird, ist er noch immer in Halle. War dies vielleicht ein Indiz dafür, dass er nicht in das (abgesprochene) Verhalten der anderen Studenten eingeweiht worden war? Gehörte er demzufolge nicht dem Kreis um Rudolphi an? Und war dann vielleicht dieser Kreis (ohne Livius) doch als Orden geheim organisiert? Diese Fragen mögen Schulze in der Woche nach dem 28. April beschäftigt haben, und das Protokoll der dritten Vorladung von Livius am 4. Mai gibt darauf eine indirekte Antwort. Denn Livius wird hier das consilium abeundi ausgesprochen; er musste Halle binnen 24 Stunden verlassen.[144] Als Grund dafür wurde

---

[141] Die Zitate: UA Halle, Rep. 5, Nr. 45: Indissociabilisten Orden 1783, Bl. 7' (hier die Unterstreichung im Original) und 8.

[142] Vgl. die im § 19 der Statuten der Gießener *Amicisten* von 1789 festgeschriebene Verhaltensweise: „Sollte die Akademie aufmerksam auf unsere Gesellschaft werden, und wir es erfahren, so berufe der Senior außerordentlich die Ordensbrüder zusammen und entlasse sie ihrer Verbindlichkeit. Alsdann können sie schwören, was man ihnen zumuthet." Zitiert nach Fabricius, Die Studentenorden des 18. Jahrhunderts, S. 64–67, Zitat S. 66. Siehe außerdem: Woeste, Akademische Väter als Richter, S. 101; Brüdermann, Göttinger Studenten und akademische Gerichtsbarkeit, S. 225f.; Hardtwig, Auf dem Weg zum Bildungsbürgertum, S. 33.

[143] Vgl. Brüdermann, Göttinger Studenten und akademische Gerichtsbarkeit, S. 239.

[144] UA Halle, Rep. 5, Nr. 45: Indissociabilisten Orden 1783, Bl. 8, hier auch die folgenden Zitate.

bezeichnenderweise aber nicht die (unterstellte) Ordenszugehörigkeit angegeben, sondern seine Verwahrlosung: Er sei „voll Ungeziefer“ und gehe „in der schmutzigsten Kleidung herum“, niemand könne ihn „im Hause dulden“ und er liege die „Nächte unter freyem Himmel oder an öffentl[ichen] Orten herum“. Livius passte ganz offensichtlich nicht in das Bild, das die anderen Studenten gaben. Dies hatte der Prorektor erkannt und ihn demzufolge aus dem Kreis der Ordensverdächtigen aussortiert. Auch der Denunziant wusste vermutlich um Livius' Lebenswandel und hatte diesen vielleicht gerade aus diesem Grund mitdenunziert. Auf diese Weise sollte der Orden zusätzlich zum Vergehen der geheimen Vergesellschaftung auch gesellschaftlich diskreditiert werden.

Einen Monat später (am 7. Juni) unternahm der Prorektor einen erneuten Versuch. Vorgeladen waren nun die von ihrer Reise zurückgekommenen Studenten Schoepffer und Hille. Beide leugnen erneut, Mitglied im *Indissociabilistenorden* gewesen zu sein oder diesen gar zu „unterhalten“. Beide können „nicht begreiffen, wie sie in den Verdacht, dass sie Mitglieder davon seyn sollten, hätten kommen können.“ Sie hätten nämlich zusammen mit den Studenten von Schenck, Luderwaldt, Rudolphi, Witte, Hoeppe und Giesecke „alle 8 Tage ein Kräntzgen gehalten, hätten sich aber bey ihren Zusammenkünften jederzeit sehr ruhig verhalten.“ Aus diesem Grund könnten sie sich auch nicht vorstellen, dass die Treffen des Kränzchens einen „Verdacht“ erweckt hätten, „als ob sie in einer verbothenen Ordensverbindung“ wären. Ihnen sei nicht bekannt, ob ein Orden der *Indissociabilisten* an der Universität Halle existiere und am allerwenigsten, wer darin Mitglied sei. Zwei Tage darauf erschien dann am 9. Juni noch einmal Rudolphi vor dem Prorektor. Er entschuldigte sich zunächst für sein Ausbleiben am 28. April aufgrund seiner unumgänglichen Reise nach Berlin, weshalb er seiner „Aufwerterin“ befohlen habe, ihn aus diesem Grunde zu entschuldigen – all dies könne sie nicht in Abrede stellen. Daraufhin leugnet Rudolphi erneut, bereits in Frankfurt an der Oder dem Orden angehört und auch den Versuch unternommen zu haben, diesen in Halle zu errichten. Er fährt dann fort, dass dieses vermutlich ein Missverständnis sei, da er gemeinsam mit einigen Freunden – Schoepffer, Hille, von Schenck, Giesecke, Luderwaldt, Witte und Hoeppe – im vergangenen Winter ein Kränzchen gehalten habe. Sie hätten sich am Sonntag auf seiner Stube getroffen und gemeinschaftlich „divertiret“ (unterhalten). Mit einer Ordensgesellschaft habe dies alles nichts zu tun gehabt. Und den Studenten Livius habe er zwar schon seit seinen Frankfurter Zeiten der Person und dem Namen nach gekannt, jedoch mit diesem „dissoluten Menschen“ nie ein Wort gewechselt; auch wisse er nicht, ob dieser ein Ordensmitglied sei.[145]

Ganz offensichtlich haben die Studenten sich nach ihren Reisen (oder während dieser unbemerkt außerhalb von Halle) über das weitere Vorgehen im Falle der Fortführung der Untersuchung verständigt. Hatte man zunächst nur geleugnet, im Orden zu sein, war man später den fortlaufenden Untersuchungen durch Abreise entkommen. Dann änderten die Studenten ihre Taktik. Ganz offensiv bekennen sie, sich getroffen zu haben, um

[145] Die Zitate: UA Halle, Rep. 5, Nr. 45: Indissociabilisten Orden [1783], Bl. 8/8', 9, 10'.

sich zu unterhalten und leise und unschuldig zu vergnügen. Dagegen war im Prinzip nichts einzuwenden und dagegen war ja auch nicht denunziert worden – zumal diesen Kreis und den offensichtlich verwahrlosten Studenten Livius nichts anderes verband als der Umstand, von Frankfurt nach Halle gekommen zu sein.

III Denunziationszettel in anderen Universitätsstädten

Nach der Analyse der hallischen Denunziationszettel stellt sich in vergleichender Perspektive die Frage, ob sich auch in anderen Universitätsstädten Denunziationszettel nachweisen lassen, und wenn ja, ob ihre Inhalte und Kommunikationsabläufe Übereinstimmungen mit den hallischen Vorgängen aufweisen? Eine vergleichbar intensive Quellenlage gibt es zu keiner anderen der untersuchten Universitätsstädte. Gleichwohl finden sich auch andernorts Beispiele für anonyme Denunziationen, wie für Helmstedt in der Zeit um 1770. Diesen Vorgang hat Albert Dressel herausgearbeitet: „In einem bei den Akten befindlichen anonymen Briefe wird zwar dem Professor Paelike nachgesagt, er habe einem Orden angehört, und behauptet, Respondenten hätten bei Promotionen Ordenskreuze getragen“.[146] Allerdings sei der damit denunzierte Professor später als engagierter Verfolger des *Unitistenordens* (1778) in Helmstedt aufgetreten.[147] In diese Zeit (1776) fällt ein erneutes Verbotsmandat der Braunschweiger Obrigkeit gegen die Orden, das aber wiederum keine denunziatorischen Angebote enthielt[148] – möglicherweise deshalb, weil es weiterhin eine punktuelle denunziatorische Praxis im Universitätsalltag gegeben hat.

Anders war die Situation im benachbarten Göttingen, wo man ja mit der Gründung der Universität in den Edikten ein Denunziationsmuster eingefügt hatte. Dass dies in Bezug auf die Duelle tatsächlich auch genutzt worden ist, zeigt ein Fall aus dem Jahr 1777, zeitlich parallel zu den Helmstedter Ordensvorgängen. Am 21. August des Jahres

---

146 Dressel, Die Landsmannschaften und Studentenorden an der Universität Helmstedt, S. 116.

147 Dressel, Die Landsmannschaften und Studentenorden an der Universität Helmstedt, S. 126.

148 In der Verordnung vom 10. Februar 1776 standen erneut vor allem zwei Punkte im Zentrum: zum einen die Strukturen und Verfahrensweisen, die sich die Orden selber gaben und sie zu einer hierarchisierten Organisation machten (Gesetze, Eide), und zum anderen ihre expressiven Praktiken („Ausschweifungen“; „Excesse und Frevel“). Man begnügte sich in Helmstedt weiterhin mit Strafandrohungen (Relegation und „dem Befinden nach härterer Strafe“). Außerdem setzte man darauf, diese Anordnung möglichst lückenlos publik zu machen. Das „Patent“ sollte gedruckt, am schwarzen Brett der Universität angeschlagen sowie den neu ankommenden als auch bereits in Helmstedt immatrikulierten Studenten ausgehändigt werden; NStWf, 37 Alt 2596: Acta die unter den Studenten in Helmstedt errichteten Ordensverbindungen und die gegen die Mitglieder eingeleiteten Untersuchungen betr. Vol. III 1774–1778, Bl. 44/44’; die Verordnung ist am 22. Februar in Braunschweig mit einem Begleitschrieben abgeschickt und in Helmstedt am 3. März vorgelegt worden (ebd., Bl. 43).

ist dem amtierenden Göttinger Prorektor Ernst Gottfried Baldinger[149] ein versiegeltes anonymes Schriftstück überstellt worden, das ein unmittelbar bevorstehendes Duell – „Morgen Mittag“ – denunzierte. Das Schreiben lieferte als Begründung für die Denunziation die Freundschaft des Denunzianten zu den prospektiven Duellanten Meyer und Cuhlmann, die sich beide „auf den Degen schlagen“ wollen: „ich bitte den H. Proreckter, als ein guter Freund von beyden solches zu verhüthen, damit sie sich nicht unglücklich machen, und besonders H. Meyer gar nicht Schuld hat, sondern H. Cuhlmann aus guter Absicht geschrieben.“ Der anonyme Zettel ist mit „N.N.“ unterschrieben. Die Universität reagierte sofort: „Nachdem mittelst angelegten Billets eine vorseyende Schlägerey denunciiret worden, so sind zur Verhütung und Untersuchung derselben, die Studiosi auf heute vorgefordert“. Dokumentiert wurde aber nur die Vernehmung des Studenten Ludwig Friedrich Meyer aus dem Darmstädtischen, da er an Cuhlmann geschrieben hatte und somit indirekt als Verursacher bzw. Auslöser des Vorgangs zu erkennen war. Er gibt zwar zu, vor einiger Zeit mit Cuhlmann Streit gehabt zu haben, da sie aber vorher gut befreundet gewesen seien, hätte man sich bald wieder vertragen und sie wären jetzt wieder die „besten Freunde“. Von einer Provokation wisse er überhaupt nichts. Meyer verspricht („sub poena relegationes“) keine „Thätlichkeiten“ gegen Cuhlmann vorzunehmen. Damit wurde der Vorgang zu den Akten gelegt.[150] Hatte der anonym bleibende Schreiber mit seiner Denunziation die Absicht verfolgt, den beiden Studenten unter dem Vorwand einer vorgespielten Freundschaft zu schaden, so ist dies fehlgeschlagen. Der Göttinger Prorektor reagierte nüchtern, lies es mit der Zusage des Studenten Meyer unter Strafandrohung bewenden. Wahrscheinlicher ist, dass die Freundschaft und Sorge um die beiden Studenten tatsächlich ernst gemeint war und das Handlungsmotiv darstellte. Möglicherweise hat der denunzierende Student eine Meinungsverschiedenheit der beiden als Keimzelle für ein Duell gedeutet; oder es war tatsächlich schon zur behaupteten Duellverabredung gekommen. Um dies zu verhindern, nutzte er das Handlungsangebot der Obrigkeit. Und um sich zugleich vor Anfeindungen im Studentenmilieu zu schützen, griff er zum Anonymität gewährleistenden Medium des Denunziationszettels. Aus dieser Perspektive hatte er Erfolg: Mit der Vorladung von Meyer ist das Duell durch das Eingreifen des Prorektors womöglich verhindert worden.

Zehn Jahre später findet sich ein weiteres anonymes Denunziationsschreiben in Bezug auf die Göttinger Verhältnisse, das in mehrfacher Hinsicht bemerkenswert ist. Am 27. Februar 1787 wandten sich die Geheimen Räte in Hannover an die Universität in Göttingen. Sie teilten mit, dass in Hannover eine anonyme Denunziation eingegangen war: „Es ist wegen einer aldort [Göttingen] entstehenden akademischen Ordens-Verbindung von sogenannten Unitisten eine anonymische Anzeige anhero geschehen, die Wir in Abschrift hiebei mittheilen.“ Die Regierung in Hannover hatte sich der Sache „der bedenklichen Folgen halber“ sofort angenommen und befahl eine Untersuchung der in

[149] Johannes Tütken, Privatdozenten im Schatten der Georgia Augusta. Zur älteren Privatdozentur (1734–1831). Teil 1: Statutenrecht und Alltagspraxis. Göttingen 2005, S. 406.

[150] UA Göttingen, C LXXVII 35 (1777), o.P. – die Akte enthält nur die beiden Schriftstücke.

dem Denunziationsschreiben behaupteten Vorgänge, „um gemeinschaftlich der Sache auf den Grund zu gehen". Dabei sollte es nicht nur um die Entwicklung geeigneter Gegenmaßnahmen für den konkret vorliegenden Fall, sondern auch in genereller Perspektive gehen – „Vorschläge zu den darunter, sowohl für jetzt als für das künftige, zu treffenden Verfügungen".[151]

Auffällig ist bei diesem Vorgang, dass sich der Denunziant an die zentrale Obrigkeit in Hannover gewandt hat und nicht an die Universität, den Prorektor direkt in Göttingen. Ob dahinter die taktische Überlegung gestanden hat, mit diesem Schritt hinein in einen größeren politischen Referenzraum gezielt mehr Aufmerksamkeit für die Denunziation und damit auch für die erwünschten Folgemaßnahmen zu erreichen, oder ob es sich eher um ein situativ bedingtes Vorgehen gehandelt hat, ist schwer zu entscheiden. Wahrscheinlich sind beide Erklärungsoptionen relevant. Der Schreiber muss eine gehobene Position innegehabt haben, denn er war in der Lage, die Denunziation im zentralen Machtgefüge Hannovers – anonym – zu platzieren. Und er war sich über die damit verbundene Aufmerksamkeit im Klaren. Hören wir die ausführliche Denunziation selbst:

> Da ich weiß, wie sehr Erw. p. für das Wohl der Akademie Göttingen besorgt sind, so kann ich nicht unterlaßen, Ihnen eine Anzeige von einem Übel zu thun, wodurch schon etliche Academien, vorzüglich die Hallische, zerrüttet sind. Dies sind die Academischen Freundschafts-Verbindungen, oder sie mit ihrem rechten Nahmen zu nennen, die Renomisten-Orden. Ein solcher sucht sich in Göttingen einzunisteln und da er noch im Aufblühen ist, so könnte er jetzt noch mit leichter Mühe unterdrückt werden. Denn wie schwer es sey eine solche unvernünftige Gesellschaft zu unterdrücken, zeigt mit klaren Beyspielen, Halle; der Orden der Unitisten und der Constantisten daselbst, macht sich noch immer durch öffentliche Befehdungen untereinander, vor den Augen vernünftiger Leute, lächerlich, und trotz aller Vorkehrungen des Academischen Senats, haben sie können daselbst noch nie ausgerottet werden. Erstgenannter Orden der Unitisten nun, sucht sich jetzt in Göttingen auszubreiten, zwey Hallenser Tanner und v. Holzbrink sind die Werkzeuge dazu, und zwey andere Hallenser, die noch Michael[is] in Göttingen zum Besuch waren, v. d. Golz und Goering haben das Werk vollbracht. Die mir durch zuverläßige Nachricht bekannten Mitglieder dieses Ordens in Göttingen sind folgende: von Hadem, Würz v. Zwierlein, v. d. Busch, Prüssel und der älteste v. Westphal, auch soll v. Münster, v. Westphal 2., und der Graf Einsiedel darin seyn, solches kann ich aber nicht mit Gewißheit behaupten. Es wäre sehr leicht den Orden zu zerstören, wenn man H. Pruessel und den älten v. Westphal gerichtlich darüber befrüge, und sie etwas stark zusetzte, so würden sie gewiß, da sie noch nicht lange im Orden sind, auch noch nicht so gewitzigt als die alten Mitglieder sind, die Sache gewiß bekennen, und hiedurch würde einem Übel vorgebeugt, das dem Academischen Senat in Göttingen in Zukunft ohne allen Zweifel viel Mühe und Arbeit

[151] UA Göttingen, X G 1 661 [SA 661]: Acta betr. Corporative Rechte der Universität. Disciplin Verbotene Verbindungen Vol. 2 1773–1795, hierin befindet sich ohne Vorgangszählung und Paginierung (möglicherweise zum Vorgang 48 gehörend) eine eigene Mappe mit der Aufschrift „Commissions= Acten wegen des Unitisten=Ordens März 1787", die dieses Anschreiben sowie die – im Folgenden zitierte – Abschrift der Denunziation und weitere Schreiben enthält. Zu diesem Vorgang siehe: Brüdermann, Göttinger Studenten und akademische Gerichtsbarkeit, S. 234f.

> machen wird. Ich habe es für meine Pflicht gehalten diese Anzeige zu thun, da ich der Academie Göttingen einen großen Theil meines jetzigen Glücks zu danken habe.[152]

Zweifellos war der Denunziant überaus gut informiert und über aktuelle Ordensentwicklungen im Bilde. In diesem anonymen Denunziationsschreiben finden sich die das Medium charakterisierenden Elemente wieder: Es werden präzise Informationen zur Ordenszene allgemein und konkret zur denunzierten Arkangesellschaft gegeben, es wird zu umgehendem Handeln aufgefordert und es werden dafür konkrete Maßnahmen vorgeschlagen. Außerdem wird die Denunziation durch eine begründende Rahmenargumentation umfasst. In dieser finden sich die bekannten Bezugsebenen, mit denen eine gemeinsame Basis zwischen Denunziant und Obrigkeit hergestellt wurde: das Vorgehen gegen das „Übel" der Orden auf den Universitäten, das Berufen auf ein Pflichtgefühl gegenüber den Bemühungen der Obrigkeit um die Disziplin in Göttingen. Was diese Argumentation darüber hinaus zu einer besonderen macht, ist die hier vorgeführte persönliche Motivation: Der Denunziant begründet sein Handeln auch damit, dass er der Universität Göttingen etwas zu verdanken habe – wahrscheinlich ein erfolgreich absolviertes Studium mit einer sich anschließenden attraktiven Stellung. Deshalb ist zu vermuten, dass der Denunziant selbst unter Ordensaktivitäten während seines Studiums gelitten hat – ob als Teil der Arkanszene oder als Außenstehender ist allerdings nicht zu sagen. Durch seine Vorgehensweise verknüpfte der Denunziant persönliche Implikationen mit dem Dienstverständnis seiner Stellung.

Mit dieser Verbindung ist eine Begründung dafür geben, warum er anonym handelte – um selbst nicht in Erklärungszwänge zu geraten. Denn seine hier vermittelten Kenntnisse über Ordensaktivitäten und Arkaninterna sind bemerkenswert und gehen über das sonst mitgeteilte Maß hinaus, indem sie (1.) zwei Universitätsstädte unterschiedlicher politischer Territorien miteinander verbinden, (2.) Aussagen über die diesbezügliche im Scheitern begriffene Politik in Halle geben, (3.) konkrete Kenntnisse darüber vermitteln, dass es die Konstantisten und Unitisten in Halle sind, die trotz mehrjähriger Bemühungen weiter im öffentlichen Raum der Stadt performativ aktiv sind, (4.) die hallischen Ordensemissäre und die Neuaufgenommenen Göttinger Brüder benennen sowie (5.) erkennen lassen, dass der Denunziant entweder selbst noch Kontakte in die Szene hat oder eigene Informanten unterhält („durch zuverläßige Nachricht"). Dass er dabei zwar einige Studentennamen nennt, zugleich aber deren Mitgliedschaft mit einem Fragezeichen versieht, also Informationskritik übt, ist der Ernsthaftigkeit seiner Darstellung eher zu- als abträglich. Angesichts dieser Informationsfülle lassen sich mehrere Szenarien denken, wo der Denunziant sozial-gesellschaftlich zu verorten ist: Es ist denkbar, dass hier ein ehemaliger Student kurz nach dem Ende seines Studiums noch einmal aktiv wird. Ebenso möglich ist, dass es sich um einen arrivierten hannoverischen Beamten handelt, der über gute Kontakte und vielleicht auch tatsächlich Privatspione verfügte. Nicht ausgeschlossen ist zudem, dass wir hier einen hallischen Obrigkeitsver-

[152] UA Göttingen, X G 1 661 [SA 661], Vol. 2, Wegen des Unitisten=Ordens 1787, o.P.

treter handeln sehen, der aus Gründen des Identitätsschutzes im weiten Feld der Universitätskonkurrenz seinen Namen verschweigt.

Wie dem auch sei: Wichtig zu sehen ist an diesem Göttinger Beispiel, dass anonyme Denunziationsschreiben in ihrer Struktur und ihrem Informationsgehalt unabhängig von den konkreten lokalen Gegebenheiten vergleichbar aufgebaut waren und auch in dem intendierten Sinn funktionierten, dass sie unmittelbare obrigkeitliche Untersuchungsmaßnahmen initiierten. In den 1780er Jahren hatte sich das Medium des anonymen Denunziationszettels überlokal etabliert. Das wird man sagen dürfen, obwohl das Quellenaufkommen außerhalb Halles begrenzt ist. Deshalb steht aber auch die Frage im Raum, warum wir es zwischen Halle und den anderen untersuchten Universitätsstädten mit einer so deutlich voneinander abweichenden Überlieferungssituation zu tun haben? Auf den ersten Blick mag man dafür Mentalitätsstereotype in Anschlag bringen wollen. Der sich seit dem Beginn des Jahrhunderts formierende Tugendkanon preußischer Verwaltungspraxis wäre demzufolge als Ursache anzuführen[153] – das, was anfiel, wurde akkurat archiviert. Dagegen sprechen hingegen Fälle in Halle, die von der Archivierungsnorm abweichen: Hier ist offensichtlich nicht jeder Denunziationszettel in die Akten übernommen worden. 1784 beginnt die Untersuchung gegen zwei Duellanten des *Unitisten-* bzw. *Konstantistenordens* mit einem unspezifischen Verweis auf eine Anzeige („Anzeige geschehen"). Der Denunziant nannte dabei die Namen der Beteiligten, worauf der hallische Prorektor Schulze sofort reagierte und die prospektiven Duellanten unter Hausarrest stellte sowie zur Vernehmung vorlud. Erst im Laufe der Untersuchung wird ersichtlich, dass es sich hier offenbar um eine nicht weiter spezifizierte, anonyme schriftliche Denunziation als auch „anderweitige glaubhafte Anzeige" gehandelt hat.[154] In ihren Voten zum Fall während des Aktenumlaufs bezeichneten die Professoren Johann Friedrich Gottlieb Goldhagen (Mediziner und Stadtphysikus in Halle seit 1777) und Wenceslaus Johann Gustav Karsten (Mathematiker) die Quelle als „anonymischen Brief", nachdem der untersuchende Prorektor Schulze die Anzeige selbst bereits als „anonymische" beschrieben hatte.[155]

Die Beantwortung der Frage, ob es unterschiedliche Denunziationskulturen im studentisch-akademischen Milieu zwischen Halle und anderen Universitäten gegeben hat, ist demzufolge eher im praktischen Handeln der Amtsträger vor Ort, in ihrem konkreten Umgang mit den Denunziationen, zu suchen. Zu fragen ist deshalb: War in Halle die Denunziationszettelverwendung in besonderer Weise ausgeprägt bzw. ging man andernorts damit anders um? Schauen wir in diesem Zusammenhang nach Jena. Auf den ers-

153 Siehe dazu: Thomas Müller-Bahlke/Carmela Keller/Ralf-Torsten Speler, Bildungsweg und Tugendpfad. Halle als bevorzugter Standort preußischer Bildung und Erziehung, in: Thomas Müller-Bahlke (Hg.), Gott zur Ehr und zu des Landes Besten. Die Franckeschen Stiftungen und Preußen: Aspekte einer alten Allianz. Halle 2001, S. 71–103, hier S. 71–91.

154 UA Halle, Rep. 5, Nr. 41: Erneut entdeckte Spuren des noch bestehenden „Unitisten"-Ordens. Apr. 1784 – Mai 1784, Bl. 18.

155 UA Halle, Rep. 5, Nr. 41: Erneut entdeckte Spuren des „Unitisten"-Ordens 1784, Bl. 1, 18/18', 20.

ten Blick gab es zwischen Halle und Jena offensichtlich zwei voneinander abweichende Verhaltenskulturen: Während an der Fridericiana ein Informationsfluss an die Universitätsobrigkeit durch schriftliche Denunziationen zustande kam, die auf Konflikten und Machtkämpfen im Milieu des Verdachts beruhten, scheint es an der Salana eher so gewesen zu sein, dass sich die Instanzen der Universität bemüht haben, Wege zu finden, um an Informationen zu gelangen – für die Phase zwischen den 1760er und den ausgehenden 1780er Jahren gibt es bislang keine Hinweise auf Denunziationszettel in Jena. Diese an der greifbaren Quellenüberlieferung entwickelte Überlegung könnte jedoch auf eine falsche Fährte führen. Denn hinter den Abläufen, wie sie in den Akten zu finden sind, verbirgt sich möglicherweise eine andere Realität. Vielleicht sind vorhandene Denunziationszettel in Jena ja durch die Pedelle und Dekane bzw. den Prorektor zurückgehalten, privat aufbewahrt oder vernichtet worden. Für eine solche Vermutung spricht eine Quelle aus dem Jahr 1780. Der Jenaer Prorektor Johann Jacob Griesbach hatte im Kontext seines Vorgehens gegen den *Amicistenorden* eine Anordnung mit folgendem Wortlaut erlassen:

> Hat jeder Prorector während seines Prorectorats zweymal, nämlich gleich nach dem Antritt und in der Mitte desselben, die Decanos der vier Facultäten zu veranlassen, daß sie sämtliche zu ihren Facultäten gehörige Professoren erinnern, falls einem oder dem andern irgend etwas auf Landsmannschaften oder OrdensVerbindungen sich Beziehendes bekannt wäre, solches in einem versiegelten Zeddel dem Decanus zu eröffnen, welcher aus allen eingegangenen Anzeigen ein Ganzes zu machen, und dieses, mit Verschweigung der Namen derjenigen, von welchen die Anzeigen herrühren, dem Prorectori mitzutheilen hat.[156]

Diese Anweisung lässt die Vermutung zu, dass es sowohl erspitzelte Informationen als auch schriftlich-anonyme Denunziationen gegeben hat. Die Verhaltens- und Verfahrensanweisung des Prorektors reagierte offensichtlich auf tatsächlich bestehende Informationswege im Alltag der Universitätsstadt. Die durch alle universitären Ebenen gezogene Informationsstruktur setzt vor allem auf die Anonymitätswahrung der Informationsquellen. Auf diese Weise behielten alle Beteiligten ihre Handlungshoheit: Die Studenten blieben anonym, die einzelnen Professoren waren keine Rechenschaft über ihre Informationsquellen schuldig und die Dekane sowie der Prorektor waren handlungsfähig.

Aus diesen Beobachtungen ergibt sich eine erklärende Überlegung: Offenbar hat man sich in Halle und Jena für zwei unterschiedliche Verfahrensweisen mit anonym-schriftlichen Denunziationen entschieden. Während in Halle die Zettel in den Akten als – später nachprüfbare – Ausgangspunkte für disziplinarische Untersuchungsverfahren dokumentiert wurden, verfuhr man in Jena diametral anders. Es gab, so ist zu vermuten, zwei unterschiedliche Verfahren im Umgang mit anonymen Denunziationen, nicht aber unterschiedliche Denunziationskulturen. Es ist anzunehmen, dass sowohl in Halle als auch in Jena anonym und schriftlich denunziert worden ist. Man hat diese Vorgänge nur

[156] UA Jena, Bestand A, Nr. 2563, Modellbuch der Universität Jena 1747ff., Bl. 46'. Für den Hinweis und die Bereitstellung des Textes danke ich Gerhard Müller (Jena).

anders in die Aktenlegung hinein übersetzt.[157] Die Griesbachsche Anordnung von 1780 verweist auch in genereller Weise darauf, dass es unterschiedliche Informationswege an die Obrigkeiten gegeben hat.

IV Alternative Wege des Informationstransfers

Ausgehend von der dieser Arbeit zugrunde gelegten Typologie informierenden Verhaltens wollen wir im Folgenden mündlich vorgebrachte, anonym gehaltene Denunziationen, Spitzelinformationen, das Hörensagen und die Gerüchte, die offiziellen, namentlich vorgebrachten Anzeigen sowie schließlich Aussagen im Gang von laufenden Untersuchungen in den Blick nehmen.

IV.1 Mündliche Denunziationen, anonym gehalten

Diese Denunziationsvariante steht in enger Verbindung mit den Denunziationszetteln, gleichwohl gab es einen signifikanten Unterschied: Die Denunzianten blieben zwar in den Akten anonym, waren aber durch die mündliche Übermittlung der Informationen der zeitgenössischen Gerichtsobrigkeit in der Regel wohl bekannt. Ebenso möglich war die Variante, dass die Denunziation mündlich über Dritte vorgebracht worden ist; solche Vorgänge sind in den Akten jedoch kaum nachzuweisen. Die mündlich handelnden Denunzianten konnten sich auf das in der ersten Hälfte des 18. Jahrhunderts entworfene Denunziationsmuster berufen und Anonymitätswahrung einfordern. Sie blieben für die Betroffenen und auch für einen größeren Kreis von Professoren und Universitätsbediensteten unbekannt. Der Bezug auf die einzelnen Elemente des Denunziationsmusters wird zudem dadurch unterstrichen, dass sich bei dieser Informationsform einzelne Belege dafür finden, dass Denunziationen finanziell belohnt worden sind.

Mündliche Denunziationsvorgänge finden sich in den Akten vergleichsweise häufig und über das gesamte Jahrhundert hinweg. Ein im Untersuchungszeitraum sehr früher Fall ist für Halle belegt. Am 15. September 1698 berichtete der als Prorektor amtierende Theologe Joachim Justus Breithaupt: „Es will gewiß Verlauten“, ob nicht einige Häuser, „worinnen allerhand verdächtige Weibespersohnen, geherberget, auff dem Neumarckte, und zu Glaucha zu finden“; auch sollen „bei dem Richter und Schlösser Ziewohd bishero von einigen Studiosis, und Bürgern große excesse“ am Tag und in der Nacht, wie etwa am 7./8. Juli, verübt worden sein. Die einleitende Formulierung weist auf eine Informationsherkunft hin, die durch das Wissen um den Denunzierenden und dessen Ruf glaubwürdig war. In der Akte findet sich ein weiteres Schriftstück aus dem gleichen Jahr, in dem zusammenfassend geschildert wird, wie die Studenten in Unzucht

[157] Siehe in diesem Zusammenhang Hohkamp/Kohser-Spohn, Die Anonymisierung des Konflikts, z.B. S. 391.

und im Exzess leben. Das Problem der Prostitution beschäftigte die Universitätsobrigkeit in den Jahren um 1700 regelmäßig „wegen derer theils in Thee und Coffee Schenken, theils auch in anderen Privat Häusern sich befindenden liederlichen auch dienstlosen Weibesstücken".[158] Die Universitätsobrigkeit war in diesem Umfeld auf Informationen angewiesen; deshalb finden sich in diesem Kontext auch Hinweise auf denunziatorische Vorgänge, beispielsweise im Oktober 1704: „Nachdem bey der Universität angebracht, daß am vergangenen Sonnabende gegen den Abend auf des Studiosis Ms: Brehmeres Stube [...]".[159] In beiden exemplarisch genannten Fällen wurden die Denunzianten in den Untersuchungsakten nicht benannt, sie bleiben verborgen.

Ebenso finden sich in der zweiten Jahrhunderthälfte Vorgänge gleicher Art und Struktur, auch wenn es sich jetzt um andere Disziplinar- und damit Denunziationsthemen handelte. Beispielsweise begann 1774 der hallische Prorektor, der Theologieprofessor Johann August Nösselt, eine Untersuchung mit der Formulierung, dass nachdem bei ihm „von jemanden der seinen Nahmen zu verschweigen gebothen, angezeiget worden, daß der Inviolable Orden seit einiger Zeit unter denen Studiosio wieder im Schwange gehe".[160] Ähnlich begann 1781 die Untersuchung gegen den *Confidentistenorden*: „nach glaubwürdiger Anzeige" sollen die Studenten Michaelis, Luckow, Witcke, Moritz und Schewermann in „verbothenen Ordens Verbindungen" sein, und „zu dem so genannten Confidentisten Orden gehören", deren Zusammenkünfte im Gasthaus zu Nietleben westlich von Halle stattfinden sollen.[161] Die Denunzianten waren gut informiert und das Universitätsgericht leitete auf der Grundlage seiner Darstellung umgehend eine Untersuchung ein. Einer der ersten Schritte dazu war die Anordnung zur Visitation der Stuben der denunzierten Studenten: „Damit auch diese Visitation nicht vereitelt werde, sollen obgenannte Studiosi einstweilen, und bis nach vollendeter Visitation in genaue Aufsicht genommen, und zu dem Ende zu Arrest gebracht werden". Außerdem sollte „auch die Schenke zu Nietleben" durchsucht werden.[162]

Der Schlussbericht des Prorektors zu dieser Untersuchung lässt einen seltenen Einblick in den spezifischen Informationshintergrund zu. Nösselt berichtet darin, dass die

[158] UA Halle, Rep. 3, Nr. 548: Caffe= Thee und andere verdächtige Häuser 1695–1718, o.P. Der nicht- bzw. voreheliche sexuelle Umgang mit Prostituierten bzw. ledigen Frauen war auch in anderen Universitätsstädten immer wieder Thema und Anlass für disziplinarisches Handeln; vgl. exemplarisch UA Leipzig, Rep. GA IV 237: Acta. die zu Plagwitz vorgefallenen Excesse betr. 1770, Bl. 1/1': Die Universität Leipzig beschwert sich bzw. meldet bei der Stiftsregierung in Merseburg, dass in Plagwitz auf Merseburgischem Territorium in den dortigen zwei Schenken nach wie vor „die liederlichste Wirtschaft mit unzüchtigen Weibspersonen, welche unter den Nahmen Aufwarte- und BierMädgen gehalten worden", vorgehe.

[159] UA Halle, Rep. 3, Nr. 546: Acta Das verbothene Schiesen in der Stadt 1694 (–1725), Bl. 11.

[160] UA Halle, Rep. 5, Nr. 29: Acta die Untersuchung des wieder neuerl. entstandenen Inviolable Ordens betreffend. 1774, Bl. 1.

[161] UA Halle, Rep. 5, Nr. 35: Acta die Untersuchung des neuerlich entstandenen Confidentisten= Ordens und die dieserhalb, mittels regnifition des königl. Amts Giebichenstein, im dem Gasthoffe zu Nietleben, von der königl. Universitaet veranlaßte Visitation betr. 1781, Bl. 1.

[162] UA Halle, Rep. 5, Nr. 35: Untersuchung des Confidentisten=Ordens 1781, Bl. 1.

denunzierten Studenten „durch einen glaubwürdigen Brief eines ehemahl. Gliedes des Ordens der Confidentisten, den sie zu diesem Orden engagiret", als „Glieder des gedachten Ordens angegeben" worden seien. Das Denunziationsschreiben, auf das hier Bezug genommen wird, wurde in einem anderen (nicht nachweisbaren) Aktenvorgang zu einer tätlichen Auseinandersetzung dokumentiert. Ein ehemaliger *Confidentist* hatte also eine Schlägerei, möglicherweise ein Duell, schriftlich angezeigt und dabei die Namen der Ordensbrüder genannt. Daraufhin sind offensichtlich zwei Untersuchungen angestrengt worden. Das spezifische Vorgehen gegen den Orden hatte zusätzlich Unterfütterung durch die genannte „mündli. Aussage zweyer Studiosorum" bekommen, die „aber ihre Nahmen aus Furcht für der Rache erwehnter Studiosorum Michaelis u. Cons. zu verschweigen gebethen".[163]

Aus den gegebenen Anonymitätszusagen resultierten aber auch verfahrensrechtliche Bedenken, die beschuldigten Studenten auf dieser Grundlage tatsächlich überführen zu können:

> Obwohlen weder gedachte 5 Studiosi selbst, daß sie den Orden der Confidentisten unterhalten, gestanden, noch ihnen Jungen unter die Augen gestellet werden können, weil letztere sich für Rache gefürchtet, und zu besorgen gewesen, daß wenn man ihn zu muthen wollte, denen Inquisiten Ordens Verbindungen unter das Gesicht zu sagen, als dann jeder abgeschrekt werden würde, jemahls etwas von einem Orden und deren Gliedern zu entdecken; dem nach und weil das leugnen ein Haupt Gesetz aller Orden ist, mithin nie ein Orden könnte entdeket und zerstöhret werden, wenn man auf dem eigenen Geständnis der Ordens Mitglieder bestehen wollte, [wollte man den Orden zeigen] daß sie mit leugnen und Verheimlichung ihrer Verbindung nicht durch kommen.[164]

In der Umsetzung dieses Gedankens wurden die Studenten deshalb mit dem consilium abeundi bestraft.[165] In der zitierten problematisierenden Passage Nösselts wird deutlich, dass man neben der schriftlichen und mündlich-anonymisierten Denunziation noch weitere Informationen zum Orden hatte bzw. hätte haben können. Denn der Prorektor überlegt, ob man die vor Gericht befindlichen Ordensstudenten durch Gegenüberstellungen mit „Jungen" – dem entsprechenden Begriff für Spitzeldienste leistende junge Männer oder Jugendliche[166] – rechtlich abgesichert überführen könne. Damit wird das trotz der vorhandenen Informationsdichte große Problem der Universitätsgerichte deutlich: Solange keine eindeutigen Beweise vorliegen – Materialien etwa, die die Studenten eindeutig als Ordensbrüder ausweisen – und die Beschuldigten konsequent leugnen, erbringen nur bezeugte Aussagen und Identifikationen Beweiskraft. Bemerkenswert ist, dass man die begründete Furcht von Spitzeln, die auch als Zeugen auftreten sollten, vor Rache durch Ordensbrüder über die Möglichkeit der sicheren Beweisführung stellte. Die real vorhandene Angst vor Verfolgungen musste die Universitätsobrigkeit akzep-

---

[163] UA Halle, Rep. 5, Nr. 35: Untersuchung des Confidentisten=Ordens 1781, Bl. 8.
[164] UA Halle, Rep. 5, Nr. 35: Untersuchung des Confidentisten=Ordens 1781, Bl. 9.
[165] UA Halle, Rep. 5, Nr. 35: Untersuchung des Confidentisten=Ordens 1781, Bl. 9/9'.
[166] Vgl. Rasche, Über die „Unruhe" am „academischen Uhrwerck", S. 52f.

tieren, um nicht Gefahr zu laufen, künftig auf Nachrichten über Orden und ihre Mitglieder durch Informanten verzichten zu müssen.

Dieser vorsichtige Umgang mit Informanten, so ist zu vermuten, ist möglicherweise auch der Grund dafür, dass eindeutige Belege für die Entlohnung von Zuträgern in den Akten kaum greifbar sind.[167] Wenn, dann finden sie sich innerhalb der Gerichtsakten in den Liquidationen zu den einzelnen Untersuchungen, die die während der Ermittlungen angefallenen Kosten in Einzelposten auflisten und deren Träger bzw. Empfänger benennen. 1777 wurde in Halle in der Untersuchung gegen den *Defensionsorden* eine „stipulirte [vertraglich festgelegte] Denunciat.[ions] Geb.[ühr]“ von fünf Gulden ausgezahlt („vertheilet“). Dies entsprach knapp einem Viertel der in der Untersuchung eingezogenen Gelder.[168] In der Liquidation der Untersuchung gegen den *Konstantistenorden* im Winter 1781/1782 ebenfalls in Halle sind als erster Posten „5g. pr. Anzeige fol. 1” festgesetzt worden. Damit ist wahrscheinlich ebenfalls eine auszuzahlende Gebühr für die Aussage des Studenten Topff gemeint. Nach einer Schlägerei war dieser zunächst nach Berlin geflohen, dort aber auf Befehl von Zedlitz arretiert und vom „Criminal Collegio” verhört worden. Dabei gab er an, dass die gedachte Schlägerei „eine zwischen einem sogenannten Constantisten und Unitisten Orden obwaltende Streitigkeit zum Grunde gehabt habe“. Topff nannte Mitglieder des *Konstantistenordens*, dem er auch angehörte, sowie den Versammlungsort beim „Billardeur Schlinzig im Rosenthal vor dem Stein Thor“. Diese Informationen sind dann in einem „Handschreiben” dem hallischen Prorektor mitgeteilt worden. Der anzeigende Student Topff befindet sich nicht unter den ermahnten bzw. bestraften und mit einem Eid belegten Studenten.[169]

Dass die wenigen Hinweise auf Entlohnungen von denunzierenden bzw. anzeigenden Studenten oft uneindeutig bleiben, zeigt ein weiteres Beispiel aus Halle. In der Liquidation zu den während des Verfahrens gegen den *Concordistenorden* 1783 entstandenen Kosten sind als erster Posten zehn Groschen für die die Untersuchung auslösende „Anzeige“ des Studenten Lehmann gelistet. Der Vorgang ist vom Prorektor, dem Juristen Johann Christian Woltaer, aufgenommen und von Lehmann selbst am 23. Juni 1783 unterschrieben worden.[170] Uneindeutig bleibt bei diesem Vorgang, ob es sich um die Kosten für das Protokollieren der Anzeige handelt oder aber um eine tatsächliche Belohnung für den Studenten. Anders als im eben vorgestellten Fall sind nicht nur die

[167] Vgl. in diesem Kontext: Härter, Policey und Strafjustiz in Kurmainz, Erster Halbband, S. 398 und Zweiter Halbband, S. 773.

[168] UA Halle, Rep. 5, Nr. 32: Untersuchung des „Defensions“-Ordens. Juni 1777, Bl. 8.

[169] UA Halle, Rep. 5, Nr. 37: Untersuchung und Aufhebung des sogenannten „Constantisten“-Ordens. 1781, Bl. 1/1’, 15’, 16 sowie o.P. Denkbar wäre auch, dass mit den 5 Groschen das Porto für das Schreiben von Berlin nach Halle über die Vernehmung des aussagenden Studenten bezeichnet worden ist – dagegen spricht allerdings, dass Portokosten in anderen Untersuchungen gesondert angegeben worden sind.

[170] UA Halle, Rep. 5, Nr. 43: Concordisten Orden 1783, Bl. 1, 28.

angezeigten Studenten mit dem consilium abeundi, sondern schließlich auch der Anzeigende selbst bestraft worden.[171]

Die Kostenlegung für die Untersuchung gegen die *Confidentisten* und *Konstantisten* 1783 infolge des oben vorgestellten anonymen Denunziationszettels ist ein weiterer Beleg für solche Graubereiche.[172] In der dazugehörigen Akte findet sich auf einem separaten Blatt eine ausführliche, tabellarisch dokumentierte Liquidation – links stehen die Kosten, in der Mitte der Sachbezug, rechts die Blattangabe der Akte mit dem Vorgang, auf den sich die Kosten beziehen. Außerdem gibt es eine Kostenaufstellung für die in der Folge der Denunziation durchgeführten Visitationen durch die Stadtwache.[173] Auffällig ist bei der Kostenlegung, dass es nur zum ersten Blatt der Akte, d.h. dem die Untersuchung einleitenden anonymen Denunziationszettel, keinen eigenen Posten gibt. Allerdings findet sich ein Geldposten, dessen Zuweisung uneindeutig bleibt. In der zweiseitigen Liste sind 2 Taler und 7 Groschen als „an separat Kosten" für die Pedelle („M. Aca.") aufgeführt. Es ist zumindest nicht ausgeschlossen, dass dies Mittel waren, die die Pedelle auch dazu benutzt haben könnten, weitere Informationen einzuholen. Mit dieser Überlegung ist zugleich eine weitere Form des Informationstransfers angesprochen: die durch Spitzel und Zuträger übermittelten Nachrichten.

IV.2 Spitzelinformationen

Die Begriffe Spitzel und Denunziant werden an verschiedenen Stellen in der Forschungsliteratur synonym verwandt. Dies ist insofern problematisch, als damit zwei differente Motivationsmuster miteinander identifiziert werden. Denn ein Spitzel wird von einer wie auch immer definierten Obrigkeit oder Autorität beauftragt, Informationen zu beschaffen, und er wird dafür entlohnt.[174] Diese Informationsaktivität entspricht nicht dem Charakter der schriftlich-anonym angebrachten Denunziationen – die auf diese Weise Handelnden waren nicht angeheuert und erhielten auch keine Vergütung. Der studentische Spitzel agierte in einer anderen Handlungsperspektive: Er wurde von einem Vertreter der Obrigkeit mit der Aussicht auf Bezahlung beauftragt, Informationen einzuholen, zu denen dieser direkt keinen Zugang hat. Der Spitzel begibt sich also mit einem

---

[171] UA Halle, Rep. 5, Nr. 43: Concordisten Orden 1783, Bl. 25/25', 27, 40.

[172] Alle folgenden Zitate: UA Halle, Rep. 5, Nr. 36: Confidentisten Ordens 1783, o.P.

[173] „Liquidation derer Gebühren, welche bey E. Hochlöbl. Concilio, endes gesetzt zu fordern haben, als: den 4. Dec. gr. Visitation in den Bismannischen Hause - 10g. - item gr. dergl. in den Voigtischen Hause - 10 [Groschen] - den 5ten Dec. gr. dergl. in den sickischen Hause - 10 [Groschen] - [/] 1.r. 6g. - richtig erhalten 1 r. 6g. - die Wache, Schlemmersen Halle, den 18. Dec. 1783."

[174] Vgl. dazu exemplarisch etwa: Jerouschek/Marßolek/Röckelein, Denunziation – ein interdisziplinäres Forschungsfeld, S. 16 („angeheuerte Berufsspitzel") und S. 19 („Berufsdenunziantentum"); Sälter, Denunziation, S. 156; Walter Müller-Seidel, Zur Einleitung, in: ders./Wolfgang Riedel (Hg.), Die Weimarer Klassik und ihre Geheimbünde, Würzburg 2003, S. 9–26, hier S. 10f.; Koch, Denunciatio, S. 217 (in Venedig gab es 1764 ein „in seiner Dichte einmaliges Spitzelnetz"). Vgl. in diesem Kontext auch die Spitzel des Berner Rates 1749, die diesen über Gerüchte informieren sollten; Würgler, Veröffentlichte Meinungen – öffentliche Meinung, S. 119.

Auftrag ausgestattet in das (arkane) Milieu der Studenten, in dem er die benötigten Informationen gewinnen soll. Aus solchen Verfahren heraus kann sich eine längere Zusammenarbeit entwickeln, dann wird der Spitzel zum Zuträger, der mit Informationen handelt: Er weiß, wonach die Obrigkeit sucht und beschafft dementsprechende Informationen im Milieu, die er dann einem Pedell oder dem Prorektor zum Kauf anbietet.[175] Daneben hat es in den Universitätsstädten auch unbezahlte Informanten gegeben.[176]

Der größere gesetzliche Rahmen für Spitzeltätigkeiten war durch Formulierungen in Edikten und Reskripten abgesteckt worden, die die universitären Handlungsträger aufforderten, wachsam zu sein. Dafür findet sich eine große Zahl an Beispielen: „wachsame Aufsicht haben sollet" (Rostock 1750);[177] „auch auf die Uebertreter genaue Kundschafft gelegt werden soll" (Helmstedt 1760);[178] „ein iedesmahliger Rector [hat] alle Mühe anzuwenden, um einige Ordens=Glieder zu entdecken, [und] durch die Entdeckten die übrigen mittels Eydes nahmhafft" zu machen (Jena 1767);[179] ist nach „eingezogener richtigen Erkundigung" zu handeln (Halle 1767);[180] der Rektor soll „genaueste Aufmerksamkeit" auf „was auch noch so entfernte ein Anfang zu dergleichen Unruhen [Tumulte/Exzesse] seyn kann" richten (Leipzig 1768);[181] es sind vom Prorektor und vom Prokanzler „alle dienlich= und adaequat- erachtende Mittel und Wege" einzusetzen (Erlangen 1769);[182] es ist „alleräußerste Vigilanz anzuwenden" und „somit beständig nachzuforschen" mit dem Ziel von „Entdeckungen" (Erlangen 1775, und noch einmal 1787 in Bezug auf Hazardspiele).[183]

Diese Formulierungen sind nicht als Anweisungen zum systematischen Aufbau geheimdienstlicher Organe zu verstehen – eine Entwicklung, die im Gegensatz zur

---

[175] Vgl. in diesem Kontext: Rose Mary Sheldon, Intelligence Activities in Ancient Rome. Trust in the Gods, but Verify. London/New York 2005, S. 68–85.

[176] Vgl. dazu Wilson, Goethes Weimar und die Französische Revolution, S. 31 – hier: „unbezahlte Spitzel", der Quellenbegriff dazu ist „vertraute Kundtschafter" (ebd.).

[177] UA Rostock, R I A 24/1: Verordnung gegen die bisherigen Landsmannschaften. 1750, o.P. (hier die Präambel).

[178] NStWf, 37 Alt 571: Landsmannschaften 1760, Bl. 7.

[179] ThHStAW, A 8384, Regierungs=Acta Ordens Verbindungen 1767, Bl. 2' und 3. Vgl. in diesem Kontext auch Reinigungseide im Rahmen von Duellfällen wie etwa 1775 in Jena: UA Jena, Bestand E Abt. I Nr. 139: Untersuchungs=Acta. Zwischen den Studioso, Hr. Wilhelm Ernst Mengenwein, Nordhausen. Und dem Studioso, Hr. Francisc. Danel. Herrmann, Ulmenses. Vorgefallen Duell betr. 1775, insb. Bl. 25/25'.

[180] ULB Halle, Pon. Yb 3775 w, QK, Verordnung 1767, S. 41.

[181] SHStA, 10088, Specialia, Exzesse, 1.) Pennalismus, Duelle Loc. 1779, Excesse Vol. II 1790–1794, Bl. 171.

[182] ULB Halle, II g 1018: [Edikt gegen die Orden in Erlangen] 1769, o.P. (hier: Absatz 1); siehe in diesem Kontext auch den Hinweis in: UA Erlangen, Th. III, Pos. 1, Nr. 1: Edict Wider die unbefugte Selbst=Rache 1743, hier Artikel VII.

[183] UA Erlangen, A 1 / 2 Nr. 11: Das Verbot aller Hazard- und sonstig hoher Spiele auf der Universität und in der Stadt betr. 1769 [1759–1792], o.P. (Erlass vom 23. März 1775).

französischen Metropole Paris[184] in Deutschland erst um 1800 bzw. seit dem frühen 19. Jahrhundert einsetzte.[185] Noch 1797 hatte beispielsweise die Universität Halle den Vorschlag unterbreitet, eine eigene von der Universität abhängige „Polizey Wache von ungefehr 6. Mann“ einzurichten. Die Antwort aus Berlin darauf fiel eher mau aus, denn zuallererst sei die Besoldungsfrage zu klären.[186] Und in den Aufforderungen spiegelt sich ebenso wenig eine umfassende Überwachungsmentalität. Es handelte sich vielmehr um Formulierungen, die die Befolgung der gesetzestextlich verfassten Ordnungsvorstellungen durch die Amtsträger vor Ort befördern sollten und die die dafür nötigen Maßnahmen in konkret-praktischer Absicht legitimierten. In diesem Zusammenhang forderte beispielsweise Herzog Carl August 1784 die Professoren in Jena auf, mehr dafür zu tun, Duelle schon im Entstehen, wenn sie „unterwegs wären“, zu entdecken.[187]

---

[184] Siehe dazu die Arbeiten von Robert Darnton, Gudrun Gersmann sowie zuletzt insb. Gerhard Sälter, z.B.: ders., Urbanisierung, Migration und Kriminalität als Begründungskontext für die Entstehung von Polizei. Zur Entstehung einer eigenständigen Polizei im Paris des Ancien Régime (Policey WorkingPapers. Working Papers des Arbeitskreises Policey/Polizei im vormodernen Europa 5 [2002]), [online: http://www.univie.ac.at/policey-ak/pwp/pwp_05.pdf] sowie ders., Polizei und soziale Ordnung in Paris. Zur Entstehung und Durchsetzung von Normen im städtischen Alltag des Ancien Régime (1697–1715). Frankfurt a.M. 2004 (Studien zu Policey und Policeywissenschaft); auch: Arlette Farge, Lauffeuer in Paris. Die Stimme des Volkes im 18. Jahrhundert. Stuttgart 1993.

[185] Wolfgang Knöbl, Polizei und Herrschaft im Modernisierungsprozeß. Staatsbildung und innere Sicherheit in Preußen, England und Amerika 1700–1914. Frankfurt a.M./New York 1998, hier S. 74–82, 212–224, 340–343; Ralf Pröve, Genossenschaftliche Schutzkonzeptionen und die Krise der gesellschaftlichen Ordnung: Stadtbürger als Hilfspolizisten am Ende Alteuropas (1750–1848), in: André Holenstein/Frank Konersmann/Josef Pauser/Gerhard Sälter (Hg.), Policey in lokalen Räumen. Ordnungskräfte und Sicherheitspersonal in Gemeinden und Territorien vom Spätmittelalter bis zum frühen 19. Jahrhundert. Frankfurt a.M. 2002 (Studien zu Policey und Policeywissenschaft), S. 341–358; Holenstein/Konersmann/Pauser/Sälter, Der Arm des Gesetzes, S. 1–5; Wolfram Siemann, „Deutschlands Ruhe, Sicherheit und Ordnung“. Die Anfänge der politischen Polizei 1806–1866. Tübingen 1985 (Studien und Texte zur Sozialgeschichte der Literatur 14); ders., Polizei in Deutschland im 19. Jahrhundert. Institutionen, Operationsebenen, Wirkungsmöglichkeiten. Mit neuen Dokumenten, in: Jörg Schönert (Hg.), Literatur und Kriminalität. Die gesellschaftliche Erfahrung von Verbrechen und Strafverfolgung als Gegenstand des Erzählens. Deutschland, England und Frankreich 1850–1880. Interdisziplinäres Kolloquium der Forschergruppe Sozialgeschichte der Deutschen Literatur 1770–1900, München 15./16.1.1981. Tübingen 1983, S. 68–95. In diesem Kontext siehe auch die europäische Perspektive bei: Horst Dippel, Sicherheit des Staates oder Sicherheit des Bürgers? Die Entstehung der modernen Polizei in Paris und London in der ersten Hälfte des 19. Jahrhunderts, in: Erk Volkmar Heyen in Verbindung mit Guido Melis (Hg.), Verwaltung und Verwaltungsrecht in Frankreich und England (18./19. Jh.). Baden-Baden 1996 (Jahrbuch für Europäische Verwaltungsgeschichte 8), S. 255–284. Für ein universitätsstädtisches Beispiel siehe: Johannes Tütken, Opposition und Repression in Stadt und Universität Göttingen während des Vormärz. Streiflichter anhand Göttinger Polizeiakten, in: Niedersächsisches Jahrbuch für Landesgeschichte 74 (2002), S. 209–292.

[186] GStA PK, I. HA Rep. 76 alt II B – Nr. 11, Vol. II, Bl. 145’, 146’ sowie 149’.

[187] Müller, Vom Regieren zum Gestalten, S. 210, zitiert hier einen Brief von Carl August. Der Herzog knüpfte an bereits bestehende Praktiken an; siehe z.B. für 1767: „nach eingelangten Erkundigungen“; UA Jena, Bestand E Abt. I, Nr. 43 (August 1766), Bl. 31’. Siehe zur Überwachungspro-

Im Universitätsbetrieb bestanden die Anknüpfungspunkte dafür insbesondere in der Arbeit und Ordnungsaufsicht der Pedelle. Diese hatten unter vielem anderen traditionsgemäß den Auftrag, zum Zweck der Disziplinerhaltung an Informationen über gesetzwidriges Verhalten zu gelangen.[188] Pedelle kauften sich Informationen.[189] In Halle wurde beispielsweise die Überwachungspflicht der Pedelle während der Krisenjahre 1785/86 eingefordert, als die Ordensbewegung endgültig aus dem Ruder lief und die Obrigkeiten dieser Entwicklung trotz direkter Versuche über Denunziations- und Entsagungsangebote einigermaßen ratlos gegenüberstanden.[190] Zedlitz hatte im Auftrag Friedrichs II. am 7. November 1785 an die hallische Universität dekretiert:

> Besonders habt Ihr denen Pedellen aufzugeben, auf die Entstehung oder Fortdauer von dergleichen Verbindungen aufmerksam zu seyn, und bey dem geringsten Verdacht Anzeige davon zu thun, da alsdann, wenn die Anzeige gegründet befunden wird, ihnen eine gleiche Belohung [von 10 Reichstalern] wie jedem andern Denuncianten zu Theil werden muß.[191]

Damit war ein – auch finanzieller – Rahmen geschaffen, um Spitzeldienste gezielt einzusetzen: Die Pedelle bekamen nicht nur die Möglichkeit dazu, es wurde geradezu von ihnen erwartet.[192]

Der Weg über die Pedelle war aber nur eine Variante, um an Spitzelinformationen zu gelangen. Wie vielfache Belege in den Akten verschiedener Universitäten zeigen, war die Beschaffung von erspitzelten Informationen auf verschiedenen Hierarchieebenen

---

blematik im 18. Jahrhundert: Hohkamp, Herrschaft in der Herrschaft, S. 83–86; Zaunstöck, Überwachung durch Denunziation?, S. 206–210; Astrid Küntzel, Die Überwachung von Fremden in Köln im 18. Jahrhundert. Normen und Wirklichkeit in einer freien Reichsstadt (PoliceyWorking Papers. Working Papers des Arbeitskreises Policey/Polizei in der Vormoderne 9), 2005 [www.univie.ac.at/policey-ak/pwp/pwp_09.pdf]. Vgl. zudem für Jena: StA Jena, B IX a Nr. 1 Acten verschied. sich hier aufhaltende verdächtige Fremde Personen 1781, 1792, 1793, 1804; B IX a Nr. 2: Policey Acta Namen und Beschäftigungen der in Gasthöfen angekommenen und sich in Jena aufhaltenden fremden Personen 1796–1799; B IX a Nr. 3: Acten [...] Verzeichnisse, der sich in der Stadt Jena aufhaltenden Fremden, und deshalb alle zu [...] erstattenden Berichte 1799ff.

188 Z.B.: UA Jena, Bestand E Abt. I, Nr. 43 (August 1766), Bl. 1: „Nachdem in der abgewichenen Nacht unter den Studiosis, wider alles Vermuthen, ein plötzlicher Auflauf geschehen [...]" – „so referierten acto die ministri academiae".

189 Vgl. z.B. Wilson, Das Goethe-Tabu, S. 191 („Solche Spione hielten die Pedelle"; hier auch kontroverse Stellungnahmen von Professoren zu dieser Praxis der Informationsbeschaffung, sowie dazu ebd., S. 352, die Anm. 72). Siehe auch die Einleitung, Anm. 124. Exemplarisch für Jena: Während studentischer Unruhen gegen die Jenaer Bäcker im Sommer 1771 schreibt ein Pedell in seinem Bericht: „habe denunziret bekommen" – womit ihm zugetragene Informationen gemeint waren; UA Jena, Bestand E Abt. I, Nr. 69, Bl. 21.

190 Siehe dazu Kapitel IV, Abschnitt III.

191 UA Halle, Rep. 5, Nr. 39: Aufhebung der hiesigen Ordens-Verbindungen der sogenannten „Constantisten" und „Unitisten" auf Befehl des Hofes. Nov. 1785 – Okt. 1786, Bl. 2/2', Zitat 2'.

192 Auch in Weimar ist zeitlich parallel mehrfach darüber nachgedacht worden, dem akademischen Personal, insb. den Pedellen der Universität Jena, Sondermittel zum Einkauf von Informationen über deviantes Verhalten zur Verfügung zu stellen; siehe dazu die Quellen bei: Wilson, Goethes Weimar und die Französische Revolution, S. 31; ders., Das Goethe-Tabu, S. 190–192.

durchaus üblich. Die Forschung hat die Formulierungen und Redewendungen benannt, die auf Spitzeldienste verweisen. Demnach gelten Formulierungen wie ‚in Erfahrung gebracht' oder ‚wie zu vernehmen' als einschlägige Hinweise.[193] Oft wird diesen Stereotypen zusätzlich eine den Wahrheitsgehalt erhöhende Wendung beigegeben: durch „glaubwürdige Anzeigen haben wir in Erfahrung gebracht".[194] W. Daniel Wilson hat in Untersuchungen zum Unruhejahr 1792/93 in Jena herausgearbeitet, dass die Rede von ‚Privatnachrichten' das „Codewort" für Spitzeltätigkeiten gewesen sei.[195]

Diese Formulierungen finden sich auch im Zuge der praktischen Disziplinarpolitik in und gegenüber den Universitäten: Spitzelinformationen wurden innerhalb eines Studentenmilieus beschafft und sie wurden aus der Lebenswelt einer Universitätsstadt heraus direkt an den Hof transferiert. Die einschlägigen Regierungsakten der kursächsischen Zentrale in Dresden etwa bezeugen in vielen Fällen den Informationsfluss aus der Universitätsstadt Leipzig in die Kreise des Hofes. Die Regierung begann mit solchen Floskeln regelmäßig Untersuchungs- und Berichtsaufforderungen an die Universität Leipzig. Sie unterhielt offensichtlich ein funktionierendes Informationssystem aus Spitzeln und Amtsträgern jenseits der universitären Obrigkeit. Beispielsweise wurde am 12. August 1768 ein Reskript mit der Aufforderung zur Untersuchung wegen in Leipzig vorgefallener Studententumulte von Dresden aus mit der Auftaktformulierung eingeleitet: „nachdem uns zuverlässig hinterbracht worden, daß zeithero auf der Universität zu Leipzig unter der daselbst studierenden Jugend eine Art von Tumult sich ereignet".[196] Außerdem meldete die Dresdner Obrigkeit, dass man Nachrichten, „theils auch von Seiten des Gouverneurs, theils von Seiten des Magistrats", über eine bevorstehende studentische Versammlung auf dem Leipziger Markt habe.[197] Kurz darauf, im Sommer 1769[198] und im November 1770, gab es erneut Untersuchungen gegen Leipziger Studenten, die wieder durch den Kurfürst ausgelöst worden waren: „Nachdem verlauten wollen, als ob von einigen Studiosis auf Unserer Universitaet zu Leipzig neuerl. Ausschreitungen begangen u. dadurch die bis hirher erhaltene öffentliche Ruhe gestöhret

[193] Siehe: Weber, „Anzeige" und „Denunciation" in der frühneuzeitlichen Policeygesetzgebung, S. 607f.; Hüchtker, Das „Räubergesindel" und die Unruhen in der Zeit der Französischen Revolution, S. 148, 160, 179f.; Hohkamp/Kohser-Spohn, Die Anonymisierung des Konflikts, S. 406; Hüchtker, „Da hier zu vernehmen gekommen ...", S. 94–97; Rau, Von „Lockungen", „Verführungen" und „Zwang", S. 345.

[194] Schweigard, Aufklärung und Revolutionsbegeisterung, S. 480 (hier aus dem Jahr 1795).

[195] Wilson, Das Goethe-Tabu, S. 188 sowie 349, Anm. 55 (dort Belege).

[196] SHStA, 10088, Spezialia, Loc. 1779: Das Tumultieren der Studiosorum [1768], Bl. 1.

[197] SHStA, 10088, Spezialia, Loc. 1779: Das Tumultieren der Studiosorum [1768], Bl. 3.

[198] „Demnach bey uns dermahln verlauten will, als ob abermahls unter der auf Unserer Universitaet zu Leipzig studierenden Jugend einige Unruhe vorwalte, selbige auch bereits ihren Ausbruch genommen wir aber gleichwohl dieserhalb die nöthige pflichtmäßige Anzeige von euch bis dato nicht erhalten haben"; SHStA, 10088, Oberkonsistorium Universitäten, Spezialia, 1.) Exzesse, Pennalismus, Duelle, Loc. 1778: Acta Die Untersuchung und Bestrafung derer von einigen Studiosis auf der Universitaet zu Leipzig verübten Excesse betr. 1769–1782, Bl. 1.

worden sey".[199] Und am 24. Februar 1783 schreibt Kurfürst Friedrich August[200]: „Es ist uns glaubwürdig hinterbracht worden, daß die Studiosi auf unserer Universität zu Leipzig dem itzigen Rectori daselbst ein Vivat zu ruffen gewilligt seyn; auch sich verlauten lassen sollen, daß ihnen solches zu thun, nicht allein von euch, dem Rectore, sondern auch von dem Gouverneur u. Stadtrath zu Leipzig gestattet worden wäre."[201] Zu diesem Vorgang gab es eine unmittelbare Vorgeschichte, bei der Studenten den Raum der Stadt zur symbolischen Demonstration ihres Standes genutzt hatten.[202]

Dass dieses Informationssystem über Jahrzehnte hinweg existierte, zeigen entsprechende Vorgänge aus dem beginnenden 19. Jahrhundert.[203] Eine große Untersuchung ist beispielsweise durch ein Schreiben des Kurfürsten an die Universität Leipzig vom 9. April 1803 befördert worden: „Dem Vernehmen nach, soll vor einigen Wochen, auf der Landes=Grenze in der Gegend von Halle, zwischen einer großen Anzahl dasieger und Leipziger Studenten ein Duell gewesen seyn, bey welchem einige tödtlich verwundet worden". Und weiter heißt es: „Auch will verlauten, daß das obgedachte Duell eine Folge derer unter denen Studiosis seit einiger Zeit wieder sehr über Hand nehmenden Ordens=Verbindungen", gegen die man offensichtlich schon im Winter zuvor vorgegangen war, sein soll. Es folgt die Aufforderung zu Untersuchung und Berichtslegung.[204] In Dresden war man über ein Schreiben des „Justizbeamten zu Delitzsch" vom 29. März informiert worden, das über mehrere Duelle am 13. März 1803 im Gasthaus zum Posthorn im preußischen Amt Giebichenstein berichtete und durch das zu Tage kam, dass die Auseinandersetzungen unter der „Aufsicht von zwölf Deputierten der Universität Jena" stattgefunden haben. Daraufhin wurde eine Untersuchungskommission

199 SHStA, 10088, Spezialia, Loc. 1778: Die Untersuchung und Bestrafung derer [...] verübten Excesse betr. 1769–1782, Bl. 41.

200 Zu Friedrich August siehe: Dorit Petschel, Die Persönlichkeit Friedrich Augusts des Gerechten, Kurfürsten und Königs von Sachsen, in: Uwe Schirmer (Hg.), Sachsen 1763–1832. Zwischen Rétablissement und bürgerlichen Reformen. Beucha 1996, S. 77–100.

201 SHStA, 10088, Spezialia, Loc. 1779: Die von einigen Studiosis [...] unternommenen Excesse, Vol. I 1772–1788, Bl. 128.

202 Siehe dazu das Vierte Kapitel, Abschnitt IV.1.

203 So etwa im April 1802: „soll, sicherm vernehmen nach, der Studiosus von Schütz zu Wittenberg, Zweykampfes und angeblicher Ordensverbindungen halber, bey dasiger Universität in Untersuchung befangen, und dabey manches vorgekommen seyn, wodurch die Existenz solcher Orden sowohl in Wittenberg, als auch insonderheit in Leipzig, von neuen wahrscheinlich werde." Es folgt die Aufforderung zur Untersuchung und Berichterstattung; SHStA, 10088 Oberkonsistorium Universitäten, Spezialia, 4.) Burschenschaft, Loc. 1781: Acta Die Ordens=Verbindungen der Studenten zu Leipzig und Wittenberg b. Vol. I 1783–1806, Bl. 174.

204 SHStA, 10088, Generalia, Loc. 1784: Duelle 1803–1805, Bl. 1/1'. Siehe auch die Darstellung der Ereignisse und ihre auf innerstudentische Verwerfungen bis 1801 zurückgehende Vorgeschichte von: Wilhelm Bruchmüller, Ein Propatriaskandal zwischen Leipziger und Hallenser Studenten aus dem Jahr 1803 und seine Untersuchungsergebnisse für das damalige studentische Verbindungswesen in Leipzig, in: Studium Lipsiense. Ehrengabe Karl Lamprecht dargebracht aus Anlass der Eröffnung des königlich sächsischen Instituts für Kultur- und Universalgeschichte bei der Universität Leipzig von Schülern aus der Zeit seiner Leipziger Wirksamkeit. Berlin 1909, S. 322–338.

vor Ort eingesetzt.[205] Man will in Dresden diese Exzesse und Duelle „höchsten Orts" genau untersucht wissen.[206]

In diesem Fall fließen verschiedene unbenannte und benannte Informationsquellen ineinander. Dem Bericht des Delitzscher Amtmanns lag eine Anzeige „des Schankwirths, Johann Zacharias Schmidts zu Riedeburg, Ehefrau, Johanna Sophia Schmidtin" zugrunde. Diese berichtete wiederum, dass ihr Ehemann vom Amt Giebichenstein arretiert worden sei, um dort anzuzeigen, welche Männer bei ihnen übernachtet hätten – im Schmidtschen Gasthof sollen häufig Treffen und Zweikämpfe hallischer Landsmannschaften stattgefunden und Schmidt bei den in Frage stehenden Duellen als „Zwischenträger und Vermittler" fungiert haben.[207] Es ging um die Studenten, die an den im Gasthof „zum Posthorn" auf preußischem Gebiet vollzogenen Duellen beteiligt waren.[208] Auch im preußischen Halle waren die Duelle bekannt geworden und hatten eine Untersuchung veranlasst, in deren Verlauf die Universität Leipzig bereits am 20. März unterrichtet worden war. Dies berichtete die Leipziger Universität aber erst am 18. April nach Dresden, nachdem sie von dort dazu aufgefordert worden war. Dabei finden sich Spuren von Informanten. Die Leipziger Obrigkeit schreibt über weitere Informationen unter dem Hinweis: wie „uns Tags darauf [der 21. März 1803] weiter gemeldet ward".[209]

An diesem komplexen Fall wird deutlich, dass nach einem extremen studentischen Exzess verschiedene Informationswege in Gang gesetzt worden sind. In den einschlägigen Regierungsakten findet sich ein Muster, das erkennen lässt, dass Informationen über disziplinarisch abweichendes Verhalten aus verschiedenen Quellen an der Universität vorbei nach Dresden gelangten. Von dort gab es dann einen Rücklauf an die Universität. Diese Informationswege werden durch weitere Fälle aus den Jahren 1806, 1807 und 1808 bestätigt.[210] In dieser Zeit unterhielt auch die Leipziger Universität ihre eigenen Quellen. Beispielsweise berichtete sie über einen Duellfall im Frühjahr des Jahres 1806

---

205 So die Darstellung des Oberkonsistorialpräsidenten und Vizekanzlers Christoph Gottlob von Burgsdorff (SHStA, 10088, Generalia, Loc. 1784, Duelle 1803–1805, Bl. 3–4), der neben den Orden „andere zu Unserer Wissenschaft" gekommene „Unordnungen" unter den Leipziger Studenten angibt (ebd., Bl. 2/2').

206 SHStA, 10088, Generalia, Loc. 1784: Duelle 1803–1805, Bl. 9.

207 Bruchmüller, Ein Propatriaskandal zwischen Leipziger und Hallenser Studenten, S. 323 (Zitat), 326.

208 SHStA, 10088, Generalia, Loc. 1784: Duelle 1803–1805, hier das Schreiben des Delitzscher Beamten in einer Abschrift Bl. 5–8 (Zitat Bl. 5); Bruchmüller, Ein Propatriaskandal zwischen Leipziger und Hallenser Studenten, S. 322f.

209 SHStA, 10088, Generalia, Loc. 1784: Duelle 1803–1805, Bl. 14–19, das Zitat Bl. 14'.

210 Z.B. schreibt der Kurfürst am 31. Januar 1806 an die Universität Leipzig und breitet die ihm vorliegenden präzisen Informationen aus: „Dem Vernehmen nach sollen noch immer Ordens=Verbindungen unter den Studirenden zu Leipzig fortdauern. Namentlich sollen die Studiosi: von Velten und Götz aus der Lausitz, so wie Voßberg aus Leipzig, Anführer einer solchen Ordens=Verbindung seyn und bey dem von Velten, besonders Sonntags von 6. [8.] bis 12. Uhr, von den Ordens=Verbünden Zusammenkünfte gehalten werden; auch soll das Gasthaus, in welchem der von Velten speiset, zu dergleichen Zusammenkünften geeignet seyn."; SHStA, 10088, Spezialia, Loc. 1781: Ordens=Verbindungen der Studenten, Vol. I 1783–1806, Bl. 191.

an den Hof: „Nachdem verlauten wollte, daß vor ein paar Tagen zwischen dem Grafen von der Schulenburg und dem Baron Krüdener auf einer Stube in Stieglitzens Hofe, eine Schlägerey vorgefallen, und letzterer dabey stark verwundet worden seyn solle", sei eine Untersuchung in Gang gesetzt worden.[211] Und ein Bericht vom 31. August 1808 über die angestellten Maßnahmen zur Aufdeckung und Untersuchung von landsmannschaftlichen Verbindungen zeigt, dass die Universität aus eigener Initiative aufgrund eigener Informationen und einer offiziellen Anzeige aktiv geworden ist. Dies belegen sowohl der Verweis auf die dem Vorgang beigelegten Untersuchungsakten („so werden Ew. Königl: Majestät doch aus den beyfolgenden Untersuchungs Acten zu ersehen geruhen") sowie der erzählende Berichtsauftakt. Dieser lautet wie folgt:

> Das wir leider schon seit einiger Zeit zu muthmaaßen Ursache gehabt hatten, daß auf hiesiger Universität landsmannschaftliche Verbindungen vorhanden seyen, das hat sich jetzt durch eine Untersuchung geoffenbaret von welcher Ew. Königl: Mejestät wir hierdurch allerunterthänigsten Bericht erstatten. Nachdem nämlich der Studios: Johann Friedrich Sabarth am 18. July von dem Studioso Gottlieb Ferdinand Herrmann auf eine höchst unanständige Weise beleidigt worden war, und wir durch die geschehene Anzeige, nach Fol. 1. Acta, und die darauf erfolgte Untersuchung uns bald überzeugten, daß auch hier landsmannschaftliche Verbindungen mit im Spiele gewesen, so haben wir, der Sache auf den Grund zu kommen, uns um so angelegener seyn lassen, da es zeither uns nicht entgehen können, daß der Ton unter den hiesigen Studirenden von der ehemaligen Sittsamkeit sich merklich entfernet habe, und wir mit Gewißheit glauben müssen, daß die Ursache davon in dem Unwesen der Landsmannschaften zu finden sey.[212]

Im Blick auf die kursächsischen Verhältnisse ist also zu beobachten, dass sowohl die Landesregierung als auch die Universität Leipzig jeweils eigene Informationshaushalte generierten. Aus dieser Dualität konnten Spannungen erwachsen, wie ein Fall vom Herbst 1807 zeigt. Am 30. September 1807 schrieb die Universität nach Dresden: „Es ist uns äußerst befremdend, wodurch allerhöchsten Orts das uns kränkende Gerücht entstanden seyn könnte, daß von unsern Studirenden bisher mancherley von Roheit der Sitten und Ungebundenheit zeugender Unfug getrieben worden sey".[213] Natürlich ließ die Disziplin der Leipziger Studenten in den ersten Jahren nach 1800 aus Sicht der landesherrlichen Obrigkeit tatsächlich zu wünschen übrig und die Rede der Leipziger Universität wird so als tendenziell geschönte Verteidigung erkennbar. Darüber hinaus empörte sie sich hier über die von Dresden aus erhobenen Vorwürfe und klassifizierte deren Informationsgrundlage als übles, rufschädigendes Gerücht.

---

[211] SHStA, 10088 Oberkonsistorium Universitäten, Spezialia, 1.) Exzesse, Pennalismus, Duelle, Loc. 1780: Acta Die von einigen Studiosis auf der Universität Leipzig unternommenen Excesse btr. Vol. III 1797–1812, Bl. 58/58' (am 29. März 1806).

[212] SHStA, 10088 Oberkonsistorium Universitäten, Spezialia, 4.) Burschenschaft, Loc. 1781: Acta Die Ordens=Verbindungen der Studenten zu Leipzig und Wittenberg b. 1808–1818 Vol. II, Bl. 1-6, Zitate Bl. 2' und 1–2.

[213] SHStA, 10088, Spezialia, Loc. 1780: Die [...] auf der Universität Leipzig unternommenen Excesse, Vol. III 1797-1812, Bl. 69–70', das Zitat Bl. 69.

In der Zusammenschau zeigt sich, dass zwischen der Dresdner Obrigkeit und der Leipziger Universität offensichtlich Divergenzen im Blick auf das Problem der studentisch-akademischen Freiheit bestanden. Dies bezog sich nicht auf den generellen Grundkonsens, wonach die studentischen Praktiken schädlich und zu unterbinden waren. Man hatte vielmehr unterschiedliche Vorstellungen von der dabei anzuwendenden Intensität. Während die Dresdner Zentrale dafür permanente Handlungsaktivitäten einforderte, ging die Leipziger Universität damit offensichtlich entspannter um, lag dort die Schwelle zum Auslösen von Verfolgungen höher. Diese Ambivalenz begründete auch die eigene Informationsstruktur der Landesobrigkeit, die unabhängig von den offiziellen Kontakten zur Leipziger Universität funktionierte. In diese waren sowohl Amtsträger als auch anonym bleibende Informanten und Spitzel eingebunden. Vergleichbare Informationsverhältnisse hat es in Ansätzen ebenso in anderen Territorialstaaten gegeben, etwa in Sachsen-Weimar-Eisenach zwischen Jena und Weimar.[214] Auch Herzog Carl Wilhelm Ferdinand von Braunschweig-Lüneburg (Braunschweig-Wolfenbüttel) verfügte über sensible Informationen zu Studentenaktivitäten in Helmstedt, die offensichtlich an der Universität vorbei liefen. 1781 schrieb er: „Es ist uns mit vieler Zuverlässigkeit bekannt geworden, daß unter den dasigen Studiosis abermals ein Orden im Gange seyn soll."[215] Und ganz ähnlich wenige Jahre später noch einmal (1786): „Da dem sichern Verlaute nach wiederum daselbst ein neuer Orden existieren soll, welcher bereits zu unangenehmen Auftritten Veranlassung gegeben."[216]

Wechseln wir nun die Perspektive und blicken auf die Informationstransfers innerhalb der Universitätsstädte. Hier finden sich vielfache Belege für Informanten und Spitzel. Beispielsweise beginnt im November 1784 eine Untersuchung gegen einen im Monat zuvor relegierten Studenten in Erlangen mit der Einleitung, dass er „dem Vernehmen nach" in einem benachbarten Dorf Schutz gesucht und gefunden haben soll.[217] Zwei Jahre später, 1786, wurde die Einleitung für eine Untersuchung gegen den Studentenorden *Krackerle* mit folgenden Worten begründet: „Ganz unvermuthet hat sich veroffenbart, daß unter den Studiosis wieder neue Ordens Verbindungen existiren". In der ent-

---

[214] In den Krisenjahren 1792/93 waren beispielsweise Carl August als auch Goethe über die Vorgänge und Ereignisse in Jena durch eine an der Universität vorbeilaufende Stafette unterrichtet. Der Ausgangspunkt dabei war der Jenaer Stadtkommandant Major von Bentheim, der eine Reihe Zuträger unterhielt, die ihm übermittelten Informationen bündelte und dann dem weimarischen Geheimrat von Voigt zusandte, der diese wiederum dem „Reisegeheimrat" Goethe und dem Herzog zukommen ließ. Daneben unterhielt Carl August offensichtlich weitere unabhängige Informationsquellen. Siehe: Wilson, Das Goethe-Tabu, S. 188–190 sowie ders., Goethes Weimar und die Französische Revolution, S. 31.

[215] NStWf, 37 Alt 2596: Acta die unter den Studenten in Helmstedt errichteten Ordensverbindungen und die gegen die Mitglieder eingeleiteten Untersuchungen betr. Vol. III 1774–1778, Bl. 49.

[216] NStWf, 37 Alt 2597: Acta die unter den Studenten in Helmstedt errichteten Ordensverbindungen und die gegen die Mitglieder eingeleiteten Untersuchungen betr. Vol. IV 1785–1808, Bl. 19.

[217] UA Erlangen, A 3 / 14 Nr. 14: Acta Die zwischen einigen Studiosis in Desendorf vorgefallenen Schlägereyen – und die bey dieser Gelegenheit entdeckt gewordene Landsmannschaftliche Verbindungen betr. 1784, Schriftstück 78.

sprechenden Akte findet sich zudem ein Schriftstück mit Namen von Ordensmitgliedern, wobei es sich möglicherweise um eine Zuarbeit eines Spitzels (oder eines Pedells) handelt.[218] Derlei Hinweise finden sich auch für Wittenberg, hier bereits im frühen 18. Jahrhundert. Im Kontext der Bemühungen um die Einstellung des landsmannschaftlichen Organisationswesens findet sich in einer stark beschädigten Akte des Universitätsgerichts 1717 die Auftaktformulierung „Es will verlauten". Außerdem wird berichtet, dass bestimmte Umstände „bekannt" seien.[219] Auch in späteren Zeiten finden sich einschlägige Hinweise in Wittenberg; so am 28. Oktober 1768: „Verlautet daß wiederum verschiedene Studiosi einen Orden tragen in Form eines Creutzes oder Sterns voran ein rothes und weisses band seyn solle".[220]

Für das benachbarte preußische Halle gibt es ebenso Hinweise auf Spitzelaktivitäten. Im September 1762 begann eine Untersuchung gegen Glücksspiele betreibende Studenten mit dem Satz: „Nachdem Ihro Magnificenz in sichere Erfahrung gebracht, daß unter andern die Studios. [es folgen die Namen der Studenten]" in bestimmten Lokalen und Gärten, wie etwa in „Paulis Gartten" und im „Löwen", Billard und anderes gespielt haben.[221] Und 1774 hat der amtierende Prorektor Nösselt „unter der Hand" erfahren, wo der *Inviolableorden* seine Zusammenkünfte hält.[222] Der Blick auf die hallischen Verhältnisse erlaubt es schließlich, an zwei konkreten Beispielen das Feld der Spitzeltätigkeiten genauer in den Blick zu nehmen. Hier kommen wir zwei aktiven Ordensgegnern unter den Professoren auf die Spur, die in der Studentenschaft und deren Umfeld augenscheinlich bezahlte Zuträger unterhielten.[223] Der eine von beiden war der Theologe Johann Salomo Semler. Er verfügte über gute Informationen zur Ordensszene. Für seine Aktivitäten gibt es einen ersten Hinweis aus dem Jahr 1768. Während der Untersuchung

---

[218] UA Erlangen, A 3 / 14 Nr. 15: Acta Den entdeckten Studenten Orden, Krackerle genannt betr. 1786, hier die Schriftstücke 2, 3 und 19.

[219] UA Halle, Rep. 1 Universität Wittenberg, Nr. 1883–1888: betr. die Untersuchung der Abstellung des eingerissenen Nationalismus vol. I–VI. 1701–1718, hier Vol. VI (1887), Bl. 1–2.

[220] UA Halle, Rep. 1, Nr. 1899–1904: Acta Die Untersuchung der von einigen Studiosis errichteten Ordens und was dem anhängig betr. vol. I–V 1768–1811, hier: Vol. I (1899), Bl. 1; siehe dazu auch Bl. 8.

[221] UA Halle, Rep. 3, Nr. 578: Bestrafung der hazardspielenden Studenten. 1762, Bl. 1/1'. Dies war Mitte des Jahrhunderts an allen Universitäten ein disziplinarisches Problem; vgl. etwa: UA Erlangen, A 1 / 2 Nr. 11: Das Verbot aller Hazard- und sonstig hoher Spiele auf der Universität und in der Stadt betr. 1769 [1759–1792], o.P. (hier entsprechende Erlasse von 1744 und 1775).

[222] UA Halle, Rep. 5, Nr. 29: wieder neuerl. entstandenen Inviolable Ordens 1774, Bl. 10.

[223] Ende des Jahrhunderts war im Hinblick auf die Erfüllung der Dienstpflicht und die Kooperation bzw. Kommunikation mit der preußischen Obrigkeit auch der Philosophieprofessor und mehrfache Prorektor Johann Christian Förster besonders aktiv; siehe GStA PK, I. HA Rep. 76 alt II B, Nr. 10 (A. Generalia), Vol. I von 1772–1789, Nr. 21 (Privatschreiben Försters in Bezug auf die *Unitisten*); 23 (Privatschreiben Försters); 29 (Privatanzeige Försters in Bezug auf die *Konstantisten*). Bezeichnend für dieses obrigkeitsnahe Verhalten mag auch sein, dass Förster in der von ihm verfassten ersten Universitätsgeschichte *Übersicht der Geschichte der Universität zu Halle in ihrem ersten Jahrhunderte* (Halle 1794) die Orden nicht erwähnt.

gegen die *Reichsländer* und die *Amicisten* wurde Semlers vehemente Ablehnung der studentischen Arkangesellschaften in einer Stellungnahme deutlich. Semler nannte einen diesbezüglich in Halle bereits bekannten Studenten („Öhme“) und verweist darauf, dass er „schon unter anderm ehedem einige davon namentlich genannt“ habe.[224]

Diese Aktivitäten hat er in den folgenden Jahren intensiviert. Semler wandte sich im Oktober 1781 an den amtierenden Prorektor Noesselt und teilte ihm mit, dass er Erfolg versprechende Mittel und Informationen gegen den *Unitistenorden* in der Hand habe. Er habe „Mittel gefunden von dem Orden der sogenannten Unitisten nähere nachricht einzuziehen, und besonders erfahren, daß dieser Orden zu Merseburg in der goldenen Sonne [ein Gasthaus], an einem Orte“, der ihm „auch beschrieben worden“ sei, seinen „Rappirer“ [Stoßdegen] und seine „Ordens Zeichen habe“. Semler bietet an, „mit noch einem der H. Professoren nach Merseburg zu reisen und die gedachten Sachen, daselbst ausheben zu lassen“. Tatsächlich wurde das Unternehmen von der Universität gebilligt und schon am nächsten Tag ist Semler zusammen mit dem Juristen Ernst Christian Westphal, versehen mit einem dem Magistrat in Merseburg vorzulegenden Auftrags- bzw. Ersuchungsschreiben („Requisitoriales“), aufgebrochen.[225] Im sich anschließenden Bericht über die Visitation in Merseburg, der von Semler handschriftlich verfasst worden ist, schreibt dieser einleitend: „Nachdem ich durch privatfleis eine zuverlässige Anzeige von dem Ort der Aufbewarung der Ordens Sachen in Merseburg, in der Sonne, auf einem Saele, 2 treppen hoch, erhalten, in einem Schrancke der dem Orden gehört [...]“.[226]

1785 war Semler an einem Vorgang unter dem Vorsitz des Prorektors Johann Christian Förster beteiligt, in dem dem Studenten der Rechte Friedrich Wolff in einem Verhör eröffnet wurde, dass wegen seiner Ordenszugehörigkeit „einige wahrscheinliche Anzeigen“ dem Prorektor „geschehen“ seien. Ein Geständnis des Studenten darüber zu erlangen, gelingt jedoch nicht; dieser „Verdacht“ sei für Wolff ein „Unglück“. Vielleicht auch deshalb berichtete der Student über ein „anonymisches Schreiben, wovon er Nachricht habe“, mit dem er offenbar in eine Falle gelockt worden war. Demnach ist dieses Schreiben nach Brachstädt bei Halle zum dortigen Schirrmeister gebracht worden, der es wiederum nach Halle zurück zur Post trug und auf den Namen von Wolff hinterlegt hat und das Förster und Semler dann auf nicht nachvollziehbaren Wegen bekannt geworden ist. Dieses Schreiben war so verfasst, dass man annehmen musste, Wolff sei Ordensmitglied, was er aber wiederholt und vehement von sich weist. Stattdessen „habe er jederzeit dergleichen Verbindungen vor Unrecht gehalten“.[227]

---

[224] UA Halle, Rep. 5, Nr. 31: Reichsländer und Amicitien Orden 1768, Bl. 1'; zum Studenten Öhme/Oehme siehe oben in Abschnitt II.2.

[225] UA Halle, Rep. 5, Nr. 40: Untersuchung und Aufhebung des sogenannten „Unitisten“-Ordens. Okt. 1781 – Apr. 1782, Bl. 1.

[226] UA Halle, Rep. 5, Nr. 40: Untersuchung des „Unitisten“-Ordens 1781/1782, Bl. 3.

[227] GStA PK, I. HA Rep. 52 Magdeburg N Universität Halle – N. 11.: Miscellana: u.a.: „Denunciationes wider die Professoren d. Universitaet“ / 3 Pakete; 1694–1740; 1741–1755; 1757–1806, hier Paket 1757–1806, 1785, ein einzelnes Verhörprotokoll o.P.

Der andere aktive Ordensgegner in Halle war der Naturforscher und Professor an der Philosophischen Fakultät Johann Reinhold Forster. Im Zuge der Untersuchungen gegen die *Konstantisten* und insbesondere die *Unitisten* im Herbst 1783 ließ er im Kreise seiner Professorenkollegen während des Umlaufverfahrens der Akten erkennen, dass er über sehr gute Kontakte in das Milieu der Studenten hinein und dementsprechend über Informationen verfüge. Forster argumentiert in seiner Stellungnahme über den Wert der anonymen Denunziation gegen den *Unitistenorden* vom 17. Oktober 1783 wie folgt: „Es ist der Nachricht des anonymischen Verfassers wohl zu trauen, denn ich kenne ihn, als einen wirklich ehrlichen Menschen, und er hat wie ich weis, sehr gute Nachrichten, auf die man sich wohl verlassen kann"; außerdem stehe dieser „wirklich" wie behauptet mit „Herrn O.Curator [Zedlitz] noch von Schulen her in Bekanntschafft". Danach fährt Forster in Bezug auf die *Unitisten* konkret fort: „Es sind auch die angegebenen wirkl. alle Ordensglieder". Des Weiteren bestätigt er die Aufenthaltsorte der beiden derzeitigen Ordensanführer von Dobschutz („Döbschütz") und Nicaeus und schreibt, dass alle „zuverlässig" in der Stadt und „ganz gewis bey Beyern" waren, obwohl jener dies vor dem Universitätsgericht beim Verhör geleugnet habe. Forster votiert dann folgerichtig für die vorgeschlagenen Höchststrafen (consilium abeundi; für von Dobschutz zunächst eine „Edictal=Citation" und dann im Falle des Nichterscheinens die Relegation). Forster begründet sein hartes Votum wie folgt: „denn da wir nun einmahl beim Aufräumen sind, ist es am besten, alle diese Verführer unserer Jugend ohne Gnade fortzuschaffen." In der Folge seiner Darstellung wechselt Forster dann das Thema und berichtet mit Hilfe einer entsprechenden Einleitung – „Ich habe auch erfahren" – im Detail über einige Studenten, die regelmäßig Glücksspiele spielen: Er nennt die Namen (etwa die Studenten Brichtorf und v. Nostitz) und die Orte (Passendorf, Leipzig). Darüber hinaus ist er zudem auch über Pläne im Bilde, wonach Glücksspiele betreibende Studiosi eine „Subscription" zur „Abkaufung des consilii abeundi" von vier Spielern „errichtet" haben, die jeweils zu diesem Zweck 30 Reichstaler erhalten sollen. Dafür wären den neu ankommenden Studenten bereits 120 Reichstaler abgenommen worden. In der Folge davon, so Forster weiter, würden Studenten arm gemacht und damit außer Stande gesetzt, ihre Verbindlichkeiten, etwa die Kollegiengelder, zu begleichen – darin bestand sicher ein Handlungsmotiv für den notorisch in finanziellen Engpässen lebenden Forster.[228]

Auch in den Folgejahren hielt sich Forster in Ordensfragen weiter auf dem Laufenden und war gut informiert:[229] Er hatte mit einer ihm vorliegenden bzw. ihm anvertrauten „anonymischen Anzeige" – was in diesem Fall als verdeckte Spitzelinformation gelesen werden kann – Ende 1786 die erste Untersuchung nach einem umfassenden

[228] UA Halle, Rep. 5, Nr. 38: Untersuchung und Aufhebung 1783, Bl. 84'/85.

[229] Forster wurde auch in anderen Zusammenhängen aktenkundig; siehe exemplarisch: UA Halle, Rep. 3, Nr. 884: Acta, die Streitigkeiten über die Censur der Flora und des Rosenblatts betr. 1786; GStA PK, I. HA Rep. 76 alt II Nr. 47 Acta des königl. Ober=Schul=Collegii, betr. Die Beschwerde des Prof. Forster zu Halle, über den in Schlesien geschehenen Nachdruck einer von ihm herausgegebenen Abhandlung, von Verbesserung der Gärbereien. 1790.

Denunziationsangebot der preußischen Obrigkeit und der Einrichtung einer Entsagungsmöglichkeit für Ordensbrüder initiiert. Forster war als einem der aktivsten und vehementesten Ordensgegner nicht verborgen geblieben, dass auch diese Maßnahmen nicht gefruchtet hatten und die Obrigkeit keinen nachhaltigen Zugriff auf die Welt der studentischen Geheimgesellschaften erhalten hatte. Deshalb war es für ihn unverzichtbar, selbst aktiv zu sein. Am 19. Dezember 1786 berichtete der Universitätskanzler Carl Christoph von Hoffmann, dass Forster bei ihm „angezeiget" habe, „verschiedene data und Aussagen, die Ordens betreffen, in Händen" zu haben. Der Kanzler brachte daraufhin über den Prorektor Johann August Eberhard eine Untersuchung auf den Weg, die dieser mit Erkundigungen „unter der Hand" beginnen solle, ob zwei Studenten aus Westphalen in den *Unitistenorden* aufgenommen worden seien.[230]

Solche auskundschaftenden Aktivitäten sind auf der Seite der studentischen Arkangesellschaften nicht unbemerkt geblieben. So weiß der *Inviolableorden* schon in der Mitte des Jahrhunderts um die Gefahren des Ausspionierens und hält dies in seinen Ordensgesetzen in Punkt 48 der Statuten seines zweiten und höchsten Grades fest:

> Da Brieffe auf der Post verlohren oder auch wol die Gesetze aufgefangen u. also bekannt werden könnten, so haben wir ein besonderes Alphabeth, welches ieder in der Ordens Aufnahme empfängt, in welches er sich die Gesetze abschreiben muß. Allein die Aufschrifft derselben, wie auch die Unterschrift, desgleichen auch das datum müssen niemals mit unsern Characteren geschrieben werden, damit sie nicht irmand daraus errathe.[231]

Dieses Beispiel zeigt, dass die in der Ordensszene weit verbreitete Praxis von eigenen Geheimschriften[232] weder ausschließlich ein Mittel zur Geheimhaltung von Ordensinterna gegenüber Nichteingeweihten gewesen ist noch dass es sich hierbei um einen reinen Mummenschanz mit dem Ziel gehandelt hat, Neustudenten als prospektive Ordensbrüder zu blenden und zu faszinieren. Vielmehr waren die Ordenschiffren, wie der Passus in den Statuten des *Inviolableordens* zeigt, auch ein Mittel, den Praktiken gezielten Auskundschaftens durch die Obrigkeiten entgegen zu wirken.

---

[230] UA Halle, Rep. 5, Nr. 42: Fortdauer des aufgehobenen „Unitisten"-Ordens 1786/1787, Bl. 1–2', Zitate Bl. 2 und 1. Siehe zu den disziplinarpolitischen Aktivitäten und diesem Vorgang weiter das Vierte Kapitel, Abschnitt III sowie auch das Fünfte Kapitel, Abschnitt II. Zu Hoffmann siehe: Hans-Joachim Kertscher, Der vierte hallesche Universitätskanzler Carl Christoph von Hoffmann. „... ein Freund alles Guten ein eifriger Beförderer der Künste und Wissenschaften". Halle 2003.

[231] UA Halle, Rep. 5, Nr. 28: Anzeige des fortdauernden Inviolable Ordens 1768–1772, Bl. 31 – hier zitiert aus der Übersetzung der in Ordensschrift geschriebenen Ordensgesetze durch das Universitätsgericht; das Orginal der Gesetze („Gesezze des Ordens Inviolable. in der Loge der Tugend. 1766.") ist in der Akte der Übersetzung nachgeheftet (Bl. 32ff.).

[232] Siehe dazu auch das Zweite Kapitel, Anm. 51 und in diesem Kapitel Anm. 35 sowie Georg Objartel, Studentische Kommunikationsstile im späteren 18. Jahrhundert, in: Dieter Kimpel (Hg.), Mehrsprachigkeit in der deutschen Aufklärung. Hamburg 1985 (Studien zum achtzehnten Jahrhundert 5), S. 28–41, hier S. 35f.; sowie zum weiteren Kontext: Christine Haug, „Schlimme Bücher, so im Verborgenen herumgehn, thun mehr schaden, als die im öffentlichen Laden liegen ..." Literarische Konspiration und Geheimliteratur in Deutschland zur Zeit der Aufklärung, in: Leipziger Jahrbuch zur Buchgeschichte 11 (2001/2002), S. 11–63, insb. S. 18f.

Schließlich sei darauf verwiesen, dass auch der Staat aktive Erkundungsmaßnahmen im konkreten Fall anweisen konnte. 1786 war die Universität Halle aufgefordert worden, die infolge eines nicht in den hallischen und Berliner Akten dokumentierten Denunziationszettels vermuteten Ordenszusammenkünfte der *Unitisten* bei Friedrich Albrecht Carl Gren, dem (später) bedeutenden Chemiker, der sich gerade vor dem Abschluss seines Studiums befand,[233] auszuspionieren. Der Bericht aus Halle nach Berlin über die Erfüllung des Auftrages vom 17. Januar 1786 dokumentiert eine konzentrierte Erkundungsmaßnahme. Dabei hatte man zunächst durch einen „Policey Bedienten unter einem anderweitigen scheinbaren Vorwande" jeden Einwohner des Hauses, in dem Gren lebte und in dem die Zusammenkünfte stattfinden sollen, befragt, um zu sondieren, ob sich darunter jemand passendes findet, der bereit wäre, als Spitzel zu arbeiten und eventuelle Ordenszusammenkünfte „auf der Stelle" anzeigen würde. Bislang aber, so kam bei den Befragungen heraus, hätten die Hausbewohner nichts dergleichen registriert. Außerdem wurde in einem Nachbarhaus eine „Policeywache heimlich versteckt gehalten", die besonders in den Abendstunden „aufpassen" sollte; auch dies war ohne Ergebnis geblieben. Deshalb wurde beschlossen, dass der Kriegsrat Calvisius die Einwohner dahingehend befragen solle, ob die chemischen Versuche, zu denen ja Feuer und leicht entzündliche Materialien nötig seien, das Haus nicht in Feuergefahr bringen würden, um dadurch indirekt Hinweise auf Ordensversammlungen zu erhalten. Dabei kam aber auch nicht mehr heraus, als dass Hinweise auf „gemeinschaftliche chemische Versuche" hindeuten würden. Die hallische Universitätsobrigkeit kam schließlich in diesem Fall zu dem Schluss, dass der „anonymische Berichtsteller selbst nichts weiter, als auf öffentliche Gerüchte gebaute Vermuthungen habe beybringen können", gestand aber zu, dass allerdings „allgemein verlauten [will], dass er [Gren] ein Mitglied des Unitisten-Ordens sey". Dagegen spreche, dass Gren ein hervorragender junger Forscher sei: Es wird beschrieben, dass er oft Studenten in den Abendstunden zu sich bitte, um die Ergebnisse von lang andauernden Versuchen in Augenschein zu nehmen. Dies nun könne zwar verdeckt zugleich für Ordenszusammenkünfte genutzt werden, es könne aber genauso auch die Ursache für eine falsche Verdächtigung sein – d.h. wissenschaftlich motivierte Treffen im Umfeld chemischer Versuche wurden entweder vorsätzlich oder aus Unkenntnis mit Ordenstreffen verwechselt. Die hallische Obrigkeit neigte zu letzterer Einschätzung auch deshalb, weil die Orden aufgrund der Entdeckungen in den letzten Jahren vorsichtiger geworden seien, und ihre Zusammenkünfte seltener in der Stadt, in dicht bewohnten Häusern, sondern auf zwei sächsischen Dörfern halten würden. Zusammenfassend brachte der Bericht die Sache aufgrund allgemeiner Erfahrungen sowie der vorliegenden konkreten Fakten und Indizien auf den Punkt. Man habe „einige Vermuthung", dass der „anonymische Denunciant selbst zu einem Orden gehöre, nemlich zu dem Orden der Constantisten. Dieser glaubt sich, wie es verlauten will, durch den Unitisten Orden

[233] Siehe dazu Markus Seils, Friedrich Albrecht Carl Gren in seiner Zeit 1760–1798. Spekulant oder Selbstdenker? Stuttgart 1995 (Heidelberger Schriften zur Pharmazie- und Naturwissenschaftsgeschichte 14), S. 77, 89.

unterdrückt, und dieses scheint einige Glieder desselben gegen den letzteren aufgebracht zu haben. Das aber, was sie zu dessen Entdeckung angegeben haben, ist nicht mehr, als was das öffentliche Gerücht allhier sagt, welches aber unzulänglich ist", um darauf aufbauend ein erfolgreiches Verfahren führen zu können.[234]

Zu Jahresbeginn 1786 enthüllt sich an diesem Beispiel, wie verschiedene Informationswege, Erfahrungsbestände und aktive Erkundungsmaßnahmen in Rücksprache mit der territorialstaatlichen Obrigkeit ineinander fließen, um dem Ursprungsverdacht aus einer anonymen Denunziation so sicher wie möglich auf den Grund zu gehen. Dass dies kein Einzelfall war, belegen die Maßnahmen gegen die *Deutsche Union* zwei Jahre später. Nachdem die studentisch geprägte Vorgängerloge der Union im September 1787 in einem Zusammenspiel maurerischer und staatlicher Strukturen wegen der Werbetätigkeit Carl Friedrich Bahrdts unter den hallischen Studenten aufgelöst worden war – der Anfangsverdacht des hallischen Meisters vom Stuhl Matthäus Wilhelm von Madeweis gründete u.a. auf einem ihm „zugesteckten Zettel" – hatte Bahrdt seine Aktivitäten endgültig ins Geheimbündische verlegt.[235] Dies wurde durch die hallische Universitätsobrigkeit weiter beobachtet. Der Prorektor Matthias Christian Sprengel berichtete bereits am 1. April 1788 nach Berlin, dass „Dr. Bahrdt" sich nun „ganz" aus der Jurisdiktion der Universität begeben habe und dass er keine Collegia mehr halten wolle, sondern ein „Billardeur und Bierwirth" geworden sei. Allerdings sei dem Prorektor bekannt geworden, dass er der „Stifter" einer neuen „Gesellschaft der Tugend, Vernunft und Aufklärung" sei, deren (unbekannte) Obere „ein eigenes Avertissement" haben drucken lassen. Allerdings sei es „noch nicht möglich, genauer nach zu forschen", was Sprengel aber tun will und dies Berlin gegenüber versicherte.[236] Zedlitz reagierte darauf am 8. April 1788 mit einer Berichtsaufforderung über den Grund der Sache: Es sei zu prüfen, ob die Beschuldigung Bahrdt gegenüber stimme. Sollte dies so sein, sei er „aus der dortigen Gegend [außerhalb der Universitätsgerichtsbarkeit] zu verweisen".[237] Bereits kurz nach ihrer Gründung war die Union durch die mittlerweile permanent hohe Wachsamkeit ge-

---

[234] GStA PK, I. HA Rep. 76 alt II B, Nr. 10, Vol. I von 1772–1789, die Zitate Bl. 50–53 (vgl. zu Gren auch das Fünfte Kapitel, Anm. 65 – allerdings wurden ihm knapp ein Jahr später erneut Ordenskontakte unterstellt. Siehe in diesem Kontext auch die 1791 in Mainz empfohlenen, vergleichbaren Maßnahmen; Schweigard, Aufklärung und Revolutionsbegeisterung, S. 145.

[235] Günter Mühlpfordt, Europarepublik im Duodezformat. Die internationale Geheimgesellschaft ‚Union' – Ein radikal-aufklärerischer Bund der Intelligenz (1786–1796), in: Helmut Reinalter (Hg.), Freimaurer und Geheimbünde im 18. Jahrhundert in Mitteleuropa. Frankfurt a.M. 1983 (suhrkamp taschenbuch wissenschaft 403), S. 319–364, hier S. 327; Neugebauer-Wölk, Der Kampf um die Aufklärung, S. 44f.; Karlheinz Gerlach, Die Freimaurer im Alten Preußen 1738–1806. Die Logen zwischen mittlerer Oder und Niederrhein. 2 Teile. Innsbruck 2007 (Quellen und Darstellungen zur europäischen Freimaurerei 8), hier Teil 1, S. 361 (das Zitat).

[236] GStA PK, I. HA Rep. 76 alt II B, Nr. 10, Vol. I von 1772–1789, Bl. 124–126, hier Bl. 125 („aus zu rotten"). Welches Schreiben mit dem „Avertissement" genau gemeint ist, wird nicht klar; siehe zu den verschiedenen Plänen und Rundschreiben von 1786/1787: Mühlpfordt, Europarepublik im Duodezformat, S. 319–329.

[237] GStA PK, I. HA Rep. 76 alt II B, Nr. 10, Vol. I von 1772–1789, Bl. 126.

genüber Arkangesellschaften und die dafür in Halle etablierten Informationsmechanismen ins Blickfeld der universitären und staatlichen Obrigkeiten geraten.

Die beiden beschriebenen Beispiele haben erkennen lassen, dass dem täglichen Gesprächshaushalt in der Universitätsstadt eine hohe Relevanz beim Weitergeben und Sammeln von sensiblen Informationen zukam. Blicken wir im Folgenden deshalb auf das Hörensagen und die damit transportierten Gerüchte.

IV.3 Hörensagen und Gerüchte

Der mündliche Kommunikationshaushalt der frühneuzeitlichen Universitätsstadt transportierte täglich Geschichten, Informationen, Vermutungen und Nachrichten. Im engen Raum der Stadt wurde viel gesehen,[238] die persönlichen Bekanntschaften waren weit verzweigt[239] und – vor allem – wurde in den Wirtshäusern und Wohnhäusern, auf den Gassen und beim Spazierengehen[240] über Neues geredet. Vieles kam dabei in die Ohren der universitären Obrigkeiten.[241] Dabei ist oft nicht zu unterscheiden, ob es sich im Einzelfall um gezielte „anonyme Anschuldigungen“[242] gehandelt hat oder ob der Zufall des vernetzten, entpersonalisierten Redens Informationen in Ohren transportiert hat, für die sie eigentlich nicht bestimmt waren. In der mündlichen Kommunikationskultur, die den alltäglichen Umgang der Studenten, Professoren und Stadtbürger miteinander im Gespräch unter vier Augen, in größerer geselliger Runde im Wirtshaus oder im Umfeld der Collegia prägte, wurde aber prinzipiell die Möglichkeit eröffnet, Verleumderisches und Denunziatorisches gezielt in Umlauf zu bringen. Wer wusste, wann und vor allem wem man etwas erzählen musste, damit es an die richtigen Ohren gelangte, um obrigkeitliche Reaktionen und Handlungen zu provozieren, konnte sich des Hörensagens bedienen. Auch dabei war Anonymität ein Ziel, das es zu erreichen galt und das in hohem

---

238 Siehe etwa SHStA, 10088, Spezialia, Loc. 1778: Die Untersuchung und Bestrafung derer [...] verübten Excesse betr. 1769–1782, hier Bl. 59–63' ein Bericht der Universität Leipzig vom 8. September 1781 über Unruhen. Dieser ist ein gutes Beispiel (insb. Bl. 59/59'), wie durch auffälliges Verhalten – hier die Landsmannschaft der Liv- und Kurländer – eine Untersuchung ausgelöst werden konnte. Später wird dann am 24. September berichtet (Bl. 66–67), dass die Liv- und Kurländer ihre Uniformen abgelegt haben.

239 So konnte im Sommer 1771 der „Rosenmühlen Wirth Gottlob Rathe“ in Jena während einer Tumultuntersuchung zwanzig Studenten namentlich identifizieren; UA Jena, Bestand E Abt. I, Nr. 69, Bl. 29.

240 Siehe dazu: Barbara Krug-Richter unter Mitarbeit von Tina Braun, „Gassatum gehen“. Der Spaziergang in der studentischen Kultur der Frühen Neuzeit, in: Jahrbuch für Universitätsgeschichte 9/ 2006: Die Universitäten des Alten Reiches in der Frühen Neuzeit. Gastherausgeber: Winfried Müller, S. 35–50.

241 Vgl. beispielsweise: H[einrich] A[ugust] O[ttokar] Reichard (1751–1828), Seine Selbstbiographie überarbeitet und herausgegeben von Hermann Uhde. Stuttgart 1877, S. 72: „Frau Fama“ (in seinen Erzählungen zu seiner Studienzeit in Jena 1769–1771 (dazu auch ebd., S. 71: eine Schlägerei, d.h. ein Duell, wurde „augenblicklich bekannt“).

242 Hohkamp, Herrschaft in der Herrschaft, S. 130.

Maße erreicht werden konnte. Denn wer wollte tatsächlich kontrollieren und nachweisen, wer wo was in das Stadtgespräch, in das alltägliche Hörensagen eingespeist hatte? Die Kultur des Hörensagens war ein ambivalentes, doppelbödiges Phänomen: Das Hörensagen war gezielt in denunziatorischer Weise nutzbar – es konnte aber ebenso zufällig und eigentlich unbeabsichtigt Informationen in obrigkeitliche Handlungskontexte transportieren, die für diese nicht bestimmt waren. Es ist deshalb aus den Quellen nur in seltenen Fällen zu ermitteln, wer die „Unbekannten“[243] waren, von denen Informationen ausgingen, und ob sie gezielt oder unbedarft gehandelt haben.[244]

Hinweise auf die Bedeutung dieses mündlichen Informationsflusses für die Ausübung der Akademischen Gerichtsbarkeit finden sich in Halle schon in der Frühphase der Universität.[245] In den Untersuchungen gegen die studentischen Arkangesellschaften und die Duellkultur der zweiten Jahrhunderthälfte begegnen dann regelmäßig Hinweise auf Informationsquellen aus dem Bereich der oralen Kommunikationskultur. In der die erste große hallische Untersuchung von 1765 wesentlich befördernden Aussage des Studenten Müller aus Wetzlar heißt es beispielsweise: „jedoch habe er gehört, als ob die Wetterauer Landsmannschafft bey dem Trait[eur] Märtsch ihre Zusammenkunft, und zwar gemeinigl[ich] des Sonnabends halten“ würde.[246] Kurze Zeit später ließ der hallische Prorektor 1768 im Zusammenhang mit angeblichen Versorgungen im Duell verwundeter

---

243 Hohkamp, Herrschaft in der Herrschaft, S. 132.

244 Das Göttinger Universitätsgericht beschäftigte 1744 ein am schwarzen Brett angeheftetes spöttisches Pasquill. Im Zuge der deshalb angestellten Nachforschungen wurde tatsächlich ein studentischer Zeuge gefunden, der bereit war, sein Wissen über den Vorgang aus dem Hörensagen zu Protokoll zu geben: „Hirmit attestire ich Endes Unterschriebener, daß Herr Loye in meiner Gegenwart gesagt hat, daß der Nahme des urhebers des Pasquils sich von dem Buchstaben S anhebe [?], und da ich ihn befraget ob es vielleicht Faber sey hat er solches mit Ja bekräftiget.“ Unterzeichnet ist das Zeugnis von „Cai Rantzau“ in Göttingen am 15. Dezember 1744. UA Göttingen, C XXXIII 9 (1744): Pasquill am schwarzen Brett (1744), o.P. Siehe zu dem Vorgang oben Abschnitt I. Dagegen ist beispielsweise im Mai 1767 der Jenaer Universitätsobrigkeit ein Duell zweier Hildburghäuser auf einer Stube bekannt geworden, ohne das deutlich wird auf welche Weise dies geschehen ist; UA Jena, Bestand E Abt., Bl. 50.

245 Siehe: UA Halle, Rep. 3, Nr. 543: Acta Das Nächtl. Schwärmen und tumu[ltierens] mit der Musique [...] betr. (1693–1721), Bl. 9. Und: „Es will verlauten, daß in einem am Schulberge gelegenen Schenckhause sich fast alle abend eine ziemliche Anzahl Studiosorum einfinde, Zwar unter dem Nahmen eines exercitii musici, aber guten theils in der That zur Unzucht mit liederlichen Weibes Menschen, die dazu alda vorhanden seyn sollen. desgleichen soll eine andere zimmlich zahlreiche Gesellschaft des abends auf der Pfenner=Stube zusammen kommen, und nach dem sie sich daselbst betruncken, in ein nah gelegenes Haus, in den sogenandten Hohen Krämen gehen, in welchem mit mehrern Weibs-Bildern, nach dem sie ům [?] dieselbe gespielet, die greulichste Schande getrieben werde, welches man das Redouten=Spiel nenne.“; UA Halle, Rep. 3, Nr. 564: Acta Die bey hiesiger Stadt und Vor Städten befindlichen Huhren-Wirthschafften betreffende de Anno 1725 (–1727; 1801–1802), Bl. 2–3’, Zitat Bl. 2/2’.

246 UA Halle, Rep. 5, Nr. 22: Volumen I, Bl. 3 (der Name des Speisewirts ist nicht eindeutig).

Studenten durch Feldscher ein sich als falsch herausstellendes Gerücht prüfen.[247] Im Januar 1784 meldete die Universität Leipzig an den sächsischen Kurfürsten, dass sich über den dort studierenden Baron von Malzahn wegen seiner Neigung zu Händeln und Unordnungen „unter der Hand ein ihm nicht günstiger Ruf“ entwickelt habe. Der Universität sei weiterhin „zu Ohren gekommen“, dass er eine Schlägerei mit dem „sittsamen“ Baron von Staggern auf seiner Stube angezettelt habe.[248] In der 1786 in Erlangen gegen den Orden *Krackerle* angestrengten Untersuchung berichtete ein ungenannt bleibender Student „alles was ihm bekannt, von Orden gesagt worden, und gehört habe“ auf „das allergenaueste“; bzw. all das, was ihm „davon in dem Gedächtnis geblieben“ sei.[249]

Gerüchte, die so auch in den Quellen bezeichnet werden, konnten zur gegenseitigen Verständigung über Ordensbrüder Anlass geben, wie zwischen Helmstedt und Halle im Spätsommer 1772. Die Universität Helmstedt hatte in Halle folgendermaßen angefragt: „Ew. Magnificenz, Hochwürden Wohl und Hochedelgeb. müssen wir also hiermit zur Hülfe Rechtens ersuchen, uns von der Wahrheit dieses Gerüchtes [d.i. die Mitgliedschaft des Studenten Johann Friedrich Schulze im *Inviolableorden* und seine Relegation von Halle] wegen einer itzo vorseyenden Untersuchung, eine so bald als mögliche gefällige Nachricht zu ertheilen“.[250]

Außerdem lässt sich beobachten, dass verschiedene Informationsquellen zusammenfließen konnten und dass es das Gerücht über das Gerücht gegeben hat. Am 31. Oktober 1781 wurde in der von Johann Salomo Semler initiierten Untersuchung gegen den *Unitistenorden* der verhörte Theologiestudent Carl Zacharias Birkenstaedt damit konfrontiert, „daß man einige dunkele Nachrichten habe, daß auser der verbindung der Unitisten sich noch andere ähnliche verbindungen [in Halle] befänden, und es mit der Wahrscheinlichkeit überein komme daß Comparent einige Mitglieder wenigstens aus dem Gerüchte kennen würde“.[251] 1783 wurde in Halle einem Studenten vorgeworfen, einem anderen Studenten auf einer Stube Kenntnisse über Ordenszusammenkünfte der *Unitisten* „heiml[ich] ins Ohr gesagt zu haben“.[252] Und ebenfalls 1783 spielte in der die Untersuchung

[247] UA Halle, Rep. 3, Nr. 579: Acta die geschehene Requisition an Ihro hochfürstl. Durchl. wegen inhibirung der Feldscherer, daß solche keine blessirten Studenten verbinden möchten. 1768 (–1777), Bl. 1.

[248] SHStA, 10088 Oberkonsistorium Universitäten, Spezialia, 4.) Burschenschaft, Loc. 1781: Acta Die Ordens=Verbindungen der Studenten zu Leipzig und Wittenberg b. Vol. I 1783–1806, Bl. 5–11', hier 7/7'.

[249] UA Erlangen, A 3 / 14 Nr. 15: Studenten Orden, Krackerle 1786, hier das Schriftstück 6.

[250] UA Halle, Rep. 5, Nr. 28: Anzeige des fortdauernden Inviolable Ordens 1768–1772, Bl. 41–42, hier Bl. 41'.

[251] UA Halle, Rep. 5, Nr. 40: Untersuchung des „Unitisten“-Ordens 1781/1782, Bl. 9–11', Bl. 11. Sie zu diesem Vorgang auch Abschnitt IV.5.

[252] UA Halle, Rep. 5, Nr. 44: Nachrichten über und Untersuchungen gegen verschiedene Orden. Aug. 1783, Bl. 3.

gegen den *Concordistenorden* auslösenden offiziellen Anzeige eines Studenten das „Gerücht“ eine zentrale Rolle, dass ein anderer Student in einem Orden sei.[253]

Diese Beispiele verweisen darauf, dass das Hörensagen einen Graubereich des Informierens darstellte, in dem die Herkunftsreferenzen kaum glaubwürdig zu eruieren waren. Dies unterstreicht ein komplexes Beispiel aus Helmstedt, dessen Handlungsgrundlage eine Schnittmenge aus Spitzelinformationen, Hörensagen sowie offiziellen Nachrichten von landesherrlichen oder städtischen Amtsträgern bildete. In einem Reskript vom 13. September 1760 an den „Vice Rectore und [die] Professores“ der Helmstedter Universität hieß es wie folgt:

> So werden gleichwohl, wider Verhoffen, von verschiedenen Orthen zuverlässich versichert, wie statt dessen vielmehr unter denen Studiosis eine unordentliche Lebensarth überhand zu nehmen beginnen, und, daferne dagegen nicht in Zeiten die nöthige Veranstaltung vorgekehret wurde, die Aufnahm der Universität gar sehr behindert, und den Eltern und Vormündern umb so mehr bedencklich finden würden, ihre Söhne und Pflegbefohlene dahin zu senden. Es wird dieses Unwesen, wie wir höchst misfällig vernehmen, insonderheit dadurch veranlasset, nachdem die Studiosi seit einiger Zeit die sogenannte Landsmannschafften wieder eingeführt und von euch bishero wenigstens connivendo geduldet worden, da vielmehr eure Pflicht und Schuldigekit erfordert hätte, diesem Übel in Zeiten Einhalt zu thun, indem euch nichth unbekannt seyn kann, was durch dergleichen unerlaubte privat veranstaltungen ehedem vor schlimme folgen veranlasset worden, mithin auch künfftig zu besorgen stehen.[254]

In diesem Beispiel verschwimmen die Konturen über die dem Reskript zugrunde liegenden Quellen. Es ist wahrscheinlich und denkbar, dass die erheblichen Vorwürfe auf einer Informationsvielfalt basierten, die auf differenten Wegen zur Kenntnis der Obrigkeit gelangt war. Von diesem Verfahren unterschied sich grundlegend der von den Obrigkeiten in Edikten und Reskripten immer wieder formulierte, legitimierte und angebotene Weg über eine offizielle Anzeige.

IV.4 Offizielle Anzeigen

Für diese Form des Anrufens der Obrigkeit findet sich in den Akten der Universitätsgerichte eine Vielzahl von Fällen, die das gesamte Spektrum des in Gesetzesform fixierten und so mit Rechtsverbindlichkeit versehenen studentischen Fehlverhaltens im 18. Jahrhundert abdeckt. In vielen Fällen sind diese, für die Rekonstruktion der Lebenswelten in den Universitätsstädten der Frühen Neuzeit ergiebigen Quellen noch überhaupt nicht in das Blickfeld der Forschung gekommen. Gerade für eine kulturgeschichtliche Orientierung der Universitätsgeschichte werden hier künftig Funde zu machen sein. So liegen beispielsweise für die Universität Leipzig auf insgesamt mehreren hundert Blatt die in

---

[253] UA Halle, Rep. 5, Nr. 43: Concordisten Orden 1783, Bl. 1' (siehe dazu auch den folgenden Abschnitt zu den namentlichen Anzeigen).

[254] NStWf, 37 Alt 571: Die auf der Universität zu Helmstedt wieder einreißende Landsmannschaften betr. 1760, Bl. 2–3, hier Bl. 2/2'.

der Regel namentlich und ohne Belohung[255] ausgeführten „Denunciationes" von 1779 bis 1784/1787 vor.[256] Dies sind hunderte Einzelanzeigen von Stadtbürgern, Studenten, Soldaten und Frauen, die zum größten Teil mündlich vorgebracht worden sind. Außerdem finden sich in der einschlägigen Aktenüberlieferung des Universitätsgerichts weitere Fallbeispiele für Untersuchungseröffnungen durch offizielle Anzeigen, in deren Folge es auch zu Gegenanzeigen kommen konnte, so z.B. 1762, 1764 und 1769.[257]

Vergleichbar gute Belege finden sich auch für die Universität Wittenberg, verteilt über einen wesentlich größeren Zeitraum. Zu nennen sind hier die „Rügenprotokolle" der Universität wie beispielsweise „Hr. Christian Carl Heynemann St. Th. Denuncianten an einem Hr. Christian Rößlern St. Jur. Denunciaten andern theils in pto Injuriarum Ergangen vor der Academie Wittenberg 1742." Solche Vorgänge sind bis in das 19. Jahrhundert hinein dokumentiert.[258] Darüber hinaus findet sich eine große Zahl Einzelfälle, in die Bürger, Militärangehörige und auch Frauen involviert waren. Die Mehrheit der für Wittenberg in den Disziplinarsachen belegten Streitigkeiten beziehen sich auf die klassischen Verstöße bzw. Problemfelder der frühneuzeitlichen Universitätsstadtgesellschaft: Tumulte und Exzesse, Schreien und Lärmen, Verbal- und Realinjurien, Tätlichkeiten, Schwangerschaftsklagen.[259] Derlei Beispiele finden sich auch in den Univer-

---

[255] Dies lassen erste Stichproben vermuten. Siehe in diesem Kontext auch: Schlumbohm, Gesetze, die nicht durchgesetzt werden, S. 657.

[256] UA Leipzig: Rep. GA IV 246, Bd. 1: Denunciationes de Ao. 1779 (Hier etwa Bl. 85 eine Ausnahme: Die Zitation einer ledigen Mutter Ende August erfolgte „Nachdem man in Erfahrung gebracht", dass sie im vorigen November hat ein „uneheliches Kind in der Kirche zu St: Thomas allhier taufen lassen".); Rep. GA IV 246, Bd. 2: Denunciationes de Ao. 1780; Rep. GA IV 246, Bd. 3: Denunciationes de Ao. 1781; Rep. GA IV 247, Bd. 1: Denunciationes de Ao. 1782; Rep. GA IV 247, Bd. 2: Denunciationes de Ao. 1783; Rep. GA IV 247, Bd. 3: Denunciationes de Ao. 1784; die Bände für 1785–1787 (Rep. GA IV 248, Bde. 1–3: Denunciationes de Ao. 1785–1787) sind derzeit nicht auffindbar. Vgl. in diesem Kontext auch die Bestimmungen zu den Gerichtstagen in Halle von 1731; Schrader, Geschichte der Friedrichs-Universität zu Halle. Zweiter Teil, S. 464–467, hier unter Punkt 10 (S. 466): „Die Gerichtstage sollen zweymahl in der Woche ordentlich gehalten werden, zu welchem Ende die Assessores Officii Academici sich jedesmahl um 10. Uhr einfinden, und die darin Vorkommende Klagen Summarisch tractiren und abthun, und die Partheyen mit Sportuln nicht übersetzen sollen."

[257] UA Leipzig, Rep. GA IV 103: Ranstädter Steinwege ausgeübte Excesse 1762, Bl. 1/1', 8/8'; Rep. GA IV 105: Gerichts=Knechten 1764, Bl. 1/1', 8–11, 14f., 17; Rep. GA IV 111: Die von einigen Studiosis in der Nacht zwischen den 4ten und 5ten August in der einen Schencke zu Plagwitz ausgeübte Excesse betr. 1769, Bl. 1–3. Siehe in diesem Kontext auch: SHStA, 10088 Oberkonsistorium Universitäten, Spezialia, 1.) Exzesse, Pennalismus, Duelle, Loc. 1780: Acta Die von einigen Studiosis auf der Universität Leipzig unternommenen Excesse btr. Vol. III 1797–1812, hier Bl. 12–14 den Bericht der Universität Leipzig vom 16. Oktober 1797 über eine Unruheuntersuchung, wobei etwas gegen einen Studenten Lehmann angezeigt worden ist (dazu auch Bl. 14').

[258] UA Halle, Rep. 1, Nr. 1871: Rügenprotokolle, in welchen wider die Studenten angebrachten denunziationen, aus welchen keine besondern Akten gemacht, gesammelt sind. 1742–1815.

[259] Siehe exemplarisch (alle: UA Halle, Rep. 1): 1964: Acta Jgfr. Marien Catharinen und Anna Marien Werchauin, Denunciantinnen an einem [vs.] Die Studiosos H. Ernst Lebrecht Troppaneger aus Barby H. Samuel Gotthelf Agricola aus Frauenstadt und H. Johann Jonas Rohrmann aus Frauen-

sitätsstädten anderer Territorien wie in Jena bei Exzessen (z.B. 1766[260]) und bei Schulden (z.B. 1787[261]).

Namentliche Anzeigen lassen sich ebenfalls in Bezug auf die Duellkultur und auf die studentischen Arkangesellschaften nachweisen. Dafür hatten ja die verschiedenen Obrigkeiten zeitlich gestaffelt und inhaltlich unterschiedlich strukturiert die normativen Grundlagen gelegt. Eines der frühesten Beispiele ist in Wittenberg 1704/1706 nachweisbar, wo ein Untersuchungsvorgang gegen Landsmannschaften namentlich durch eine Anzeige eröffnet wurde.[262] Auch Landsmannschaften selbst nutzten diesen Weg: In Göttingen wandte sich die Landsmannschaft der Pommern und Schlesier am 22. April 1749 wegen einer gegen sie vorgebrachten Beleidigung mit dem Ansinnen auf Rehabilitation an den Prorektor.[263] An der Göttinger Georgia Augusta findet sich auch das Protokoll einer Anzeige des Fechtmeisters Scholz vom 17. Dezember 1753 wider den Studenten Poorter wegen einer Beleidigung. Hintergrund dafür war die angebliche Denunziantentätigkeit des Fechtmeisters in Duellsachen.[264] Im Zuge der neu formulierten Edikte gegen die Studentenorden in den 1760er Jahren finden sich einige Hinweise auf entsprechende Anzeigen. Im Sommer 1768 zeigte der hallische Hofrat und Ratmann Schroeter seinen eigenen Sohn mit dem Ziel an, eine Untersuchung zu initiieren, die klären sollte, warum dieser nach Leipzig entwichen war. Ziel dieses offensiven und zugleich heiklen Vorgehens war es, dessen Unschuld zu beweisen und ihm das weitere Studium in Halle zu

---

stadt in Pohlen Denunciaten andern Theils betr. [wegen Meckereien 1774/75]; Nr. 1984: denunciation stud. Encke [vs.] stud. Schneider, Ruth und Braune wegen Meckereien 1777; Nr. 2007: denunc. Stud. Wissigk wider stud. Hanisch u. Mangold wegen Meckereien 1783; Nr. 2011: denunc. Stud. Zeiss [vs.] stud. Zier 1784/85; Nr. 2030: denunc. Stud. theol. Sonntag [vs.] die stud. Kurd und Jahn 1796/97; Nr. 2036: denunc. Der stud. Beyer, Waner und Hemming gegen einander 1798; Nr. 2043: denunc. Hebamme Sophie Graf [vs.] stud. med. Schweykart und stud. cam. Müller 1803/04; Nr. 2044: denunc. Torschreiber Michaelis [vs.] stud. iur. Frhrn v. Rechenberg 1806/07; Nr. 2046: denunc. Kurfürstl. Proviantverwalter Hegner [?] [vs.] stud. iur. Graff wegen Injurien 1806/07; Nr. 2048: denunc. Schuster Schulze [vs.] stud. iur. Speck 1808; Nr. 2062: denunc. stud. iur. Heydenreich [vs.] stud. theol. Schmalz wegen Verleumdung; außerdem ebd.: Nr. 2014: Acta Herrn Gottfried August Marckwordt aus Wittenberg, Studiosum Juris, Denuncianten an einem, und Herrn Christian Ernst Francke, aus Wittenberg, Studiosum Juris, Denunciaten andern Theils betr. [1785/86]; Nr. 2038: Acta in Denunciationssachen Johann George Müllers, Landwirths zu Falckenhayn wider Herrn Christian Heinrich Seyfert, aus Müglenz, Studiosum Theologiae. 1799.

260 UA Jena, Bestand E Abt. I, Nr. 43 (August 1766), dokumentierte Anzeigen Bl. 5/5', 9–10.

261 UA Jena, Bestand E Abt. I, Nr. 260 (1787), Bl. 1–2: das Protokoll der aufgenommenen Anzeige des Kommerzienrates Paulsen gegen den Studenten Büsch aus Livland.

262 UA Halle, Rep. 1, Nr. 1883–1888: betr. die Untersuchung der Abstellung des eingerissenen Nationalismus vol. I–VI. 1701–1718, hier Vol. Ia (1884) – hier findet sich z.B. auch (Bl. 30–39) das Original der Statuten der *Frießländischen Landsmannschaft* von 1704.

263 UA Göttingen, C XXXVIII 3 (1749): Die Landsmannschaft der Pommern und Schlesier wendet sich wegen Beleidigung an den Prorektor (1749). Siehe dazu Brüdermann, Göttinger Studenten und akademische Gerichtsbarkeit, S. 246.

264 UA Göttingen, C XLIII 57, Fechtmeister Scholz / Student Christian Friedrich Reidemeister (1753), o.P.; Brüdermann, Göttinger Studenten und akademische Gerichtsbarkeit, S. 184.

ermöglichen. Schroeters 19jähriger Sohn begründete seine Flucht nach Leipzig damit, dass er „blos aus furcht vor einigen Studiosis von hier gegangen, welche ihn bey dem inviolable Orden engagiren wollen auch hierzu bereits den Mittewoch nach seiner am Sontage zuvor geschehenen absentirung festgesetzt" hätten.[265] In Erlangen finden sich kurz darauf Arkangesellschaftsuntersuchungen, die durch Anzeigen ausgelöst worden sind: 1770 gegen den *Fassbinder-Orden* (durch eine mündliche Anzeige)[266] sowie 1773 gegen die dortigen Landsmannschaften: „Nachdem die Anzeige geschehen, daß verschiedene Studiosi in den hiesig Neustadter Schieshaus wöchentl. ein Kränzgen halten".[267] Ein ähnlicher Fall lässt sich auch für 1776 nachweisen.[268] 1781 wurde gegen Kommerse und Landsmannschaften, die wieder „entdeckt" worden waren, untersucht. Auslöser dafür war erneut eine persönliche „mündliche Klage".[269] Drei Jahre später, 1784, wurden auf ähnliche Weise die Landsmannschaften mehrfach angezeigt („Nachdem zur Anzeige" gekommen).[270]

In Jena übersandte der Prorektor Johann Ludwig Schmidt unter dem 24. Juli 1775 ein gesondertes Protokoll (neben dem eigentlichen Berichtsprotokoll zu seinem Prorektorat) über die von ihm unternommenen Maßnahmen gegen die Studentenorden an die Regierung. Hierin heißt es zum Beginn der Aktivitäten: „Nachdem bey dem Judicio academico Anzeige geschehen, daß Hr Mehrmann, Erford. einen Orden alhier zu etabliren sich angelegen seyn lassen solle, und die Gebrüder Hr. Siegm. Adolph Ribbentropf und Hr. Carl Ribbentropf, Westphali davon Wissenschaft haben sollen".[271] Am 25. August reagierte Anna Amalia auf die Informationen und fügte an: „Ihr wollet künfftig immer, mit eben einer solchen Sorgfalt dergleichen Unserer Gesamt=Academie so nachtheilige Ordens=Verbindungen zu entdecken und diesem Unwesen zu steuern, Euch angelegen seyn lassen."[272] Vergleichbare Verfahren finden sich im gleichen Jahr in Helmstedt. Hier beginnt eine Untersuchung gegen Ordensverbindungen (*Unitisten*)

---

[265] UA Halle, Rep. 5, Nr. 28: Anzeige des fortdauernden Inviolable Ordens 1768–1772, Bl. 1–2 (Zitat Bl. 1').

[266] UA Erlangen, A 3 / 14 Nr. 4: Acta Den wieder aufkeimenden Fassbinder-Orden und dessen Zerstoehrung betr. 1770, Schriftstück 1.

[267] UA Erlangen, A 3 / 14 Nr. 6: Acta Die von den Studiosis errichtete Landsmannschaften und deren Unterdrückung betr. 1773, Schriftstück 1.

[268] Siehe dazu unten die Anmerkung 284.

[269] UA Erlangen, A 3 / 14 Nr. 8: Acta Die entdeckt wordenen Commerces, Landsmannschaften und dergl. betr. 1781, Schriftstück 1.

[270] UA Erlangen, A 3 / 14 Nr. 14: in Desendorf vorgefallene Schlägereyen 1784, Schriftstück 1 (und ähnlich auch in Schriftstück 2) sowie noch einmal am 1. September 1784 (Schriftstück 5).

[271] ThHStAW, A 8430: Geheimde Canzley=Acta. Die zu Jena unter dem Nahmen Inseparable hervorgetretene Ordens=Verbindung betr. 1775, Bl. 2/2' sowie 3–27 das Protokoll vom 17./18./20./26. Mai 1775 (Zitat Bl. 3), Bl. 14 ist der Eid des Ordens wiedergegeben und Bl. 14'–17' die Gesetze mit Unterschriften sowie Bl. 27'–28' (hier ein offizieller Informationsbrief nach Erfurt, Dresden und Stade).

[272] ThHStAW, A 8430: Geheimde Canzley=Acta 1775, Bl. 30/30'.

mit dem Satz: „Da uns unterthänigst angezeiget worden, daß der [...] als Cadet stehende ehemalige Studiosus Hagemann, ein Mitglied des [...] Unitaets-Ordens sey".[273]

Dass die hinter den Einleitungsworten der Untersuchungen stehenden Vorgänge auch über eine spezifische namentliche Anzeige hinausgehen konnten, zeigt ein Fall aus Halle. Dort erschien „in Person" am 23. Juni 1783 der Student Johann Georg Lehmann aus der Nähe von Bautzen beim amtierenden Prorektor, dem Juristen Johann Christian Woltär, und „beschwerte" sich über den Studenten der Theologie Degener. Dieser hätte ihn einen „Hundsvott" genannt und es sei von einem weiteren Studenten mit einer „Hetzpeitsche" in Anwesenheit des Degener „geknallet" worden. Der Grund dafür sei, dass er, Lehmann, behauptet habe, Degener sei ein Ordensbruder und besitze ein Ordenskreuz. Woltär, der die Anzeige aufnahm, bezeichnet hier den Anzeigenden und den Angezeigten juristisch formal als „Denunciant" bzw. „Denunciat". Allerdings ging Lehmann einen Schritt weiter und zog den hallischen „Gürtler" Erl, mit dem er „bekannt sey", in den Vorgang hinein, obwohl dieser ihn zuvor um Verschwiegenheit gebeten hatte. Außerdem beschuldigte er den Studenten Krüger sowie einen namenlos bleibenden Freund Degeners, der ebenfalls ein Ordenskreuz getragen habe. Insofern verschwimmt hier die Grenze zwischen einer juristisch formal korrekten Anzeige zum Selbstschutz Lehmanns gegen Degener mit denunziatorischen Handlungen durch die Nennung weiterer, nicht unmittelbar an der Beleidigung beteiligter Personen. Von Erl habe er erfahren, dass der „Degener öfters dahin [zu Erl] komme und auch ein Ordenskreuz zur Reparatur gebracht habe". Deshalb habe Erl „Denuncianten die Sache zu verheimlichen gebeten." Die Nennung dieses Vorgangs belegt zwar Lehmanns Version und stärkt seine Anzeige, belastet aber zugleich den Hallenser, da Kontakte zu und Arbeiten für Orden durch die Stadtbürger untersagt waren.[274]

Zusammenfassend ist festzuhalten, dass der Weg, sich mittels einer offiziellen Anzeige an die Obrigkeit zu wenden, unterschiedlich intensiv genutzt worden ist. Während etwa Verbalinjurien und Schuldenprobleme Gegenstände waren, die häufig und namentlich offen angezeigt, verhandelt und dokumentiert worden sind, war die namentliche Obrigkeitsanrufung in Duell- und Ordenssachen deutlich weniger ausgeprägt.[275] Dies bestätigt die Beobachtung, dass aus Angst vor Rache eher Vorsicht geboten war, sich in derlei Angelegenheiten offen an die universitären Obrigkeiten zu wenden. Dies

---

[273] NStWf, 37 Alt 2595: Acta die unter den Studenten in Helmstedt errichteten Ordensverbindungen und die gegen die Mitglieder eingeleiteten Untersuchungen betr. Vol. II 1775, Bl. 26 (am 14. Dezember 1775).

[274] UA Halle, Rep. 5, Nr. 43: Acta die Untersuchung und Aufhebung des sogenannten Concordisten Orden betr. 1783, Bl. 1–2'; hier alle Zitate sowie weitere Details zu diesem Vorgang als auch Beschreibungen der Ordenskreuze. Vgl. in diesem Kontext auch das Verhör einer hallischen Witwe am 4. August 1784, die verdächtigt wird, in ihren Räumen Ordensaktivitäten zu dulden bzw. den Orden Aufenthalt zu geben; UA Halle, Rep. 5, Nr. 44: Nachrichten über und Untersuchungen gegen verschiedenen Orden. Aug. 1783, Bl. 1 und auch 3.

[275] Siehe auch Brüdermann, Göttinger Studenten und akademische Gerichtsbarkeit, S. 239: „Nur ausnahmsweise wurden Orden bei der hannoverschen Regierung angezeigt."

wird zudem dadurch gestützt, dass solche spezifischen Anzeigen in den Untersuchungen und den Aktenlegungen entsprechend den Zusagen in den obrigkeitlichen Edikten sehr oft anonymisiert worden sind.

IV.5 Aussagen im Gang von laufenden Untersuchungen

Waren Untersuchungen erst einmal in Gang gekommen, waren die dabei vor das Universitätsgericht zitierten Studenten oft bereit auszusagen, Namen und Fakten zu nennen. In der Zusammenschau der benutzten Quellen lässt sich im Hinblick auf diese Form der Informationsweitergabe in Verhören vor dem Universitätsgericht generell sagen, dass es sich um eine gängige Praxis gehandelt hat. Die Studenten verhielten sich nicht anders als andere Bevölkerungsgruppen im Alten Reich.[276] In der sie bedrohenden Situation vor Gericht hatten sie die Option zu leugnen oder aber Informationen preiszugeben. Damit konnten sie für sich arbeiten und zugleich andere Kommilitonen schädigen. Im August 1768 wurde beispielsweise in Halle nach der ausufernden Schlägerei zwischen der Landsmannschaft der *Reichsländer* und dem *Amicitienorden* auf dem Markt und dem Domplatz die sich anschließende ausgedehnte Untersuchung insbesondere dadurch am Laufen gehalten, dass sich die bekannt gewordenen Beteiligten bzw. die Mitglieder der Parteiungen gegenseitig ausgiebig vor Gericht nannten.[277]

Es gab also immer wieder junge Männer, die bereit waren, umfassend auszusagen. Dafür steht das schon zitierte Beispiel des Jurastudenten Müller von 1765; er nannte sowohl verschiedene Landsmannschaften als auch jeweils wichtige Mitglieder.[278] Die zweite Akte, die die daraus hervorgehende Untersuchung dokumentiert, beginnt mit einer Auflistung all derjenigen Studenten, denen eine Mitgliedschaft in den Landsmannschaften der Moselaner, Wetterauer, Hessen, Westfalen, Märker, Schlesier und Schwedisch-Pommern nachgesagt worden ist. Die Liste spiegelt das ausufernde Anzeigeverhalten in Untersuchung geratener Studiosi vor Gericht.[279] Was mit einem Verdacht gegen den vorgeblichen Senior der *Westfälischen Landsmannschaft* Crusemann am 30. Januar 1765 begonnen hatte, war bis zum 22. September des Jahres zu einer veritablen Untersuchung gegen sieben Landsmannschaften und über zwei Dutzend involvierte

---

[276] An dieser Stelle sei auf die Bedeutung der ‚Besagungen' für die Praxis der Hexenprozesse hingewiesen, die in einer abstrahierten Perspektive hier vergleichend herangezogen werden können; siehe dazu exemplarisch die zahlreichen Verweise im Lexikon zur Geschichte der Hexenverfolgung. Hg. v. Gudrun Gersmann, Katrin Moeller und Jürgen-Michael Schmidt [www.historicum.net]; insb.: Rita Voltmer: Hexenregister des Claudius Musiel (1586–1594), in: ebd. [www.historicum.net/no_cache/persistent/artikel/1611/]; im mitteldeutschen Kontext siehe: Manfred Wilde, Die Zauberei- und Hexereiprozesse in Kursachsen. Köln 2003, S. 310–314. Im akademischen Zusammenhang siehe auch (Visitationen im 16. Jahrhundert): William Clark, Academic Charisma and the Origins of the Research University. Chicago/London 2006, S. 348–350.

[277] UA Halle, Rep. 5, Nr. 31: Reichsländer und Amicitien Orden 1768, u.a. Bl. 4/4' das Verhör des Studenten Scobel, der den Anführer der Reichsländer List benennt sowie passim.

[278] UA Halle, Rep. 5, Nr. 22: Volumen I, Bl. 1'–5', z.B. 3'/4.

[279] UA Halle, Rep. 5, Nr. 23: Volumen II, das erste Blatt o. P.

Studenten angewachsen. Eine ähnlich fundamentale Bedeutung kam der am 15. August 1766 vorgelegten „Nachricht von dem Orden Inviolable" des Studenten Machatius zu. Dabei handelte es sich um eine ausführliche „description" dieses prototypischen Studentenordens.[280]

Ende Oktober 1781 sagte der *Unitist* Birkenstaedt in Halle im Verhör durch den Prorektor Noesselt und die Professoren Semler und Woltär ausgiebig über die Mitglieder des *Konstantistenordens* und des *Defensionistenordens* aus, nachdem er mit Vorhaltungen konfrontiert worden war. Er tat dies jedoch nicht, ohne einen distanzierenden und versichernden Hinweis voranzustellen: „So sagte Comparent: jedoch mit protestation sich dieses wegen als denunciant oder Zeuge dermahleinst vorstellen zu lassen, daß seines Wissens sich noch hier ein Orden der Constantisten und defensionisten befände." Dann folgen die Namensnennungen und die Versicherung von Birkenstaedt, dass wenn ihm weitere Namen bekannt werden, er diese anzeigen würde.[281] Im Nachgang berichtet Semler, dass Birkenstaedt dann noch das Gesetzbuch der *Unitisten*, ein Formular des Verschwiegenheitseides, ein Ordensdiplom, die ‚Charaktere', ein Ordensmitgliederverzeichnis von 1774 bis zum Zeitpunkt der Vernehmung sowie eine Nachricht über die Abläufe bei der Aufnahme eines Bruders abgegeben habe.[282]

Das rückversichernde Verhalten des Studenten verweist darauf, dass auch Aussagen vor Gericht innerhalb der Studentenschaft zu Repressalien führen konnten. Deshalb lavierte die deutliche Mehrzahl der vor das Universitätsgericht zitierten Studiosi zwischen der Verschwiegenheitserwartung der Studentenschaft und der Forderung der Mitarbeit durch die Obrigkeiten. Dem entsprechend wurde oft zögerlich bzw. partiell ausgesagt und dabei an bereits ermitteltes Wissen der Obrigkeiten angeknüpft: hier ein organisationsstruktureller Hinweis, dort ein einzelner Name. Dafür steht das Beispiel des Theologiestudenten Johann Jakob Kayser aus der eben genannten Untersuchung gegen den *Inviolableorden*. Während seines Verhörs hatte er ausgesagt:

> Comparent hätte also sein Ordenszeichen an den Secretaire, den Stud. Francke abgegeben welcher solches von Comparentens Stube abgeholt welches die übrigen Ordensglieder ebenfalls gethan und wären diese sämtliche Ordenszeichen, nebst dem schwartzem Tuche, Todtenkopffe, Gesetzen und überhaupt alles so zur Loge gehöret habe [nach] Leipzig geschaffet worden. Er will aber so wenig wissen, wohin und an wem zu Leipzig dieses alles geschaffet worden, als wenig bewußt sey, wer es dahin geschaffet habe, man habe ihm aber sagen wollen, der Stud. Stöke habe diese Dinge [nach] Leipzig gebracht.[283]

---

[280] UA Halle, Rep. 5, Nr. 26: Untersuchung des Ordens Inviolable 1766, Bl. 38–41'.

[281] UA Halle, Rep. 5, Nr. 40: Untersuchung des „Unitisten"-Ordens 1781/1782, Bl. 9–11' (das Zitat Bl. 11).

[282] UA Halle, Rep. 5, Nr. 40: Untersuchung des „Unitisten"-Ordens 1781/1782, Bl. 20.

[283] UA Halle, Rep. 5, Nr. 26: Untersuchung des Ordens Inviolable 1766, Bl. 19/19' (der Name des benannten Studenten ist uneindeutig); vgl. auch die Vernehmung des Stud. jur. Friedrich Suhemühl aus Hattersdorff im Mecklenburgischen: ebd., insb. Bl. 25/25'. Außerdem: UA Halle, Rep. 5, Nr. 30: Acta die Untersuchung einer gewissen Ordens Verbindung, worinn der Stud. juris Moritz Chris-

Diese Taktik wurde dahingehend verfeinert, dass Namen von Studenten genannt wurden, die sich nicht mehr in Halle befanden und damit für die Universitätsobrigkeit nur schwer greifbar waren.[284] Beispielsweise gab der in Verdacht einer Ordensmitgliedschaft geratene und arretierte Student Friesner in seinem Verhör vor dem hallischen Universitätsgericht 1780 an, er wisse nicht, wie ein Ordensschriftstück (dechiffrierte Ordenscharaktere) in seinen Koffer gekommen sei:[285] Es könne aber gut sein, das der Student Schadorff dieses dort platziert habe. Dieser sei aber seit Weihnachten vorigen Jahres abgegangen, und er wisse nicht, ob Schadorff in einem Orden gewesen sei, jedenfalls habe dieser nie etwas merken lassen.[286]

Schließlich gab es Studenten, die die Aussage generell verweigerten. Es sei dahingestellt und wäre im Einzelfall am Verlauf der jeweiligen Untersuchung zu prüfen, ob dies aus tatsächlicher Unwissenheit, aus taktischer Vorsicht oder aus konfrontativen Verhaltensweisen heraus geschah. Es ist jedenfalls zu beobachten, dass dieses Verhalten am häufigsten am Beginn von Untersuchungen anzutreffen ist,[287] und dass manche Leugner im späteren Gang der Untersuchungen dann doch (teil)geständig wurden, wenn sie mit neuen belastenden Anschuldigungen aus den Verhören anderer Studiosi bzw. anderweitig neu ermittelter Informationen konfrontiert wurden. Allerdings konnte beharrliches Leugnen auch zur Einstellung von Untersuchungen führen, wie etwa 1776 in Erlangen.[288]

Über diese Verhaltensmuster von verdächtigten Studenten in konkreten Untersuchungen gegen Geheimgesellschaften hinaus, versuchten die Universitätsobrigkeiten, die Verhörsituationen vor Gericht bei anderen Disziplinarverstößen auszunutzen.[289] Bei Verhören von im Zuge von Exzessen oder Unruhen verdächtigten Studenten wurde oft auch nach deren Wissen über arkane Studentengesellschaften gefragt, ohne dass ein konkreter Verdacht diesbezüglich vorliegen musste. Ein Beispiel dafür ist die Vernehmung des

---

tian Struck aus Wernigerode der Vornehmste seyn soll, betreffend 1774, hier Bl. 4/4' (die Vernehmung des Musquetiers Friedrich Wilhelm Fritsche).

284 Abschnitt II.7 in diesem Kapitel.

285 Siehe dazu ausführlicher oben Abschnitt I.

286 UA Halle, Rep. 5, Nr. 33: verdächtige Studiosos [1780], Bl. 20/20'.

287 Ein Beispiel dafür ist das Verhör des Medizinstudenten Jacob Christian Schleicher 1786 in Erlangen, mit dem die Untersuchung eröffnet wurde und in dem er leugnete, in einer Verbindung zu sein; UA Erlangen, A 3 / 14 Nr. 15: Acta Den entdeckten Studente Orden, Krackerle genannt betr. 1786, Schriftstück 1.

288 UA Erlangen, A 3 / 14 Nr. 7: Acta Des Stud. Ehrhart Denunciation wegen eines existiren sollenden Ordens 1776, o.P., die Schriftstücke 1 und 2; Ehrhart wird ermahnt, die Wahrheit zu sagen („nichts anzugeben, was er nicht zu erweisen getraue") und befragt. Zwar wird auch untersucht, da aber die beschuldigten Studiosi leugnen, wird die Sache eingestellt.

289 Vgl. etwa: UA Erlangen, A 3 / 14 Nr. 14: Acta Die zwischen einigen Studiosis in Desendorf vorgefallene Schlägereyen – und die bey dieser Gelegenheit entdeckt gewordene Landsmannschaftliche Verbindungen betr. 1784 sowie A 3 / 14 Nr. 5: Die Untersuchung der sogenannten Studenten Creuz- Concordien- und Harmonie oder Olarmony Orden betrf. 1770–1771, die Schriftstücke 1 sowie 13 bis 17: infolge einer Untersuchung wegen studentischer Händel kamen auch verschiedene Orden und dazugehörige Materialien zur Kenntnis der Universitätsoberen.

Studenten Johann Friedrich Heinrich Zimmermann am 26. August 1785 in Wittenberg. Das Universitätsgerichtsprotokoll hält den Vorgang mit folgenden Worten fest:

> als er wegen des Exzesses auf dem Schießhause anderweit vernommen worden, befragt, ob er nicht wisse, daß einige Studiosi einen Orden hätten. Er sagt aus, daß ein Orden unter den Studiosis sey, und werde er der Dragoner oder Pech=Orden genannt, sie trägen ein zeichen auf der Brust, wie es eben gestaltet sey, wisse er nicht genau, es sey entweder ein Kreuz oder ein Sebel. Er sey kein Mitglied davon, es wäre ihm auch vor einigen Wochen erzehlt worden, daß der Orden aus einander gegangen sey.

Der Student wird daraufhin „beschieden", falls „er weiter etwas von dem Orden höre, solches anzuzeigen, dagegen ihm aber auch versichert wird, daß sein Nahme verschwiegen bleiben solle, welches er denn zu thun verspricht."[290] Nicht zuletzt aufgrund dieser Aussage ergab sich eine Untersuchung des Universitätsgerichts, die zur Aufdeckung des Ordens und seiner Statuten führte.[291]

V Für und wider: Unsicherheiten im Umgang mit anonymen Denunziationen

Im vorangegangenen Durchgang durch die Typologie informierenden Verhaltens sind uns immer wieder Implikationen begegnet, die auf die Inakzeptanz dieser Informationswege innerhalb der Studentenschaft verweisen. Es ist bemerkenswert, dass mit dem zunehmenden Auftauchen von anonymen Denunziationen nach 1780 auch einzelne Professoren im Vollzug der Disziplinarpraxis Kritik an der Verwendung der darüber erlangten Kenntnisse übten. Diese Beobachtung verweist auf einen Problembereich, der in der juristischen Literatur der Zeit immer wieder kritisch verhandelt worden ist.[292] Und 1778 war ja die kommentierte Übersetzung von Cesare Beccarias Epoche machender justizkritischer Schrift durch den Leipziger Juristen Karl Ferdinand Hommel erschienen, der ebenfalls wie Beccaria das „Angebertum" und die anonyme denunciatio ablehnte.[293] Inwieweit diese Kritik auf die disziplinarpolitische Praxis in den Universi-

[290] UA Halle, Rep. 1, Nr. 1899–1904: Acta Die Untersuchung der von einigen Studiosis errichteten Ordens und was dem anhängig betr. vol. I–V 1768–1811, hier: Vol. II (1900), Bl. 1.

[291] UA Halle, Rep. 1, Nr. 1899–1904, Vol. II (1900), Bl. 7–15'.

[292] Koch, Denunciatio, S. 22, 36, 69f., 128–134, 159, 207, 211f., 215–217, 221, 224, 240, 242f.

[293] Siehe dazu: Koch, Denunciatio, S. 223–225 (Zitat S. 224); Cesare Beccaria, Über Verbrechen und Strafen. Ins Deutsche übersetzt, mit biographischer Einleitung und Anmerkungen versehen von Karl Esselborn. Neudruck der Ausgabe Leipzig 1905. Aalen 1990, insb. S. 30, 84f. sowie Wolfgang Rother, Strafrechtsreformdiskussionen in Leipzig. Karl Ferdinand Hommel – „Germanorum Beccaria", in: Hanspeter Marti/Detlef Döring (Hg.), Die Universität Leipzig und ihr gelehrtes Umfeld 1680–1780. Basel 2004 (Texte und Studien 6), S. 459–486. Siehe in diesem Kontext auch: Regula Ludi, Die Fabrikation des Verbrechens. Zur Geschichte der modernen Kriminalpolitik 1750–1850. Tübingen 1999 (Frühneuzeit-Forschungen 5), S. 68–123. Parallel zu Hommel übten

tätsstädten unmittelbare Wirkungen gezeigt hat, ist momentan nicht zu sagen.[294] Immerhin ist zu beobachten, dass vor Ort handelnde Professoren das Problem reflektierten. Dies ist in den einschlägigen Professorenvoten innerhalb der Gerichtsakten zu greifen.

In den weitläufigen Untersuchungen in Halle im Herbst und Winter 1783, die ja durch detaillierte anonyme Denunziationsschreiben entscheidend befördert bzw. ermöglicht worden sind, wird deutlich, dass sich die Professorenschaft der Fridericiana nicht einig war: Die Voten im Umgang mit den anonymen Denunziationszetteln und den daraus resultierenden Konsequenzen schwankten zwischen Ablehnung, begründeter Skepsis, eher positiv gestimmten Kommentaren und konsequenter Befürwortung.[295] Anfang Mai 1784 wurden diese Unsicherheiten und Differenzen im Rahmen der Untersuchung gegen zwei Ordensstudenten, deren avisiertes Duell anonym-schriftlich sowie durch weitere Nachrichten denunziert worden war, erneut deutlich. Auch dabei zerfällt das Meinungsbild in unterschiedliche Facetten, wobei die Konturen noch deutlicher hervortreten als im Jahr zuvor: Exemplarisch ist auf der einen Seite Johann Reinhold Forster zu sehen, der im Fall der beiden hier vor der Verurteilung stehenden Studenten Dalcke und Bandelow ein konsequentes Vorgehen forderte (das consilium abeundi) und darüber hinaus vorgab, gut und besser als die anderen informiert zu sein: „Allein da ich nun noch neuerlich ganz zuverläßige nachricht habe, daß so wohl der Studiosus Breyer als auch Schmölder zu den Orden gehören, der letzte sich auch geschlagen hat". Außerdem habe Schmölder durch das Anbahnen eines Duells einen Studenten zum Ordensbeitritt genötigt. Beide sollten ebenfalls bestraft werden.[296] Auf der anderen Seite protestierte Johann Christian Förster gegen Forsters Votum: Er werde „da zu nicht stimmen bis auf sichern data wieder sie vorhanden sind". Und Förster fährt weiter fort: „wir müssen Väter und Richter unsrer Studenten seyn, aber nicht ihre Tyrannen und Despoten." Deutlich weiter geht der Philosoph Johann August Eberhard, der über den Charakter anonymer Anzeigen generell nachdenkt:

> Da die Mehrheit der Stimmen bereits dem Gesuch [auf Verurteilung der Studenten] entgegen sind, so kann ich nichts hinzufügen, als daß ich ebenfalls, wie H. Prof. Woltaer und Westphal

---

zwei weitere sächsische Rechtsgelehrte – Hans Georg von Globig und Johann Georg Huster – Kritik an der anonymen denunciatio; siehe dazu: Koch, Denunciatio, S. 225–240.

294 Die kursächsische Regierung erließ ein Jahr nach Hommels Publikation eine Generalbestimmung *wegen des Verhaltens in Criminal Sachen*, in der eine sehr detaillierte sowie von Vorsicht und Skepsis gegenüber der Glaubwürdigkeit und Motivation von Anzeigen geprägte Verfahrensweise festgelegt wurde; ULB Halle: AB 180017 [18] / (16): Generl: [Generale] wegen des Verhaltens in Criminal Sachen den 27. Octbr: 1779, hier der sehr ausführliche Abschnitt 14.

295 UA Halle, Rep. 5, Nr. 38: Untersuchung und Aufhebung 1783, Bl. 84–85' (hier nach den Voten der Professoren Johann Daniel Nettelbladt, Johann Salomo Semler, Johann August Noesselt, Johann Christian Woltaer, Friedrich August Wolf, Philipp Adolph Böhmer, Gottlieb Anastasius Freylinghausen, Georg Christian Knapp, Johann Reinhold Forster, Johann Friedrich Gottlieb Goldhagen, Wenceslaus Johann Gustav Karsten, Johann Christian Foerster, Johann August Eberhard, Friedrich Christoph Jonathan Fischer); siehe auch Bl. 93–97'.

296 UA Halle, Rep. 5, Nr. 41: Erneut entdeckte Spuren des „Unitisten"-Ordens 1784, Bl. 20.

> Wohlgeb. nichts gegen die Beschuldigten in den Acten finde; daß also Ihre Verurteilung lediglich auf den besondern Nachrichten Ew. Magnificenz beruhet. Ich gestehe aufrichtig und offenherzig, daß ich wünschte, daß diese Nachrichten einem Consilio generali könnten vorgelegt werden; wobey ich gar kein bedenken finden kann. Sollte es aus Mißtrauen nicht geschehen: So würde doch auch auf der andern Seite, wenn dieses allgemein werden sollte, daß auf Versicherung eines Membri Cons. gen. etwas verfügt werden müsse, auch dieses können gemißbraucht werden; und davon scheinen mir die Folgen unübersehlich. Ich weiß nicht, mit welcher Ruhe ein Vater seinen Sohn in solchem Falle unserer hohen Schule anvertrauen kann. Ich habe starken Verdacht, daß bei allen diesen anonymischen Anzeigen Animositäten der Studenten gegen einander vorwalten.[297]

Eberhard formuliert und bündelt eine Reihe von Gründen, die gegen die Verwendung von anonymen Anzeigen als Urteilsgrundlage sprechen: interne Streitigkeiten der Studenten würden diesen zugrunde liegen und die Universitätsobrigkeit würde im Falle eines Handelns auf deren Grundlage zum Instrument der Studenten werden. Wenn schon das Duell nicht tatsächlich stattgefunden hat und die Studenten nur beschuldigt werden, ein solches vorzuhaben, dann müssten die Informationen des Prorektors wenigstens vorgelegt werden. Besser seien aber darüber hinausgehende Belege, die ein Fehlverhalten der Studenten nachweisen würden. Im Angesicht einer solchen Entwicklung würden wohl Väter ihre Kinder nicht mehr nach Halle schicken, da ihnen die Gefahr zu groß wäre, ihre Söhne könnten unverschuldet in ein solches Intrigennetz hineingezogen und bestraft werden. Dahinter stand die Sorge um die Frequenz der hallischen Universität, die im Falle eines spürbaren Sinkens ja auch die Professoren durch sinkende Einnahmen direkt treffen konnte.

Diese Argumentation griff auch der betroffene und bedrohte Theologiestudent Bandelow in einem Rechtfertigungsschreiben auf, nachdem er tatsächlich – wie Forster gefordert hatte – mit dem consilium abeundi bestraft worden war. Am 22. Mai 1784 schrieb er aus dem kursächsischen Passendorf an den Großkanzler Johann Heinrich Casimir Graf von Carmer, dass er mit dieser Sanktion belegt worden sei, „nicht weil ich mich eines Verbrechens schuldig gemacht habe, sondern wegen eines bloßen Verdachts, und wegen bloßer Vermutung, dass ich in einer gesetzwidrige[n] Ordens=Verbindung sey. Worauf dieser Verdacht sich gründe, weiß ich nicht.“ Der Student wagte sich noch weiter nach vorn: „Man hat mir weder einen Angeber genannt, noch [...] die eigentliche gravamina angezeigt, vielweniger mich über die dieselbe gerichtlich vernommen“. Der amtierende Prorektor Schulze habe ihm dagegen geantwortet, „dass er mir keine Rechenschaft davon zu geben schuldig sey“. Dabei habe sich der hallische Professor auf einen „ausdrückl. Befehl“ berufen, „dass er in solchen Fällen, nicht auf juristische Beweise zu sehen nötig habe, sondern dass bloße Wahrscheinlichkeit, die Stelle der Wahrheit vertreten müsse“. Daran anschließend begründete Bandelow die Herkunft der seiner Verurteilung zugrunde liegenden Denunziationen aus studentischer Perspektive: „Nichts, als schriftliche Anzeigen, und Verrätherreyen welche oft von persönlicher Feindschaft, veranlasst werden, auch oft anonymische Billets, welche dem Prorektor ins Haus herein

[297] UA Halle, Rep. 5, Nr. 41: Erneut entdeckte Spuren des „Unitisten“-Ordens 1784, Bl. 20’.

geworfen werden, sind so viel ich weiß, die data auf welche mein, und noch mehreren ihr Consilium [abeundi] beschlossen wird."[298] Bandelow hatte die bestehenden Verfahrensprobleme im Ungang mit Denunziationen und erspitzelten Informationen auf den Punkt gebracht – dies war wenige Tage zuvor ja auch in der hallischen Professorenschaft diskutiert worden. Allerdings war sein persönliches Anliegen wohl doch zu durchsichtig, und der Großkanzler hat die Sache nicht weiter verfolgt: Bandelow konstruierte das Szenario eines unschuldigen und unwissenden Jünglings, der als Neuling auf die Universität kommt und zugleich in eine Ordensgesellschaft gezogen wird, ohne zu wissen, dass dies strafbar ist. Er habe sich vielmehr „jederzeit ordentlich aufgeführt" und die Collegia besucht; einige seiner „Lehrer" hätten ihm die „Unbilligkeit" seiner Verurteilung „mündlich eingestanden" und würden dies im Falle einer Verteidigung auch bezeugen.[299]

An dem geschilderten Vorgang wird deutlich, dass sich Mitte der 1780er Jahre in Halle ein kritisches Bewusstsein im Umgang mit Denunziationen und Spitzelinformationen entwickelt hatte, welches die Akteure in Befürworter und Gegner der anonymen Denunziation zu dividieren begann. Trotz der diskursiv zu Tage getretenen Uneinigkeit der Professorenschaft in dieser Frage wurde nach dem Eingang von Denunziationszetteln, mündlichen Denunziationen und Spitzelinformationen unter der Hoheit der Prorektoren (1783/84 war das der Philosoph und Theologe Johann Ludwig Schulze) in praktischer disziplinarpolitischer Absicht umgehend gehandelt und damit gearbeitet. Es stand in der *Praxis* des Universitätsgerichts außer Frage, dass man anonyme Denunziationsschreiben nutzte.

Welche Auswirkungen anonyme Denunziationen haben konnten, hatten die hallischen Professoren parallel selbst erfahren. Sie waren in der Folge einer anonym lancierten Denunziation von der landesherrlichen Obrigkeit mit einer Untersuchung überzogen worden. Im Frühjahr 1784 war in Berlin ein französisch verfasstes, nicht namentlich gekennzeichnetes Schreiben eingegangen, in dem der hallischen Universität Vorhaltungen gemacht wurden. In dem daraufhin verlangten Bericht der Universität erklärten sich die Professoren wie folgt:

> Die gegen das ganze Corpus academicum ungebührlich von dem Anonymo angebrachte Beschuldigung, daß die hiesigen Professores Caravanenweise auf die umliegenden Dörfer, namentlich Riedeburg und Passendorff, zögen, auf daß sie zu denen gehörten, die zur Sommerszeit mehrere Wochen nach einander in dem Sächsischen Städtgen Lauchstadt liegen, ist nach genauer darüber angestellten Untersuchung als eine höchst ungerechte Anklage befunden worden, die der lichtscheue Verfasser des berichts, wenn er seinen Namen zu bekennen sich getrauete nimmermehr zu erweisen im Stande seyn würde.

Die Professoren gingen vielmehr auf die Dörfer zur „Bewegung des Körpers", und nach Lauchstadt „ihrer Gesundheit wegen" in das dortige Bad. Am Ende ihres Berichts ver-

---

[298] GStA PK, I. HA Rep. 52 Magdeburg N Universität Halle – N. 7.: der Studenten Händel und Unordnung, Paket 1744–1783, Nr. 7, Bl. 2–5, die Zitate Bl. 2'–3',

[299] GStA PK, I. HA Rep. 52 N – N. 7.: der Studenten Händel, Paket 1744–1783, Nr. 7, Bl. 3'–4'.

weisen sie kryptisch darauf, dass sie „übrigens im Stande sind, zu aller Zeit den Ungrund der vielfältigen Verläumdungen darzuthun, die sich der Anonymus gegen das ganze Corpus academicum“ erlaubt habe, und sie betrachten diese Anschuldigungen demzufolge „mit der ihnen gebührenden Verachtung“.[300] Was damit konkret gemeint war, bleibt unausgesprochen. Denkbar ist, dass die Denunziation eine Gegenmaßnahme, ein Racheakt von Ordensstudenten auf die in den frühen 1780er Jahren intensive Verfolgung der studentischen Arkangesellschaften gewesen ist. Die Professoren stellten in ihrer Widerlegung die Integrität des Anonymus grundsätzlich in Frage. Im Zuge ihrer administrativen Verpflichtungen und Engagements aber hatten sie in den Jahren zuvor genau solche anonymen Denunziationen genutzt.

[300] UA Halle, Rep. 3, Nr. 685: Acta, die bey s. königl. Majestät immediate von einem Anonymo angebrachte und zum Theil hiesige königl. Universitaet angehende denunciation. betr. 1784, Bl. 5–6', die Zitate Bl. 5', 6 und 6'.

Viertes Kapitel

Die Denunziation überspringt das Milieu – Implikationen des Medienzeitalters nach 1780

I Einsichten und Neuorientierungen

Mitte der 1780er Jahre erreichte die Ordensbewegung der Studenten auf den Universitäten des Alten Reiches einen Höhepunkt, der die Dichotomie in der Lebenswelt der Universitätsstadt zwischen studentischer Freiheit und obrigkeitlichem Normierungswillen deutlicher als je zuvor herausstellte. Die bis in die Zeit um 1780 entwickelten disziplinarpolitischen Elemente hatten nicht ausgereicht, die Waagschale auf die Seite der Obrigkeiten neigen zu lassen: Verbote, Strafandrohungen und die Angebote zur Denunziation hatten bei weitem nicht die intendierten Wirkungen entfaltet. Dies war, wie Gerhard Müller im Blick auf die Jenaer Verhältnisse im Jahr 1784 geschrieben hat, „allen Beteiligten klar“: „Die Landsmannschaften und Studentenorden hatten sich durch die rigide Disziplinargesetzgebung nicht nur nicht eindämmen lassen, sondern wurden einflussreicher denn je. Je weniger die Strafbestimmungen der herzoglichen Mandate ein differenziertes Vorgehen der akademischen Disziplinargewalt erlaubten, desto leichter fiel es ihren Anführern, den Geist des studentischen Komments durchzusetzen.“ Gleichzeitig waren aber auch die Wege, wie die Beseitigung der arkangesellschaftlichen und freiheitlichen Praktiken der Studenten erfolgreich anzustellen wäre, „mehr denn je umstritten“.[1] Die Diskussionen darüber waren in Jena in der Folge eines tödlich verlaufenen Duells (das so genannte Neandersche Duell) sowie der Entdeckung mehrerer Landsmannschaften deutlich zu Tage getreten. Die verschiedenen Standpunkte kristallisierten sich dabei insbesondere an der Frage des milden Umgangs mit Landsmannschaftssenioren heraus – die meisten Professoren sprachen sich gegen eine solche Praxis aus, die Juristenfakultät sowie der Historiker Christian Gottlob Heinrich und der Orientalist Johann Gottfried Eichhorn befürworteten sie in der Weise, dass diese nicht verwiesen werden sollten.[2]

Diese Fronten zeigten sich exemplarisch in einem Gnadengesuch, das sowohl konkret auf das Neandersche Duell als auch generell auf die Arkanszene der Saalestadt bezogen war. Der von Jena relegierte Student Adolph Bernhard Wietfeld wandte sich von Göttingen aus im September 1784 an die Jenaer Universität. Er war nach dem Duell dorthin gegangen. Dies gab seinen Mitstudenten offensichtlich die Möglichkeit, ihm bei der Untersuchung Schuld anzulasten. Wietfeld erhielt jedenfalls eine Relegation auf drei Jahre wegen Zweikampfbeteiligung, Ordensmitgliedschaft und einem Seniorat der Mecklenburgischen Landsmannschaft. In seinem Brief bat er um Gnade, nicht um Gerechtigkeit. Das über zwei Monate dauernde Seniorat gibt er zu, behauptet aber zugleich, dass er sich von der Landsmannschaft losgesagt habe. Die anderen beiden Strafbegründungen weist er zurück – „und daß ich in keinem akademischen Orden bin kann ich mit gutem Gewissen durch einen Eid beweisen“. Außerdem fügt er zwei Zeugnisse bei; eines von dem Theologen Johann Christoph Doederlein und eines von Johann Gottfried Eichhorn, der sich ja zeitgleich im Senat für den positiven Umgang mit Gnadengesuchen ausgespro-

[1] Müller, Vom Regieren zum Gestalten, S. 187 und 210.

[2] Müller, Vom Regieren zum Gestalten, S. 208f.

chen hatte. Daraufhin wandte sich die Jenaer Universität an Carl August und sprach sich gegen das Gewähren des Gesuchs aus, denn bei besagtem Duell sei es ja um die „Entleibung des Studiosi Neanders" gegangen und der Beschuldigte habe dazu als Sekundant entscheidend beigetragen, indem er den bereits am Arm verwundeten Neander sowie dessen Gegner, als diese auseinander gehen wollten, zu einem neuerlichen Waffengang angehalten habe. Daraufhin habe er „die hoechste disciplinarische Strafe" – auch mit dem Ziel der Abschreckung – erhalten. Außerdem befänden sich die Brüder des Getöteten noch in Jena, weshalb man ihn, selbst für eine kurze Zeit, hier nicht haben wolle.[3] Der Herzog antwortete am 5. Oktober, dass die Jenaer Professoren „dem Petitio des Supplicanten zu deferiren erhebliches Bedenken tragen" und verfügte: „Ihr wollet denselben hierauf ein=vor allemahl abschlägig bescheiden."[4]

Der Kampf gegen die Arkangesellschaften war zuvor, im Juni des Jahres, bereits mit den üblichen Verboten und Maßnahmen weitergegangen – darunter auch das Ausloben von 30 Reichstalern Belohnung für Denunzianten von Orden und Landsmannschaften sowie ein Reskriptantrag an die Weimarer Regierung, wonach die Gastwirte fortan keine landsmannschaftlichen Zusammenkünfte mehr dulden sollten. Die disziplinarpolitischen Verhältnisse von 1784 lassen sich zugleich auch über Jena hinaus als Beispiel für die Gesamtsituation der Obrigkeiten zu Beginn der 1780er Jahre lesen: Man nutzte weiterhin Anzeigen, stimulierte Denunziationen. Parallel zu diesem steif anmutenden Vorgehen wurde jedoch versucht, neue Gegenmaßnahmen zu entwickeln. Die Obrigkeiten begannen sukzessive, weitere Handlungskreise in den Blick zu nehmen, die über die engeren Konturen und sozialen Kontexte der Konflikte zwischen ihnen und den Studenten vor Ort hinausgingen. Denn sie hatten begriffen, dass die studentischen Arkangesellschaften eine überlokale Netz- und Handlungsstruktur ausgebildet hatten, die die entsprechenden Verfahren der offiziellen Freimaurerei adaptierte.[5] Nicht einfacher wurde die Sache dadurch, dass die Ordensgesellschaften keinen Zusammenhang insgesamt bildeten, sondern dass aufgrund der inneren Konkurrenz jeder einzelne Orden seine eigene überlokale Organisationsformation aufzubauen suchte.[6] Mit Hilfe des während der Frühen Neuzeit

---

[3] ThHStAW, A 8469: Geheimde Canzley=Acta. Das Gesuch des von Jena relegierten Studiosi Adolph Bernhard Wietfeld aus dem Mecklenburg.$^{\underline{en}}$ um seine Reception, betr. 1784, Bl. 1–2 (der Brief des Studenten vom 5. September 1784 aus Göttingen), 3–4', 5–7 (Zitate Bl. 1', 6).

[4] ThHStAW, A 8469: Das Gesuch des relegierten Studiosi Wietfeld [1784], Bl. 9 (der Entwurf).

[5] Vgl. dazu: Monika Neugebauer-Wölk, Arkanwelten im 18. Jahrhundert. Zur Struktur des Politischen im Kontext von Aufklärung und frühmoderner Staatlichkeit, in: dies. (Hg.), Arkanwelten im politischen Kontext. Hamburg 2003 (Aufklärung. Interdisziplinäres Jahrbuch zur Erforschung des 18. Jahrhunderts und seiner Wirkungsgeschichte 15), S. 7–66; Holger Zaunstöck, Die vernetzte Gesellschaft. Überlegungen zur Kommunikationsgeschichte des 18. Jahrhunderts, in: Berger/Grün (Hg.), Geheime Gesellschaft, S. 147–153.

[6] So bestimmten die Gesetze des *Amicistenordens* etwa unter Punkt 16: „In dieser Versammlung [den Logentreffen des Ordens] ist der Secretair gehalten, Nachrichten von den Logen auf andern Academien zu ertheilen, kurz, von allem, was die Ordensbrüder zu wissen nöthig haben." Abgedruckt in: Etwas über die Studentenorden [1789], S. 385–401, hier S. 393.

reichsweit entwickelten und funktionierenden Systems der Reise- und Kommunikationsmöglichkeiten[7] bewegten sich die Brüder zwischen den Universitäten und Logenstandorten ihrer Orden und sie partizipierten am Boom der Briefkultur[8] – Ordensstudenten schrieben reichlich Briefe. Die Ordensbrüder nutzten die vielfältigen Möglichkeiten der Kommunikationskultur des 18. Jahrhunderts für ihre eigenen Belange. Sie tradierten und stabilisierten damit zugleich die Idee der Akademischen Freiheit überterritorial im Reich: Die Ordenssysteme entwickelten sich zu Trägern studentisch-akademischer Freiheit. Die so entstehenden Kommunikations- und Handlungssysteme strukturierten zugleich einen Reaktionsraum der Orden in Bezug auf die obrigkeitliche Disziplinierungspolitik, der in flexibler Weise nutzbar war.[9] Deshalb wurden von den Obrigkeiten seit Mitte der 1780er Jahre Universitätskartelle in überterritorialer Perspektive initiiert.

---

7 Siehe dazu: Wolfgang Behringer, Bausteine zu einer Geschichte der Kommunikation. Eine Sammelrezension zum Postjubiläum, in: Zeitschrift für Historische Forschung 21 (1994), Heft 1, S. 92–112 sowie insb. ders., Im Zeichen des Merkur. Reichspost und Kommunikationsrevolution in der Frühen Neuzeit. Göttingen 2003 (Veröffentlichungen des Max-Planck-Instituts für Geschichte 189).

8 Eine übergreifende Studie zur Bedeutung des Briefes in der Arkankultur der Studenten liegt bislang nicht vor. Siehe jetzt zur studentischen Briefkultur: Mathias Beer, Migration, Kommunikation und Jugend. Studenten und Kaufmannslehrlinge der Frühen Neuzeit in ihren Briefen, in: Archiv für Kulturgeschichte 88 (2006), S. 355–387; außerdem: Hartmut Zwahr, Junge Gelehrte und ihre Sorgen. Sozialhistorisches aus Briefen von Carl Friedrich Gauss, 1802–1812, und Moritz Wilhelm Drobisch, 1827–1837, in: Wissenschafts- und Universitätsgeschichte in Sachsen im 18. und 19. Jahrhundert. Nationale und internationale Wechselwirkung und Ausstrahlung. Beiträge des internationalen Kolloquiums zum 575. Jahr der Universitätsgründung am 26. und 27. November 1984 in Leipzig. Hg. im Auftrag der Sächsischen Akademie der Wissenschaften zu Leipzig und ihrer Historischen Kommission von Karl Czok. Berlin 1987 (Abhandlungen der Sächsischen Akademie der Wissenschaften zu Leipzig. Philologisch-historische Klasse Band 71 Heft 3, S. 207–216. Allgemein einführend siehe: Robert Vellusig, Schriftliche Gespräche. Briefkultur im 18. Jahrhundert. Wien 2000; Winfried Müller, Die Aufklärung. München 2002 (Enzyklopädie deutscher Geschichte 61), S. 27: „Surrogat der unmittelbaren Begegnung und des lebendigen Dialogs war das Briefgespräch." Zum Brief im Kontext geheimer Vergesellschaftung: Günter Mühlpfordt, Kulturbriefe, Briefschriften, Briefbund. A.J. Penzel – 50 Jahre internationale Kommunikation eines ‚gelehrten Sanscülotten'. Ein Leben in Briefen, in: Alexandru Dutu/Edgar Hösch/Norbert Oellers (Hg.), Brief und Briefwechsel in Mittel- und Osteuropa im 18. und 19. Jahrhundert. Essen 1989 (Studien zur Geschichte der Kulturbeziehungen in Mittel- und Osteuropa VII/1, Brief und Briefwechsel im 18. und 19. Jahrhundert als Quellen der Kulturbeziehungsforschung 1), S. 53–136; ders., Sendschreiben und Geheimkorrespondenz eines radikalen Aufklärers. Der Brief als Kommunikations-, Stil- und Kampfmittel bei Karl Friedrich Bahrdt, in: Wolfgang Kessler/Henryk Rietz/Gert Robel (Hg.), Kulturbeziehungen in Mittel- und Osteuropa im 18. und 19. Jahrhundert. Festschrift für Heinz Ischreyt zum 65. Geburtstag. Berlin 1982 (Studien zur Geschichte der Kulturbeziehungen in Mittel- und Osteuropa 9), S. 107–128.

9 In diesen Kontext gehört auch die in fast allen Statuten studentischer Arkangesellschaften zu findende Verpflichtungsklausel, in Not geratene Brüder zu unterstützen; vgl. beispielsweise die Gesetze des *Unitistenordens* 1786, Artikel 2: „Niemand darf seinem Bruder Beystand u[nd] Hülfe versagen, wenn es in seinen Kräften steht", auch ist in den „Einrichtungen u[nd] Statuten dieses Ordens" in Artikel 10 bestimmt, dass die in der Ordenskasse befindlichen Gelder nur für Rezeptionen und „Unverzüglich aber zur Unterstützung der ohne ihr Verschulden unglücklich" gewordenen „Brüder

II Überterritoriale Initiativen: die Universitätskartelle seit 1783/1784

Seit Beginn der 1780er Jahre begannen die Universitäten nach und nach einer Logik zu folgen, die ihren Handlungsrahmen in der Folge von Einzeluntersuchungen vor Ort mit dem Ziel der Effizienzsteigerung zu erweitern suchte: Das Mittel dazu waren die so genannten Kartelle. In ihnen ging es nicht darum, direkte Denunziationsmaßnahmen und -anregungen in grenzübergreifenden Verfahren zu etablieren, bereits vorhandene innerterritoriale Denunziationsmuster und Anzeigeangebote zu doppeln. Kartelle waren vielmehr gegenseitige Abkommen zwischen den einzelnen Universitäten unter jeweiliger Zustimmung und Rückendeckung der territorialstaatlichen Obrigkeiten, um sich über Untersuchungsergebnisse insbesondere in Bezug auf Ordensuntersuchungen und Duellangelegenheiten zu informieren. Des Weiteren diente dieses Verfahren dem Ziel, entweder (wenn es Indizien dafür gab) die Untersuchung auf andere Universitäten auszuweiten oder den Universitätswechsel von Ordensbrüdern und Duellanten nach einer ausgesprochenen Relegation zu verhindern. Die Kontrakte folgten dabei keinem stereotypen Muster, sondern wurden in ihren konkreten Inhalten ausgehandelt; der Umfang und die Deliktgegenstände des Mitzuteilenden konnten differieren. Im Zentrum aber stand immer der gegenseitige Mitteilungswille, basierend auf der Erkenntnis, dass den Orden, Landsmannschaften und Duellkulturen der Studenten im lokalen Einzelkampf mit den üblichen Repressionsmaßnahmen nicht dauerhaft beizukommen war. Insofern war man bereit, wohl dosierte Einblicke in die eigenen inneren Angelegenheiten zuzulassen. Diese Überlegungen waren in Bezug auf die Arkangesellschaften einigermaßen neu, die Struktur der Kartelle allgemein und deren punktuelle Anwendung auf Duelldelikte waren es dagegen nicht.

Es ist darauf zu verweisen, dass dieses Politikverfahren unmittelbar aus dem Vorgehen der Obrigkeiten gegen die Räuber- und Diebesbanden in der ersten Hälfte bzw. zur Mitte des 18. Jahrhunderts adaptiert wurde; disziplinarische Studentenpolitik und die Verfolgung und Kriminalisierung von Vaganten verschränkten sich so auf einer abstrahierten Gestaltungsebene politischen Handelns.[10] Die Behörden versuchten, dem Problem mit Mitteln der Fahndungstechnik – insbesondere durch die Weiterentwicklung der Effizienz von Räuber- und Diebeslisten – sowie auch durch die daraus resultierende überterritoriale Kommunikation Herr zu werden.[11] Zeitnah zu beobachten ist dies bei-

u[nd] anderer Nothleidenden" verwandt werden (UA Halle, Rep. 5, Nr. 42: Untersuchung wegen Fortdauer des aufgehobenen „Unitisten"-Ordens 1786/1787, Bl. 103, 106'). Siehe dazu auch Hardtwig, Zivilisierung und Politisierung, S. 85.

[10] Vgl. in diesem Kontext auch: Würgler, Verschwiegenheit und Verrat, S. 99; Hüchtker, Das „Räubergesindel" und die Unruhen in der Zeit der Französischen Revolution, S. 173.

[11] Siehe dazu Andreas Blauert/Eva Wiebel, Gauner- und Diebeslisten, Registrieren, Identifizieren und Fahnden im 18. Jahrhundert. Mit einem Repertorium gedruckter südwestdeutscher, schweizerischer und österreichischer Listen sowie einem Faksimile der Schäffer'schen oder Sulzer Liste von 1784.

spielhaft in Sachsen-Weimar-Eisenach an der 1774 erfolgten *Publication des zwischen Weimar und Hessen-Cassel abgeschlossenen Vertrags, die Verfolgung des Diebes- und Räuber-Gesindels in die wechselseitigen Territorien betreffend.*[12]

Darüber hinaus war der Umgang mit Deserteuren ein Bereich, in dem früh interterritoriale Kontrakte geschlossen wurden,[13] in denen es um „reciproque Notification" ging.[14] Die Verfolgung abtrünniger und flüchtiger Soldaten, bei der bereits seit dem letzten Drittel des 17. Jahrhunderts auch bezahlte Anzeigen aus der Bevölkerung eine Rolle spielten,[15] war sozusagen ein klassisches Feld für die Anbahnung und Ausbildung von Kartellstrukturen.[16] Dies lässt sich an den preußischen Aktivitäten ablesen. Hier finden sich eine Reihe entsprechender Beispiele, nicht zuletzt ausgelöst durch die hohen Desertionsraten in der preußischen Armee.[17] Dazu gehörten etwa Vereinbarungen 1726 mit Kursachsen, parallel zu unruhigen Jahren an der hallischen Universität.[18] 1741 erließ die preußische Regierung Edikte, die die Befolgung der bestehenden Desertionskartelle mit Bayern sowie mit Polen und Kursachsen anmahnten.[19] Und die kurhanno-

---

Franfurt a. M. 2001 (Studien zu Policey und Policeywissenschaft); Ralf Brachtendorf, Ein Postkutschenüberfall im Jahre 1781 in der Eifel. Möglichkeiten und Probleme bei der Verfolgung von Straftätern in Kurtrier, in: Unrecht und Recht. Kriminalität und Gesellschaft im Wandel von 1500–2000. Gemeinsame Landesausstellung der rheinland-pfälzischen und saarländischen Archive. Wissenschaftlicher Begleitband. Koblenz 2002, S. 512–526.

[12] Thüringer Universitäts- und Landesbibliothek Jena 2 Jur. XVII, 59 (32).

[13] Zur Desertion im 18. Jahrhundert und der Frühen Neuzeit siehe: Michael Sikora, Disziplin und Desertion. Strukturprobleme militärischer Organisation im 18. Jahrhundert. Berlin 1996 (Historische Forschungen 57); Ralf Pröve, Stehendes Heer und städtische Gesellschaft im 18. Jahrhundert. Göttingen und seine Militärbevölkerung 1713–1756. München 1995 (Beiträge zur Militärgeschichte 47), S. 49–56; Ulrich Bröckling/Michael Sikora, Einleitung, in: dies. (Hg.), Armeen und ihre Deserteure. Vernachlässigte Kapitel einer Militärgeschichte der Neuzeit. Göttingen 1998, S. 7–15 (S. 11: Die „Geschichte der Deserteure" erweist sich auch als „Geschichte der militärischen Überwachungs-, Straf- und Selektionspraktiken"); Michael Sikora, Das 18. Jahrhundert: Die Zeit der Deserteure, in: ebd., S. 86–111; Stefan Kroll, Soldaten im 18. Jahrhundert zwischen Friedensalltag und Kriegserfahrung. Lebenswelten und Kultur in der kursächsischen Armee 1728–1796. Paderborn 2006 (Krieg in der Geschichte 26), S. 503–570.

[14] Cartel Zwischen Sr. Königl. Majestät in Preussen [etc.] Und des Herrn Hertzogen von Würtenberg; UA Halle, Rep. 27, Nr. 1290: Ediktsammlung, Bl. 11.

[15] Pröve, Stehendes Heer, S. 52, 55; siehe auch Sikora, Disziplin und Desertion, S. 115.

[16] Dazu grundlegend: Sikora, Disziplin und Desertion, S. 119–127.

[17] Sikora, Disziplin und Desertion, S. 69ff.; ders., Das 18. Jahrhundert: Die Zeit der Deserteure, S. 87, 90f., 102; Pröve, Stehendes Heer, S. 50.

[18] Patent Wegen Auffhebung Des mit Chur=Sachsen errichteten Cartells, und darauff ergangenen Erläuterungs=Recessus, Die Reciprocirliche Ausliefferung Derer beyderseitigen Deserteurs betreffend in Berlin unter dem 7. August des Jahres [ULB Halle, AB 170393 (86)]; dazu: Sikora, Disziplin und Desertion, S. 124. Siehe auch: Patent, Zur Publication im Lande / Aus der, zwischen Sr. Königlichen Majestät in Preussen, Und des Königs in Pohlen, Als Churfürstl. Durchlaucht. zu Sachsen Errichteten neuen Convention, Oder anderweiten Cartels, Wegen der Desertirenden, und anderer dahin gehöriger Puncte am 26. Dezember 1727 [ULB Halle, AB 170393 (111)].

[19] Vom 4. Dezember bzw. 31. Oktober 1741, ULB Halle, 81 B 706 (22–24a).

versche Regierung, um ein weiteres Beispiel zu nennen, schloss in der ersten Hälfte des 18. Jahrhunderts, insbesondere zwischen 1720 und 1739, 14 Desertionskartelle[20] – ähnlich sind die Gesamtzahlen für Bayern, Kursachsen und Preußen.[21] Die Desertierenden blieben über das gesamte Jahrhundert hinweg ein Kartellgegenstand. So finden sich etwa 1787 das kursächsische Mandat *Wegen der mit Preußen getroffenen Convention die Deserteurs betr.*, sowie der Kontrakt über *Die Beytretung der Fürstl. Anhaltischen Häußer, Cöthen, Bernburg und Dessau* dazu vom 18. Januar bzw. 7. August.[22]

Diese Beispiele für überterritoriale Zusammenarbeit bei der Verfolgung von Räubern, Dieben und Deserteuren sollen veranschaulichen, dass die Politikstruktur des Kartells ein im 18. Jahrhundert übliches Politikmittel gewesen ist und dass seine Anwendung in Bezug auf die Arkangesellschafts- und Duellproblematik keinen innovativen Entwurf zur Folge hat. Hinzu kommt, dass auch in der Universitätspolitik entsprechende Verfahren angewandt worden sind. Ansätze dafür finden sich bereits im 17. Jahrhundert: 1661 beispielsweise bat die Universität Jena die Universitäten in Königsberg, Frankfurt/Oder, Helmstedt, Rostock, Gießen, Tübingen, Straßburg, Erfurt, Altdorf und Rinteln, keine Studenten, die an der Salana wegen Pennalismus relegiert worden waren, aufzunehmen.[23] Ähnliches lässt sich 1694 in Bezug auf Relegierte wegen Duellsachen beobachten.[24] In Preußen war 1702 ein innerterritoriales Verfahren angeordnet worden, wonach wegen Duellsachen relegierte Studenten auf keiner königlich-preußischen Universität „geduldet werden sollen".[25]

In den 1760er Jahren, während der ersten Hochblüte der neuen studentischen Ordensgesellschaften, finden sich schließlich erste Überlegungen und Ansätze, diesbezügliche Kartelle zu initiieren. In Göttingen schlug der Jurist Johann Stephan Pütter 1766 angesichts der dortigen Welle von Ordensaktivitäten vor, die „Rädelsführer der Orden im Zusammenhang mit den Obrigkeiten anderer Universitäten zu verfolgen", was allerdings von der Landesregierung mit Verweis auf den Ruf der Universität in Göttingen abgelehnt wurde – obwohl es bereits 1754 Kartellvereinbahrungen über Relegierte auf

---

20 Pröve, Stehendes Heer, S. 54f.

21 Vgl. Sikora, Disziplin und Desertion, S. 120.

22 ULB Halle, AB 180017 [27] / (25) sowie AB 180017 [28] / (26); siehe auch Sikora, Disziplin und Desertion, S. 121, 124, 126.

23 Mägdefrau, Der Aufstieg und die erste Blüte der Universität Jena in der zweiten Hälfte des 17. Jahrhunderts, S. 160; siehe auch Hofmeister, Rostocker Studentenleben, S. 311.

24 Der preußische Kurfürst Friedrich III. übermittelte unter dem 21. Dezember 1694 nach Halle die Nachricht von einem in Jena ergangenen Duellmandat, verbunden mit dem von dessen Urheber (Johann Georg II., Herzog von Sachsen-Eisenach) ausgehenden Ansinnen, eine Kooperation in Duellangelegenheiten einzugehen, dem der brandenburgische Kurfürst zustimmt; ein in Jena relegierter Student soll folglich „auf Unseren Universitäten nicht aufgenommen noch geduldet werden, und also die straffe Seines Verbrechens mit Nachdruck empfinden"; UA Halle, Rep. 3 Rektorat Nr. 544: Acta Das Duell-Mandat, o.P.; siehe auch Schrader, Geschichte der Friedrichs-Universität zu Halle. Erster Teil, S. 241.

25 Dreyhaupt, Pagus Neletici et Nudzici, Zweytrer Theil, S. 61.

„Regierungsebene" mit Helmstedt und Jena gegeben hatte.[26] Die Begründung für diesen negativen Bescheid zeigt, wie zunehmend wichtig den Einzeluniversitäten im Laufe des 18. Jahrhunderts ihr Ruf im Blick auf die Frequenz gewesen ist, und sie verdeutlicht zugleich, dass die Genese von Kartellen keinesfalls eine selbstverständliche Angelegenheiten gewesen ist, sondern dass diese Politikstruktur mit Zögern und Bedenken übernommen worden ist. In der Überwindung dieser Bedenken, in der Höherstellung der Sachfrage über die Imagefrage liegt das qualitativ Neue dieser Entwicklung.

Der Ausgangspunkt für diese Prozesse ist wohl im Vorgehen der Jenaer Universität 1780 im Zuge der Untersuchung gegen den *Amicistenorden* zu sehen. Wegen der dabei entdeckten überregionalen Verzweigungen hatte sich der Jenaer Prorektor Griesbach im gleichen Jahr an die Universitäten in Erlangen und Halle gewandt.[27] Griesbach berichtete auf der Basis seiner denunziationsskeptischen Einstellung, wonach die Ordensbrüder „lieber Meineide schwören als ihre Mitverbundenen verraten würden",[28] am 22. November 1780 ausführlich über die Jenaer Untersuchung gegen den Orden, den man „zu entdecken so glücklich gewesen" ist. Er teilte mit, dass der Orden seit 1770 nicht nur in Jena und Halle, sondern auch in Tübingen, Gießen und Erlangen aktiv sei. Hierauf gründete Griesbach sein Handeln und die Kontaktaufnahmen; z.B. mit Halle: „so ist uns diese Sache zu wichtig, als daß Wir nicht die Gelegenheit ergreifen sollten, Hochgeehrteste Herren von diesen für Academien allgemein schädlichen Verbindungen" mit dem Ziel zu berichten, diese „aus zu rotten". Das Schreiben enthielt im Anhang die Gesetze des Ordens sowie die Gesetze über die Reception, des Weiteren Ordenszeichen und deren Entschlüsselung, die Pflichten der Ordensmitglieder in den verschiedenen Ämtern, ein aus den in Jena ermittelten Informationen, den „hiesigen Nachrichten" generiertes Mitgliederverzeichnis „Dero Orts welche von Zeit zu Zeit Mitglieder des ordens gewesen" sowie „einen von dem Studioso Meisner in Ordensangelegenheiten an der Magister Juncker anhero [Jena] erlassenen Brief im Original".[29]

Daraufhin wurde in Halle tatsächlich eine Untersuchung gegen den Studenten Meisner eingeleitet, die der amtierende Prorektor Philipp Jakob Heisler zunächst verdeckt durchgeführt hat, wie er Anfang Januar 1781 an seine Kollegen schrieb: „Ich habe diese Nachrichten eine Zeit lang bey mir gantz heimlich gehalten und mich in geheim, ohne einem Menschen mercken zu lassen, warum solches geschehen, erkundiget, ob die in der

[26] Brüdermann, Göttinger Studenten und akademische Gerichtsbarkeit, S. 230, 136.

[27] UA Erlangen, A 3 / 14 Nr. 13: Acta Die in Jena entdeckte neuerliche Ordens Verbindung unter den Namen des Elsässer, oder Oberrhein. Ordens betr. 1780; UA Halle, Rep. 5, Nr. 34: Untersuchung des sogenannten Elsässer- oder Oberrheinischen-Ordens 1780–1781; außerdem Müller, Vom Regieren zum Gestalten, S. 199. Siehe dazu auch das Dritte Kapitel, Abschnitt II.2. Griesbach selbst hat zwanzig Jahre später darauf verwiesen, dass Jena die erste Universität gewesen sei, die angeregt habe, sich die Namen relegierter Studenten mitzuteilen; siehe; Rasche, Umbrüche – Zur Frequenz der Universität Jena, S. 123, Anm. 137.

[28] Müller, Vom Regieren zum Gestalten, S. 197.

[29] Die Zitate: UA Halle, Rep. 5, Nr. 34: Elsässer- oder Oberrheinischer-Orden 1780–1781, Bl. 1/1'. Siehe zu diesem Vorgang auch das Dritte Kapitel, Abschnitt II.2.

Jenaischen Ordensliste benahmte allhiesige Ordensglieder noch in Halle seyen."[30] Das sich anschließende ausführliche Verhör mit Meisner, der seine Mitgliedschaft im *Amicistenorden* zugab, und die Visitation von dessen Stube und seiner Koffer[31] erbrachte tatsächlich eine Reihe von Hinweisen auf die hallische Ordensszene. Hierbei wurde ein Briefkontakt zu einem relegierten Studenten nachgewiesen und insbesondere sein Stammbuch spielte für die Universitätsobrigkeit eine wichtige Rolle, da aus diesem eine ganze Reihe Ordensbrüder herausgefiltert werden konnten.[32]

Dieser, 1783 durch Griesbach wiederholte Impuls[33] hat in Halle Folgen gezeigt. Denn die preußische Universität forcierte weitreichende Kartellbemühungen. Die entsprechende Rektoratsakte umspannt einen Zeitraum von zwei Jahrzehnten bis 1802 und benennt im Titel den Kern des Anliegens: *Acta, das zwischen der hiesigen Universität und denen benachbahrten Academien getroffene Cartel nach welchem die relegierten oder mit dem Consilio abeundi wegen Ordens Verbindungen bestrafte Studiosi, nach geschehener Notification auf keiner dieser Universitäten angenommen, sondern wieder weggeschaft werden sollen.*[34] Hier sind die geführten Kartellanbahnungen und tatsächlichen Kartellverbindungen seit Mitte der 1780er Jahre mit den Universitäten Helmstedt, Jena, Leipzig, Wittenberg, Göttingen, Erlangen, Frankfurt/Oder, Marburg und Gießen doku-

---

30 UA Halle, Rep. 5, Nr. 34: Elsässer- oder Oberrheinischer-Orden 1780–1781, Bl. [23–24', Zitat Bl. 23 – eigentlich o.P.].

31 UA Halle, Rep. 5, Nr. 34: Elsässer- oder Oberrheinischer-Ordens 1780–1781, Bl. 14/14'.

32 UA Halle, Rep. 5, Nr. 34: Elsässer- oder Oberrheinischer-Orden 1780–1781, Bl. 20: Auflistung der Studenten, die in Meisners Stammbuch mit Ordenszeichen eingetragen gewesen sind. Die Stammbücher von Ordensstudenten waren für die Universitätsgerichte wichtige Quellen – dies zeigt sich in den Untersuchungsakten immer wieder. So etwa in Jena: ThHStAW, A 8479: Regierungs=Acta Den wegen verdächtiger Ordens Verbindung mit dem Consilio abeundi bestraften Studiosum, Hummel aus Jena, betr. 1785, 1786, Bl. 2/2': Bericht vom 5. November 1785, der sich auf die Existenz des *Inseparableordens* 1784 bezieht (der im „vorigen Jahr unter einigen Studenten subsistirende Inseparable-Orden"). Der Student Hummel geriet erneut in Untersuchung, weil er Ordensbruder geblieben war und dies in einem Stammbuch eines anderen Studenten, der später relegiert wurde, vermerkt hatte. Besonders in der älteren corpsstudentischen Forschung ist ausgiebig mit Stammbüchern als Quelle für die Rekonstruktion von Ordensmitgliedschaften gearbeitet worden; beispielhaft: Friedrich August Pietzsch, Das Verbindungswesen an der Universität Duisburg. Versuch einer Darstellung an Hand von Stammbüchern Duisburger Studenten, in: Duisburger Forschungen 4 (1961), S. 1–45; sowie in quellenkritischer Perspektive: Ernst Meyer-Camberg, Irrtümer in der Studentengeschichte infolge methodologischer Fehler. An Beispielen der frühen Erlanger Geschichte belegt, in: Einst und Jetzt. Jahrbuch des Vereins für corpsstudentische Geschichtsforschung 12 (1967), S. 158–168; siehe auch Riederer, Aufgeklärte Sozietäten und gesellige Vereine in Jena und Weimar, S. 119f., 165–167, sowie zur Quellengattung einführend: Jörg-Ulrich Fechner, Stammbücher als kulturhistorische Quellen. Einführung und Umriß der Aufgaben, in: ders. (Hg.), Stammbücher als kulturhistorische Quelle. München 1981 (Wolfenbütteler Forschungen 11), S. 7–21 und Werner Wilhelm Schnabel, Das Stammbuch. Konstitution und Geschichte einer textsortenbezogenen Sammelform bis ins erste Drittel des 18. Jahrhunderts. Tübingen 2003 (Frühe Neuzeit 78).

33 Müller, Vom Regieren zum Gestalten, S. 204.

34 UA Halle, Rep. 3, Nr. 586, Cartel 1783 [–1802].

mentiert. Dabei wird ersichtlich, dass die Idee in dieser Zeit an verschiedenen Höfen und Universitäten positiv diskutiert worden ist und dass auch Halle zuvor entsprechende Sondierungen unternommen hat – „nach vorher gegangener privat Correspondenz mit einigen benachbarten Höffen, auch auswärtigen Gelehrten“. Mitauslöser für das Angebot, ein solches Kartell anderen Universitäten „anzutragen“, war zudem ein Ansuchen der Helmstedter Universität, die eine entsprechende Vereinbarung bereits mit Göttingen unterhielt.[35]

Mitte der 1780er Jahre hatte sich angesichts der überall gleichen Probleme mit den mehr als je zuvor expandierenden studentischen Arkangesellschaften insgesamt ein Problembewusstsein dafür Bahn gebrochen, überterritorial und kooperativ gegenhalten zu müssen. Überlegungen zu Kartellen wurden nahezu zeitlich parallel – in Jena, Halle, Helmstedt, Göttingen, Leipzig, Wittenberg – angestellt und in Einzelabkommen umgesetzt.[36] Dieses auf breiter Basis einsetzende Vorgehen war zu diesem Zeitpunkt trotz aller Einsicht noch keine leicht von der Hand gehende Konsensentwicklung. Das Entstehen der Kartelle war gekennzeichnet durch ein Abwägen der Vor- und Nachteile eines solchen Verfahrens. Wie man sich dabei im Kreise drehen konnte, zeigt die zwischen den Erhalterstaaten und mit dem Senat der Jenaer Universität geführte Diskussion. Bei dieser hatte sich herausgestellt, dass im Prinzip jede Verhaltensvariante dem Ruf der Salana schaden konnte: Man befürchtete, dass im Akzeptanzfall der Ruf leiden könne, da man zugäbe, in Jena wären Landsmannschaften und Orden aktiv. Andere Universitäten könnten zudem möglicherweise einseitig von den Kontrakten profitieren, weshalb die Vereinbarungen dazu nutzbar wären, Jena im Wettbewerb der Universitäten Nachteile zu verschaffen. Andererseits konnte es aber genauso rufschädigend sein, den Kartellangeboten, die an Jena herangetragen wurden, nicht Folge zu leisten. Ein Fernbleiben von sich abzeichnenden Vereinbarungen zwischen verschiedenen Universitäten – auch über Mitteldeutschland hinaus – könne Jena schließlich zu einem Sammelbecken für Relegierte werden lassen.[37]

Letztlich setzte sich der Kartellgedanke übergreifend durch. Dies kann man neben dem preußischen Halle sowie den nah beieinander liegenden Universitäten in Helmstedt und Göttingen ebenso für Kursachsen beobachten, das sich im Laufe der beiden folgenden Jahrzehnte bis ins beginnende 19. Jahrhundert hinein nach und nach zu einem stabilen Knotenpunkt im sich verdichtenden Kartellnetz der Universitäten entwickelte.[38] Aufgrund der Existenz zweier Landesuniversitäten war man hier bereits an entsprechende gegenseitige innerterritoriale Informationsverfahren gewöhnt. So wurden beispiels-

[35] UA Halle, Rep. 3, Nr. 586, Cartel 1783 [–1802], Bl. 1/1', Zitate Bl. 1'. Siehe auch: Jörg Meidenbauer, Aufklärung und Öffentlichkeit. Studien zu den Anfängen der Vereins- und Meinungsbildung in Hessen-Kassel 1770 bis 1806. Darmstadt/Marburg 1991 (Quellen und Forschungen zur hessischen Geschichte 82), S. 444.

[36] Siehe auch Brüdermann, Göttinger Studenten und akademische Gerichtsbarkeit, S. 137.

[37] Siehe dazu detailliert: Müller, Vom Regieren zum Gestalten, S. 204–207.

[38] Siehe dazu das Schlusskapitel.

weise im August 1733 von Leipzig aus dort relegierte Studenten nach Wittenberg mit der Aufforderung gemeldet, die dazugehörigen Relegationspatente „bey Ihnen, gehöriges Orts affigiren [zu] lassen“ und „gedachten Berger [ein relegierter Student aus Leipzig] gleichfalls von Ihrer Universität relegirt seyn [zu] lassen“.[39]
Im Zuge der überterritorialen Initiativen sind in Kursachsen Kartelle mit Halle, Jena, Göttingen und Marburg zustande gekommen (1784, 1785 und 1789).[40] Ein wichtiger Auslöser dafür war ein Schreiben vom 15. Dezember 1783 aus Halle, das in den Akten der Dresdner Zentrale in einem Extract überliefert ist. Hierin wird der unakzeptable Ist-Zustand – auch anhand des flexiblen und netzwerkartigen Handelns der Orden – beschrieben und für die Struktur gegenseitiger Kartelle geworben:

> Es haben alle vordachte deutsche Universitäten die traurige Erfahrung gemacht, daß die sogenannte lüderlichen Ordens=Verbindungen der jungen Studirenden auf Universitäten, sehr vielen Schaden nach sich gezogen, und die jungen Leute nur mehr in Unordnungen, Unfleis, thörichte Verschwendung und gefährliche Schlägereyen verwickelt haben.

Zwar hätten sich die Universitäten Leipzig und Halle immer schon wachsam gegen die Orden gegeben,

> allein wir haben zugleich bemercken müssen, sobald wir die Schläger und Friedens Stöhrer welche zu dergleichen Ordens=Verbindungen gehörten, entweder mit Relegation oder wenn keine juristische Beweise da waren, mit dem Consilio abeundi fortschaften;[41] solche sich als dann auf einer der Churfürstl. Sächs. oder Churbraunschweig. oder Herzogl. Sächs. und Braunschweig. Universitäten, die in der Nähe waren begeben, und da die Ordens=Verbindungen von neuem eingeführet und ausgebreitet, und einen von Ihren neuen Ordens Brüdern wieder auf unsere hallische Universität abgeschicket haben, um da den Orden sogleich wieder zu erneuern.

In Preußen müssten sich jetzt deshalb alle Universitäten „hülfreiche Hand leisten“, und die „Relegatos“ oder mit dem „Consilio abeundi“ Bestraften gegenseitig melden. In diese Verbindungen sei auch die Universität zu Helmstedt eingetreten, und Göttingen sei „auf Requisition“ einverstanden. Neuerlich relegierte Ordensbrüder hätten sich nun aber von Halle auf die Universitäten in Leipzig und Wittenberg oder zumindest in die nah gelegenen kursächsischen Dörfer begeben und die „zerstörten Ordens erneuert“. Nach der sich anschließenden Nennung von konkreten Angaben zu Duellen u.a. in Reideburg im Stift Merseburg und der dabei involvierten Studenten und Orden (*Unitisten* und *Konstantisten*) sowie dem Hinweis auf das Versteck eines Ordenseniors („Baron von Döbschutz“) beim Förster im kursächsischen Dorf Neuhäusel zwischen Halle und Dessau

---

[39] UA Halle, Rep. 1 (Wittenberg), Nr. 1892–1893: Acta Die von der Universität zu Leipzig relegirte Studiosos betr. 2 Vol. [1729–1741 / 1808–1814], hier Vol. I (1892), Bl. 7'.

[40] SHStA, 10026 Geheimes Kabinett, Generalia, Loc. 30157, Loc. 553 / 7: Acta Das Verbot der Ordensverbindungen und Verbrüderungen auf den Universitäten (und sonst) betr. 1792–1801, Bl. 14–16.

[41] Diese Überlegung wird auch am Ende des Jahrhunderts (1797) in einem Bericht an Woellner durch die hallischen Professoren vorgeschlagen; GStA PK, I. HA Rep. 76 alt II B, Nr. 11 (A. Generalia), Vol. II von 1792–1798, Bl. 144.

folgt die abschließende Feststellung, dass dieses Übel „eines baldigen Steuerns" bedürfe.[42]

Aus der sich anschließenden Korrespondenz zwischen dem Kurfürsten und der Universität Leipzig im Januar 1784 geht hervor, dass die Universität Halle auf der Suche nach einigen Studenten wegen eines Duells am 6. September 1783 bereits am 15. des Monats einen Steckbrief nach Leipzig geschickt hatte. Die Leipziger Universität sprach sich generell für das Errichten der vorgeschlagenen Kartelle als „heilsames" Mittel aus. Zugleich untermauerte sie diese Einstellung mit dem Verweis auf ein 1754 vom Kurfürsten erlassenes Mandat, wonach die drei kursächsischen Landesschulen die Namen „derjenigen Alumnorum", die wegen Vergehen die Schulen verlassen mussten oder gar exkludiert worden waren, an die beiden Universitäten in Leipzig und Wittenberg zu melden hätten. Gleichwohl sei dies nicht immer umgesetzt worden („nicht allemal beobachtet worden") und man habe zuletzt gerade diesbezüglich Probleme mit der Schule in Meißen gehabt.[43]

Der Kurfürst reagierte in Bezug auf die Universitätskartelle positiv, was sich an den zustande gekommenen Leipziger Abkommen und aus der diesbezüglichen Kommunikation mit der Leucorea ablesen lässt. Parallel hatte sich die Universität Halle nämlich auch an die Universität Wittenberg gewandt, diese wiederum berichtete über das Gesuch am 12. Januar 1784 nach Dresden. Die ausführliche Reaktion aus Dresden vom 4. Februar ordnete darauf die Überwachung der bereits in Wittenberg inskribierten und aus Halle wegen Ordenssachen geflohenen Studenten von Dobschütz und Nicaeus an („ein wachsames Auge zu haben"), und verfügte außerdem eine Kartellvereinbahrung zur Nennung und Nichtaufnahme von Relegierten oder mit dem consilium abeundi Bestraften mit den Universitäten Halle, Göttingen und Jena.[44]

Das kursächsische Beispiel verdeutlicht die innere Struktur der Kartellbildungsprozesse: Die Anbahnungen gründeten auf konkreten Ereignissen im Milieu der studentischen Arkangesellschaften und den sich anschließenden Einzeluntersuchungen vor Ort, sie rekurrierten auf die Erfahrungen mit den Verhaltensweisen der Studenten wie Flucht oder Universitätswechsel und sie waren deshalb überterritorial ausgerichtet. In den beiden großen Flächenstaaten Kursachsen und Preußen gründeten sie außerdem auf entsprechenden Erfahrungen mit innerterritorialen Meldeverfahren. Ihrem Charakter nach waren die Kartelle *Reaktionen* auf Entwicklungen und Verhaltensweisen der Studenten und ihrer Geheimgesellschaften, die auf der Tatsache fußten, dass alle zuvor angewandten obrigkeitlichen Maßnahmen nur bedingt, und wenn, dann kurzfristig gewirkt, langfristig aber keine Nachhaltigkeit entfaltet hatten. Ihr Ziel war die konsequen-

[42] SHStA, 10088, Spezialia, 4.) Burschenschaft, Loc. 1781: Acta Die Ordens=Verbindungen der Studenten, Vol. I, Bl. 1–2'.

[43] SHStA, 10088, Spezialia, 4.) Burschenschaft, Loc. 1781: Acta Die Ordens=Verbindungen der Studenten, Vol. I, Bl. 5–11' (hier Bl. 6/6' und 10–10').

[44] SHStA, 10088, Spezialia, 4.) Burschenschaft, Loc. 1781: Acta Die Ordens=Verbindungen der Studenten, Vol. I, Bl. 24–25' sowie 26–28' (hier 26').

te Exklusion der Problemstudenten, der Aktivisten und Agitatoren Akademischer Freiheit aus dem Universitätsleben: Die Kartelle „sollten vor allem solche Studenten von der Universität entfernen, die als Organisatoren und Anführer verbotener Verbindungen oder als notorische Schläger verhaltensauffällig wurden, deren Zuzug als ‚Veteran' unterbinden und das transuniversitäre Netzwerk der Orden und Landsmannschaften lahmlegen."[45] Die Universitäten versuchten damit zugleich, den Untersuchungen, die auf der Basis von inneruniversitären Denunziations- und Entdeckungsmechanismen geführt worden waren, eine über den Moment hinausreichende Wirkung zu verleihen. Durch die Kartellstrukturen sollte das disziplinarische Gefüge verdichtet, den Denunziationen und Anzeigen Nachhaltigkeit verliehen und ein Wiederaufkeimen des gerade Zerstörten verhindert werden. Die Kartelle stellen den erneuten Versuch der Obrigkeiten dar, das Heft des Handelns in die Hände zu bekommen.

III Die Universitätsstadt als Denunziationsraum

Im Zuge einer Untersuchung gegen die *Unitisten* und *Konstantisten* hatte die Universität Jena im Herbst 1785 das Stammbuch eines Studenten nach Halle übersandt, in dem sich „offenbahr Spuren eines Ordens" gefunden hatten. Dies betraf den hallischen Studenten Schmidecke, der sich darin als Konstantist zu erkennen gab. Im Namen Friedrichs II. wandte sich die preußische Regierung am 17. November 1785 an das Konsistorium in Pommern, um den offensichtlich dort befindlichen Theologiestudenten zu vernehmen und „ihn anzuhalten, seine noch auf der Universitaet befindliche Ordens Brüder, den Endzweck der Verbrüderung, und den Inhalt der Ordens Statuten, auch den Versammlungs = Ort der Mitglieder auf das genaueste anzuzeigen".[46] Dieser Vorgang zeigt exemplarisch, wie die über die Kartelle mitgeteilten Informationen vor Ort Wirkungen nach sich zogen, und er macht deutlich, wie sehr die hallische Universitätsobrigkeit nach wie vor auf jede Information zur weiterhin blühenden studentischen Arkanszene in der Stadt angewiesen war. Zu diesem Zeitpunkt waren sich die preußischen Obrigkeiten endgültig der Tatsache bewusst geworden, dass sie die Orden nicht in den Griff bekommen hatten.[47] Deshalb war es nötig, die überterritorialen Kartellinitiativen mit der Weiterentwicklung lokaler Maßnahmen zu flankieren.

Aus dieser Situation heraus wurde in Halle zum Jahreswechsel 1785/86 ein sozial weitreichendes Denunziationsangebot erlassen, das allgemeine Bestimmungen aus einzelnen älteren Edikten aufnahm („iedermänniglich"[48]) und über diese hinausging: Allen

---

45 Müller, Vom Regieren zum Gestalten, S. 209.

46 UA Halle, Rep. 5, Nr. 39: Aufhebung der hiesigen Ordens-Verbindungen 1785–1786, Bl. 3.

47 Mainka, Karl Abraham von Zedlitz und Leipe, S. 461.

48 So für Jena 1767; ThHStAW, A 8384, Regierungs=Acta Ordens Verbindungen [1767–1792], Bl. 4'/5; ähnlich bereits 1706 in Kursachsen; UA Leipzig, GA VI 3, Bl. 113' (§ 52).

Bürgern und Einwohnern Halles, auch den nichtakademischen, wurde bekannt gemacht und ermöglicht, Denunziationen unter Erwartung einer Belohnung und mit der Zusage auf Anonymität bei der Universitätsobrigkeit anzubringen. Die Studenten erfuhren davon durch einen ausführlichen Aushang gegen die Orden im Dezember 1785 – die Stadtbürger wurden darüber durch den wortgleichen Abdruck der darin enthaltenen Denunziationspassage in den *Wöchentlichen Hallischen Nachrichten*, dem Intelligenzblatt der Stadt,[49] am 9. Januar 1786 unterrichtet:

> Demnach auf hiesiger Universität verschiedene sogenannte Ordensverbindungen, insbesondere unter dem Nahmen der Constantisten, Unitisten, Defensionisten, Inviolabilisten und dergleichen, unter den Studirenden, aller bisherigen ernstlichen Warnungen und Verbothe ohngeachtet, noch immer im Verborgenen im Schwange sind; Se. Königl. Majestät von Preussen unser allergnädigster König und Herr aber diesem Unwesen mit allem Nachdruck gesteuert, und dergleichen Verbindungen gänzlich ausgerottet wissen wollen, zu diesem Ende auch Allerhöchstdieselben um solchen schädlichen Verbindungen desto eher auf die Spuhr zu kommen, Dero hiesigen Universität anzubefehlen geruhet, jedem Denuncianten eines solchen akademischen Ordensbruders (der Denunciant mag selbst Student, Bürger oder Aufwärter seyn) fals seine Anzeige richtig befunden werden solte, außer völliger Verschweigung seines Nahmens, eine Belohnung von 10 Thalern zu reichen, als wird solches hierdurch zu jedermanns Wissenschaft öffentlich bekannt gemacht. Halle den 12 December 1785.[50]

---

[49] Siehe in diesem Kontext auch: Hubertus Büschel, Untertanenliebe. Der Kult um deutsche Monarchen 1770–1830. Göttingen 2006 (Veröffentlichungen des Max-Planck-Instituts für Geschichte 220), S. 298–300 („Intelligenzblätter und Denunziationen"); Thomas Kempf, Aufklärung als Disziplinierung. Studien zum Diskurs des Wissens in Intelligenzblättern und gelehrten Beilagen der zweiten Hälfte des 18. Jahrhunderts. München 1991 (Cursus 2); Lothar Schilling, Policey und Druckmedien im 18. Jahrhundert. Das Intelligenzblatt als Medium policeylicher Kommunikation, in: Karl Härter (Hg.), Policey und frühneuzeitliche Gesellschaft. Frankfurt a.M. 2000 (Ius Commune, Studien zur Europäischen Rechtsgeschichte 129). S. 413–452. Zu den Intelligenzblättern einführend: Holger Böning, Das Intelligenzblatt, in: Ernst Fischert/Wilhelm Haefs/York-Gothart Mix (Hg.), Von Almanach bis Zeitung. Ein Handbuch der Medien in Deutschland 1700–1800, München 1999, S. 89–104; ders. Die preußischen Intelligenzblätter, in: Bernd Sösemann (Hg.), Kommunikation und Medien in Preußen vom 16. bis zum 19. Jahrhundert. Stuttgart 2002 (Beiträge zur Kommunikationsgeschichte 12), S. 207–238.

[50] *Wöchentliche Hallische Anzeigen* vom 9. Januar 1786, 16 (ULB Halle, Ng 3002, 1786/87); siehe auch: König, Aus zwei Jahrhunderten, S. 94f.; Kathe, Die hallische Studentenschaft zur Zeit Friedrichs des Großen, S. 141. In den Universitätsakten ist der Vorgang zu greifen in: UA Halle, Rep. 3, Nr. 39: Aufhebung der hiesigen Ordens-Verbindungen 1785–1786, Bl. 4–5' (der handschriftliche Entwurf, Bl. 5' die Denunziationspassage) sowie Bl. 6–9' (ein Exemplar der *Wöchentlichen Hallischen Anzeigen*). Parallel wurde auch in Frankfurt/Oder Denunzianten Anonymität zugesichert und ein Teil der Strafgelder als Lohn in Aussicht gestellt, wobei Zedlitz auch auf die – aus gegenseitigen Konflikten resultierende – Denunziationsbereitschaft von Ordensbrüdern hoffte; Mainka, Karl Abraham von Zedlitz und Leipe, S. 462f. sowie Golinski, Die Studentenverbindungen in Frankfurt/O., S. 63; überhaupt finden sich in Golinskis Arbeit mehrere Hinweise auf Anzeigen und Denunziationen (S. 61, 75, 78, 84, 90, 92f.). Auch in Jena ist 1786 – erneut – über Denunziationsprämien nachgedacht worden; Wilson, Das Goethe-Tabu, S. 180f.

Die Aufforderung provozierte eine unmittelbare Reaktion. Am 19. Dezember 1785 reagierte Zedlitz mit einem Reskript auf eine erfolgte und nach Berlin gemeldete anonyme, allerdings nicht überlieferte Denunziation gegen den *Unitistenorden*.[51] Als Reaktion darauf wiederum erreichte Prorektor Förster das Schreiben eines anonym bleibenden Unitisten, der seinen Orden darin offensiv verteidigte, und dem die Gesetze der Geheimgesellschaft beigegeben waren. Förster gab diesen Brief in einer „Privat Nachricht" am 31. Dezember 1785 nach Berlin weiter. Daraus wird ersichtlich, dass der Unitist den unter Studenten eingeübten, verdeckten Weg der Übermittlung nutzte: Förster hielt oben auf der ersten Seite des Originals fest: „durch einen Unbekannten in mein Haus geschickt".[52] Und an Zedlitz schrieb er, dass ihm das Schriftstück von einem ihm „ganz unbekanten des Abends überschickt worden ist" und dass er damit „gar nichts anfangen kann". Allerdings würde darin behauptet, dass die „vornehmsten unserer Studenten in dieser Verbindung wären". Zur aktuellen Situation in Halle schreibt der Prorektor unter indirekter Berufung auf das Hörensagen in der Stadt: „Allgemein wurde bald nach dem Aushange gesagt: die Ordensbrüder wollten den Orden aufheben und die Zeichen u s. w. mir überschicken". Wie er aber „höre, fürchten sie sich gar sehr vor der Strafe".[53]

Jenseits dieses unmittelbaren Vorgangs aber hatte das erweiterte öffentliche Vorgehen zur Anregung von Denunziationen keinen wirklichen Erfolg. Dies bezeugen die Akten des Universitätsgerichts in Halle. Denn die nächst folgende Untersuchung gegen eine arkane Studentengesellschaft, die durch Denunziationen ausgelöst wurde, kam erst – ein ganzes Jahr später – im Dezember 1786 zustande. Die erfolgreiche Zersetzung des ordensgesellschaftlichen Milieus mit Hilfe honorierter Denunziationen jedenfalls gelang nicht. Vordergründig schien dagegen eher ein Mittel Erfolg versprechend zu sein, das Zedlitz im Laufe der Untersuchung gegen die *Unitisten* zu Beginn des Jahres 1786 (Reskript vom 26. Januar/3. Februar) eingeführt und legitimiert hatte: die Möglichkeit zur Selbstanzeige und zur Auslieferung der Ordensutensilien. Dass dieses umso effektiver sein würde, wenn man ihnen zugleich „pardonnirt",[54] darauf hatte bereits Prorektor Förster in seinem Schreiben hingewiesen. Die Möglichkeit zur Auflösung der Orden durch Selbstanzeige, die mit der Aussicht auf Straffreiheit verbunden war, wurde den Studenten in einem Aushang bekanntgemacht.[55] In einer weiteren Privatnachricht des hallischen

---

[51] GStA PK, I. HA Rep. 76 alt II B, Nr. 10 (A. Generalia), Vol. I von 1772–1789, Bl. 39, 40 (es ist die „bestmöglichste Vorkehrung zu treffen, damit so wohl die Statuten als die Mitglieder des Bundes ergriffen werden mögen") sowie Bl. 49. Siehe dazu auch das Dritte Kapitel, Abschnitt IV.2 (die aus einer anonymen Denunziation resultierende Observation Friedrich Albrecht Carl Grens).

[52] GStA PK, I. HA Rep. 76 alt II B, Nr. 10 (A. Generalia), Vol. I von 1772–1789, Bl. 56–67.

[53] GStA PK, I. HA Rep. 76 alt II B, Nr. 10 (A. Generalia), Vol. I von 1772–1789, Bl. 55.

[54] GStA PK, I. HA Rep. 76 alt II B, Nr. 10 (A. Generalia), Vol. I von 1772–1789, Bl. 55.

[55] Mainka, Karl Abraham von Zedlitz und Leipe, S. 461; UA Halle, Rep. 5, Nr. 39: Aufhebung der hiesigen Ordens-Verbindungen 1785–1786, Bl. 10–17 sowie die handschriftliche Notiz von Zedlitz vom 20. Januar 1786 dazu: GStA PK, I. HA Rep. 76 alt II B, Nr. 10 (A. Generalia), Vol. I von 1772–1789, Bl. 49 sowie ebd. das Reskript auf Bl. 68 vom 26. Januar.

Prorektors vom 11. Februar 1786 schreibt dieser dann zur Wirkung der Maßnahme an Zedlitz:

> Die angekündigte amnestie wegen der Orden ist von gar vortreflicher Wirkung, mehrere, die aber von keinem Orden seyn wollen, entrichten bey ihren in dieser Absicht verdächtigen Freunden, dass sie ihre Verbindung aufgeben möchten mit einem Fleiße, welchen ich nicht erhoft hätte. Von den Unitisten habe ich wieder einige Nachricht; und sie sind entschlossen ihre ganze Verbindung aufzugeben.

Trotz des Försterschen Jubels und seiner eindeutigen Hinweise darauf, dass er gut über die Kommunikationen in der Ordenszene unterrichtet war, konnte seine Nachricht nicht verschleiern, dass es noch zu keinen Entsagungen und Selbstauflösungen im großen Stil gekommen war. Die Studenten wollten offenbar so sicher wie möglich aus der Sache herauskommen und die Dinge nach *ihren* Vorstellungen regeln. Denn Förster berichtet weiter, wie die Studenten die Lage sehen und übermittelt an Zedlitz de facto die studentischen Bedingungen: Zunächst wurden Bedenken der Studenten formuliert, ob sie wirklich „von aller Strafe frey wären" – sie trauten der obrigkeitlichen Zusage nicht (so „feyerlich ihnen dies zugesagt worden" sei) und es scheint so, dass „einige Leute diese Furcht in ihnen befördern". Deshalb „wünschten" die Studenten „Niemanden ihre Nahmen bekannt zu machen, als blos mir [Förster] und dem Directori [Daniel Nettelbladt]". Außerdem möchten sie „verschont werden, ihre Formalitaeten bekannt zu machen", „Geseze und insignien würden sie extradiren". Förster merkt dazu an, dass er nicht wisse, ob man mit „diesen Leuten ordentlich capituliren solle", denn „sonst wird doch der Zweck sehr erschwert". Förster formulierte also Bedenken, ob man die Bedingungen, die die Studenten stellen, akzeptieren solle, da sonst der disziplinarische Sieg nicht auf der Seite der Universitätsobrigkeit liegen würde.

Darauf aber ging Zedlitz nicht ein. Er dekretierte handschriftlich, direkt auf dem Försterschen Schreiben, dass den Ordensbrüdern öffentlich bekannt zu machen sei, dass ihnen keine weitere Inquisition und Strafe drohe, wenn sie die Auflösung ihrer Verbindung „beweisen" würden. Ferner sei das Oberkuratorium zufrieden, wenn sie ihre Namen nur Förster und Nettelbladt nennen würden, auch müssten sie nicht ihre Formalitäten bekannt machen, allerdings sollten sie verpflichtet werden, die Gesetze und Insignien auszuliefern.[56] Zedlitz hatte also den Forderungen der Studenten nahezu vollständig entsprochen. Dem Angebot folgten tatsächlich der *Unitistenorden* und der *Konstantistenorden* Ende Februar bzw. Mitte März 1786, und lösten sich selbst formal auf.[57]

Allerdings war dies nur ein trügerischer Erfolg. Denn die Studenten hielten sich nicht dauerhaft an ihre Entsagung. Vielmehr scheint es so, dass sie die ihnen gegebene Möglichkeit nutzten, um für den Moment eine Beruhigung der Situation herzustellen, mittelfristig jedoch die Ordensaktivitäten wieder aufzunehmen. Denn mit der eben genannten Denunziation vom Dezember 1786 wurde der Universität vor Augen geführt, dass der

---

[56] GStA PK, I. HA Rep. 76 alt II B, Nr. 10 (A. Generalia), Vol. I von 1772–1789, Bl. 69f., alle Zitate Bl. 69.

[57] Mainka, Karl Abraham von Zedlitz und Leipe, S. 462.

Unitistenorden an der Fridericiana weiter Bestand hatte. Diese hatte zum Inhalt, dass der Orden am 1. Dezember in Reideburg neue Brüder rezipiert habe bzw. darum werben würde.[58] Nicht nur dies wurde bekannt: Der jetzt vom Universitätsgericht bezeichnenderweise als „Ex-Unitisten" titulierte Orden hatte seine Mitglieder unterdessen gänzlich vom zu leistenden Anti-Ordenseid[59] befreit:

> Es sollen die Ex-Unitisten sich wirklich verbinden, die Eide, welche Ihnen die Obrigkeit in Ordens Sachen verlegt, für gar nicht bindend zu halten. Deshalb Sie auch, so ofte sie vermuthen, daß Sie sollen oder könten von der Obrigkeit befraget werden, ob Sie Ex-Unitisten Ordensbrüder wären, jedesmahl solche Ordensbrüder aus dem Orden auf eine zeitlang entlassen, und Sie ihres Eides auf so lange entlassen.[60]

Zusammenfassend ist also festzuhalten: Die Ordensstudenten nahmen die Selbstanzeigen und Entsagungen nur temporär ernst bzw. benutzten diese gezielt, um eine angespannte Situation wie im Winter 1785/1786 zu deeskalieren. Zudem reagierten die Orden auf die erneuerten und veränderten Disziplinierungsmaßnahmen und Angebote der Obrigkeit strukturell: Sie ermöglichten ihren Mitgliedern ein flexibles Vorgehen vor Gericht durch die Entbindung vom Ordenseid für die Zeit der Verhöre. Auf die weitere Ausdifferenzierung der obrigkeitlichen Politik reagierten die Ordensstudenten also flexibel und praxisorientiert. Darüber hinaus verweigerten die gesamte Studentenschaft und offensichtlich auch die Stadtbürger weitgehend die denunziatorische Mitarbeit. Ob, und wenn ja, wen man wann und wie denunzierte bzw. anzeigte, ließen sich die Studenten – und Stadtbewohner – nicht vorschreiben. Stattdessen begannen die Studenten in den 1780er Jahren zunehmend, die Möglichkeiten zu nutzen, die ihnen die printmediale Öffentlichkeit überlokal bot.

IV Printmedien als Waffe, oder: der gedruckte Tumult

Der vergleichende Blick auf den Alltag in den Universitätsstädten des 18. Jahrhunderts hat gezeigt, dass sich an allen Universitäten Orden und Landsmannschaften, Tumulte,

---

[58] UA Halle, Rep. 5, Nr. 42: Untersuchung wegen Fortdauer des aufgehobenen „Unitisten"-Ordens 1786/1787, Bl. 1; siehe dazu auch das Dritte Kapitel, Abschnitt IV.2 und das Fünfte Kapitel, Abschnitt II.

[59] In Halle war dieser wenige Jahre zuvor erneuert worden; UA Halle, Rep. 5, Nr. 37: Untersuchung und Aufhebung des sogenannten „Constantisten"-Ordens. 1781, Bl. 15'. Zu Anti-Ordenseiden siehe auch das Zweite Kapitel, Abschnitt II; exemplarisch seien an dieser Stelle genannt: Göttingen 1762 (Brüdermann, Göttinger Studenten und akademische Gerichtsbarkeit im 18. Jahrhundert, S. 229); Jena 1767 (ThHStAW, A 8384, Regierungs=Acta 1767, 1788, 1789, Bl. 2', 3 und Götze, Die Jenaer akademischen Logen und Studentenorden, S. 151f. und insb. 158f.); Erlangen 1779 (Schroeder, „Seine Hauptbeschäftigung war Schwelgen und alle Gelage besuchen", S. 34).

[60] UA Halle, Rep. 5, Nr. 42: Untersuchung wegen Fortdauer des aufgehobenen „Unitisten"-Ordens 1786/1787, Bl. 1.

Exzesse, Händel sowie Duelle finden, die auf den Vorstellungen der Akademischen Freiheit gründeten. Insofern erscheinen die seit dem 18. Jahrhundert immer wieder auftauchenden Beschreibungen, wonach ‚der Student' beispielsweise in Leipzig galant, in Jena rauflustig, in Halle gottergeben und in Wittenberg freundschaftlich gesinnt, aber arm gewesen sei,[61] als verklärend. Mit ihnen wurden Stereotype produziert, die sich in einer reichsweiten Studentengesellschaft, die durch zunehmende Vernetzung und steigende Mobilität immer näher zusammenrückte, gut weitererzählen und in Stammbüchern visualisieren ließen. Die Gerichtsakten sprechen eine andere Sprache: die habituellen und – exzessiven Performanzen der Studenten waren überall dieselben. Die Obrigkeiten sahen sich also in verschiedenen Universitätsstädten mit den gleichen Herausforderungen konfrontiert. Darauf mussten sie sich einstellen und entsprechend reagieren. Die auf Lokaluntersuchungen basierenden Universitätskartelle waren ein sichtbares Zeichen dafür. Parallel dazu begannen die Studenten, sich und ihre Freiheitsideale auf dem reichsweit zugänglichen Markt der Printmedien zu präsentieren und zu positionieren. Sie erschlossen sich damit ein neues wirkungsvolles Aktionsfeld.

IV.1 Das Medienzeitalter erreicht die Konfliktmechanismen Akademischer Freiheit

Das 18. Jahrhundert war ein Jahrhundert der Kommunikation. In der Verschmelzung kommunikationstechnischer und -kultureller Entwicklungen bildeten sich die Mechanismen der modernen Informationsgesellschaft heraus. Die Zahl der täglich zirkulierenden Informationen, Nachrichten und Geschichten wuchs beständig an. Das Neue wurde zum Objekt der Begierde. Damit einhergehend entstand „erstmals ein allgemeines Bewußtsein von der Macht und der gesellschaftsverändernden Wirkung von Medien".[62] Je nach dem, *wie* eine Information interpretiert, eine Geschichte erzählt wurde, konnte die Wahrnehmung der Wirklichkeit bei den Empfängern beeinflusst werden. Ereignisse eröffnen verschiedene Interpretationsmöglichkeiten – entscheidend sind die Interessen und Perspektiven, aus denen heraus sie erzählt werden. Man konnte an ein unbestimmtes, anonym bleibendes, jedoch potenziell großes Publikum die eigenen Anliegen vermitteln. Dieser Mechanismus war auch den Studenten bewusst und sie setzen ihn mit dem Ziel ein, ihre eigenen kulturellen Praktiken, Vorstellungen und Handlungsweisen offensiv darzustellen und zu verteidigen. Die Akademische Freiheit betrat die Bühne der Medienwelt.

---

[61] Vgl. dazu beispielsweise das berühmte Stammbuchblatt von 1775, das die Studentenmentalitäten der mitteldeutschen Universitäten zeigt – es findet sich in einer großen Zahl von Publikationen abgebildet, beispielsweise in: Emporium. 500 Jahre Universität Halle-Wittenberg. Landesausstellung Sachsen–Anhalt 2002. Hg. v. Gunnar Berg/Thomas Bremer/Heinrich Dilly/Hermann-Josef Rupieper/Marianne Schröter/Udo Sträter/Claudia Wagner. Halle 2002, S. 349; siehe außerdem: Helmut Asmus, Das Wartburgfest. Studentische Reformbewegung 1770–1819. Magdeburg 1995, S. 45f.

[62] So Ernst Fischer/Wilhelm Haefs/York-Gothart Mix, Einleitung: Aufklärung, Öffentlichkeit und Medienkultur in Deutschland im 18. Jahrhundert, in: dies. (Hg.), Von Almanach bis Zeitung. Ein Handbuch der Medien in Deutschland 1700–1800. München 1999, S. 9–23, hier S. 9.

Mit am Beginn dieser Entwicklung im 18. Jahrhundert stand die publizistische Verbreitung des Studentenskandals in der Osterwoche 1716 in Halle. Hier hatten Studenten ein mehrtägiges, ausuferndes Gelage im Wirtshaus „Grüner Hof" veranstaltet. Dabei sollen sie das Ostergeschehen in drastischer Weise parodiert haben. Eine Untersuchung unter Leitung von Gotthilf August Francke kam zu differenzierteren Ergebnissen. Allerdings war unstrittig, dass es danach zu letztlich ungeklärt gebliebenen Fieberausbrüchen mit tödlicher Folge in mehreren Fällen gekommen war (in den Quellen wird durch den Wirt vorsätzlich verunreinigtes Bier als Ursache vermutet). Dieses außerordentliche Ereignis wurde publizistisch aufbereitet und zu moralisch-disziplinarischen Zwecken instrumentalisiert: Das Geschehen wurde zu einer zügellosen Studentenorgie stilisiert, in deren Konsequenz mehrere Studenten, Prostituierte und der beteiligte Wirt zu Tode gekommen sind, die so die gerechte Strafe Gottes erhalten hätten.[63] Dies geschah durch Erzählungen und Gerüchte, insbesondere aber durch Flugblätter, die unmittelbar im Nachgang anonym unter dem Titel *Nachricht / von einer boshafftigen Begebenheit / Welche sich in der Marter=Woche dieses 1716. Jahres zu Halle mit einer Kompanie Böser Menschen zugetragen* zusammengefasst worden sind.[64]

Ausgehend von diesem prägnanten Beispiel lassen sich eigenständige publizistische Aktivitäten der Studenten ausmachen, die die Printmedien gezielt für ihre Interessen nutzen. Dabei ist beispielsweise zu erkennen, dass studentische Angelegenheiten und Interessen in Form von Dramen, Schauspielen und Romanen[65] oder als Rezitativ dargestellt wurden. Diese Verfahrensweise findet sich schon kurz nach den Ereignissen von 1716 im Zuge des so genannten hallischen Studentenaufstandes vom Sommer 1723; hier z.B. das „Recitativ" über das, was sich auf dem „Hällischen Theatro der Musen hat zugetragen".[66] Mit dem Entstehen der studentisch-arkanen Gesellschaftsbewegung seit der Mitte

---

63 Hertzberg, Geschichte der Stadt Halle an der Saale. Bd. II, S. 675f.; Hans-Joachim Kertscher, „[…] in Halle herrscht in Absicht des Trinkens viel Decenz": Studentenleben im 18. und frühen 19. Jahrhundert in der Saalestadt, in: Walter Müller (Hg.), 180 Jahre Rittergutsgose Döllnitz. Halle 2004, S. 52–71, hier S. 56; Emporium, S. 344.

64 Ein Exemplar der unpaginierten *Nachricht*, die mit „Aprill 1716" datiert ist, befindet sich im Stadtarchiv Halle, Cp 94061 – die hierin wiedergegebenen Schriften sind alle anonym. Das Vorwort betont das Ansinnen, sich mittels gedruckter Materialien, die man von „vertrauter Hand" erhalten habe, von den „Lieder= und Zeitungs_Sänger[n]" auf den Märkten abzusetzen. Wiedergegeben sind die in Einzelheiten (z.B. über die Zahl der beteiligten Studenten) voneinander abweichenden Schriften: *Extract Eines Schreibens aus Halle / vom 14. April*; *Copia Eines Briefes aus Halle / vom 20. Aprill* (hiernach hätten die Studenten grüne Bänder an ihren Hüten getragen); *Extract Eines Schreibens aus Halle vom 14. April*; sowie die *Fernere Nachricht Von dem entsetzlichen und erstaunenden Beginnen / So Am 4. April insonderheit / und einigen Tagen vorhero von 11. Studenten zu Halle In dem vorm Thore gelegenen sogenannten Grünen Hof / samt dem Wirthe darinnen / schändlichst ausgeübet worden. Anno 1716.*

65 Vgl. dazu ein Rostocker Beispiel aus dem Jahr 1741 bei: Asche, Von der reichen hansischen Bürgeruniversität zur armen mecklenburgischen Landeshochschule, S. 247.

66 Meier, Der hallische Studentenaufstand vom Jahre 1723, S. 5, die Texte sind wiedergegeben auf den S. 40–49 und 67–72 (hier das „Recitativ").

des Jahrhunderts ging dann offensichtlich auch die Genese einer spezifischen Printkultur einher, deren Umfang und Zirkulationsmechanismen noch weitgehend ebenso unbekannt sind wie die dort verhandelten inhaltlichen Bezüge sowie personellen und sozietären Konstellationen. Für diese Entwicklung seien einige Indizien zusammengetragen. So findet sich etwa im Umfeld der Helmstedter Studentenorden eine gedruckte anonyme Schrift aus dem Jahr 1746. Dabei handelt es sich um eine Verteidigungsschrift der so genannten „Dukaten=Sozietät".[67] 1762 wurden die Gesetze der Helmstedter Loge *In Amicitiae Constantiam* publiziert.[68] Auf diesen Druck bezogen sich offenbar die Konstantisten vor dem Universitätsgericht 1786 in Halle, als einer der Ordensbrüder angab, die Statuten des Ordens seien gedruckt und man könne so nachlesen, dass nichts Gefährliches an ihnen sei.[69] 1772 erschien in Halle die 32seitige, von Heinrich Friedrich von Diez verfasste Schrift *Vortheile geheimer Gesellschaften für die Welt von einem Unverbesserlichen in der A.......* [Amicitia], in der die Vorzüge eigenständiger geheimer Studentenvergesellschaftung als Antwort auf die Verfolgungen durch die Obrigkeiten gepriesen werden. Möglicherweise handelte es sich hier um eine Reaktion auf die nur wenige Jahre zurückliegende erste große hallische Untersuchung in der zweiten Hälfte der 1760er Jahre.[70]

Dass diese Schritte in die printmediale Öffentlichkeit auch Rückwirkungen hatten, liegt auf der Hand. So geriet 1784 in Göttingen der *ZN-Orden* durch einen offensichtlich in denunziatorischer Absicht verfassten Zeitungsartikel in Untersuchung und wurde aufgelöst.[71] Dieses Beispiel gibt zugleich Anlass darauf zu verweisen, dass die medialen Strukturen des späten Alten Reiches im Konkurrenzfeld aller geheimen Gesellschaften auch zu denunziatorischen Zwecken genutzt worden sind. Damit bekam das Denunziationsverhalten eine neue Größenordnung.[72] Waren die Denunziationen in den Universitätsstädten zunächst gegen konkrete Ordensstrukturen und/oder Personen vor Ort gerichtet und wurden auch dort verhandelt, so gaben die überlokalen Strukturen die Möglichkeit, Denunziationen einer wesentlich höheren Zahl von potenziellen Empfängern anzutragen. Das lesende Publikum wurde als Denunziationsadressat installiert. Enthüllende Schriften können als Beispiele dieser Form printmedialer Denunziation gelesen werden.

---

67 NStWf: 37 Alt 2596: Acta die unter den Studenten in Helmstedt errichteten Ordensverbindungen und die gegen die Mitglieder eingeleiteten Untersuchungen betr. Vol. III 1774–1778, Bl. 55ff.: Receptions-Diploma, Circularschreiben und andere Scripturen des Unanimitätsordens 1774–1778, hier Bl. 85–87 ein Exemplar der Schrift.

68 Richter, Akademische Orden in Helmstedt, S. 67, 83. Siehe in diesem Kontext auch: Dressel, Die Landsmannschaften und Studentenorden an der Universität Helmstedt, S. 131, Anm. 1 – hier Beispiele für Schriften von ehemaligen Ordensbrüdern.

69 König, Aus zwei Jahrhunderten, S. 91; Fabricius, Die deutschen Corps, S. 72f.

70 Ein Exemplar befindet sich in der ULB Halle (Zweigbibliothek Interdisziplinäres Zentrum für die Erforschung der Europäischen Aufklärung): II 6796 (1). Zu dieser Schrift siehe auch die Hinweise bei: Reichard, Seine Selbstbiographie, S. 74f.; Maurice, Freimaurerei um 1800, S. 92.

71 Deneke, Göttinger Studenten=Orden, S. 70; Brüdermann, Göttinger Studenten und akademische Gerichtsbarkeit, S. 243.

72 Siehe dazu Abschnitt IV.3 in diesem Kapitel.

Ein aussagekräftiges Exempel dafür ist die von dem Weimarer *Illuminaten* Johann Joachim Bode mit und bei Georg Joachim Göschen in Leipzig verlegte Druckschrift *Mehr Noten als Text oder die Deutsche Union der Zwey und Zwanziger* – „aus einem Packet gefundener Papiere zur öffentlichen Schau gestellt durch einen ehrlichen Buchhändler" (wie es im Untertitel heißt) – gegen die Arkankonkurrenz der *Deutschen Union* Carl Friedrich Bahrdts in Halle von 1789.[73] Göschen, den auch die Sorge über die Ausgriffe der *Union* auf die Buchhändler antrieb, schrieb in seinem Vorwort an das „respektirte Publikum": „Kann gegen eine so schlimme Absicht eine gelindere Gegenwehr ersonnen werden, als ihre blose Entdeckung?"[74] Die Publikation zog im Reich weite Kreise und war maßgeblich mit Anlass zur Verfolgung und Zerschlagung des Geheimbundes.[75]

Eine Reihe Honoratioren sahen sich veranlasst, zum konzertierten Gegenschlag auszuholen und ihre in *Mehr Noten als Text* behauptete Mitgliedschaft in viel gelesenen Periodika der Zeit im April 1789 nicht nur öffentlich zu dementieren,[76] sondern ebenso Gegendenunziationen zu stimulieren. Am 18. April hatte das Direktorium der Expedition der *Allgemeinen Literatur-Zeitung* (namentlich unter dem Text stehend Friedrich Justin Bertuch, Christian Gottfried Schütz und Gottlieb Hufeland) eine „Bekanntmachung"

---

[73] [Johann Joachim Bode/Georg Joachim Göschen], Mehr Noten als Text oder die Deutsche Union der Zwey und Zwanziger eines neuen geheimen Ordens zum Besten der Menschheit. Aus einem Packet gefundener Papiere zur öffentlichen Schau gestellt durch einen ehrlichen Buchhändler. Leipzig 1789. Zum Umfeld sowie zu Göschens Implikationen in die arkane Szene der Zeit siehe: Jens Riederer, Der Weimarer Verleger Friedrich Justin Bertuch in der öffentlichen Debatte um geheime Gesellschaften (Teil 1), in: Leipziger Jahrbuch zur Buchgeschichte 9 (1999), S. 121–156. Bode war bereits 1781 in diesem Metier mit einer Enthüllungsschrift über Cagliostro hervorgetreten; Joachim Bauer/Gerhard Müller, Von Johnsson zu Cagliostro. Freimaurerische ‚Hochstapler' und arkanpolitische Machtakkumulation im 18. Jahrhundert, in: Neugebauer-Wölk (Hg.), Arkanwelten im politischen Kontext, S. 67–103, S. 82f.

[74] Georg Joachim Göschen, Der Verleger an das von ihm respektirte Publikum, in: Mehr Noten als Text, S. 3–7, hier S. 5.

[75] Siehe: Günter Mühlpfordt, Karl F. Bahrdt als radikaler Aufklärer, in: Jahrbuch für Geschichte des Feudalismus 1 (1977), S. 401–440, hier S. 417f. Außerdem: Günter Mühlpfordt/Helmut Reinalter, Deutsche Union, in: Helmut Reinalter (Hg.), Lexikon zu Demokratie und Liberalismus 1750–1848/49. Frankfurt a.M. 1993, S. 72–75, hier S. 74: „Bahrdt selbst wurde 1789 auf Befehl des Königs Friedrich Wilhelm II. wegen seiner aufklärerischen Aktivitäten und einer Satire gegen die preußische Reaktion verhaftet. Die Regierungen deckten infolge von Denunziationen und Enthüllungsschriften die Deutsche Union auf." Sowie auch: Günter Mühlpfordt, Halle und Leipzig als Zentren des Aufklärerbundes Deutsche Union. Eine Reformgesellschaft zur „Vervollkommnung der Wissenschaften" 1786–1789, in: Döring, Detlef/Nowak, Kurt (Hg.), Gelehrte Gesellschaften im mitteldeutschen Raum (1650–1820). Teil III. Leipzig 2002 (Abhandlungen der Sächsischen Akademie der Wissenschaften zu Leipzig. Philologisch-historische Klasse Band 76 Heft 6), S. 163–214, S. 213: „Die Deutsche Union wurde bald von den Regierungen zerschlagen. Nach Bahrdts Einkerkerung Anfang April 1789 zerfiel sie, auch infolge von Indiskretionen und Verleumdungen durch Gegner."

[76] Siehe die zusammenfassenden Bemerkungen dazu in: Kurze Geschichte der Deutschen Union der Zwei und Zwanziger, in: Deutsche Zeitung 1789, 17. Stück vom 24. April 1789, S. 141–147 und dazu 22. Stück vom 29. Mai 1789, S. 184–187, insb. S. 145f. und 186f.

einrücken lassen, die darüber berichtete, dass „mehrere würdige Gelehrte und Wahrheit liebende Männer“, deren Namen auf den bekannt gewordenen Listen der *Union* „compromittirt“ worden seien, „Protestaktionen“ eingesandt und verschiedene Maßnahmen vorgeschlagen hätten. Die Herausgeber hielten aber nur einen Vorschlag für „praktisch und unserer beschränkten Kraft angemessen“ bzw. der Beförderung würdig: Dass nämlich „jeder deutsche Gelehrte oder Mann von Namen, dem inskünftige irgend eine geheime Gesellschaft, Conförderation oder Orden, eine anonyme oder allenfalls auch unterzeichnete Einladung zu einer Verbindung“ zusenden würde, diese der *ALZ* einschicken soll. Die Zeitung würde damit weiter anonym verfahren. Allerdings müsse die Zuschrift, „wie man leicht ermessen wird“, namentlich sein, um vor Missbrauch geschütz zu sein. Diese „Inserate“ würden dann „sogleich *unentgeltlich* als eine *Official-Arbeit unsers Instituts*“ – die Hervorhebungen stehen im Original – abgedruckt. Die Herausgeber halten diese „Publicität“ für das „wirksamste Mittel“, über das sie gegen diese „unterirdischen Gänge“ verfügen, deren die Wissenschaften „zu unsern Zeiten nicht mehr bedürfen“.[77] Dieser Schritt in die Öffentlichkeit stand mit der Arkanpolitik der Weimarer Regierung in Zusammenhang, die 1789 einen Versuch zur Errichtung einer Loge in Jena, der damit begründet worden war, einen Gegenpol zur aktiv werbenden *Deutschen Union* zu schaffen, abgelehnt hatte.[78]

Vor diesem, hier nur angedeuteten größeren Hintergrund einer expandierenden, auf die gesamte arkane Vergesellschaftung des Reiches bezogenen Printkultur, die als Kampffeld genutzt worden ist,[79] sind auch die spezifisch studentischen Drucke der Zeit zu sehen, die Muster und Belange Akademischer Freiheit transportierten. Einen Hinweis auf diese Zusammenhänge bietet ein Vorgang aus dem Jahr 1783. In den *Budissinischen wöchentlichen Nachrichten* vom 18. Januar war ein vergleichsweise langer Bericht über

---

[77] Alle Zitate: Bekanntmachung, in: Intelligenz-Blatt der Allgemeinen Literatur-Zeitung Numero 52. Sonnabends den 18ten April 1789, Sp. 425f.

[78] Der Vorgang ist erwähnt bei: Jens Riederer, Aufgeklärte Sozietäten und absolutistischer Staat im Herzogtum Sachsen-Weimar-Eisenach. Zur politischen Kultur eines Kleinstaates, in: Jürgen John (Hg.), Kleinstaaten und Kultur in Thüringen vom 16. bis 20. Jahrhundert. Weimar/Köln/Wien, 1994, S. 233–256, S. 240.

[79] Siehe in diesem Kontext die grundlegende Studie von Michael Schaich, Staat und Öffentlichkeit im Kurfürstentum Bayern der Spätaufklärung. München 2001 (Schriftenreihe zur Bayerischen Landesgeschichte 136), etwa S. 162, 180f., 199f., 234, 341f., 389. Diese medialen Implikationen tauchen in großer Fülle in der Forschung zu den Geheimbünden auf; vgl. dazu etwa: Wolfgang Albrecht/ Christoph Weiß, Einleitende Bemerkungen zur Beantwortung der Frage: Was heißt Gegenaufklärung?, in: dies. (Hg.), Von ‚Obscuranten‘ und ‚Eudämonisten‘.. Gegenaufklärerische, konservative und antirevolutionäre Publizisten im späten 18. Jahrhundert. Hg. von Christoph Weiß in Zusammenarbeit mit Wolfgang Albrecht. St. Ingbert 1997 (Literatur im historischen Kontext. Studien und Quellen zur deutschen Literatur- und Kulturgeschichte vom 18. Jahrhundert bis zur Gegenwart 1), S. 7–34, etwa S. 11f. und passim; siehe auch Eugen Lennhoff, Die Freimaurer. Wien/Bindlach 1981 (Nachdruck der Ausgabe von 1929), S. 191–194 und Thomas Nicklas, Publizität und Intrige. Eine antikatholische Pressekampagne in der Zeit der Spätaufklärung, in: Historisches Jahrbuch 119 (1999), S. 134–158.

einen prächtigen Aufzug zur Verabschiedung eines Lausitzer Studenten in Leipzig erschienen. Es wurde offen geschrieben, wie die Studenten mit Genehmigung des „Herrn Rector Magnif. D. Burscher,[80] und des Herrn Gouverneur" den Raum der Stadt für ihren Auftritt mit zehn blasenden Postillons und 60 in landsmannschaftlichen Farben gekleideten Studenten zu Pferd nutzten, wobei der Anführer des Zuges mit einer „besonderen Distinctionskokarde" am Hut ausgestattet war. Den Zug beendete „ein Wagen, in Gestalt eines Schiffes, worauf sich ein Korps Trompeten und Pauken [befand], das in der Musik mit den Postillons abwechselte". Danach folgte ein offener, mit Schimmeln bespannter Wagen, in dem der zu verabschiedende Student Richter saß. Diesem folgten abschließend „10 Extraposten" sowie weitere Studenten zu Pferd. Als der Zug die Wohnung des ebenfalls aus der Lausitz stammenden Leipziger Rektors passierte, und dieser am Fenster die Parade im Prinzip offiziell abnahm, salutierten der Anführer des Zuges durch Ziehen des Degens und die übrigen Studenten mit dem Hut. Der Artikel schließt mit der Bemerkung, dass „Greise in Leipzig" sich nicht erinnern können, dass „daselbst ein solcher Aufzug, wobey Ordnung und Ruhe mit der Pracht gewetteifert hätten", je gewesen wäre.[81] Womöglich ist dieser prunkvolle Abschiedsaufzug tatsächlich ohne Tumulte abgegangen. Dies aber war nur eine Seite der Medaille. Auf der anderen stand etwas ganz Anderes: Einmal abgesehen davon, dass der finanzielle Aufwand für solch eine Parade die kursächsischen Obrigkeiten stören musste, ging es darum, dass die Studenten den Raum der Stadt ganz frei zur Verfügung gestellt bekamen, um die Insignien Akademischer Freiheit zur Schau zu stellen. Sie kommunizierten damit symbolhaft und für jeden sichtbar ihren Geltungsanspruch in der Stadt. Das Ziehen des Degens kam der Präsentation studentischer Standesehre gleich. Die Akademische Freiheit war 1783 in Leipzig zu sehen, zu hören und wurde symbolisch dargebracht.

Dass dies dann auch noch durch einen vergleichsweise ausführlichen Bericht in einem Periodikum der Öffentlichkeit (nicht nur) in der Lausitz und in Kursachsen kundgetan wurde, war zudem Anlass für den Kurfürsten zu handeln. Am 23. Januar reagierte der Geheime Rat und Konferenzminister Friedrich Ludwig von Wurmb – der auch Freimaurer und zu diesem Zeitpunkt noch Gold- und Rosenkreuzer war[82] – mit einer Berichtsaufforderung nach Leipzig: Es seien nicht nur die „unnöthigen Kosten", die für die Studenten durch den Aufzug entstanden waren, zu kritisieren und zu vermeiden gewesen, sondern insbesondere sei gemäß den Edikten vom Oktober 1768 und noch einmal vom September 1779 das öffentliche Tragen von landsmannschaftlichen Kokarden und Farben zu

---

[80] Der Theologe Johann Friedrich Burscher.

[81] SHStA, 10088, Spezialia, Loc. 1779: Die von einigen Studiosis [...] unternommenen Excesse, Vol. I 1772–1788, Zitate Bl. 116/116' (aus einem zu den Akten genommenen Exemplar der *Budissinischen wöchentlichen Nachrichten*).

[82] Renko Geffarth, Geheimrat und Rosenkreuzer. Geheimbundmitglieder in der kursächsischen Regierung und Verwaltung 1780–1794, in: Neugebauer-Wölk (Hg.), Arkanwelten im politischen Kontext, S. 105–123, hier S. 105–107.

untersagen.[83] Im Edikt von 1768, das dem Aktenvorgang erneut beigefügt wurde, war die Ausnahme vorgesehen, dass Musiken und Studentenaufzüge nach vorheriger Erlaubnis des amtierenden Rektors gestattet werden können – aber eben ohne die landsmannschaftlichen Symbole.[84] Darauf berief sich die Universität jedoch in ihrem Bericht vom 3. Februar an die Zentrale nach Dresden: Zum einen sei es durchaus nicht unüblich, derlei Studentenaufzüge nach Genehmigungen des Rektors und des „hiesigen Gouverneurs und regierenden Bürgermeisters“ unter der Auflage zu gestatten, dass sie friedlich verlaufen müssen. Zum anderen sei der Bericht in den *Budissinischen Nachrichten* „Theils in Facto unrichtig, Theils übertrieben angegeben“ und es „scheint der größte Theil solcher Anzeige mehr Ironie, als Wahrheit zu seyn“.[85] Der Ton des Artikels war aber weniger ironisch als vielmehr stolz und tendenziell angeberisch. Der Leipziger Rektor jedenfalls sah sich gezwungen, die Praxis der Studentenaufzüge zu verharmlosen. Dennoch hat das landesherrliche Eingreifen Wirkung gezeigt, denn kurz darauf wandten sich die Studenten in einer ähnlich gelagerten Angelegenheit mit der Bitte um Erlaubnis direkt an den Kurfürsten. Das Schreiben ist von 26 Studenten „für uns und unsere Commilitonen“ im Namen der Leipziger Studentenschaft unterzeichnet.[86] Insgesamt hatte der Artikel das Augenmerk erneut auf die Praxis studentisch-symbolischer Kommunikation in der Universitätsstadt gelenkt. Insofern war diese Episode auch ein Vorspiel zu einem Konflikt, der 1787 das Feld der Öffentlichkeit erreichte und den engeren Handlungsrahmen sowie die eingeübten Austragungsmechanismen zwischen universitärer bzw. landesherrlicher Obrigkeit und Studentenschaft erneut überschritt.

Im Sommer 1787 hatte es einen mehrtägigen studentischen Exzess auf dem Gut Schönefeld bei Leipzig gegen dessen Besitzer, den Hofadvokaten Zschackwitz, gegeben. Ursache dafür war der Umstand, dass zwei dort wohnende Studenten in eine Art Privatarrest genommen worden waren. Diese Maßnahme verletzte die Gruppenehre und Freiheitsprinzipien der Studenten, die sofort reagierten. Am 14. Juli fand sich am schwarzen Brett ein Zettel mit folgendem Text: „Jeder von unsern Comilitonen kome nach Schenefeld; _ welcher noch Ehre in seinem Busen._ um diejenigen aus der Hand der Pfielister zu retten, _ welche untertrücket werden.“ Der Zettel war vom Universitätsgerichtsaktuar Johann David Hennicke abgenommen, dem Rektor übergeben und dann zu den Akten genommen worden.[87] Daraufhin wurde der Pedell Burckhard vom Rektor beauftragt, nach Schönefeld zu gehen und die Studenten zu beruhigen. Man hatte in „sichere

[83] SHStA, 10088, Spezialia, Loc. 1779: Die von einigen Studiosis [...] unternommenen Excesse, Vol. I 1772–1788, Bl. 115/115' („besonderer Cocarden und Studiosis ungeziemender Kleidungs=Stücke).

[84] SHStA, 10088, Spezialia, Loc. 1779: Die von einigen Studiosis [...] unternommenen Excesse, Vol. I 1772-1788, Bl. 123.

[85] SHStA, 10088, Spezialia, Loc. 1779: Die von einigen Studiosis [...] unternommenen Excesse, Vol. I 1772-1788, Bl. 119–120, Zitate Bl. 119' sowie o.P. (hier ist ein Blatt nicht paginiert).

[86] SHStA, 10088, Spezialia, Loc. 1779: Die von einigen Studiosis [...] unternommenen Excesse, Vol. I 1772-1788, Bl. 125–126.

[87] UA Leipzig, GA IV 126: Die von einigen Studenten auf dem Guthe Schönfeld verübten Excesse und erregten Unruhen betr. 1787, Bl. 1.

Erfahrung" gebracht, wie der Aktuar am 16. Juli in seinem Bericht festhielt, dass von dem Gerichtsherrn und Advokaten in Schönefeld „am vergangenen Freytage Zwey Studiosi, Nahmens Gründling, die seit einigen Jahren ein Sommer Logis in Schönefeld gehabt, daselbst arretiret worden wären". Der Pedell hielt sich tatsächlich den ganzen Tag des 16. Juli auf dem Hof auf. Als die Studenten gegen 17 Uhr ankamen, habe er sie im Sinne des Rektors ermahnt, allerdings ohne Erfolg. Sie sind in den Hof „eingedrungen", haben „geschrien und gelermet, und sich in die Zimmer auch sogar auf die Böden, und die Ställe begeben, welches er [der Pedell] nicht hindern können".[88] Daraufhin entwickelte sich das bekannte Wechselspiel von universitären und studentischen Maßnahmen, das die Situation weiter eskalieren ließ. Auf einen Anschlag des Rektors reagierten die Studenten mit einem erneuten Versammlungsaufruf am Schwarzen Brett, der wiederum vom Aktuar entfernt wurde.[89] Hierin appellierten die Schreiber an die Einigkeit der Studenten, indem sie darauf verweisen, dass „Anschläge der Art an alle Studenten" gerichtet seien.[90] Sie erregten sich des weiteren darüber, dass sie der Rektor – wie das Hörensagen berichten würde – mit „Räubern und Spitzbuben" in eins gesetzt habe. Deshalb mögen alle Studenten sich am Schwarzen Brett einfinden, um über „das weitere beschließen [zu] können". Die Situation beruhigte sich nicht und die Untersuchung dehnte sich aus. Dabei erreichte den Rektor am 23. Juli auch ein anonymes Denunziationsschreiben, das, wie Recherchen ergaben, am 21. Juli in Merseburg auf der Post aufgegeben worden war, und in dem mit nur einem Satz die Studenten „Tamm und Schmidt" als „Tumultuanten und Rädelführer" bei dem Exzess denunziert wurden.[91]

Zu diesem Zeitpunkt war auch die Regierung in Dresden bereits informiert worden – nicht aber durch die untersuchende Universitätsobrigkeit, sondern durch ein Schreiben des „Creis Beamten zu Leipzig, wegen des von einigen dasigen studiosis auf dem Guthe Schönfeld unternommenen Einfalls und der dabey verübten groben Excesse". Der Kurfürst erließ daraufhin am 20. Juli ein Reskript mit Handlungsanweisungen an seinen Beamten vor Ort zum Schutz des Gutsbesitzers – dem in studentischer Manier auch die Fenster eingeworfen worden waren – unter der gegebenenfalls nötigen Heranziehung der „Miliz". Zugleich forderte er die Universität auf, „mit gebührendem Ernst und Nachdruck" die Sache zu regeln und, „in soweit es noch nicht geschehen, die würcksamsten Veranstaltungen unter Communication mit dem Rathe zu Leipzig [zu] treffen".[92] Auch in diesem Beispiel finden sich die zunächst an einander vorbeilaufenden Informationswege,

---

[88] UA Leipzig, GA IV 126: Die auf dem Guthe Schönfeld verübten Excesse 1787, Bl. 2/2'.

[89] UA Leipzig, GA IV 126: Die auf dem Guthe Schönfeld verübten Excesse 1787, Bl. 25': „Ist nachstehender Anschlag am Gewandhaus Thorwege gefunden, abgenommen und Sr. Magnificenz überbracht worden. So nachrichtl. Johann David Hennicke Acad. Actuar.jur."

[90] UA Leipzig, GA IV 126: Die auf dem Guthe Schönfeld verübten Excesse 1787, Bl. 26, Unterstreichung im Original; die weiteren Zitate ebenfalls hier.

[91] UA Leipzig, GA IV 126: Die auf dem Guthe Schönfeld verübten Excesse 1787, Bl. 87. Beide tauchten im Bericht des Pedellen vom 16. Juli nicht unter den dort namentlich genannten Studenten auf.

[92] SHStA, 10088, Spezialia, Loc. 1779: Die von einigen Studiosis [...] unternommenen Excesse Vol. I 1772–1788, Bl. 197/197'/198.

Abb. 8 Der studentische Exzess auf dem Gut Schönefeld bei Leipzig 1787.

die das dahinter stehende Interesse der Universität erkennen lassen, weitestgehend autonom und institutionell eingegrenzt zu handeln.

Die spezifischen Vorgänge innerhalb dieses Exzesses sind im Einzelnen weniger von Interesse[93] als vielmehr die von den Studenten angewandte Strategie, den Sieg auf ihre Seite zu ziehen. Natürlich war ihnen klar, dass die Obrigkeit mit neuen Erlassen und Strafandrohungen reagieren würde. In dieser Situation machten sie sich die medialen Mittel der Printkultur zu eigen: Sie nutzen – wie auch wenig später die Studenten 1792 in Jena – den Kupferstich als Kampf- und Performanzmedium.[94] Am 25. Juli hatte „Christoph Wünschen, welcher bey hiesiger Universitaet inscribirt" sei, den Rektor abgepasst und ihm berichtet, dass ein von ihm gefertigter Kupferstich in mehreren Exemplaren dem „Bilder Händler Klein", welche er demselben zum Verkauf in Kommission überlassen hatte, „abgenommen worden wäre". Auf näheres Befragen stellte sich heraus, dass ein ihm unbekanntes „Frauenzimmer" eine Zeichnung mit der Aufforderung gebracht habe, auf dieser Grundlage „so geschwind als möglich" einen Kupferstich zu fertigen. Er habe den Auftrag ausgeführt, weil er es für nicht „unerlaubt gehalten" und er auch über die Vorgänge in Schönefeld nichts gewusst habe, „da er nicht aus dem Hause gehe, und wenig Menschen spreche". Die Frau habe er nie wieder gesehen, stattdessen einhundert Stück des Stiches dem „ihm bekannten Studioso Nahmens Wießner" gegeben.[95] Die Studenten hatten die Sache also auf übliche Weise eingefädelt: Die Auftragsaufforderung erfolgte verdeckt durch unbekannte Dritte; hier eine Leipziger Frau, vielleicht eine Aufwärterin der beteiligten Studenten. Wichtig war ihnen dabei, dass der Auftrag schnell realisiert und eine stattliche Zahl Abzüge hergestellt wurde – die Studenten wollten zügig und wirksam reagieren. Der auf der folgenden Abbildung zu sehende Kupferstich stellt die Szene des studentischen Angriffs auf das Gut dar.

Die Studenten erscheinen in der Darstellung als handelnde und aktive Gemeinschaft, die gegenüber dem am Boden knienden und flehenden Gutsbesitzer stark, siegessicher und von ihren Idealen der Akademischen Freiheit überzeugt auftrat und diesem nach alter Studentensitte die Fenster einwarf: „Hagelwetter und Sturm welcher ohnweit Leip-

---

[93] Der eingeforderte Bericht zusammen mit den Untersuchungsakten über die Ereignisse erreichte am 5. September die Regierung in Dresden und zeigt die umfänglichen Maßnahmen nach dem 20. Juli (u.a. auch Gegenüberstellungen derjenigen Studenten, die die Teilnahme leugneten, mit dem Gutsbesitzer, dessen Knechten und der Schankwirtin); SHStA, 10088, Spezialia, Loc. 1779: Die von einigen Studiosis [...] unternommenen Excesse, Vol. I 1772–1788, Bl. 200ff.

[94] Nach den Unruhen 1792 wurde hier ein Kupferstich hergestellt, der die wieder eingezogenen Studenten bei ihrer „Parade" mit ihren „Fahnen" sowie gezogenen, d.h. „bloßen" Degen und Säbeln zeigt, und unterschrieben ist mit: „Vivat die academische Freiheit". Der „reißend" (so Geheimrat Schnauß an den Weimarer Herzog am 13. August) weggehende Stich zeigt also auch in Jena mit den Statussymbolen studentischer Freiheit deren Sieg; die (zeitgenössischen) Zitate nach Wilson, Goethes Weimar und die Französische Revolution, S. 330. Der Kupferstich findet sich in: Ernst Borkowsky, Das alte Jena und seine Universität. Jena 1912 (Drittes Tausend), S. 133 (hier ist die Bildunterschrift zu sehen).

[95] UA Leipzig, GA IV 127: Den, auf die von einigen Studenten auf dem Guthe Schönfeld verübten Excesse, gefertigten Kupferstich betr. 1787, Bl. 1/1'.

zig grosse Verwüstung anrichten thät, wie solches auf dem Conterfait ausführlich zu schauen".[96] Das Bild zeigt jenseits des lokalen, spezifischen Ereignisses nichts anderes als den Triumph der Studentenkultur über den verabscheuungswürdigen Philister überhaupt. Das Bild ist deshalb nicht nur mit einer Unterschrift, sondern auch mit einem erklärenden Schriftzug über dem Bild versehen: „Wie man dem Fortunatus die Fenster einschmeißt, er sein Couteau und Hut verleuret, und sich drob höchlich grämet." Studenten, die einen Abzug des Stiches in die Hand bekamen, musste man nichts erklären, nichts dekodieren: „Hagelwetter und Sturm" waren Synonyme für die studentische Machtdemonstration in Wort und Bild. Der Satz war an jene gerichtet, die das Bild sahen und seine Aussage vielleicht *nicht* unmittelbar zu erfassen wussten. Der Stich war also auch für ein weiter gefasstes Publikum jenseits des Leipziger universitätsstädtischen Raumes gedacht. Er sollte überregional zirkulieren und gesehen werden. Genau deshalb griff die Universitätsobrigkeit sofort nach dem Auftauchen des Bildes ein.[97]

Mit dem Schritt in den offenen Kommunikationsmarkt der Zeit verließen die Studenten den üblichen Konfliktrahmen. Sie betraten nun eine größere Öffentlichkeit, die den Kommunikationsraum der Stadt durch die potenziell unbegrenzten Zirkulations- und Rezeptionsmöglichkeiten von Druckerzeugnissen deutlich überschritt. In der überlokalen studentischen Szene des Alten Reiches, die ja durch eine hohe Fluktuation und Mobilität gekennzeichnet war, kursierten einschlägige Drucke, die sich mit Themen und Ereignissen in Bezug auf die Akademische Freiheit beschäftigten – eine Entwicklung, die nach 1790 weiter expandierte und notorische Schriften hervorbrachte.[98] Damit war von den Studenten eine neue Runde im Ringen um die symbolisch-habituelle Hoheit in den Universitätsstädten eingeläutet worden. Dieser medial erweiterte Kulturkampf forderte die Vertreter der Universitätsobrigkeit heraus, entsprechend zu reagieren.[99] In

---

96 UA Leipzig, GA IV 127: Den gefertigten Kupferstich betr. 1787, Bl. 2.

97 Selbst die Zeichnungsvorlage für den Stich wurde zu den Akten genommen; UA Leipzig, GA IV 127: Den gefertigten Kupferstich betr. 1787, Bl. 10.

98 Siehe exemplarisch: Rede über die wohlthätigen Zwecke akademischer Orden, gehalten von dem Bruder M**. Jena, im May 1792 (siehe dazu: Wilson, Das Goethe-Tabu, S. 207ff.); insb.: Graf Guido von Taufkirchen oder Darstellung des zu Jena aufgehobenen Mosellaner- oder Amicistenordens in historischer, psychologischer und rechtlicher Hinsicht, zur Beherzigung für Staat und Ordensbrüder. Weißenfels/Leipzig 1799. Sowie: UA Erlangen, A 3 / 14 Nr. 10: Acta Die Entdeckung und Untersuchung des Schwarzen Ordens betr. 1792, o.P.: Hier tauchte in einer Ordensuntersuchung (siehe dazu auch das Fünfte Kapitel Abschnitt IV.1) das Rebmannsche Gedicht *Hochgesang geweiht der Harmonie* sowie seine anonym veröffentlichte Schrift *Apologie einer geheimen Gesellschaft [...]* auf (die aber der Akte selbst nicht beiliegt), welche zur Verteidigung der Orden gedruckt worden war. Zu dieser Schrift Rebmanns siehe: Schroeder, „Seine Hauptbeschäftigung war Schwelgen und alle Gelage besuchen, S. 36f.

99 Siehe etwa die zeitgleich erscheinenden Texte zu den Studentenorden in den Periodika der Zeit, die wiederum Bezug auf zuvor veröffentlichte Artikel nehmen; beispielsweise: Etwas über die Studentenorden [1789], S. 385–401; Auszug eines Briefes aus Marburg, in: Journal von und für Deutschland 6 (1789), 3. Stück, S. 297f. sowie zu Jena 1789: Joachim Bauer/Gerhard Müller, „Des Maurers Wandeln, es gleicht dem Leben". Tempelmaurerei, Aufklärung und Politik im klassischen Weimar

diesem Prozess erreichte die Frage um das Für und Wider der Denunziationsstimulanz im studentisch-universitären Handlungsfeld die publizistische Öffentlichkeit. Zu beobachten ist dies an einem außerordentlichen Beispiel in Halle.

IV.2 Die Fortsetzung des Kampfes mit anderen Mitteln: Johann Salomo Semler gegen die hallischen Studenten

Am 21. und 22. Juni 1790 war es in Halle zu einem großen Tumult gekommen, der sich infolge von Geschehnissen im Rahmen einer Bürgerhochzeit entzündet hatte. Das Besondere daran war weniger der Tumult selbst, denn Hochzeitsstörungen gehörten während der gesamten Frühen Neuzeit zu den beliebten Provokativpraktiken der Studenten,[100] sondern seine sich unmittelbar anschließende mediale Aufbereitung. Insofern interessiert hier weniger der konkrete Konfliktverlauf, der wie vergleichbar gelagerte Auseinandersetzungen einer inneren Dynamik der gegenseitigen Konflikteskalation zwischen Studenten und Bürgern folgte und der die traditionell seit dem 16. Jahrhundert eingeübten Elemente der Konfliktkultur in den Universitätsstädten aufwies – verbale Provokationen, gegenseitige Beleidigungen, Mobilisierung der eigenen Sozialgemeinschaft, lautstarke Machtdemonstrationen im Raum der Stadt, Gewalt gegen Dinge und Personen.[101] Vielmehr verdient der Umstand Aufmerksamkeit, dass nach dem eigentlichen Hochzeitskonflikt eine publizistische Auseinandersetzung in atemberaubend kurzer Abfolge stattgefunden hat, in der der hallische Prorektor Johann Salomo Semler gegen eine teilweise anonym bleibende studentische Gegenseite im Kampf um die Freiheit und den Habitus des ‚wahren' Studenten antrat – und diesen verlor. Innerhalb dieser Debatte spielte der Informationsmechanismus der Denunziation eine zentrale Rolle. Die physischen und mentalen Auseinandersetzungen in der Alltagswelt der *face to face*-Gemeinschaft Universitätsstadt wurden jetzt, 1790, endgültig in den virtuellen Raum printmedialer Kommunikationskultur transferiert.

Es handelt sich insgesamt um sieben Drucke, von denen zwei von Semler und fünf aus dem Studentenmilieu stammen. Die Studenten scheuten offensichtlich keine Kosten, um ihre Sicht der Dinge nachdrücklich darzulegen. Die einzelnen Schriften sind zunächst als Einzeldrucke erschienen. Sechs von ihnen sind in einer Akte der preußischen Zentrale gesammelt worden.[102] Zuerst war Semlers Schrift *Erste Sammlung von Anzeigen an alle*

(Zeitschrift des Vereins für Thüringische Geschichte, Beiheft 32), Rudolstadt/Jena 2000, S. 125–127. Dazu auch Deuerlein, Neues vom Constantisten=Orden, S. 99.

[100] Im spezifisch hallischen Kontext dazu: Dreyhaupt, Pagus Neletici et Nudzici, Zweyter Theil, S. 62; Schrader, Geschichte der Friedrichs-Universität zu Halle. Erster Teil, S. 80; Gustav Friedrich Hertzberg, Kurze Übersicht über die Geschichte der Universität in Halle a. S. bis zur Mitte des 19. Jahrhunderts. Halle 1894, S. 18.

[101] Siehe dazu Zaunstöck, *Die Brautnacht; oder die Fensterkanonade*.

[102] Die Berliner Akte trägt folgende Signatur: GStA PK, I HA Rep. 76 alt II, Nr. 82: Acta des königl. Ober= Schul-Collegii, betr. von Hallenser Studenten erregte Tumulte, Excesse, Händel unter sich, und Schuld-Klagen gegen erstern. Vol: I 1789–1795, der Vorgang ist auf Bl. 8–113 dokumentiert.

guten Einwohner von Halle, seit den schandvollen Thaten falscher, unwürdiger Studenten am 21. und 22. Junii am 25. Juni, also nur drei Tage nach den Tumulten, publiziert worden. Unmittelbar darauf schlossen sich zwei Gegendarstellungen an: das am 28. Juni verfasste *Schreiben an den Herrn Doctor Semler, zur Zeit Prorector, als Antwort auf seine erste Sammlung von Anzeigen an alle guten Einwohner von Halle, von einem Studenten*, welches mit „Adolph Friedrich Karl von O****n d. R. K." (also von einem Juristen) unterzeichnet und das das einzige ist, das sich nicht in der Berliner Akte befindet,[103] sowie die undatierte Schrift *Der 21. und 22. Junius oder der Tumult zu Halle. Dem deutschen Publikum gewidmet. In beständiger Rücksicht auf die hierüber erschienene Schrift des Hrn. D. Semler.*[104] Dies war sehr wahrscheinlich ebenfalls eine über sehr gute Kenntnisse der unmittelbaren Vorgänge verfügende studentische Replik, die – vielleicht um Objektivität zu suggerieren – unter dem Hinweis publiziert worden war, dass der Verfasser weder Bürger Halles noch ein Student sei. Als dritte, ebenfalls undatierte Schrift folgte die *Replik auf die „erste Sammlung von Anzeigen" – an alle vernünftige Menschen in und ausser Halle, denen jene Sammlung vor Augen gekommen seyn mag, oder noch kommen sollte*; hierin wurde am Ende mitgeteilt, dass bereits zuvor verfasste Repliken in Halle verboten worden seien, weshalb eine studentische Autorschaft sehr wahrscheinlich ist. Zur Abrundung der studentischen Großoffensive schloss sich eine vierte Schrift an – *Die Brautnacht; oder die Fensterkanonade. Einige Scenen aus der Hallischen Zeitung* – die die Ereignisse in Form eines Schauspiels in provokant-studentischer Sicht darstellte.[105] Die Auseinandersetzung fand dann Anfang Juli ihren Abschluss durch ein *Schreiben an den Herrn von O****n d. R. K., von einem Studenten, betreffend den am 21. und 22. Junius hier in Halle erregten Aufruhr*, das vom 6. Juli 1790 in Halle datiert, bei Johann Christian Hendel in Halle gedruckt wurde und ein Dankesschreiben des hallischen Studenten J.W.G. Winzer aus Westfalen an den genannten Verfasser ist.[106] Abschließend meldete sich dann Semler am 9. Juli mit seinem *Zusatz zur ersten Anzeige von den unruhigen Tagen, 21. und 22. Junius* selbst noch einmal zu Wort.[107]

Siehe auch: Kuhn/Schweigard, Freiheit oder Tod!, S. 87–89; ob es tatsächlich eine „solche Pressekampagne" in „keiner anderen Universitätsstadt" (S. 87f.) gegeben hat, wird m. E. erst noch zu prüfen sein, denn eine gezielte Analyse sowohl der Periodika als auch der Einzeldrucke des 18. Jahrhundert auf Implikationen der Studentenkultur steht noch aus.

[103] Es handelt sich um Adolph Friedrich Karl von Oertzen aus Mecklenburg, der sich am 13. Mai 1789 für Jura eingeschrieben hat (Matrikel der Universität Halle 1789; UA Halle).

[104] Die verschleiernde Ortsangabe auf dem Titel lautet: „Germanien. 1790"; GStA PK, Rep. 76 alt II, Nr. 82: Tumulte, Excesse, Händel, Vol: I 1789–1795, Bl. 26–33'.

[105] Dazu Zaunstöck, *Die Brautnacht; oder die Fensterkanonade*, insb. S. 64–72.

[106] Es handelt sich um Johann Wilhelm Gottlieb Winzer, der sich am 08. Mai 1790 für Theologie eingeschrieben hat (Matrikel der Universität Halle 1790; UA Halle); Winzer zahlte die halbe Gebühr und gab als Vater Heinrich Winzer, Cantor in Hausberge, an.

[107] Die Angabe am Ende der Schrift lautet: „Halle, den 9ten Jul. 1790. D. Johann Salomo Semler, abgehender Prorector."

Neben den Einzelpublikationen und ihrer unmittelbaren aktenmäßigen Zusammenstellung sind kurze Zeit später im 12. Heft des vierten Jahrgangs des *Neuen Deutschen Zuschauers* am 25. August 1790 drei der Schriften von „F. W. Freiherr von – – –" zusammengestellt sowie ein- und ausgeleitet worden; darunter das in der Berliner Akte nicht enthaltene *Schreiben an den Herrn Doctor Semler* von Adolph Friedrich Karl von O****n.[108] Der „Freiherr von – – –" war ein hallischer Student, der sich mit den Texten an die Herausgeber des zwischen 1789 und 1791 in Zürich erscheinenden *Zuschauers* gewandt hatte. Hierbei handelte es sich um das unmittelbare Nachfolgeprojekt zum *Deutschen Zuschauer*, der von 1785 bis 1789 erschienen war. Der *Zuschauer* war eine politische Zeitschrift, die „zu den bedeutendsten aufklärerischen Periodika zu zählen ist" und deren Programm im *Neuen Deutschen Zuschauer* fortgeführt wurde.[109] Dieser Schritt unterstreicht die – gezielt ausgeführte – überregionale Wirkungsintension der Studenten. Der Verbreitungsradius wurde zudem dadurch erweitert, dass *Die Brautnacht* neben weiteren fünf Texten in eine Drucksammlung unter dem Titel *Scherzhafte poetische Aufsätze, welche einzeln herausgekommen und zu einem Bändchen gesammlet sind* eingefügt und bei Hendel in Halle verlegt worden ist.[110] Schließlich haben auch die Einzeldrucke nachweisbar überlokale Verbreitung gefunden.[111]

Der publizistischen Auseinandersetzung lag die Grundfrage über den Umgang mit der studentischen Ehre und den daraus resultierenden Verhaltensweisen zugrunde. Semler und die Studenten trugen diese Auseinandersetzung um das Grundverständnis von

---

108 Der neue Deutsche Zuschauer. Herausgegeben von Freunden der Publizistik. XII. Heft. Vierter Band. Den 25. Aug. 1790: [F. W. Freiherr von – – – (Hg.)], Nachrichten von den Unruhen in Halle am 21. und 22. Juni, in: ebd., S. 261–292, darin S. 262–271: Johann Salomo Semler, Erste Sammlung von Anzeigen an alle guten Einwohner von Halle, seit den schandvollen Thaten falscher, unwürdiger Studenten am 21. und 22. Junii. [1790]; S. 272–280: O****n, Adolph Friedrich Karl von d. R. K., Schreiben an den Herrn Doctor Semler, zur Zeit Prorector, als Antwort auf seine erste Sammlung von Anzeigen an alle guten Einwohner von Halle, von einem Studenten. 28. Junii 1790; S. 280–290: [anonym], Replik auf die „erste Sammlung von Anzeigen" – an alle vernünftige Menschen in und ausser Halle, denen jene Sammlung vor Augen gekommen seyn mag, oder noch kommen sollte. [1790] (die *Replik* ist hier um jene Passagen leicht gekürzt, die einleitend einen Teil von Semlers erster Schrift eins zu eins auf den ersten acht Seiten wiedergeben). In der Berliner Akte finden sich die gelisteten Schriften wie folgt: GStA PK, Rep. 76 alt II, Nr. 82: Tumulte, Excesse, Händel, Vol: I 1789–1795, Bl. 13–16' (die *Erste Sammlung* Semlers), Bl. 70–80' (die *Replik auf die „erste Sammlung von Anzeigen"*).

109 Holger Böning/Reinhart Siegert (Hg.), Volksaufklärung. Biobibliographisches Handbuch zur Popularisierung aufklärerischen Denkens im deutschen Sprachraum von den Anfängern bis 1850. Bd. 2, Teilbd. 2.1: Der Höhepunkt der Volksaufklärung 1781–1800 und die Zäsur durch die Französische Revolution. Stuttgart-Bad Cannstatt 2001, hier zu den beiden Zeitschriften Sp. 415–418 und 927–929, das Zitat Sp. 416.

110 Das seltene Stück findet sich in der Herzogin Anna Amalia Bibliothek Weimar: Dd 3:205 und in der Berliner Akte: GStA PK, Rep. 76 alt II, Nr. 82: Tumulte, Excesse, Händel, Vol: I 1789–1795, Bl. 34–45'.

111 So findet sich ein Einzelexemplar von Semlers *Zusatz* heute in der Universitätsbibliothek Leipzig (St. Thom. 1788/6).

Akademischer Freiheit in den Schriften erschöpfend aus – dafür seien nur zwei exemplarische Belege angeführt. Semler begann seine *Erste Sammlung* mit folgenden Worten:

> So gerecht, so groß der Unwille ist, der uns alle nun viel näher vereinigt, um endlich die sonst so gemeine Sicherheit und Ruhe selbstthätig, auf rechtmäßige Art, uns zu schaffen und aufs künftige zu gewähren, wider Rotten einheimischer Barbaren, Rotten von Feinden aller den kultivirten Menschen sonst heiligen Moralität, und ihrer gemeinschaftlich süssen Früchte: so gewiß ist doch auch nun unsre fröliche Aussicht und Hoffnung, daß wir jenes gräßliches Ungeheuer, das unter dem Namen Studenten = Freiheit, academische Freiheit, so lange Zeit, zumal des Nachts umherbrüllte, und mit Steinen, groben Prügeln, auch wohl heimlichen Mordgewehren, den zornigen Studenten ankündigte, dieses Ungeheuer, nun tödten und ausrotten werden![112]

Deutlicher kann man sich gegenüber der studentischen Lebensform akademischer Freiheit kaum äußern, in die Semler gezielt auch die seiner Meinung nach an den Ausschreitungen beteiligten „zornigen Ordensbrüder" mit einbezog.[113] Er stand damit ganz im Einklang mit der obrigkeitlichen Wahrnehmung.[114] Semler schränkte allerdings seine wohl in erster Aufwallung verfassten Worte in seinem *Zusatz* später sachlich ein. Hier schrieb er über zwei Wochen nach der *Ersten Sammlung*, dass es „so viele gute untadelhafte Studenten" in Halle gegenüber „jenen unbekannten wenigen Theilnehmern an öffentlichen Excessen" gäbe. Deshalb habe er die „erste Anzeige als ein Mittel angesehen, unseren Miteinwohnern den wirklichen gerechten Unterschied wahrer und falscher Studenten zunächst vorzuhalten".[115] Es muss künftigen, quantitativ-prosopographisch verfahrenden Untersuchungen überlassen bleiben, hier genauere Verhältnisse zu ermitteln – wir dürfen aber annehmen, dass Semler sich die Realitäten tendenziell passend geschrieben hat.[116] Von diesem Zusammenhang aus lässt sich die Motivation deuten, die ihn veranlasst haben mag, den Schritt zur Drucklegung seiner Position zu vollziehen. Er schreibt nämlich eingangs der *Ersten Sammlung*, dass er sein kurz vor dem Ende stehendes Prorektorat von derlei Exzessen habe freihalten können, und die „alten Ansprüche" der Studenten „auf öffentliche Furchtbarkeit und gewaltthätige Störung der gemeinen

---

[112] Zitiert nach: Der neue Deutsche Zuschauer, XII. Heft, Vierter Band, 1790, hier S. 262f.

[113] Zitiert nach: Der neue Deutsche Zuschauer, XII. Heft, Vierter Band, 1790, hier S. 268.

[114] Vgl. exemplarisch die Schilderung in einem Erlass an die Universität Erlangen vom 24. Oktober 1781 durch den Markgrafen Alexander: Manche Studenten seien nur auf der Universität, um sich eine „allen göttlichen und weltlichen Gesetzen, Unsrer Landesherrlichen Gewalt, denen Tugenden, Sitten und Wohlstand Troz bietende sogenannte Academische Freyheit oder vielmehr eine nirgends zu dultende Ungezogenheit anzugewöhnen"; UA Erlangen, 3 / 14 Nr. 8: Acta Die entdeckt wordenen Commerces, Landsmannschaften und dergl. betr. 1781, Schriftstück 103.

[115] Zusatz zur ersten Anzeige von den unruhigen Tagen, S. [1], 2. Auch in der *Ersten Sammlung* hatte er bereits unter Berufung auf die Wahrnehmung in der Stadt die Studenten in zwei entsprechende Gruppen geteilt; allein die Immatrikulation weise noch keinen „guten würdigen Studenten" aus; zitiert nach: Der neue Deutsche Zuschauer, XII. Heft, Vierter Band, 1790, S. 264.

[116] Im Blick auf die Universität Erlangen hatte Markgraf Alexander im Herbst 1781 geschrieben, dass das „bisherige unordentliche, zweckwidrige, und ganz unartige Verhalten eines großen Theils" der Studenten zu beklagen sei; UA Erlangen, 3 / 14 Nr. 8: Commerces, Landsmannschaften und dergl. 1781, Schriftstück 103.

Ruhe“ aufgehalten habe. So „freuete“ er sich „schon auf die neue Zeitrechung“, die mit seinem erfolgreichen Prorektorat begonnen hätte. Außerdem war Semler prinzipiell von der „Gewalt der Publizität“ überzeugt. Hinzu kommt, dass der Bräutigam der dem Tumult zugrunde liegenden Hochzeit mit Verwandtschaft aus dem kursächsischen Leipzig angereist war.[117] Die Situation wurde außerdem durch den Umstand zugespitzt, dass sich zum Zeitpunkt des Tumults der königlich preußische Gesandte „im Haag, Herr von Thulemeister“, in der Stadt befand und man dem Hoffiskal Laufer die Fenster eingeworfen hatte. Deshalb war Semler davon ausgegangen, dass dieser den Vorgang aufs „schrecklichste nach Hofe denuncieren würde“.[118] Kurzum: Neben dem Kampf um seinen persönlichen Erfolg und die Ehre des akademischen Lehrers musste Semler fürchten, dass die Sache überlokal bekannt und er als vorgeführter Prorektor, der seine Studenten nicht im Griff hat, dargestellt werden würde: „Ich, der alte gute Professor, bin nicht allein um alle fröhlichen Früchte meines Prorectorats gebracht; sondern Halle ist auch in ganz Deutschland beschimpft!“[119] Semler hat also in einem Kurzschluss gehandelt: Ihm war kurz vor dem Ablauf eines aus seiner Sicht glänzenden, weil ohne große Exzesse verlaufenen Prorektorats die Sache durch die Ausschreitungen verleidet worden, und er musste in diesem Moment einsehen, dass auch sein lang anhaltender Kampf gegen das „Ungeheuer“ studentischer Freiheit verloren war. Also griff er zur Feder.

Für die studentische Gegenseite stehen dem exemplarisch die einleitenden Bemerkungen gegenüber, die der Herausgeber der drei zusammengestellten Schriften im *Neuen Deutscher Zuschauer* diesen voranstellte. Der „F. W. Freiherr von – – –“ war ein hallischer Student, der sich mit dem Ziel der Ehrverteidigung an die Herausgeber des *Zuschauers* gewandt hatte:

> Verzeihen sie, meine Herren, wenn ein junger Preusse, von Patriotismus und Commilitonen Liebe angetrieben, Sie im Namen von mehr als Tausenden, die auf der hiesigen Universität studieren, ersucht, sich der Rettung unserer Ehre mit anzunehmen, und eben darum die Güte zu haben, die beigelegten Aufsätze in Ihrem Zuschauer je eher je lieber einzurücken. Semlers Anzeige ist für unsere Ehre zu kränkend, und im Ganzen genommen ein despotischer Eingriff in das recht unseres guten Rufs: sie gehört eben deswegen in Ihr Journal, dessen Bestimmung es ist, Despotieen zu züchtigen. Semler hat ans Publikum appellirt: Das Publikum muß also nicht nur ihn, sondern auch uns hören: ununterrichtet kann keiner urtheilen und unverhört richtet nur ein Despot.[120]

---

[117] Zitiert nach: Der neue Deutsche Zuschauer, XII. Heft, Vierter Band, 1790, S. 263, 265, 267.

[118] So die ausleitenden Bemerkungen in: Der neue Deutsche Zuschauer, XII. Heft, Vierter Band, 1790, S. 291.

[119] Zitiert nach: Der neue Deutsche Zuschauer, XII. Heft, Vierter Band, 1790, S. 271 – das Zitat ist Bestandteil einer Ansprache, die er am 23. Juni abends an die Studenten gerichtet haben will.

[120] Der neue Deutsche Zuschauer, XII. Heft, Vierter Band, 1790, S. 261f. In diesem Sinne, allerdings moderater, argumentierte auch der Verfasser des Textes *Der 21. und 22. Junius oder der Tumult zu Halle*; GStA PK, Rep. 76 alt II, Nr. 82: Tumulte, Excesse, Händel, Vol: I 1789–1795: Nach der ausführlichen Darstellung der konkreten Ereignisse aus seiner Sicht und mit den ihm vorliegenden Informationen sowie einem Verweis darauf, dass derlei Tumulte nicht Halle-spezifisch, sondern

Die Größe der hallischen Studentenschaft ist hier natürlich überzeichnet bzw. uneindeutig formuliert;[121] auch darf man bezweifeln, dass er wirklich für *alle* Studenten der Saalestadt sprach. Der adlige Student forderte, ganz den aufgeklärten Grundsätzen kritischer Lektüre verpflichtet, man möge in der Weite der deutschen Printkultur beide Stimmen zu Wort kommen lassen – neben der des Prorektors auch die der die Akademische Freiheit verteidigenden Studiosi. Dabei zeigt sich, was wir schon öfter beobachtet haben: Die Studenten waren zumeist einen Schritt schneller, gingen einen Schritt weiter. Ihnen genügte es nämlich nicht, sich auf die Wirkungen der Einzeldrucke zu verlassen, sondern sie weiteten den Handlungsradius ganz gezielt auf die Periodika der Zeit in dem Bewusstsein aus, dass darüber ein noch größerer Resonanzraum für ihre Anliegen angesprochen werden konnte.

Zwischen diesen beiden Polen entspannen sich die Darlegungen und gegenseitigen Angriffe mit dem Ziel, den Sieg in der Auseinandersetzung zu erringen und damit die Deutungshoheit über das studentisch-jugendliche Leben auf der Universität zu erlangen. Dabei wurde eine Vielfalt argumentativer Kniffe und Strategien angewandt, wurden zahlreiche Einzelheiten ausgebreitet, Interpretationen aufgestellt. Die Studenten schreckten auch vor polemischen Angriffen gegen Semlers wissenschaftliche Reputation nicht zurück. So beschreibt der eben zitierte in Halle Studierende den Freiherrn Semler als manisch streitlustigen Gelehrten, der allerdings – im Gegensatz zu Carl Friedrich Bahrdt – über keinen Schreibstil verfüge und der vor allem selbst keine wegweisenden Ideen produziert habe. Die habe er alle von berühmten Zeitgenossen entlehnt (u.a. wird dabei Voltaire genannt). Dennoch habe er sich „durch die mühsame Verbreitung der grossen Wahrheiten dieser Männer“ ein „ewiges Monument der Dankbarkeit in den Herzen aller christlichen Theologen verdient“. Semlers Lehren, so der Student weiter, waren nicht „neu“ – „aber neu war es, daß ein Mann von exemplarischer Lebensart sie vortrug“.[122]

Im Rahmen der hier anskizzierten Diskussionen zwischen den beiden entgegengesetzten Deutungspolen wurde auch das Denunziationsthema verhandelt. Dies geschah nicht

---

auch anderswo durchaus üblich seien (es folgt ein Hinweis auf Jena und Carl August, der das Militär, nicht die Studenten bestraft habe [Bl. 32'; dazu: Kuhn/Schweigard, Freiheit oder Tod!, S. 19]), fordert der Autor abschließend zur Ehrverteidigung seiner Sozialgruppe und der Universität auf (an die „edlen deutschen Jünglinge, die Ihr jetzt Bewohner einer der allerberühmtesten Universitäten in ganz Europa“ seid [Bl. 33]): „O, entadelt Euren rühmlichen Stand nicht durch eine Bravour, deren Ihr Euch nie öffentlich rühmen dürft!“ Und nach einer Degradierung der Schaarwache (für Geld aus der „niedrigsten Volksklasse“ kommend) und der Stadtbürger („dem lauernden Bürger der niederen Sorte“) folgt der Schlussaufruf: „Zeigt, daß Ihr nicht eine Rotte einheimischer Barbaren, nicht eine Rotte von Feinden aller dem kultivirten Menschen heiligen Moralität, sondern gesittete, edelmüthige Jünglinge seyd! – Rettet, rettet die Ehre der Universität! – Rettet Eure eigene!!“ (Bl. 33').

[121] 1791 studierten beispielsweise in Halle ca. 1.000 Studenten; Kathe, Die hallische Studentenschaft zur Zeit Friedrichs des Großen, S. 129.

[122] Der neue Deutsche Zuschauer, XII. Heft, Vierter Band, 1790, S. 263 (hier die Fußnote).

zufällig: Denunziatorisches Handeln war ja genau in diesem Konfliktrahmen seit dem frühen 18. Jahrhundert von den Obrigkeiten stimuliert worden.

IV.3 Die Denunziation im Raum der Printkultur

Johann Salomo Semler war, wie wir gesehen haben, seit seiner frühen hallischen Zeit ein vehementer Gegner der Orden und der Praktiken Akademischer Freiheit – eine Beobachtung, die sich mit seiner „staatsloyalen Grundhaltung und preußisch-patriotischen Gesinnung“ deckt.[123] Dafür war er mehrfach privat aktiv geworden, auch kurz vor den Ereignissen vom Sommer 1790:[124] Im Januar 1787 ließ er im Rahmen der Untersuchung gegen die „Ex-Unitisten“, die in ihren Gesetzen auch die Unantastbarkeit und die Verteidigungspflicht der studentischen Ehre festschrieben,[125] einen Studenten durch seinen Gehilfen (den Studenten Goecker) zu sich kommen, der im selben Hause logierte wie zwei verdächtige Studenten, um über diese „privatim“ zu sprechen.[126] Im Verlauf dieser Untersuchung machten die Unitisten erneut von der ihnen seit Anfang 1786 eröffneten Möglichkeit Gebrauch, ihrem Orden zu entsagen. Bei diesem Vorgang, den die dreißig namentlich unterzeichnenden Ordensbrüder am 22. Februar 1787 schriftlich beim Prorektor zusammen mit den Ordensgesetzen und Insignien einreichten, machten sie deutlich, dass sie außerhalb des offiziellen Verfahrens unter Druck gesetzt worden waren: „Wir gestehen es, daß uns nicht nur vor Gericht, sondern auch in Privat : Untersuchungen; sowohl von Ew: Magnifizenz, als von Sr. Hochwürden dem Herrn D. Semler, die strengsten Drohungen gemacht sind“.[127]

Über gute Informationsnetze verfügte Semler auch im Sommer 1790 noch und stellte dies in seiner Schrift offen zur Schau. Womöglich war dieses Vorgehen als Einschüchterungsmaßnahme gedacht und sollte zum Ausdruck bringen, dass er den studentischen Orden und Freiheitsaktivisten weiter auf den Fersen war. Semler legte eingangs seiner Schrift dar, wie er kurz vor dem Hochzeitstumult einen sich anbahnenden Exzess verhindert hatte, als „nach Abzug der Garnison, mir gemeldet worden war, daß 6. Studenten in der Nacht vor dem Neumärker Thore groben lerm getrieben hatten, um ihre späte Einlassung zu erzwingen“. Mit dem Verweis auf die „Würde eines Studiosi“ schien es

---

123 Gottfried Hornig, Johann Salomo Semler. Studien zu Leben und Werk des Hallenser Aufklärungstheologen. Tübingen 1996 (Hallesche Beiträge zur Europäischen Aufklärung 2), S. 68.

124 Vgl. dazu das Dritte Kapitel, Abschnitt IV.2.

125 Punkt 7 der Gesetze: „Gesetzter Muth u[nd] Entschlossenheit seine Ehre unbefleckt zu erhalten, u[nd] sich gegen Beleidigungen zu vertheidigen u[nd] sie zu ahnden zieren den Mann u[nd] sind Pflichten eines jeden Unitisten. Keiner darf daher gleichgülthig bey zugefügten Kränkungen seines guten Nahmens bleiben, u[nd] ein solcher Mangel an Gefühl macht gänzlich unserer verbindung unwürdig.“ (UA Halle, Rep. 5, Nr. 42: Fortdauer des aufgehobenen "Unitisten"-Ordens 1786/1787, Bl. 104).

126 UA Halle, Rep. 5, Nr. 42: Fortdauer des aufgehobenen "Unitisten"-Ordens 1786/1787, Bl. 46.

127 UA Halle, Rep. 5, Nr. 42, Fortdauer des aufgehobenen "Unitisten"-Ordens 1786/1787, Bl. 100–106', das Zitat Bl. 100/100'.

dabei getan zu sein: „Es fiel nichts Anstößiges weiter vor; es wurde wenigstens gar nichts bei mir angebracht." Dass es sich hier um *seine* Informanten gehandelt hat, geht auch daraus hervor, dass Semler an anderer Stelle Zuträger benennt: Der beginnende Hochzeitstumult sei ihm „durch den Pedell und einen Knecht" gemeldet worden.[128] Nach der Schilderung der Ereignisse aus seiner Perspektive berichtet Semler, dass er bereits am Morgen des 23. Juni Vernehmungen – nachdem er „die rathäuslichen Verhöre" zunächst habe „freilich" abwarten müssen – mit den der Beteiligung verdächtigten Studenten führen und Verhaftungen veranlassen konnte, denn er „war so glücklich gewesen, schon einige persönliche data zu bekommen."[129] Auch dies ist ein Hinweis auf ihm zufließende Spitzelinformationen: Der diese Form von Nachrichten beschreibende Begriff („data") ist in diesem Zusammenhang ja bereits einige Male aufgetaucht.[130] Schließlich lobte er am Ende der *Ersten Sammlung* Denunziationen aus:

> Ich habe hie und da es bekannt werden lassen, daß ich Prämien von 10. 20. 30. Thlr. geben wollte, wer mir einzelne Studenten nennen würde, die mit herumzogen; daß ich für Entdekung des Anführers 50 Rthlr. geben würde; wäre auch der Anzeiger selbst mit gewesen, wollte ich doch mich dahin verwenden, daß er straflos bliebe; indem es noch ein Beweis eines Herzens ist, das noch nicht unheilbar vergiftet ist.[131]

Semler hatte demnach bereits in den mündlichen Informationshaushalt der Stadt, den Fluss des Hörensagens, einsickern lassen, dass er für Denunziationen gegen an diesem Tumult beteiligte Studenten Prämien bis zu dreißig Talern ausgelobt hatte. Für die Ergreifung des Anführers bzw. Initiators standen gar 50 Reichstaler zur Verfügung. Darüber hinaus lockte er Studiosi zum Seitenwechsel, indem er ihnen Straffreiheit garantierte. Semler handelte nicht nur als Prorektor im Auftrag der Universität und der preußischen Obrigkeit – der Theologe war offen zum Privatkampf gegen die Verfechter der Akademischen Freiheit übergegangen. Damit stieß er in der Professorenschaft nicht nur auf Zustimmung.[132]

---

[128] Zitiert nach: Der neue Deutsche Zuschauer, XII. Heft, Vierter Band, 1790, S. 264, 267.

[129] Zitiert nach: Der neue Deutsche Zuschauer, XII. Heft, Vierter Band, 1790, S. 267, 270. Im Frühjahr 1790 waren die Befugnisse des Prorektors bei der Verhaftung von Studenten leicht erweitert worden; Schrader, Geschichte der Friedrichs-Universität zu Halle. Erster Teil, S. 556 sowie auch S. 563f. (hier zur Verfassung des Universitätsgerichts der Zeit in Halle generell).

[130] Siehe die Passagen zu Johann Reinhold Forster und Johann Salomo Semler im Dritten Kapitel, Abschnitt IV.2 und V. Vgl. in diesem Kontext außerdem auch Johann Gottlieb Fichtes Aktivitäten gegen die Jenaer Orden zu Anfang des Jahres 1795: Deuerlein, Neues vom Constantisten=Orden, S. 109 (hier aus *Der Geschichte der Loge zu E.*) sowie S. 133 und 135; Thomas Pester, „Der Geist der Renommisterei kämpft um das Leben …" Johann Gottlieb Fichtes Einsatz für eine Reform des studentischen Lebens an der Universität Jena im Spiegel seines Briefes an Christian Gottlob von Voigt vom 16. Februar 1795, in: Bauer/Riederer (Hg.), Zwischen Geheimnis und Öffentlichkeit, S. 110–128, hier S. 117f., 122–124; Müller, Vom Regieren zum Gestalten, S. 385.

[131] Zitiert nach: Der neue Deutsche Zuschauer, XII. Heft, Vierter Band, 1790, S. 271.

[132] Siehe dazu weiter unten in diesem Abschnitt.

Die Studenten reagierten auf diesen offenen Zersetzungsaufruf eindeutig. Die Replik des Kandidaten der Rechte Adolph Friedrich Karl von O****n, das *Schreiben an den Herrn Doctor Semler, zur Zeit Prorector, als Antwort auf seine erste Sammlung von Anzeigen*, beginnt mit Verweisen auf die angegriffene Ehre und den weiten Resonanzraum, den Semler durch seine Drucklegung angesprochen habe. Die Befürchtung bestehe, dass die Eltern der Studenten, wenn sie von den Vorgängen anhand Semlers Darstellung „hören", ihren „Zorn, vielleicht gar ihren Fluch geben".[133] Im Zuge seiner ausführlichen Darstellung der Geschehnisse aus studentischer Perspektive beschreibt der adlige Student u.a., warum man den unbeliebten Pedell Prange, den Semler zur Beruhigung geschickt haben will, mit Steinen beworfen und vertrieben hatte: Da die aufgebrachten Studenten „blos glaubten, er nahete sich in der Absicht, um einige von ihnen zu erkennen und seiner Pflicht gemäß zu denunciiren".[134] Prange war als ein Zuträger Semlers bekannt und deshalb verhasst. Am Ende des Textes wird an die ‚Vaterfigur' Semler appeliert, die bei den Studenten hohes Ansehen genießen würde, was auch darin ersichtlich geworden sei, dass die Studiosi vor dem Neubeginn des Tumults am zweiten Tag ihm ein „Vivat" gebracht hatten, das Semler aber nicht angenommen habe.[135]

Noch deutlicher wurde die *Replik auf die „erste Sammlung von Anzeigen"*. Auch hier wird mit einer Schilderung der Ereignisse begonnen und sich auf das Recht der Studenten zur Verteidigung der Ehre berufen: „der hallische Student denkt wahrlich nicht klein genug, um am Fenstereinwerfen in den Häusern unschuldiger Personen ein Vergnügen zu finden".[136] Ebenso geht der anonyme Verfasser auf die Wirkungen von Semlers Schritt in den Raum der printmedialen Öffentlichkeit ein. Er diskutiert geschickt und auch provokant die Sinnfälligkeit dieses Vorgehens:

> Wie konnte er ans Publikum appelliren, da er, als Prorector die Macht hatte, den Hergang der Sache zu untersuchen, und nach Befinden der Umstände, die Schuldigen vor seinem Richterstuhl selbst zu belangen? Oeffentlich appelirt doch nur der unschuldig Bedrückte oder Bestrafte, dem die Zuflucht zu einem höhern Richter entweder erschwert, oder unmöglich gemacht wird! Heißt das nicht den Proceß von der Execution anfangen? Was würde es für Folgen haben, wenn auch die Studenten bei jeder auffallenden Erscheinung dieses oder jenes Professors, gleich mit einer Apellation ans Publikum auftreten wollten? – Und bindet das akademische Gesez, die Ehre der Universität auswärts zu schonen, nicht auch das Oberhaupt derselben? Oder soll man den Schritt des Herrn Doctors als eine Folge von zu rascher Aufwallung betrachten und entschuldigen? Könne man dies aber nicht auch auf den Tumult der Studenten

---

[133] Der neue Deutsche Zuschauer, XII. Heft, Vierter Band, 1790, S. 272.

[134] Der neue Deutsche Zuschauer, XII. Heft, Vierter Band, 1790, S. 277; zur Unbeliebtheit Pranges bei den Studenten siehe die Bemerkung des studentischen Herausgebers der Schriften auf S. 268f., hier die Fußnote ***. Siehe auch: Akademisches Taschenbuch zum Nutzen und Vergnügen für Studirende auf das Jahr 1792. Mit Kupfern und einem Grundriß von Halle. Halle 1792, S. 132: Die eigentlichen Pedelle waren Müller und Hübner; Prange war Müller nur „adjungirt", weshalb er offensichtlich erhöhten Positionierungsbedarf und, damit verbunden, eine gesteigerte Handlungsmotivation hatte.

[135] Der neue Deutsche Zuschauer, XII. Heft, Vierter Band, 1790, S. 279f. sowie dazu auch S. 269.

[136] Zitiert nach: Der neue Deutsche Zuschauer, XII. Heft, Vierter Band, 1790, S. 281f.

anwenden? Nicht mit weit grössern Recht auf diese, als auf einen Mann, der es dem Publikum nicht oft genug zu sagen weiß, wie eine alte, ehrliche und gute Haut er ist? Hat indeß ein alter, ehrlicher Professor nicht auch Schwächen, die sich durch Luftsalzwasser und Goldtinktur nicht heilen lassen?[137]

Der studentische Verfasser stellte Semlers Vorgehen durch Gleichnisse in Frage und er erteilte einen Seitenhieb durch den Bezug auf die seit Ende der 1770er Jahre geführte Debatte um die alchemisch-rosenkreuzerischen Schriften des Theologen.[138] Der studentische Autor deutet die Ereignisse grundsätzlich anders als der alternde Prorektor (Semler stirbt 1791): Nicht die Studenten hätten mit dem Tumult den eigentlichen Tabubruch begangen, sondern Semler mit seiner Schrift. In diese Argumentationslinie fügt er seine vehemente Kritik an den Semlerschen Denunziationsprämien an. Dieser sehe alles durch ein „Vergrösserungsglas" und setze „Preise von 30 bis 50 Thaler auf die Entdeckung der Schuldigen", „gleich als wenn es Bösewichte oder Verbrecher wären, die jene Hauptstrafe verwirkt hätten, und an deren Erforschung dem Staat wer weiß wie viel gelegen wäre!" Das Denunziationsangebot wird als völlig überzogen auch deshalb dargestellt, weil die Studenten dadurch auf eine Stufe mit gemeinen Verbrechern gestellt wurden. Der anonym bleibende Student argumentiert zudem weiter mit dem generellen Verdachtsmoment gegenüber der Unredlichkeit von potenziellen Denunzianten, denen mit solchen Aufforderungen Tür und Tor geöffnet werde: „Der Herr Doctor dachte hier gewiß nicht an den Mißbrauch, der daraus entstehen könnte, wenn schlechtgesinnte Menschen, durch Privathaß, Geldbegierde oder andere Absichten gereizt, Unschuldige anzeigen."[139]

Außerdem bekam Semler aus der Professorenschaft Gegenwind zu spüren. Man war in Halle über das forsche Vorgehen des Theologen nicht unbedingt erfreut und drang offensichtlich auf Distanzierung und Relativierung. In den Einstiegsbemerkungen zu seinem *Zusatz* heißt es nämlich, dass er „überaus gern" dem „Gutachten einiger Professoren" folgen und die vielen untadeligen Studenten der hallischen Universität nun ins rechte Licht rücken will, gerade auch wie es „die nun etwas richtigere Kenntniß der Vorfälle mit sich bringt". Und Semler betont: „Zum ersten ist es meine privat Schrift, woran weder das Concilium, noch irgend ein anderer Professor Theil hatte; die also auch keine gerichtliche oder öffentliche Auctorität hat".[140] Man stelle sich den alt gewordenen, berühmten Theologen vor, wie er im Sommer 1790 von den Studenten vorgeführt und

---

[137] Zitiert nach: Der neue Deutsche Zuschauer, XII. Heft, Vierter Band, 1790, S. 282f.

[138] Siehe dazu jetzt: Markus Meumann, Hermetik oder Privatreligion? Johann Salomo Semler und die esoterische Tradition, in: Claudia Schnurmann/Hartmut Lehmann (Eds.), Atlantic Understandings: Essays on European and American History in Honor of Hermann Wellenreuther. Münster/Hamburg/Berlin/Wien/London/Zürich 2006 (Atlantic Cultural Studies 1), S. 185–199.

[139] Zitiert nach: Der neue Deutsche Zuschauer, XII. Heft, Vierter Band, 1790, S. 283f.; siehe auch S. 286 („indem man auf den leichtesten Verdacht bei Tage und zur Nachtzeit Studenten nach dem Karzer schlept, und sie mit einer Strenge und Verfänglichkeit verhört, als wenn sie Landesverrath getrieben hätten").

[140] Zusatz zur ersten Anzeige von den unruhigen Tagen, S. [1].

zudem vom Kollegium der Professoren gemaßregelt wird. Dieses Verhalten ist zugleich ein Indiz dafür, dass in der hallischen Universitätsobrigkeit 1790 bereits das Nachdenken über neue Strategien disziplinarischer Politik eingesetzt hatte.[141] Auch wenn die anderen Professoren ganz sicher die studentischen Tumultpraktiken nicht guthießen – die überterritoriale publizistische Ausweitung erschien ihnen in dieser Form als nicht wünschenswert. Damit war kurioserweise eine nicht gewollte Übereinstimmung mit der Sicht der Studenten hergestellt. Denn auch die *Replik auf die „erste Sammlung von Anzeigen"* hielt Semler vor, dass „schon manche weise Prorectoren ihm ein Beispiel gegeben haben, daß dergleichen akademische Unruhen am besten im Stillen unterdrückt werden." Und das „ganze Abentheuer wäre schwerlich nur den nächsten Städten bekannt geworden, wenn der Herr Doctor es nicht für gut gefunden hätte", dasselbe so „schauderhaft" ausstaffiert „über einen Theil von Deutschland verfliegen zu lassen".[142]

Außerdem berührt die Auseinandersetzung zwischen Semler und den Studenten noch eine weitere Ebene: die Zensurmaßnahmen in der preußischen Universitätsstadt, die überwiegend bei den Fakultäten der Universität lagen, und die auch alle nicht zensierten Drucke und deren öffentlichen oder klandestinen Verkauf mit einschlossen.[143] Es hatte sich in der Stadt herumgesprochen, dass Semler „einigen Studenten erlaubt" habe, eine Replik herauszubringen. Zugleich aber kam den Studenten zu Ohr, dass „allen Buchdruckern in Halle verbothen seyn soll, irgend eine Replik ohne ausdrückliche Erlaubniß zu drucken", weshalb sie den zensorischen Eingriff fürchteten, der wohl nicht mehr als den Namen einer Replik übrig lassen würde. Und der studentische Herausgeber der Schriften im *Neuen Deutschen Zuschauer* bemerkte dazu, dass dies tatsächlich zwei Texte betraf, die man zusammen mit einer Strafandrohung an alle hallischen Buchdrucker in Höhe von 50 Reichstalern für den Fall, dass sie die Schriften verlegen und vertreiben sollten, „förmlich verbothen" habe. Zugleich spottete er über diese Maßnahmen, da es ja kein Problem sei, so etwas in Leipzig, Köthen, Weißenfels oder Merseburg – diese Städte lagen außerhalb des preußischen Territoriums, aber in unmittelbarer geografischer Nähe zu Halle – drucken und auf den kursächsischen Dörfern rund um Halle vertreiben zu lassen.[144] Semler räumte später ein, dass er den Studenten gesagt habe, die

141 Siehe dazu das Fünfte Kapitel, Abschnitt II.

142 Zitiert nach: Der neue Deutsche Zuschauer, XII. Heft, Vierter Band, 1790, S. 284.

143 Zu den hallischen Zensurgegebenheiten in dieser Zeit siehe einführend: Uta Monecke, Zwischen staatlicher Obrigkeit und bürgerlichem Aufbruch. Preußische Zensur und städtische Zensoren in Halle und Naumburg 1816–1848. Halle 2006 (Forschungen zur hallischen Stadtgeschichte 8), S. 27–37.

144 Der neue Deutsche Zuschauer, XII. Heft, Vierter Band, 1790, S. 289f. sowie dort die Fußnote. Auch umgekehrt funktionierten diese Druck- und Distributionswege: Während einer Untersuchung des Universitätsgerichts Leipzig 1803/1805 tauchte die Schrift *Mein Leben auf Schulen und Universitäten bis Johannis 1801 in einer Art Verse abgefasst, die sich etwas besser als Knittelverse lesen lassen* (verfasst von [Friedrich Küchelbecker]) auf. Für diese war die Zensur in Leipzig umgangen worden – die Schrift wurde in Halle gedruckt, da die Zensurpflicht beim Buchdrucker und nicht beim Verleger lag. Der Autor, so der Buchhändler Ferdinand Dienemann, sei der

Repliken sollen zensurkonform sein; er selbst habe sich an einer besonders erfreut (das *Schreiben an den Herrn Doctor Semler, zur Zeit Prorector, als Antwort auf seine erste Sammlung von* Anzeigen). Dieses sei auch von der Zensur beanstandet worden, er aber habe den unzensierten Druck erlaubt. Die *Replik* allerdings wollte er nicht gelten lassen. Und als „ein gräuliches Actenstück" bezeichnete er die *Brautnacht*. Im Blick auf die unerlaubten Drucke hielt er sich vor, „gar nicht" auf die „Colporteurs oder Gassenjungen, die dergleichen herumtragen und ausbieten" geachtet zu haben.[145] Semler wusste also um den in Halle aktiven klandestinen Buchuntergrund. Noch kurz vor seinem Tod sandte er 1791 eine in der Stadt zirkulierende, anonyme Schrift – „Ein Montagsblatt", das mit „PH." unterzeichnet ist und das zwar ironisch und reflektierend, aber dennoch deutlich obrigkeitsfreundlich argumentierte – zusammen mit einem eigens verfassten Begleitschreiben nach Berlin.[146]

Diese Beobachtungen verweisen einmal mehr auf die außerordentlich gute Informiertheit des Theologen. Semler gab zwar in der Sache und Form letztlich nach und räumte „Uebereilung" ein. Was er aber nicht revidierte, weder im Grundsatz noch im konkreten Fall, war die Nutzung von eingeholten Informationen und der Aufruf zu Denunziationen. Auch angesichts der publizistischen und disziplinar-politischen Niederlage bezieht er sich auf Kenntnisse, deren – inoffizielle und offizielle – Quellen unbenannt blieben: „Zu meiner Uebereilung half nun auch, daß ich schon davon wußte, daß ein ehedem hier relegierter Crüger, also ganz gewiß ein falscher Student, der sich aus Jena nun auch entfernen mußte, auf ernstliches Erfordern der Seinigen, in diesen zween Tagen [des Tumults] sich vorzüglich mit hervorgethan hat."[147]

Rechtskandidat Küchelbecker, der ihm das Manuskript vor zwei Jahren zugesandt habe, gedruckt worden ist es in Halle beim Buchdrucker Francken. (Möglicherweise handelt es sich hier um den hallischen Drucker und Verleger Christoph Peter Frank oder einen seiner Nachfahren.) SHStA, 10088, Generalia, Loc. 1784: Duelle 1803–1805, Bl. 50/50b.

145 Zusatz zur ersten Anzeige von den unruhigen Tagen, S. 5f. Zum Umfeld siehe: Gottfried Hornig, Johann Salomo Semler, S. 68–76.

146 [PH.], Ueber das hallesche Karzer und über Studentenorden. Ein Montagsblatt. O.O. 1791 [darin ab S. 17: „Ueber Studentenorden und Duelle"); GStA PK, Rep. 76 alt II, Nr. 82: Tumulte, Excesse, Händel, Vol: I 1789–1795, Bl. 117ff. Ein weiteres Exemplar der seltenen Schrift befindet sich in der Marienbibliothek Halle, H 272 (3). U.a. wägt der Verfasser darin den „Schaden" und den „Nutzen" von Studentenorden gegeneinander ab (S. 28f.). Auf der Kontraseite finden sich das Untergraben der allgemeinen Studentenfreundschaft, die Friktionen zwischen den Orden (die zu Händeln Anlass geben), das Ablenken vom eigentlichen Zweck des Studiums, der Schaden, den sie dem Ruf der Universität zufügen und das Aufrechterhalten der Duelle. Dem gegenüber stehen als positive Implikationen die Geselligkeit (für diejenigen, die das wünschen) und insb. die Fähigkeiten, als „verbundene Gesellschaft" sozialfürsorgerisch tätig zu werden (siehe dazu oben die Anm. 9) bzw. „einen zu befürchtenden Auflauf" gegebenenfalls verhindern zu können.

147 Zusatz zur ersten Anzeige von den unruhigen Tagen, S. 2. Semler verweist zudem auf die Anzeigepflicht von Disziplinarverstößen, die den Betroffenen gesetzeskonforme Satisfaktion verschaffen würde. Außerdem habe er es durch seine erste *Anzeige* „fast unmöglich gemacht", „irgend ein Bekenntniß bey der Untersuchung zu bekommen, wie es die Form des Processes erfordert" (ebd., S. 3 und 5).

Fassen wir zusammen: Im Anschluss an den hallischen Hochzeitstumult im Juni 1790 hatte sich eine heftige publizistische Debatte entwickelt, die jenseits der konkreten Vorgänge insbesondere über generelle Fragen der studentischen Ehre, über die Formen für deren Performanz und Verteidigung in der Stadt sowie über die Gegenmittel der Obrigkeit handelte. Damit war bewusst ein reichsweiter Horizont hergestellt worden. Allen Beteiligten war klar, dass mit dem Schritt in die printmediale Öffentlichkeit die Dinge nicht mehr nur vor Ort im Rahmen der Universitätsstadt, sondern vor den Augen einer zumindest theoretisch unbegrenzten Öffentlichkeit verhandelt und ausgetragen wurden. Auf diese Weise wurden differente Interpretationen von den Vorgängen in Halle und den dahinter stehenden grundlegenden Fragen transportiert: Nicht nur die Obrigkeit, sondern vor allem die Studentenschaft wurde gehört. Das ‚Ungeheuer' der Akademischen Freiheit hatte die Mauern der Universitätsstadt endgültig durchbrochen – und mit ihm die Mechanismen der Denunziation.

Fünftes Kapitel

Jenseits der Revolution: Neue Wege, alte Wege um 1800

I Alles beim Alten: 1792/93, das Arkanum wird verboten

Zu Beginn der 1790er Jahre war der obrigkeitliche Kampf gegen die Orden und Landsmannschaften an einem neuralgischen Punkt angekommen. Er war nicht gewonnen worden und durch die revolutionären Ereignisse 1789 in Frankreich entstand zusätzlicher Handlungsdruck. Im *Journal von und für Deutschland* waren 1791 zwei Artikel erschienen, die die Situation auf den Punkt brachten. Sie fassten sowohl die Praktiken der studentischen Arkangesellschaften und deren Verankerung im Wertekosmos der Akademischen Freiheit als auch die obrigkeitlichen Gegenmaßnahmen zusammen: die Duellkultur und der Zwang zur Ehrverteidigung, die ausgebauten Korrespondenz- und Kommunikationsnetzwerke der Orden, die Praxis doppelter Ordensstatuten sowie die Pflicht zur Leistung des Ordenseides und die hörige Unterordnung unter den Senior einerseits – die „Staat im Staat"-Problematik, die einsetzenden publizistischen Implikationen, die Angebote des Abschwörens an die Ordensbrüder, das Ausloben von „versprochenen Belohnungen" für potenzielle Denunzianten sowie die damit unmittelbar zusammenhängende Frequenzproblematik andererseits.[1] Am Ende stand ein eher skeptisches Fazit: „Sache und Namen zugleich auszurotten" sei „fast eben so unmöglich, als die Vorurtheile von Ehre, akademischer Freyheit [usw.] zu vertilgen, die so stark eingewurzelt sind, dass man den Sittenverbesserern und ihren Gehülfen die Fenster einwirft, und die, welche den Gesetzen Folge leisten, verspottet".[2] Die prägnante Beobachtung und Beschreibung des inneren Zusammenhangs von Ordenskultur und Akademischer Freiheit traf den Kern der Sache. Von diesem Punkt aus galt es, die Disziplinarpolitik in der revolutionären Zeit weiter zu gestalten: Was konnte im Rückblick auf die Erfahrungen des Jahrhunderts – noch – getan werden?

Dabei lässt sich ein *Prinzip der Beharrung* erkennen. Dies wird am 1792/93 auf den Weg gebrachten Reichsgutachten gegen die Studentenorden deutlich. Bevor wir konkret auf dieses eingehen, soll zunächst das größere Beziehungsgefüge in den Blick genom-

---

1 Der Zusammenhang zwischen Studentenkultur und Disziplinarpolitik und dessen Auswirkungen auf die Frequenz wurde in den 1790er Jahren auch, wie Ulrich Rasche gezeigt hat, in Jena und Weimar diskutiert, und ist für Helmstedt noch im frühen 19. Jahrhundert beobachtet worden: Rasche, Umbrüche – Zur Frequenz der Universität Jena im ausgehenden 18. und frühen 19. Jahrhundert, S. 116f.; Asche, Der akademische Senat und die studentische Verbindung an der Universität Helmstedt, S. 90 (1808) sowie Brüdermann, Göttinger Studenten und akademische Gerichtsbarkeit, S. 244. Hinweise auf diese Zusammenhänge gibt es ebenso für Leipzig. 1791 wurde hier über das Problem des Wohnens der Studenten in den Dörfern und Vorstädten – das den Studiosi größere Freiheiten brachte – ventiliert. Die Frage war nicht neu. Gleichwohl sei sie zu „steuern" und es sei zu klären, „mit welcher Vorsicht es bemittelten Ausländern nachzulassen sey"; SHStA, 10088, Specialia, Exzesse, 1.) Pennalismus, Duelle Loc. 1779, Excesse Vol. II 1790–1794, Bl. 135ff.

2 Ueber die sogenannten Orden auf Universitäten, in: Journal von und für Deutschland 8 (1791), 8. St., S. 686–693 sowie: Fragmente über Jena und die dortige Universität, in: ebd., S. 712–727, die Zitate: S. 722 und 692f.

men werden. Dabei fällt auf, dass zeitlich parallel zu den lokalen und überregionalen Bemühungen um die Disziplin der Studenten seit der Mitte der 1780er Jahre ebenso Anstrengungen im außeruniversitären Bereich zur Befolgung der guten Policey im Lande und, damit verbunden, zur Erhöhung der Informationsdichte unternommen wurden. Dies lässt sich am kursächsischen Beispiel zeigen: So sollte durch Festlegung in einem *Generale* vom 12. März 1783 die Strukturierung und Verbesserung der Verfahren in „General Accis Jurisdictions Sachen“ und das „Verfahren in General Accis Rügen Sachen“ erreicht werden.[3] Mittel, um dies zu bewerkstelligen, sollten vierteljährlich von den Inspektionen einzusendende Überblickstabellen sein.[4] Im Zuge dieser Bemühungen wurden auch Belohungen zu Lasten von Ergriffenen ausgelobt.[5] Dies waren in den 1780er und frühen 1790er Jahren offensichtlich Grundelemente der kursächsischen Innenpolitik. Man verließ sich nicht auf die erfahrungsgemäß beschränkte Weisungskraft der Verordnungen im Rahmen der guten Policey oder auf patriotische Motivationen der Untertanen. Stattdessen wurde ein Weg verfolgt, der auf Belohungsauslobungen für Informationen und eine damit verbundene Anonymitätszusage sowie in Aussicht gestellte Strafnachlässe gründete.[6] Dabei wurde von der Dresdner Obrigkeit auch gezielt auf den mental-morali-

---

3 ULB Halle: AB 180017 [81] / (79): Generale die Einschickung der bisherigen Differenzien in General-Accis-Jurisdictions=Sachen, ingl. Das künftige Verfahren in General Accis-Rügen=Sachen betr. den 12. Mart. 1783.

4 ULB Halle: AB 180017 [81] / (79): Generale [1783], Art. IX: „Ferner ist über sämmtliche Accis= Denunciationen [...] am Ende jeden Vierteljahres, von der Inspection eine Haupt=Tabelle zu fertigen“. Sowie dazu die vertiefende Erläuterung der Landesobrigkeit: ULB: AB 180017 [82] / (80): Ausführliche Instruction das General-Accis-Rügen=Wesen betr. zu Erläuterung des dieserhalb unter heutigem dato erlassenen Generalis. Dresden, den 12. Mart. 1783. Hier sind Anweisungen zu so genannten Denunziationsbüchern und Denunziationstabellen (zur Umsetzung der Anzeigepflicht durch landesherrliche bzw. städtische Bediente) ausgefertigt. Siehe in diesem Zusammenhang auch: ULB Halle: AB 180017 [14] / (12): Gene: [Generale] die Gerichts und Rügen Strafen Tabellen betr., den 24. Decbr. 1787. Die Tabelle war in der Frühen Neuzeit ein übliches Format zur Datenerhebung und Informationsstrukturierung, z.B. bei Desertionen; dazu beispielhaft: Pröve, Stehendes Heer, S. 53. Auch in der Universitätspolitik der Landesherren wurden Tabellen genutzt: Kathe, Die hallische Studentenschaft zur Zeit Friedrichs des Großen, S. 135; UA Erlangen, 3 / 14 Nr. 8: Commerces, Landsmannschaften und dergl. 1781, Schriftstück 103: In Erlangen sollte ab Herbst 1781 „eine detaillierte Liste von dem Fleiß und der Aufführung sämtlicher in Erlang befindlicher Studenten“ vorgelegt werden. Siehe außerdem auch: Uli Kahmann, „Es sey Gutes oder Böses und allerhand Partikularia“. Das amtliche Berichtswesen im Königreich Preußen im 18. und 19. Jahrhundert, unter: www.univie.ac.at/policey-ak/treffen_2.htm [März 2004] (Ms. eines Hörfunkbeitrags, Sendung: 1. Dezember 1998, WDR 3, „Am Abend vorgestellt“).

5 ULB Halle: AB 180017 [81] / (79): Generale [1783], Art. X (hier in Bezug auf einen Wert von einem Taler und darunter). Außerdem findet sich ein angehängtes Reglement aus dem Jahr 1723, in dem bereits einschlägige Gebühren geregelt sind (hier die Artikel I [„zur Ergötzlichkeit“], II, IV, V und VI).

6 Siehe auch: ULB Halle, AB 180017 [35] / (33): Gener: [Generale] das Ausspielen allerley Mobilien pp. betr., den 18. Febr: 1783: „Liebe getreue. Nachdem Uns die Anzeige geschehen, wasmaßen das Ausspielen allerley Mobilien, Effecten und anderer Sachen, in Unsern Landen zum großen Nachtheil Unserer Unterthanen überhand genommen; So erachten Wir zur Steurung dieses unzu-

schen Aspekt des Denunziationswesens Bezug genommen. In einer Anweisung u.a. zur Steuerung des Hazardwesens hieß es 1788: „man hoffet um so gewisser, daß sich niemand, dergleichen Anzeigen zu thun, ein Bedenken machen, oder gar für erniedrigend achten werde".[7] Um die Annahme der Denunziation als legitimierte Handlungsoption für die Untertanen wurde ausdrücklich geworben.

Auch nach den Ereignissen von 1789 fungierten neben verbal strengen Anweisungen beträchtliche und somit attraktive Belohungen als Anreize zum Informationstransfer aus der anonymen Masse der Untertanen heraus, wie am *Mandat wider Tumult und Aufruhr* von 1791 deutlich wird: „Die Gerichtspersohnen, auch alle Gerichts= und Policeybediente, sollen auf die Zusammenkünfte der Innungen und Gemeinden ein wachsames Auge haben". Wenn sie „in Erfahrung bringen", dass „dergleichen ohne die vorgeschriebene Meldung und Erlaubnis gehalten" werde, oder sie „sonst ein bedenkliches Zusammenlaufen mehrerer Personen wahrnehmen", sei dies „sofort" der Obrigkeit anzuzeigen.[8] Darauf aufbauend wurde weiter festgelegt:

---

läßigen Beginnens der Nothdurfft, alles und jedes Ausspielen, es sey nun durch eigene Lotterien, oder durch Beziehung auf andere Lotterien, ingleichen durch Würfeln oder auf andere Art und Weise, die auszuspielende Sache habe Nahmen, wie sie nur immer wolle, bey einer Geld=Buße von Zwanzig Rthlr. auch, nach Befinden, höhern Geld= oder proportinuirlichen Gefängniß=Strafe, mit welcher sowohl der Ausspielende, als der Collecteur und derjenige, so dergleichen Ausspielen bey sich verstattet, zu belegen ist, hiermit gänzlich zu untersagen: und ist von denen Geld=Bußen jedesmahl ein Drittheil dem Denuncianten, ohne Unterschied, wenn er auch schon an der Contravention Theil genommen, und nur nicht selbst dazu, gefährlicher Weise Anlaß gegeben, nebst Verschonung mit der hierunter von ihm selbst verwürckten Strafe zu reichen, das übrige aber der die Untersuchung führenden Obrigkeit zuzueignen. [...]". Siehe außerdem: AB 180017 [58] / (56): Nachdem Ihro Chur-Fuerstl. Durchl., um denen im Policey-Wesen sich hervorthuenden Gebrechen auf das schleunigste, wuercksamste, und zweckmaessigste abhelffliche Maasse zu schaffen [...] Sich bewogen gefunden [...] kuenfftig alle Anzeigen und Denunziationes in Policey-Sachen [...] So geschehen und gegeben zu Dresden, am 3ten Januar 1789.

7 ULB Halle, AB 180017 [54] / (52): Policey Commissions Befehl, wegen Hazard Spiel, Badens in der Elbe, und Erstattung der Unkosten bey Anzeige des Diebstahls, 28. Jun: 1788: Hier wird festgestellt, dass in Kaffee- und Speisehäusern trotz Verboten weitergespielt wird und man dagegen wenig ausrichten kann, da die Beschuldigten dreist leugnen. Folglich sollen nicht nur die Wirte ihrer Anzeigepflicht nachkommen, sondern alle Einwohner werden „aufgefordert und angemahnet, solches sofort bey der Commission anzuzeigen, und dagegen, daß nicht allein ihr Name verschwiegen bleiben, sondern ihnen auch aus dem ohnehin in den Gesetzen festgesetzten Antheil der einzubringenden Geld=Strafen, eine besondere Belohnung gereicht werden solle, gewärtig zu seyn, und man hoffet um so gewisser, daß sich niemand, dergleichen Anzeigen zu thun, ein Bedenken machen, oder gar für erniedrigend achten werde, da außer der zu erwartenden Belohnung an Gelde, die von den Hazard=Spielen ohnausbleiblich zu erwartenden nachtheiligen Folgen für Hauß=Väter, Ehegatten, und ganze Familien, deren Entdeckung jedwedem guten Bürger und Unterthan zur Pflicht machen."

8 ULB Halle, AB 180017 [21] / (19): Ihro Churfürstl. Durchlaucht zu Sachsen, etc. Mandat wider Tumult und Aufruhr. Ergangen Dresden, den 18. Januar 1791, Absatz 5. Zu diesem Mandat siehe auch: Petschel, Die Persönlichkeit Friedrich Augusts des Gerechten, S. 94.

> Jeder Rechtschaffene wird sich, um des gemeinen und eignen Besten willen, von selbst bewogen finden, durch möglichste Verhinderung Landverderblicher Unruhen, seiner Pflicht Genüge thun. Wir sind iedoch in Gnaden gemeinet, denen, so bevorstehende Zusammenrottirungen und aufrührische Unternehmungen entdecken, solche in Zeiten glaubwürdig anzeigen, und denselben steuern helfen, besondere Gnadenbezeigungen, auch nach Befinden Belohnungen in Geld zu **Ein= und mehrern Hundert Thalern** angedeihen zu lassen.[9]

Der fett gesetzte Hinweis auf Belohungen steht so im Original. Ergänzend dazu wird in bekannter Weise eine zusätzliche Brücke für bereits in verdächtige Vorgänge Involvierte angeboten:

> Es soll auch Mitschuldigen, wenn sie das Vorhaben in Zeiten, und dergestallt, daß es verhindert werden kann, anzeigen, oder auf alle Fälle die Anführer und Theilnehmer, in der Mase, daß sie überführet werden können, entdecken, solches nach Beschaffenheit der Umstände, zur Verschonung mit der sonst verdienten Strafe, oder doch zu beträchtlicher Verminderung derselben, zu statten kommen.[10]

Hinter den Deliktformulierungen sowie den forcierten Belohnungsauslobungen stand die neue politische Großwetterlage: Nicht nur die allgemeine Revolutionsfurcht schlägt sich hier nieder, sondern auch ganz konkrete Erfahrungen durch die mit den revolutionären Ereignissen in Verbindung stehenden Bauernunruhen in Kursachsen von 1790.[11] Die Maßnahmen erhöhter obrigkeitlicher Sensibilität im Zuge der Revolution in Frankreich bezogen sich zudem auch auf die kursächsischen Landesuniversitäten. Dies lässt sich am Verfahren gegen die beiden Leipziger Professoren Friedrich Gottlob Born (Philosophie) und Johann Friedrich Hilscher (Logik und Geschichte) wegen angeblich „aufwieglerischen“ – so der Aktentitel zum Vorgang – öffentlichen Redens im Herbst 1792 beobachten.[12] Die Vorgänge um die beiden akademischen Lehrer kamen auf den üblichen Wegen in die Ohren der universitären und landesherrlichen Obrigkeiten. Zunächst hatte die Leipziger Universität an den Kurfürsten berichtet: „Als vor einiger Zeit verlauten wollte, daß der Prof. extraord. Friedrich Gottlob Born, an einem öffentlichen Orte, nemlich auf dem hiesigen PostStalle, verschiedene ungebührliche Reden geführet, und besonders die französischen Unruhen begünstiget haben, und darüber mit dem hiesigen Buchdrucker Dürr in Wortwechsel gerathen seyn solle“.[13] Dahinter standen Gerüchte, die dem Konsistorialpräsidenten bei einer im September erfolgten Universitätsvisitation

---

[9] ULB Halle, AB 180017 [21] / (19): Mandat 1791, Absatz 29.

[10] ULB Halle, AB 180017 [21] / (19): Mandat 1791, Absatz 30.

[11] Petschel, Die Persönlichkeit Friedrich Augusts des Gerechten, S. 93–95; siehe aus marxistischer Perspektive: Percy Stulz/Alfred Opitz, Volksbewegungen in Kursachsen zur Zeit der Französischen Revolution. Berlin 1956, S. 43ff.

[12] Siehe dazu auch Kuhn/Schweigard, Freiheit oder Tod!, S. 254–256.

[13] SHStA, 10088 Oberkonsistorium Universitäten, VII.3. Justizsachen, Streitigkeiten unter Professoren, Loc. 1791 (6.), Acta Die von den Professoribus Born und Hilschern zu Leipzig geäußerten aufwieglerischen Gesinnungen und ungeziemenden Reden b. 1792f.(–1794), Bl. 1–4, das Zitat auf Bl. 1.

gezielt zu Ohren gebracht worden waren.[14] Der daraufhin vernommene Born gestand, „daß er auf dem Post=Stalle, iedoch nicht gegen alle Biergäste, sondern nur gegen die allda gegenwärtig gewesenen Studenten, die französische Constitution in soweit da er gesagt, daß selbige in den mehresten Puncten, sehr wenige ausgenommen, mit dem Natur=Rechte über ein komme, gebilliget habe".[15] In seiner Antwort auf den Bericht erweiterte der Kurfürst die Untersuchung auf Hilscher. Ein Vorgang, der erneut die eingespielten Kommunikationswege, die aus der Welt der Universitätsstadt heraus Informationen und Gerüchte an die Obrigkeit nach Dresden übermittelten, belegt. Friedrich August schreibt am 30. Oktober: „Demnach verlautet, daß von den beyden Professoribus, Born und Hilscher zu Leipzig, aufwieglerische Gesinnungen geäußert und ungeziemende Reden geführet worden".[16] Im Zuge der Untersuchung stellte sich heraus, dass die Anschuldigungen gegen Hilscher falsch waren und Born es verstand, die Dinge in ein differenziertes Licht zu stellen. Demzufolge wurde Hilscher lediglich ermahnt und Born anstatt der zunächst in Betracht gezogenen acht Wochen Haft zu 15 Talern Geldstrafe verurteilt.[17] Wichtig war den Obrigkeiten dabei offensichtlich, dass neben nicht oder nur vage vorliegenden politischen Gesinnungsgründen auch der Aspekt der angesprochenen städtischen Öffentlichkeit entkräftet werden konnte. Denn die schriftlich fixierten „Endscheidungs= Gründe M. Friedrich Gottlob Born betr." halten dies eingangs expliziert fest, da für „wahr" angenommen wurde, dass „der Ort, an welchem die in Frage befangenen Gespräche vorgefallen, nicht derjenige Platz des Posthauses, in welchem jedermann der Zutritt offenstehe, sondern eine abgesonderte Stube sey, in welcher wenige bekannte Männer zusammen kommen, um sich gesellschaftlich in Gesprächen zu unterhalten".[18]

Dieses Leipziger Beispiel verweist zugleich auf den Revolutionsverdacht gegen die Studenten an deutschen Universitäten, denen man unterstellte, als Multiplikatoren revolutionären Gedankengutes zu fungieren. Gerade die landsmannschaftlichen bzw. ordensgesellschaftlichen Zusammenschlüsse würden dafür den idealen Nährboden abgeben.[19] Die studentengeschichtliche Forschung hat sich gerade mit dieser Problematik ausführlich beschäftigt und dabei ambivalente Ergebnisse hervorgebracht. Von einer durchgreifenden Politisierung der Studenten kann man nach einer kritischen Durchsicht der Lite-

---

[14] SHStA, 10088, VII.3., Loc. 1791 (6.), Born und Hilschern 1792–1794, Bl. 8–11' (Bericht vom 14. November 1792 an das Geheime Consilium; Abschrift): hier Bl. 8 in bezug auf Born die Ursprungsinformation: „Als bey der im Monat September d. J. gehaltenen Revision der Universität zu Leipzig mir, de[m] Oberkonsistorialpräsidenten, durch verschiedene Gerüchte hinterbracht ward, als ob der Professor [...]".

[15] SHStA, 10088, VII.3., Loc. 1791 (6.), Born und Hilschern 1792–1794, Bl. 3.

[16] SHStA, 10088, VII.3., Loc. 1791 (6.), Born und Hilschern 1792–1794, Bl. 5 (Entwurf).

[17] Kuhn/Schweigard, Freiheit oder Tod!, S. 256.

[18] SHStA, 10088, VII.3., Loc. 1791 (6.), Born und Hilschern 1792–1794, Bl. 31–33, Bl. 31/31'.

[19] Siehe dazu beispielhaft die Darstellung der entsprechenden Einschätzungen in Weimar/Jena bei: Wilson, Das Goethe-Tabu, S. 193f., 205f.

ratur nicht sprechen.[20] Hinweise deuten dagegen darauf hin, dass die Studenten die Praktiken der Akademischen Freiheit nach 1789 mit provokant erscheinenden und den im öffentlichen Raum als gefährlich eingestuften Insignien der Revolution koppelten.[21] Studiosi fingen nun beispielsweise an, neben bzw. statt landsmannschaftlicher Hoheitszeichen französische Kokarden zu tragen.[22] Bei weitem nicht jeder Zeichen tragende Student aber war ein potenzieller Revolutionär im Raum der Universitätsstadt. Die Studenten erweiterten mit diesen Verhaltensweisen die Palette ihrer Ausdrucksformen und Performanzstrategien. Die Übernahme zeitgenössischer Embleme zeigt die Fortschreibung einer inneren Dynamik: Die Studenten passen die Formen zur Darstellung ihres Standesbewusstseins den aktuellen Zeitläuften an. Man wird künftig weniger nach den revolutionären Implikationen in der deutschen Studentenschaft nach 1789 suchen, als vielmehr danach fragen müssen, inwieweit die Formen der symbolischen Kommunikation der Studenten in dieser Zeit modelliert bzw. temporär angepasst worden sind.

Diese Beobachtung, wonach die Studenten ihr Wertesystem an aktuelle Entwicklungen angepasst haben, wird auch durch den zeitgenössischen, argumentativ ausgetragenen Kampf um die Deutungshoheit der Akademischen Freiheit bestätigt. Dabei sollte obrigkeitlich ein anderer Begriff von Akademischer Freiheit jenem der autonomen Studentenkultur und der damit verbundenen Praktiken entgegengestellt werden. Es ging darum, der nach wie vor nicht beizukommenden mentalen Resistenz in der Studentenkultur um und nach 1800 den Gedanken zu implementieren, dass die wahre akademische Freiheit die Freiheit des Lernens und Denkens, die Freiheit der Wissenschaft ist. Es ging also um die zunehmende Aufladung des Begriffs mit wissenschaftlich-ethischen Bildungsprinzipien.[23] Dagegen wurden innerhalb der Studentenschaft die Freiheitsprinzipien wiederum durch eine Perspektiverweiterung auf die zu erwartende Ämterkarriere nach dem Studium in einen neuen Wertehorizont überführt. Dies ist etwa in der ausführlichen Argumentation in der *Replik auf die „erste Sammlung von Anzeigen" – an alle vernünftige Menschen in und ausser Halle* vom Sommer 1790[24] zu finden. Hier heißt es:

---

[20] Vgl. dazu die Rezension von Stefan Brüdermann zu Kuhn/Schweigard, Freiheit oder Tod?, in: sehepunkte 6 (2006), Nr. 7/8 [15.07.2006], URL: http://www.sehepunkte.de/2006/07/7887.html.

[21] Siehe dazu auch Riederer, Die Jenaer Konstantisten, S. 107–109.

[22] Dazu ausführlich: Jörg Schweigard, „Sansculotten auf deutschem Grund und Boden". Politische Symbolik deutscher Studenten zur Zeit der Französischen Revolution (1789–1800), in: Aufklärung – Vormärz – Revolution. Jahrbuch der internationalen Forschungsstelle ‚Demokratische Bewegungen in Mitteleuropa 1770–1850' an der Universität Innsbruck 21 (2001), S. 27–49 [noch einmal in: Zeitschrift für Internationale Freimaurerforschung (IF) 9/2003, S. 11–40], insb. S. 30–41, der die verschiedenen modischen Implikationen in der Studentenkleidung und Symbolik nach 1789 als eindeutig prorevolutionäre Ausdrucksformen interpretiert (die „Studenten waren besonders in der zweiten Hälfte der 1790er Jahre politische Avantgarde"). Für Jenaer Beispiele (Symbole und Lieder) siehe auf der Grundlage der älteren Forschung: Wilson, Das Goethe-Tabu, S. 206 sowie 361, hier die Anm. 162.

[23] Vgl. dazu beispielhaft für 1791/92: Müller, Vom Regieren zum Gestalten, S. 318f.

[24] Siehe dazu das Vierte Kapitel, die Abschnitte IV.2 und IV.3.

> Oder will er [Johann Salomo Semler] nun auf einmal all akademische Freiheit stürzen, und glaubt er, daß dies recht schön gemacht ist? Wir müssen bedauern, daß wir auch hierinn nicht seiner Meinung sein können: im Gegentheil halten wird dafür, daß der Staat dadurch selbst unendlich leiden, viel von seiner innern Kraft und Grösse verlieren, und an den edelsten Theilen erschlaffen müsse. Freiheit ist der einzige Zustand, worin der Karakter sich bilden, worin der Geist in seiner ganzen Stärke wirken und seinen eigentlichen Schwung nehmen kann. Der Baum, der zur Zeit seiner Jugend, seines eigentlichen Wachsthums, im Freien steht, wird seine Zweige viel weiter verbreiten, wird der Früchte und des Schattens mehr gewähren, als der, welcher von äussern Gegenständen beschränkt wird, unter der Scheere des Gärtners steht. Wenn der junge Staatsbürger in der Zeit, wo er sich bilden und zu künftigen Arbeiten des Staates vorbereiten soll, nicht Freiheit hat; so kann sich sein Geist nicht gehörig entwickeln; er lernt nicht, sich aus eigenem Antrieb zur Sittsamkeit, zum Fleiß und zu jeder andern moralischen Tugend zu gewöhnen, er lernt nicht, aus freier Wahl zu lieben, er lernt durch zu drückende Gesetze sklavisch denken, und vielleicht einst sklavisch handeln. Römer waren unter dem verkappten Tirannen Augustus und ihren nachmaligen despotischen Kaisern nicht das grosse, edelmüthige Volk mehr, das sie zur Zeit der Freiheit unter ihren heroischen Consuln waren. Griechen, diese feinen Ausbilder der Vorwelt, wurden fade und stumpf unter dem Joche Alexanders und der Römer, und die Britten würden Sklaven unter der Herrschaft eines Sultans. Wir fürchten, daß eine ähnliche Metamorphose mit den jungen akademischen Bürgern vorfallen möchte, wenn ihnen auch der lezte Schatten von Freiheit geraubt werden sollte. Wir hoffen, daß Herr Doctor, wenn er die Sache auch von dieser Seite betrachtet, die akademische Freiheit nicht so sehr mehr verschreien wird, zumal, da sie sich nicht immer in Fenstereinwerfen und Tumulten äussert, sondern sich auch dann und wann von ganz andern Seiten zeigt.[25]

Studentische Vorbilder waren demnach die römischen Konsulen und die englische parlamentarische Monarchie, nicht der französische Republikanismus. Der oder die Verfasser innerhalb der hallischen Studentenschaft stellten also ein Jahr nach der Französischen Revolution eine ‚anti-sklavische' Argumentation auf, die sich *nicht* auf die Freiheit von ihrem König bezog, sondern die die studentische Freiheit als eine Notwendigkeit begriff, die es ermögliche, spätere Dienste innerhalb des – preußischen – Gemeinwesens so auszufüllen, dass sie den Gedanken von freier, eigener Denkungsart innerhalb der (und nicht gegen die) Monarchie weitertragen würde: „Sklaverei und Tyrannei sind aber im preussischen, wie in jedem cultivirten Staate verboten".[26] Zur studentischen Freiheit auf der Universität gehörten demnach unzertrennlich die moralische sowie fachliche Bildung *und* die Praktiken zur Performanz und Wiederherstellung der Ehre. Die Akademische Freiheit war unteilbar, sie umschloss beides. Und sie distanzierte sich von den französischen Freiheitsidealen. Im Blick auf die Ordensszene an den deutschen Universitäten nach 1789 – einem Hauptfeld gelebter Akademischer Freiheit – schreibt Axel Kuhn dann auch, dass „die revolutionsbegeisterten Studenten immer noch von denjenigen Kommilitonen bekämpft wurden, die in den Orden zusammengeschlossen waren. Diese Verbindungsbrüder hielten im Großen und Ganzen an den *althergebrachten Sitten*

---

[25] Zitiert nach: Der neue Deutsche Zuschauer, XII. Heft, Vierter Band, 1790, S. 288f.

[26] Zitiert nach: Der neue Deutsche Zuschauer, XII. Heft, Vierter Band, 1790, S. 285. Vgl. dazu den Stammbucheintrag eines hallischen Studenten im September 1790: „Freiheit ist Gehorsam unter billigem Gesetz"; zitiert nach: Kuhn/Schweigard, Freiheit oder Tod!, S. 286.

fest und griffen zu Formen der Auseinandersetzung, die an den Universitäten seit Jahrzehnten üblich waren. Die Ideen von Freiheit, Gleichheit und Brüderlichkeit konnten sich in den Reihen der Ordensstudenten auch Mitte der 90er Jahre nur wenig durchsetzen."[27]

Die Angriffe der Obrigkeiten zielten auf die alten Praktiken und Verhaltensmuster und weniger auf die neuen französischen Freiheitsideale. In seiner unmittelbar erfolgten Erwiderung auf die Gegenschriften der Studenten im Sommer 1790 und dabei insbesondere auf das die Akademische Freiheit provokant artikulierende Stück *Die Brautnacht; oder die Fensterkanonade* versuchte Semler die Perspektiven zu verschieben und aus seiner Sicht wieder zurechtzurücken:

> so gar scythisch und vandalisch ist die Stellung und Verziehrung [der *Brautnacht*]; viel zu weit abgelegen aus dem Jahr 1790, da alle Brandenburger, schon hundert Jahre vorher, empor ragten; da eine eben entstehende Universität in Halle eine wirksame neue Atmosphäre über Deutschland und immer fort noch weiter ausbreitete, wenn gleich auf so vielen Universitäten mancher Archaismus fortdauerte, der blos unter den schlechteren Studenten sich wie eine moralische Krankheit fortpflanzte.[28]

Semler hielt dagegen: Er brachte die Studentenpraktiken mit dem gewalttätigen und unzivilisierten Ruf von Skyten und Vandalen in Verbindung[29] und verwies auf die weit ausstrahlende Wirkung der preußischen Reformuniversität in Halle um 1700. Damit suchte er zugleich, die durch die studentischen Ehrzwänge und Freiheitsvorstellungen initiierten Handlungen als unzeitgemäß und veraltet zu entlarven, um dann auf seine bevorzugte Wahrnehmung der Studentenschaft zurückzukommen. Es gäbe ‚gute' (sich bildende und gesittete) sowie „schlechte' (tumultierende und zum Exzess neigende) Studenten – wobei die ‚guten' Studenten die wahre Akademische Freiheit leben würden. In den ‚schlechten' Studenten habe sich eine alte Zeit forttradiert. Semler stand mit seiner Position keineswegs allein. Im Zuge der Ankündigung der Schrift *Bruder Studio mit Kappe und Schellen, oder Geschichte der Burschikosität, im Zuchthause beschrieben von einem Märtyrer der akademischen Freyheit* 1793 in der *Deutschen Zeitung* argumentiert der anonym bleibende Verfasser:

> Da nunmehr die sogenannten Orden und Landsmannschaften, oder Geheime Gesellschaften der Studirenden, auf Universitäten, durch einen Reichsschluß aufgehoben worden, und die Landesherrschaften und Obern der deutschen Musensitze sorgfältigst darauf bedacht sind, jene lächerliche Sorte von kindischer Thorheit, die mit Unrecht sogenannte akademische Freyheit, welche vorzüglich durch diese Verbindungen unterhalten wurden, und oft zu gefährlichen Ausbrüchen

---

[27] Axel Kuhn, Jena als Zentrum der deutschen Studentenbewegung 1794/95, in: Donnert, Europa in der Frühen Neuzeit, Bd. 4: Deutsche Aufklärung (1997), S. 583–618, hier S. 616 (Hervorhebung H.Z.); vgl. in diesem Kontext außerdem: Pester, „Der Geist der Renommisterei kämpft um das Leben …", S. 127f.

[28] Zusatz zur ersten Anzeige von den unruhigen Tagen, S. 7.

[29] Vgl. in diesem Zusammenhang auch: UA Halle, Rep. 3, Nr. 36: Acta das verbothene Ausgießen mit dem Nachtgeschirr aus den Fenstern, und die darauf gesetzte Strafe betr. 1787 (–1806) sowie als Ausdruck für einen gestiegenen Normierungsbedarf um 1800: ebd., Rep. 5, Nr. 1: Bekanntmachungen, Edikte und Dekrete [1702–1807], passim.

> kam, mit Stumpf und Stiel auszurotten, und dafür den jungen Leuten volle Freyheit richtig zu denken und vernünftig zu handeln, welches die wahre akademische Freyheit ist, zu gestatten.[30]

Im sich anschließenden Text werden alle bekannten Praktiken Akademischer Freiheit erneut zusammenfassend genannt, und der Verfasser schreibt ironisierend: „Das Titelkupfer stellt einen Haufen solcher Helden vor, die, mit aufgerissenen Mäulern, sich einen Spaß daraus machen, eine gegen über stehende Heerde Ochsen zu überbrüllen.“[31]

Unmittelbar nach dem Sturm auf die Bastille war der Kampf um die Deutungshoheit der Akademischen Freiheit im Universitätsraum erneut und nun endgültig unter den Blicken eines öffentlichen Publikums entbrannt: Wem gehörte die Akademische Freiheit? Wer diese Auseinandersetzung für sich entscheiden würde, hatte den Schlüssel zur Durchsetzung und Behauptung seiner Sicht und Tradition im universitätsstädtischen Raum in der Hand. Der Blick in das beginnende 19. Jahrhundert aber zeigt, dass sich die Auseinandersetzung nicht zugunsten einer Partei entschied, sondern dass diese grundlegende Auseinandersetzung weiter perpetuiert worden ist. Die Studenten zelebrierten weiter ihre Praktiken und formten arkane Gesellschaften,[32] und die Obrigkeit ging disziplinarisch und auch publizistisch dagegen vor.

1811 hat Johann Gottlieb Fichte in seiner Berliner Antrittsvorlesung zum Rektorat unter dem Titel *Ueber die einzig mögliche Störung der akademischen Freiheit* – in der Fortführung seines Engagements und seiner persönlichen Erlebnisse in Jena – vehement gegen die Freiheit der Studenten argumentiert. Er stellte ihr den Entwurf des Studierens als „Beruf“ entgegen und begriff als wahre Akademische Freiheit die Freiheit der Bildung an der Universität. Dem grundsätzlich entgegen stünden die einschlägigen Praktiken (Duelle, Arkanvergesellschaftung, innerstudentische Ehr- und Ausschlussmechanis-

---

[30] [Anonym]: Ankündigung, in: Deutsche Zeitung oder Moralische Schilderungen der Menschen, Sitten und Staaten 10 (1793), 31. St., Sp. 535f., Zitat Sp. 535; vgl. auch: Ueber die sogenannten Orden auf Universitäten, in: Journal von und für Deutschland 8 (1791), 8. St., S. 687.

[31] [Anonym]: Ankündigung, in: Deutsche Zeitung 10 (1793), Sp. 536.

[32] Vgl. beispielhaft zu Kursachsen: SHStA, 10088 Oberkonsistorium Universitäten, Spezialia, 4.) Burschenschaft, Loc. 1781: Acta Die Ordens=Verbindungen der Studenten zu Leipzig und Wittenberg b. 1808–1818 Vol. II, Bl. 1–6: Bericht der Universität Leipzig vom 31. August 1808 über die Entdeckung und Untersuchung gegen landsmannschaftliche Verbindungen bzw. Kränzchen. Siehe außerdem: SHStA, 10088 Oberkonsistorium Universitäten, Spezialia, 1.) Exzesse, Pennalismus, Duelle, Loc. 1780: Acta Die von einigen Studiosis auf der Universität Leipzig unternommenen Excesse btr. Vol. IV 1813–1821, Loc. 1780: Acta Die von einigen Studiosis auf der Universität Leipzig unternommenen Excesse btr. Vol. V 1821–1824; Loc. 1780: Acta Die von einigen Studiosis auf der Universität Leipzig unternommenen Excesse btr. Vol. VI 1825–1829; Loc. 1780: Acta Die von einigen Studiosis auf der Universität Leipzig unternommenen Excesse b Vol. VII 1829–1831; SHStA, 10088 Oberkonsistorium Universitäten, Spezialia, 4.) Burschenschaft, Loc. 1781: Acta Die Ordens= Verbindungen der Studirenden zu Leipzig b. Vol. III 1818–1824; Loc. 1781: Acta Die Ordens=Verbindungen der Studirenden zu Leipzig b. Vol. IV 1824; Loc. 1781: Acta Die Ordens=Verbindungen der Studirenden zu Leipzig b. Vol. V 1824/1825; Loc. 1781: Acta Die Ordens=Verbindungen der Studirenden zu Leipzig b. Vol. VI 1825–1828; und: UA Leipzig, Rep. II / XVI / I, 3: Acta, die unter mehrern hiesigen Studiosis dem Verlaut nach existierenden Ordensverbindungen betr. (1806).

men etc.) jener Studenten, die sich „an gewissen Tagen zu feierlicher Begehung der symbolischen Acte ihrer Freiheit" versammeln. Diese „Wüstlinge" bildeten eine „Klasse der nicht studierenden Studenten" (die „Schlechten"). Fichte reflektierte auch über die Gründe der letztlich erfolglosen Bekämpfung der studentischen Akademischen Freiheit, wobei er insbesondere auf die Frequenzproblematik einging, die einen konsequenten Kampf bislang verhindert habe, gleichwohl aber kein überzeugendes Argument darstelle. Er schließt deshalb warnend im Blick auf die gerade gegründete Berliner Universität: Wo die Freiheit der Studenten einmal verwurzelt ist, sei sie nur durch „Aufhebung der Universität" zu beseitigen.[33]

1819 veröffentlichte dann der hallische Professor Ludwig Heinrich von Jakob eine ganz ähnlich ausgerichtete Schrift unter dem Titel *Academische Freiheit und Disciplin mit besonderer Rücksicht auf die preußischen Universitäten*,[34] in der die Kämpfe des 18. Jahrhunderts weitergefochten wurden. Demnach ist das langfristige Ziel der Akademischen Freiheit ein guter Staatsdiener:

> Wo nur Drahtpuppen erzogen werden, die das, was sie sind, durch äußern Zwang und bloße Gewohnheit geworden, da kann nichts als ein elender Mechanismus im Denken, Glauben und Thun entstehen. Nur was aus eigner freier Ueberzeugung hervorgeht, nur das, dessen Wahrheit man selbst begreift, nur was aus eignem Selbstentschlusse, nur das zeigt, was der Mensch eigentlich ist, und was er seyn soll. [Und weiter:] Die academische Freiheit des Studenten besteht also darin, daß er, frei von den Geschäften des Lebens, frei vom mechanischen Broterwerbe, frei von den lästigen Gewohnheiten der Convenienz, seine ganze Zeit allein der Bildung des Verstandes und Herzens widmen soll. Die Lehren anderer sollen ihn leiten, aber nicht zwingen.[35]

---

[33] Johann Gottlieb Fichte, Ueber die einzig mögliche Störung der akademischen Freiheit. Eine Rede beim Antritte seines Rectorats an der Universität zu Berlin, den 19. October 1811 gehalten. Berlin 1812, in: Johann Gottlieb Fichte's sämmtliche Werke. Hg. v. Immanuel Hermann von Fichte. Dritte Abtheilung. Popularphilosophische Schriften. Erster Band: Zur Politik und Moral. Berlin 1845, S. 449–476, die Zitate S. 458, 461, 463, 470f., 475. Siehe auch: Wolfgang Hardtwig, Studentische Mentalität – Politische Jugendbewegung – Nationalismus. Die Anfänge der deutschen Burschenschaft, in: ders., Nationalismus und Bürgerkultur in Deutschland 1500–1914. Ausgewählte Aufsätze. Göttingen 1994, S. 108–148, 296–303. (Erstveröffentlichung in: Historische Zeitschrift 242 [1986], S. 581–628), S. 126f. sowie Rüdiger vom Bruch, Über Autonomie der Universität und akademische Freiheit. Berlin 1993 (Beiträge zur Geschichte der Humboldt-Universität zu Berlin 31). Zu Fichtes Aktivitäten gegen die Studentenorden in Jena siehe das Vierte Kapitel, Anm. 130.

[34] ULB Halle: AB 39366; Leipzig 1819. Siehe in diesem Zusammenhang auch: Gesetze für die Studierenden der Gesammt = Akademie in Jena. (Jena) 1817. [ULB Halle: Yc 396], Zweyter Titel, „E. Ueber Disciplin und Policey", § 74: Verbot aller Vereinigungen, die die „wahre akademische Freiheit und Gleichheit der Studierenden stören", egal welche Namen sie tragen. Dazu auch: Horn, Akademische Freiheit, S. 78–80 sowie zum zeitgenössischen Umfeld: Heinz-Joachim Toll, Akademische Gerichtsbarkeit und akademische Freiheit. Die sog. „Demagogenverfolgung" an der Christian-Albrechts-Universität zu Kiel nach den Karlsbader Beschlüssen von 1819. Neumünster 1979 (Quellen und Forschungen zur Geschichte Schleswig-Holsteins 73).

[35] Jakob definierte die Akademische Freiheit wie folgt: Die „Universitätslehrer" sollen „beim Vortrage der Wissenschaft bloß und allen ihrer innern Ueberzeugung und ihrem Gewissen folgen", die

Zugleich legte Jakob ausführlich dar, was dieser Freiheit entgegensteht: die Zwänge zur Wiederherstellung der Ehre sowie die Orden und landsmannschaftlichen Vereinigungen.[36] Die studentischen und obrigkeitlichen Kontrahenten hatten also ihren *permanenten Konflikt* in das nachrevolutionäre Zeitalter transferiert, ohne dass dessen Grundsubstanz verändert worden war.

Kehren wir nun angesichts dieses Befundes zu unserem Ausgangspunkt zurück und fragen nach der konkreten Disziplinarpolitik. Die Implikationen der Zeit um 1790 hatten zu einem erneut intensivierten obrigkeitlichen Vorgehen geführt. Die verschwörungstheoretisch gefärbte Sicht auf die Studentenorden als Orte der Revolutionsbeförderung konnte dabei nahtlos an Argumentationsfiguren aus der vorrevolutionären Zeit anknüpfen. Dies wird schlaglichtartig am preußischen Beispiel deutlich. In einem Reskript an die Universität Halle vom April 1787 wurden über den Einzelfall hinausgehende generelle Bedenken geäußert. Zum einen war dies die Sorge um den „damit verknüpften Mißbrauch der Eide", zum anderen war es die Angst vor einer permanenten Implementierung von Mustern arkaner Vergesellschaftung:

> daß dergleichen associationen auf Universitaeten bey jungen Leuten den in unsern Zeiten immer mehr einreißenden Hang zu geheimen Verbindungen befördern, und den Grund dazu legen können, und dies ist die eigentliche Ursach, warum solche durch das Reskript vom 17ten November 1785 unter Androhung der hartesten Bestrafung so nachdrücklich verboten worden.[37]

Von dieser Argumentationsfigur ausgehend, war es durch die Hinzufügung prorevolutionärer Unterstellungen nur ein kleiner Schritt zum erneuten politischen Handeln Anfang der 1790er Jahre. Der Impuls dazu kam aus dem kleinen Sachsen-Weimar-Eisenach, das mit der Jenaer Universität einen zentralen Hort Akademischer Freiheit und studentischer Arkanvergesellschaftung beheimatete. Die dort zu Beginn des Jahres 1792 einsetzenden Ereignisse, die Carl August schließlich dazu veranlassten, auf dem Regensburger Reichstag im Juni des Jahres ein Verbot aller geheimen Studentengesellschaften zu forcieren, hatten ihren Ursprung in der in Jena zur Jahreswende 1791/1792 sich formie-

---

Lehrer sollen in ihren Schülern Gedanken wecken, „die sie aus eigner freier Ueberzeugung annehmen oder verwerfen können", nichts soll den „Verstand des studierenden Jünglings" hemmen, „ohne allen Zwang kann sich sein Geist im freien Raum bewegen, niemanden folgend, als seiner eignen Vernunft an dem Faden eines weisen Unterrichts", und generell sei die Studienzeit die „Probezeit der Charaktere". Diese „recht zu nutzen, dazu gestand man den Studierenden academische Freiheit zu."; Ludwig Heinrich von Jakob, Academische Freiheit und Disciplin mit besonderer Rücksicht auf die preußischen Universitäten. Leipzig 1819 [ULB Halle: AB 39366], S. 1–13 („Was ist academische Freiheit?") hier die Zitate S. 5, 7, 10, 12 sowie 13 (im Haupttext). Siehe in diesem Kontext auch Horn, Akademische Freiheit, S. 67–78.

36 Jakob, Academische Freiheit und Disciplin, S. 13–42: „Was ist academische Freiheit nicht? und welches sind ihre Misbräuche?", hier insb. 19, 23–25; es folgt nach einer Kritik der bisher angewandten Mittel (S. 43–64) ein langer Katalog mit Vorschlägen zur Verbesserung der Universitätsdisziplin (S. 64–106).

37 UA Halle, Rep. 5, Nr. 42: Untersuchung wegen Fortdauer des aufgehobenen "Unitisten"-Ordens 1786/1787, Bl. 116.

renden studentischen Antiduellbewegung.[38] Dabei stellte sich vor allem die Frage, mit welchen Mitteln das Verbot realisiert werden sollte und wie sich die anderen protestantischen und katholischen Territorien dazu positionieren würden.[39] Der weimarische Vorstoß wurde auf dem Reichstag auf eine generelle Ebene gehoben – zur Diskussion stand alsbald die Frage, ob man angesichts der Vorgänge in Frankreich nicht *alle* geheimen Gesellschaften im Reich verbieten solle, da man diese „grundsätzlich als eine potentielle Bedrohung des Gesellschafts- und Herrschaftssystems" ansah. Die Diskussionen darüber verliefen entlang einer Bruchlinie zwischen katholischen und protestantischen Ständen. Während die katholischen Vertreter vehement für ein generelles Verbot eintraten, optierten die protestantischen Vertreter unter preußischer Wortführung dafür, dem Weimarer Vorschlag zu folgen und nur die Orden der Studenten zu untersagen. Dahinter standen weiterreichende kulturelle Vergesellschaftungsmuster: In den katholischen Reichsterritorien war bekannt, dass sich Teile der Eliten in den protestantischen Territorien in der am Ende des 18. Jahrhunderts weit verzweigten Arkankultur, insbesondere in den Logen der Freimaurer,[40] engagiert hatten. Außerdem hatte sich die Freimaurerei auch in den katholischen Reichsterritorien verbreitet. Diese letztlich nicht zu lösende Diskrepanz war auch der Hauptgrund dafür, dass man sich im Juni 1793 zwar auf ein konfessionsübergreifendes Verbot der Orden einigte (*Reichs=Gutachten*), das aber vom Kaiser nie ratifiziert worden ist.[41]

Die darin festgeschriebenen Maßnahmen gegen die Orden waren alles andere als innovativ. Sie stellten vielmehr die Quintessenz dessen dar, was sich in den Edikten und Reskripten im Zuge der Duell- und Ordensbekämpfung in den Einzelterritorien seit der Zeit um 1700 als Handlungselemente nach und nach herausgebildet hatte. Die Ordens-

---

[38] Dabei sollten die Landsmannschaften quasi als Standesvertretung der Studenten legalisiert und mit der Durchführung von Ehrengerichten betraut werden; dies stieß auf die Ablehnung Goethes, der den Hoheitsraum der handelnden fürstlichen Regierung damit überschritten sah, nachdem er zunächst das Gesamtprojekt aktiver Studenten unter obrigkeitlicher Duldung befördert hatte; dazu grundlegend: Müller, Vom Regieren zum Gestalten, S. 323ff. sowie außerdem Wilson, Das Goethe-Tabu, S. 179ff. Zu den Fehden innerhalb der jenaischen Ordensszene 1790/91 (dabei auch ein tödliches Duell) siehe: Deuerlein, Neues vom Constantisten=Orden, S. 105f. (hier die Darstellung aus der Perspektive der *Konstantisten*, wobei auch eine Denunziation durch die *Unitisten* beim Jenaer Prorektor über das Auswahlverfahren der Konstantisten für neue Brüder zutage kommt). Von Kiel ausgehend wird die Form des Ehrengerichts auch unter den Leipziger Professoren diskutiert: UA Leipzig, Rep. II / XVI / I, 2: Acta, Die Ordens-Verbindungen der Studiosorum betr. (1798–1801), verfilmt, hier die Aufnahmen 0455ff.

[39] Grundlage dafür ist nach wie vor Karl Härters Darstellung des Verhandlungs- und Diskussionsverlaufs auf dem Reichstag: ders., Reichstag und Revolution 1789–1806. Die Auseinandersetzung des immerwährenden Reichstags zu Regensburg mit den Auswirkungen der Französischen Revolution auf das Alte Reich. Göttingen 1991 (Schriftenreihe der historischen Kommission bei der Bayerischen Akademie der Wissenschaften 46), S. 357–377.

[40] Die Forschungen dazu sind mittlerweile weit ausdifferenziert; siehe beispielhaft die verschiedenen Aufsätze in Abteilung 6 („Freimaurerei im Alten Reich – Weimar im regionalen und europäischen Netzwerk der *Strikten Observanz*) im Ausstellungskatalog: Geheime Gesellschaft, S. 145–202.

[41] Härter, Reichstag und Revolution 1789–1806, insb. S. 362, 364f., 369–373.

mitglieder sollten – so der preußische Vorschlag vom Februar 1793 – mit der Relegation bestraft und auf keiner Universität mehr immatrikuliert werden können, sie sollten die Aussicht auf eine Anstellung bzw. Ämterkarriere im Land verlieren und ihre Namen sollten reichsweit zwischen den Universitäten mitgeteilt werden. Zusätzlich wurde überlegt, die Namen der Relegati „in den öffentlichen Blättern“ zu publizieren, was zwar weitgehend befürwortet, in das Reichgutachten vom 14. Juni dann aber nicht aufgenommen worden ist. Die Bestimmungen sollten in die einzelnen akademischen Gesetze eingefügt und jedem Studenten bei der Immatrikulation durch den Rektor bekannt gemacht werden.[42]

Abgesehen von der nicht realisierten Idee der Namenspublikationen in den Periodika der Zeit war all dies bekannt. In einer Langzeitperspektive wird zudem deutlich, dass das 1793 auf Reichsebene fixierte „Berufsverbot“[43] für Ordensstudenten, die Androhung des Verlustes auf Aussicht einer Anstellung im Lande, keine Reaktion auf die Sicherheitsbedürfnisse nach den revolutionären Ereignissen in Frankreich war. Diese Strafandrohung begegnet uns schon in den frühen Edikten der Zeit um 1700. Die Beschlüsse über die Maßnahmen waren kein originärer Ausgangspunkt für ihre Übernahme in Landesrecht[44] – und damit für ihre Überleitung in die Politikkontexte des 19. Jahrhunderts zwischen Konservatismus und Liberalismus –, sondern sie stellen einen Versuch dar, eine seit vielen Jahrzehnten verfolgte Politikstruktur zu koordinieren und zu vereinheitlichen, um ihr damit übergreifend Gültigkeit zu verschaffen. Die Beschlüsse standen am Ende einer disziplinarpolitischen Entwicklung, nicht an deren Anfang. Das einzig politikstrukturell Neue an diesem Vorgehen war, dass nun der Gedanke der interterritorialen Kartelle auf die Reichsebene transferiert werden sollte.[45]

---

[42] Siehe: Brüdermann, Göttinger Studenten und akademische Gerichtsbarkeit, S. 236; Härter, Reichstag und Revolution 1789–1806, S. 364, 371. Das gedruckte Reichsgutachten findet sich in verschiedenen Überlieferungen, etwa: SHStA, 10026 Geheimes Kabinett Bd. 35, Generalia, [Loc.] 30157: Acta die Ordens-Verbindungen auf Universitäten betr. 1792. fgg., Bl. 41–43’, hier die Strafen bzw. Bestimmungen Bl. 42’/43.

[43] Zu seinem Begriffsverständnis: Härter, Reichstag und Revolution 1789–1806, S. 358.

[44] Wie in das Allgemeine Landrecht in Preußen; Härter, Reichstag und Revolution 1789–1806, S. 376, Anm. 371 mit konkretem Nachweis der betreffenden Paragraphen.

[45] Dies war bereits 1791 im *Journal von und für Deutschland* gefordert worden; Fragmente über Jena und die dortige Universität, in: ebd. 8 (1791), 8. St., S. 723. Das Reichsgutachten gab der „Kartellbewegung neuen Auftrieb“. Ab 1795 wurden die nach Göttingen gemeldeten Relegationen „regelmäßig verzeichnet“, ab 1797 benutzte die Georgia Augusta Vordrucke für ihre Meldungen und 1799 wurde zwischen Hannover und Preußen zusätzlich die gegenseitige Übersendung der Relegationspatente vereinbart; Brüdermann, Göttinger Studenten und akademische Gerichtsbarkeit, S. 137 (die Zitate) sowie auch S. 236. In anderen interterritorialen Bezügen lässt sich ab ca. 1795 ebenso ein erhöhtes Aktivieren der Kartelle beobachten, wobei es auch zu Friktionen gekommen ist. Vgl. UA Halle, Rep. 3, Nr. 586: Cartel 1783–1802, passim (auch die Jenaer Universität arbeitete um 1800 mit Vordrucken); GStA PK, I. HA Rep. 76 alt II B – Nr. 11, Vol. II von 1792–1798, Nr. 1–16; SHStA, 10088, Generalia, Loc. 1779: Die von der Universität Leipzig und Wittenberg und anderen Universitäten relegierten Studiosos und die wegen derselben zwischen verschiedenen Universitäten abgeschlossenen Conventionen. 1789–1812, beispielsweise finden sich hier Relegationstabellen für 1803

Die protestantischen Reichsstände zeigten sich „mit dem Reichsgutachten höchst zufrieden“.[46] Obwohl ihnen klar sein musste, dass all diese Maßnahmen in der alltäglichen Politik ihrer Territorien in Einzelfällen zwar Wirkung gezeigt hatten, langfristig damit aber nichts gewonnen worden war, hegten sie die Hoffnung, dass allein deren reichsrechtliche Anbindung einen höheren Wirkungsgrad erreichen würde. Entsprechend schrieb auch der kursächsische Gesandte Graf von Hohenthal in seiner Relation vom 30. November 1792, dass nach seinem Ermessen mit einem „Conclusum Corporis Evengel. das Uebel, welches aus Ordensverbindungen auf Universitäten unter den Studenten entstehet, nicht zu vertilgen“ sei – bestenfalls sei dies durch ein „Reichsgesetz“ zu erreichen, da die Orden auf katholischen und evangelischen Universitäten aktiv seien und „einzelne landesherrliche Verordnungen dazu nicht hinreichen“.[47]

Mit dem Reichsgutachten wurde eine weitere, auch symbolisch zu verstehende Runde im Kampf zwischen Studentenkultur und obrigkeitlicher Disziplinarpolitik eingeläutet: Das Ordensproblem war auf die oberste politische Ebene im Reich gehoben worden. Dabei zeigten sich jedoch zugleich die Grenzen der Ausreizbarkeit vereinheitlichender Bestrebungen. In verschiedenen Punkten war man nicht bereit, landesherrliche Hoheitsinteressen aufzugeben, da Einschränkungen für den eigenen Handlungsspielraum befürchtet wurden: So hatte in den Verhandlungen etwa Hannover seine Zustimmung von der konkreten Ausgestaltung des Strafkatalogs abhängig gemacht, und in der Frage um ein Verbot aller Geheimgesellschaften hatten die Vertreter der protestantischen Kurhöfe massive Bedenken gegenüber einer damit zu erwartenden Inquisition auf Reichsebene (die auch auf Vergangenes zurückgreifen sollte) geäußert.[48] Außerdem tauchte ein weiterer bekannter Einwand auf. In den Worten Graf von Hohenthals an den sächsischen Kurfürsten ist dieser so formuliert: „Der Vorschlag des Berliner Oberschulcollegiums würde den Austritt vieler Studenten von den evangelischen Universitäten veranlassen, besonders derer, die nicht Landeskinder sind, und sich auf die catholischen begeben,

---

(Bl. 60/60’), 1804 (70–71) und 1805 (85–86; 85a: hier nur der Titel: „Tabellarisches Verzeichnis der von den Universitäten zu Jena, Göttingen, Erlangen, Marburg, Leipzig und Wittenberg in dem Jahre 1805. relegirten Studierenden.“); SHStA, 10088, Spezialia, 1.) Exzesse, Pennalismus, Duelle, Loc. 1780: Excesse, Vol. III 1797–1812, z.B. Bl. 15/15’, 33/33’, 46; SHStA, 10088, Spezialia, 4.) Burschenschaft, Loc. 1781: Acta Die Ordens=Verbindungen der Studenten, Vol. I 1783–1806, Bl. 79–80 und insb. 91–190; UA Erlangen, A 3 / 17 Nr. 13: Acta den Stud. jur. von Schütz aus Weissen-Schirnbach und den Verdacht ein Ordensmitglied zu seyn betr. 1803, Schriftstück 1; GStA PK, I. HA Rep. 76 alt II Nr. 81: Acta des königl. Ober-Schul-Collegii [...] Ober Curatorii der Universitäten betr. Anzeigen und Verfügungen, wegen solcher Studenten, welche von andern Universitäten relegiert, auf die Universität Halle gekommen sind. 1797–1806, z.B. Bl. 30–34, 47 und 53/53’. Der primäre Charakter der Kartellmaßnahmen als *Re*aktionen aber blieb unverändert – es handelte sich um Instrumente, die benutzt wurden, nachdem ein Fall aktenkundig geworden war. Siehe dazu das Vierte Kapitel, Abschnitt II.

46 Härter, Reichstag und Revolution 1789–1806, S. 372.

47 SHStA, 10026, Generalia, Loc. 553 / 7: Verbot der Ordensverbindungen 1792–1801, Bl. 1–2’ („Extract einer Relation des Grafen von Hohenthal, d. d. Regensburg den 30. Nov. 1792“), Bl. 2.

48 Härter, Reichstag und Revolution 1789–1806, S. 362, 369.

zumalen wenn ihnen Aussichten und Versprechungen zu ihrer künftigen Anstellung und Versorgung gemacht werden sollten."[49] Was hier erneut als entscheidungsrelevantes Kriterium auftaucht, ist die Frage nach der Prosperität der Landesuniversitäten. Außerdem führte die kursächsische Regierung zwei weitere Einwände an, die zum einen auf Hohenthals Relation und zum anderen auf der daraufhin erstellten Vorlage des Geheimen Consiliums für den Kurfürsten vom Dezember 1792 beruhten. Preußen hatte als Bezugspunkt für ein Gesetz auf das Reichsconclusum aus dem Jahr 1654 gegen den Pennalismus verwiesen. Dieses hielten die sächsischen Politiker für nicht relevant, da es „nur ein Entwurff gewesen, und finde sich nicht, daß solcher genehmigt worden, und die Krafft einer gesetzlichen Verordnung erhalten habe". Außerdem wurde in Dresden die Befolgung der seit den 1780er Jahren bestehenden Kartellvereinbahrungen betont, da man gesehen habe, dass ausgerechnet die Jenaer Universität ihrer Informationspflicht nicht nachgekommen sei.[50] Aufgrund der einzelnen landesherrlichen Einwände war es folgerichtig, dass das *Reichs=Gutachten* einen Passus enthielt, der ausdrücklich die bestehen bleibende Landeshoheit in Disziplinarsachen betonte: „Wo annebst den Landesherren überlassen werde, noch die weitern besondern Maasregeln vorkehren zu mögen, welche Sie nach Gestalt der Lokalumstände [...] für zweckdienlich erachten."[51]

Alles in allem war der weimarisch-preußischen Initiative bestenfalls ein Teilerfolg vergönnt. Auf der Habenseite war vor allem zu verzeichnen, dass man mit dem Reichsgutachten und dem darin enthaltenen Verbot sowie den Strafbestimmungen eine reichsweite Öffentlichkeit erreichte und signalisierte, dass der Kampf gegen die Orden territorial übergreifend politisch ernst genommen wurde. Demgegenüber hatte allerdings die Tatsache nicht zu unterschätzendes Gewicht, dass der Kaiser die Vorlage aufgrund der bestehenden generellen Diskrepanzen in der Frage des Umgangs mit geheimen Gesellschaften nicht ratifizierte, obwohl in der Präambel zum Reichsgutachten allgemeine For-

---

49 SHStA, 10026, Generalia, Loc. 553 / 7: Verbot der Ordensverbindungen 1792–1801, Bl. 2/2'.

50 Trotz bzw. gerade wegen dieser Bedenken und wegen des Umstandes – so jedenfalls der Text der Empfehlung für den Kurfürsten –, dass auf den kursächsischen Universitäten derzeit keine Orden aktiv seien, empfahl das Geheime Consilium dem Kurfürsten prinzipiell dem Ansinnen zu einem Reichsschluss zuzustimmen, auch im Blick auf die gegenwärtige Großwetterlage und als präventive Maßnahme; SHStA, 10026, Generalia, Loc. 553 / 7: Verbot der Ordensverbindungen 1792–1801, Bl. 1'/2, 13'/14, 15/15' sowie 28–29' das entsprechende kurfürstliche Schreiben an Carl August. Zu den Beschlüssen von 1654: Füssel, Riten der Gewalt, S. 638f.

51 SHStA, 10026, Bd. 35, Generalia, [Loc.] 30157: Ordens-Verbindungen 1792ff., Bl. 42'. Vgl. in diesem Zusammenhang auch die erneuerte Anweisung zum disziplinarischen Umgang mit Exzessen und Orden vom 26. November 1792; UA Leipzig, Rep II / IV 3: Acta, Verordnung die Handhabung der Disziplin namentlich dem Verbindungswesen gegenüber. 1792, zu den Orden speziell Bl. 3/3'. Vgl. auch zu den unmittelbaren Maßnahmen nach dem Weimarer Vorstoß: UA Erlangen, A 3 / 14 Nr. 9: Acta Die mittelst eines einzuleitenden Conclusi Corpor. Evangelicor. Vorhabende gänzliche Ausrottung derer auf den meisten teutschen Universitäten bestehenden Ordens-Verbindungen unter den Studirenden betr. 1792, o.P., hier insb. ein von Berlin eingeforderter Bericht über die Orden in Erlangen.

mulierungen zu geheimen Gesellschaften und deren Gefahren für die studierende Jugend durchgesetzt worden waren.[52]

Aufgrund der Nichtratifizierung gingen die protestantischen Obrigkeiten in den Jahren 1794/95 dazu über, die Beschlüsse auf Landesebene durch entsprechende Erlasse zur Gültigkeit zu bringen; so in Hannover, Sachsen-Weimar-Eisenach, Hessen-Darmstadt, Kursachsen, Hessen-Kassel, Braunschweig-Wolfenbüttel und Preußen.[53] In der preußischen Verordnung vom 20. Juni 1795 an die Universitäten in Halle, Frankfurt an der Oder, Duisburg und Erlangen wurde u.a. auch verlangt, dass die Hauswirte „genaueste Acht" haben sollen, ob etwa Ordenszusammenkünfte in ihren Häusern stattfinden, und dies, sobald sie solches gegebenenfalls bemerken, dem Prorektor „insgeheim anzuzeigen [haben], damit dadurch Veranlassung genommen werden könne, sich auf schickliche Art davon zu versichern und demnächst die Untersuchung zu veranlassen".[54] Carl August hatte für Jena eine solche, die Anzeigepflicht für die Wirte erneuernde Verordnung bereits im April 1792, also noch vor seiner Initiative auf dem Reichstag, erlassen.[55] Im Vergleich zum *Reichs=Gutachten* fällt auf, dass auf landesherrlicher Ebene in der Tradition der Edikte des vergangenen Jahrhunderts weiter Bestimmungen zum Anzeigeverhalten zu finden sind, während auf Reichsebene darauf ebenso wie auf die Einführung von Denunziationsangeboten verzichtet worden ist. Diese Elemente im Kampf gegen die Orden und die Duellkultur, die – wie wir eingangs am kursächsischen Beispiel gesehen haben – in der Zeit um 1790 auch für andere Gegenstände der Policey üblich waren, blieben Territorialsache. Sie verweisen auf die weiterhin bestehenden Probleme vor Ort, der Kultur Akademischer Freiheit Herr zu werden – daran hatte das Reichsgutachten nichts geändert. Insofern waren die territorialen Obrigkeiten gezwungen, weiter nach neuen Wegen zu suchen.

---

52 Härter, Reichstag und Revolution 1789–1806, S. 371.

53 Brüdermann, Göttinger Studenten und akademische Gerichtsbarkeit, S. 237; Härter, Reichstag und Revolution 1789–1806, S. 372, 374. Siehe exemplarisch zu Kursachsen: SHStA, 10026, Generalia, Loc. 553 / 7: Verbot der Ordensverbindungen 1792–1801, Bl. 47–50'; UA Leipzig, Jur Fak IV 6: Von [...] Sr: Churfürstl: Durchl: zu Sachsen [...] wegen der Ordensverbindungen der Studenten auf Universitaeten, in höchsten Gnaden anderweit rescribiret und anbefohlen [...] Leipzig, den 14. Januar 1795, sowie zu Braunschweig-Wolfenbüttel: NStWf, 40 Slg 13137, Bl. 15–16. Außerdem finden sich in dieser Zeit Einzeluntersuchungen, die kooperative Strukturen zwischen den Universitäten verschiedener Territorien erkennen lassen, wie etwa an der Universität Erlangen; UA Erlangen, A 3 / 14 Nr. 11: Acta Das den hiesigen Studiosis verbothene Reisen nach Altdorf während der dasigen Unruhen betr. 1794. und Die daselbst entdeckte hier vorhanden seyn sollende Studenten Ordens Gesellschaften betr. 1795; sowie: A 3 / 14 Nr. 12: Acta Die Ausrottung der Studenten Orden insbesondere 1.) des Amicisten- 2.) des Constantisten- und 3.) des Schwarzen- Ordens betr. 1795, o.P., hier: Bericht aus Göttingen über die dortige Ordensaufhebung „ohne Unruhe und Geräusch".

54 Zitiert nach UA Erlangen, A 3 / 14 Nr. 12: Acta Die Ausrottung der Studenten Orden 1795, o.P.; sowie nach einer Abschrift im SHStA, 10026, Bd. 35, Generalia, [Loc.] 30157: Ordens-Verbindungen 1792ff., Bl. 61–62 (Zitate Bl. 62).

55 ThHStAW, A 8384, Regierungs=Acta Ordens Verbindungen 1767–1792, Bl. 30; siehe auch Götze, Die Jenaer akademischen Logen und Studentenorden, S. 157f.

II Aktive Politik im Milieu: Die Kränzchen in Halle nach 1792

Dabei konnten sie auf ein Handlungsmuster zurückgreifen, das man punktuell erprobt bzw. zumindest diskutiert hatte. Die Orden und Landsmannschaften waren aufgrund ihrer Machtfülle innerhalb der Studentenschaft entgegen den bestehenden Verboten in utilitaristischer Weise hier und da auch für Ordnungszwecke, z.B. bei Studentenaufzügen, sozusagen offiziell eingesetzt worden.[56] Außerdem war schon im Jahrzehnt zuvor (1784/1786), z.B. in Sachsen-Weimar-Eisenach, überlegt worden, Landsmannschaften zu erlauben und damit zu kontrollieren, um sie so für die Sache der Obrigkeit zu gewinnen – eine Überlegung, die die studentischen Duellgegner 1792 wieder aufnahmen: Neue ‚natürliche' Landsmannschaften sollten „staatlich approbiert und überwacht" werden.[57]

Auch in Preußen wurde 1784 die Duldung öffentlicher Landsmannschaften im Blick auf die in Halle ausufernde Ordenskultur diskutiert. In einem Bericht über die Situation und Disziplin der hallischen Studenten vom 10. Oktober 1784 beschäftigte sich der preußische Kriminalrichter Moeller[58] mit den Ursachen für die Exzesse in der Universitätsstadt und mit den Mitteln für eine erfolgreiche Unterdrückung von studentischen Arkangesellschaften. Dabei verhandelte der Justizbeamte verschiedene Gegenstände – die Lust am Verbotenen, den Karzer und die Karzergelder, die Verbitterung über die städtische Schaarwache, die Geldstrafen bzw. die Verwandlung von Karzerstrafen in Geldstrafen, die Pflicht zur Anzeige, sowie die Eifersucht der Professoren untereinander und deren Einschmeichelungen bei den Studenten als Hemmschuhe für die Disziplinarpolitik. Insbesondere rät er zur Einführung öffentlich geduldeter Verbindungen: „ob es nicht fast noch zuträglicher seyn möchte, wenn es möglich wäre, einige Verbindungen unter den Studenten öffentlich zu gestatten und einzurichten?" Allerdings müssten diese Gesellschaften „gewisse Statuta" haben, die dem Prorektor zur Begutachtung vorzulegen seien und im Concilio zu besprechen wären. Der Prorektor solle dann über die Monita mit den „Interessenten" in nähere „Verhandlung" treten. Bevor eine solche Gesellschaft tatsächlich aktiv werden kann, muss sie ein umständliches Genehmigungsverfahren durchlaufen und sich in der Praxis vor allem zu einem verpflichten: Sie soll

56 Siehe beispielsweise zusammenfassend: Ueber die sogenannten Orden auf Universitäten, in: Journal von und für Deutschland 8 (1791), 8. St., S. 690: „Die Orden, habe ich oft behaupten hören, sind es, die bey gewissen Gelegenheiten, bey feyerlichen Aufzügen [etc.] Unordnungen verhüten. Daß diese Behauptung einiges Wahre enthalten, will ich nicht läugnen" (dazu auch S. 692) sowie am Göttinger Beispiel: Brüdermann, Göttinger Studenten und akademische Gerichtsbarkeit, S. 242. Siehe dazu auch das Vierte Kapitel, Anm. 146.

57 Siehe dazu: Müller, Vom Regieren zum Gestalten, S. 210–212; Götze, Die Jenaer akademischen Logen und Studentenorden des 18. Jahrhunderts, S. 156; Wilson, Das Goethe-Tabu, S. 180f. (Zitat 180), 195 sowie 346 (hier die Anm. 20). Dazu außerdem weiter unten Abschnitt III.

58 Siehe auch: GStA PK, I. HA Rep. 52 Magdeburg N Universität Halle – N. 7.: der Studenten Händel und Unordnung Paket 1784–1809, hierin ein Schreiben des Kriminalrichters Moeller und des Refr Thürnagel an Zedlitz wegen Unruhen in Halle von 1784.

für die „Ausrottung aller andern geheimen Verbrüderungen und Zusammenkünfte der Studenten sorgen". Sobald ihren Mitgliedern „von dergleichen das geringste zu Ohren käme", soll außerdem dem „Pro=Rectori sofort davon Anzeige" gegeben werden. Zudem wäre es nützlich, an die Spitze der Gesellschaft einen Professor der Universität zu stellen, der in enger Verbindung mit den (studentischen) Vorstehern fungieren würde.[59] Die prospektive Überwachungsgesellschaft sollte also selbst überwacht werden.

Einiges an diesem Entwurf erscheint als kaum realisierbar, der Kerngedanke aber war überzeugend: Nämlich eine bestimmte Form der Studentengesellschaften zu tolerieren, damit diese einen Kampf gegen andere Studentenverbindungen im eigenen und im obrigkeitlichen Interesse führt – damit hätte man dieser Gesellschaft im internen Konkurrenzkampf des studentischen Arkanmilieus einen entscheidenden Vorteil verschafft.[60] Diese Überlegungen wurden zwei Jahre später durch Entwicklungen in der universitären Disziplinarpraxis und der innerstudentischen Lebenswelt tendenziell bestätigt und damit in einen prinzipiell realisierbaren Status überführt. Im Zuge der Wiederentdeckung und Verfolgung der *Unitisten* Ende 1786 hatte Johann Reinhold Forster ein Promemoria verfasst, das die Grundlage für das Vorgehen des Universitätskanzlers Hoffmann vom 19. Dezember bildete und in dem er die Herkunft von Informationen offenlegte – ein Vorgehen, das sich auf die Diskussionen der Jahre 1783/84 innerhalb der hallischen Professorenschaft über die Verwendbarkeit und Verlässlichkeit von anonymen Denunziationen und Privatinformationen einzelner Professoren bezog.[61] Das in den Rektoratsakten befindliche Schriftstück vom 12. Dezember unter dem Titel *Ueber nähere Entdeckung des Unitisten=Ordens* besteht aus einer von Forster zusammengestellten Übersicht und anonymisierten Aussagen von zwei Studenten.[62] Gleichwohl lag seinem Text die Versicherung zugrunde, dass beide Studenten eine schriftliche Version ihrer Angaben unterzeichnet hätten und diese Schriftstücke sich in seiner Obhut befänden, allerdings nicht vorgelegt werden sollten. Diese Verfahrensweise reichte der Universitätsführung jedoch nicht aus: Forster wurde offensichtlich angehalten, die bezeugten Aussagen vom 10. Dezember vorzulegen, denn sie befinden sich ebenfalls in der Akte.[63] Gegenstand des Textes war insbesondere der nur „zum Schein" aufgelöste Unitistenorden, der – so Forster – durch zwei Senatsmitglieder unverhältnismäßig schonend behandelt worden sei: durch „die beiden Herren Professores Joh: Christian Foerster und Joh. Aug. Eberhard", die „beide sich einer großen und in diesem Falle unrechtmäßigen Nachsicht gegen die Unitisten verdächtig gemacht" hätten. Forster ging es dagegen um „juristische Be-

59 GStA PK, I. HA Rep. 52 Magdeburg N Universität Halle – N. 11.: Miscellana: u.a.: „Denunciationes wider die Professoren d. Universitaet", Paket 1757–1806: ein mehrseitiger (unpaginierter) Bericht („Post Scriptum.").

60 Für ein Beispiel aus dieser Zeit siehe: Etwas über die Studentenorden [1789], S. 386 – „weil die Jalousie zwischen mehrern Orden auf einer Academie Erbitterungen, unaufhörliche Händel, und eine Art eines bürgerlichen Kriegs zu erzeugen pflegt."

61 Siehe das Dritte Kapitel, die Abschnitte IV.2 und V, sowie das Vierte Kapitel, Abschnitt III.

62 UA Halle, Rep. 3, Nr. 79: Acta betr. die Universität Halle insgemein, 1786–1803, Bl. 10–15.

63 UA Halle, Rep. 3, Nr. 79: Universität Halle insgemein, 1786–1803, Bl. 20–22'.

weise" gegen die Orden, die zu dessen nachhaltiger Aufhebung führen sollten. In diesem Sinn hätten sich

> einige wohlgesinnte Jünglinge unter den Studirenden [...] beredet, dass sie sich bemühen wollten 1) soviel möglich, als es an Ihnen liegt, zu behindern, dass keiner von Ihren Freunden und Bekannten nicht mehr solte, in einen dieser akademischen Orden eintreten. 2) auch alle möglichen Data allmöglich zu sammlen, durch welche die Glieder des Unitisten Ordens sollten alle so entdeckt werden, dass die Obrigkeit dadurch in den Stand gesetzt würde, diese frevelhafte Contravenienten aller Gesetze und Ordnung nachdrücklich zu straffen.[64]

Diese Kooperation basierte auf zwei Entwicklungslinien: Forster musste im Kampf gegen die Orden Informanten finden, die bereit waren, gerichtsverwertbares Material zu liefern und entsprechende Aussagen zu machen bzw. diese auch zu bezeugen – denn anonym bleibendes Spitzelmaterial war ja nicht ausreichend. Bei seinen Erkundungen im Milieu des Verdachts, auf deren Ergebnisse wir schon zu sprechen gekommen sind, hatte Forster mit den Studenten Alemann und Kuhlemann junge Männer getroffen, die dazu bereit waren. Forster behauptete allerdings, diese wären freiwillig, ohne sein „Ansuchen" und ohne „Ueberredung", zu ihm gekommen – eine Bemerkung, die womöglich den Grad der juristischen Verwertbarkeit der Aussagen erhöhen sollte. Die Motivation der Studenten war in der Überzeugung begründet, dass man innerhalb der Studentenschaft gegen die Orden selbst aktiv werden müsse und dafür motivierte Partner in der Professorenschaft benötige. Dass tatsächlich Substanz in diesem interessengeleiteten Vorgehen lag, zeigt zum einen die Tatsache, dass Forster die bezeugten Aussagen dann doch an die Universitätsobrigkeit weitergegeben hat, obwohl er zunächst im Namen der Studenten um eine Anonymitätszusage im Vorfeld der prospektiven Untersuchung aus Angst vor Rache gebeten hatte. Zum anderen wird dies dadurch untermauert, dass beide bereit waren, weitere „Beweise", auch „Original=Acten", zusammenzutragen.[65] Die Aussagen von Alemann und Kuhlemann waren sehr konkret, sie enthielten aber nicht alles, was Forster darlegte, der also zudem anderweitig gesammelte Informationen eingeflochten bzw. das Vorliegende mit allgemeinem Wissen über Orden verbunden und ausgebaut hat. Forster formte so ein Bild, das gekonnt auf die devianten Verhaltensweisen ausgerichtet war und universitätsobrigkeitlich entsprechende Reflexe hervorrufen sollte.[66]

---

[64] UA Halle, Rep. 3, Nr. 79: Universität Halle insgemein, 1786–1803, Bl. 10/10'.

[65] UA Halle, Rep. 3, Nr. 79: Universität Halle insgemein, 1786–1803, Bl. 13–15' (Zitate Bl. 13). In der Aussage von Alemann wurde auch Friedrich Albrecht Carl Gren („Dr. Green", Bl. 13' und 20) erneut belastet – bereits zu Beginn des Jahres 1786 war er beschuldigt worden, Ordenzusammenkünfte in seiner Wohnung abzuhalten (vgl. das Dritte Kapitel, Abschnitt IV.2).

[66] Der Orden rekrutiere vor allem reiche Studenten und gute Fechter als Mitglieder, die Ordenszusammenkünfte seien im sächsischen Reideburg (wobei eine Personenzahl von „60 bis 80" geschätzt wird, die ihr Geld nach Sachsen tragen würden), die Streitigkeiten der einzelnen Mitglieder würden gemeinschaftlich geregelt, indem man die Verursacher überfalle und verprügele, der Orden würde zudem den Neuaufzunehmenden eine „gewisse Beförderung" in der nachakademischen Zeit in Aussicht stellen und er hätte sich seit kurzem die „Grundsätze der Jesuiten sehr genau bekannt gemacht, und einen Theil derselben in ihre Ordens Einrichtungen übertragen", außerdem stehe der

Einige Jahre später, als guter Rat teuer war und neue Wege im Kampf gegen die Orden und die Studentenfreiheit gesucht wurden, erlebten diese Überlegungen und Ansätze von 1784 bzw. 1786 ihre Umsetzung in die Politikpraxis. Zu Beginn der 1790er Jahre formte die hallische Universitätsobrigkeit eine Verfahrensweise, die in ihrer Grundsätzlichkeit allerdings deutlich darüber hinausging. Ihr Ziel bestand darin, einen für die Mehrheit der Studenten tragfähigen Kompromiss anzubieten, innerhalb dessen sich zugleich die obrigkeitliche Disziplinarpolitik Geltung verschaffen konnte. Der Ansatzpunkt für diese *Duldungspolitik* waren landsmannschaftliche Zusammenschlüsse neuerer Art, die so genannten Kränzchen. Als Kränzchen wurden ursprünglich losere Studentenkreise bezeichnet, die sich zu geselligem Beisammensein zusammenfanden. Um 1790 verfestigten sich ihre Strukturen auf der Basis geografischer Rekrutierungsmuster.[67] Zugleich stellten sie sich in einen anderen Wertehorizont, der über den engeren Rahmen der Akademischen Freiheit hinauswies und damit den Anknüpfungspunkt für die Obrigkeit bot.

In Halle ist es 1791/1792 tatsächlich zum Aushandeln eines gemeinsamen Vorgehens von Universitätsobrigkeit und Kränzchen gegen die Orden und Landsmannschaften alten Typs gekommen. Im April 1792 war in der *Deutschen Zeitung* eine Nachricht eingerückt worden, die, ganz bewusst den weiten Wirkungsraum des publizistischen Feldes nutzend, diese Allianz mit deutlichen Worten publik machte.[68] Dort wurde offen berichtet:

Ordenseid über allen anderen Eiden, und schließlich würden die Ordensbrüder durch ihre Aktivitäten außer Stande gesetzt, ihre Kollegia bei den Professoren zu bezahlen; UA Halle, Rep. 3, Nr. 79: Universität Halle insgemein, 1786–1803, Bl. 11–13.

67 Vgl. dazu etwa Riederer, Die Jenaer Konstantisten, S. 83f. Im *Idiotikon der Burschensprache* von 1795 heißt es: „Sie [die Orden] stehn den Landsmannschaften entgegen, die sonst auch, und zwar gewöhnlich, Kränzchen heißen.“; Studentensprache und Studentenlied in Halle vor hundert Jahren, S. 84. Außerdem: Bornhak, Geschichte der preussischen Universitätsverwaltung bis 1810, S. 85; Wentzcke, Geschichte der Deutschen Burschenschaft. Erster Band, S. 31; Heinz Götze, Halles Studentenleben in 250 Jahren, in: 250 Jahre Universität Halle. Streifzüge durch ihre Geschichte in Forschung und Lehre. Halle 1944, S. 45–64, S. 49f.; Hardtwig, Studentenschaft und Aufklärung, S. 247; Meidenbauer, Aufklärung und Öffentlichkeit, S. 392.

68 [Über die Kränzchen in Halle], in: Deutsche Zeitung oder Moralische Schilderungen der Menschen, Sitten und Staaten 9 (1792), 17. St., Sp. 273–277. Zu den hallischen Kränzchen siehe: Fabricius, Die Studentenorden des 18. Jahrhunderts, S. 95; ders., Die deutschen Corps, S. 175–181; König, Aus zwei Jahrhunderten, S. 124–128; Flemming, Geschichte der Hallischen Burschenschaft von 1814–1860, S. 12f. Ähnlich wurde auch im preußischen Frankfurt an der Oder verfahren; siehe: Golinski, Die Studentenverbindungen in Frankfurt/O., S. 42–56, 64, 74f., 103f.; Wentzcke, Geschichte der Deutschen Burschenschaft. Erster Band, S. 34f.; Siegfried Griesa, Die „Studentenkränzchen“ an der Viadrina, in: Ortstermine. Stationen Brandenburg-Preußens auf dem Weg in die moderne Welt. Teil der gemeinsamen Landesausstellung Berlin und Brandenburg „Preussen | 2001“. Hg. vom Museumsverband des Landes Brandenburg e.V. Berlin 2001, S. 47–56, hier S. 50f. Auch für Jena gibt es Hinweise für solche Verfahren: Götze, Die Jenaer akademischen Logen und Studentenorden des 18. Jahrhunderts, S. 33–35; Deuerlein, Neues vom Constantisten=Orden, S. 138f. Einen schwachen Hinweis gibt es auch für Leipzig: Der historische Entwicklungsgang des studentischen Verbindungswesens auf der Universität Leipzig, in: Akademische Monatshefte. Organ der Deutschen Corpsstudenten 1 (1884/85), S. 264–267, hier S. 264f.

> Schon seit Jahr und Tag hatten die Märker und Westphälinger, mit Genehmhaltung des Akad. Senats, freundschaftliche Kränzchen: allein die Schlesier, welche doch die zahlreichste Landsmannschaft ausmachen, hatten unter sich selbst wenig oder gar keine Bekanntschaft, und waren einander gröstentheils fremd. Dies wurde endlich immer auffallender und erweckte bey mehreren Schlesiern, die sich stets durch ein ädles Betragen ausgezeichnet haben, das Verlangen, auch unter ihren Landsleuten den freundschaftlichen Ton eingeführt zu sehen, der bey andern Landsleuten entstanden war, und so große Vortheile mit sich führte. – Ich übergehe die nach erhaltener Erlaubniß des Prorektors zum Erstaunen schnelle Vereinigung dieses Kränzchens, und will mich blos auf eine kurze Darstellung der innern und äußern Beschaffenheit, so wie der guten und heilsamen Folgen desselben einschränken.[69]

Ausdrücklich an die Jenaer Antiduellbestrebungen anknüpfend, betonen die Gesetze des *Schlesischen Kränzchens*, die auch der Universitätsobrigkeit vorlagen,[70] dass man sich fortan nicht an Exzessen („Lerm und Unruhen") beteiligen würde und unter den Schlesiern „alle Duelle abgeschafft" seien.[71] Über die tiefere Bedeutung dieser Entwicklung heißt es dann in der Schlusspassage:

> Die Folgen dieses Kränzchens sind vielleicht von weit größerem und wichtigerem Umfange, als manche sich vorstellen mögen, und gewiß für das Studieren und die Betreibung der Wissenschaften wird es von gutem Nutzen seyn. Was die Ruhe der hiesigen Universität betrift, so gewinnt dieselbe dadurch ungemein: denn da die Schlesier eine so große Zahl ausmachen, und von nun an gewiß an keinem Lerm mehr Theil nehmen: so werden diese Rückfälle in die alte Barbarey ohne Zweifel gänzlich aufhören, und wieviel wird nicht dadurch die Universität an Verfeinerung des herrschenden Tones gewinnen! Wie selten werden in der Folge die grausamen Duelle, die trotz der sorgfältigsten Wachsamkeit des akademischen Senats nicht immer zu verhüten sind, vorfallen: da unter einer so großen Anzahl aller Selbsthülfe feyerlichst entsagt worden.[72]

Hinter diesen Formulierungen stand eine Politik, die auf einer gemeinsamen Absprache beruhte, denn die Kränzchen wurden in dieser Form tatsächlich obrigkeitlich geduldet. Als Gegenleistung hatten sie innerhalb der Studentenschaft für die Unterdrückung der Orden zu sorgen. Die „Obervorsteher" des Kränzchens sollten laut den Statuten den „Konnex mit den akademischen Behörden" halten.[73] In der überlokalen Studentenschaft machte die Rede von den „Hallischen Kränzchen" die Runde.[74] Ein Zeitgenosse, der Altphilologe und ehemalige Student der Fridericiana Johann Georg Carl Schlüter, hat dies

---

[69] [Über die Kränzchen in Halle], in: Deutsche Zeitung 9 (1792), 17. St., Sp. 274.

[70] UA Halle, Rep. 5, Nr. 47: Gesetze, zu deren Befolgung sich alle Mitglieder des Schlesischen Kränzchens verpflichtet haben. Jan. 1792; siehe außerdem für die spätere Zeit: Rep. 5, Nr. 49: Allgemeine Gesetze des Schlesischen Kränzchens. Jan. 1799.

[71] [Über die Kränzchen in Halle], in: Deutsche Zeitung 9 (1792), 17. St., Sp. 276. Außerdem: Paul Wentzcke, Die älteste Verfassung einer studentischen Landsmannschaft. Die Gesetze des schlesischen Kränzchens in Halle vom 12. Januar 1792, in: Thüringisch-Sächsische Zeitschrift für Geschichte und Kunst 6 (1914) 2, S. 174–190 (zu den Duellen S. 179, 189).

[72] [Über die Kränzchen in Halle], in: Deutsche Zeitung 9 (1792), 17. St., Sp. 276f.

[73] König, Aus zwei Jahrhunderten, S. 127f.

[74] So *Die Geschichte der Loge zu E* [d.i. Jena; H.Z.] des *Konstantistenordens* bezogen auf 1796; Deuerlein, Neues vom Constantisten=Orden, S. 111, auch 135.

in einer programmatischen Schrift anlässlich des Universitätsjubiläums 1794 so formuliert: „und in Halle werden sogar diese Landsmannschaften [d.h. die Kränzchen] öffentlich geduldet, und wie man sagt, sind sie authorisirt".[75] Diese Politik war offenbar tendenziell erfolgreich: Seit der Zeit um 1790 finden sich in den Akten des hallischen Universitätsgerichts keine Untersuchungen gegen Studentenorden mehr.[76] Lediglich 1797 gab es Nachforschungen gegen den Studenten Bärensprung wegen einer Mitgliedschaft im *Konstantistenorden*, nachdem man dazu Anweisung aus Berlin erhalten hatte – die preußische Obrigkeit wiederum war durch einen Hinweis aus Braunschweig aufmerksam geworden.[77] Der Student Bärensprung war der einzige, der von den Verdächtigten noch in Halle weilte. Er leugnete die Vorwürfe, und das hallische Universitätsgericht, zu diesem Zeitpunkt verkörpert durch den Prorektor Matthias Christian Sprengel und den Ordinarius der Juristischen Fakultät Ernst Ferdinand Klein als Direktor, schenkte ihm Glauben mit der Begründung, dass die „hiesigen landsmannschaftlichen Kränzchen alles Entstehen von Orden sogleich in der Geburt erstickt haben".[78]

Diese Aussage der hallischen Obrigkeit war zwar tendenziell geschönt, im Kern aber stimmig: Indizien deuten darauf hin, dass Orden wohl weiterbestanden haben – sie hatten aber ihre Bedeutung innerhalb der Akademischen Studentenkultur sukzessive einge-

---

75 Insgesamt mit einem deutlich kritischen Unterton: J[ohann] G[eorg] Carl Schlüter, Unversitäten= Revolution. Ein Glückwunsch für die Universität Halle an ihrem ersten Jubelfeste. Cöthen 1794. Nachdruck Hildesheim 2002, S. 109f., Zitat S. 109. Siehe auch: Fabricius, Die Studentenorden des 18. Jahrhunderts, S. 95: Kuhn/Schweigard, Freiheit oder Tod!, S. 295.

76 Die letzte Ordensuntersuchung datiert aus der ersten Jahreshälfte 1787; UA Halle, Rep. 5, Nr. 42, Fortdauer des aufgehobenen „Unitisten"-Ordens 1786/1787. Dazu außerdem: Joseph von Eichendorff, Halle und Heidelberg, in: Ders., Sämtliche Werke des Freiherrn, Bd. V/4, Tübingen 1998, S. 139–181, hier S. 145f. Siehe außerdem die entsprechende Bemerkung des Konstantisten Johann Gottfried Pietsch in einem Brief vom 23. Dezember 1796, wiedergegeben bei: Deuerlein, Neues vom Constantisten=Orden, S. 147.

77 GStA PK, I. HA Rep. 76 alt II B, Nr. 11 (A. Generalia), Vol. II von 1792–1798, Bl. 56ª–57 sowie Bl. 35–38 (hier das Schreiben des preußischen auswärtigen Departments infolge der Benachrichtigung aus Braunschweig, wonach in Jena Konstantistenbrüder entdeckt worden sind und davon einige in Halle sein sollen und hier seit 1795 eine Loge bestehe), dazu auch Bl. 125–126. Zu diesem Vorgang siehe ausführlich Deuerlein, Neues vom Constantisten=Orden, S. 99, 110f. (hier aus *Der Geschichte der Loge zu E.*), 175, 183 (hier die Anm. 53 zu Carl August Werner Sigismund Albert Bärensprung) und 193.

78 GStA PK, I. HA Rep. 76 alt II B, Nr. 11 (A. Generalia), Vol. II von 1792–1798, Bl. 56ᵇ. Zum Umfeld dieses Vorgangs – das (angebliche) Unterkommen aus Jena verwiesener Konstantisten in Halle im Frühjahr/Sommer 1797 – siehe: GStA PK, I. HA Rep. 76 alt II Nr. 81: Anzeigen und Verfügungen 1797–1806, Bl. 1–9. Hier versichert die hallische Universität noch einmal, dass es keine Orden durch das Entstehen der diesen entgegengesetzten Kränzchen mehr gebe (21. September 1797; Bl. 9/9'), nachdem ihr von der jenaischen Universität vorgehalten wurde, dass in Halle die Orden nach wie vor blühen würden (Bl. 2–3). Die Kommunikation dieses Vorgangs lief über die Regierungen, nicht direkt zwischen den Universitäten.

büßt.[79] In der Welt der Studenten aber stieß die Duldungspolitik mit der Privilegierung der Kränzchen nicht nur auf Gegenliebe, Widerstand regte sich frühzeitig. Am 9. Juli 1792 zeigte der Student der Rechte Friedrich Ferdinand Stiller „in Person" an, dass er bislang Mitglied der *Märkischen Kränzchengesellschaft* gewesen sei. Sein schriftlich vollzogener Austritt aus der Gesellschaft aber gestaltete sich schwierig. Er handelte sich Beleidigungen ein und wurde aufgefordert, „das schriftliche Versprechen zu thun, in keine verbotene Ordensgesellschaft zu treten, mit der angehängten Verwarnung, dass die Gesellschaft ihn sonst in den Verschiß erklären wollte". Stiller verstand dieses Verfahren nicht und argumentierte, dass dies „wider die Gleichheit der Studiosorum anstieße".[80]

Das neue disziplinarpolitische Vorgehen wurde aber auch von innen heraus ausgehöhlt. Denn seit der Mitte der 1790er Jahre[81] und besonders kurz nach der Jahrhundertwende (1802/1803) finden sich wieder Untersuchungen – jetzt gegen die Kränzchen selbst.[82] Offensichtlich unterlag auch die Organisationsform der Kränzchen der inneren Dynamik und den Mechanismen Akademischer Freiheit; Duelle und Trinksitten begannen große Bedeutung zu erlangen.[83] So schrieben die hallischen Professoren im Sommer

---

[79] Damit korreliert etwa die Bemerkung im 1795 in Halle entstandenen *Idiotikon der Burschensprache*: „Orden sind Verbindungen mehrerer Studenten aus verschiedenen Landsmannschaften [d.h.: verschiedener Herkunftsgebiete] zu einem gewissen Zwecke, der jetzt in Halle im Petisiren und Damenaufwarten besteht." Es gäbe daselbst zwei, die „aber beide keinen Schuß Pulver werth" seien; Studentensprache und Studentenlied in Halle vor hundert Jahren, S. 83f. Ähnlich auch Schlüter, Unversitäten=Revolution, S. 109.

[80] UA Halle, Rep. 5, Nr. 48: Denunziation des Schlesischen Kränzchens durch die Studenten Knoblauch, Mützel, Ferne und Corch. Juli 1792 – Dez. 1792, Bl. 1.

[81] In diese Zeit fällt zudem eine nochmalige Darlegung der Verfahrensweisen für den hallischen Prorektor in einem Schreiben vom 7. Juni 1796 aus Berlin (ab wann und wofür die Akademische Gerichtsbarkeit einzuschalten ist, kurzfristiges Arretieren bis zu vier Tagen, Beschwerdemöglichkeiten für Studenten u.a.); UA Halle, Rep. 3, Nr. 129: Instruction für den Prorector u. Director in Disciplinar=Sachen. [1796] – die Akte beinhaltet einzig das Schreiben.

[82] UA Halle, Rep. 5, Nr. 51: Untersuchung und Aufhebung sämtlicher Kränzchen auf der Universität. Jan. 1795 – März 1795; Nr. 52: Aufhebung der bisher existierenden Kränzchen und Landsmannschaften. März 1796; Nr. 55: Aufhebung der Kränzchen auf der Universität. Okt. 1801 – März 1803; Nr. 57: Untersuchung gegen die Kränzchen der Pomeraner, Magdeburger, Halberstädter, Märker, Westphalinger und Schlesier. Jan. 1802 – Juli 1803; Nr. 58: Untersuchung des Pommerschen Kränzchens. März 1803 – Juni 1803; Nr. 59: Untersuchung des Magdeburgischen und Halberstädtischen Kränzchens, jetzt „Saxonia". März 1803 – Juni 1803; Nr. 60: Untersuchung des Märkischen Kränzchens. März 1803 – Juni 1803; Nr. 61: Untersuchung des Westfälischen Kränzchens. März 1803 – Juni 1803. Siehe dazu auch Fabricius, Die deutschen Corps, S. 184 sowie für spätere Jahre: UA Halle, Rep. 5, Nr. 56: Aufhebung der Kränzchen und Landsmannschaftlichen Verbindungen. Juli 1810 – Juni 1812; Nr. 62: Verbindungen unter den Studenten. März 1817 – Juli 1817; außerdem: Rep. 3, Nr. 604: Die Kränzchen-Verbindungen 1805, o.P.

[83] In diesem Sinn auch Schlüter, Unversitäten=Revolution, S. 109f.: „Diese Landsmannschaften [d.h. hier Kränzchen] suchen die Orden der Constantisten und Unitisten zu Halle zu ruinieren, schlagen sich mit jenen Ordensbrüdern unablässig herum, und geben Veranlassung zu vielem unnützen Zanck und Unfuge." Siehe außerdem Golinski, Die Studentenverbindungen in Frankfurt/O., S. 56 („Es schien auch die Möglichkeit nicht ausgeschlossen, dass ein Kränzchen in einen Orden ausarte-

1797 in einem Grundsatzbericht im Zuge einer zu etablierenden Ordenskommission an den König: „Obgleich die Orden durch die Kränzchen unterdrücket worden, so haben doch diese nach ihrer Aufhebung[84] die Natur der Orden an sich genommen". Zwar seien ihre Grundsätze nicht ganz so verderblich, da sie allerdings die Mehrheit der Studenten erreichten („ihren weitern Wirkungskreis"), seien sie dennoch „gefährlich".[85] Diese Entwicklung lässt sich etwa an der nichtanonymen, zunächst mündlich erfolgten Anzeige des Studenten Holthoff gegen das *Westphälische Kränzchen* im August 1799 belegen. Vermutlich aufgrund der Fülle des von Holthoff ausgebreiteten Wissens ist die Anzeige im Hause des bis kurz zuvor amtierenden Prorektors Johann Christoph Krause[86] zur Protokollierung für die Akten verschriftlicht worden. Holthoff war in der Verbindung in ‚Verschiss' geraten und hatte erhebliche Schwierigkeiten („verfolgt"), Beleidigungen („Schimpfreden") und öffentlich auf dem Großen Berlin ausgerufene Drohungen („den Schweinejungen Holthoff todt zu schlagen") zu erdulden. Diese Repressalien dauerten im Moment der Anzeige („klagen") laut Holthoff bereits ein halbes Jahr an und zeigen die Intensität im innerstudentischen Umgang mit ‚Abtrünnigen'. Die auf dem zentralen städtischen Platz dem Studenten auflauernde Menge setzte sich nämlich nicht nur aus den „Kränzianern" des eigenen Kränzchens zusammen, sondern auch „Fremde Landsleuthe befinden sich unter ihnen zu gemeinschaftlichen Zweck, denn alle Kränzchen stehen unter einander in Verbindung". Der Grund für die Verfolgung – und Einforderung des Organisationszwangs – lag in diesem Fall ebenso wie bereits sieben Jahre zuvor beim Konflikt des Studenten Stiller mit dem Märkischen Kränzchen darin, dass Holthoff vor sieben Monaten aus der Verbindung ausgetreten war, in die ihn, wie er sagt, die Mitglieder „nach vielem Zureden" und starken berauschenden Getränken „geschleppt" hatten.[87]

te"); Wentzcke, Geschichte der Deutschen Burschenschaft. Erster Band, S. 31, 36 (der hier auf die im Prinzip identischen Rezeptionen von Kränzchen und Orden bzw. den um 1800 wieder einsetzenden Duellzwang und die Hegemoniebestrebungen auch über Nichtmitglieder verweist).

84 Sehr wahrscheinlich bezieht sich diese Aussage auf das allgemeine Verbot aller Orden und Landsmannschaften vom Frühjahr 1796 (31. März) im Zuge des Erlasses der allgemeinen Gesetze für die Studenten aller Fakultäten (8. März 1796); siehe Schrader, Geschichte der Friedrichs-Universität zu Halle. Erster Teil, S. 598f.; König, Aus zwei Jahrhunderten, S. 128f.

85 GStA PK, I. HA Rep. 76 alt II B, Nr. 11 (A. Generalia), Vol. II von 1792–1798, Bl. 142–147, hier Bl. 143f., dazu außerdem Bl. 145. Es sei an dieser Stelle darauf verwiesen, dass der Kanzler von Ludewig bereits 1730 einen „beständigen Senat" zur Steuerung der studentischen Disziplin vorgeschlagen hatte; Waldemar Kawerau, Beiträge zur Geschichte der Universität Halle. Die Cives academici, in: Geschichts=Blätter für Stadt und Land Magdeburg. Mitteilungen des Vereins für Geschichte und Altertumskunde des Herzogtums und Erzstifts Magdeburg 22 (1887), S. 97–112, hier S. 103; siehe dazu ebenfalls das 1780 in Halle geplante „Collegium censorum" (Drittes Kapitel, Anm. 71). Zur gewandelten Wahrnehmung der Kränzchen in Frankfurt an der Oder siehe: Golinski, Die Studentenverbindungen in Frankfurt/O., S. 74f., 103f.

86 1749–1799, Historiker; Förster, Übersicht, hg. v. Meÿer/Schenk, S. 236; Schrader, Geschichte der Friedrichs-Universität zu Halle. Zweiter Teil, S. 552.

87 UA Halle, Rep. 5, Nr. 53: Untersuchung der vom Studenten Holthoff gegen verschiedene Studenten angezeigten Exzesse und Kränzchen-Verbindungen. Aug. 1799 – Dez. 1799, Bl. 1–2, hier Bl. 1.

Im Moment des Austritts hielt man ihn für einen „Rebellen": „Ich musste aber wohl in der Verbindung bleiben, weil Niemand auf eine ehrenvolle Art hinaus kommen kann." Der Austritt gelang ihm erst, als er in „Streitigkeiten" mit dem „jungen Herrn Nettler" gekommen war.[88]

In den Kränzchen der Jahrhundertwende herrschte ein Gruppenzwang, über den der Erhalt und der Verlust von Ehre organisiert wurden. Wer sich gegen ihn stellte, hatte wie Holthoff die Wut und den Druck der Gemeinschaft zu ertragen. Indem er sich dem Zwang nicht beugte und die Universitätsstadt auch nicht verlassen wollte, blieb ihm als individuell rettendes Ventil in dieser Situation nur der Gang zur Universitätsobrigkeit. Dabei nannte er ausführlich Namen von Studenten. In den Augen der beteiligten Kränzchenmitglieder wurde er so vom Abtrünnigen zum Denunzianten. Holthoff ging damit erneut ein hohes Risiko ein, nachdem er bereits dem studentischen Ausschluss anheimgefallen war – er selbst erklärte diesen so: „der in Verschiß gerathen = vogelfrei erklärt ist". Die physische Gefahr für den Studenten wird auch in seinem Verhalten greifbar: Er vollzog diesen Schritt erst, nachdem er die unerträgliche Situation bereits sieben Monate durchgestanden hatte und der Fall, wie der während dieser Zeit amtierende Prorektor Krause schreibt, „schon stadtkundig" gewesen war.[89]

Holthoff wurde daraufhin von den Studenten tatsächlich massiv weiterbedroht, wobei sich diese eines anonymen Zettels bedienten: Sie ließen ihm einen Drohbrief, in dem griechische und lateinische Buchstaben gemischt verwandt wurden, durch einen „Burschen" an seinen „Aufwärter" zukommen. Der Zettel befindet sich samt einer zeitgenössisch angefertigten Übersetzung im Original in den Akten. Sein Wortlaut ist wie folgt:

> So eben habe ich gehört, dass Sie sämtliche Westphälinger in eine Lage versetzt haben, wo der Unschuldige mit dem Schuldigen leiden muß, – in eine Lage, wo Sie nichts selbst den heiligsten Eid nicht scheuen werden, sich aus einem Unglück zu reissen, was wenigstens manchem bevorsteht. – Suchen – u ! suchen Sie die unvorsichtige Handlung rückgängig zu machen, damit Sie nicht an jenem Gerichts=Tage es zu spät bereuen, wie viel Menschen Sie durch eines einzigen Schritt vielleicht auf ewig ins Verderben stürzten. Sehen Sie diese Erinnerung als die Aeusserung eines Herzens an, was warmen Antheil an dem wahrscheinlichen Unglück mancher Unschuldigen nimmt, da alle das Aeusserste wagen wollen, um sich wenigstens in dieser Welt nicht auf immer ins Unglück zu stürzen – und glauben Sie heilig dass es nicht aus einer Hand kommt, die im mindesten dabey interessiret ist.[90]

---

[88] UA Halle, Rep. 5, Nr. 53: Untersuchung der vom Studenten Holthoff 1799, Bl. 1'.

[89] UA Halle, Rep. 5, Nr. 53: Untersuchung der vom Studenten Holthoff 1799, Bl. 1' und 2.

[90] UA Halle, Rep. 5, Nr. 53: Untersuchung der vom Studenten Holthoff 1799, Bl. 40–44, die Zitate Bl. 40 und Bl. 44. In dieser Untersuchung findet sich ein weiterer Beleg für die kreative Nutzung der Zettelkultur: Der Theologiestudent Junius ließ einen kleinen Zettel durch einen Unbekannten an den Aufwärter des Prorektors Krause übermitteln, auf dem er ankündigt, dass er zum Antritt seiner „Condition" Halle verlassen wird; ebd., Bl. 45 der Originalzettel mit der schwer lesbaren Eingangsnotiz (wahrscheinlich) von Krause selbst sowie Bl. 46, hier wurde zur „Verfügung" des Prorektors hinzugesetzt, dass Junius „abgegangen" sei.

Diese anonym gehaltene Reaktion und die mit ihr verbundene Drohung machen zweierlei deutlich: Zum einen hat die Anzeige Holthoffs Wirkung gezeigt, denn wenn die disziplinarisch Bedrohten keine Konsequenzen daraus befürchten würden, hätten sie nicht den Versuch unternommen, Holthoff zur Rücknahme und Schadensbegrenzung zu bewegen. Der Gang zur Obrigkeit konnte also für den Moment befreiende Wirkung haben; zumindest in einer solchen Extremsituation wie jener, der Holthoff ausgesetzt war. Zum anderen aber geriet der anzeigende Student in der Folge unter neuen Druck. Er war nun nicht mehr derjenige, der sich den Gemeinschaftsregeln entzog und dafür Sanktionen und Beleidigungen mit dem Ziel zu erdulden hatte, sich wieder einzugliedern und die Leitvorstellungen Akademischer Freiheit, die für den Abweichler ja gerade keine Freiheit, sondern Knechtschaft darstellten, zu akzeptieren. Er war darüber hinaus zum Denunzianten geworden, zu jemandem der bereit war, Kommilitonen bei der universitären Obrigkeit – so die Sicht der betroffenen Kränzianer – anzuschwärzen. Damit hatte er sich endgültig außerhalb der Studentengemeinschaft positioniert.

Die an diesem Beispiel verdeutlichten, seit Mitte der 1790er Jahre einsetzenden Dominanzpraktiken der Organisationsform Kränzchen innerhalb der Studentenschaft und die daraus resultierenden obrigkeitlichen Gegenmaßnahmen hatten jedoch nicht die völlige Aufgabe der Kooperation zur Folge. Dies wird im September des Jahres 1800 in den so genannten Kartellpunkten aller hallischen Kränzchen, d.h. den gegenseitig akzeptierten Vertragsbestimmungen,[91] greifbar. Diese lagen der Universität vor und wurden in Manuskriptform in einer Akte des Universitätsgerichts aufbewahrt. Die Gemeinschaftserklärung, die von den Senioren der Kränzchen unterschrieben worden ist, beginnt mit einem Satz, wonach sämtliche Kränzchen sich „versprechen", das „gemeinschaftliche Band noch enger zu knüpfen", „um das Ansehen aller Kränzchen wechselseitig zu erhalten und zu befestigen, gegenseitige Freundschaft und Unterstützung" in „allen vor kommenden Fällen" zu pflegen – und „zwar vorzüglich in Hinsicht der Unterdrückung und Ausrottung der Orden". Diese Stelle ist von einem Offiziellen der Universität am Rand mit einem doppelt unterstrichenen Zeichen versehen worden, das sich als „NB" (notabene) lesen lässt.[92] Der unbekannt bleibende Leser hat registriert, dass die Kränzchen sich in diesem Punkt nach wie vor auf der obrigkeitlichen Linie gegen die Studentenorden befanden, und somit ein Ziel gegeben war, das eine unterdessen ungeliebt gewordene,

---

[91] Vgl. dazu im unmittelbaren (auch räumlichen) zeitgenössischen Kontext (1795): Studentensprache und Studentenlied in Halle vor hundert Jahren, S. 59 sowie zu Frankfurt/Oder 1798: Günther Jahn, Die Studentenzeit des Unitisten F. L. Jahn und ihre Bedeutung für die Vor- und Frühgeschichte der Burschenschaft 1796–1819, in: Darstellungen und Quellen zur Geschichte der deutschen Einheitsbewegung im neunzehnten und zwanzigsten Jahrhundert 15 (1995), S. 1–129, S. 46f.; Bauer, Studentische Organisationen zwischen Geselligkeit und Politik, S. 123–125.

[92] UA Halle, Rep. 5, Nr. 54: Kartell-Punkte für sämtliche Kränzchen auf der Universität. Sept. 1800, o.P. Siehe auch König, Aus zwei Jahrhunderten, S. 131–135 (hier wird deutlich, dass das Duell wieder eine zentrale Rolle spielt).

aber taktisch interessante Partnerschaft aufrecht erhielt.[93] Dass gleichzeitig zwischen der Universität und den Kränzchen Konflikte und Friktionen bestanden, die in einer Reihe offizieller Untersuchungen mündeten, war dem nebengeordnet. Solange beide Seiten Interesse und Nutzen am Kampf gegen die Orden hatten – die einen mit dem Ziel der Disziplinierung der Studentenschaft, die anderen mit dem Ziel der Hoheitsbehauptung innerhalb dieser – bildeten sie weiterhin eine partielle Interessengemeinschaft.

III Ambivalenzen: Die Freimaurerlogen der Universitätsstädte im Feld obrigkeitlicher Disziplinarpolitik (ca. 1780 - um 1800)

Die Instrumentalisierung der studentischen Kränzchen für die Disziplinarpolitik verweist auf eine weitere Wurzel obrigkeitlicher Politik im Umgang mit den Arkangesellschaften der Zeit. Seit ca. 1780 waren auch die Logen der Freimaurer in unterschiedlicher Weise in die disziplinarpolitischen Bemühungen einbezogen bzw. davon betroffen. Dabei lassen sich drei verschiedene Handlungsebenen erkennen: Zum einen wurden die Logen als offiziell-inoffizielle Kontrollinstanzen genutzt, zum zweiten gerieten sie punktuell nach 1789 unter Verdacht und zum dritten gab es für die preußischen und sächsischen Logen 1798/1799 Verbots- bzw. Kontrolledikte.

Erstens. Der über die Jahrzehnte seit der Jahrhundertmitte gewachsenen und spannungsreichen Dualität zwischen verfolgter studentischer Arkankultur und staatsnaher Freimaurerei war ein kontrollierender Impetus inne, der zwar nirgends gesetzestextlich fixiert worden war, der aber in der alltäglichen Praxis funktionierte. Die Logen der Freimaurer wurden in ihrer Stellung als überterritoriale Konkurrenzstruktur zu den Studentenorden in die Kontrollaktivitäten der Obrigkeiten indirekt einbezogen.[94] Das Friktions-

[93] Siehe in diesem Kontext auch die Vorgänge im preußischen Erlangen – 1798 wurden studentische Gesellschaften genehmigt; Deuerlein, Studentengeschichtliches, S. 165f.; Schubert, Die Studentenschaft und ihre Orden, S. 92; UA Erlangen, A 3 / 14 Nr. 20: Acta die hiesige Studenten Gesellschaften betr. 1798; sowie in diesem Umfeld auch: A 3 / 14 Nr. 21: Acta Die Auflösung der seither dahier bestandenen 4. Studenten Gesellschaften, 1.) der Wassermännl. oder Westphälischen, 2.) der Fürsattelischen, 3.) der Halmischen, und 4.) der im Neustädter Schieshaus betr. dann Bestätigung der neuen und ihrer Vorsteher. 1802.

[94] Vgl. Maurice, „Staat im Staate" oder „Schule der Untertanen"?, S. 14: „Unter dem Aspekt der Sozialdisziplinierung konnte sich für den Staat des aufgeklärten und des späten Absolutismus die Möglichkeit ergeben, auch die Freimaurerei in seinen Dienst zu stellen." sowie ders., Freimaurerei um 1800, S. 90. Siehe als zeitgenössisches Beispiel: Etwas über die Studentenorden [1789], S. 397–401, hier wird deutlich, dass der anonym bleibende Verfasser des Artikels den Logen der Freimaurer zumindest nahestand, ohne sie zu benennen („ehrwürdige Institute"), weil er diese deutlich von den Studentenorden und anderen Geheimgesellschaften („der Rosenorden und die deutsche Union")

feld beider Arkansysteme war dabei die Rekrutierung studentischer Mitglieder. Durch die ausgeprägte Konkurrenz war der Entscheid für eine der beiden Richtungen auch immer eine grundsätzliche, kulturelle Lagerentscheidung, die so etwas wie einen individuellen „Verhaltensstil"[95] erkennen lässt. Auf eine semi-obrigkeitliche Ebene wurden diese Friktionen durch den Umstand gehoben, dass ein Teil der aktiven Maurer in den Logen durch das Universitätspersonal gestellt wurde; Professoren also, die sich in der profanen Welt um die Disziplin und Sitte der ihnen anvertrauten Studenten zu kümmern hatten. Damit verschränkten sich obrigkeitliche Disziplinarpolitik und arkangesellschaftliche Aktivitäten auf lokaler Ebene. Beispielhaft stehen dafür hallische Professoren, die uns als handelnde Akteure bzw. Aktivisten im Kampf gegen die Orden und Landsmannschaften bereits begegnet sind: Daniel Nettelbladt (Direktor der Universität von 1776 bis zu seinem Tod 1791), Johann Reinhold Forster, Ernst Ferdinand Klein (Schüler Nettelbladts und Direktor der Universität bis zu seinem Weggang nach Berlin im Jahr 1800).[96]

Das praktisch angewandte Mittel war der gegenseitige Mitgliedsausschluss. Ein Verfahren, das man als *passive Kontrolle* verstehen kann und das bis in die Anfangszeit der Ausdifferenzierungsprozesse arkaner Kultur zurückzuführen ist. Eine Motivation für dieses zunächst von den Orden etablierte Instrument war sicher die Angst des Bekanntwerdens der eigenen Gesellschaft durch mehrfache Mitgliedschaften einer Person und die dadurch bestehende direkte oder indirekte Möglichkeit des Ausspionierens. So schrieben beispielsweise die Gesetze des *Unanimitätsordens* von 1775 in Paragraph 10 fest: „Damit nicht dieser Orden von andern entdeckt werde, welches das 6te Gesez schon verboten hat; dieses aber dadurch leicht geschehen könnte, wenn sich jemand von Unsern Ordensbrüdern in fremde Orden wider ernsteres Wissen und Willen begäbe, so werden diejenigen, die dieses thun, mit der Remotion bestraft."[97] Die offizielle Maurerei übernahm das Ausschlussprinzip von den Orden zeitlich versetzt und etablierte damit ein Überprüfungsverfahren sowie eine Disziplinierungsinstanz zugleich. Studenten, die Freimaurer wurden, waren dem Einflussbereich der Orden entzogen. Auf diese Weise wurde

abgrenzte und ihre vermeintlich positive Wirkung auf die Moralität junger Männer hervorhob (insb. mit Hilfe eines längeren Zitats aus einer anderen Schrift).

95 Dazu: Dinges, „Historische Anthropologie" und „Gesellschafts-Geschichte", S. 198.

96 Daniel Nettelbladt war seit 1744 und wieder ab dem Beginn der 1780er Jahre Maurer. Johann Reinhold Forster war Anfang der 1780er Jahre, unmittelbar nach seiner Berufung nach Halle, Mitglied der Loge *Zu den drei Degen* geworden. Ernst Ferdinand Klein war in Halle von 1792 bis 1800 Freimaurer, seit 1801 war er Großmeister der *Großen Loge von Preußen Royal York zur Freundschaft* in Berlin. Siehe: Eckstein, Geschichte der Freimaurerloge im Orient von Halle, S. 29, 109, 231, 236; Förster, Übersicht, hg. v. Meÿer/Schenk, S. 210f., 230f., 248; Schrader, Geschichte der Friedrichs-Universität zu Halle. Erster Teil, S. 283, 399, 409f.; Gerlach, Die Freimaurer im Alten Preußen, Teil 1, S. 413 und passim. Zum Amt des Universitätsdirektors siehe: Bornhak, Geschichte der preussischen Universitätsverwaltung bis 1810, S. 175–179, hier S. 176: „Der Direktor, der nach dem Rektor und Kanzler auf allen amtlichen Schriftstücken unterzeichnet stand, war das vom Staate bestellte Organ der Universitätsverwaltung, der auf Beobachtung eines ordnungsmässigen Zustandes zu achten hatte".

97 Dressel, Die Landsmannschaften und Studentenorden an der Universität Helmstedt, S. 147.

auch der potenzielle Personenkreis der Ordensbrüder in einer Universitätsstadt eingeschränkt.

Diese Entwicklung lässt sich beispielhaft wiederum in Halle zeigen. Noch Ende der 1750er Jahre hatten die Freimaurerloge *Philadelphia* und der Studentenorden vom *Stern* in denselben Räumen, die der Studentenorden hergerichtet hatte, gearbeitet. Außerdem war der erste Aufseher der Loge, Heinrich Christoph Ranis, zugleich der Großmeister des Studentenordens.[98] Danach begannen die Entwicklungen auseinander zu laufen. In der Welt der Orden wurde die Ausschlussklausel zum Standardrepertoire der Statuten und Gesetze.[99] Ein Vierteljahrhundert später sah die Situation in der preußischen Universitätsstadt dann ganz anders aus:

> In jenen Jahren [1757/58] also konnte man gleichzeitig Freimaurer und auch Mitglied eines Studenten-Ordens sein. Etwa 20 Jahre später war dies, wenigstens in Halle, nicht mehr möglich. Denn die aus der L. Philadelphia durch deren Zutritt zur stricten Observanz hervorgegangene Degen-L. beschloss am 6. Dec. 1782 auf den Antrag des Br. Professor Joh. Reinhold Forster, des berühmten Naturforschers und Weltumseglers, dass künftig ein jeder neu aufzunehmende Bruder vor seiner Reception sich zuverlässig erklären solle, ob er bereits andere Ordens-Verbindungen habe, damit solchem, falls er solchen nicht ausdrücklich entsage, der Eintritt in unseren h. O. verweigert werde.

Seit 1782 wurde also in der hallischen Freimaurerloge damit begonnen, aufzunehmende Studenten nach einer Mitgliedschaft in anderen geheimen Verbindungen verbindlich zu befragen. Eine negative Auskunft war Voraussetzung dafür, Logenmitglied zu werden. Dies geschah nicht durch obrigkeitliche Verordnung, sondern bahnte sich aus einer inneren Logik heraus an: Die Freimaurerlogen sahen sich als obrigkeitstreue Segmente der Gesamtgesellschaft, die vor Ort einen Elite- bzw. Sozialführungsanspruch vertraten.[100] Dass es gerade Forster war, der ein solches Verfahren etablierte, passt sowohl in das Bild des aktiven Ordensbekämpfers als auch insgesamt in den während der 1780er Jahre endgültig entbrannten Kulturkampf um die arkane und habituelle Hoheit in den Universitätsstädten. Von diesem Zeitpunkt an entwickelte sich ein bis zur Jahrhundertwende beibehaltener Kontrollmechanismus:

---

98 Maennel, Die Hallesche Loge der Societät der ewigen Freundschaft, S. 348; zu Ranis, der auch Mitglied der Freimaurerlogen *Zu den drei Rosen* in Jena sowie *Zu den drei Hammern* in Naumburg war, siehe: Eckstein, Geschichte der Freimaurerloge im Orient von Halle, S. 61.

99 Siehe dazu das Zweite Kapitel, Abschnitt I, sowie exemplarisch: UA Halle, Rep. 3, Nr. 34: Elsässer- oder Oberrheinischer-Ordens 1780–1781, Bl. 19: hier das Verbot für die Brüder, in einem anderen Orden Mitglied zu sein, sowie: Etwas über die Studentenorden [1789], S. 390f. hier die entsprechenden Punkte aus den Gesetzen des *Amicistenordens*: „Ehe noch einer in die Gesellschaft förmlich aufgenommen wird, frage man ihn, und erkundige sich genau, ob er nicht etwa anderwärts in Verbindung stehe." (Punkt 7) Und: „Ein Ordensbruder soll sich ohne Erlaubnis seiner Ordensbrüder nie in eine andre Verbindung einlassen." (Punkt 8).

100 Vgl. dazu das hallische Beispiel; Holger Zaunstöck, Gesellschaft der Aufklärer oder aufgeklärte Stadtgesellschaft – die Sozietätsbewegung und Soziabilitätskultur des 18. Jahrhunderts, in: Geschichte der Stadt Halle, Bd. 1, S. 447–463, insb. S. 453–455 und 459f.

> Die Zugehörigkeit zu einem ,Universitätsorden' verschloss seitdem Suchenden die Thür zu Hallischen L. Vom 7. Sept. 1787 bis Ende 1803 wurde sogar den Protokollen über Aufnahme jedes Mal die Bemerkung einverleibt, dass die Kandidaten bei der Einführung in die L. versichert hätten, sie gehörten noch zu keiner anderen Ordensverbindung – also, da die Mehrzahl der Suchenden wenigstens bis 1798, Studirende waren, auch zu keinem Studenten-Orden.[101]

Dies lässt sich tatsächlich an den hallischen Logenprotokollen und punktuell bereits Ende der 1770er Jahre für das benachbarte Leipzig[102] sowie in einem Fall für Göttingen (1793)[103] und mehrfach für Erlangen (zwischen 1793 und 1803)[104] nachweisen. Dabei ist für Halle eine doppelte Verfahrensweise feststellbar. In den offiziellen Reversen, den standardisierten, bis zum Jahrhundertende nicht veränderten Einblattdrucken, die die Novizen bei der Aufnahme in die Loge zu unterschreiben hatten und in denen u.a. die maurerische Verschwiegenheitsverpflichtung enthalten war, war keine Klausel zu Mitgliedschaften in anderen Gesellschaften enthalten.[105] Die entsprechenden Einträge stehen nur in den Logenprotokollen. So bestätigte beispielsweise der Theologiestudent Johann Gottlieb Kuhlemann am 24. Juni 1790, „in keiner anderen Ordensverbindung" zu sein.[106] Dieses Procedere findet sich bis zu einer offenbar außerordentlichen Logen-

---

[101] Maennel, Die Hallesche Loge der Societät der ewigen Freundschaft, S. 348f. (Zitate); Eckstein, Geschichte der Freimaurerloge im Orient von Halle, S. 110.

[102] Siehe: GStA PK, 5.2., L 18 Nr. 220: Vol: I. Logen Protocoll de Anno 5776 bis zum Monath Marty 1779 [der Loge Balduin], Bl. 61, 69 (hier eine Ordensklausel bei zwei aufzunehmenden Studenten: „so beyde noch in keinem Orden gewesen und versichert, dass ein aufrichtiger Eyfer sie hierher geführt"), 68'/69, 96. Vgl. weiterhin: 5.2. L 18 Nr. 223: Vol: V. Logen Protocoll der Loge zur Linde von 4. May Ao. 1787. biß 18. December 1788, Bl. 31; L 18 Nr. 224: Vol: VI. Logen Protocoll der Loge zur Linde von 8. January Anno 1789 biß 28t. May: Anno 1790, Bl. 41, 55; L 18 Nr. 226: Protocoll der Loge Zur Linde angefangen den 9: April 1794. bis 5ten Apr. 1799. Volumen V.III., Bl. 22/23.

[103] Hier musste ein aufnahmewilliger Unitist „feierlich versichern, dass er diesem Bunde entsagt habe"; Ssymank, Die Geschichte der Freimaurerei in Göttingen, S. 17.

[104] Beispielsweise kam es 1795 und 1798 in Erlangen (wo die Aufnahme in die Freimaurerloge von Mitgliedern, die bereits in anderen Orden waren, ebenfalls verboten war) zu Problemen, als hier (angebliche) Ordensbrüder des *Schwarzen Ordens* (*Harmonieorden*), denen ein Beitritt zur Freimaurerei unter Umständen erlaubt war (siehe dazu weiter unten im Abschnitt), um Aufnahme nachsuchten, wobei aber die Loge ihre Aufnahmeprinzipien durchsetzte bzw. aufrechterhielt; Deuerlein, Studentengeschichtliches, S. 162–165, 167.

[105] Siehe beispielhaft die Reverse der Medizinstudenten Georg Christoph Wilhelm Consbruch vom 3. August 1787 und Arnold Theodor Spannagel vom 8. Dezember 1797; GStA PK, 5.2., H 18 Nr. 36 („Enthaltend die ausgefüllten Reverse der neu aufgenommenen Or:B:B: in den Jahren 1787. 1788. 1789. 1790. 1791. 1792" [Loge zu den 3 Degen]), o.P. und 5.2., H 18 Nr. 37 („Enthaltend die ausgefüllten Reverse der neu aufgenommenen Or:B:B: in den Jahren 1793. 1794. 1795. 1796. 1797." [Loge zu den 3 Degen]), o.P. Außerdem: Eckstein, Geschichte der Freimaurerloge im Orient von Halle, S. 238, 261; Gerlach, Die Freimaurer im Alten Preußen, Teil 1, S. 400, 425.

[106] GStA PK, 5.2., H 18 Nr. 90 Protokollbuch der Loge zu den 3 Degen 1790ff., Bl. 1; weitere Beispiele für so geprüfte Studentenaufnahmen: Bl. 2–4 (1790), Bl. 31, 38'/39 (1793; „in keiner akademischen Ordensverbindung"), Bl. 57 (1795; „in keiner andren Ordens Verbindung"), Bl. 82' (1797; „in keiner

zusammenkunft am 7. Dezember 1798, in der das umfassende preußische Edikt gegen die geheimen Gesellschaften verlesen wurde, das das Beitrittsalter verbindlich auf 25 Jahre anhob und damit Studenten de facto ausschloss: Noch unmittelbar davor wurden Studenten nach dem beschriebenen Verfahren aufgenommen, danach finden sich diese Klauseln bis 1806 nicht mehr.[107]

Darüber hinaus gab es punktuell ganz praktische Unterstützung für in Schwierigkeiten geratene Studenten durch die Logen und damit den Versuch, sie über freimaurerisches Gedankengut und die vorhandenen Handlungsmöglichkeiten einer Loge zu bewegen, sich von den Verfahrenszwängen Akademischer Freiheit zu entfernen. So suchte ein wohl vorsätzlich der ‚venerischen Seuche' verdächtigter Student 1760/61 in Erlangen Schutz und Unterstützung bei der Loge *Zu den drei Cedern*, die ihm tatsächlich durch den Meister vom Stuhl zuteil wurde.[108] In Göttingen lehnte die Loge *Augusta* „Beziehungen zu Studentenorden" in „jeder Form" ab und versuchte 1780, „ihre Studenten zur Ablehnung des Duells zu führen".[109] Diese Verfahrensweisen wurden in der Freimaurerei ernst genommen, wie auch ein Verfahren der hannoverschen Freimaurerloge gegen Mitglieder des Göttinger *ZN-Ordens* vor 1780 zeigt; der studentische *ZN-Orden* wiederum verbot eidlich seinen Mitgliedern während ihres Aufenthalts in Göttingen die gleichzeitige Mitgliedschaft in einer Freimaurerloge.[110]

In den 1790er Jahren ist dann zudem punktuell das aktive Einbeziehen der Logen in Disziplinartätigkeiten der universitären bzw. landesherrlichen Politik zu beobachten. In Rostock ist ein solch direkter Zusammenhang nachweisbar, nachdem die Freimaurer dort (kurioserweise zusammen mit dem *ZN-Orden*)[111] als „unschädlich" eingestuft worden waren: „Es war vorgekommen, daß die Rostocker Freimaurer-Loge auch Studenten aufgenommen hatte, und so kam es, dass auch sie wenigstens bei den Beratungen [über das Vorgehen gegen die Studentenorden] mit herangezogen wurde."[112] Hinweise auf solche Zusammenhänge gibt es auch für Erlangen im Kontext der Ordensaufhebung im Jahr 1795. Die Loge *Libanon zu den drei Cedern* war offenbar aufgefordert worden, dem

---

akademischen Ordens Verbindung"). Zu Kuhlemann/Kullmann auch Eckstein, Geschichte der Freimaurerloge im Orient von Halle, S. 244; Gerlach, Die Freimaurer im Alten Preußen, Teil 1, S. 415.

107 GStA PK, 5.2., H 18 Nr. 90 Protokollbuch der Loge zu den 3 Degen, Bl. 107'–108' („bin weder in academischen Ordens- noch Kränzchens Verbindungen" – so der Medizinstudent Johann Georg Anton Miese; zu Miese: Eckstein, Geschichte der Freimaurerloge im Orient von Halle, S. 419; Gerlach, Die Freimaurer im Alten Preußen, Teil 1, S. 419). Zum Edikt siehe weiter unten in diesem Abschnitt.

108 Deuerlein, Studentengeschichtliches, S. 155f.

109 Die Zitate: Brüdermann, Göttinger Studenten und akademische Gerichtsbarkeit, S. 220; siehe weiterhin: Heyne, Mitteilungen zur Vorgeschichte der Loge Augusta zum goldenen Zirkel, S. 5.

110 Richter, Der Esperance- und ZN-Orden, S. 44.

111 Zum *ZN-Orden* siehe Denke, Göttinger Studenten=Orden, S. 68–71; Richter, Der Esperance- und ZN-Orden, S. 41–52 (zu Rostock 51f.).

112 Hofmeister, Rostocker Studentenleben, S. 335f. Die von Hofmeister benutzten Akten sind heute nicht mehr nachweisbar – so die freundliche Auskunft der Rostocker Universitätsarchivarin Angela Hartwig vom Dezember 2003.

Beispiel der Göttinger Logen zu folgen und sich aufzulösen. Dies lehnte sie allerdings in einer ausführlichen Stellungnahme, die die gute und treue Beziehung der Loge zur Obrigkeit ins Zentrum stellte, vehement ab – u.a. mit der Begründung, dass im Gegensatz zu Göttingen in Erlangen keine Studenten Mitglied seien. Stattdessen wurde betont, im Sinne der Obrigkeit weiter aktiv gegen die Orden mitzuwirken („was die hiesige Freymaurerloge wegen des sie betreffenden Punktes in Ansehung der Aufhebung der Studenten Orden beschlossen hat"). Dabei verwies man auf das offensichtlich schon länger praktizierte Verfahren, keinen Suchenden aufzunehmen, der in einem anderen Orden sei, und betonte außerdem, dass dies ein generelles maurerisches Gesetzes sei, welches in Erlangen bei der Eindämmung der Orden gute Dienste geleistet habe. Man verpflichtete sich,

> das wesentliche Gesetz der Maurerey, überhaupt kein Mitglied an und aufzunehmen, das in irgend einer andern Verbindung steht, welchen Namen sie auch habe, auf das püncktlichste zu beachten; wodurch ohnehin Leute die Geschmack an der Maurerey finden, von schädlichen Gesellschaften abgehalten und im Fall sie schon in dieselben getreten seyn sollten, denselben wiederum entrissen und auf diese Art am sichersten gerettet werden können.[113]

Schließlich sei darauf verwiesen, dass auch die Orden der Studenten auf diese Verfahrensweisen Bezug nahmen. Die Bestimmungen der *Harmonisten* von 1798 in Helmstedt beispielsweise reagierten auf den Umstand, dass eine Mitgliedschaft in einer Loge von Vorteil sein konnte, und korrelierten studentische Freiheitsprinzipien mit Karrierezwängen unter Umgehung der maurerischen Ausschlussklausel. So heißt es in den Gesetzen: „Jeder Harmonist muss die Jahre seines hiesigen Studentenlebens in der Verbindung zubringen. Es sey denn, dass Umstände eintreten, die es ihm unmöglich machen, länger in dieser Verbindung zu bleiben, z. B., wenn er sich genöthigt sehe, Freymaurer zu werden. In eine anderweitige Verbindung zu treten, ist ihm ganz und gar nicht gestattet."[114]

Zweitens. Parallel zu den semioffiziellen Einbindungen in die obrigkeitliche Disziplinarpolitik kamen die Logen in Universitätsstädten verschiedenenorts in eine defensive Position. Seit 1764 gab es in Jena keine Loge mehr.[115] 1784 wurde für die Jenaer Univer-

---

[113] UA Erlangen, A 3 / 14 Nr. 12: Acta Die Ausrottung der Studenten Orden 1795, jeweils o.P. Siehe in diesem Kontext auch: Deuerlein, Studentengeschichtliches, S. 163f. (hier findet sich eine ganz ähnliche Argumentation aus dem Jahr 1798). Zur Aufhebung der Göttinger Loge 1793 siehe weiter unten in diesem Abschnitt. Es sei an dieser Stelle darauf hingewiesen, dass es zu diesem Zeitpunkt in der publizistischen Öffentlichkeit generelle Bedenken gegen die Aufnahme junger Männer in geheime Gesellschaften gab; vgl. etwa: Ueber geheime Gesellschaften, aus dem Französischen des Herrn Grafen v. Windischgrätz, mit Anmerkungen des Uebersetzers. Frankfurt und Leipzig 1788, S. 83–126 die „Anmerkungen des Uebersetzers", hier S. 92: „Geheime Gesellschaften sollen sich nicht junger Leute bemächtigen, um ihnen eine neue Erziehung zu geben: denn man sehe nicht, dass die jungen in dem Schooß dieser Gesellschaften gebildeten Leute besser seyen, als andre."

[114] Dressel, Die Landsmannschaften und Studentenorden an der Universität Helmstedt, S. 156.

[115] Über die Ursachen hat es in den zurückliegenden Jahren eine heftige Auseinandersetzung gegeben. Der amerikanische Germanist W. Daniel Wilson hat dafür überwachungspolitische Interessen der weimarischen Regierung im Kontext ihres Kampfes gegen die studentischen Geheimgesellschaften

sität infolge der Einsicht, dass die studentischen Arkangesellschaften nicht in den disziplinarischen Griff zu bekommen waren, von Carl August ein Projekt öffentlicher Landsmannschaften in Verbindung mit einer Freimaurerloge vorgeschlagen. Dieses wurde vom Gothaer Fürsten Ernst II. – einem der Erhalter der Salana und selbst aktiver Freimaurer – für gut geheißen. Dieser wies darauf hin, dass die Freimaurerei nicht unter das Verbot der Landsmannschaften und Orden von 1767 fallen würde, sondern dass sie im Gegenteil „selbst, ein herrliches und vortreffliches Mittel" sei, „jene zu verhindern".[116] Ernst II. waren also die in diesen Jahren an anderen Universitäten (insbesondere im nicht all zu fernen preußischen Halle) praktizierten Kontrollimplikationen bekannt bzw. sie lagen für ihn selbst als denkbares Mittel auf der Hand. Die Idee wurde dennoch aufgrund überwiegender Bedenken gegen das Arkangesellschaftliche nicht realisiert. Und ein erneuter Versuch zu einer Logengründung 1789 in Jena wurde von der Weimarer Obrigkeit unterbunden – eine positive moralische Einflussnahme auf junge Menschen (d.h. Studenten) sei im verdeckten Raum des Arkanen nicht evident, man solle, wenn, dann öffentlich und ohne Maske aufklären.[117]

Kurze Zeit später lassen sich auch im kurhannoverischen Göttingen ähnliche Entwicklungen beobachten, obwohl sich hier ja die Loge *Augusta zu den drei Flammen* zuvor deutlich gegen die Studentenorden positioniert hatte. In der Argumentation des Meisters vom Stuhl der anderen Göttinger Loge *Zum goldenen Zirkel* im Kontext der heraufziehenden Bedrohung für die Logenexistenz 1793 wird die arkangesellschaftliche Distanzierung zwischen Freimaurerei und Studentenorden deutlich. Im Mai des Jahres hatte er gewarnt, sich „nicht in Verbindungen einzulassen, die [sich] mit den Gesetzen der Maurerei nicht vertragen", und am 1. Oktober verlas er einen „Aufsatz" über die „jetzigen Zeit=Konjunkturen, betreffend die Reichstagsverhandlungen wegen der akademischen Verbindungen", worin dargelegt wird, dass der Freimaurerorden „keineswegs unter dem Verbote begriffen sein könne, indem er nicht unter die Studentenorden gehöre, der Religion und dem Staats=Interesse nicht schade, keine böse, sondern gute Sit-

---

ausgemacht (ders., Unterirdische Gänge, insb. S. 106–134, 212–229). Dagegen machen die Jenaer Historiker Joachim Bauer und Gerhard Müller dafür innermaurerische Gründe und Entwicklungslinien insbesondere in Bezug auf die *Strikte Observanz* verantwortlich (Bauer/Müller, „Des Maurers Wandeln, es gleicht dem Leben", hier insb. S. 55–127). Siehe außerdem: Zaunstöck, Überwachung durch Denunziation?, S. 196–212; Müller, Freimaurerei und politische Führungseliten, S. 169f., 173f.

[116] Müller, Vom Regieren zum Gestalten, S. 210–212 (das Zitat S. 212); Bauer/Müller, „Des Maurers Wandeln, es gleicht dem Leben", S. 122. Zu Ernst II. als Freimaurer und Geheimbündler siehe beispielhaft: Hermann Schüttler, Die Mitglieder des Illuminatenordens 1776–1787/93. München 1991 (Deutsche Hochschuledition 18), S. 48f.; Michael Niedermeier, „Die ganze Erde wird zu einem Garten". Gedächtniskonstruktionen im frühen deutschen Landschaftsgarten zwischen Aufklärung und Geheimnis, in: Georg Bollenbeck/Jochen Golz/Michael Knoche/Ulrike Steierwald (Hg.), Weimar – Archäologie eines Ortes. Weimar 2001, S. 120–175, hier insb. S. 136f., 161–175.

[117] Riederer, Aufgeklärte Sozietäten und absolutistischer Staat, S. 240f.; Bauer/Müller, „Des Maurers Wandeln, es gleicht dem Leben", S. 124–127.

ten lehre, also den untergelegten Gründen des Reichs=Gutachtens nicht" entspricht.[118] Aber es half nichts: Am 5. November 1793 wurden im Zuge der Reichstagsbeschlüsse durch die Regierung in Hannover nicht nur die Studentenorden, sondern zugleich auch die Freimaurerlogen in Göttingen verboten. Daraufhin schlug die Loge *Augusta* der Regierung vor, alle freimaurerischen Studenten aus der Loge zu entlassen. Der Vorschlag fand beim Geheimen Rat in Hannover „keine Zustimmung". So mussten in dieser politisch sensiblen Zeit „die Logen weichen, weil ihre Existenz der Entstehung der studentischen Orden mit den Boden bereitet hatte" – obwohl sie sich um eine Einflussnahme auf die Studenten im Sinne der Regierung gegen das Duell und die Orden bemüht hatten.[119]

Drittens. In Preußen wurden 1798 durch den seit 1797 regierenden, den Freimaurerlogen fernstehenden, verschwörungstheoretisch aufgeschlossenen König Friedrich Wilhelm III.[120] die Logen reglementiert und damit auch als indirektes Politikmittel gegen die Arkangesellschaften der Studenten aufgegeben. Und dies, obwohl die Logen in obrigkeitlicher Perspektive in Halle – neben der Überprüfung aufnahmewilliger Studenten – durchaus Erfolge vorzuweisen hatten: Weder der *Orden der Gold- und Rosenkreuzer* noch der *Illuminatenorden* hatten es geschafft, sich hier zu etablieren, obwohl das soziale und mentale Umfeld dafür prädestiniert gewesen wäre.[121] Zudem wurde die Aufhebung der sich von Halle aus ausbreitenden *Deutschen Union* Carl Friedrich Bahrdts

---

[118] Heyne, Mitteilungen zur Vorgeschichte der Loge Augusta zum goldenen Zirkel, S. 21.

[119] Brüdermann, Göttinger Studenten und akademische Gerichtsbarkeit, S. 220 (Zitate); Heyne, Mitteilungen zur Vorgeschichte der Loge Augusta zum goldenen Zirkel, S. 11–13, 21; Ssymank, Die Geschichte der Freimaurerei in Göttingen, S. 17, 19f. sowie 26f. Schon 1773 hatte sich die Regierung in Hannover missfällig über das Wiedererstarken der Freimaurerei in Göttingen geäußert und dies in Zusammenhang mit den Studentenorden gesehen; siehe Ssymank, Die Geschichte der Freimaurerei in Göttingen, S. 10. Auch auf anderen Gebieten (Zensur) zog die Regierung in Hannover 1792/93 die Zügel an; vgl.: Friedrich Hassenstein, Das literarische Göttingen, in: Böhme/Vierhaus, Göttingen. Geschichte einer Universitätsstadt. Bd. 2, S. 947–978, S. 971f.

[120] Maurice, „Staat im Staate" oder „Schule der Untertanen"?, S. 16 sowie Lothar Kittstein, Politik im Zeitalter der Revolution. Untersuchungen zur preußischen Staatlichkeit 1792–1807. Stuttgart 2003, insb. S. 625f.; zu Friedrich Wilhelm III.: Wolfgang Neugebauer, Die Hohenzollern. Bd. 2: Dynastie im säkularen Wandel. Von 1740 bis in das 20. Jahrhundert. Stuttgart 2003 (Urban Taschenbücher 574), S. 70–82.

[121] Vgl.: Renko Geffarth, Zirkel, Brüder, Unbekannte Obere. Zur inneren Struktur des *Gold- und Rosenkreuzerordens* in Mittel- und Norddeutschland, in: Zaunstöck/Meumann (Hg.), Sozietäten, Netzwerke, Kommunikation, S. 159–175; Schüttler, Die Mitglieder des Illuminatenordens 1776–1787/93, S. 17 hatte lediglich den notorischen Carl Friedrich Bahrdt als mögliches Mitglied des Ordens aufgeführt – aufgrund neuer Forschungsergebnisse kann diese vermutete Mitgliedschaft mittlerweile ausgeschlossen werden; Bahrdt findet sich deshalb in der überarbeiteten, in Druckvorbereitung befindlichen 2. Auflage des Verzeichnisses nicht mehr gelistet. Ich danke Hermann Schüttler für die Auskunft. Überhaupt waren die preußischen Behörden schon früh (1780) auf illuminatische Werbungsversuche aufmerksam geworden und dafür entsprechend sensibilisiert; Reinhard Markner, Einleitung, in: Ders./Monika Neugebauer-Wölk/Hermann Schüttler (Hg.), Die Korrespondenz des Illuminatenordens. Band I: 1776–1781. Tübingen 2005, S. XI–XLIV, S. XXIV–XXVII.

durch entscheidende Impulse der hallischen Freimaurer befördert.[122] Außerdem erzielte auch die Duldungspolitik gegenüber den Kränzchen im Kampf gegen die Studentenorden Effekte. Dennoch verkündete der preußische König das berühmte *Edict wegen Verhütung und Bestrafung geheimer Verbindungen, welche der allgemeinen Sicherheit nachtheilig werden könnten* vom 20. Oktober 1798 gegen alle Arkangesellschaften – insbesondere wegen der praktizierten Hörigkeitserwartung gegen unbekannte oder bekannte Obere. Innerhalb der Arkanwelt wurde das Edikt in den betreffenden freimaurerischen Tochterlogen vor Ort bekannt gemacht, die von den Großlogen unterrichtet worden waren;[123] in der hallischen *Degenloge*, wie wir gesehen haben, im Dezember des Jahres, und dann noch einmal durch Verlesung im Herbst 1801.[124] Das Edikt reglementierte die Logen der Maurer und stellte sie durch eine „Doppelstrategie" des gleichzeitigen Kontrollierens und Einbindens unter die Aufsicht des Staates. Damit wurden sie zugleich auch unter diktierten Bedingungen legitimiert und protegiert, sie wurden damit – insbesondere gegenüber sich selbst – zu „Organen der Polizei".[125]

Die Forschung hat bislang vor allem auf die Revolutionsfurcht als primäre Motivation für das Edikt hingewiesen und gleichzeitig die freimaurerischen Implikationen bei der Ausarbeitung des Textes über beteiligte Maurer in hohen politischen Ämtern herausgestellt,[126] die zur staatlichen Akzeptanz der drei preußischen Großlogen führten. Erreicht wurde dies u.a. dadurch, dass die Minister und der König übereinkamen, die Freimaurerei „als geschlossene Gesellschaft zu behandeln" und so aus dem Zielkreis

---

[122] Siehe dazu: Neugebauer-Wölk, Der Kampf um die Aufklärung, S. 44–46; siehe weiterhin das Dritte Kapitel, Abschnitt IV.2. Außerdem zum Umfeld: Heinz Kathe, Die Universität Halle und das Oberkuratorium, in: Studien zur Entwicklung Preussischer Universitäten. Wolfenbüttel 1999 (Wolfenbütteler Forschungen 88), S. 37–57, hier S. 52–57 sowie ders., Regionale Bezüge hallescher Universitätsgeschichte 1763–1806, S. 44f.

[123] Vgl. Karlheinz Gerlach, 1798 – Die preussische Freimaurerei zwischen staatlicher Reglementierung und Reform, in: Helmut Reinalter (Hg.), Freimaurerische Wende vor 200 Jahren: 1798 Rückbesinnung und Neuanfang. 3. Internationale Tagung in Köln vom 24.–26. April 1998. Bayreuth 1999, S. 13–29, hier S. 26.

[124] GStA PK, 5.2., H 18 Nr. 90 Protokollbuch der Loge zu den 3 Degen, Bl. 130.

[125] Die Zitate: Maurice, „Staat im Staate" oder „Schule der Untertanen"?, S. 15f. Deutlich wird dies in einer Bestimmung des Paragraphen 13. Dort heißt es: „Auch wird es den drey Mutter=Logen zur Pflicht gemacht, wechselseitig dahin zu vigiliren, daß dieser Vorschrift [d.i. die Anzeigepflicht für Mitglieder, die gegen das Edikt verstoßen] auf das pünktlichste nachgelebet werde."; Edict wegen Verhütung und Bestrafung geheimer Verbindungen, welche der allgemeinen Sicherheit nachtheilig werden könnten. De Dato Berlin, den 20sten October 1798; hier zitiert nach dem Exemplar in: SHStA, 10026, Generalia, Loc. 553 / 7: Das Verbot der Ordensverbindungen 1792–1801, Bl. 55–58. Das preußische Edikt selbst knüpfte an die einschlägige Verfügung von Joseph II. in Österreich von 1785 an und stand im Zeitkontext mit weiteren Freimaurerverboten; dazu: Maurice, „Staat im Staate" oder „Schule der Untertanen"?, S. 15 sowie die Anm. 63, S. 20f.; ders., Freimaurerei um 1800, S. 93.

[126] U.a. begegnet uns hier wieder der hallische Jurist und Universitätsdirektor Ernst Ferdinand Klein, der auch an der Erarbeitung des Allgemeinen Landrechts beteiligt war; siehe dazu Maurice, Freimaurerei um 1800, S. 81.

geheimgesellschaftlicher Zusammenschlüsse auszugliedern.[127] Darüber hinaus beseitigte man damit einen seit der Mitte des Jahrhunderts bekannten permanenten Friktionsherd: „das Edikt schloß die Konkurrenz anderer Logen und Systeme aus."[128]

Allerdings zielte das Edikt zugleich in eine andere Richtung: nämlich gegen die arkanen Studentengesellschaften an den Universitäten. Hatte Preußen noch 1792/93 auf dem Reichstag einen Beschluss durchgesetzt, der sich ausdrücklich nur auf die Studentenorden bezog, wechselte nun der neue König die Strategie. Verboten wurden alle Geheimgesellschaften unter Ausnahme der zugelassenen Logen. Die Studenten wurden im Edikt mit keinem Wort erwähnt, gleichsam unter dem Generalverbot subsumiert und durch die Anhebung des Mindestalters für den Logenbeitritt auf 25 Jahre (gegenüber den bisherigen innermaurerischen Aufnahmegrenzen von 16 bzw. 18 Jahren)[129] praktisch generell ausgeschlossen.[130] Das *Edict* vom Oktober 1798 war ein Generalangriff auf *alle* studentischen Arkanaktivitäten, und es verzichtete dabei zugleich auf die indirekte Unterstützung der Logen. Die Loge der Universitätsstadt Frankfurt an der Oder beispielsweise äußerste Bedenken über das neue Mindestaufnahmealter, da nun die bislang verschiedentlich erwirkte positive Einflussnahme auf Studenten verunmöglicht würde. Deshalb schlug sie vor, Studenten mit Zustimmung der Eltern vor dem 25. Lebensjahr aufzunehmen, um sie von den Studentenorden fernzuhalten. Der Vorschlag fand in Berlin jedoch keine Resonanz.[131]

Darüber hinaus stand das Edikt im Gesamtkontext einer verschärften Disziplinarpolitik gegen studentische Praktiken, die sich noch einmal jene Mechanismen zu eigen machte, die in der Tradition obrigkeitlicher Policeygesetzgebung standen und die sich über das gesamte Jahrhundert hinweg als letztlich nicht erfolgreich herausgestellt hatten. Begonnen hatte die neuerliche Offensive des preußischen Königs im Sommer des Jahres. Am 23. Juli 1798 hatte er die wegen der dort eingeschriebenen Androhung von körperlichen Züchtigungen berühmt-berüchtigte *Verordnung wegen Verhütung und Bestrafung der die öffentliche Ruhe stöhrenden Excesse der Studirenden auf sämmtlichen Akademien in den königlichen Staaten* erlassen, die der akademischen Gerichtsbarkeit in solchen Fällen die Gerichtshoheit entzog. Diese drastischen Drohgebärden wurden

---

127 Gerlach, 1798 – Die preussische Freimaurerei, insb. S. 20–24 (Zitat S. 22). Im Vergleich der Bestimmungen zu den Assoziationen im Allgemeinen Landrecht von 1794 und im Edikt von 1798 wird übereinstimmend auf eine deutlich restriktivere Handhabung und Verschärfung verwiesen; ebd., S. 23; Maurice, „Staat im Staate" oder „Schule der Untertanen"?, S. 15f.; Riederer, Aufgeklärte Sozietäten und absolutistischer Staat, S. 254.

128 Maurice, Freimaurerei um 1800, S. 75.

129 So hatte etwa der freimaurerische Konvent von Kohlo 1772 (der *Strikten Observanz*) bestimmt, dass kein Student unter 18 Jahren als Lehrling bzw. unter 20 als Meister aufgenommen werden dürfe; Ssymank, Die Geschichte der Freimaurerei in Göttingen, S. 17; Bauer/Müller, „Des Maurers Wandeln, es gleicht dem Leben", S. 62. Siehe außerdem Gerlach, 1798 – Die preussische Freimaurerei, S. 29.

130 Edict wegen Verhütung und Bestrafung geheimer Verbindungen 1798, Paragraph 11.

131 Dargestellt nach: Gerlach, 1798 – Die preussische Freimaurerei, S. 29.

zugleich symbolisch durch die damit verbundene situative Rückstufung der Studenten aufgeladen. Denn eine „jede solche Züchtigung muß als ein väterliches Besserungsmittel angesehen, sie muß im Gefängnisse in Gegenwart der Vorgesetzten vollstreckt, und von diesen mit den nöthigen Ermahnungen begleitet“ werden. Und es ist „dafür zu sorgen, daß vernünftiges Ehrgefühl des Bestraften dadurch nicht gekränkt, sondern derselbe so behandelt werde, als wenn er sich noch auf einer niedern Schule, und in den Jahren befände, wo Züchtigungen, welche Eltern oder Lehrer veranlassen, in der Folge zu keinem Vorwurfe gereichen können“.[132] Im Augenblick der Bestrafung wurde der Student als Junge behandelt und damit aus seinem Standeszusammenhang ausgeklammert. Es sollte ihm damit deutlich gezeigt werden, wie die verbindliche Weisungshierarchie im Lande strukturiert war.

Die Folge der Verordnung vor Ort war eine Verkomplizierung und keine Verbesserung der Disziplinarsituation. Die Universität Halle beugte sich mitnichten unkommentiert dem Entzug der universitätsgerichtlichen Hoheitsrechte,[133] das im Blick auf die Disziplinierungsversuche im Alltag bereits angespannte Verhältnis zur Stadt wurde weiter belastet. Die Stadt monierte, dass die Universität gegen die Verordnung in Berlin interveniert habe und deshalb der Aushang noch nicht geschehen sei, weshalb „die Sache in der bisherigen Ungewisheit und schwankenden Lage unmöglich länger bleiben kann“.[134] Nachdem die Einwände der Universität „von höchster Behörde“ abgewiesen worden waren, schreibt der amtierende Prorektor Krause unter dem 5. November, dass die Universität nicht „umhin“ kann, „ihre ewigen Klagen gegen die gänzliche und unüberwindliche Indolenz und Unthätigkeit der [städtischen] Schaarwache zu wiederholen“, und den Magistrat

> zu ersuchen, diesem Grundübel zu steuern, indem nach den Versicherungen des zeitigen Prorektors, welche sich auf dessen Erfahrungen und Nachforschungen gründen, theils da, wo sie Befehle erhalten, die Leute von der Wache ihre Schuldigkeit nicht thun, theils wo sie von selbst thätig seyn sollten, sich nicht regen. Aus eben dieser Quelle muß die Universität die Versicherung geben, daß nicht sowohl Studenten, als vielmehr Straßenjungen und Pöbelvolck bey Tag, und bey Nacht, solchen Unfug treiben, als sonst wohl Studenten zu treiben pflegen.[135]

Die bestehenden Problemlinien zwischen Stadt und Universität einerseits und Studenten und akademischer Obrigkeit andererseits wurden mit der *Verordnung* nicht beseitigt. Die Androhungen von Festungshaft und körperlicher Züchtigung erscheinen eher als

---

[132] Zitiert nach dem Exemplar in: UA Halle, Rep. 3, Nr. 600: Actenstücke die Bestrafung der Excesse der Studierenden nach dem Edict vom 23 Jul 1798 betr. 1798(–1804), o.P., das Zitat auf S. 6 der Verordnung.

[133] Siehe: Schrader, Geschichte der Friedrichs-Universität zu Halle. Erster Teil, S. 557; Bornhak, Geschichte der preussischen Universitätsverwaltung bis 1810, S. 173; Alenfelder, Akademische Gerichtsbarkeit, S. 150f. sowie passim in: UA Halle, Rep. 3, Nr. 600: Actenstücke 1798–1804.

[134] StA Halle, Kap. XXII Abtlg. D. No 15: Acta die königl. Verordnung vom 23. Julii 1798. wegen Verhütung und Bestrafung der die öffentliche Ruhe störende Exzesse der Studirenden betreffend. 1798, das Zitat Bl. 12.

[135] StA Halle, Kap. XXII Abtlg. D. No 15: Verordnung 1798, Bl. 13–16 (hier auch die Zitate).

letztmögliche Steigerung der *verbalen* Drohgebärden des Staates. Und so wurden sie auch von den Studenten aufgenommen, denn eine Beruhigung des studentischen Lebens um 1800 führten sie nicht herbei.[136] In diesem Zusammenhang ist auch das Edikt gegen die geheimen Gesellschaften vom Herbst des Jahres zu sehen. Friedrich Wilhelm III., der nach dem Erlass der beiden auf die Studentenkultur zielenden Gesetze im Sommer 1799 selbst kurz in Halle weilte,[137] arbeitete mit den traditionellen Mitteln obrigkeitlicher Disziplinargesetzgebung: mit Verboten und Strafandrohungen („Vestungs=Arrest oder Zuchthaus=Strafe", Verlust der Chance auf eine Ämterkarriere im Land[138]) sowie Anzeigepflichten (für die Hauswirte[139] und städtischen Dienstleiter bzw. für die Freimaurer in den protegierten Logen bei Kenntnis von Ediktübertretungen sowie für sonst jedermann, der Kenntnis von Geheimgesellschaften erhält).[140] Außerdem wurde in die-

---

[136] Vgl. die dokumentierten Einzelfälle aus der Zeit in: GStA PK, I. HA Rep. 52 Magdeburg N Universität Halle – N. 7.: der Studenten Händel und Unordnung Paket 1784–1809; sowie beispielhaft den Tumult im Januar 1799: „die Untersuchung eines auf dem Markt durch Umwerfen der Buden am 14te v. M. begangenen Excesses betr."; StA Halle, Kap. XXII Abtlg. D. No 13: Acten: die zwischen dem Magistrat und der königl. Friedrichs Universität hierselbst über verschiedene, besonders Jurisdictions= und policeilichen Verhältnisse angehende Gegenstände geführte Correspondence[n] betr. 1760. [bis 1813], Bl. 169/169'. Zur gleichen Zeit gab es auch im preußischen Erlangen erneut Konflikte zwischen Studenten und Bürgen; UA Erlangen, A 3 / 13 Nr. 7: Acta Die auf der Redoute am 21 Jänner vorgefallene Excesse betr. 1799, hier in Bezug auf die Problematik des Rechts auf das Vortanzen (Bl. 1).

[137] Dabei wurde er von Studenten belästigt und entwickelte schließlich ein lang anhaltendes Misstrauen gegen die „Umtriebe der Studenten"; StA Halle, Kap. I Abtlg. B. No 14: Acta die bey der Durchreise Sr: Königl. Majest. Friedrich Wilhelm III. und allerhöchst dero Gemahlin Majest. Durch hiesige Stadt, auf der Rückreise von Weimar im Juli 1799 gemachten Policey-Anstalten betr. 1799. desgl. die Durchreise des Königes und der Königin Majestäten am 29ten May 1803. betr. ferner andere Durchreisen der allerhöchsten Personen des Königs p. betr. [1808] [...]; sowie Jahn, Die Studentenzeit des Unitisten F. L. Jahn, S. 50 (hier das Zitat).

[138] Zu den weiterreichenden Wirkungen dieser Bestimmung: Gerhard Schubert, Der Preussische Staatsdiener auf dem Weg zum Laufbahnbeamten. Die Entwicklung im Rheinland und in Westfalen von 1794 bis 1850. Bochum 1982, S. 83f.

[139] Diese wurden beständig wiederholt, so auch in Preußen für Halle z.B. 1796: UA Halle, Kap. XXII Abtlg. D. No 13: Acten: die zwischen dem Magistrat und der königl. Friedrichs Universität hierselbst über verschiedene, besonders Jurisdictions= und policeilichen Verhältnisse angehende Gegenstände geführte Correspondence[n] betr. 1760. [bis 1813], Bl. 162 und 163: Hier geht es um einen Aushang gegen Trinkgelage und das Benutzen von Stöcken und Hiebern, mit der Aufforderung zur Anzeige durch die Gastwirte an den Prorektor, wenn sich mehr als 20 oder 30 Studenten zusammenfinden; sowie dazu Bl. 164/164f. (die Anweisung zur Befolgung an die Gastwirte).

[140] Edict wegen Verhütung und Bestrafung geheimer Verbindungen 1798, die Paragraphen 5 (hier das Zitat), 6, 8, 9, 12, 13. Diese sozial breit angelegte Anzeigepflicht verweist erneut auf die Kooperationen zwischen Stadtbürgern und Ordensbrüdern – so bestimmten die Gesetze des *Amicistenordens* unter Punkt 21: „Das kleine Archiv unsrer Gesellschaft werde bey einer sichern Person deponirt, und nach Erfordernis die nöthigen Documente in der Loge, nach Endigung derselben aber sogleich wieder an den gehörigen Ort gebracht."; zitiert nach dem Abdruck in: Etwas über die Studentenorden [1789], S. 394f. Der Verfasser des Artikels merkt dazu an: „Sichre Person ist ein Laie, bey dem die Obrigkeit nichts vermuthet." Ähnliches ist auch für den *Konstantistenorden* in einer

sem Zusammenhang auch das Denunziationsangebot erneuert, wenngleich die Belohnung dabei ganz im Sinne der verschärften obrigkeitlichen Disziplinaranforderungen auf die Nichtbestrafung beschränkt wurde: „Mit den solchergestalt bestimmten Strafen sollen jedoch diejenigen verschont werden, welche der obersten Polizey-Behörde des Orts die verbothene Verbindung zu einer Zeit anzeigen, da diese Behörde von der Existenz derselben noch keine Kenntniß erlangt hatte, oder derselben zur Entdeckung der Mitschuldigen behülflich sind."[141]

Das *Edict* vermochte es alles in allem nicht, die Aktivitäten der studentischen Arkangesellschaften nachdrücklich einzudämmen.[142] Insofern markierte es zwar „in der Geschichte der brandenburgisch-preußischen Freimaurerei" einen „politischen Wendepunkt".[143] In der Geschichte der Disziplinierungspolitik gegenüber den Studenten und ihren Vergesellschaftungen war es jedoch vielmehr ein Endpunkt: Noch einmal wurden die Muster obrigkeitlicher Disziplinarpolitik in einem Gesetzestext festgeschrieben, und wieder ließen sich die Studenten davon wenig beeindrucken. Das Edikt scheiterte in der lebensweltlichen Praxis ebenso wie die Exzessverordnung vom Sommer des Jahres. Mit dieser Verfahrensweise waren die denkbaren Politikmuster um 1800 ausgereizt. Gleichwohl lösten die preußischen Bestimmungen Adaptionen in Kursachsen aus.[144]

Am 24. November 1798 verfügte hier Kurfürst Friedrich August an seine geheimen Räte, prüfen zu lassen, inwieweit es sinnvoll wäre, ein ähnliches Edikt für Kursachsen zu erlassen. Das preußische Edikt sei „genau durchzugehen" und es sei zu prüfen, „was in Unsern Landen, mit Rücksicht auf die Verschiedenheit der Bewandnis der Sachen und Umstände, anwendbar sey, oder nicht". Die Landesregierung solle dann darüber Bericht erstatten und „mit hinzugefügten unmasgeblichen Dafürhalten" anmerken, „in wie fern und in welcher Maße hierunter auch in Unsern Landen etwas zu verfügen rathsam seyn möchte".[145] Ein entsprechender Erlass ist tatsächlich zustande gekommen. Er ordnete für die „Gerichtsobrigkeiten" Untersuchungsmaßnahmen gegen den Staat

---

hallischen Untersuchung von Ende 1781 dokumentiert: UA Halle, Rep. 5, Nr. 37: Untersuchung und Aufhebung des sogenannten „Constantisten"-Ordens. 1781, Bl. 3–4'. Hier verwahrte der Billardeur Christoph Heinrich Schlinzig Ordensmaterialien: ein mit acht Siglen versehenes Paket, eine kleine Schachtel (auf dem Boden versiegelt) und ein Buch in Oktav mit einem Couvert (siehe dazu auch das Dritte Kapitel, Abschnitt IV.1).

[141] Edict wegen Verhütung und Bestrafung geheimer Verbindungen 1798, Paragraph 7.

[142] Vgl. dazu oben Abschnitt II.

[143] Gerlach, 1798 – Die preussische Freimaurerei, S. 13.

[144] Auch die Disziplinarpolitik der Erhalterstaaten der Jenaer Universität ordnete sich seit 1798 in das „Fahrwasser der preußischen Universitätspolitik" ein; Gerhard Müller, Perioden Goethescher Universitätspolitik, in: ders./Klaus Ries/Paul Ziche (Hg.), Die Universität Jena. Tradition und Innovation um 1800. Stuttgart 2001 (Pallas Athene 2), S. 135–153, hier S. 148ff. (Zitat 149) sowie auch ders., Vom Regieren zum Gestalten, S. 420.

[145] SHStA, 10026, Generalia, Loc. 553 / 7: Das Verbot der Ordensverbindungen 1792–1801, Bl. 60/60'; siehe ebenso: GStA PK, 5.1.8., Nr. 397, Verhandlungen wegen Erlassung einer gesetzlichen Verfügung für die churfürstlich-sächsischen Lande zur Verhütung und Bestrafung geheimer, der öffentlichen Sicherheit nachtheiliger Verbindungen 1798–1802, Bl. 1.

gefährdende Geheimgesellschaften an – „auf eine behutsame, kein Aufsehen erregende Art darüber, ob und unter welchem Namen geheime oder andere Verbindungen und Gesellschaften bey euch existiren, welchen bekannten oder muthmaßlichen Zweck dieselben haben, und aus was für Mitglieder dieselben bestehen".[146] Die einzelnen Städte berichteten in der Folge über ihre Erkundigungen mit dem Hinweis (wie Weißenfels am 18. Dezember 1799), dass es keine gefährlichen Geheimgesellschaften gäbe und dass „der Freyheits Schwindel welchen der Ausbruch der französischen Revolution nach sich gezogen hat, beynahe gänzlich verschwunden" sei.[147]

Bemerkenswert ist, dass das Reskript auch in den Logen bekanntgemacht worden ist, so laut Protokoll am 30. Dezember 1799 in der Leipziger Loge *Balduin zur Linde*.[148] Dass die Regierung in Kursachsen ähnlich wie in Preußen kontrollierte Staatsnähe herstellen wollte, scheint unwahrscheinlich. Eher war es wohl so, dass das Reskript durch maurerische Landesbeamte inoffiziell weitergegeben und die Logen damit informiert worden sind. Denn in einem neuerlichen Gutachten für den Landesherrn zwei Jahre später im Frühjahr 1801 wurde erneut deutlich gesagt, dass man in Sachsen nicht über die Einrichtung der Logen informiert und deshalb erst zu prüfen sei, ob man den Freimaurern eine gesonderte Behandlung wie in Preußen zukommen lassen könne.[149] Am 18. Juli 1801 verlangte die kursächsische Regierung durch ein Dekret an die Beamten und Räte der Städte sowie die Universitäten Einblick in die Gesetze der Logen und anderer Geheimgesellschaften und forderte Auskunft über die verwendeten Siglen, die zu leistenden Eide, den Ort, die Termine, die Form der Logenzusammenkünfte sowie die Anzahl und die Namen der Logenmitglieder. Mit der Ausführung wurden die jeweiligen Räte der Städte beauftragt. Die Logen kamen der Auskunftsaufforderung nach, zogen aber auch Grenzen im maurerischen Selbstverständnis: So wurden die Gesetze von der

[146] GStA PK, 5.1.8., Nr. 396: Untersuchungen der sächsischen Landesregierung gegen die sogenannten geheimen Gesellschaften und Verbindungen 1799–1801, o.P.

[147] GStA PK, 5.1.8., Nr. 396: Untersuchungen der sächsischen Landesregierung 1799–1801 o.P. – in der Akte folgen dann weitere Berichte zu und von Logen in sächsischen Städten; Alwin Bergmann, Die Grosse Landes-Loge von Sachsen und ihre Bundeslogen. Festschrift zur Jahrhundertfeier am 27. u. 28. Septbr. 1911. Dresden 1911, S. 48 (hier das Zitat).

[148] GStA PK, 5.2. L 18 Nr. 227: Vl: IX. Protocol der Loge zur Linde in Leipzig angefangen den 5: April 1799. Vol: IX. Beendigt am 21. März 5800, Bl. 53'/54. Politisch über den engeren Arkanraum hinausgreifende Entwicklungen wurden auch in anderen Fällen in den Logen vor Ort bekannt gemacht: So wurde etwa im Sommer 1779 über die Aktivitäten Cagliostros in der *Balduinloge* berichtet; 5.2. L 18 Nr. 221: Vol: II. Logen Protocoll de Anno 5779 bis zum 9ten Marty 5780, Bl. 9 [36]. Auf das Reskript wird in der älteren freimaurerischen Literatur verwiesen: Bergmann, Die Grosse Landes-Loge von Sachsen, S. 47. Maurice, Freimaurerei um 1800, S. 76 schreibt, dass die Übernahme des Edikts in Kursachsen 1799 „erwogen" wurde.

[149] GStA PK, 5.1.8., Nr. 397, Verhandlungen wegen Erlassung 1798–1802, Bl. 2–14 der ausführliche Bericht, hier die Passage dezidiert zu den Logen Bl. 13/14.

Leipziger Loge *Zur Linde* mit dem Verweis nicht übergeben, dass es keine eigentlichen Gesetze seien, sondern nur „angenommene Verbindlichkeiten“.[150]

Die obrigkeitlichen Maßnahmen gegenüber der kursächsischen Freimaurerei haben aber offensichtlich dennoch Folgen gehabt: Nach 1799 finden sich in den Logen Kontrollmechanismen. Dies lässt sich an der in diesem Jahr gegründeten Leipziger Loge *Zur gründenden Eiche / Apollo* zeigen. Die Loge durchleuchtete ihre Novizen datentechnisch. Die neu aufzunehmenden Brüder mussten einen Fragebogen bestehend aus achtzehn Fragen beantworten, der über ihren sozialen und persönlichen Hintergrund Auskunft geben sollte: „Fragen, welche derjenige, der die Einweihung bey der Loge zur grünenden Eiche verlanget zuförderst eigenhändig schriftlich zu beantworten hat.“ Die Bögen wurden archiviert. Dabei ging es eingangs um einfache Auskünfte: der Name, der Vatername, das Geburtsdatum, der Geburtsort. Dann wurden auch religionsspezifische Fragen gestellt: „Erkennen Sie einen Gott als das höchste Wesen?“ Und: „Erkennen Sie die Bibel als heilige, göttliche Verordnung?“ Weiterhin wurde nach der Konfession, dem Stand, dem Verdienst des Lebensunterhalts sowie dem gegenwärtigen Aufenthaltsort gefragt. Ebenso waren der Grund für den Wunsch Freimaurer zu werden sowie die Bereitschaft, die verschiedenen Auflagen und Pflichten innerhalb der Loge zu erfüllen (Anerkennung der Logengesetze, Verschwiegenheit, Kostenbegleichung) von Interesse. Unter Punkt 11 wurde die Frage nach den geheimen Gesellschaften gestellt: „Sind Sie bereits mit einer

[150] Bergmann, Die Grosse Landes-Loge von Sachsen, S. 48; GStA PK, 5.1.8., Nr. 398, Erlass von Friedrich August [...] wegen den in Sachsen exist. Geheimen Gesellschaften u. Verbindungen v. 29/10. 1799, o.P. (die ersten beiden Blätter; insofern ist der Aktentitel mißverständlich); GStA PK, 5.1.8., Nr. 397, Verhandlungen wegen Erlassung 1798–1802, Bl. 24/25; UA Halle, Rep. 1, Nr. 1899–1904: Acta Die Untersuchung der von einigen Studiosis errichteten Ordens und was dem anhängig betr. vol. I–V 1768–1811, hier: Vol. IV (1903), Bl. 1–2 (Zitat Bl. 1/1'), am 18. Juli 1801 an die Universität Wittenberg: „Die Entstehung oder Fortdauer geheimer Verbindungen und Gesellschaften, welche auch die Verbreitung für den Staat und die Regierungs-Verfassung schädlicher Grundsätze und auch die Einleitung hierzu dienlicher Maßregeln abzwecken, ist, zumal bey dem dermaligen Geiste des Zeitalters, ein ganz vorzüglicher Gegenstand der obrigkeitlichen Aufmerksamkeit. Ob Wir nun wohl zu sämmtlichen Gerichts=Obrigkeiten Unsern Landes Vertrauen hegen, daß sie es an gehöriger Wachsamkeit auf geheime Verbindungen bedenklicher Art nicht ermangeln lassen werden; so können doch solche gemeiniglich im Verborgenen und nach Befinden unter dem Vorgeben anderer erlaubter Absichten und Entzwecke bestehende Verbindungen der obrigkeitlichen Aufmerksamkeit zuweilen entgehen.“ In Dresden wurden folgende Informationen (wobei man sich nicht „auf die bekannte Freymäurer=Gesellschaft allein“ beschränken sollte) erwartet: „a., ein Verzeichniß der daran Antheil nehmenden Personen, mit der Bemerkung, ob die Mitglieder von dergleichen Gesellschaften besondere Abzeichen unter sich haben, und bey ihrer Correspondenz eines eigenen darzu bestimmten Sieguls sich bedienen, und zwar in solchem Falle mit Beyfügung eines Abdrucks davon, nicht minder b., Abschriften von den Gesetzen dieser Institute, mit der Anzeige, ob zu deren Festhaltung die Mitglieder derselben durch würkliche Eydesleistungen oder an Eydes statt zu leistende Versicherungen sich verbindlich zu machen haben, und den Bemerkungen, wann, wo und auf welche Weise die Versammlungen gehalten zu werden pflegen, erfordert und zu den anhero einzusenden Acten gebracht, hiernächst, c.) über den Erfolg und die übrigen, etwa dabey vorkommenden bemerkenswerthen Umstände, gehorsamster Bericht an Uns erstattet werden“.

geheimen Gesellschaft in Verbindung oder haben Sie sich irgendwo zu einer dergleichen schon gemeldet oder anmelden lassen?“ Am Ende hatte der Aufnahme Suchende den Fragebogen mit seiner Unterschrift zu bestätigen.[151] Auch die Aufnahmereverse der Loge enthalten einen solchen Passus, wonach der Aufnahmewillige versichern muss, dass er sich „noch bey keiner andern Freymaurer=Loge“ habe vorschlagen lassen und dass er „in keinen geheimen Verbindungen“ stehe.[152]

IV Erhöhter politischer Druck = Anstieg der Denunziationen um 1800?

Auf verschiedenen alten und neuen Wegen hatten die Obrigkeiten in den 1790er Jahren versucht, die Disziplinarmaßnahmen gegen die Studentenkultur zu intensivieren. Zwar fungierte dabei das aktuelle Zeitgeschehen seit 1789 als größerer Motivationsrahmen, gleichwohl wurden die alten Kämpfe um die Hoheit in den Universitätsstädten weiter ausgefochten. Dies zeigt sich auch in der fortgeführten und intensivierten Nutzung des printmedial-publizistischen Feldes. Dafür mögen Beispiele aus den Ediktjahren 1798/99 stehen. 1798 ging eine öffentliche Kampagne gegen die Studentenorden (insbesondere gegen den *Amicistennorden* infolge einer Untersuchung, die durch einen Denunziationszettel möglich wurde)[153] von Jena-Weimar aus. Ein entsprechender, von Carl August angeregter und von Justus Christian Loder verfasster Artikel mit dem Titel „Nachricht aus Jena, Studentenorden betr.“ wurde in der *Hamburger Zeitung* vom 13. März 1798 veröffentlicht.[154] Parallel dazu aktivierte die Jenaer Universität auch die Kartellstruk-

---

[151] GStA PK, 5.2. L 17 Nr. 69: Beantwortungen der den Candidaten vor der Aufnahme vorgelegten Fragen, von dem Jahre 1801 und den folgenden Jahren bis Joh. 1814, hier zitiert nach einem ausgewählten Bogen des Aufzunehmenden Johann August Löscher vom 9. August 1801, Bl. 5–6 (außerdem: Johann George Großmann vom 3. Januar 1803, Bl. 28/28’). Im Register der Akte sind Dutzende Mitglieder aufgelistet; Fragebögen finden sich tatsächlich nur von einigen. Später (um ca. 1811) finden sich auch Fragen bei der Aufnahme in den zweiten Grad, die auf religiös-philosophische Inhalte zielen („Welchen Einfluß kan die Maurerey auf die intellektuelle u. moralische Bildung des einzelnen haben?“ und „Welchen Einfluß hat die Maurerey, auf meine eigene intellktuelle und moralische Bildung?“). Die Beantwortungen sind nun sowohl ausführliche als auch knappe Abhandlungen; vgl. beispielsweise Bl. 93. Vgl. in diesem Kontext ebenfalls: 5.2. L 17 Nr. 70: Ansuchungs= und Vorschlags=Schreiben von 1800 bis 1805. Vol. I. (Hier sind Gesuche unterschiedlicher Art und Form, von kurz bis lang, versammelt: Fragen und Angaben zu den Gründen für die Aufnahme sowie biographischen Daten und Angaben zur aktuellen Stellung.)

[152] GStA PK, 5.2. L 17 Nr. 76: Revers Buch [1801(?)/1805 bis 1821], beispielhaft das Revers von Carl Friedrich Rein („Medicinae Baccalaureus zu Leipzig“) vom 18. September 1806 (o.P.).

[153] Siehe dazu den folgenden Abschnitt.

[154] Götze, Die Jenaer akademischen Logen und Studentenorden des 18. Jahrhunderts, S. 53–55 (der Artikel sollte außerdem im *Reichsanzeiger* und in der *Poßeltschen neuen Weltkunde* erscheinen, publiziert wurde er auch im *Weimarischen Wochenblatt*).

turen und unterrichtete die Leipziger Universität darüber, dass bei Untersuchungen gegen die *Konstantisten* bekannt geworden war, dass diese auch in Leipzig aktiv seien.[155] In diese Doppelstrategie aus interner Disziplinarpolitik und externer Medialisierung fügen sich auch die Maßnahmen gegen den Konstantistenorden 1798 in Rostock ein: Als Ergebnis einer intensiven Untersuchung wurde eine mehrteilige Artikelserie in den *Annalen der Rostockschen Academie* veröffentlicht.[156]

Auch die Studenten waren im printmedialen Bereich weiter aktiv. Beispielsweise wurde 1806 in Leipzig die deutsche Ausgabe eines lateinischen Kommentbuches von 1798 entdeckt.[157] Und die kursächsische Regierung reagierte im Sommer 1799, jenem Jahr, in dem sie an der Ausarbeitung des Reskripts gegenüber den Logen der Freimaurer arbeitete, sehr sensibel auf die Veröffentlichung der Schrift *Graf Guido von Taufkirchen*, die zügig hohe Publizität erreichte. Die Dresdner Zentrale rügte die Universität Leipzig, dass der *Indissolubilistenorden*, über den hier u.a. berichtet wurde, seinerzeit (1790/1791) nicht entdeckt worden war, was wiederum ein rechtfertigendes Erklärungsschreiben aus Leipzig provozierte.[158]

Das Konfliktfeld um die arkanen Studentengesellschaften hatte in den Jahren nach 1789 eine spürbare Erweiterung erfahren. Immer mehr Menschen kamen mit der Thematik in Kontakt bzw. wurden mit ihr in Verbindung gesetzt. Dies erhöhte den potenziellen Kreis jener, die im Sinne der Obrigkeit und infolge der Reskripte und Edikte han-

---

155 Der Vorgang wird hier aus Untersuchungsakten des Leipziger Universitätsgerichts heraus zitiert: UA Leipzig, Rep. II / XVI / I, 2: Ordens-Verbindungen 1798–1801 [Filmnummer 462], Film-Blatt-Nummern 0407–0409 (eine Abschrift des Artikels) sowie 0410–0411 (das Schreiben aus Jena vom 21. April 1798). Ähnliches war schon 1792 zu beobachten; dazu: Wilson, Das Goethe-Tabu, S. 356f., die Anmerkungen S. 117 und 125. Dazu auch: SHStA, 10088 Oberkonsistorium Universitäten, Spezialia, 4.) Burschenschaft, Loc. 1781: Acta Die Ordens=Verbindungen der Studenten zu Leipzig und Wittenberg b. Vol. I 1783–1806, Bl. 62ff.

156 [Eschenbach, Johann C.], Eine Untersuchung, die das academische Gericht wegen eines zwischen zweenen Studenten vorgefallenen Duelles anstellen mußte, gab im vorigen Jahre die Gelegenheit, eine hieselbst entstandene, noch nicht zur völligsten Ausbildung gediehene Loge des Constantisten-Ordens zu entdecken und aufzuheben [...], in: Annalen der Rostockschen Academie. 8. Bd. (1798), 1. St., S. 2–5; [ders.], Erste Fortsetzung der Nachricht von dem Constantisten Orden, in: Annalen der Rostockschen Academie. 8. Bd. (1798), 4. St., S. 25–31; [ders.], Zweyte Fortsetzung der Nachricht von dem Constantisten Orden, in: Annalen der Rostockschen Academie. 8. Bd. (1798), 7. St., S. 49–54; [ders.], Dritte Fortsetzung der Nachricht von dem Constantisten=Orden, in: Annalen der Rostockschen Academie. 8. Bd. (1798), 10. St., S. 75–79; [ders.], Vierte Fortsetzung der Nachricht von dem Constantisten=Orden, in: Annalen der Rostockschen Academie. 8. Bd. (1798), 13. St., S. 97–101; [ders.], Fünfte und letze Fortsetzung der Nachricht von dem Constantisten=Orden, in: Annalen der Rostockschen Academie. 8. Bd. (1798), 16. St., S. 121–126.

157 UA Leipzig, Rep. II / XVI / I, 3: Acta, die unter mehrern hiesigen Studiosis dem Verlaut nach existierenden Ordensverbindungen betr. (1806), verfilmt, die Aufnahmen 0485–0516: das Verhör des Studenten Otto, dort im Anhang. Siehe dazu auch das Vierte Kapitel, Abschnitt IV.3.

158 SHStA, 10088, Spezialia, 4.) Burschenschaft, Loc. 1781: Die Ordens=Verbindungen Vol. I 1783–1806, Bl. 131–135.

deln sollten. Die erneute Einschreibung der Denunziationsmöglichkeit in das preußische *Edict* von 1798 war dabei keine singuläre Maßnahme.

Im Spätsommer 1789 berichtete der hallische Professor Friedrich Christoph Fischer während einer im Kontext der Ordenspolitik entstandenen Injurienauseinandersetzung mit Daniel Nettelbladt nach Berlin über den Kampf gegen die Orden, nachdem der König dazu aufgefordert hatte. In seinem Bericht wurde die Informationsstruktur innerhalb der universitären Obrigkeit sichtbar: Dem Prorektor ist die Ordensbekämpfung („Entdeckung und Zerstörung") zur „besonderen Obliegenheit" gemacht worden, was er beim Amtsantritt durch ein „förmliches Angelöbnis" bestätigen muss. Außerdem fordert er die anderen Professoren dazu auf, ihn „durch Nachrichten, Anzeigen und Indicien" zu unterstützen.[159] Dafür bestand weiterhin hoher Bedarf und eine generelle Aufnahmebereitschaft; dies zeigt Fischers Bericht: „Es wird in dieser wichtigen Disciplinarsache eine jede auch unerhebliche Denunciation, jeder Wink und Fingerzeig angenommen, und man ergreift jeden Argwohn und jede Vermuthung, um darauf eine geheime Nachspürung zu gründen." Gleichzeitig verwies er darauf, dass man dabei „um so mehr mit der größten Geheimhaltung verfahren" muss, „als der Angeber Gefahr läuft, den mächtigen und schnell aufbrausenden Zorn dieser verbündeten Jünglinge unsanft zu erfahren".[160] In diesem Kontext wird erneut deutlich, dass die Professoren ihre Voten und die Akten in Ordenssachen streng geheim hielten.[161] Gleichwohl hatte Johann Reinhold Forster polarisierend darauf aufmerksam gemacht, dass die Ordensbrüder hervorragend informiert seien, da „die Studiosi alles eher wüssten, als selbst die Professores, besonders wenn die Sache einige Ordensleute beträfe." Fischer stützte Forsters Beobachtung und äußerte die Vermutung, dass die Studenten über die Töchter und Enkeltöchter der Professoren, mit denen „Verbindungen unterhalten werden", informiert seien. Damit gab Fischer dem Prorektor zugleich einen „Wink", „worauf er zu vigiliren, und seine geheimen Nachforschungen zu richten hätte".[162] Aus diesen Zeilen wird deutlich, dass sich das Verfolgungsgeschäft gegen die Orden immer schwieriger gestaltete – deshalb änderte man, wie wir gesehen haben, in Halle durch den Einbezug der Kränzchen die Taktik. Daneben aber setzte man weiter auf Denunziationsangebote, da sich die neue Duldungspolitik dauerhaft als nicht beständig erwies.

---

[159] GStA PK, I. HA Rep. 76 alt II B, Nr. 10 (A. Generalia), Vol. I von 1772–1789, Bl. 140.

[160] GStA PK, I. HA Rep. 76 alt II B, Nr. 10 (A. Generalia), Vol. I von 1772–1789, Bl. 140/140'.

[161] „Überdem gehören die Vota und Acta in Ordenssachen zu den Intimis unseres Collegii, die vor dem Publico mit äußerster Vorsicht verborgen gehalten werden sollen."; GStA PK, I. HA Rep. 76 alt II B, Nr. 10 (A. Generalia), Vol. I von 1772–1789, Bl. 141. Vgl. dazu auch für das frühe 19. Jahrhundert die Bestimmungen für Jena: Gesetze für die Studierenden der Gesammt = Akademie in Jena. (Jena) 1817. ULB: Yc 396, Zweyter Titel, „E. Ueber Disciplin und Policey", § 101: „Kein Studirender kann von den Akten die in Disciplin= und Policey=Sachen geführt worden sind, Einsicht oder Abschrift verlangen, selbst nicht, wenn die Untersuchung geendiget"; und § 102: „Auch haben Studierende kein Recht, die Nahmhaftmachung der Angeber oder Zeugen in Untersuchungsfällen zu verlangen."

[162] GStA PK, I. HA Rep. 76 alt II B, Nr. 10 (A. Generalia), Vol. I von 1772–1789, Bl. 140'/141.

Die Professoren der Universität schlugen 1797 in ihrem oben zitierten Bericht erneut vor, mit einem Anschlag die Studierenden aufzufordern, „das, was ihnen von Ordens= und Kränzchen=Verbindungen bekannt ist dem Decano der Facultaet insgeheim anzuzeigen, wobei ihnen die Verschweigung des Urhebers der Anzeige zuzusichern wäre".[163] Diesem Verfahren stimmte Woellner prinzipiell zu.[164] Zeitlich parallel wurde auch für Göttingen das Angebot entlohnter Denunziationen erneuert. Im Reskript gegen die Orden vom 27. März 1797 wurde eine Denunziationsbelohnung bis zu einem Louisdor in Aussicht gestellt und bestimmt, dass der Prorektor den Namen des „Kundschafters" nicht mitzuteilen braucht.[165]

Diese Strukturen und erneuerten Angebote verweisen schließlich auf eine weitere Maßnahme zur Informationsgewinnung nach 1789. In den vielerorts zusammengestellten und gedruckten *akademischen Gesetzen* für die Studenten wurden Anzeigepflichten bzw. -möglichkeiten eingesetzt, so etwa 1792 an der Universität Helmstedt.[166] Dies gilt ebenso für die *Allgemeinen Gesetze für alle Königlichen Preussischen Universitäten* von 1796. Darüber hinaus wurden ja die in den diversen Edikten und Reskripten zuvor eingeführten Denunziationsmöglichkeiten nicht zurückgenommen, sondern sie bestanden weiter.[167] Aufgrund der um 1800 vielfältig bestehenden Denunziationsangebote und An-

---

[163] GStA PK, I. HA Rep. 76 alt II B, Nr. 11 (A. Generalia), Vol. II von 1792–1798, Bl. 146'

[164] GStA PK, I. HA Rep. 76 alt II B, Nr. 11 (A. Generalia), Vol. II von 1792–1798, Bl. 149'.

[165] UA Göttingen, (KA 3b, 19) Kur. 3623 (Teile 1–3): Prorektoratsberichte. Enthält: Regelmäßige Berichte der Prorektoren an den Kurator. Verschiedene Vorgänge, 31.8.1796–25.12.1884, hier Teil 1, Bl. 156–157': das Reskript in Abschrift, die Bestimmung und das Zitat Punkt 4, Bl. 157.

[166] NStWf, 40 Slg 13137: Akademische Gesetze für die Studirenden auf der Julius Carls Universität zu Helmstedt 1792, hier S. 14f., Artikel XVI (dem Denunzianten von Hazardspielern wird eine Belohnung zugesichert), S. 16–18 (Artikel XVII gegen die Duelle, hier auf S. 18: „Wer für das Wohl seiner Freunde und Mitbürger wirklich besorgt ist, gebe von gefährlichen Streitigkeiten dem Vicerektor auf irgend eine Art einen Wink. Es ist dieses nicht, die sonst gehässige Rolle eines Angebers spielen, sondern Freunde zu retten"). Vgl. auch: Pflichten der auf der Universität Gießen sich aufhaltenden Studenten. O.O. 1779. [SUB Göttingen: 8 HLP III, 246/10], S. 20, 27f., 33 sowie dazu: Thorsten Dette/Lutz Schneider, Studentische Disziplin und akademische Gerichtsbarkeit in der 1. Hälfte des 19. Jahrhunderts. Namensregister zu den in den Disziplinargerichtsprotokollen der Universität Gießen aufgeführten Studenten. Gießen 1997 (Berichte und Arbeiten aus der Universitätsbibliothek und dem Universitätsarchiv Gießen 48), S. I.

[167] StA Halle, Kap. XXII Abtlg. D. No 13: Acten: die zwischen dem Magistrat und der königl. Friedrichs Universität hierselbst über verschiedene, besonders Jurisdictions= und policeilichen Verhältnisse angehende Gegenstände geführte Correspondence[n] betr. 1760. [bis 1813], Bl. 146–156, hier die Paragraphen 9 (Bl. 148), wonach die Dekane auffällige Studenten an den Prorektor melden müssen, und 11 (148'–149), der die Duellsachen unter das Allgemeine Landrecht stellt und festlegt, dass die Studenten den allgemeinen Polizeigesetzen des Landes und des Orts als auch den spezifischen akademischen Erlassen unterstellt sind; d.h. die eingeführten Anzeigepflichten und Denunziationsmöglichkeiten bleiben bestehen. Siehe auch Brüdermann, Göttinger Studenten und akademische Gerichtsbarkeit, etwa S. 182. Vgl. dazu ebenfalls die Bestimmungen für andere Universitäten, z.B. Greifswald: Gesetze für die Studierende auf der Universität zu Greifswald; von der von Sr. Königl. Majestät zu derselben Visitation allergnädigst verordneten Commission gegeben und publicirt. Greifswald, den 22ten Jun. 1774. [UB Greifswald: Hs 320:6] und für 1796 [UB Greifswald: Hs

zeigepflichten sowie des insgesamt noch einmal erhöhten Drucks auf das studentische Arkanmilieu ergibt sich die Frage, ob damit ein Anstieg der Denunziationsbereitschaft einherging?

IV.1 Anonyme Denunziationszettel

In den Jahren um 1800 wurde das Medium der anonymen Denunziationszettel weiter genutzt. In Göttingen wurde 1790 ein Denunziationszettel im Kontext eines Duellvorgangs dokumentiert, der sowohl die Nutzungsmöglichkeiten dieses Denunziationsmediums belegt als auch die Strategie des Denunzianten zeigt, auf sichere Weise Anonymität herzustellen. Im vorliegenden Fall äußerte der Schreiber einen dezidierten Verschwiegenheitswunsch. Dieser bezog sich konkret auf den Zettel, den die Denunzierten nicht zu Gesicht bekommen sollten, da der Denunziant Teil der betreffenden Studentengruppe war und deshalb die hohe Gefahr seiner Enttarnung bestand. Der Text des Zettels beginnt mit der unmittelbaren Aussage, dass sich „morgen“ Studenten (die namentlich genannt werden) „schlagen werden“. Deshalb halte es der Denunziant für seine Pflicht, „selbes anzuzeigen“, und er bittet, „von dem Brief nichts zu sagen weil ich selbst mit darunter begriffen bin“. Wie die Göttinger Universitätsobrigkeit daraufhin reagierte, bleibt allerdings unklar: Der Aktenvorgang besteht einzig aus dem anonymen Denunziationsschreiben.[168]

Ein weiteres anonymes, sehr ausführliches Denunziationsschreiben findet sich in Jena am 5. Februar 1792. Dem Zettel war in kurzer Folge eine Reihe von Anzeigen und Denunziationen vorausgegangen. Bereits am 2. Februar hatte es eine offenbar mündlich vorgebrachte Denunziation („glaubwürdige Anzeige“) eines neuen Ordens gegeben, bei der der Denunziant „um Verschweigung seines Namens“ bat.[169] Zudem zeigte ein Jenaer Wirt am gleichen Tag einen Exzess namentlich an.[170] Außerdem hat es am 5. Februar zusätzlich ein weiteres Denunziationsschreiben gegeben, das über eine studentische Provokation mit einer Pistole im Professorenklub *Sozietät der Unternehmer des Rosenins-*

320[i]]: zu Orden und Landsmannschaften (S. 6, § IV) sowie Duellen (S. 10, § VI, Abs. 1: bei Beleidigung soll keine Selbstrache geübt werden, sondern es ist „der Akademischen Obrigkeit anzuzeigen“; und § VI, Abs. 1, a: Pasquille sollen „durch des Nachrichters Knecht öffentlich verbrannt“ werden; Abs. 5, h: Wenn der akademischen Obrigkeit „etwas kund wird“, muss sie alles tun, um das Duell zu verhindern; außerdem findet sich die Aufforderung bzw. Pflicht zur Kartellbildung wegen in Folge von Duellvergehen Relegierter mit „allen teutschen protestantischen Universitäten“). Außerdem als Beispiel für das frühe 19. Jahrhundert: Gesetze für die Studierenden der Gesammt = Akademie in Jena. 1817. [ULB Halle: Yc 396], zur Anzeigepflicht siehe: Zweyter Titel, „E. Ueber Disciplin und Policey“, § 76: „Schon der bloße, auf erwiesene Anzeigen beruhende Verdacht, einer Theilnahme an gesetzwidrigen Verbindungen und Gesellschaften, kann die Wegweisung von der Universität, als policeyliche Maaßregel, zur Folge haben“, sowie auch die §§ 91, 95, 97, 103.

[168] UA Göttingen, C LXXXVII 2 (1790), Anonyme Denunziation eines Duells (1790). Den Hinweis auf diese Quelle verdanke ich Stefan Brüdermann (Bückeburg).

[169] Die Quellen: Wilson, Goethes Weimar und die Französische Revolution, S. 103f. (Zitat S. 104).

[170] UA Jena, Bestand E Abt. I Nr. 278: Studenten=Haendel=Protokoll 1792, Bl. 9–10.

tituts, zu dem auch Studenten zugelassen waren, berichtete.[171] Das detaillierte anonyme Denunziationsschreiben vom gleichen Tag war an „Sr. Magnificenz dem H. Prorector und Hofrath Ullrich" gerichtet.[172] Ulrich hat es am 5. Februar 1792 vor seiner Haustür gefunden – einen Tag vor Antritt seines Prorektorats und dem Beginn der großen Ordensverfolgung in Jena.[173] Das Original des Schreibens ist in der einschlägigen Akte dokumentiert.[174]

Das anonyme Denunziationsschreiben ist in einer engen, schwer lesbaren Schrift verfasst. Dies deutet auf die Situation des Denunzianten hin: Es zeigt seine Nervosität angesichts der bestehenden Entdeckungsgefahr. Vielleicht hat der Denunziant das Schreiben bei schwachem Licht in seiner Stube verfasst und zugleich mit aller Macht versucht, sämtliche Informationen, die er an den Prorektor gelangen lassen wollte, auf das Papier zu bringen. Der Denunziationszettel lässt in seiner Materialität die Handlungssituation und die Angst des Denunzianten geradezu greifbar werden. Man sieht ihn förmlich im winterlichen Jena des beginnenden Jahres 1792 sein zweifelhaftes Geschäft vollziehen – sein Name jedoch bleibt verborgen. Zur besseren Lesbarkeit hat Ulrich eine Abschrift des Textes angefertigt, die dem Originalschreiben in der Untersuchungsakte unmittelbar nachgeheftet ist.[175] Der Text der Denunziation beginnt wie folgt:

> Ich hatte getreue Gelegenheit einem tragischen Auftritte in Lichtenhayn[176] bey Geyling beyzuwohnen und zwar unbemerkt von allem. Ich habe nie denunciret weil es meinem Charakter nicht gemäß ist. Allein jetzo glaube ich reden zu müssen denn salus reipubl. summa lex esto ruft mir zu nicht zu schweigen. Ob ich gleich bedencken trage meinen Nahmen zu unterschreiben weil mir dies Verdrüßlichkeiten mit den Personen welche dabey verwickelt waren zuziehen könnte. So können sich Ew. Magnificenz doch auf eine treue und unpartheische Darstellung Rechnung machen. – Doch zur Sache.

In der Folge beschreibt der Denunziant ausführlich und detailliert die konkrete Ausgangsszene und die sich daraus entwickelnden Konflikte vom Vortag. Beteiligt waren landsmannschaftliche Studentengruppen (Saarbrücker, Franken, Gothaer, Mosellaner). Aus dieser Konstellation heraus entzündete sich ein Ehrkonflikt. Der Denunziant schildert dessen Ablauf präzise und nennt die beteiligten Studenten beim Namen. Der Hauptprotagonist und Verfechter der Satisfaktion – ein Student Engel – habe lauthals gesagt, dass er wegen anderer Duelle mit Franken von „einem Chokolatisten [d.i. ein Duellgegner]

---

[171] Siehe dazu: Wilson, Goethes Weimar und die Französische Revolution, S. 108–110 und 112; das Schreiben ist auf S. 109 wiedergegeben.

[172] UA Jena, Bestand E Abt. I Nr. 278: Studenten=Haendel=Protokoll 1792, Bl. 19. Den Hinweis auf diese Denunziation verdanke ich Gerhard Müller (Jena).

[173] Siehe dazu ausführlich: Müller, Vom Regieren zum Gestalten, S. 318–334. Dokumente zu den Maßnahmen dieser Tage finden sich bei: Wilson, Goethes Weimar und die Französische Revolution, S. 79ff.

[174] UA Jena, Bestand E Abt. I Nr. 278: Studenten=Haendel=Protokoll 1792, Bl. 19–20'.

[175] UA Jena, Bestand E Abt. I Nr. 278: Studenten=Haendel=Protokoll 1792, Bl. 21/21' – dort alle folgenden Zitate.

[176] Ein Dorf bei Jena.

wäre ausgeschrien worden, bey Polizo die Thüren erbrochen und ihn zuerst in dem Schranck gestochen"[177] habe. Zugleich brüstete sich Engel damit, dass er sich aus der Universität und der Relegation gar nichts machen würde und dass die „Schwarzen" (der *Orden der Schwarzen Brüder*)[178] ihm mehrfach angeboten hätten, Mitglied zu werden („unter sie zutreten") und „sie zu vertheidigen". Der Denunziant muss diesem Orden sehr nahegestanden haben oder sogar dessen Mitglied gewesen sein. Denn er kommentiert Engels Angeberei mit folgendem Satz: „Eine große Lüge, denn ein so erhabener Orden der hier so ruhig lebet so viele brave Mitglieder hat, wird wohl so einen Renomisten unter sich redigiren." Dann beschreibt der Denunziant den weiteren Verlauf des Konflikts, in dem Engel Streit mit den Mosellanern gesucht habe, sowie das Wechselspiel von Konfliktprovokation und Konfliktdeeskalation durch anwesende Studenten. Dabei gibt der Bericht immer präzise Namensangaben. Letztendlich übergibt der Denunziant, so seine Worte, die Sache in die Hände des prospektiven Prorektors Ulrich. Außerdem berichtete er in einem Postskriptum noch über eine Drohung, die Engel ausgesprochen habe, und die nun auf ihn wegen seines Denunziationsverhaltens zutraf. Demnach habe Engel gesagt, „dass derjenige der etwas verrathen werde eine Kugel durch den Kopf bekommen sollte." Deshalb forderte der Denunziant – indem er schreibt, dass Engel nach seinem Verhalten „mit Gewalt relegiert seyn will" – unmittelbare Konsequenzen. Und er schließt mit der Bitte: „Noch muß ich Ew. Magnificenz bitten dass dieselben von dieser schriftl. Denunciation nichts erwähnen."

---

[177] Ein ebensolches Vorgehen wird in der zeitgenössischen *Geschichte der Loge zu E.* [d.i. Jena] des Konstantistenordens beschrieben, allerdings im Zuge des Sommertumultes 1792 gegen Polizo; Deuerlein, Neues vom Constantisten=Orden, S. 108 – also hatte man Polizo offensichtlich öfters auf diese Weise attackiert oder der Verfasser der *Geschichte* der Jenaer Konstantistenloge hat sich falsch erinnert bzw. zwei Ereignisse verwechselt. Es handelt sich hier um den in der Bewegung der Duellgegner und als Spitzel aktiven Studenten Cyriacos Polizo – siehe dazu den folgenden Abschnitt.

[178] Der Orden war auch in Erlangen aktiv und wurde dort verfolgt; UA Erlangen, A 3 / 14 Nr. 10: Acta Die Entdeckung und Untersuchung des Schwarzen Ordens betr. 1792; A 3 / 14 Nr. 12: Acta Die Ausrottung der Studenten Orden insbesondere 1.) des Amicisten- 2.) des Constantisten- und 3.) des Schwarzen- Ordens betr. 1795; A 3 / 14 Nr. 18 und 19: Acta die Untersuchung des Schwarzen Ordens betr. 1798. I. und II. Band. Zu diesem Orden siehe des Weiteren die Quellen: Tyrtäus [Gerhard Friederich], Der geheime Bund der schwarzen Brüder. Urquell der vorzüglichsten academischen Verbindungen. In einer Reihe verbürgter Originalurkunden mitgetheilt. Mainz 1834, S. 10–19 (hier S. 15 zu Konkurrenzen und daraus resultierenden Duellen und Anzeigen); Ernst Meyer-Camberg, Mitglieder des Jenaer Schwarzen Ordens 1793–1794, in: Einst und Jetzt. Jahrbuch des Vereins für corpsstudentische Geschichtsforschung 21 (1976), S. 76f.; Keiler (Hg.), Die Schwarzen Brüder, o.S. Außerdem (zu Gießen): Rolf Haaser, Spätaufklärung und Gegenaufklärung. Bedingungen und Auswirkungen der religiösen, politischen und ästhetischen Streitkultur in Gießen zwischen 1770 und 1830. Darmstadt/Marburg 1997 (Quellen und Forschungen zur hessischen Geschichte 114), S. 86–103; ders., „... als wenn ich ein Erzaufklärer wäre ...". Der Gießener Regierungsdirektor und reaktionär-konservative Publizist Ludwig Adolf Christian von Grolman, in: Weiß/Albrecht (Hg.), Von ‚Obscuranten' und ‚Eudämonisten', S. 305–365, S. 331–337, 343f. – auf S. 334 wird auch für Gießen (1791) beim Vorgehen gegen den *Schwarzen Orden* auf die „strikte Geheimhaltungsgarantie für denunziatorische Eingaben an die Untersuchungsbehörde" verwiesen.

Ebenfalls 1792 tauchten in einer Erlanger Untersuchung, die mit einer mündlichen Denunziation und der dabei vorgebrachten Bitte um Verschwiegenheit begonnen hatte, zwei anonyme Schreiben auf. Zum einen war dies die in Erlangen aufgegebene, in der Forschung bereits bekannte ‚Morddrohung' gegen den Jenaer Prorektor Gruner im Winter 1791.[179] Zum anderen handelte es sich um ein anonymes Schreiben, das die Rebmannsche Schrift *Apologie einer geheimen Gesellschaft* an die Universitätsobrigkeit lancierte und somit das Medium anonymer Nachrichten für die Sache der Orden nutze. Der Text lautet:

> Ein Mitglied der in Untersuchung begriffenen Schwarzen Brueder schickt Ihnen, Edler Mann! Diese Ihnen vielleicht unbekannte Schrifft mit dem Wunsche dass Sie sie mit Aufmerksamkeit lesen und beherzigen, auch allenfalls weiteren gebrauch hoeheren Orts machen moegen, in der vollkommensten ueberzeugung von der Güte der Verbindung und der Wahrheit der in der Apologie aufgestellten Saetze.

Darunter ist angemerkt worden, dass „dieses Billet" am 30. April 1792 „durch einen Unbekannten" überbracht worden ist, und dass diesem die Schrift beilag.[180]

Für Göttingen findet sich ebenfalls ein eindeutiger Hinweis auf eingegangene Denunziationszettel gegen Studentenorden. In einem Promemoria der Georgia Augusta an die Erlanger Universität über die erfolgreiche Aufhebung der Orden 1794 wird berichtet, dass der Prorektor „theils im Gerichte, theils in seinem Hause, mündlich und anony-

179 UA Erlangen, A 3 / 14 Nr. 10: Entdeckung und Untersuchung des Schwarzen Ordens 1792, die Schriftstücke 1, 15 und 21b. Auf der Grundlage der Weimarer Akten stellt den Vorgang dar: Wilson, Das Goethe-Tabu, S. 362, hier die Anm. 177. Kurze Zeit später, im Sommer 1792, gab es in Halle die mittlerweile mehrfach beschriebene, abenteuerlich anmutende Geschichte um einen angeblichen Giftmordplan gegen Wöllner, ausgelöst durch eine Anzeige des Studenten Johann Ludwig Koch. Ein weiterer Brief Kochs und die sich anschließende Untersuchung weiteten den Kreis und die Spekulationen schnell aus; so wurde auch Johann Reinhold Forster von dem mit der Durchführung beauftragten Johann Christian Woltär (in dessen Prorektoratszeit der Vorgang gefallen war) angeschwärzt, wobei der eigentliche Hintergrund dafür inneruniversitäre Richtungskämpfe im Zuge der Besetzung einer Theologieprofessur waren. Woltär hielt den Studenten Koch übrigens für glaubhaft, u.a. wegen seiner Mittelmäßigkeit und fehlenden Weltkenntnis. Woltär traute ihm zu, das möglicherweise tatsächlich Gehörte aufgeschrieben und aus Pflichtgehorsam heraus gemeldet zu haben. Siehe: Günter Mühlpfordt, Deutsche Präjakobiner. Karl Friedrich Bahrdt und die beiden Forster, in: Zeitschrift für Geschichtswissenschaft 28 (1980), S. 970–989, hier S. 983f.; Neugebauer-Wölk, Der Kampf um die Aufklärung, S. 51f.; Kuhn/Schweigard, Freiheit oder Tod?, S. 289–293. Der Vorgang hatte auch in der Welt der hallischen Freimaurer Auswirkungen: Woltär wurde wegen des angesprochenen Berufungsvorschlags des Theologen Eisfeld gehalten, die *Degenloge* zu verlassen, nachdem er erst ein gutes Jahr zuvor am 1. Februar 1792 Maurer geworden war; Eckstein, Geschichte der Freimaurerloge im Orient von Halle, S. 242. Überhaupt scheinen solche (vor Gericht verbal bzw. symbolisch gedeuteten) Morddrohungen in der Konfliktkultur der Studenten um 1800 nicht unüblich gewesen zu sein; für ein weiteres Beispiel siehe: Bruchmüller, Ein Propatriaskandal zwischen Leipziger und Hallenser Studenten, S. 332.

180 UA Erlangen, A 3 / 14 Nr. 10: Entdeckung und Untersuchung des Schwarzen Ordens 1792, Schriftstück 21c. Siehe dazu auch das Vierte Kapitel, Anm. 98.

mesch [!] schriftlich Denunciationen der bestehenden Mitglieder" der *Schwarzen Brüder* und *Konstantisten* erhalten habe.[181]

Ein weiterer Beleg für ein anonymes Denunziationsschreiben findet sich einige Jahre später in Jena. Kurz vor dem Ende seiner Amtszeit war dem Prorektor Loder 1798 ein Schlag gegen den *Amicistenorden* gelungen, der durch einen Denunziationszettel ausgelöst wurde. Dies berichtete Loder bereits einen Tag nach dem Fund am 30. Januar 1798 dem Weimarer Geheimrat Jakob Friedrich Freiherr von Fritsch:

> Ich bin dem Senior der Rheinländer (alias Mosellaner), welcher schon im Griesbachschen und Walchschen Prorectorat Unfug getrieben, aber es so listig angefangen hat, daß ihm niemand etwas anhaben konnte, auf die Spur gekommen. Gestern früh 8 Uhr fand sich auf meiner Hoftreppe ein anonymer Brief, worin mir von ihm und einigen andern Studenten Nachricht gegeben wurde.

Loder hatte noch am Tag des Fundes sofort eine intensive und, wie er schreibt, verdeckte Untersuchung „ohne Aufsehen und in der Stille" eingeleitet. Außerdem wurde eine zweite Untersuchung auf den Weg gebracht, denn die dem Prorektor „zugekommene anonymische schriftliche Nachricht" hatte auch über ein Duell berichtet.[182]

Zu Beginn des neuen Jahrhunderts wurde in Kursachsen ein Denunziationsvorgang mittels eines „anonymischen Aufsatzes" – so die Dresdner Obrigkeit – registriert,[183] der teilweise von üblichen Verfahrensweisen und argumentativen Mustern abwich. Dieses anonyme Schreiben enthielt vielfältige Informationen aus der Lebenswelt studentischer Arkankultur. Der Text des Denunziationsschreibens lautet:

> Herr v. Schütz, Mitglied des Unitisten – Ordens in Leipzig, ist vor etlichen Wochen nach Wittenberg gegangen, und daselbst zum Senior der dasigen Unitisten erwählt worden. Er hat sich aber allda auf Bothens Saal mit einem Constantisten, Herrn Hesler, duellirt, ist am Kopfe verwundet und von einigen Unitisten nach Niemeck gebracht worden. Die Unitisten, die, so wie die Constantisten, sich durch gewisse Buchstaben kentlich machen, besuchen in Wittenberg den Adler, auch itzt den Rathskeller, die Constantisten aber sind bey Mehnern und Reisen am häuffigsten. Die Ordensbrüder halten sich fast immer an gewissen Tischen beysammen. In des Hrn. v. Schütz Logis könnten wohl die Statuten seines Ordens, in H. Heslers Stube Briefe mit der Chifre der Constantisten aufgefunden werden, wenn nicht jene itzt in Niemeck sind. Die Wirthe der erwehnten öffentlichen Orte werden auch um diese Sache wissen. Leipzig d. XI. Dec.[184]

---

[181] UA Erlangen A 3 / 14 Nr. 12: Die Ausrottung der Studenten Orden 1795, o.P.

[182] Steffen Kublik, Loder als Hochschulpolitiker, Jena 2002 (Magisterarbeit), S. 74. Ich danke Steffen Kublik (Jena) für die Überlassung einer transkribierten Fassung der Quelle. Das Original befindet sich im Goethe- und Schiller Archiv Weimar, Nachlaß Fritsch, 20/II, 5, 6. Siehe zu dieser Untersuchung auch: Götze, Die Jenaer akademischen Logen und Studentenorden, S. 52–54, der den Denunziationszettel auf S. 64 indirekt erwähnt – Götze hat sich auf die Regierungsakten gestützt. Vgl. außerdem zum weiteren Umfeld die publizistische Initiative vom März 1798; dazu weiter oben in diesem Abschnitt.

[183] UA Halle, Rep. 1, Nr. 2039: Acta Die wegen Ordensverbindungen wider den von Schütz und Häselern angestellte Untersuchung b. 1801/02, Bl. 1.

[184] UA Halle, Rep. 1, Nr. 2039: Untersuchung 1801/02, Bl. 2. Dabei handelt es sich um eine Abschrift des Zettels, das Original befindet sich nicht in der Akte.

Diese detaillierte schriftlich-anonyme Denunziation unterscheidet sich von anderen vergleichbaren Vorgängen durch das Fehlen einer das denunziatorische Handeln begründenden Argumentation, und es fehlt ebenso ein ausdrückliches Verlangen nach Bestrafung. Auch in seinem konkreten Kommunikationsweg ist der Vorgang bemerkenswert: Der Denunziant richtete sich nicht direkt oder vermittelt durch einen Boten an den Prorektor in Leipzig – hier war das Schreiben am 11. Dezember 1801 entstanden. Stattdessen entschied er sich, sein Schriftstück, das in einen versiegelten Briefumschlag gesteckt war, direkt an das Oberkonsistorium in Dresden zu übermitteln. Wie genau dieser dort hinterbracht worden ist, geht aus dem Benachrichtigungsschreiben, das von Dresden aus an die Wittenberger Universität gerichtet worden ist, nicht hervor. Da sich die von ihm denunzierten Vorgänge auf die Hoheitsbereiche zweier Universitäten erstrecken, hat sich der Denunziant offenbar an die übergeordnete Instanz gewandt. Damit hatte der anonyme Schreiber den kürzesten und zugleich effektivsten Weg gewählt, seine Denunziation anzubringen.

Mit dem Schreiben wurden nicht nur die Orden der *Unitisten*[185] und *Konstantisten* denunziert, sondern auch einzelne Wirte in Wittenberg, die den Studentenorden Raum für ihre Aktivitäten gegeben hatten, obwohl sie dazu verpflichtet waren, solche anzuzeigen. Auf eine Begründung seines Tuns konnte der Denunziant verzichten, weil er sicher sein durfte, dass die Obrigkeiten aufgrund der mitgeteilten Sachlage reagieren würden: Die Dresdner Zentrale wies die Wittenberger Universität an, „mit sorgfältiger Vermeidung alles Aufsehens, über die angezeigten Umstände behutsame Erkundigung“ einzuziehen und über die Ergebnisse zu berichten.[186] Der Anfang zu einer Untersuchung war gemacht.[187]

Auffällig bei der Zusammenschau der anonymen Denunziationszettel bzw. Denunziationsschreiben aus der Zeit nach 1789 ist, das der Standort Halle bis auf einen sehr späten Fall – 1804 wurde eine Schlägerei durch eine „anonyme Denunciation“ bekannt[188] – nicht auftaucht. Der Grund dafür ist wohl in der seit den frühen 1790er Jahren grundsätzlich veränderten und tendenziell erfolgreichen Disziplinarpolitik (Privilegierung der Kränzchen zur innerstudentischen Unterdrückung der Orden) zu sehen. Generell lässt sich festhalten, dass die Denunziationszettel ein weiterhin genutztes und im Sinne der

---

[185] Zum Unitistenorden um 1800 siehe: Jahn, Die Studentenzeit des Unitisten F. L. Jahn, hier insb. S. 24–31, 41–63.

[186] UA Halle, Rep. 1, Nr. 2039: Untersuchung 1801/02, Bl. 1.

[187] Siehe dazu den darauf folgenden ausführlichen Bericht der Universität Wittenberg: UA Halle, Rep. 1, Nr. 2039: Untersuchung 1801/02, Bl. 3–12 sowie außerdem die weiteren Untersuchungen (Bl. 13–21).

[188] UA Halle, Rep. 3, Nr. 604: Die Kränzchen-Verbindungen 1805, o.P. Anfang 1805 hatte die Universität in einem Bericht auf Anforderung der Regierung in Berlin geschrieben, dass es eine „Unmöglichkeit“ sei, die Verbindungen „ganz auszurotten“. Trotz aller Strenge, mit denen diese noch kürzlich verfolgt worden seien, „scheinen sie doch immer noch zu bestehen“. Und dies, obwohl man durchaus eine gewisse Kooperationsbereitschaft verzeichnen konnte: „Der Bürger sowohl, welcher von ihnen lebt, als andere Studenten, wagen gegen sie zu denunciiren.“

Denunzianten effektives Medium waren. Auch die anderen Formen informierenden Verhaltens wurden um 1800 weiter genutzt.

IV.2 Alternative Wege des Informationstransfers

Beginnen wir mit den *Spitzelinformationen*. Besonders für die Jenaer Krisenjahre von 1792/93 sind eine große Zahl entsprechender Vorgänge sowie die dahinter stehenden Abläufe und Strukturen durch intensive Forschungen in den letzten Jahren bekannt geworden.[189] Hervorgehoben seien an dieser Stelle nur die Spitzelkarrieren der Jenaer Studenten Georg Heinrich von Deyn und Cyriacus Polizo.[190] Beide gehörten zum Kreis der innerstudentischen Antiduellbewegung; von Deyn war deren Anführer. Beide spionierten ihre Gegner, die Studentenorden, aus bzw. denunzierten gegen sie.[191] Deyn taucht als Zuträger bzw. Anzeigender bereits am Beginn des unruhigen Jahres 1792 auf,[192] und ihm wurde für seine Aktivitäten gegen die Orden in seinem Abgangszeugnis vom 6. November 1793 ausdrücklich gedankt:

> Demnach bei Fürstl. Sächs. Gesamt Universität der Stud. theol. Georg Heinrich von Deyn aus dem Herzogthum Bremen um ein gerichtliches Zeugnis seines Fleißes und sonstigen Verhaltens während seines Hierseyns geziemend nachgesuchet: und dann derselbe mit grosem Fleis den Studien hier obgelegen, auch durch sein übriges Betragen, vornehmlich dadurch daß er den schädlichen Ordens-Verbindungen mit rühmlichen Eyfer entgegengearbeitet und zu Abstellung der Duelle mitgewurcket, zu unserer wahren Zufriedenheit sich benommen, als wird solches der Wahrheit gemäs unter der Universität Siegel und Unterschrift hiermit attestirt.[193]

Dies war ein außerordentlicher Vorgang: Die hier eingebaute Passage zu den Orden und Duellen war unüblich, da der Formulartext eigentlich standardisiert war.[194]

Eine schillerndere Figur als von Deyn war der Grieche Polizo. Er hatte zuvor in Halle studiert und war dort im *Konstantistenorden* aktiv.[195] Polizo trat in der Zeit um 1790 in

---

[189] Wilson, Goethes Weimar und die Französische Revolution, S. 31f. (hier die einzelnen Verweise). Auch für das unmittelbare Vorfeld gibt es Hinweise auf solche Informationsquellen: UA Jena, Bestand E Abt. I Nr. 292: Studenten=Haendel=Protokoll unter den Prorectorat des Herrn Hofrath und Professoris Philosoph. ord. Herrn Christoph Gottlob Heinrich. Angefangen den 7ten Februar 1791, hier werden die Vorgeladenen mit Fakten konfrontiert (Duellabsicht), ohne dass zuvor eine Anzeige protokolliert wurde; o.P.

[190] Siehe zu beiden die einschlägigen Quellennachweise bei Wilson, Goethes Weimar und die Französische Revolution, passim, sowie bei Müller, Vom Regieren zum Gestalten, passim.

[191] Exemplarisch: Wilson, Das Goethe-Tabu, S. 182, 203, 205, 347 (hier die Anm. 33), 363 (hier die Anm. 179); Müller, Vom Regieren zum Gestalten, S. 328 („Das zwielichtige Verhalten einiger Führer der Duellgegner, besonders das arrogante Auftreten des völlig amoralischen Grenzgängers Cyriacus Polizo, der sich in seinem Hass gegen die Studentenorden sogar als Lockspitzel benutzen ließ“) sowie S. 332; und: Kuhn/Schweigard, Freiheit oder Tod!, S. 196 (hier wird Polizo als „Brausekopf“ bezeichnet).

[192] UA Jena, Bestand E Abt. I Nr. 278: Studenten=Haendel=Protokoll 1792, Bl. 4, 40.

[193] UA Jena, A 819, Bl. 73'.

[194] Ich danke Ulrich Rasche (Jena) für den Hinweis sowie die Zurverfügungstellung der Quelle.

der Arkanszene auf vielfältige Weise in Erscheinung. Eine Ordensquelle der Konstantisten – die *Geschichte der Loge zu E.* [d.i. Jena] – berichtet davon:[196] Demnach soll Polizo 1789, nachdem er als Ordensbruder mit dem Consilio abeundi in Halle bestraft worden war, von Jena aus versucht haben, den Orden der *Konstantisten* mit der *Deutschen Union* zu vereinigen.[197] Allerdings billigten dieses Projekt „nur wenige" Ordensbrüder, da sie Bahrdt „mißtrauten"; Polizo habe damit zu „einigen Uneinigkeiten" im Orden beigetragen.[198] Daraufhin wurde er vom Senior und Convent des Ordens zur Rede gestellt und schließlich „dispensirt". Im April 1791 versuchte er offensichtlich, wieder nach Halle zurückzukehren,[199] bevor er dann ab Mai 1791 in Jena Medizin studierte. Sein Studium setze Polizo schließlich ab August 1792 in Leipzig fort. Dort soll er eine eigene Loge mit eigenen Gesetzen errichtet haben. Davor lag seine Jenaer Zeit als Duellgegner und Spitzel gegen die Orden. Auch Polizo selbst ist in Händel-Untersuchungen hineingezogen worden, wobei seine offenbar isolierte Position innerhalb der Jenaer Studentenschaft greifbar wird, die ihn zugleich auch für eine Spitzelfunktion prädestiniert hat. Dabei wurde berichtet, dass „Bolizo" unter den Studenten dafür bekannt sei, dass er „Stenckerei" suche, und „daß man keine Ehre habe sich mit ihm abzugeben".[200] Bei einem Tumult Anfang Juni 1792 hatten Ordensbrüder zunächst beim Prorektor Ulrich die

---

[195] Vgl. Deuerlein, Neues vom Constantisten=Orden, S. 183, Anm. 54; Kuhn/Schweigard, Freiheit oder Tod!, S. 194.

[196] Das Folgende – auch alle Zitate – nach: UA Erlangen, A 3 / 14 Nr. 16: Acta Die Geschichte des academischen Constantisten Ordens von 1786 bis 1795. nebst vollständigen Verzeichnis aller Mitglieder. 1797–1798, hier die von Johann Gottfried Pietsch verfaßte *Geschichte der Loge zu E.* [d.i. Jena] des *Konstantistenordens*, o.P. Ausführlich dazu: Deuerlein, Neues vom Constantisten=Orden. Bei der Erlanger Abschrift handelt es sich um eine „Copia de copia". Deuerlein gibt deshalb die Wolfenbütteler Schrift, die die Vorlage für die Erlanger Abschrift darstellt, wieder (ebd., S. 101 und 104–111, zu Polizo ebd. insb. S. 107, 110, außerdem 121–128 und 164; zu Pietsch S. 146f. und 164).

[197] Fabricius, Die Studentenorden des 18. Jahrhunderts, S. 86, schreibt, dass er dies 1792 in Jena versucht habe – wahrscheinlich ist ein und derselbe Vorgang gemeint.

[198] Siehe in diesem Kontext die Reformbestrebungen innerhalb des *Konstantistenordens* Anfang der 1790er Jahre, insb. durch Hans von Held (1793), der den Orden an die Freimaurerei anzubinden suchte; dazu: Wentzcke, Geschichte der Deutschen Burschenschaft. Erster Band, S. 27f.; siehe auch Schulze/Ssymank, Das deutsche Studententum, S. 166; Hardtwig, Studentenschaft und Aufklärung, S. 243, Anm. 21; Riederer, Die Jenaer Konstantisten, S. 58f., 104.

[199] Vgl. GStA PK, I. HA Rep. 52 Magdeburg N Universität Halle – N. 7.: der Studenten Händel und Unordnung, Paket 1744–1783, Nr. 19: d.i.: Acta de 1771. 1772. das Verbot wegen des Herumlaufens der Studenten auf den Dörfern in Sachsen sowie Acta de 1785 – 1787 d 15 Febr. Wegen der Ordensgesellschaften unter den Studenten [„sind in der Registratur des Ober-Schul-Collegii verblieben." (1795)], zu „Polyzo" Bl. 7.

[200] UA Jena, Bestand E Abt. I Nr. 278: Studenten=Haendel=Protokoll 1792, Bl. 51; auch Bl. 57 und 62 (hier legt „Ziriakus Bolizo" einen Eid ab und erhält acht Tage Karzerstrafe). Siehe dazu außerdem: UA Jena, Bestand E Abt. I Nr. 301: Studenten=Haendel=Protokoll unter den Prorectorat, des Herrn geheime Hof Rath Profess. Medic. ordinar. Doct. Christian Gottfried Gruner. Angefangen von 8ten August 1791, o.P. – hier wird eine Schlägerei zwischen Trutzel und Bolizo verhandelt. Siehe dazu auch Wilson, Goethes Weimar und die Französische Revolution, S. 110.

Fenster eingeworfen, bevor sie zu Polizos Wohnung wechselten, diesen mit einem Degen verletzen und auf der Straße „halbnackt herumschleppten", bis er endlich auf dem Markt „erklären musste, dass er ein schlechter Mensch sey: zugleich aber auch versprechen musste, keinen der Anwesenden anzugeben".[201] Polizo war also innerhalb der Jenaer Studentenschaft eine Hassperson und so etwas wie ein ambitionierter Sonderling.[202]

Blicken wir jetzt nach Kursachsen. Hier lassen sich um 1800 weiter die eingespielten Informationstransfers an die Dresdner Zentrale beobachten.[203] So schreibt Friedrich August beispielsweise am 19. November 1798 an die Wittenberger Universität:

> Würdige, Hochgelahrte, liebe, Andächtige und Getreue. Da, dem Vernehmen nach, unter den Studirenden auf der Universität Wittenberg sich noch immer nachtheilige Verbindungen, unter dem Nahmen von Landsmannschaften, finden sollen; So begeben Wir hierdurch an euch gnädigst, ihr wollet deshalb genaue Erkundigung einziehen und die entdeckten Ungebührnisse abstellen, auch Uns den Erfolg mit Beyfügung eines Gutachtens, ob und was für nachdrückliche Vorkehrung wegen Abstellung dergleichen Societäten annoch zu treffen seyn möchte, gehorsamst berichten.[204]

Diese Aufforderung kann außerdem als erneuter Beleg dafür gelesen werden, dass die Obrigkeiten in konkreten Fällen Überprüfungsmaßnahmen angeordnet haben,[205] und zu-

---

[201] So die Darstellung von: Wilson, Das Goethe-Tabu, S. 220 auf der Basis der entsprechenden Weimarer Akte (ThHStAW, 8503). Das zuletzt wiedergegebene Zitat bei: Deuerlein, Neues vom Constantisten=Orden, S. 108 (hier aus der *Geschichte der Loge zu E.*) sowie 126f.

[202] Vgl. dazu auch Wilson, Das Goethe-Tabu, S. 359f., Anm. 154. Die hier von den Jenaer Studenten 1792 aufgestellte Gegenbehauptung, Polizo würde selbst einen Orden leiten, bezieht sich möglicherweise auf das erwähnte Vereinigungsprojekt. Dies würde auch die Vermutungen in ebd., S. 362, Anm. 174 erklären.

[203] Vgl. dazu das Dritte Kapitel, Abschnitt IV.2.

[204] UA Halle, Rep. 1, Nr. 1899–1904: Acta Die Untersuchung der von einigen Studiosis errichteten Ordens und was dem anhängig betr. vol. I–V 1768–1811, hier: Vol. IIIa (1902), Bl. 1; siehe ebenfalls Vol. III (1901), Bl. 1.

[205] Außerdem: SHStA, 10088, Spezialia, 4.) Burschenschaft, Loc. 1781: Die Ordens=Verbindungen Vol. I 1783–1806, Bl. 51ff. (Hier spiegeln sich die Ereignisse in Jena: Im Juli 1792 lässt Wurmb „behutsame Erkundigung" einziehen, ob auf den kursächsischen Universitäten Verbindungen bestehen). Siehe in diesem Kontext auch zwei hallische Fälle zu französischen Emigranten: UA Halle, Rep. 3 Rektorat Nr. 595: Acta, die vom Hofe aus befohlne genaue Beobachtung der alhier studirenden französischen Grafen von Sartelly. 1793, Bl. 1: „Es ist uns angezeigt worden, daß sich auf der dortigen Universität ein gewisser französischer emigrirter Graf von Sartelly aufhalte", der „auf das genaueste zu beobachten" ist; sowie Rep. 3, Nr. 597: Acta die Vigilanz auf die in hiesigem Lande sich aufhaltende Emigrirte betr. 1793 (–1795), Beobachtung des Studenten und französischen Emigranten de la Roque Baignard 1793–1795, hier Bl. 1 die Anweisung von Woellner, „ein sorgfältiges Augenmerk zu richten, und sobald der geringste Verdacht gegen ihn entstehet, daß derselbe etwa aufrührische Grundsäze anhängen oder dergleichen gar verbreiten sollte, davon pflichtmäßig Anzeige zu thun", und Bl. 2'ff. (Kurzberichte des Prorektors bzw. des Universitätsgerichts an das Kammergericht in Berlin, inwieweit sich französische Emigranten in Halle aufhalten vom 16. Januar 1794 bis 1. Mai 1795 – es ist aber immer nur Baignard). Zum weiteren Kontext: Thomas Höpel, Emigranten der Französischen Revolution in Preußen und Sachsen, in: Daniel Schönpflug/Jürgen Voss (Hg.), Révolutionnaires et Émigrés. Transfer und Migration zwischen Frankreich und Deutsch-

gleich verweist sie auch indirekt auf die weiterhin bestehende zentrale Rolle der Pedelle in diesen Zusammenhängen.[206]

In den Jahren um 1800 finden sich ebenfalls Belege für die Bedeutung des *Hörensagens* und der *Gerüchte* für den Informationshaushalt der Obrigkeiten.[207] So beginnt beispielsweise in Wittenberg ein Mandat zur Anzeigepflicht für die Ärzte der Stadt in Bezug auf bei Duellen verwundete Studenten mit den Worten: „Es hat Uns die im vorigen Jahre von Uns geführte Untersuchung wider einige Studiosos, wegen eines dem allgemeinen Gerüchte nach zwischen zwey von ihnen vorgefallenen Duells, die Veranlassung gegeben, mehrere Verfügungen zu treffen".[208] Und einem Brief des Leipziger Rektors Carl Gottlob Kühn vom 28. Januar 1806, der um Rückendeckung aus Dresden mittels eines Reskripts für sein Vorgehen in einer Ordensuntersuchung bittet, liegen augenscheinlich Informationen aus dem alltäglichen Hörensagen der Universitätsstadt zugrunde.[209]

---

land 1789–1806. Stuttgart 2002 (Beihefte der Francia 56), S. 193–220; ders., Emigranten der Französischen Revolution in Preussen 1789–1806. Eine Studie in vergleichender Perspektive. Leipzig 2002 (Deutsch-Französische Kulturbibliothek 17). In Göttingen wurden um 1800 „[v]erdächtige Orte visitiert, verdächtige Personen beschattet" – dazu Alain Ruiz, Universität Jena Anno 1793/94. Ein jakobinischer Student und Geheimagent im Schatten Reinholds und Fichtes, in: Julius H. Schoeps/Imanuel Geiss unter Mitw. von Ludger Heid (Hg.), Revolution und Demokratie in Geschichte und Literatur: zum 60. Geburtstag von Walter Grab. Duisburg 1979 (Duisburger Hochschulbeiträge 12), S. 95–132, hier S. 107; Brüdermann, Göttinger Studenten und akademische Gerichtsbarkeit, S. 239, Anm. 211; Tütken, Privatdozenten im Schatten der Georgia Augusta. Zur älteren Privatdozentur (1734–1831). Teil 1, S. 42, berichtet über Spione eines Privatdozenten (1809).

206 Schlüter, Unversitäten=Revolution, S. 96f. beschreibt (vielleicht überzogen) die Praxis der Pedelle, abends umher zu schleichen und auffällige Studenten dem Prorektor anzuzeigen – nicht aus Pflichtgründen heraus, sondern weil sie einen Teil des Strafgeldes erhalten. Außerdem entwickelt Schlüter in seiner Schrift (S. 117) so etwas wie ein innerstudentisches Überwachungsprogramm, wonach neben den bekannten Mitteln der Anti-Ordenseide und der Anzeigepflicht jeder Student auch „den verbündeten nachzuspüren" habe. Ein in dieser Weise hilfreicher Student habe nicht nur Anonymität, sondern auch eine gewisse „Beförderung" zu erwarten.

207 Vgl. beispielsweise ein Gerücht und seine Wirkung in Erlangen; UA Erlangen, A 3 / 13 Nr. 6: Die zwischen den Studiosis von Wangen und von Langen vorgefallenen Thätlichkeiten und die bey dieser Gelegenheit entstandenen Unruhen und Zusammen-Rottirungen betr. 1794–1795, hier Schriftstück 19. Siehe auch ein Marburger Beispiel von 1791 bei Meidenbauer, Aufklärung und Öffentlichkeit, S. 446.

208 UA Halle, Rep. 1, Nr. 1916: Acta Die sowohl zu Verhütung der Duelle unter den Studirenden als zu Erleichterung der Entdeckung vorgefallener Duelle getroffenen Verfügungen betr. [1805/1812], Bl. 5. Zu diesem Mandat und den Maßnahmen siehe den folgenden Abschnitt.

209 SHStA, 10088, Spezialia, 4.) Burschenschaft, Loc. 1781: Die Ordens=Verbindungen Vol. I 1783–1806, o.P. sowie das unmittelbar erfolgte Antwortschreiben des Kurfürsten auf Bl. 191 (demnach seien die Anführer ebenso bekannt wie die Orte der Zusammenkünfte – „soll das Gasthaus, in welchem der von Velten [einer der Anführer] speiset, zu dergleichen Zusammenkünften geeignet seyn", wie auch am Sonntag seine Stube); siehe außerdem den Bericht der Universität ebd., Bl. 192–194.

Außerdem finden sich weiterhin *namentliche Anzeigen*, so beispielsweise umfangreich in Jena[210] und auch in Leipzig/Wittenberg.[211] In diesem Kontext ist auch auf *Selbstanzeigen* hinzuweisen; nachweisbar etwa in Göttingen,[212] Erlangen[213], Jena[214] und Leipzig[215]. Ebenso finden sich *Anzeigen im Gang von Untersuchungen*; beispielsweise in

[210] UA Jena, Bestand E Abt. I Nr. 278: Studenten=Haendel=Protokoll 1792, Bl. 45; Bestand E Abt. I Nr. 295: Acta Die Untersuchung eines zwischen den Stud. Hoerschelmann aus Liefland, den Stud. Schlatter aus Lindau am 30ten Septbr. vorgefallenen Duells betreffend. 1791, Bl.1 (das Duell wird vom Hauswirt eines der Duellanten angezeigt), siehe außerdem auch Bl. 3; Bestand E Abt. I Nr. 301: Studenten=Haendel=Protokoll [...] 8ten August 1791 (hier finden sich Anzeigen aus dem Studentenalltag heraus, wobei Kaffeehäuser, Schenken, Billards und Ballhäuser als Orte der Vorkommnisse eine wichtige Rolle spielen); Bestand E Abt. I Nr. 312: Acta Die Untersuchung eines zwischen dem Stud. Friedrich Phillip Horstmann, und dem Stud. Ziddel, aus den Baadensche. vorgefallenen Duells btr. 1791, o.P. (die Untersuchung wurde offensichtlich durch eine schriftliche Anzeige von einem Chirurgen ausgelöst, der einen im Duell verwundeten Studenten behandelt hatte, ohne dessen Namen in Erfahrung bringen zu können; er protokollierte mehrere Stichwunden, darunter eine in die Lunge, die seiner Einschätzung nach aber wohl nicht tödlich gewesen sind); Bestand E Abt. I Nr. 320: Studenten=Haendel=Protokoll unter den Prorectorat des Herrn Hofrath und Professoris Juris. ordinarii D. Johann August Reichardt. vom Februar (?) bis August. 1793, o.P. (nichtanonyme, mündlich vorgebrachte Anzeigen).

[211] Siehe: SHStA, 10088 Oberkonsistorium Universitäten, Generalia, Loc. 1779: Die von der Universität Leipzig und Wittenberg und anderen Universitäten relegierten Studiosos und die wegen derselben zwischen verschiedenen Universitäten abgeschlossenen Conventionen. 1789–1812, Bl. 11–13' ein Bericht der Universität Wittenberg vom 19. Oktober 1797 über eine offene Anzeige und die Folgen (es geht um Diebstahl).

[212] UA Göttingen, X G 1 661 (SA 661): Acta betr. Corporative Rechte der Universität. Disciplin Verbotene Verbindungen Vol. 2 1773–1795, die Selbstanzeige des J. G. Pietsch vom 15. Dezember 1794 „Abends 6 ½ Uhr“ (o.P.). Zusammenfassend dazu mit – schwankenden – Fallzahlen (1798: 50; 1801: 1) Brüdermann, Göttinger Studenten und Akademische Gerichtsbarkeit, S. 194.

[213] UA Erlangen, A 3 / 14 Nr. 12: Die Ausrottung der Studenten Orden 1795, o.P., hier Selbstanzeigen (und Entsagungen) der Orden.

[214] UA Jena Bestand E Abt. I Nr. 314: Acta Die Untersuchung wegen einer, von den Studioso Carl Xavier Kosmeli aus Schlesien, dem Studioso Eberhard Mikwitz aus Liefland zugefügten Verwundung, mit einem Hau=Rappier. 1793, o.P. (Die Sache wird vom Verletzten selbst angezeigt.) Für ein früheres Beispiel siehe: Müller, Vom Regieren zum Gestalten, S. 208, hier 1784 die Selbstanzeige des Seniors der *Gothaischen Landsmannschaft* und Logenmeisters des Ordens *Inseparable* Christian Daniel Rosenmüller.

[215] UA Leipzig, Rep. GA III H 036: Acta Gottlieb Ferdinand Herrmann und Carl Gottlieb Lachmann auch Cons. wegen Ungebührnissen und landsmannschaftl. Verbindungen betr. 1808, Bl. 1–2 (namentliche, nichtanonyme Anzeige dreier Studenten).

Halle.[216] Letztendlich konnte auch der Zufall auslösendes Moment für Entdeckungen und Untersuchungen sein.[217]

Fassen wir zusammen: Die vorgestellten Denunziationszettel repräsentieren den bisherigen Kenntnisstand, für die anderen Formen der Informationsübermittlung wurden aus dem durchgesehenen Material Beispiele herausgegriffen. In der Zusammenschau lässt sich im Vergleich zur Zeit vor 1789 festhalten, dass in den 1790er Jahren kein signifikanter Anstieg von anonymen Denunziationen und des Informationstransfers auf anderen Wegen zu beobachten ist. Eine Ausnahme von diesem Ergebnis stellt das Jenaer Krisenjahr 1792 dar.[218] Der Informationsfluss blieb aus der Sicht der Obrigkeiten auch in den Jahren um 1800 defizitär.

V Ein letzter Versuch: Wittenberg 1805/1812

Die Obrigkeiten mussten deshalb auch im angebrochenen neuen Jahrhundert weiter auf das Einfordern von Anzeigen und das Angebot zu anonymen Denunziationen setzen. Dies zeigt abschließend ein Wittenberger Beispiel. Zu Beginn des Jahres 1805 hatte man in der Universitätsstadt Überlegungen zum effizienteren Vorgehen gegen das Duellwesen angestellt. Dabei wurde u.a. über das Problem der Wundbehandlung verhandelt – Studenten gaben die Wunden als Folgen von Fechtübungen aus. Als Antwort darauf griff man auf ein altes Mittel zurück. Für die Ärzte und Chirurgen sollte eine Anzeigepflicht mit angedrohter Strafe bei Zuwiderhandlung eingeführt werden. Für den Fall, dass sich ein verwundeter Student vorstellte, sei Meldung bei der Universität zu erstatten. Außerdem sollte zugleich das gegenseitige Verbinden der Studenten untereinander und die „Privatuebungen im Fechten" bzw. das „Rappieren" auf den Stuben untersagt werden.[219] Diese Überlegungen mündeten in ein Mandat vom 30. März 1805 für die

[216] Siehe etwa: UA Halle, Rep. 5, Nr. 48: Denunziation des Schlesischen Kränzchens durch die Studenten Knoblauch, Mützel, Ferne und Corch. Juli 1792 – Dez. 1792, insb. Bl. 26–28': d.i. ein „Extract ex Actio", der exakt die Abfolge und die Personen sowie den Inhalt der gegenseitigen Denunziationen der Studiosi vor Gericht zusammenfasst: Demnach hat es sechs Denunziationsfolgen nach einander gegeben; allerdings haben sich die „mehresten der Denuncianten mit ihren Gegnern" wieder „ausgesöhnt".

[217] UA Erlangen, A 3 / 14 Nr. 16: Die Geschichte des academischen Constantisten Ordens von 1786 bis 1795 [1797–1798], hier Bl. 1 die Entdeckung durch „einen Zufalle" (die Beschreibung dessen auf Bl. 2; siehe dazu Deuerlein, Neues vom Constantisten=Orden, S. 99) sowie: A 3 / 14 Nr. 18 und 19: Schwarzen Ordens betr. 1798. I. und II. Band, die Untersuchung wird durch Briefe (Schriftstücke) eines verstorbenen Studenten in Gang gesetzt.

[218] Vgl. Wilson, Goethes Weimar und die Französische Revolution, S. 32: „Die Denunziationen und Spitzelnachrichten lassen nach dem Abflauen der Studentenunruhen und der Gefahr einer französischen Invasion stark nach; man begegnet ihnen nur vereinzelt wieder während der erneuten, kleineren Studentenunruhen im Juli 1793."

[219] UA Halle, Rep. 1, Nr. 1916: Verhütung der Duelle 1805/1812, Bl. 1–2', Zitate 1'.

Ärzte, denen man es zur Pflicht machte, einen verwundeten Studenten, der sich bei ihnen meldete, zunächst zu behandeln und dann beim Prorektor anzuzeigen. Das Mandat ging an alle sechzehn Ärzte in Wittenberg.[220] Das Ziel des Mandats wurde von der Universitätsobrigkeit eingangs des Textes deutlich benannt: In Zukunft sollen „die Duelle unter den Studiosis zum Theil verhütet, zum Theil aber auch die Entdeckung der vorgefallenen möglichst erleichtert werden".[221]

Auch diese Maßnahme hatte jedoch keinen durchgreifenden Erfolg. Wenige Jahre später pries man deshalb noch einmal das in der Zeit um 1700 entworfene Denunziationsmuster an: Ein Anschlag vom 7. März 1812 informierte die Einwohner der Stadt unter dem Titel „Nachricht für das Publicum" darüber mit folgendem Wortlaut:

> Es ist in dem untern 2. Julii 1712 ins Land ergangenen Duell=Mandate anbefohlen, der Jedermann, der von einem diesem Mandate zuwider laufenden Verbrechen Wissenschaft erlangt, besonders die Haus= Tischwirthe, Traiteurs, Coffee= und Thee=Schenker, wenn bey ihnen wirkliche Herausforderungen geschehen, oder gar Duelle darauf erfolgen, selbige, bey Vermeidung halbjährigen Gefängnisses, in andern Fällen aber bey willkührlicher, jedoch nachdrücklicher Strafe, solche anzugeben schuldig seyn soll. Zur Beförderung solcher Anzeigen aber sollen jedesmal dem ersten Denunicanten, der ein förmliches Duell anzeigt, 100 Thlr. und der ein Rencontre kund macht, 50 Thlr., wenn die Ueberführung dergleichen Verbrechens erfolgt, aus der Verbrecher Vermögen zu gewisser und unfehlbarer Vergeltung für seine Anzeige mit Verschweigung seines Namens gereicht werden. Wir finden Uns daher nach Maaßgabe dieser höchsten Anordnung bewogen, Jedermann hierdurch bekannt zu machen, daß Wir demjenigen, welcher ein zwischen hiesigen Studirenden vorgefallenes förmliches Duell auf die weise bey uns anzeigt, daß darauf eine Untersuchung gegründet, und die Thäter überführet werden können, Ein Hundert Thaler; demjenigen, der ein Rencontre, (das ist: wenn Studenten ohne vorhergegangene Herausforderung durch Zufall in Streit gerathen, und sich sofort duelliren) auf eben gedachte Weise angiebt, Funfzig Thaler; und endlich demjenigen, der eine Herausforderung unter Studenten, ehe noch das Duell wirklich vor sich gehet, zu Unserer Wissenschaft bringt, jedoch vorausgesetzt, daß zur Ueberführung des Herausforderers hinlängliche Beweismittel beygebracht werden, zwanzig Thaler, als Belohnungen unfehlbar auszahlen lassen werden. In jedem dieser Fälle sichern Wir auch dem Angeber eines solchen Verbrechens die Verschweigung seines Namens zu.[222]

Das Mandat, das die Wittenberger Bürger, Studenten und akademischen Lehrer an den Aushängen der Stadt vorfanden, knüpfte direkt an das ein Jahrhundert zurückliegende, grundlegende kursächsische Duelledikt (ursprünglich von 1706) an und wiederholte das dort eingeschriebene Denunziationsmuster; allerdings wurde jetzt stärker die Verlässlichkeit und Verwertbarkeit der Informationen eingefordert, dem Denunzianten noch mehr misstraut.[223] Die Struktur des Denunziationsmusters jedoch blieb auch im ange-

---

[220] UA Halle, Rep. 1, Nr. 1916: Verhütung der Duelle 1805/1812, Bl. 5/5'.

[221] UA Halle, Rep. 1, Nr. 1916: Verhütung der Duelle 1805/1812, Bl. 5.

[222] UA Halle, Rep. 1, Nr. 1917: Ausschreiben von Belohnungen seitens der Universität Wittenberg für denunzierte Duelle 1812 – die Akte enthält nur einen Druck des Mandats.

[223] Vgl. dazu im weiteren zeitgenössischen Kontext: Ueber den Denunciations=Proceß, hauptsächlich in Beziehung auf die Fürstl. Anhaltzerbstische Lande. Eine Schrift, womit zu seinen Wintervorlesungen einladet F. G. A. Lobethan, der vaterländischen Geschichte und Rechte ordentl. Öffentl.

brochenen 19. Jahrhundert unverändert – ebenso wie die disziplinarpolitische Notwendigkeit, dieses immer wieder anzubieten.

Lehrer zu Zerbst. Zerbst 1790, S. 1–15, 22–24, z.B. zur Vertrauensfrage S. 8f., 13. Siehe auch: Franz Hahn, Von der Pflicht zur Denutiation von Verbrechen. Eine juristische Abhandlung zur Erlangung der Doktorwürde an der Hochschule Bern. Bern 1839, z.B. S. 8–10 über die Zuverlässigkeit von Denunziationen, S. 10–13 über die Frage der Anonymität und das Versprechen der Geheimhaltung sowie S. 53–75 („Geschichtlicher Ueberblick der Gesetzgebung über Denuntiationspflicht", wobei das 17. und 18. Jahrhundert ausgelassen werden). Siehe auch: Barthold Georg Niebuhr, Ueber geheime Verbindungen im preussischen Staat und deren Denunciation. Berlin 1815, etwa S. 13, 16.

Schluss

Denunziationen im Milieu des Verdachts: Emergenz und Resistenz

Denunziationen sind ein vergleichsweise junger Gegenstand historischer Forschung – den entscheidenden Impuls gaben die revolutionären gesellschaftlichen Veränderungen im Zuge der *Wende* von 1989. Dementsprechend wurde das Thema vor allem durch die zeitgeschichtliche Forschung eingehend behandelt. Gleichwohl war dabei seit der Mitte der 1990er Jahre klar, dass das Denunziationsverhalten der unmittelbar nahen Zeitgeschichte eine weit über die Epochenschwelle um 1800 in die Vormoderne zurückreichende Tiefenstruktur besitzt. Auch in früheren Gesellschaftsformen und Lebenswelten wurde denunziert. Das im Zuge dieser Überlegung schnell auftauchende Verständnis des Denunziationsverhaltens als überzeitlicher anthropologischer Konstante hat unmittelbar einen Gegenreflex der Forschung hervorgerufen: Historisierung des Phänomens wurde gefordert und Studien zur Vormoderne wurden angeregt. So entstand eine Reihe in konkreten Raum-Zeit-Kontexten verankerter Fallstudien, auf deren Basis Erklärungsansätze entwickelt worden sind: Diese fragen nach der Begriffsgeschichte und der Definition von Denunziation, arbeiten mit dem Konzept der Herrschaftspartizipation, behandeln die Normerfüllung und das eigenständige Handeln der Menschen in der Frühen Neuzeit im Rahmen der guten Policey und thematisieren kommunikative Abläufe sowie diskursive Praktiken im Umgang mit denunziatorischem Verhalten.

Gleichwohl hat die Forschung zur Vormoderne noch keinen monografischen Entwurf zur Denunziation vorgelegt, der diese Überlegungen und Ansätze aufgreift und zusammenführt. An diesem Punkt setzte die vorliegende Studie an und entwickelte zugleich ein eigenes Forschungsdesign. Sie ging von der Beobachtung aus, dass die studentische Lebenswelt in Universitätsstädten der Frühen Neuzeit ein bislang nicht untersuchtes Feld im Rahmen der Forschungen zur Denunziation ist, dessen Analyse gleichzeitig Erklärungskraft besitzt und Interpretamente sowie Diskussionsangebote ermöglicht, die für die historische Denunziationsforschung insgesamt weiterführenden Charakter haben. Dabei orientierte sie sich an einem Ansatz, der das historische Denunziationsverhalten als ein sozial-kulturelles Schnittmengenphänomen begreift. Auch aus geschichtswissenschaftlicher Sicht setzt sich die Untersuchung aus Elementen und Ansätzen verschiedener Forschungsgebiete zusammen und entwirft ein Spannungsfeld zwischen den beiden Leitbegriffen Politik und Kommunikation, in dem vor allem kulturgeschichtlich determinierte Frageperspektiven an den Gegenstand der Denunziation angelegt wurden. Insofern leistet die Arbeit einen Beitrag zur Geschichte der Denunziation in der Vormoderne und ist in einem größeren Zusammenhang im Bezugsfeld von politischer Kulturgeschichte zum Alten Reich, Kommunikationsgeschichte und der Kulturgeschichte der frühneuzeitlichen Universität verankert.

Die Studie hat nach der Emergenz der Denunziation in einer bestimmten Gesellschaftsformation gefragt und stellte damit der Denkfigur der anthropologischen Konstante einen interpretierenden Entwurf auf empirischer Basis entgegen: Die Arbeit hat konkret danach gefragt, wie Denunziationsverhalten in einer bestimmten Lebenswelt möglich wird. Daran anschließend wurde untersucht, wie die Menschen mit dem Instrument der Denunziation umgegangen sind und welche Verhaltensweisen dabei entwickelt wurden. Diese Fragen sind nur in einem längerfristigen Zeithorizont zu verfolgen. Deshalb wählte die Studie einen Untersuchungszeitraum, der den Entwicklungsgang von der Implementation denunziatorischer Möglichkeiten in Universitätsstädten seit dem Ende des 17. Jahrhunderts bis zum politischen System- und Epochenumbruch im frühen 19. Jahrhundert verfolgte. Es ging darum, die Merkmale von Denunziationsverhalten in sozialen, politischen und mentalen Handlungsfeldern zu beschreiben und zu interpretieren, die über mehrere Generationen hinweg Bestand hatten. In diesem Untersuchungsgang wurden die Ergebnisse zu verschiedenen Territorien und Universitätsstädten in vergleichender Perspektive behandelt. Auf diese Weise soll *ein* Bild des Denunziationsverhaltens in der Frühen Neuzeit entworfen werden, das der Denunziationsforschung Anknüpfungspunkte für künftige Vergleiche zur Verfügung stellt. Folgende Ergebnisse können festgehalten werden:

Der Impuls für die Implementierung eines *Denunziationsmusters* in Universitätsstädten ist um 1700 in der intensivierten Disziplinarpolitik der staatlichen und universitären Obrigkeiten mit den frequenzstarken Universitäten gegen den – schriftlich nicht fixierten – Verhaltenskodex der Akademischen Freiheit der Studenten und die darauf gründenden performativen Praktiken zu sehen. Im Kern des politischen Interesses stand die Duellbekämpfung. Dabei wurden Angebote zur Denunziation in die Gesetze eingeschrieben, um eine höhere Effektivität bei der Eindämmung dieser Kernpraxis akademisch-studentischer Verhaltenskultur zu erzielen. Das Denunziationsmuster umreißt klar, aus welchen Elementen sich ein Denunziationsakt zusammensetzt: Eine Denunziation informiert die Obrigkeit über habituelle und kulturelle Praktiken, die von dieser als deviant, verfolgungswürdig und strafrelevant definiert worden sind, und zwar für den Denunzianten mit der Aussicht auf Belohnung und der Zusage von Anonymität, für den Denunzierten mit dem Ziel der Verfolgung und Bestrafung. Dieser Zusammenhang wird in den Gesetzestexten von der offiziellen, persönlichen und nicht entlohnten Anzeige bereits deutlich erkennbar unterschieden.

Hinzu kommt ein weiteres Merkmal, mit dem das Denunziationsmuster komplettiert wird: Obwohl ein denunziatorischer Informationsfluss von den Obrigkeiten gewünscht und angeregt wurde, standen sie den Denunzianten und ihren Informationen prinzipiell, und im Laufe des Jahrhunderts noch zunehmend, skeptisch gegenüber. Diese Vorbehalte sind als Warnungen parallel zu den Denunziationsangeboten schriftlich fixiert worden. Damit wurden die vor Ort handelnden Vertreter der Obrigkeit in doppelter Weise angesprochen. Diesen sollte es ermöglicht werden, mit Hilfe von Denunziationsverhalten Normvorgaben umzusetzen; dabei sollten sie aber zugleich vorsichtig agieren, sich nicht instrumentalisieren lassen.

Dieser Zusammenhang verweist darauf, dass das Denunziationsangebot der Obrigkeiten nicht in einem praxisfernen, rein rechtstheoretischen Rahmen entwickelt wurde. Im Gegenteil: Die Edikte spiegelten auf der Basis der spezifisch obrigkeitlichen Wahrnehmung die habituell-symbolische Wirklichkeit in den Universitätsstädten und den erhöhten Standesanspruch der Studenten wider. Die daraus resultierenden Performanzen und permanenten Konflikte stellten ja eine ernst zu nehmende, grundsätzliche Infragestellung des Machtanspruchs des frühneuzeitlichen Staates und seiner kulturell-rechtlichen Deutungshoheit über den Lebensalltag der Menschen dar. Deshalb waren die Obrigkeiten aus ihrer Sicht gezwungen, drastisch zu reagieren: Ausgefeilte und weitreichende Strafkataloge bzw. -androhungen wurden um 1700 durch den Entwurf des Denunziationsmusters ergänzt, das auch auf Erfahrungen aus der praktischen Politik, dem Anzeigewesen des 17. Jahrhunderts, zurückgriff. Mit den erhofften Denunziationen wollte man an Informationen aus der Studentenwelt gelangen, um die Praktiken Akademischer Freiheit Schritt für Schritt nachhaltig zu zersetzen. Das Verhalten der Denunziation wurde also für den Raum der Universitätsstadt bereits im beginnenden 18. Jahrhundert aus lebensweltlichen Erfahrungen und disziplinarpolitischen Bedürfnissen der Obrigkeiten durch Zusammenstellung verschiedener Elemente konstruiert, gesetzestextlich fixiert und zum Leben erweckt.[1] Damit einher ging parallel die Festschreibung des Denunzianten als eines unehrenhaften Anschwärzers in der kollektiven Studentenmentalität. Der enttarnte Denunziant verfiel der Gruppenacht und dem Sozialausschluss.

In der Mitte des Jahrhunderts entfaltete sich in der Lebenswelt der Universitätsstädte die neu entstehende Kultur studentischer Arkangesellschaften, denen die Obrigkeiten vorwarfen, Staat im Staate zu machen. Durch die mit ihnen verbundenen Praktiken (Mitgliederrekrutierungen, geheime Versammlungen, Ordensfeste, die Austragung von Duellen, Theateraufführungen) entwickelte sich in den Städten und ihrem dörflichen Umfeld eine in enger Verbindung mit dem Dienstleistungsgewerbe stehende *verdeckte Öffentlichkeit* studentischer Arkankultur. Die Obrigkeiten standen dieser ablehnend gegenüber und reagierten mit einer neuen Welle dagegen gerichteter Edikte. Auf diese Weise wurde ein Spannungsfeld generiert, in dem individuelle und gruppenspezifische Wissensbestände von Ordensbrüdern, einfachen Studenten und Bürgern der Stadt handlungsrelevant wurden und das von einer obrigkeitlichen, gesetzlich fixierten Normgebung und Disziplinarpolitik überwölbt wurde, die die Vertreter vor Ort (insb. der Prorektor, das Universitätsgericht und die Pedelle) umzusetzen hatten. Dieser dreipolige Beziehungsrahmen wurde durch die Einforderung und Anregung eines Informationsflusses durch die Obrigkeiten mit dem Ziel der Verfolgung der studentischen Praktiken wechselseitig verbunden und in Bewegung gesetzt. Das so entstehende Handlungsfeld generierte ein *Milieu des Verdachts*. Das Verdachtsmilieu umschreibt das jeweils konkrete Handlungsgefüge der normgebenden und normverletzenden Akteure. Das so in den Blick genommene Amalgam aus studentischen Mentalitäten, spezifischen Arkankultu-

[1] Bisher vorgelegte Datierungen für das 18. Jahrhundert sahen den (mental negativ konnotierten) Eintritt der Denunziation in die Lebenswelt der Menschen erst Mitte bzw. Ende des Jahrhunderts; Blickle, Denunziation. Das Wort und sein historisch-semantisches Umfeld, insb. S. 54–59 und Hohkamp/Ulbrich, Wege zu einer inter- und intrakulturellen Denunziationsforschung, S. 15; Koch, Denunciatio, S. 3 (seit „Ende des 18. Jahrhunderts" habe sich außerhalb der „juristischen Fachsprache" eine „pejorative Konnotation" der Denunziation verbreitet). Ähnlich dagegen im Blick auf Kurmainz um 1700: Härter, Policey und Strafjustiz in Kurmainz, Erster Halbband, S. 395–397.

ren, den sozialen Kontexten und Gruppen im Gemeinwesen der Stadt, den politischen Zielen und Mitteln der Obrigkeiten sowie den daraus resultierenden gruppeninternen und quer zu den einzelnen Sozialgruppen und ihren Interessen verlaufenden Konfliktlinien bildete den Nährboden für die *Emergenz* von Denunziationen.

Der erzeugte Druck im Milieu lastete letztendlich immer auf dem Individuum. Der einzelne Student wurde durch den Verhaltenskodex, das „Gespenst" der Akademischen Freiheit,[2] den Verbindungszwang und die Ordenspraktiken sowie durch die universitäre und landesherrliche Obrigkeit unter Druck gesetzt. Das Fatale an dieser Situation war, dass beide Seiten erhebliche Sanktionen androhten.[3] Für viele Studiosi, die im Milieu des Verdachts zu potentiellen Denunzianten gemacht wurden, waren die daraus resultierenden Entscheidungssituationen im Alltag schwer auszutarieren. Selbstverständlich konnten daraus individuell ganz unterschiedliche Verhaltensweisen resultieren – man konnte sich den Denunziationsangeboten verschließen oder ihnen auch entsprechen.

Die Studie hat mit dem heuristischen Modell einer *Typologie informierenden Verhaltens* gearbeitet, um die *Denunziationspraxis* rekonstruieren zu können. Dieses auf Diversifizierung ausgerichtete Forschungsinteresse nimmt *der* Denunziation den mystifizierenden Schleier – es geht darum, dem Denunziationsverhalten ein reales historisches Gesicht zu geben. Die Ergebnisse der hier vorgelegten Untersuchungen zu den Universitätsstädten und ihrer Studentenkultur legen nahe, nur die Vorgänge des schriftlichen anonymen Informierens mit dem Medium des Zettels sowie mündlich lanciertes und anonymisiertes Informationsverhalten tatsächlich als Denunziation zu bezeichnen. Die anonymen Denunziationsschreiben waren individuelle Akte, die in der Regel eine spezifische, auf die obrigkeitliche Politik bezogene Argumentation enthielten, die aber zugleich nicht als bloße Anbiederung an die Macht – entweder zur Partizipation daran bzw. zum Verschleiern individuell-niederer Beweggründe – diente. Die hier untersuchten Fälle legen außerdem nahe, die Denunziationen als Handlungsimpulse zu verstehen, die ab einem bestimmten Zeitpunkt in schwelenden Konflikten und sich aufbauendem sozialen Handlungsdruck vollzogen worden sind: Ordensgesellschaften transferierten ihre Auseinandersetzungen so auf eine qualitativ neue Ebene, einzelne Studenten erlagen ihrer individuellen Angst angesichts möglicher innerstudentischer Konsequenzen bzw. handelten tatsächlich aus Überzeugung gegen die Orden und die Duellkultur. Diese Denunziationsakte bestanden aus drei Phasen: dem Entschluss und der Vorbereitung, der abgesicherten Durchführung und der daraus resultierenden Wirkung. Sie stellten Handlungen dar, die bewusst und gezielt gegen den „Kulturcode"[4] der

---

[2] Pflichten der auf der Universität Gießen sich aufhaltenden Studenten. o.O. 1779, S. 7.

[3] Außerdem konnte familiär ausgeübte Pression hinzukommen. Diese wird z.B. im Entsagungsschreiben des Studenten Müller an die *Märkische Landsmannschaft* 1765 deutlich (UA Halle, Rep. 5, Nr. 23: Volumen II, Bl. 5). Hierin berichtet er, dass seine Mutter und sein Schwager sich an seinen Professor gewandt hätten, damit er der Verbindung entsage, um Halle nicht verlassen zu müssen. Außerdem habe er Angst, als Musketier zu enden.

[4] Wolfgang Seidenspinner, Mythos Gegengesellschaft. Erkundungen in der Subkultur der Jauner. Münster/New York/München/Berlin 1998 (Internationale Hochschulschriften 279), S. 123.

Sozialgruppe verstießen, der die Denunzianten selbst angehörten oder der sie nahe standen. Die Denunziationszettel sind als ein ganz eigenes Medium zu verstehen, dessen innere Ausformung Regeln folgte, die durch die äußeren sozialen, kulturellen und politischen Gegebenheiten bestimmt worden sind. Deshalb entwickelten sie sich zu einem überlokal funktionierenden Kommunikationsmittel, dessen spezifische Inhalte jeweils situativ bedingt waren.

Um die anonymen Denunziationen herum gruppierten sich verschiedene Formen des Informationstransfers, die sich von den Denunziationszetteln strukturell unterschieden: Spitzelinformationen, Gerüchte, Hörensagen, Aussagen im Gang von laufenden Untersuchungen in Verhörsituationen. Ein weiterer Informationsakt war die offizielle Anzeige, bei der eine Person auf eine gesetzlich fixierte Bestimmung hin namentlich und offen zur Klärung eines Sachverhalts die zuständige juristische Instanz – das Universitätsgericht – anrief. Auch die Selbstanzeigen des späten 18. Jahrhunderts gehören in diesen Kontext.

All diese Informationswege wurden von den Obrigkeiten prinzipiell über das gesamte Jahrhundert hinweg als legitim und sinnvoll begriffen und auch für nötig erachtet. Dies wird darin deutlich, dass die Obrigkeiten ihr Wissen um die Verachtung des Denunzianten und Informanten in der Welt der Studenten in genau gegenteilige Argumentationen in den Edikten überführten. Hier wurde das denunziatorische Verhalten eben nicht als unehrenhaft charakterisiert – potenziellen Denunzianten wurde damit Erleichterung bzw. ein legitimationsfähiger Bezugsrahmen verschafft. Skeptische Äußerungen und Einwände gab es lediglich punktuell gegenüber den anonymen Denunziationszetteln und nicht überprüfbaren Spitzelinformationen („data"), für deren Verlässlichkeit und Seriosität nur ihr jeweiliger Auftraggeber stand.

Im Ergebnis dieser Beobachtungen und Überlegungen wird deutlich, dass das Verständnis eines Informationstransfers als Denunziation ein Perspektivenphänomen der handelnden Akteure des jeweiligen politischen Umfeldes darstellt. Das Charakterisieren einer informierenden Handlung als Denunziation hängt immer von der Positionierung im konkreten Vorgang selbst ab. So ist die anhand des Materials vollzogene Differenzierung der Informationswege zum Verständnis des historischen Phänomens der Denunziation unabdingbar: Denn so wird es möglich, zwischen den Wahrnehmungen und Interpretationen auf der Basis der jeweiligen kulturellen Codes, die durch die Standespositionierungen und Selbstwahrnehmungen bestimmt wurden, einerseits und dem Untersuchungsinteresse und der Machtdurchsetzung andererseits zu unterscheiden. So wurde ein Verständnis überwunden, das die Vorgänge nur in eine eindimensionale Spannung zwischen unten und oben einordnet.

Für die gesellschaftliche Wirkmächtigkeit des Denunziationsverhaltens ist vor allem die Häufigkeit der tatsächlichen Anwendung zentral. Mit Hilfe der Typologie informierenden Verhaltens lässt sich dafür in einem vergleichenden Blick eine gewichtende

Aussage entwickeln. Vieles deutet darauf hin, dass die Angebote, die die disziplinarpolitischen Edikte und Reskripte den Studenten zur persönlichen Anzeige vor dem Universitätsgericht machten, zahlreich wahrgenommen worden sind. Man konnte damit interne Konflikte aus dem eigenverantwortlichen Bereich an die Obrigkeit delegieren. Hinweise auf Informationsvorgänge durch Spitzel und Zuträger finden sich zwar regelmäßig, besonders ab der Mitte des Jahrhunderts, im Vergleich jedoch in geringerer Zahl. Auch Gerüchte und Partikel des städtischen Hörensagens haben immer wieder in Untersuchungen der akademischen Gerichte eine wichtige Rolle gespielt; diese finden sich im Laufe des gesamten Jahrhunderts und ebenfalls gehäuft seit der Jahrhundertmitte. Im Vergleich dazu zeigt der Befund zu den *anonymen* Denunziationen einen deutlichen Kontrast. Zwischen den Möglichkeiten zur anonymen Denunziation und den tatsächlich nachweisbaren Vorgängen klafft eine große Lücke. Im Milieu des Verdachts bestand prinzipiell die Möglichkeit zu denunzieren, war eine latente Spannung virulent. Dies wussten alle Akteure – alle lebten in diesem Bewusstsein. Dagegen kann von einer ausgiebigen Realisierung nicht gesprochen werden. Die prinzipielle Emergenz der Denunziation war vollzogen – ihre reale Emergenz im konkreten Fall war für die Obrigkeiten eine unplanbare Handlungsgröße. Der tatsächliche Vollzug der anonymen Denunziation in der Lebenswelt der Universitätsstädte des 18. Jahrhunderts war eher eine nichtalltägliche Verfahrensweise im Handlungsrepertoire der Studenten. Die Studiosi setzten dieses Mittel gezielt in angespannten Konfliktsituationen ein. Die Studenten- und Universitätsgesellschaft des 18. Jahrhunderts befand sich nicht im Denunziationsfieber, sondern in einem permanenten Zustand der Angst davor.[5]

Ein erhöhtes Aufkommen an anonymen Denunziationen und Informationsübermittlungen durch Spitzel findet sich in verdichteten Phasen erfolgreicher Verfolgung, in denen die Zahl der involvierten Personen und Gesellschaften deutlich anstieg und damit zugleich die Hemmschwelle zum Anrufen der Obrigkeit sank. Denunziationen und informierende Praktiken verselbstständigten sich dabei tendenziell und lösten Kettenreaktionen aus. Insofern ist die Denunziation auch ein Phänomen, das *wellenförmig* auftritt. Das Beschreiben konkreter historischer Denunziationsvorgänge nimmt folglich den Spannungsbogen zwischen *Denunziationsbereitschaft und Denunziationsresistenz* in den Blick. Innerhalb der Sozialgruppe der Studenten mit ihrem Ehr- und Verhaltenskodex der Akademischen Freiheit hat es zwar eine latente Denunziationsbereitschaft gegeben, die immer auf die obrigkeitlichen Angebote rekurrierte und in hohem Maß auf inneren Friktionen im Raum der Arkankultur fußte. Daneben bestand jedoch über das gesamte Jahrhundert hinweg zugleich ein hohes Maß an Denunziationsresistenz.

Dieses unterschiedliche Verhalten verweist auf das Problem der studentischen Einheit. Denn hinter den Kulissen entfaltete sich ein im Laufe des Jahrhunderts zunehmendes Ringen um den Entwurf einer Studentenschaft als Stand und um die damit verbundenen Ehrkonzepte für und wider die Akademische Freiheit – Duellanten vs. Duellgegner,

---

[5] Vgl. dazu Nolte, Demagogen und Denunzianten, S. 494 (hier zum Vormärz).

Ordensbrüder vs. freimaurerische Studenten etc. Die Studenten, die die ‚alte' Ehre proklamierten, nutzten die Räume sozialen Handelns und medialer Präsentation für sich und führten einen generationsübergreifend anhaltenden Kampf um die Deutungshoheit der ‚wahren Freiheit' in der Universitätsstadt. Das ‚alte' Ehr- und Freiheitskonzept der Studenten funktionierte nach innen und nach außen durch seine Zurschaustellung im Raum der Stadt und damit zugleich in Abgrenzung von den Bürgern und der universitären bzw. landesherrlichen Obrigkeit. Die Identität der Studenten wurde so auf doppelte Weise permanent reproduziert.

Die Verfechter des ‚alten' studentischen Freiheitsideals behielten zwar die Oberhand,[6] aber bemerkenswert daran ist, dass die Studenten dieses Ziel mit den sich entwickelnden, in die Moderne weisenden Medien und Strategien verfolgten. Auch die Auseinandersetzung um das Denunziationsverhalten ist in diesem Zusammenhang in den Raum der Printkultur transferiert worden. Mit anderen Worten: Die traditionellen Freiheits- und Ehrvorstellungen und die damit verbundenen expressiven und auch gewaltbereiten Performanzen wurden im Laufe des 18. Jahrhunderts zunehmend mit dem Instrumentarium der heraufziehenden Moderne verteidigt. Das Pflegen traditioneller Ehrkonzepte und eine gezielte Modernitätsaneignung durch die Kultur neuer Medien schlossen sich nicht aus – im Gegenteil: Das ‚Neue' diente ganz bewusst dem ‚Alten'.

Die über Jahrhunderte gewachsene studentische Mentalität erwies sich als resistent und von langer Dauer: Sie überlebte trotz aller Angriffe das Alte Reich. Im Blick auf die Konzepte und die *Politikgestaltung* der Obrigkeiten lässt sich deshalb ein ambivalenter Befund beschreiben: Sie entwickelten einerseits über das gesamte Jahrhundert hinweg weiterführende neue Politikwege, die in flexibler Weise mit den Entwicklungen in der Welt der Studenten korrespondierten: die interuniversitären Kartelle, die Ausweitung des Referenzraumes für potentielle Denunzianten auf die gesamte Stadt, publizistische Aktivitäten, die Reichsinitiative zum Ordensverbot, die Involvierung der Freimaurerlogen und die kooperative Duldung bzw. Instrumentalisierung der Kränzchen. Zugleich aber war der Disziplinarpolitik neben dieser agilen Seite auch ein beharrender Zug inne. Es finden sich bis in die Zeit um 1800 die immer gleichen bzw. graduell verschärften Strafandrohungen und Verbote sowie die Versuche zur Informationsstimulanz. All diese Maßnahmen zusammen reichten nicht aus, um die Freiheitsmentalität der Studenten entscheidend zu schwächen, ihre performativen und arkanen Praktiken nachhaltig zu beseitigen und die Zahl der Denunziationen und informierenden Handlungen signifikant zu erhöhen. So kann man zwar durchaus vom Entwurf einer eigenständigen *Denunziationspolitik* sprechen. Ihre tatsächliche und erfolgreiche Umsetzung aber stand auf einem anderen Blatt. Diese war entscheidend davon abhängig, wie die von den Obrigkeiten angesprochenen Menschen damit umgingen.

In der Zusammenschau erscheint das 18. Jahrhundert als eine denunziationsgeschichtlich ambivalente Epoche. Einerseits wurde ein Denunziationsmuster entworfen, gesetzes-

---

[6] Zu einem vergleichbaren Ergebnis im Blick auf die Deposition und den Pennalismus kommt Füssel, Riten der Gewalt, S. 647.

textlich fixiert, immer wieder erneuert, angeboten und dafür geworben. Andererseits aber sind deutlich die Grenzen der Denunziationspolitik in der Konfrontation mit starken, dauerhaften Mentalitäten zu erkennen. Die Menschen des 18. Jahrhunderts waren nicht ohne weiteres zur Denunziation instrumentalisierbar. Die Zeitspanne zwischen dem ausgehenden 17. und dem beginnenden 19. Jahrhundert war eine Zeit des Übergangs, ein Säkulum der Denunziation und der Denunziationsresistenz. Das 18. Jahrhundert hat die Denunziation politisch geformt und es hat zugleich Widerstände und Gegenmechanismen hervorgebracht, das Denunziationsverhalten in die Schranken gewiesen. Die handelnden Menschen des 18. Jahrhunderts bestimmten den Umgang mit Denunziationen – und nicht die Denunziationsbedingungen das Handeln der Menschen. Insofern waren die strukturellen und mentalen Handlungsoptionen eines denunziatorischen Feldes in der Epochenschwelle um 1800 bereits voll ausgebildet und boten sich für spätere politische Kulturen der Neuzeit zur Adaption an.

Anhang

Abbildungen und Abkürzungen

Abbildungen

Abkürzungen

GStA PK	Geheimes Staatsarchiv Preußischer Kulturbesitz Berlin-Dahlem
NStWf	Niedersächsisches Landesarchiv-Staatsarchiv Wolfenbüttel
SHStA	Sächsisches Hauptstaatsarchiv Dresden
StA	Stadtarchiv
ThHStAW	Thüringisches Hauptstaatsarchiv Weimar
UA	Universitätsarchiv
ULB Halle	Universitäts- und Landesbibliothek Sachsen-Anhalt Halle

Quellen- und Literaturverzeichnis

Archivalische Quellen

FREIMAURER-MUSEUM BAYREUTH

- Nr. 7866: Constitutions, Histoires, Loix, Charges, Reglements & Ysages de la Tres venerable Confrairie des Acceptes Francs & Libres Maçons assembles en Corps [?] dans la guste & par faite Loge aux 3 Clefs d'Or. instituéé par Permission Speciale de la Majesté Prussienne a Halle en Saae [sic !] le 14me Decembre L'AN De Grace MDCCXLIII. Au nom de Dieu, Amen.
- Nr. 10363: Untersuchungs Acta die errichtete Societas der ewigen Freundschaft betr. [Halle] 1751.

GEHEIMES STAATSARCHIV PREUßISCHER KULTURBESITZ BERLIN-DAHLEM

- 5.1.8. Nr. 396: Untersuchungen der sächsischen Landesregierung gegen die sogenannten geheimen Gesellschaften und Verbindungen 1799–1801, o.P.
- 5.1.8. Nr. 397: Verhandlungen wegen Erlassung einer gesetzlichen Verfügung für die churfürstlich-sächsischen Lande zur Verhütung und Bestrafung geheimer, der öffentlichen Sicherheit nachtheiliger Verbindungen 1798–1802.
- 5.1.8. Nr. 398: Erlass von Friedrich August [...] wegen den in Sachsen exist. Geheimen Gesellschaften u. Verbindungen v. 29/10. 1799.
- 5.1.10. Nr. 230: Protokolle der Loge Irene 1757–1765; die Logen des Esperance-Ordens betr.
- 5.2. H 18 Nr. 36 („Enthaltend die ausgefüllten Reverse der neu aufgenommenen Or:B:B: in den Jahren 1787. 1788. 1789. 1790. 1791. 1792" [Loge zu den 3 Degen]).
- 5.2. H 18 Nr. 37 („Enthaltend die ausgefüllten Reverse der neu aufgenommenen Or:B:B: in den Jahren 1793. 1794. 1795. 1796. 1797." [Loge zu den 3 Degen]).
- 5.2. H 18 Nr. 123 („Zur Geschichte der L. z. d. 3 Degen").
- 5.2. H 18 Nr. 90: Protokollbuch der Loge zu den drei Degen in Halle 1790ff.
- 5.2. L 17 Nr. 69: Beantwortungen der den Candidaten vor der Aufnahme vorgelegten Fragen, von dem Jahre 1801 und den folgenden Jahren bis Joh. 1814.
- 5.2. L 17 Nr. 70: Ansuchungs= und Vorschlags=Schreiben von 1800 bis 1805. Vol. I.
- 5.2. L 17 Nr. 76: Revers Buch [1801(?)/1805 bis 1821].
- 5.2. L 17 Nr. 220 Vol: I. Logen Protocoll de Anno 5776 bis zum Monath Marty 1779 [der Loge Balduin].
- 5.2. L 17 Nr. 221 Vol: II. Logen Protocoll de Anno 5779 bis zum 9ten Marty 5780 [der Loge Balduin].
- 5.2. L 17 Nr. 222 Vol: IV. Logen Protocoll der Loge Zur Linde vom 9. April 1783 Jahr 1783. 1784. 1785. 1786. 1787. biß zum 9. April 1787 [der Loge Balduin].
- 5.2. L 17 Nr. 227 Vol: IX. Protocol der Loge zur Linde in Leipzig angefangen den 5: April 1799. Vol: IX. Beendigt am 21. März 5800 [der Loge Balduin].
- I. HA Rep. 52 Magdeburg N Universität Halle – N. 7.: der Studenten Händel und Unordnung. Paket 1744–1783 [mit jeweils mehreren Einzelnummern].
- I. HA Rep. 52 Magdeburg N Universität Halle – N. 7.: der Studenten Händel und Unordnung. Paket 1784–1809 [mit jeweils mehreren Einzelnummern].

- I. HA Rep. 52 Magdeburg N Universität Halle – N. 11.: Miscellana: u.a.: Denunciationes wider die Professoren d. Universitaet / 3 Pakete; 1694–1740; 1741–1755; 1757–1806.
- I. HA Rep. 76 alt II B Universität Halle (1786–1809), Nr. 10 (A. Generalia): betr. Die Ordensverbindungen unter den Studenten. Vol. I von 1772–1789.
- I. HA Rep. 76 alt II B Universität Halle (1786–1809), Nr. 11 (A. Generalia): betr. Die Ordensverbindungen unter den Studenten. Vol. II von 1792–1798.
- I. HA Rep. 76 alt II Nr. 47 Acta des königl. Ober=Schul=Collegii, betr. Die Beschwerde des Prof. Forster zu Halle, über den in Schlesien geschehenen Nachdruck einer von ihm herausgegebenen Abhandlung, von Verbesserung der Gärbereien. 1790.
- I. HA Rep. 76 alt II Nr. 81 Acta des königl. Ober-Schul-Collegii [...] Ober Curatorii der Universitäten betr. Anzeigen und Verfügungen, wegen solcher Studenten, welche von andern Universitäten relegiert, auf die Universität Halle gekommen sind. 1797–1806.
- I. HA Rep. 76 alt II Nr. 82: Acta des königl. Ober= Schul-Collegii, betr. von Hallenser Studenten erregte Tumulte, Excesse, Händel unter sich, und Schuld-Klagen gegen erstern. Vol: I 1789–1795.

Sächsisches Hauptstaatsarchiv Dresden

10088 Oberkonsistorium Universitäten (Bd. 3) [alt: 130b]

Generalia

- Loc. 1779: Die von der Universität Leipzig und Wittenberg und anderen Universitäten relegierten Studiosos und die wegen derselben zwischen verschiedenen Universitäten abgeschlossenen Conventionen. 1789-1812.
- Loc. 1784: Acta Die zu Untersuchung der neuerlich zwischen Halleschen und Leipziger Studenten vorgefallenen Duelle und andern von letzten getriebenen Unwesen insbesondere der auf der Universität zu Leipzig bestehenden Ordensverbindungen angeordnete Commission betr. 1803–1805.

Spezialia

1) Exzesse, Pennalismus, Duelle
- Loc. 1778: Acta Die Untersuchung und Bestrafung derer von einigen Studiosis auf der Universitaet zu Leipzig verübten Excesse betr. 1769-1782.
- Loc. 1779: Acta Das Tumultieren der Studiosorum auf der Universität Leipzig b. 1768.
- Loc. 1779: Acta Die von einigen Studiosis auf der Universität Leipzig unternommenen Excesse b. Vol. I 1772-1788.
- Loc. 1779: Acta Die von einigen Studiosis auf der Universität Leipzig unternommenen Excesse b. Vol. II 1790–1794.
- Loc. 1779: Acta Die Bestrafung der bey Tumulten und übrigen Vergehungen betretenen Beneficiarien und die erforderte halbjährige Anzeige über das moralische Verhalten der Studiosorum zu Leipzig b. 1789-1806.
- Loc. 1780: Acta Die von einigen Studiosis auf der Universität Leipzig unternommenen Excesse btr. Vol. III 1797-1812. (= Fortsetzung von Loc. 1779, Vol. I und II.).
- Loc. 1780: Acta Die von einigen Studiosis auf der Universität Leipzig unternommenen Excesse btr. Vol. IV 1813-1821.
- Loc. 1780: Acta Die von einigen Studiosis auf der Universität Leipzig unternommenen Excesse btr. Vol. V 1821-1824.

- Loc. 1780: Acta Die von einigen Studiosis auf der Universität Leipzig unternommenen Excesse btr. Vol. VI 1825-1829.
- Loc. 1780: Acta Die von einigen Studiosis auf der Universität Leipzig unternommenen Excesse b. Vol. VII 1829-1831.

4) Burschenschaft
- Loc. 1781: Acta Die Ordens=Verbindungen der Studenten zu Leipzig und Wittenberg b. Vol. I 1783-1806.
- Loc. 1781: Acta Die Ordens=Verbindungen der Studenten zu Leipzig und Wittenberg b. 1808-1818 Vol. II.
- Loc. 1781: Acta Die Ordens=Verbindungen der Studirenden zu Leipzig b. Vol. III 1818-1824.
- Loc. 1781: Acta Die Ordens=Verbindungen der Studirenden zu Leipzig b. Vol. IV 1824.
- Loc. 1781: Acta Die Ordens=Verbindungen der Studirenden zu Leipzig b. Vol. V 1824/1825.
- Loc. 1781: Acta Die Ordens=Verbindungen der Studirenden zu Leipzig b. Vol. VI 1825-1828.

VII.3. Justizsachen, Streitigkeiten unter Professoren
- Loc. 1791 (6.): Acta Die von den Professoribus Born und Hilschern zu Leipzig geäußerten aufwieglerischen Gesinnungen und ungeziemenden Reden b. 1792f.(–1794).

XII. Irrungen
- Loc 1779: Acta Die Einschärfung derer in Beziehung auf das Verhalten der Studiosorum zu Leipzig ergangenen Vorschrifften, samt was dem anhängig btr. 1792-1810.

10026 Geheimes Kabinett / Geheimes Kabinett Bd. 35, Stichwort Universitäten

Generalia
- [Loc.] 30157: Acta die Ordens-Verbindungen auf Universitäten betr. 1792. fgg.
- Loc. 553 / 7: Acta Das Verbot der Ordensverbindungen und Verbrüderungen auf den Universitäten (und sonst) betr. 1792-1801. [Geh. Cab. 773 H.St.A. 553/7].

Universitätsarchiv Erlangen

- A 1 / 2 Nr. 11: Das Verbot aller Hazard- und sonstig hoher Spiele auf der Universität und in der Stadt betr. 1769 [1759-1792], o.P.
- A 1 / 13 Nr. 9: Die eingekommene Denunciation wegen vorgehen sollenden Holzunterschleifs bey dem Botanischen Garten betr. 1794, o.P.
- A 3 / 13 Nr. 6: Die zwischen den Studiosis von Wangen und von Langen vorgefallenen Thätlichkeiten und die bey dieser Gelegenheit entstandenen Unruhen und Zusammen-Rottirungen betr. 1794-1795.
- A 3 / 13 Nr. 7: Acta Die auf der Redoute am 21 Jänner vorgefallene Excesse betr. 1799.
- A 3 / 14 Nr. 1: Acta Die Ausrottung der hier in Schwang gehenden Ordens-Gesellschaften. 1767.
- A 3 / 14 Nr. 2: Acta Die Exsttirpirung der Studenten-Orden betr. 1769.
- A 3 / 14 Nr. 3: Acta Die Untersuchung des Creuz Ordens. 1769.
- A 3 / 14 Nr. 4: Acta Den wieder aufkeimenden Fassbinder-Orden und dessen Zerstoehrung betr. 1770.
- A 3 / 14 Nr. 5: Die Untersuchung der sogenannten Studenten Creuz- Concordien- und Harmonie oder Olarmony Orden betrf. 1770-1771.

- A 3 / 14 Nr. 6: Acta Die von den Studiosis errichtete Landsmannschaften und deren Unterdrückung betr. 1773.
- A 3 / 14 Nr. 7: Acta Des Stud. Ehrhart Denunciation wegen eines existiren sollenden Ordens 1776.
- A 3 / 14 Nr. 8: Acta Die entdeckt wordenen Commerces, Landsmannschaften und dergl. betr. 1781.
- A 3 / 14 Nr. 9: Acta Die mittelst eines einzuleitenden Conclusi Corpor. Evangelicor. Vorhabende gänzliche Ausrottung derer auf den meisten teutschen Universitäten bestehenden Ordens-Verbindungen unter den Studirenden betr. 1792.
- A 3 / 14 Nr. 10: Acta Die Entdeckung und Untersuchung des Schwarzen Ordens betr. 1792.
- A 3 / 14 Nr. 11: Acta Das den hiesigen Studiosis verbothene Reisen nach Altdorf während der dasigen Unruhen betr. 1794. und Die daselbst entdeckte hier vorhanden seyn sollende Studenten Ordens Gesellschaften betr. 1795.
- A 3 / 14 Nr. 12: Acta Die Ausrottung der Studenten Orden insbesondere 1.) des Amicisten- 2.) des Constantisten- und 3.) des Schwarzen- Ordens betr. 1795.
- A 3 / 14 Nr. 13: Acta Die in Jena entdeckte neuerliche Ordens Verbindung unter den Namen des Elsässer, oder Oberrhein. Ordens betr. 1780.
- A 3 / 14 Nr. 14: Acta Die zwischen einigen Studiosis in Desendorf vorgefallenen Schlägereyen – und die bey dieser Gelegenheit entdeckt gewordene Landsmannschaftliche Verbindungen betr. 1784.
- A 3 / 14 Nr. 15: Acta Den entdeckten Studenten Orden, Krackerle genannt betr. 1786.
- A 3 / 14 Nr. 16: Acta Die Geschichte des academischen Constantisten Ordens von 1786 bis 1795. nebst vollständigen Verzeichnis aller Mitglieder. 1797-1798.
- A 3 / 14 Nr. 17: Acta Die Errichtung einer perpetuirlichen Ordens Commission betr. 1797.
- A 3 / 14 Nr. 18 und 19: Acta die Untersuchung des Schwarzen Ordens betr. 1798. I. und II. Band.
- A 3 / 14 Nr. 20: Acta die hiesige Studenten Gesellschaften betr. 1798.
- A 3 / 14 Nr. 21: Acta Die Auflösung der seither dahier bestandenen 4. Studenten Geselslchaften, 1.) der Wassermännl. oder Westphälischen, 2.) der Fürsattelischen, 3.) der Halmischen, und 4.) der im Neustädter Schieshaus betr. dann Bestätigung der neuen und ihrer Vorsteher. 1802.
- A 3 / 17 Nr. 9: Acta Der Stud. Kobold, Ulmer und Günther dann der Universitäts Wächter in dem wilden Manne Wirthshaus verübten Unfug. 1796.
- A 3 / 17 Nr. 13: Acta den Stud. jur. von Schütz aus Weissen-Schirnbach und den Verdacht ein Ordensmitglied zu seyn betr. 1803.
- Th. III, Pos. 1, Nr. 1: Edict Wider die unbefugte Selbst=Rache, Injurien, Rencontres und Duelle. [Himmelcron, 11. November 1743].

UNIVERSITÄTSARCHIV GÖTTINGEN

- Gericht C XXXIII 9 (1744): Pasquill am schwarzen Brett (1744).
- Gericht C XXXVIII 3 (1749): Die Landsmannschaft der Pommern und Schlesier wendet sich wegen Beleidigung an den Prorektor (1749).
- Gericht C XLIII 18: Fechtmeister Scholz / Student Christian Friedrich Reidemeister (1753).
- Gericht C XLIII 57: Denunziation des Fechtmeisters Scholz wider den Studenten Poorter [?] (1753).
- Gericht C LXXVII 35: Anonyme Denunziation eines Duells (1777).
- Gericht C LXXXVII 2: Anonyme Denunziation eines Duells (1790).
- Gericht C XCI 5: Anzeige eines bevorstehenden Duells/gewechselte Billets im Vorfeld (1794).
- Kuratorium 3623 (Teile 1-3) [KA 3b, 19]: Prorektoratsberichte. Enthält: Regelmäßige Berichte der Prorektoren an den Kurator. Verschiedene Vorgänge, 31. 8. 1796-25. 12. 1884.
- Kuratorium 8101 [KA 6a, 5]: Verordnung zur Abstellung des Mops-Ordens zu Göttingen 25. 1. 1748-9. 12. 1763.

- Sekretariat X F 2 628 [SA 628]: Acta betr. Corporative Rechte der Universität. Disciplin Generalia Duelle 1735-1825.
- Sekretariat X G 1 661 [SA 661]: Acta betr. Corporative Rechte der Universität. Disciplin Verbotene Verbindungen Vol. 2 1773-1795.

UNIVERSITÄTSARCHIV HALLE

REP. 1 UNIVERSITÄT WITTENBERG

- 1871: Rügenprotokolle, in welchen wider die Studenten angebrachten denunziationen, aus welchen keine besondern Akten gemacht, gesammelt sind. 1742-1815.
- 1883-1888: betr. die Untersuchung der Abstellung des eingerissenen Nationalismus vol. I-VI. 1701-1718.
- 1892–1893: Acta Die von der Universität zu Leipzig relegirte Studiosos betr. vol. I-II [1729-1741 / 1808–1814].
- 1899–1904: Acta Die Untersuchung der von einigen Studiosis errichteten Ordens und was dem anhängig betr. vol. I-V 1768-1811.
- 1906: Acta Die halbjährigen Anzeigen von dem Verhalten der Studioso zu Wittenberg, die Suspension und Remotion der Stipendiaten und Convictoristen von ihren Beneficiis und die Einsendung der Acten bey Unruhen und Untersuchungen betr. 1789 [-1793].
- 1913: Acta Die Errichtung einer geschloßenen Gesellschaft von mehrern hiesigen Studirenden betr. 1803.
- 1916: Acta Die sowohl zu Verhütung der Duelle unter den Studirenden als zu Erleichterung der Entdeckung vorgefallener Duelle getroffenen Verfügungen betr. [1805/1812].
- 1917: Ausschreiben von Belohnungen seitens der Universität Wittenberg für denunzierte Duelle 1812.
- 1964: Acta Jgfr. Marien Catharinen und Anna Marien Werchauin, Denunciantinnen an einem [vs.] Die Studiosos H. Ernst Lebrecht Troppaneger aus Barby H. Samuel Gotthelf Agricola aus Frauenstadt und H. Johann Jonas Rohrmann aus Frauenstadt in Pohlen Denunciaten andern Theils betr. [wegen Meckereien 1774/75].
- 1984: denunciation stud. Encke [vs.] stud. Schneider, Ruth und Braune wegen Meckereien 1777.
- 2007: denunc. Stud. Wissigk wider stud. Hanisch u. Mangold wegen Meckereien 1783.
- 2011: denunc. Stud. Zeiss [vs.] stud. Zier 1784/85.
- 2014: Acta Herrn Gottfried August Marckwordt aus Wittenberg, Studiosum Juris, Denuncianten an einem, und Herrn Christian Ernst Francke, aus Wittenberg, Studiosum Juris, Denunciaten andern Theils betr. [1785/86].
- 2030: denunc. Stud. theol. Sonntag [vs.] die stud. Kurd und Jahn 1796/97.
- 2036: denunc. Der stud. Beyer, Waner und Hemming gegen einander 1798.
- 2038: Acta in Denunciationssachen Johann George Müllers, Landwirths zu Falckenhayn wider Herrn Christian Heinrich Seyfert, aus Müglenz, Studiosum Theologiae. 1799.
- 2039: Acta Die wegen Ordensverbindungen wider den von Schütz und Häselern angestellte Untersuchung b. 1801/02.
- 2043: denunc. Hebamme Sophie Graf [vs.] stud. med. Schweykart und stud. cam. Müller 1803/04.
- 2044: denunc. Torschreiber Michaelis [vs.] stud. iur. Frhrn v. Rechenberg 1806/07.
- 2046: denunc. Kurfürstl. Proviantverwalter Hegner [?] [vs.] stud. iur. Graff wegen Injurien 1806/07.
- 2048: denunc. Schuster Schulze [vs.] stud. iur. Speck 1808.
- 2062: denunc. stud. iur. Heydenreich [vs.] stud. theol. Schmalz wegen Verleumdung.

REP. 3 REKTORAT
- 36: Acta das verbothene Ausgießen mit dem Nachtgeschirr aus den Fenstern, und die darauf gesetzte Strafe betr. 1787 (–1806).
- 79: Acta betr. die Universität Halle insgemein, 1786–1803.
- 129: Instruction für den Prorector u. Director in Disciplinar=Sachen. [1796].
- 363: Acta, königlichen Friedrichs-Universität zu Halle die Annahme der Pedellen betreffend. 1693ff.
- 385: Acta, die bey s. königl. Majestät immediate von einem Anonymo angebrachte und zum Theil hiesige königl. Universitaet angehende denunciation. betr. 1784.
- 543: Acta Das Nächtl. Schwärmen und tumu[ltierens] mit der Musique [...] betr. (1693–1721) [Aktentitelblatt beschädigt].
- 544: Acta Das Duell-Mandat betreffend. Anno 1693–1725.
- 545: Acta Das von Sr. Churfürstl. Durchl. In Brandenb. den hiesigen handwergs Purschen, Laquyen und Jungen verbotene Degen und Sebeltragen betr. de Anno 1694 (–1723).
- 546: Acta Das verbothene Schiesen in der Stadt und aus denen Häusern ingleichen das Nächtl. Schwärmen [?] und Schreyen betr. de anno 1694 (–1725).
- 547: Acta Das verbothene Jagen, Schießen und Hetzen in denen königl. Gehegen und sonsten betreffendt. 1694-1746.
- 548: Acta, Die Caffe= Thee und andere verdächtige Häuser alhier, betr. 1695–1718.
- 561: Acta, Die Disciplinam Academicam betreffende worinnen die Untersuchung des ausgeübten Schneeball werffens befindlich. Anno 1717 (–1748).
- 564: Acta Die bey hiesiger Stadt und Vor Städten befindlichen Huhren-Wirthschafften betreffende de Anno 1725 (–1727; 1801–1802).
- 578: Bestrafung der hazardspielenden Studenten. 1762.
- 579: Acta die geschehene Requisition an Ihro hochfürstl. Durchl. wegen inhibirung der Feldscherer, daß solche keine blessirten Studenten verbinden möchten. 1768 (–1777).
- 584: Acta die vom Hoffe aus allerhöchst geschehene Verfügung, eines auf der Universität Halle anzustellenden Collegii Censorum betr. 1780 (–1781).
- 586: Acta, das zwischen der hiesigen Universität und denen benachbahrten Academien getroffene Cartel nach welchem die relegierten oder mit dem Consilio abeundi wegen Ordens Verbindungen bestrafte Studiosi, nach geschehener Notification auf keiner dieser Universitäten angenommen, sondern wieder weggeschaft werden sollen, betr. 1783 [– 1802].
- 595: Acta, die vom Hofe aus befohlne genaue Beobachtung der alhier studirenden französischen Grafen von Sartelly. 1793.
- 597: Acta die Vigilanz auf die in hiesigem Lande sich aufhaltende Emigrirte betr. 1793 (–1795).
- 600: Actenstücke die Bestrafung der Excesse der Studierenden nach dem Edict vom 23 Jul 1798 betr. 1798 (–1804).
- 604: Die Kränzchen-Verbindungen 1805.
- 685: Acta, die bey s. königl. Majestät immediate von einem Anonymo angebrachte und zum Theil hiesige königl. Universitaet angehende denunciation. betr. 1784.
- 884: Acta, die Streitigkeiten über die Censur der Flora und des Rosenblatts betr. 1786.

REP. 5 UNIVERSITÄTSGERICHT, ABT. I 1702–1819, B. VERBINDUNGSWESEN (1765–1821)
- 1: Bekanntmachungen, Edikte, Reskripte des königlichen Hauses an das Universitätsgericht. 1702–1807.
- 20: Acta die Fortschaffung der unbrauchbaren alten Akten betreffend. de 1806 (–1807).
- 22: Volumen I Acta die seither unter denen Studiosis wieder eingerissene Landsmannschafften, und deren Abstellung betr. 1765.

- 23: Volumen II [später durchgestrichen] Acta die seither unter denen Studiosis wieder eingerissene Landsmannschafften, und deren Abstellung betr. 1765.
- 24: Acta die von den Studiosis Nood, Kemnitz, Messow und anderen intus benannten Studiosis intendirte LandsMannschaffs Errichtung betr. [1767].
- 25: Acta Die Untersuchung der Pommerschen Landsmannschaft betr. [1767].
- 26: Acta die Untersuchung des sogenannten Ordens Inviolable betref. 1766.
- 27: Acta die Untersuchung des Ordens Inviolable Ingleichen des Amicitien Ordens betr. 1768.
- 28: Acta die [...] Anzeige des noch bis dato fortdauernden Inviolable Ordens betr. 1768 [–1772].
- 29: Acta die Untersuchung des wieder neuerl. entstandenen Inviolable Ordens betreffend. 1774.
- 30: Acta die Untersuchung einer gewissen Ordens Verbindung, worinn der Stud. juris Moritz Christian Struck aus Wernigerode der Vornehmste seyn soll, betreffend 1774.
- 31: Acta die zwischen einigen Reichsländern und dem Amicitien Orden auf dem Marckte den 12ten und auf dem Domplatze den 13ten August (d. a.) vorgefallene Schlägerey betre. 1768.
- 32: Untersuchung des „Defensions"-Ordens. Juni 1777.
- 33: Acta. Die wegen Ordens=Verbindungen verdächtige Studiosos Friesner, Koch und Consorten betr. 1780.
- 34: Untersuchung des sogenannten Elsässer- oder Oberrheinischen-Ordens. Bestrafung des Mitgliedes Karl Friedrich Meisner. 1780-1781.
- 35: Acta die Untersuchung des neuerlich entstandenen Confidentisten=Ordens und die dieserhalb, mittels regnifition des königl. Amts Giebichenstein, im dem Gasthoffe zu Nietleben, von der königl. Universitaet veranlaßte Visitation betr. 1781.
- 36: Acta Die Untersuchug des neuerlich angezeigten Confidentisten Ordens auf hiesiger Universitaet Ingleichen die Untersuchung derer am 24. Novembr. d a bey Reideburg zwischen denen Constantisten und Unitisten [...] vorgefallene O. Schlägereyen, und Bestraffung derer Combattanten betr. 1783.
- 37: Untersuchung und Aufhebung des sogenannten „Constantisten"-Ordens. 1781.
- 38: Acta die Untersuchung und Aufhebung des neuerlich wieder entstandenen Constantisten und Unitisten Ordens auf hiesiger Universität betr. 1783.
- 39: Aufhebung der hiesigen Ordens-Verbindungen der sogenannten „Constantisten" und „Unitisten" auf Befehl des Hofes. Nov. 1785–Okt. 1786.
- 40: Untersuchung und Aufhebung des sogenannten „Unitisten"-Ordens. Okt. 1781–Apr. 1782.
- 41: Erneut entdeckte Spuren des noch bestehenden „Unitisten"-Ordens. Apr. 1784–Mai 1784.
- 42: Untersuchung wegen Fortdauer des aufgehobenen „Unitisten"-Ordens und der Aufnahme zweier neuer Mitglieder. Dez. 1786–Juli 1787.
- 43: Acta die Untersuchung und Aufhebung des sogenannten Concordisten Orden betr. 1783.
- 44: Nachrichten über und Untersuchungen gegen verschiedene Orden. Aug. 1783.
- 45: Acta Die Untersuchung des sogenannten Indissociabilisten Orden betreffend. 1783.
- 46: Untersuchung des Komödienlaufens nach Reideburg zum Besuch der Theatervorstellung und Bestrafung der Besucher. Apr. 1782–Apr. 1794.
- 47: Gesetze, zu deren Befolgung sich alle Mitglieder des Schlesischen Kränzchens verpflichtet haben. Jan. 1792.
- 48: Denunziation des Schlesischen Kränzchens durch die Studenten Knoblauch, Mützel, Ferne und Corch. Juli 1792–Dez. 1792.
- 49: Allgemeine Gesetze des Schlesischen Kränzchens. Jan. 1799.
- 50: Untersuchung des Schlesischen Kränzchens. März 1803.
- 51: Untersuchung und Aufhebung sämtlicher Kränzchen auf der Universität. Jan. 1795–März 1795.
- 52: Aufhebung der bisher existierenden Kränzchen und Landsmannschaften. März 1796.
- 53: Untersuchung der vom Studenten Holthoff gegen verschiedene Studenten angezeigten Exzesse und Kränzchen-Verbindungen. Aug. 1799 – Dez. 1799.

- 54: Kartell-Punkte für sämtliche Kränzchen auf der Universität. Sept. 1800.
- 55: Aufhebung der Kränzchen auf der Universität. Okt. 1801–März 1803.
- 56: Aufhebung der Kränzchen und Landsmannschaftlichen Verbindungen. Juli 1810–Juni 1812.
- 57: Untersuchung gegen die Kränzchen der Pomeraner, Magdeburger, Halberstädter, Märker, Westphalinger und Schlesier. Jan. 1802–Juli 1803.
- 58: Untersuchung des Pommerschen Kränzchens. März 1803–Juni 1803.
- 59: Untersuchung des Magdeburgischen und Halberstädtischen Kränzchens, jetzt „Saxonia". März 1803–Juni 1803.
- 60: Untersuchung des Märkischen Kränzchens. März 1803–Juni 1803.
- 61: Untersuchung des Westfälischen Kränzchens. März 1803–Juni 1803.

REP. 27 THEOLOGISCHE FAKULTÄT
- 1132: Acta des Jüdisch. Buchdruckers Mosis Abraham Misbrauch seines erhaltenen Privilegii betr. (1711-1714).
- 1154: Acta die Auschweiffung des Past. Tuchtfeldts und Schierwagen betr. 1722.
- 1155: Glaucha'sche Schwärmer.
- 1290: Ediktsammlung.

- Matrikel der Universität Halle 1789, 1790

STADTARCHIV HALLE

- Cp 94061 Nachricht / von einer boshafftigen Begebenheit / Welche sich in der Marter=Woche dieses 1716. Jahres zu Halle mit einer Kompanie Böser Menschen zugetragen.
- C 14 b: Stadtplan 1724.
- C 32: Stadtplan 1791.
- H 3 Stammbuch Lommatzsch.
- H 42 Stammbuch Zuckschwert.

Historische Akten
- Kap. I Abtlg. B. No 14: Acta die bey der Durchreise Sr: Königl. Majest. Friedrich Wilhelm III. und allerhöchst dero Gemahlin Majest. Durch hiesige Stadt, auf der Rückreise von Weimar im Juli 1799 gemachten Policey-Anstalten betr. 1799. desgl. die Durchreise des Königes und der Königin Majestäten am 29ten May 1803. betr. ferner andere Durchreisen der allerhöchsten Personen des Königs p. betr. [1808] [...].
- Kap. II Abtlg. B. No 10: Königl Preuß Processual=Edicte und andere einschlagende Verordnungen. 1774-1816.
- Kap. XIV Abtlg. A No 10: Acta Die hiesigen Medicinal=Personen betr. De ao: 1778(–1805).
- Kap. XXII Abtlg. D. No. 6: Acta Einige Zwischen E. E. Rathe und der Universität allhier obhandenen Streitigkeiten betr. de ao. 1700 (–1714).
- Kap. XXII Abtlg. D. No 9: Die Verbesserung der Sitten bey den hällischen Studiosis auch Verboth des Degen tragens desgl. wegen derer Hazard Spiele. 1750.
- Kap. XXII Abtlg. D. No. 10: Acta jurisdictions Streit mit hiesiger Königl. Universitaet de ao 1750. (–1751).
- Kap. XXII Abtlg. D. No 13: Acten: die zwischen dem Magistrat und der königl. Friedrichs Universität hierselbst über verschiedene, besonders Jurisdictions= und policeilichen Verhältnisse angehende Gegenstände geführte Correspondence[n] betr. 1760. [bis 1813].

- Kap. XXII Abtlg. D. No 15: Acta die königl. Verordnung vom 23. Julii 1798. wegen Verhütung und Bestrafung der die öffentliche Ruhe störende Exzesse der Studirenden betreffend. 1798; Zusätze auf dem Deckblatt – u.a.: Verschiedene zu Steuerung der Studententumulte gemachten Anstalten, besonders die beabsichtigte Vermehrung und Verbesserung der Schaarwache betreffend de 1793.
- Kap. XXII Abtlg. D. No 16: Vol I. Acta den zwischen der königl. Friedrichs-Universität an einem und dem Magistrat zu Halle am anderen Theile errichteten Vergleich, die Ansetzung der Freimeister, Gebüren des Stockmeisters und der Wache, und andere Jurisdictions Streitigkeiten betr. de 1800. (–1808).
- Kap. XXII Abtlg. D. No 19: Acta: des Königl: Landraths= Officii im Stadtkreise Halle betr: die Untersuchung mit dem außerordentlichen Regierungs=Bevollmächtigten der hiesign Universität über allgemeine policeyliche Gegenstände. 1819 (–1828).

STADTARCHIV JENA

- B IX a Nr. 1: Acten verschied. sich hier aufhaltende verdächtige Fremde Personen 1781, 1792, 1793, 1804.
- B IX a Nr. 2: Policey Acta Namen und Beschäftigungen der in Gasthöfen angekommenen und sich in Jena aufhaltenden fremden Personen 1796–1799.
- B IX a Nr. 3: Acten [...] Verzeichnisse, der sich in der Stadt Jena aufhaltenden Fremden, und deshalb alle zu [...] erstattenden Berichte 1799ff.

STADTMUSEUM JENA

- F4, 488, St 1,48: Stammbuch des Studenten Martin Gottlob von Seulen 1745–1751.

THÜRINGER UNIVERSITÄTS- UND LANDESBIBLIOTHEK JENA

- 2 Jur.XVII,59 (32): Publication des zwischen Weimar und Hessen-Cassel abgeschlossenen Vertrags, die Verfolgung des Diebes- und Räuber-Gesindels in die wechselseitigen Territorien betreffend. Weimar 1774.

THÜRINGER UNIVERSITÄTS- UND LANDESBIBLIOTHEK JENA, UNIVERSITÄTSARCHIV

- Bestand A Nr. 819: [Zeugnisse der Studenten].
- Bestand A Nr. 2527: Gedruckte Patente betr. 1574-1732.
- Bestand A Nr. 2548: Altes Copial- und Rezeß-Buch der Universität Jena 1557-1794.
- Bestand A Nr. 2563: Modellbuch der Universität Jena 1747ff. [Erlaß Prorekrat Johann Jacob Griesbach vom 7. 10. 1780].
- Bestand E Abt. I No. 42: Schuldenakte des Studenten Nette; den Lilienorden betr., 1766f.
- Bestand E Abt. I Nr. 43: Acta Commissionis die Untersuchung des von einem grossen Haufen in der Nacht zwischen dem 21ten und 22ten Aug. 1766 [...] Gewalttätigkeiten betr.
- Bestand E Abt. I Nr. 50: Acta academica, die in Studenten Haendeln und anderen Disciplin Sachen eingegangenen Schreiben [...] 1767.
- Bestand E Abt. I Nr. 69: Acta die Untersuchung des 6ten Jul[y] und 3ten Aug. 1771 [...].

- Bestand E Abt. I Nr. 111: Acta, die Untersuchung das von einigen Studiosis wegen Befreyung des arretierten Studiosi Lock [?] aus Holstein erregten nächtlichen Auflaufs, und der dabey verübten Excesse, betr. [1778/1779].
- Bestand E Abt. I Nr. 139: Untersuchungs=Acta. Zwischen den Studioso, Hr. Wilhelm Ernst Mengenwein, Nordhausen. Und dem Studioso, Hr. Francisc. Danel. Herrmann, Ulmenses. Vorgefallen Duell betr. 1775.
- Bestand E Abt. I Nr. 183: Acta wegen des am 23ten Mai 1786. in der Nacht von einigen Studenten gemishandelten und den 14ten August gev. Jahres verstorbenen Nachtwaechters, Friedrich Duabeus. Ergangen vor den Stadtgerichten zu Jena. Anno 1786.
- Bestand E Abt. I Nr. 260: Acta Die Arretierung des [Studenten] Matthias George Büsch aus Riga betr. [1787].
- Bestand E Abt. I Nr. 278: Studenten=Haendel=Protokoll unter den Prorectorat des Herrn Hof Rath und Professor Ulrich angefangen den 6ten Februar 1792.
- Bestand E Abt. I Nr. 292: Studenten=Haendel=Protokoll unter den Prorectorat des Herrn Hofrath und Professoris Philosoph. ord. Herrn Christoph Gottlob Heinrich. Angefangen den 7ten Februar 1791.
- Bestand E Abt. I Nr. 295: Acta Die Untersuchung eines zwischen den Stud. Hoerschelmann aus Liefland, den Stud. Schlatter aus Lindau am 30ten Septbr. vorgefallenen Duells betreffend. 1791.
- Bestand E Abt. I Nr. 301: Studenten=Haendel=Protokoll unter den Prorectorat, des Herrn geheime Hof Rath Profess. Medic. ordinar. Doct. Christian Gottfried Gruner. Angefangen von 8ten August 1791.
- Bestand E Abt. I Nr. 312: Acta Die Untersuchung eines zwischen dem Stud. Friedrich Phillip Horstmann, und dem Stud. Ziddel, aus dem Baadensche. vorgefallenen Duells btr. 1791.
- Bestand E Abt. I Nr. 314: Acta Die Untersuchung wegen einer, von den Studioso Carl Xavier Kosmeli aus Schlesien, dem Studioso Eberhard Mikwitz aus Liefland zugefügten Verwundung, mit einem Hau=Rappier. 1793.
- Bestand E Abt. I Nr. 320: Studenten=Haendel=Protokoll unter den Prorectorat des Herrn Hofrath und Professoris Juris. ordinarii D. Johann August Reichardt. vom Februar (?) bis August. 1793.

UNIVERSITÄTSARCHIV LEIPZIG

- Jur Fak IV 6: Von [...] Sr: Churfürstl: Durchl: zu Sachsen [...] wegen der Ordensverbindungen der Studenten auf Universitaeten, in höchsten Gnaden anderweit rescribiret und anbefohlen [...] Leipzig, den 14. Januar 1795.
- Rep. I / I 33: Acta Der von S. Königl. Majestät in Pohlen und Churfürstl. Durchl. zu Sachsen etc. von iedem dero Herrn Professoren wegen des Zustandes der Universität erforder. Bedenken betr. 1711.
- Rep. II / IV 3: Acta, Verordnung die Handhabung der Disziplin namentlich dem Verbindungswesen gegenüber. 1792.
- Rep. II / XVI / I, 2: Acta, Die Ordens-Verbindungen der Studiosorum betr. (1798-1801) [Filmnummer 462].
- Rep. II / XVI / I, 3: Acta, die unter mehrern hiesigen Studiosis dem Verlaut nach existierenden Ordensverbindungen betr. (1806).
- Rep. GA III H 036: Acta Gottlieb Ferdinand Herrmann und Carl Gottlieb Lachmann auch Cons. Wegen Ungebührnissen und landsmannschaftl. Verbindungen betr. 1808.
- GA III T 4: Acta Einige wieder Hr. D Gottlob Thomasium übergebene Denunciationes betr. 1734.
- GA IV 33: Acta Den am 17. Septemb. 1697. vorgegangenen Tumult und sich dabey befundener Studiosos betr. 1697.

- GA IV 52: Den von einigen Studiosis, wegen verbothen gewesenen Ausgehens zur Nachtzeit in SchlaffRöcken, am 22. September, 1713. und folgende erregten Tumult betr. Vol. I 1713.
- GA IV 71 Acta einige in der Fleischergasse von etlichen Stidosis unternommenen Excesse betr. 1726.
- GA IV 77: Acta Einige von etlichen Studiosis zur Nacht Zeit verübte Excesse betr. 1727.
- GA IV 103: Die von einigen Studiosis am 19. Julii 1762. auf dem Ranstädter Steinwege ausgeübte Excesse betr.
- GA IV 105: Die von des Raths Gerichts=Knechten am 16, Julii 1764. an den Studiosis verübten Excesse betr.
- GA IV 110: Die von einigen Studiosis an Kaufmannsdienern und Peruqvenmacher Gesellen auf der [?]onbergs Schencke und auf öffentlicher Straße den 15ten Junii ausgeübte Excesse betr. 1769.
- GA IV 111: Die von einigen Studiosis in der Nacht zwischen den 4ten und 5ten August in der einen Schencke zu Plagwitz ausgeübte Excesse betr. 1769.
- GA IV 114: Die von einigen Studiosis bey und nach einer allhier vorgefallenen Juden=Trauung verübte Excesse betr. 1772.
- GA IV 126: Die von einigen Studenten auf dem Guthe Schönfeld verübten Excesse und erregten Unruhen betr. 1787.
- GA IV 127: Den, auf die von einigen Studenten auf dem Guthe Schönfeld verübten Excesse, gefertigten Kupferstich betr. 1787.
- GA IV 128: Die von einigen Studiosis im Rannstädter Thore allhier beym Einlaß verübten Excesse betr. [1789].
- GA IV 223: [zu den Tumultakten gehörig (1718)].
- GA IV 237: Acta. die zu Plagwitz vorgefallenen Excesse betr. 1770.
- GA IV 246, Bd. 1: Denunciationes de Ao. 1779.
- GA IV 246, Bd. 2: Denunciationes de Ao. 1780.
- GA IV 246, Bd. 3: Denunciationes de Ao. 1781.
- GA IV 247, Bd. 1: Denunciationes de Ao. 1782.
- GA IV 247, Bd. 2: Denunciationes de Ao. 1783 (?).
- GA IV 247, Bd. 3: Denunciationes de Ao. 1784 (?).
- GA IV 248, Bde. 1-3: Denunciationes de Ao. 1785-1787 (nicht auffindbar).
- GA VI 3: Acta Mandate, Reskripte de anno 1700–1730.

Universitätsarchiv Rostock

- R I A 24/1: Verordnung gegen die bisherigen Landsmannschaften. 1750.

Thüringisches Hauptstaatsarchiv Weimar

- A 8306: Gesuch freimaurerischer Studenten zur Errichtung einer Loge, 1745.
- A 8384: Regierungs=Acta die Abschaffung der bey der Universitaet Jena allzusehr überhand genommenen Ordens Verbindungen und was dem anhängig bet. Weimar Anno 1767, 1788, 1789 / Ingleichen daß die Hauß und Gastwirthe zu Jena, bey Vorfällen so auf Ordens Verbindungen bezug haben, sich bey [dem] jedes maligen Pro Rectore zur Vernehmung stellen sollen, bet. 1792.
- A 8430: Geheimde Canzley=Acta. Die zu Jena unter dem Nahmen Inseparable hervorgetretene Ordens=Verbindung betr. 1775.

- A 8451: Geheimde Canzley=Acta Die bey der gesamt Academie Jena, unter dem Nahmen des Elsaser oder Ober Rheini[sch]en Ordens sich verbreitete Ordens Verbindung und die Bestrafung der Mitglieder derselben betr. 1780.
- A 8469: Geheimde Canzley=Acta. Das Gesuch des von Jena relegierten Studiosi Adolph Bernhard Wietfeld aus dem Mecklenburg.[en] um seine Reception, betr. 1784.
- A 8479: Regierungs=Acta Den wegen verdächtiger Ordens Verbindung mit dem Consilio abeundi bestraften Studiosum, Hummel aus Jena, betr. 1785, 1786.
- A 8471: Geheime Canzley=Acta die Vorkehrungen gegen die Landsmannschaften und ordens Verbindungen zu Jena, ingl. Die vorzunehmende Veränderung der Pedelle und des Convictorii das. betr. 1785 [–1791].

NIEDERSÄCHSISCHES STAATSARCHIV WOLFENBÜTTEL

BESTAND UNIVERSITÄT HELMSTEDT
- 37 Alt 57: Leges et Mandata Academica. [1725–1745].
- 37 Alt 571: Die auf der Universität zu Helmstedt wieder einreißende Landsmannschaften betr. 1760.
- 37 Alt 596: Die von den Studenten an den Häusern der Professoren verübte insolentien und die damit verknüpfte Unruhen betr. 1741–1762.
- 37 Alt 2594: Acta die unter den Studenten in Helmstedt errichteten Ordensverbindungen und die gegen die Mitglieder eingeleiteten Untersuchungen betr. Vol. I de a. 1751–1787.
- 37 Alt 2595: Acta die unter den Studenten in Helmstedt errichteten Ordensverbindungen und die gegen die Mitglieder eingeleiteten Untersuchungen betr. Vol. II 1775.
- 37 Alt 2596: Acta die unter den Studenten in Helmstedt errichteten Ordensverbindungen und die gegen die Mitglieder eingeleiteten Untersuchungen betr. Vol. III 1774–1778.
- 37 Alt 2597: Acta die unter den Studenten in Helmstedt errichteten Ordensverbindungen und die gegen die Mitglieder eingeleiteten Untersuchungen betr. Vol. IV 1785–1808.
- 37 Alt 2598: Acta die unter den Studenten in Helmstedt errichteten Ordensverbindungen und die gegen die Mitglieder eingeleiteten Untersuchungen betr. Vol. V 1798–1808.
- 40 Slg 13137: Akademische Gesetze für die Studirenden auf der Julius Carls Universität zu Helmstedt 1792.

Gedruckte Quellen

Akademisches Taschenbuch zum Nutzen und Vergnügen für Studirende auf das Jahr 1792. Mit Kupfern und einem Grundriß von Halle. Halle 1792.

[anonym], Ankündigung, in: Deutsche Zeitung oder Moralische Schilderungen der Menschen, Sitten und Staaten 10 (1793), 31. St., Sp. 535f.

Auszug eines Briefes aus Marburg, in: Journal von und für Deutschland 6 (1789), 3. Stück, S. 297f.

Beccaria, Cesare, Über Verbrechen und Strafen. Ins Deutsche übersetzt, mit biographischer Einleitung und Anmerkungen versehen von Karl Esselborn. Neudruck der Ausgabe Leipzig 1905. Aalen 1990.

Bekanntmachung, in: Intelligenz-Blatt der Allgemeinen Literatur-Zeitung Numero 52. Sonnabends den 18ten April 1789, Sp. 425f.

Bey höchster Anwesenheit Ihro Durchlaucht des Herzogs Ferdinand von Braunschweig=Lüneburg auf der Georg=Augustus=Universität bezeugten ihre Freude in unterthänigster Ehrfurcht nächstehende daselbst Studirende. Göttingen, den 4ten Jul. 1768, in: Abraham Gotthelf Kästner, Nachricht von demjenigen was bey höchster Gegenwart des Durchlauchtigsten Herzogs Ferdinand von Braunschweig und Lüneburg zu Göttingen vorgegangen. Göttingen 1768, S. 53–64.

Bode, Johann Joachim Christoph, Journal von einer Reise von Weimar nach Frankreich im Jahr 1787. Hg. v. sowie mit einer Einleitung, Anmerkungen, einem Register und einem dokumentarischen Anhang versehen von Hermann Schüttler. München 1994.

[Bode, Johann Joachim/Göschen, Georg Joachim], Mehr Noten als Text oder die Deutsche Union der Zwey und Zwanziger eines neuen geheimen Ordens zum Besten der Menschheit. Aus einem Packet gefundener Papiere zur öffentlichen Schau gestellt durch einen ehrlichen Buchhändler. Leipzig 1789.

[Die] Brautnacht; oder die Fensterkanonade. Einige Scenen aus der Hallischen Zeitung, in: Scherzhafte poetische Aufsätze, welche einzeln herausgekommen und zu einem Bändchen gesammlet sind. Halle (Hendel) 1790.

[Brieger, Johann Georg], Historisch-topographische Beschreibung der Stadt Halle im Magdeburgischen. Grottkau 1788. Nachdruck: Halle 1990 (Bibliotheca Hallensia).

Bullmann, Johann Karl, Denkwürdige Zeitperioden der Universität zu Halle von ihrer Stiftung an, nebst einer Chronologie dieser Hochschule seit dem Jahre 1805 bis jetzt. Halle 1833.

[Ueber den] Denunciations=Proceß, hauptsächlich in Beziehung auf die Fürstl. Anhaltzerbstische Lande. Eine Schrift, womit zu seinen Wintervorlesungen einladet F. G. A. Lobethan, der vaterländischen Geschichte und Rechte ordentl. Öffentl. Lehrer zu Zerbst. Zerbst 1790.

Dette, Thorsten/Schneider, Lutz, Studentische Disziplin und akademische Gerichtsbarkeit in der 1. Hälfte des 19. Jahrhunderts. Namensregister zu den in den Disziplinargerichtsprotokollen der Universität Gießen aufgeführten Studenten. Gießen 1997 (Berichte und Arbeiten aus der Universitätsbibliothek und dem Universitätsarchiv Gießen 48).

Dotzauer, Winfried, Quellen zur Geschichte der deutschen Freimaurerei im 18. Jahrhundert, unter besonderer Berücksichtigung der Strikten Observanz. Frankfurt a. M. u.a. 1991 (Schriftenreihe der Internationalen Forschungsstelle ‚Demokratische Bewegungen in Mitteleuropa 1770–1850', Bd. 3).

Dreyhaupt, Johann Christoph von, Pagus Neletici et Nudzici, oder Ausführliche diplomatisch-historische Beschreibung des zum ehemaligen Primat und Ertz-Stifft, nunmehr aber durch den westphälischen Friedens-Schluß secularisirten Hertzogthum Magdeburg gehörigen Saal-Creyses, und aller darinnen befindlichen Städte, Schlössen, Aemter [...], insbesonderheit der Städte Halle, Neumarckt, Glaucha, Wettin, Lobejün, Cönnern und Alsleben. Hg. v. Uwe Meißner. Halle 2002 (Nachdruck der Ausgabe 1749–1750).

Ebel, Wilhelm (Hg.), Die Privilegien und ältesten Statuten der Georg-August-Universität zu Göttingen. Göttingen 1961.

Edict wegen Verhütung und Betrafung geheimer Verbindungen, welche der allgemeinen Sicherheit nachtheilig werden könnten. Berlin 20. October 1798.

Ediktsammlungen der Universitäts- und Landesbibliothek Sachsen-Anhalt Halle

- Abt. Sondersammlungen – Handschriften: Mecklenburgische Policey Justitz Steuer-, Cammer-, Domanien-, Lehen-Sachen u. Privilegia, Ze 61 (6), Bl. 62 [–72'; eigentl. o.P., nur das erste Bl. ist pag.]: Ihro Hoch=Fürstl. Durchl. zu Mecklenburg Herrn Herzogs Carl Leopolds / Erneuert = und geschärfftes Duel – Edikt, Die Selbst=Rache der Beleydigten / Zusambt Darin enthaltener deren Rechtlichen Satisfaction, Auch Hart= und ernster Bestraffung Der Duellanten, Seconden, Cartel-Träger / Beschicks / und anderer dergleichen Zwey=Balgen / mit besondernden Leuten. de dato Rostock den 27. Martii Anno 1715. Rostock / Gedr. Bey Joh. Weppling / Fürstl. und Acad. Buchdr.
- 81 B 706 (22–24a), [Preußische Edikte zur Einhaltung der Desertionskartelle, 1741].
- II g 1018: Von Gottes Gnaden, Christian Friedrich Carl Alexander, Markgraf zu Brandenburg, in Preussen, zu Schlesien, Magdeburg, Cleve, Jülich, Berg [...] Graf [...] des löbl. Fränkischen Crayses [...] [Edikt gegen die Orden in Erlangen] Onolzbach, den 2. Martii 1769. Alexander M. z. B.
- [AB] Bk 70: Duel-Edict Für die Universität Göttingen, nebst der Verordnung Wegen des Betragens der Studiosorum daselbst gegen die Garnison und Wachten. Unpag. 1735 und 1738.

- AB 170393 (9): Erneuertes Edict, Wegen Abhalt= Und Vertreibung Der In Königlichen Landen Eindringender Armen, Bettler, Zigeuner, und anderen unnützen Gesindes. Sub dato Berlin, den 10. Decembr. 1720.
- AB 170393 (11): Seine Königl. Majestät declariren das Edict Wider die Selbst=Rache / Und daß die Civil-Personen nach der Criminal-Ordnung mit der Defension zu hören. Sub Dato Berlin / den 12. Maji 1721.
- AB 170393 (14): Declaration Der vormahligen / Wegen Der Bettler, Armen auch Zigeuner, und anderen Diebes=Gesindes ergangener Edicten. Sub dato Berlin, den 14. Julii. 1721.
- AB 170393 (19): Edict Wieder die Land=Streicher Und Bettlere Auf falsche Brandt= und andere Brieffe. Sub dato Berlin, den 12. Februarii 1722.
- AB 170393 (30): Geschärfftes Edikt, Wieder die Raubereyen und Diebereien, etc. Sub dato Berlin, den 5. April. 1723.
- AB 170393 (58): Königl. Majestät geschärfftes Edict Wider die Tumulten. Halle 1724.
- AB 170393 (59): [Ergänzung / Spezifizierung von konkreten Injurien zum Duelledikt vom 8.5.1713.] Halle 30. Jun. 1713
- AB 170393 (63): Erneuertes und geschärfftes Edict, Wieder die Raubereyen / Und daß dem Anzeiger einer Zigeuner=oder Diebes=Rotte Zehen Thaler gezahlet / Die im Werck ergriffenen Zigeuner und Räuber ohne Anfrage aufgehangen / die sich wiedersetzenden aber auf der Stelle tot geschossen werden sollen. De dato Berlin / den 24ten Novembr. 1724.
- AB 170393 (76): Edict, Daß die Zigeuner / So im Lande betreten werden U und 18. Jahr und darüber alt seyn / Ohne Gnade mit dem Galgen bestraffet, Und die Kinder in Wäysen=Häuser gebracht werden sollen. De dato Berlin / den 5. Octobr. 1725.
- AB 170393 (78): Allgemeines Edict, Daß, Wann ein Jude wissentlich gestohlene Sachen kauffet / selbige unentgeltlich restituiret, Und Der Jude ausgepeitschet und gebrandmarcket, Und der die ihm zugebrachte Sachen nicht anzeiget / des Landes verwiesen, überall der Judenschafft auch bey Verlust des Capitals verbothen seyn sollte, nicht mehr als 12. Pro Cent Jährlich zunehmen. Sub Dato Berlin / den 24. Decembr. 1725.
- AB 170393 (80): Wiederholung ergangener Edikte: Wer in Wittenberg studiert, kann im Fürstenthum Halberstadt nicht Prediger, Kantor oder in den Schuldienst werden/kommen. Halberstadt den 4. Martii 1726.
- AB 170393 (86): Patent Wegen Auffhebung Des mit Chur=Sachsen errichteten Cartells, und darauff ergangenen Erläuterungs=Recessus, Die Reciprocirliche Ausliefferung Derer beyderseitigen Deserteurs betreffend. Sub Dato Berlin, den 7. Augusti 1726.
- AB 170393 (111): Patent, Zur Publication im Lande / Aus der, zwischen Sr. Königlichen Majestät in Preussen, Und des Königs in Pohlen, Als Churfürstl. Durchlaucht. zu Sachsen Errichteten neuen Convention, Oder anderweiten Cartels, Wegen der Desertirenden, und anderer dahin gehöriger Puncte. De dato Berlin, den 26. Decembr. 1727.
- AB 170393 (112): Edict, Daß die Wild=Diebe // Auch diejenigen / welche in Königlichen Gehegen Mit Wildprett Nebst Büchsen und Flinten angetroffen werden, ohne alle Gnade aufgehangen werden sollen. Sub dato Berlin, den 9ten Januarii 1728.
- AB 170393 (117): Edict, Daß keine von Privatis ausgewürckte Rescripta, Auch keine Supplicata und Briefe An Königl. Justitz= und andere Collegia Auf der Post unfranquiret angenommen Oder Bestellet werden sollen. De dato Berlin / den 19ten Julii 1729.
- AB 180017 [14] / (12): Gene: [Generale] die Gerichts und Rügen Strafen Tabellen betr., den 24. Decbr. 1787.
- AB 180017 [18] / (16): Generl: [Generale] wegen des Verhaltens in Criminal Sachen den 27. Octbr: 1779.
- AB 180017 [21] / (19): Ihro Churfürstl. Durchlaucht zu Sachsen, etc. Mandat wider Tumult und Aufruhr. Ergangen Dresden, den 18. Januar 1791.

- AB 180017 [27] / (25): Mandat. Wegen der mit Preußen getroffenen Convention die Deserteurs betr. den 18. Jan: 1787.
- AB 180017 [28] / (26): Mandat. Die Beytretung der Fürstl. Anhaltischen Häußer, Cöthen, Bernburg und Dessau betr. 7. Aug. 1787.
- AB 180017 [35] / (33): Gener: [Generale] das Ausspielen allerley Mobilien pp. betr., den 18. Febr: 1783.
- AB 180017 [54] / (52): Policey Commissions Befehl, wegen Hazard Spiel, Badens in der Elbe, und Erstattung der Unkosten bey Anzeige des Diebstahls, 28. Jun: 1788.
- AB 180017 [58] / (56): Nachdem Ihro Chur-Fuerstl. Durchl., um denen im Policey-Wesen sich hervorthuenden Gebrechen auf das schleunigste, wuercksamste, und zweckmaessigste abhelffliche Maasse zu schaffen [...] Sich bewogen gefunden [...] kuenfftig alle Anzeigen und Denunziationes in Policey-Sachen [...] So geschehen und gegeben zu Dresden, am 3ten Januar 1789.
- AB 180017 [81] / (79): Generale die Einschickung der bisherigen Differenzien in General-Accis-Jurisdictions=Sachen, ingl. Das künftige Verfahren in General-Accis-Rügen=Sachen betr. den 12. Mart. 1783.
- AB 180017 [82] / (80): Ausführliche Instruction das General-Accis-Rügen=Wesen betr. zu Erläuterung des dieserhalb unter heutigem dato erlassenen Generalis. Dresden, den 12. Mart. 1783.
- Pon. Yb 3775 w, QK: Sr. Königl. Maj. in Preussen, und Churfürdtl. Durchl. zu Brandenburg etc. erklärtes und erneuertes Mandat, wider die Selbstrache, Injurien, Friedenstörungen und Duelle, de dato den 28. Junii, 1713. worinnen das vorhero, am 6. August 1688. ergangene, theils wiederholet, theils in einigen Puncten erkläret und erläutert, auch gändert wird, in: Leges Academicae Studiosis in Regia Fridericiana observandae. Halae Magdeburgicae [nach 1767], S. 6–23.
- Pon. Yb 3778 Qk: Sr. Königl. Majestät in Preußen geschärfftes Edict wieder die öffentliche Tumulte / unanständiges Geschrey / Einwurff= und Schmeißung der Fenster und andere excesses de dato den 27. Decembr. 1722.

Eichendorff, Joseph von, Halle und Heidelberg, in: ders., Sämtliche Werke des Freiherrn, Band V/4, Tübingen 1998, S. 139–181.

[Eschenbach, Johann C.], Eine Untersuchung, die das academische Gericht wegen eines zwischen zweenen Studenten vorgefallenen Duelles anstellen mußte, gab im vorigen Jahre die Gelegenheit, eine hieselbst entstandene, noch nicht zur völligsten Ausbildung gediehene Loge des Constantisten-Ordens zu entdecken und aufzuheben [...], in: Annalen der Rostockschen Academie. 8. Bd. (1798), 1. St., S. 2–5.

[Ders.], Erste Fortsetzung der Nachricht von dem Constantisten Orden, in: Annalen der Rostockschen Academie. 8. Bd. (1798), 4. St., S. 25–31.

[Ders.], Zweyte Fortsetzung der Nachricht von dem Constantisten Orden, in: Annalen der Rostockschen Academie. 8. Bd. (1798), 7. St., S. 49–54.

[Ders.], Dritte Fortsetzung der Nachricht von dem Constantisten=Orden, in: Annalen der Rostockschen Academie. 8. Bd. (1798), 10. St., S. 75–79.

[Ders.], Vierte Fortsetzung der Nachricht von dem Constantisten=Orden, in: Annalen der Rostockschen Academie. 8. Bd. (1798), 13. St., S. 97–101.

[Ders.], Fünfte und letzte Fortsetzung der Nachricht von dem Constantisten=Orden, in: Annalen der Rostockschen Academie. 8. Bd. (1798), 16. St., S. 121–126.

Etwas über die Studentenorden, vornehmlich über die sogenannten Mosellaner, in: Neue Litteratur= und Völkerkunde. Hg. v. Johann Wilhelm von Archenholtz, 2. Bd., Leipzig 1789, S. 385–401.

Fichte, Johann Gottlieb, Ueber die einzig mögliche Störung der akademischen Freiheit. Eine Rede beim Antritte seines Rectorats an der Universität zu Berlin, den 19. October 1811 gehalten. Berlin 1812, in: Johann Gottlieb Fichte's sämmtliche Werke. Hg. v. Immanuel Hermann von Fichte. Dritte Abtheilung. Popularphilosophische Schriften. Erster Band: Zur Politik und Moral. Berlin 1845, S. 449–476.

Förster, Johann Christian, Übersicht der Geschichte der Universität zu Halle in ihrem ersten Jahrhunderte. Hg. v. Regina Meyer u. Günther Schenk. Nachdruck der bei Carl August Kümmel in Halle 1794 erschienen ersten Auflage. Halle 1998 (Schriftenreihe zur Geistes- und Kulturgeschichte).

Fragmente über Jena und die dortige Universität, in: Journal von und für Deutschland 8 (1791), 8. St., S. 712–727.

Fürstlich Sachsen=Weimar= und Eisenachisches Mandat wider alles Rottenweise herumstreifende Jauner= Streicher= und Räuber=Gesindel, auch Zigeuner, Weimar 1758.

[Ueber geheime] Gesellschaften, aus dem Französischen des Herrn Grafen v. Windischgrätz, mit Anmerkungen des Uebersetzers. Frankfurt und Leipzig 1788.

Gesetze für die Studierenden der Gesammt = Akademie in Jena. [Jena] 1817.

Gesetze für die Studierende auf der Universität zu Greifswald; von der von Sr. Königl. Majestät zu derselben Visitation allergnädigst verordneten Commission gegeben und publicirt. Greifswald, den 22ten Jun. 1774.

Gesetze für die Studierende auf der Universität zu Greifswald. Greifswald 1796.

Gesetz-Buch der hocherleuchteten Oculisten-Gesellschaft. Enthaltend einige allgemeine Verordnungen, Pflichten und Absichten derselben. Herausgegeben auf Special-Befehl der Grossen Loge von einem treuen und ehrliebenden Bruder und Meister. O.O. [Frankfurt] und o.J. [1745].

Göschen, Georg Joachim, Der Verleger an das von ihm respektirte Publikum, in: Mehr Noten als Text, S. 3–7.

Goué, August Siegfried von, Das Ganze aller geheimen Ordens=Verbindungen. Ein Buch zur Belehrung und Warnung für Nichteingeweihte und zur Uebersicht für Ordens=Brüder. Aus ächten Quellen und den besten Schriften gezogen von einem Freunde der Menschenveredlung. Leipzig 1805.

Graf Guido von Taufkirchen oder Darstellung des zu Jena aufgehobenen Mosellaner- oder Amicistenordens in historischer, psychologischer und rechtlicher Hinsicht, zur Beherzigung für Staat und Ordensbrüder. Weißenfels/Leipzig 1799.

Hahn, Franz, Von der Pflicht zur Denuntiation von Verbrechen. Eine juristische Abhandlung zur Erlangung der Doktorwürde an der Hochschule Bern. Bern 1839.

H[einrich] A[ugust] O[ttokar] Reichard (1751–1828), Seine Selbstbiographie überarbeitet und herausgegeben von Hermann Uhde. Stuttgart 1877.

Jakob, Ludwig Heinrich von, Academische Freiheit und Disciplin mit besonderer Rücksicht auf die preußischen Universitäten. Leipzig 1819.

Keiler, Helmut (Hg.), Mitgliederlisten der Freimaurerloge Ludwig zu den drey Löwen im Orient Giessen 1778 - 1780 - 1816. Giessen 1995.

Keiler, Helmut (Hg.), Die Schwarzen Brüder. Bezug Grolmann-Recherchen. Transkription Erich Hubbertz. Giessen 1994.

Keiler, Helmut (Hg.), Freimaurer in der Giessener Universität. Giessen 1982.

[Keiler, Helmut (Hg.)], Dokumente der gerechten und vollkommenen Freymaurer-Loge „Ludwig zu den drey goldenen Löwen“ zu Gießen 5778–5796. Freimaurerloge „Ludewig zur Treue“ Gießen 5979–1979.

Kompendiöses Handlexikon, der unter den Herrn Purschen auf Universitäten gebräuchlichsten Kunstwörter, Zum Nuzzen der angehenden Herren Studenten, und aller kuriösen Liebhaber nach alphabetischer Ordnung verfertigt von Robert Salmasius, in: Vergnügte Abendstunden, in stillen Betrachtungen über die Vorfälle in dem Reiche der Natur, Künste und Wissenschaften zugebracht. Teil 2. Erfurt 1749, S. 65–79 (Achtes und Neuntes Blatt). Reprint in: Bibliothek zur historischen deutschen Studenten- und Schülersprache. Band 2. Hg. v. Helmut Henne und Georg Objartel. Berlin/New York 1984. S. 1–15.

Kurze Geschichte der Deutschen Union der Zwei und Zwanziger, in: Deutsche Zeitung (1789), 17. Stück, S. 141–147 und 22. Stück, S. 184–187.

Lebensbilder aus der Brüdergemeinde und ihrer Diaspora. I. Johann Nikolaus Lederer, genannt Lentz, oder: Auf Umwegen zum rechten Ziel. Hg. und verlegt vom Verein für innere Mission zu Nisky 1870.

Leges Academicae Studiosis in Regia Fridericiana observandae. Halae Magdeburgicae [nach 1767].

- Sr. Königl. Maj. in Preussen, und Curfürstl. Durchl. zu Brandenburg etc. erklärtes und erneuertes Mandat, wider die Selbstrache, Injurien, Friedenstörungen und Duelle, de dato den 28. Junii, 1713 worinnen das vorhero, am 6. August 1688. ergangene, theils wiederholet, theils in einigen Puncten erkläret und erläutert, auch gändert wird", in: ebd., S. 6–23.
- Reglement, wie die Studenten auf Königlichen Universitäten sich betragen und verhalten sollen. De dato, Potsdam, den 9. May, 1750, in: ebd., S. 23–26.
- Königl. Patent, wegen allgemeiner und besonderer Sicherheit derer auf die Universität Halle von auswärtigen Orten zu und abreisender, auch daselbst sich befindender Studiosorum, vor aller gewaltsamen Werbung, etc. Gegeben zu Berlin, den 24ten August 1737. Friedrich Wilhelm, in: ebd., S. 33–35.
- Auszug verschiedener die Disciplin betreffender Verordnungen, in: ebd., S. 35–40. [Kgl. Reskript vom 19ten Okt. 1724: Landeskinder, die gegen Verbote und Befehle verstoßen, werden von Stipendien und Beförderungen ausgeschlossen und sind namentlich zu melden / Kgl. Reskript vom 21ten April 1711: keine Störungen des Gottesdienstes und Verlustigungen (Billard u.ä.) am Sonntag / Kgl. Reskript vom 1. 1. 1731: Aufwiegler zu Tumulten werden cum infamia arretiert oder relegiert / Kgl. Reglement 30. 12. 1745 und Decretum in Concilio Academico 6. 4. 1714 gegen Müßiggang und Schmausereien und Musiken / Decreto Concilii publicatum, 23. 7. 1749: kein Schisse, Jagen, Reiten, Hundeführen / Aufruf vom Prorektor (etc.) zu einer „ehrbaren und anständigen Lebensart" (S. 38) der Studenten vom 18ten Jul. 1750 / 30. 7. 1711 Decretum in Concilio Academico: die „Ciues Academici" sollen Gutes tun für verarmte und erkrankte Studenten / Königl. Edict vom 19ten Sept. 1731: gegen das Karten- und Hazardspielen (ursprüngl. Edikt vom 8. August 1714)].
- Verordnung, wegen der auf königlichen Befehl verbothenen Aufführung von Comödien, und Errichtung besonderer Landsmannschafften und Orden. 1767, in: ebd., S. 40–43.

Magister F. Chr. Laukhards Leben und Schicksale. Von ihm selbst beschrieben. Deutsche und französische Kultur- und Sittenbilder aus dem 18. Jahrhundert. Bearbeitet von Dr. Viktor Petersen. Stuttgart 1908 (Memoirenbibliothek, Zweite Reihe, Band 14). [1. Band].

Nationalzeitung der Deutschen. Gotha 1796.

[F. W. Freiherr von – – – (Hg.)], Nachrichten von den Unruhen in Halle am 21. und 22. Juni, in: Der neue Deutsche Zuschauer. Herausgegeben von Freunden der Publizistik. XII. Heft. Vierter Band. Den 25. Aug. 1790, S. 261–292, darin:

- Semler, Johann Salomo, Erste Sammlung von Anzeigen an alle guten Einwohner von Halle, seit den schandvollen Thaten falscher, unwürdiger Studentene am 21. und 22. Junii. [1790], in: ebd., S. 262–271.
- O****n d. R. K., Adolph Friedrich Karl von, Schreiben an den Herrn Doctor Semler, zur Zeit Prorector, als Antwort auf seine erste Sammlung von Anzeigen an alle guten Einwohner von Halle, von einem Studenten. 28. Junii 1790, in: ebd., S. 272–280.
- [anonym], Replik auf die „erste Sammlung von Anzeigen" – an alle vernünftige Menschen in und ausser Halle, denen jene Sammlung vor Augen gekommen seyn mag, oder noch kommen sollte. [1790], in: ebd., S. 280–290.

Neue Theologische Annalen 1799, Erster Band: Januar Februar März.

Niebuhr, Barthold Georg, Ueber geheime Verbindungen im preussischen Staat und deren Denunciation. Berlin 1815.

Pflichten der auf der Universität Gießen sich aufhaltenden Studenten. O.O. 1779.

[PH.], Ueber das hallesche Karzer und über Studentenorden. Ein Montagsblatt. O.O. 1791 [darin ab S. 17: „Ueber Studentenorden und Duelle").

[Lizentius Prokax], Beitrag zu des Herrn Robert Salmasius Wörterbuche der akademischen Kunstwörter, in: Vergnügte Abendstunden, in stillen Betrachtungen über über die Vorfälle in dem reiche der Natur, Künste und Wissenschaften zugebracht. Teil 2. Erfurt 1749, S. 353–357, 361–365 (Vier und vierzigstes und Fünf und vierzigste Blatt). Reprint in: Bibliothek zur historischen deutschen Studenten- und Schülersprache. Band 2. Berlin/New York 1984. Hg. v. Helmut Henne und Georg Objartel, S. 16–25.

Rede über die wohlthätigen Zwecke akademsicher Orden, gehalten von dem Bruder M**. Jena, im May 1792.

Rundes Chronik der Stadt Halle 1750–1835. Hg. v. Thüringisch-Sächsischen Geschichtsverein, bearbeitet von Bernhard Weißenborn. Halle 1933.

Schlüter, Carl J[ohann] G[eorg], Unversitäten=Revolution. Ein Glückwunsch für die Universität Halle an ihrem ersten Jubelfeste. Cöthen 1794. Nachdruck Hildesheim 2002.

Semler, Johann Salomo, Zusatz zur ersten Anzeige von den unruhigen Tagen, 21. und 22. Junius. Halle, den 9ten Jul. 1790.

Studenten=Lexicon. Aus den hinterlassenen Papieren eines unglücklichen Philosophen Florido genannt, ans Tageslicht gestellt von Christian Wilhelm Kindleben der Weltweisheit Doktor und der freyen Künste Magister. Halle 1781 (Nachdruck der Originalausgabe Leipzig 1973).

Studentensprache und Studentenlied in Halle vor hundert Jahren. Neudruck des „Idiotikon der Burschensprache" von 1795 und der „Studentenlieder" von 1781. Eine Jubiläumsgabe für die Universität Halle=Wittenberg dargebracht vom Deutschen Abend in Halle. Halle 1990 (Reprint der Originalausgabe 1894).

Tyrtäus [Gerhard Friederich], Der geheime Bund der schwarzen Brüder. Urquell der vorzüglichsten academischen Verbindungen. In einer Reihe verbürgter Originalurkunden mitgetheilt. Mainz 1834.

[Über die Kränzchen in Halle], in: Deutsche Zeitung oder Moralische Schilderungen der Menschen, Sitten und Staaten 9 (1792), 17. St., Sp. 273–277.

Ueber die sogenannten Orden auf Universitäten, in: Journal von und für Deutschland 8 (1791), 8. St., S. 686–693.

[Heinrich Friedrich von Diez], Vortheile geheimer Gesellschaften für die Welt von einem Unverbesserlichen in der A....... . Halle 1772.

Will, [Georg Andreas], Lebensgeschichte eines im hohen Alter verstorbenen sonderbaren Mannes M. Johann Wolfgang Brenk's, der im 46ten Jahre seines Lebens von der christlichen zur iüdischen Religion übergieng und sich zu Amsterdam beschneidne ließ, aus glaubwürdigen Nachrichten beschrieben. Anspach 1791.

Wöchentliche Hallische Anzeigen 1786/87.

Zedler, Johann Heinrich, Grosses vollstaendiges Universal-Lexicon Aller Wissenschaften und Kuenste, Welche bißhero durch menschlichen Verstand und Witz erfunden und verbessert worden [...]. Halle/Leipzig 1732ff.

Bibliographien und Nachschlagewerke

Böning, Holger/Siegert, Reinhart (Hg.), Volksaufklärung. Biobibliographisches Handbuch zur Popularisierung aufklärerischen Denkens im deutschen Sprachraum von den Anfängern bis 1850. Band 2, Teilband 2.1: Der Höhepunkt der Volksaufklärung 1781–1800 und die Zäsur durch die Französische Revolution. Stuttgart-Bad Cannstatt 2001.

Einst und Jetzt. Jahrbuch des Vereins für corpsstudentische Geschichtsforschung 40a (1995): Gesamtregister der Bände 1–40.

Erman, Wilhelm/Horn, Ewald, Bibliographie der deutschen Universitäten. 3 Teile. Leipzig/Berlin 1904–1905.

Golücke, Friedhelm (Bearb.), Gesamtverzeichnis der akademischen Zeitschrift „Der Convent". Vierow 1994 (GDS-Archiv für Hochschul- und Studentengeschichte, Beiheft 3).

Golücke, Friedhelm, Verfasserlexikon zur Studenten- und Hochschulgeschichte. Ein bio-bibliographisches Verzeichnis. Köln 2004 (Abhandlungen zum Studenten- und Hochschulwesen 13).

Israel, Friedrich, Das Wittenberger Universitätsarchiv, seine Geschichte und seine Bestände. Halle 1913 (Forschungen zur thüringisch-sächsischen Geschichte, Heft 4).

[Kater, Herbert], Schlüssel für den Studentenhistoriker. [ab 1884 100 Jahre Publikationsorgan] Gesamtverzeichnis der in den Jahrgängen 1–25 der Akademischen Monatshefte erschienenen Hauptartikel 1884–1909. Literaturhinweise aus den Akademischen Monatsheften 1906–1912. Literaturhinweise aus der Deustchen Korpszeitung 1913–1935. Masch., o.P.

Lennhoff, Eugen/Posner, Oskar, Internationales Freimaurer-Lexikon. München 1992 [[1]1932, unveränderter Nachdruck der Originalausgabe].

Lönnecker, Harald, Archivalien zur Studentengeschichte aus dem Universitätsarchiv Rostock. Frankfurt a. M. 1999 (www.burschenschaft.de/pdf/loennecker_archivalien_rostock.pdf).

Neuß, Raimund, Die Veröffentlichungen der Gesellschaft für Deutsche Studentengeschichte (1974–1988). Würzburg 1988 (Hochschulkundliche Arbeitshilfen 4).

Paschke, Robert, Studentenhistorisches Lexikon. Aus dem Nachlaß herausgegeben und bearbeitet von Friedhelm Golücke. Köln 1999 (GDS-Archiv für Hochschul- und Studentengeschichte. Beiheft 9).

Wolfstieg, August, Bibliographie der freimaurerischen Literatur. 3 Bde. Leipzig/Burg 1911–1913 und 1 Ergänzungsband, bearb. v. Bernhard Beyer. Leipzig 1926 (Nachdruck Hildesheim/Zürich/New York 1992).

Literatur

Abke, Stephanie, Sichtbare Zeichen unsichtbarer Kräfte. Denunziationsmuster und Denunziationsverhalten 1933–1949. Tübingen 2003 (Studien zum Nationalsozialismus in der edition diskord 6).

Ahrens, Sabine, Die alte Universität – aus der Geschichte der Academia Julia zu Helmstedt. Ausstellungskatalog zur Sonderausstellung vom 4. Juni bis 31. Oktober 2000. Helmstedt 2000 (Veröffentlichungen der Kreismuseen Helmstedt Band 4).

Albrecht, Wolfgang/Weiß, Christoph, Einleitende Bemerkungen zur Beantwortung der Frage: Was heißt Gegenaufklärung?, in: Von ‚Obscuranten' und ‚Eudämonisten'. Gegenaufklärerische, konservative und antirevolutionäre Publizisten im späten 18. Jahrhundert. Hg. v. Christoph Weiß in Zusammenarbeit mit Wolfgang Albrecht, St. Ingbert 1997 (Literatur im historischen Kontext. Studien und Quellen zur deutschen Literatur- und Kulturgeschichte vom 18. Jahrhundert bis zur Gegenwart 1), S. 7–34.

Albrecht, Wolfgang, In Biedermannsposen polemisch eifernd wider die „Epidemie der Aufklärungswuth". Ernst August von Göchhausens Beiträge zur norddeutsch-protestantischen Gegenaufklärung, in: Von ‚Obscuranten' und ‚Eudämonisten'. Gegenaufklärerische, konservative und antirevolutionäre Publizisten im späten 18. Jahrhundert. Hg. v. Christoph Weiß in Zusammenarbeit mit Wolfgang Albrecht, St. Ingbert 1997 (Literatur im historischen Kontext. Studien und Quellen zur deutschen Literatur- und Kulturgeschichte vom 18. Jahrhundert bis zur Gegenwart 1), S. 155–192.

Alenfelder, Klaus Michael, Akademische Gerichtsbarbeit. Baden-Baden 2002 (Bonner Schriften zum Wissenschaftsrecht 7).

Altendorf, Gabriele, Denunziation im Hochschulbereich der ehemaligen DDR, in: Jerouschek, Günter/Marßolek, Inge/Röckelein, Hedwig (Hg.), Denunziation. Historische, juristische und psychologische Aspekte. Tübingen 1997 (Forum Psychohistorie 7), S. 183–206.

Asch, Ronald, Rezension von: Markku Peltonen, The Duel in Early Modern England. Civility, Politeness and Honour. Cambridge University Press 2003, in: sehepunkte 4 (2004), Nr. 4 [15.06.2004], www.sehepunkte.historicum.net/2004/06/5808.html.

Asche, Marta, Der akademische Senat und die studentische Verbindung an der Universität Helmstedt im 18. Jahrhundert, in: Braunschweigisches Jahrbuch 45 (1964), S. 71–91.

Asche, Marta, Das Verhältnis der Helmstedter Bürger zu den Studenten der Universität im Spiegel herzoglicher Verordnungen des 18. Jahrhunderts, in: Braunschweigisches Jahrbuch 46 (1965), S. 104–124.

Asche, Matthias, Von der reichen hansischen Bürgeruniversität zur armen mecklenburgischen Landeshochschule. Das regionale und soziale Besucherprofil der Universitäten Rostock und Bützow in der Frühen Neuzeit (1500–1800). Stuttgart 2000 (Contubernium 62).

Asmus, Helmut, Die studentischen Burschenschaften in der Auseinandersetzung um die bürgerliche Umgestaltung Deutschlands, in: ders. (Hg.), Studentische Burschenschaften und bürgerliche Umwälzung. Zum 175. Jahrestag des Wartburgfestes. Berlin 1992, S. 11–35.

Aubin, Gustav, Aus der Geschichte der Universität Halle um die Wende des 18. Jahrhunderts. Halle 1931 (Hallesche Universitätsreden 52).

Aufklärung und Erneuerung. Beiträge zur Geschichte der Universität Halle im ersten Jahrhundert ihres Bestehens (1694–1806). Zur Dreihundertjahrfeier im Auftrag des Rektors herausgegeben von Günter Jerouschek und Arno Sames unter Mitarbeit von Michael Beintker, Rainer Enskat, Erhard Hirsch, Josef N. Neumann, Richard Saage, Udo Sträter. Hanau und Halle 1994.

Bauer, Erich, Die Gesetze des Rostocker Constantistenordens von 1796, in: Einst und Jetzt. Jahrbuch des Vereins für corpsstudentische Geschichtsforschung 19 (1974), S. 55–72.

[Bauer, Erich], Warum verboten eigentlich die Landesherren die Orden und weshalb blieben diese Verbote erfolglos?, in: Einst und Jetzt. Jahrbuch des Vereins für corpsstudentische Geschichtsforschung 2 (1956), S. 68–70.

Bauer, Joachim, Freimaurerei, Geheimgesellschaften und Studenten in Jena zu Beginn der zweiten Hälfte des 18. Jahrhunderts, in: ders./Riederer, Jens (Hg.), Zwischen Geheimnis und Öffentlichkeit. Jenaer Freimaurerei und studentische Geheimgesellschaften. Erlangen/Jena 1991 (Schriften zur Stadt-, Universitäts- und Studentengeschichte Jenas 1), S. 10–41.

Bauer, Joachim, Studentische Organisationen zwischen Geselligkeit und Politik – Gedankenwelten und Selbstwahrnehmungen, in: Zaunstöck, Holger/Meumann, Markus (Hg.), Sozietäten, Netzwerke, Kommunikation. Neue Forschungen zur Vergesellschaftung im Jahrhundert der Aufklärung (Hallesche Beiträge zur Europäischen Aufklärung 21), S. 115–126.

Bauer, Joachim, Die Universität Jena zwischen Tradition und Reform, in: Müller, Gerhard/Ries, Klaus/Ziche, Paul (Hg.), Die Universität Jena. Tradition und Innovation um 1800. Stuttgart 2001 (Pallas Athene 2), S. 47–62.

Bauer, Joachim/Müller, Gerhard, „Des Maurers Wandeln, es gleicht dem Leben". Tempelmaurerei, Aufklärung und Politik im klassischen Weimar. Rudolstadt/Jena 2000 (Zeitschrift des Vereins für Thüringische Geschichte, Beiheft 32).

Bauer, Joachim/Müller, Gerhard, Jena, Johnsson, Altenberga. Ein Beitrag zur Geschichte der deutschen Freimaurerei im 18. Jahrhundert, in: ders./Hellmann, Birgitt/Müller, Gerhard (Hg.), Logenbrüder, Alchemisten und Studenten. Jena und seine geheimen Gesellschaften im 18. Jahrhundert. Rudolstadt/Jena 2002 (Bausteine zur Jenaer Stadtgeschichte 6), S. 19–85.

Bauer, Joachim/Müller, Gerhard, Von Johnsson zu Cagliostro. Freimaurerische ‚Hochstapler' und arkanpolitische Machtakkumulation im 18. Jahrhundert, in: Arkanwelten im politischen Kontext. Hg. v. Monika Neugebauer-Wölk, Hamburg 2003 (Aufklärung. Interdisziplinäres Jahrbuch zur Erforschung des 18. Jahrhunderts und seiner Wirkungsgeschichte 15), S. 67–103.

Baum, Rolf-Joachim, Aus der Frühzeit der Würzburger Verbindungen 1770–1815, in: Studentenschaft und Korporationswesen an der Universität Würzburg 1582–1982. Hg. zur 400 Jahrfeier der

Alma Julia-Maximiliana vom Institut für Hochschulkunde an der Universität Würzburg. Würzburg 1982, S. 48–74.

Beachy, Robert, Club Culture and Social Authority. Freemasonry in Leipzig, 1741–1830, in: Trentman, Frank (ed.), Paradoxes of Civil Society, New Perspectives on Modern German and British History. New York/Oxford 2000, S. 157–175.

Beachy, Robert, Masonic Factionalism and Civic Notability: A Case Study of the Leipzig Orient, in: Zeitschrift für Internationale Freimaurerforschung (IF) 9 (2003), S. 41–55.

Behringer, Wolfgang, Bausteine zu einer Geschichte der Kommunikation. Eine Sammelrezension zum Postjubiläum, in: Zeitschrift für Historische Forschung 21 (1994), Heft 1, S. 92–112.

Behringer, Wolfgang, Im Zeichen des Merkur. Reichspost und Kommunikationsrevolution in der Frühen Neuzeit. Göttingen 2003 (Veröffentlichungen des Max-Planck-Instituts für Geschichte 189).

Behrisch, Lars, Städtische Obrigkeit und soziale Kontrolle. Görlitz 1450–1600. Epfendorf/Neckar 2005 (Frühneuzeit-Forschungen 13).

Bergmann, Alwin, Die Grosse Landes-Loge von Sachsen und ihre Bundeslogen. Festschrift zur Jahrhundertfeier am 27. u. 28. Septbr. 1911. Dresden 1911.

Berndt, Wolfgang, Akademische freimaurerische Verbindungen an Deutschlands Universitäten des 18. Jahrhunderts. Bayreuth 1984 (Vortrag gehalten am 5. 10. 1984).

Bettenhäuser, Hermann, Räuber= und Gaunerbanden in Hessen. Ein Beitrag zum Versuch einer historischen Kriminologie Hessens, in: Zeitschrift des Vereins für Hessische Geschichte und Landeskunde 75/76 (1964/65), S. 275–348.

Beyer, Anja, Die Verfassungsentwicklung der Universität Erlangen 1743–1810. Köln/Berlin/Bonn/München 1992 (Erlanger Juristische Abhandlungen 41).

Bieberstein, Johannes Rogalla von, Die These von der freimaurerisch-illuminatischen Verschwörung, in: Geheime Gesellschaft. Weimar und die deutsche Freimaurerei. Katalog zur Ausstellung der Stiftung Weimarer Klassik im Schiller-Museum Weimar 21. Juni bis 31. Dezember 2002. Hg. v. Joachim Berger und Klaus-Jürgen Grün. München/Wien 2002, S. 28–39.

Blaschke, Olaf/Kuhlemann, Frank-Michael, Religion in Geschichte und Gesellschaft. Sozialhistorische Perspektiven für die vergleichende Erforschung religiöser Mentalitäten und Milieus, in: dies. (Hg.), Religion im Kaiserreich. Milieus – Mentalitäten – Krisen. Gütersloh 1996 (Religiöse Kulturen der Moderne 2), S. 7–56.

Blauert, Andreas/Schwerhoff, Gerd (Hg.), Kriminalitätsgeschichte. Beiträge zur Sozial- und Kulturgeschichte der Vormoderne. Konstanz 2000.

Blauert, Andreas/Wiebel, Eva, Gauner- und Diebeslisten, Registrieren, Identifizieren und Fahnden im 18. Jahrhundert. Mit einem Repertorium gedruckter südwestdeutscher, schweizerischer und österreichischer Listen sowie einem Faksimile der Schäffer'schen oder Sulzer Liste von 1784. Frankfurt a. M. 2001 (Studien zu Policey und Policeywissenschaft).

Bleckmann, Maren, Suppliken zu Rangkonflikte an den Herzog von Braunschweig-Wolfenbüttel im 17. und 18. Jahrundert, in: Nubola, Cecilia/Würgler, Andreas (Hg.), Forme della comunicazione politica in Europa nei secoli XV–XVIII. Suppliche, gravamina, lettere / Formen der politischen Kommunikation in Europa vom 15. bis 18. Jahrhundert. Bitten, Beschwerden, Briefe. Bologna / Berlin 2004 (Annali dell'Istituto storico italo-germanico in Trento / Jahrbuch des italienisch-deutschen historischen Instituts in Trient. Conributi / Beiträge 14), S. 95–115.

Blickle, Renate, Denunziation. Das Wort und sein historisch-semantisches Umfeld: Delation, Rüge, Anzeige, in: Hohkamp, Michaela/Ulbrich, Claudia (Hg.), Der Staatsbürger als Spitzel. Denunziation während des 18. und 19. Jahrhunderts aus europäischer Perspektive. Leipzig 2001 (Deutsch-Französische Kulturbibliothek 19), S. 25–59.

Böning, Holger, Das Intelligenzblatt, in: Fischer, Ernst/Haefs, Wilhelm/Mix, York-Gothart (Hg.), Von Almanach bis Zeitung. Ein Handbuch der Medien in Deutschland 1700–1800. München 1999, S. 89–104.

Böning, Holger, Die preußischen Intelligenzblätter, in: Sösemann, Bernd (Hg.), Kommunikation und Medien in Preußen vom 16. bis zum 19. Jahrhundert. Stuttgart 2002 (Beiträge zur Kommunikationsgeschichte 12), S. 207–238.

Boockmann, Hartmut, Die Verfassung der Georg-August-Universität von den Anfängen bis 1968, in: Schlotter, Hans-Günther (Hg.), Die Geschichte der Verfassung und der Fachbereiche der Georg-August-Universität zu Göttingen. Göttingen 1994 (Göttinger Universitätsschriften. Serie A: Schriften 16), S. 11–24.

Boor, Friedrich de, Die ersten Vorschläge von Christian Thomasius „wegen auffrichtung einer Neuen Academie zu Halle“ aus dem Jahre 1690, in: Donnert, Erich (Hg.), Europa in der Frühen Neuzeit. Festschrift für Günter Mühlpfordt. 6 Bde. Weimar/Köln/Wien 1997–2002. Bd. 4: Deutsche Aufklärung (1997), S. 57–84.

Borkowsky, Ernst, Das alte Jena und seine Universität. Jena 1912 (Drittes Tausend).

Bornhak, Conrad, Geschichte der preussischen Universitätsverwaltung bis 1810. Berlin 1900.

Bösch, Frank, Das konservative Milieu. Vereinskultur und lokale Sammlungspolitik in ost- und westdeutschen Regionen (1900–1960). Göttingen 2002 (Veröffentlichungen des Zeitgeschichtlichen Arbeitskreises Niedersachsen 19).

Bosse, Heinrich, Studien- und Lebenshaltungskosten Hallischer Studenten, in: Hammerstein, Notker (Hg.), Universitäten und Aufklärung. Göttingen 1995 (Das achtzehnte Jahrhundert, Supplementa 3), S. 137–158.

Brachtendorf, Ralf, Ein Postkutschenüberfall im Jahre 1781 in der Eifel. Möglichkeiten und Probleme bei der Verfolgung von Straftätern in Kurtrier, in: Unrecht und Recht. Kriminalität und Gesellschaft im Wandel von 1500–2000. Gemeinsame Landesausstellung der rheinland-pfälzischen und saarländischen Archive. Wissenschaftlicher Begleitband. Koblenz 2002, S. 512–526.

Brachtendorf, Ralf, Konflikte, Devianz, Kriminalität. Justiznutzung und Strafpraxis in Kurtrier im 18. Jahrhundert am Beispiel des Amts Cochem. Marburg 2003.

Brakensiek, Stefan, Erfahrungen mit der hessischen Policey- und Niedergerichtsbarkeit des 18. Jahrhunderts. Zugleich ein Plädoyer für eine Geschichte des Gerichtspersonals, in: Münch, Paul (Hg.), „Erfahrung“ als Kategorie der Frühneuzeitgeschichte. München 2001 (Historische Zeitschrift Beihefte [Neue Folge] 31), S. 349–368.

Brakensiek, Stefan, Herrschaftsvermittlung im alten Europa. Praktiken lokaler Justiz, Politik und Verwaltung im internationalen Vergleich, in: ders./Wunder, Heide (Hg.), Ergebene Diener ihrer Herren? Herrschaftsvermittlung im alten Europa. Köln/Weimar/Wien 2005, S. 1–21.

Brandt, Peter, Studentische Lebensform und Nationalismus. Vor- und Frühgeschichte der allgemeinen deutschen Burschenschaft 1771–1819/23. Habil. Berlin 1987.

Braun-Rautenberg, Tina, Aspekte studentischer Freizeitkultur im frühneuzeitlichen Freiburg. M.A.-Arbeit Münster 2003.

Breuer, Stefan, Gescheiterte Milieubildung. Die Völkischen im deutschen Kaiserreich, in: Zeitschrift für Geschichtswissenschaft 52 (2004), Heft 11, S. 995–1016.

Bröckling, Ulrich/Sikora, Michael, Einleitung, in: dies. (Hg.), Armeen und ihre Deserteure. Vernachlässigte Kapitel einer Militärgeschichte der Neuzeit. Göttingen 1998, S. 7–15.

Bruch, Rüdiger vom, Über Autonomie der Universität und akademische Freiheit. Berlin 1993 (Beiträge zur Geschichte der Humboldt-Universität zu Berlin 31).

Bruchmüller, Wilhelm, Der Leipziger Student. 1409–1909. Leipzig 1909.

Bruchmüller, Wilhelm, Ein Propatriaskandal zwischen Leipziger und Hallenser Studenten aus dem Jahr 1803 und seine Untersuchungsergebnisse für das damalige studentische Verbindungswesen in Leipzig, in: Studium Lipsiense. Ehrengabe Karl Lamprecht dargebracht aus Anlass der Eröffnung des königlich sächsischen Instituts für Kultur- und Universalgeschichte bei der Universität Leipzig von Schülern aus der Zeit seiner Leipziger Wirksamkeit. Berlin 1909, S. 322–338.

Brüdermann, Stefan, Der Göttinger Studentenauszug 1790. Handwerkerehre und akademische Freiheit. Göttingen 1991 (Lichtenberg-Studien 7).

Brüdermann, Stefan, Göttinger Studenten und akademische Gerichtsbarkeit im 18. Jahrhundert. Göttingen 1990 (Göttinger Universitätsschriften: Serie A, Schriften 15).

Brüdermann, Stefan, Studenten als Einwohner in der Universitätsstadt Helmstedt, in: Braunschweigisches Jahrbuch für Landesgeschichte 81 (2000), S. 9–27.

Brüdermann, Stefan, Studenten als Einwohner der Stadt, in: Böhme, Hartmut/Vierhaus, Rudolf (Hg.), Göttingen. Geschichte einer Universitätsstadt. Band 2: Vom Dreißigjährigen Krieg bis zum Anschluss an Preußen – Der Wiederaufstieg als Universitätsstadt (1648–1866). Göttingen 2002, S. 395–428.

Brüdermann, Stefan, Rezension von: Kuhn, Axel/Schweigard, Jörg, Freiheit oder Tod. Die deutsche Studentenbewegung zur Zeit der Französischen Revolution, Köln/Weimar/Wien 2005, in: sehepunkte 6 (2006), Nr. 7/8 [15.07.2006], <http://www.sehepunkte.de/2006/07/7887.html>.

Brümmer, Manfred, Staat kontra Universität. Die Universität Halle-Wittenberg und die Karlsbader Beschlüsse 1819–1848. Weimar 1991.

Burke, Peter, Introduction. in: ders./Porter, Roy (eds.), The Social History Of Language. Cambridge/New York u.a. 1988 [[1]1987] (Cambridge Studies in Oral and Literate Culture 12), S. 1–20.

Burke, Peter, The art of conversation. Cambridge 1993.

Büschel, Hubertus, Untertanenliebe. Der Kult um deutsche Monarchen 1770–1830. Göttingen 2006 (Veröffentlichungen des Max-Planck-Instituts für Geschichte 220).

Ceballos Gómez, Diana L., Staat, lokale Eliten und Denunziation im Amerika des Ancien Régime, in: Ross, Friso/Landwehr, Achim (Hg.), Denunziation und Justiz. Historische Dimensionen eines sozialen Phänomens. Tübingen 2000, S. 55–75.

Clark, William, Academic Charisma and the Origins of the Research University. Chicago/London 2006.

Cowan, Brian, The Rise of the Coffeehouse reconsidered, in: The Historical Journal 47/1 (2004), S. 21–46.

Craig, Gordon A., Friedrich Schiller und die Polizei, in: ders., Die Politik der Unpolitischen. Deutsche Schriftsteller und die Macht 1770–1871. München 1993, S. 59–68 und 218–220.

Darnton, Robert, A Spy in Grub Street, in: ders., The Literary Underground of the Old Regime. Cambridge (Mass.)/London 1982, S. 41–70.

Darnton, Robert, An Early Information Society. News and Media in Eighteenth-Century Paris, in: The American Historical Review 105 (Februar 2000) 1, zitiert nach: www.indiana.edu/~ahr/darnton/ (Frühjahr 2000).

Darnton, Robert, Public Opinion and Communication Networks in Eighteenth-Century Paris, in: Knabe, Peter-Eckhard (Hg.), Opinion. Berlin 2001 (Concepts & Symbols du Dix-huitième Siècle Européen / Concepts & Symbols of the Eighteenth Century in Europe), S. 149–229.

Darnton, Robert, Public Opinion and Communication Networks in Eighteenth-Century Paris [to be published in a volume on public opinion edited by Peter-Eckhard Knabe University of Greifswald, 2001] zitiert nach: www.indiana.edu/~ahr/darnton/pocn/ (April 2000).

Darnton, Robert, Poesie und Polizei. Öffentliche Meinung und Kommunikationsnetzwerke im Paris des 18. Jahrhunderts. Frankfurt a. M. 2002 (Erbschaft unserer Zeit 15. Edition suhrkamp 2231).

Deneke, Otto, Göttinger Studenten=Orden. Göttingen 1938.

Denissenko, Irina, Die inszenierte Öffentlichkeit des Streits. Die Gattung Antikritik und das kritische Profil der Allgemeinen Literatur-Zeitung, in: Matuschek, Stefan (Hg.), Organisation der Kritik. Die Allgemeine Literatur-Zeitung in Jena 1785–1803. Heidelberg 2004 (Ereignis Weimar–Jena. Kultur um 1800. Ästhetische Forschungen 5), S. 113–142.

Deuerlein, Ernst, Ernstes und Heiteres aus dem Erlanger Studentenleben des 18. Jahrhunderts. Die Untersuchungen gegen die Orden in den Jahren 1767 und 1768. Erlangen [ca. 1928].

Deuerlein, Ernst, Neues vom Constantisten=Orden, in: Wende und Schau, Kösener Jahrbuch, Zweite Folge 1932, S. 98–193.

Deuerlein, Ernst, Studentengeschichtliches aus dem Archiv der Freimaurer-Loge Libanon zu den 3 Cedern in Erlangen. Ein Beitrag zur Geschichte der Akademischen Logen und Studenten in Erlangen, in: Archiv für Studenten- und Hochschulgeschichte, Heft 5 u. 6 (1934), S. 139–167.

Dietz, Eduard, Die Teutonia und die Allgemeine Burschenschaft zu Halle, in: Haupt, Herman (Hg.), Quellen und Darstellungen zur Geschichte der Burschenschaft und der deutschen Einheitsbewegung, i. Auftr. der Burschenschaftlichen Historischen Kommission, Band 2, Heft 3–4, S. 215–305.

Diewald-Kerkmann, Gisela, Politische Denunziation im NS-Regime oder die kleine Macht der „Volksgenossen". Bonn 1995.

Dinges, Martin, Die Ehre als Thema der Stadtgeschichte. Eine Semantik im Übergang vom Ancien Régime zur Moderne, in: Zeitschrift für Historische Forschung 16 (1989), S. 409–440.

Dinges, Martin, Der Maurermeister und der Finanzrichter. Ehre, Geld und soziale Kontrolle im Paris des 18. Jahrhunderts. Göttingen 1994 (Veröffentlichungen des Max-Planck-Instituts für Geschichte 105).

Dinges, Martin, Aushandeln von Armut in der Frühen Neuzeit: Selbsthilfepotential, Bürgervorstellungen und Verwaltungslogiken, in: WerkstattGeschichte 4 (1995), Heft 10, S. 7–15.

Dinges, Martin, „Historische Anthropologie" und „Gesellschafts-Geschichte". Mit dem Lebensstilkonzept zu einer „Alltagskulturgeschichte" der frühen Neuzeit?, in: Zeitschrift für Historische Forschung 24 (1997), S. 179–214.

Dippel, Horst, Sicherheit des Staates oder Sicherheit des Bürgers? Die Entstehung der modernen Polizei in Paris und London in der ersten Hälfte des 19. Jahrhunderts, in: Heyen, Erk Volkmar in Verbindung mit Guido Melis (Hg.), Verwaltung und Verwaltungsrecht in Frankreich und England (18./19. Jh.). Baden-Baden 1996 (Jahrbuch für Europäische Verwaltungsgeschichte 8), S. 255–284.

Dipper, Christof, Geschichtswissenschaft und Rechtsgeschichte, in: Zeitschrift für Neuere Rechtsgeschichte 27 (2005) Nr. 3/4, S. 272–286.

Döring, Detlef, Die Universität Leipzig im Zeitalter der Aufklärung. Geschichte, Stand und Perspektiven der Forschung, in: Historisches Jahrbuch 122 (2002), S. 413–461.

Donath, Matthias: Zwischen „Augiasstall" und „Universitas litterarum". Die Universität Leipzig um 1800. in: Topfstedt, Thomas/Zwahr, Hartmut (Hg.), Leipzig um 1800. Beiträge zur Sozial- und Kulturgeschichte. Beucha 1998. S. 43–59.

Dotzauer, Winfried, Zur Sozialstruktur der Freimaurerei in Deutschland, in: Reinalter, Helmut (Hg.), Aufklärung und Geheimgesellschaften. Zur politischen Funktion und Sozialstruktur der Freimaurerlogen im 18. Jahrhundert. München 1989 (Ancien Régime, Aufklärung, Revolution 16), S. 109–149.

Draper, Anthony J., Cesare Beccaria's influence on English discussions of punishment, 1764–1789, in: History of European Ideas 26 (2000), S. 177–199.

Dressel, Albert, Die Landsmannschaften und Studentenorden an der Universität Helmstedt, in: Jahrbuch des Geschichtsvereins für das Herzogtum Braunschweig 14 (1916), S. 113–166.

Dyck, Joachim, Minna von Barnhelm oder: Die Kosten des Glücks. Komödie von Gotthold Ephraim Lessing. Über Wirte als Spitzel, preußische Disziplin, Lessing im Kriege, frisches Geld und das begeisterte Publikum. Berlin 1981 (Wagenbachs Taschenbücherei 72).

Ebel, Edouard, Délations et délateurs au XIXe siècle en Alsace, in: Hohkamp, Michaela/Ulbrich, Claudia (Hg.), Der Staatsbürger als Spitzel. Denunziation während des 18. und 19. Jahrhunderts aus europäischer Perspektive. Leipzig 2001 (Deutsch-Französische Kulturbibliothek 19), S. 271–296.

Eckert, Rainer, Die Diskussion um die Staatssicherheitsverstrickungen an der Berliner Humboldt-Universität zwischen 1989 und 1993, in: German Studies Review, Special Issue 1994, S. 147–156.

Eckstein, Friedrich August, Geschichte der Freimaurerloge im Orient von Halle. Eine Festgabe zur Secularfeier der Loge zu den drei Degen. Halle 1844.

Ehrenpreis, Stefan, Frühneuzeitliche Universitätsgeschichte – Leistungen und Defizite der deutschen Forschung seit 1990, in: Jahrbuch für Universitätsgeschichte 6 (2003), S. 262–266.

Eibach, Joachim, Kriminalitätsgeschichte zwischen Sozialgeschichte und Historischer Kulturforschung, in: Historische Zeitschrift 263 (1996), S. 681–715.

Eibach, Joachim, Städtische Gewaltkriminalität im Ancien Régime. Frankfurt am Main im europäischen Kontext, in: Zeitschrift für Historische Forschung 25 (1998), Heft 3, S. 359–382.

Eibach, Joachim, Frankfurter Verhöre. Städtische Lebenswelten und Kriminalität im 18. Jahrhundert. Paderborn u.a. 2003.

Emeliantseva, Ekaterina, Historischer Vergleich und lebensweltlich orientierte Geschichtsschreibung: Ein möglicher Weg zu einer integrierten Geschichte Europas, in: http://hsozukult.geschichte.hu-berlin.de/forum/2005-04-002 [letzter Besuch: April 2005].

Emporium. 500 Jahre Universität Halle-Wittenberg. Landesausstellung Sachsen–Anhalt 2002. Hg. v. Berg, Gunnar/Bremer, Thomas/Dilly, Heinrich/Rupieper, Hermann-Josef/Schröter, Marianne/Sträter, Udo/Wagner, Claudia. Halle 2002.

Engels, Jens Ivo, Furcht und Drohgebärde. Die Denunzianten „falscher Komplotte“ gegen den König von Frankreich 1680–1760, in: Hohkamp, Michaela/Ulbrich, Claudia (Hg.), Der Staatsbürger als Spitzel. Denunziation während des 18. und 19. Jahrhunderts aus europäischer Perspektive. Leipzig 2001 (Deutsch-Französische Kulturbibliothek 19), S. 323–340.

Engels, Hans-Werner, Zu Friedrich Christian Laukhards Spätwerk, in: Donnert, Erich (Hg.), Europa in der Frühen Neuzeit. Festschrift für Günter Mühlpfordt. 6 Bde. Weimar/Köln/Wien 1997–2002. Bd. 2: Frühmoderne (1997), S. 439–454.

[Der historische] Entwicklungsgang des studentischen Verbindungswesens auf der Universität Leipzig, in: Akademische Monatshefte. Organ der Deutschen Coprsstudenten 1 (1884/85), S. 264–267.

Esch, Arnold, Mittelalterliche Zeugenverhöre als historische Quelle. Innenansichten von Zeiterfahrungen und sozialem Leben, in: Fuchs, Ralf-Peter/Schulze, Winfried (Hg.), Wahrheit, Wissen, Erinnerung. Zeugenverhörprotokolle als Quellen für soziale Wissensbestände in der Frühen Neuzeit. Münster 2002 (Wirklichkeit und Wahrnehmung 1), S. 43–56.

Eulenburg, Franz, Die Frequenz der deutschen Universitäten von ihrer Gründung bis zur Gegenwart. Berlin 1994 (Nachdruck der Ausgabe von 1904).

Fabricius, Wilhelm, Die Studentenorden des 18. Jahrhunderts und ihr Verhältnis zu den gleichzeitigen Landsmannschaften. Jena 1891.

Fabricius, Wilhelm, Die deutschen Corps. Eine historische Darstellung mit besonderer Berücksichtigung des Mensurwesens. Berlin 1898.

Farge, Arlette, Lauffeuer in Paris. Die Stimme des Volkes im 18. Jahrhundert. Stuttgart 1993.

Faszination Forschung. Johann Reinhold Forster (1729–1798). Staatsbibliothek zu Berlin – Preußischer Kulturbesitz. (Ausstellung und Katalog: Regina Mahlke; Ruth Weiß). Wiesbaden 1998 (Ausstellungskataloge; N.F. 31).

Fechner, Jörg-Ulrich, Stammbücher als kulturhistorische Quellen. Einführung und Umriß der Aufgaben, in: ders. (Hg.), Stammbücher als kulturhistorische Quelle. München 1981 (Wolfenbütteler Forschungen 11), S. 7–21.

Ficht, W., Die Entstehung und der Niedergang der Studentenorden des 18. Jahrhunderts und deren enge Verwandtschaft mit der Freimaurerei. Bayreuth 1914 (Sonderabdruck aus dem Bayreuther Bundesblatt XIV, Nr. 8, Mai 1914).

Fischer, Ernst/Haefs, Wilhelm/Mix, York-Gothart, Einleitung: Aufklärung, Öffentlichkeit und Medienkultur in Deutschland im 18. Jahrhundert, in: dies. (Hg.), Von Almanach bis Zeitung. Ein Handbuch der Medien in Deutschland 1700–1800. München 1999, S. 9–23.

Fitzpatrick, Sheila/Gellately, Robert (eds.), Accusatory practices. Denunciation in Modern European History, 1789–1989. Chicago/London 1997 (Studies in European History from the Journal of Modern History).

Fitzpatrick, Sheila/Gellately, Robert, Introduction to the Practices of Denunciation in Modern European History, in: dies. (eds.), Denunciation in Modern European History, 1789–1989. Chicago/London 1997 (Studies in European History from the Journal of Modern History), S. 1–21.

Fitzpatrick, Sheila, Denunciation and Problems of Loyalty and Citizenship, in: Hohkamp, Michaela/Ulbrich, Claudia (Hg.), Der Staatsbürger als Spitzel. Denunziation während des 18. und 19. Jahrhunderts aus europäischer Perspektive. Leipzig 2001 (Deutsch-Französische Kulturbibliothek 19), S. 383–395.

Flaschendräger, Werner, Universitätsentwicklung im Zeitalter der Aufklärung, 1680 bis 1789, in: Rathmann, Lothar (Hg.) / Autorenkollektiv unter der Leitung von Siegfried Hoyer, Alma Mater Lipsiensis. Geschichte der Karl-Marx-Universität Leipzig. Leipzig 1984, S. 76–125.

Flemming, Max, Geschichte der Hallischen Burschenschaft von 1814–1860 mit einer Übersicht über die studentischen Verbindungen von der Gründung der Universität bis zum Entstehen der Burschenschaft, in: Wentzcke, Paul (Hg.), Quellen und Darstellungen zur Geschichte der Burschenschaft und der deutschen Einheitsbewegung: Beihefte 1–6. Heidelberg 1990 [Neudruck 1927–1936], S. 239–350.

Fontius, Martin, Post und Brief, in: Gumbrecht, Hans Ulrich/Pfeiffer, K. Ludwig (Hg.), Materialität der Kommunikation. Frankfurt a. M. 1988, S. 267–279.

Fößel, Amalie, Denunziation im Verfahren gegen Ketzer im 13. Und beginnenden 14. Jahrhundert, in: Jerouschek, Günter/Marßolek, Inge/Röckelein, Hedwig (Hg.), Denunziation. Historische, juristische und psychologische Aspekte. Tübingen 1997 (Forum Psychohistorie 7), S. 48–63.

Frank, Michael, Dörfliche Gesellschaft und Kriminalität. Das Fallbeispiel Lippe 1650–1800. Paderborn/München/Wien/Zürich 1995.

Freitag, Werner, Eine andere Sicht der Dinge. Die Entwicklung Halles im 18. Jahrhundert unter wirtschafts- und sozialgeschichtlichen Aspekten, in: Müller-Bahlke, Thomas (Hg.), Gott zur Ehr und zu des Landes Besten. Die Franckeschen Stiftungen und Preußen: Aspekte einer alten Allianz. Halle 2001, S. 297–314.

Freitag, Werner, Halle 806 bis 1806. Salz, Residenz und Universität. Eine Einführung in die Stadtgeschichte unter Mitarbeit von Andrea Thiele. Halle 2006.

Frevert, Ute, Ehrenmänner. Das Duell in der bürgerlichen Gesellschaft. München 1991.

Frevert, Ute, Neue Politikgeschichte, in: Eibach, Joachim/Lottes, Günther (Hg.), Kompass der Geschichtswissenschaft. Ein Handbuch. Göttingen 2002 (UTB für Wissenschaft 2271), S. 152–164.

Frevert, Ute, Vertrauen – eine historische Spurensuche, in: dies. (Hg.), Vertrauen. Historische Annäherungen. Göttingen 2003, S. 7–66.

Frevert, Ute, Neue Politikgeschichte: Konzepte und Herausforderungen, in: dies./Haupt, Heinz-Gerhard (Hg.), Neue Politikgeschichte. Perspektiven einer historischen Politikforschung. Frankfurt a. M./New York 2005 (Historische Politikforschung 1), S. 7–26.

Friedrichs, Christopher R., Urban Politics in Early Modern Europe. London/New York 2000 (Historical Connections).

Fuchs, Ralf-Peter, Um die Ehre. Westfälische Beleidigungsprozesse vor dem Reichskammergericht 1525–1805. Paderborn 1999.

Fuchs, Ralf-Peter/Schulze, Winfried, Zeugenverhöre als historische Quellen – einige Vorüberlegungen, in: dies. (Hg.), Wahrheit, Wissen, Erinnerung. Zeugenverhörprotokolle als Quellen für soziale Wissensbestände in der Frühen Neuzeit. Münster 2002 (Wirklichkeit und Wahrnehmung 1), S. 7–40.

Füssel, Marian, Universität und Öffentlichkeit: Die Inaugurationsfeierlichkeiten der Universität Halle 1694, in: Freitag, Werner/Minner, Katrin (Hg.), Vergnügen und Inszenierung. Stationen städtischer Festkultur in Halle. Halle 2004 (Forschungen zur hallischen Stadtgeschichte 4), S. 59–78.

Füssel, Marian, Rang und Raum. Gesellschaftliche Kartographie und die soziale Logik des Raumes an frühneuzeitlichen Universitäten, in: Dartmann, Christoph/ders./Stefanie Rüther (Hg.), Raum und Konflikt. Zur symbolischen Konstituierung gesellschaftlicher Ordnung in Mittelalter und Früher Neuzeit. Münster 2004 (Schriftenreihe des Sonderforschungsbereichs 496, Bd. 5), S. 175–197.

Füssel, Marian, Devianz als Norm? Studentische Gewalt und akademische Freiheit in Köln im 17. und 18. Jahrhundert, in: Westfälische Forschungen 54 (2004). Themenschwerpunkt: Von rechten und unrechten Taten: Zur Kriminalitätsgeschichte von der Frühen Neuzeit bis zum 20. Jahrhundert Hg. v. Barbara Krug-Richter und Herbert Reinke, S. 145–166.

Füssel, Marian, „Die neue präeminenzische Unordnung". Rangkonflikte an den Universitäten Tübingen und Ingolstadt in der Frühen Neuzeit, in: ders./Weller, Thomas (Hg.), Ordnung und Distinktion. Praktiken sozialer Repräsentation in der ständischen Gesellschaft (Schriftenreihe des Sonderforschungsbereichs 496, Bd. 8), Münster 2005, S. 49–74.

Füssel, Marian, Gewalt im Zeichen der Feder. Soziale Leitbilder in akademischen Initiationsriten der Frühen Neuzeit, in: Ulbrich, Claudia/Jarzebowski, Claudia/Hohkamp, Michaela (Hg.), Gewalt in der Frühen Neuzeit. Beiträge zur 5. Tagung der Arbeitsgemeinschaft Frühe Neuzeit im VHD Berlin 2005 (Historische Studien 81), S. 101–116.

Füssel, Marian, Riten der Gewalt. Zur Geschichte der akademischen Deposition und des Pennalismus in der frühen Neuzeit, in: Zeitschrift für historische Forschung 32/4 (2005), S. 605–648.

Füssel, Marian, Umstrittene Grenzen. Zur symbolischen Konstitution sozialer Ordnung in einer frühneuzeitlichen Universitätsstadt am Beispiel Helmstedt, in: Hochmuth, Christian/Rau, Susanne (Hg.), Machträume der frühneuzeitlichen Stadt. Konstanz 2006, S. 171–191.

Füssel, Marian/Rüther, Stefanie, Einleitung, in: Dartmann, Christoph/ders./dies. (Hg.), Raum und Konflikt. Zur symbolischen Konstituierung gesellschaftlicher Ordnung in Mittelalter und Früher Neuzeit. Münster 2004 (Schriftenreihe des Sonderforschungsbereichs 496, Bd. 5), S. 9–18.

Gascoigne, John, Science, Politics and Universities in Europe 1600–1800, Aldershot 1999 (Variorum Collected Studies Series CS 36).

Gaudeamus igitur. Studentisches Leben einst und jetzt. Kongreß Schallaburg 1992. Hg. vom Amt der NOe Landesregierung, Abt. III/2 – Kulturabteilung. Wien 1992.

Geffarth, Renko, Zirkel, Brüder, Unbekannte Obere. Zur inneren Struktur des *Gold- und Rosenkreuzerordens* in Mittel- und Norddeutschland, in: Zaunstöck, Holger/Meumann, Markus (Hg.), Sozietäten, Netzwerke, Kommunikation. Neue Forschungen zur Vergesellschaftung im Jahrhundert der Aufklärung (Hallesche Beiträge zur Europäischen Aufklärung 21), S. 159–175.

Geffarth, Renko, Geheimrat und Rosenkreuzer. Geheimbundmitglieder in der kursächsischen Regierung und Verwaltung 1780–1794, in: Arkanwelten im politischen Kontext. Hg. v. Monika Neugebauer-Wölk. Hamburg 2003 (Aufklärung. Interdisziplinäres Jahrbuch zur Erforschung des 18 Jahrhunderts und seiner Wirkungsgeschichte 15), S. 105–123.

Geheime Gesellschaft. Weimar und die deutsche Freimaurerei. Katalog zur Ausstellung der Stiftung Weimarer Klassik im Schiller-Museum Weimar 21. Juni bis 31. Dezember 2002. Hg. v. Joachim Berger und Klaus-Jürgen Grün. München/Wien 2002.

Gellately, Robert, Die Gestapo und die deutsche Gesellschaft. Die Durchsetzung der Rassenpolitik 1933–1945. 2. unver. Aufl. Paderborn/München/Wien/Zürich 1994.

Gellately, Robert, Denunciation as a Subject of Historical Research, in: Historical Social Research – Historische Sozialforschung 26 (2001), Nr. 2/3. Sonderheft Denunziation. Hg. v. Inge Marßolek und Olaf Stieglitz, S. 16–29.

Gellately, Robert, Backing Hitler. Consent and coercion in Nazi Germany. Oxford 2001.

Gerlach, Karlheinz, 1798 – Die preussische Freimaurerei zwischen staatlicher Reglementierung und Reform, in: Reinalter, Helmut (Hg.), Freimaurerische Wende vor 200 Jahren: 1798 Rückbesinnung und Neuanfang. 3. Internationale Tagung in Köln vom 24.–26. April 1998. Bayreuth 1999, S. 13–29.

Gerlach, Karlheinz, Freimaurer und Rosenkreuzer in Frankfurt an der Oder (1776–1806), in: Donnert, Erich (Hg.), Europa in der Frühen Neuzeit. Festschrift für Günter Mühlpfordt. 6 Bde. Weimar/Köln/Wien 1997–2002. Bd. 4: Deutsche Aufklärung (1997), S. 455–477.

Gerlach, Karlheinz, Die Freimaurer im Alten Preußen 1738–1806. Die Logen zwischen mittlerer Oder und Niederrhein. 2 Teile. Innsbruck 2007 (Quellen und Darstellungen zur europäischen Freimaurerei 8).

Germar, Ernst Friedrich, Geschichte der Loge zu den drei Degen, in: Maurerhalle 3 (1844), S. 197–219.

Gersmann, Gudrun, Im Schatten der Bastille. Die Welt der Schriftsteller, Kolporteure und Buchhändler am Vorabend der Revolution. Stuttgart 1993.

Gersmann, Gudrun, Schattenmänner. Schriftsteller im Dienst der Pariser Polizei des Ancien Régime, in: Jerouschek, Günter/Marßolek, Inge/Röckelein, Hedwig (Hg.), Denunziation. Historische, juristische und psychologische Aspekte. Tübingen 1997 (Forum Psychohistorie 7), S. 99–126.

Gersmann, Gudrun, Vom Denunzianten zum Revolutionär. Die Pariser Buchpolizei des Ancien Régime und ihre Informanten, in: Hohkamp, Michaela/Ulbrich, Claudia (Hg.), Der Staatsbürger als Spitzel. Denunziation während des 18. und 19. Jahrhunderts aus europäischer Perspektive. Leipzig 2001 (Deutsch-Französische Kulturbibliothek 19), S. 341–358.

Gersmann, Gudrun, Der Kampf um die Gerichtsbarkeit. Adlige Hexenpolitik im frühneuzeitlichen Fürstbistum Münster, in: Münch, Paul (Hg.), „Erfahrung" als Kategorie der Frühneuzeitgeschichte. München 2001 (Historische Zeitschrift Beihefte [Neue Folge] 31), S. 369–376.

Gerteis, Klaus, Zur Thematik der Alltagsgeschichte im Zeitalter der Aufklärung, in: ders. (Hg.), Alltag in der Zeit der Aufklärung. Hamburg 1990 (Aufklärung. Interdisziplinäre Halbjahresschrift zur Erforschung des 18. Jahrhunderts und seiner Wirkungsgeschichte 5.2), S. 3–8.

Gestrich, Andreas, Politik im Alltag. Zur Funktion politischer Information im deutschen Absolutismus des frühen 18. Jahrhunderts, in: Gerteis, Klaus (Hg.), Alltag in der Zeit der Aufklärung. Hamburg 1990 (Aufklärung. Interdisziplinäre Halbjahresschrift zur Erforschung des 18. Jahrhunderts und seiner Wirkungsgeschichte 5.2), S. 9–27.

Gestrich, Andreas, Absolutismus und Öffentlichkeit. Politische Kommunikation in Deutschland zu Beginn des 18. Jahrhunderts. Göttingen 1994 (Kritische Studien zur Geschichtswissenschaft 103).

Gevers, Lars/Vos, Louis, Studentische Bewegungen, in: Rüegg, Walter (Hg.), Geschichte der Universität in Europa. Band III: Vom 19. Jahrhundert zum Zweiten Weltkrieg (1800–1945). München 2004, S. 227–299.

Gladen, Paulgerhard/Becker, Ulrich, Gaudeamus igitur. Die studentischen Verbindungen einst und jetzt. München ^{2}1988.

Gleixner, Ulrike, „Das Mensch" und „der Kerl". Die Konstruktion von Geschlecht in Unzuchtsverfahren der Frühen Neuzeit (1700–1760). Frankfurt a. M./New York 1994 (Geschichte und Geschlechter 8).

Godman, Peter, Weltliteratur auf dem Index. Die geheimen Gutachten des Vatikans. Unter Mitwirkung von Jens Brandt. Berlin/München 2001.

Goldmann, Karlheinz, Ein Opfer der französischen Revolution? Der geheimnisvolle Mopsorden (1740) 1741–1782 (ff.), in: Mopsiade. Möpse aus drei Jahrhunderten. Darmstadt [1973], o.S.

Gößner, Andreas, Die Studenten an der Universität Wittenberg. Studien zur Kulturgeschichte des studentischen Alltags und zum Stipendienwesen in der zweiten Hälfte des 16. Jahrhunderts. Leipzig 2003 (Arbeiten zur Kirchen- und Theologiegeschichte 9).

Götze, Heinz, Halles Studentenleben in 250 Jahren, in: 250 Jahre Universität Halle. Streifzüge durch ihre Geschichte in Forschung und Lehre. Halle 1944, S. 45–64.

Götze, Otto, Die Jenaer akademischen Logen und Studentenorden des 18. Jahrhunderts. Jena 1932.

Golinski, Ludwig, Die Studentenverbindungen in Frankfurt/O., Diss.phil. Breslau 1903.

Griesa, Siegfried, Die „Studentenkränzchen" an der Viadrina, in: Ortstermine. Stationen Brandenburg-Preußens auf dem Weg in die moderne Welt. Teil der gemeinsamen Landesausstellung Berlin und Brandenburg „Preussen | 2001". Hg. v. Museumsverband des Landes Brandenburg e.V. Berlin 2001, S. 47–56.

Griesebener, Andrea, „In via gratiae et ex plenitdine potestatis". Strafjustiz und landesfürstliche Gnadenakte im Erzherzogtum Österreich unter der Enns des 18. Jahrhunderts, in: Frühneuzeit-Info 11 (2000) 2, S. 13–27.

Griesebner, Andrea, Konkurrierende Wahrheiten. Malefizprozesse vor dem Landgericht Perchtoldsdorf im 18. Jahrhundert. Wien 2000 (Frühneuzeit-Studien, Neue Folge 3).

Groebner, Valentin, Der Schein der Person. Steckbrief, Ausweis und Kontrolle im Europa des Mittelalters. München 2004.

Gumbrecht, Hans Ulrich, Die Emergenz der Emergenz. Was sich nicht von einer Theorie erfassen oder vorhersagen läßt: Klassische Grundannahmen über die Produktion von Wissen sind in Bewegung geraten, in: Frankfurter Allgemeine Zeitung vom 19. April 2003, Nr. 92, S. 38.

Haaser, Rolf, „... als wenn ich ein Erzaufklärer wäre ...". Der Gießener Regierungsdirektor und reaktionär-konservative Publizist Ludwig Adolf Christian von Grolman, in: Von ‚Obscuranten' und ‚Eudämonisten'. Gegenaufklärerische, konservative und antirevolutionäre Publizisten im späten 18. Jahrhundert. Hg. von Christoph Weiß in Zusammenarbeit mit Wolfgang Albrecht. St. Ingbert 1997 (Literatur im historischen Kontext. Studien und Quellen zur deutschen Literatur- und Kulturgeschichte vom 18. Jahrhundert bis zur Gegenwart 1), S. 305–365.

Haaser, Rolf, Spätaufklärung und Gegenaufklärung. Bedingungen und Auswirkungen der religiösen, politischen und ästhetischen Streitkultur in Gießen zwischen 1770 und 1830. Darmstadt/Marburg 1997 (Quellen und Forschungen zur hessischen Geschichte 114).

Häberlein, Mark (Hg.), Devianz, Widerstand und Herrschaftspraxis in der Vormoderne. Studien zu Konflikten im südwestdeutschen Raum (15.–18. Jahrhundert). Konstanz 1999 (Konflikte und Kultur, Historische Perspektiven 2).

Hammerstein, Notker, Universitäten – Territorialstaaten – Gelehrte Räte, in: ders., Res publica litteraria. Ausgewählte Aufsätze zur frühneuzeitlichen Bildungs-, Wissenschafts- und Universitätsgeschichte. Hg. v. Ulrich Muhlack und Gerrit Walther. Berlin 2000 (Historische Forschungen 69), S. 257–302.

Hammerstein, Notker, Die Obrigkeiten und die Universitäten: ihr Verhältnis im Heiligen Römischen Reich Deutscher Nation, in: ders., Res publica litteraria. Ausgewählte Aufsätze zur frühneuzeitlichen Bildungs-, Wissenschafts- und Universitätsgeschichte. Hg. v. Ulrich Muhlack und Gerrit Walther. Berlin 2000 (Historische Forschungen 69), S. 377–387.

Haney, Gerhard, Georg Friedrich Rebmann – Student in Jena 1787–1789, in: Wadle, Elmar/Sauder, Gerhard (Hg.), Georg Friedrich Rebmann (1768–1824). Autor, Jakobiner Richter. Sigmaringen 1997 (Schriften der Siebenpfeiffer-Stiftung 4), S. 43–64.

Hardtwig, Wolfgang, Politische Gesellschaft und Verein zwischen aufgeklärtem Absolutismus und der Grundrechtserklärung der Frankfurter Paulskirche, in: Birtsch, Günter (Hg.), Grund- und Freiheitsrechte im Wandel von Gesellschaft und Geschichte. Beiträge zur Geschichte der Grund und Freiheitsrechte vom Ausgang des Mittelalters bis zur Revolution von 1848. Göttingen 1981 (Veröffentlichungen zur Geschichte der Grund- und Freiheitsrechte 1), S. 336–558.

Hardtwig, Wolfgang, Die Burschenschaften zwischen aufklärerischer Sozietätsbewegung und Nationalismus. Bemerkungen zu einem Forschungsproblem, in: Aufklärung – Vormärz – Revolution. Jahrbuch der internationalen Forschungsstelle ‚Demokratische Bewegungen in Mitteleuropa 1770–1850' an der Universität Innsbruck 4 (1984), S. 46–53.

Hardtwig, Wolfgang, Krise der Universität, studentische Reformbewegung (1750–1819) und die Sozialisation der jugendlichen deutschen Bildungsschicht. Aufriß eines Forschungsproblems, in: Geschichte und Gesellschaft 11 (1985), S. 155–176.

Hardtwig, Wolfgang, Studentenschaft und Aufklärung: Landsmannschaften und Studentenorden in Deutschland im 18. Jahrhundert, in: François, Etienne (Hg.), Geselligkeit, Vereinswesen und bürgerliche Gesellschaft in Frankreich, Deutschland und der Schweiz 1750–1850. Paris 1986, S. 239–259.

Hardtwig, Wolfgang, Sozialverhalten und Wertwandel der jugendlichen Bildungsschicht im Übergang zur bürgerlichen Gesellschaft (17.–19. Jahrhundert), in: Vierteljahrschrift für Sozial- und Wirtschaftsgeschichte 73 (1986), S. 305–331.

Hardtwig, Wolfgang, Eliteanspruch und Geheimnis in den Geheimgesellschaften des 18. Jahrhunderts, in: Reinalter, Helmut (Hg.), Aufklärung und Geheimgesellschaften. Zur politischen Funktion und Sozialstruktur der Freimaurerlogen im 18. Jahrhundert. München 1989 (Ancien Régime, Aufklärung, Revolution 16), S. 63–86.

Hardtwig, Wolfgang, Verein, in: Brunner, Otto/Conze, Werner/Koselleck, Reinhart (Hg.), Geschichtliche Grundbegriffe. Bd. 6, Stuttgart 1990, S. 789–829.

Hardtwig, Wolfgang, Wie deutsch war die deutsche Aufklärung?, in: Neuhaus, Helmut (Hg.), Aufbruch aus dem Ancien régime: Beiträge zur Geschichte des 18. Jahrhunderts. Köln/Weimar/Wien 1993, S. 157–184.

Hardtwig, Wolfgang, Vom Elitebewußtsein zur Massenbewegung. Frühformen des Nationalismus in Deutschland 1500–1840, in: ders., Nationalismus und Bürgerkultur in Deutschland 1500–1914. Ausgewählte Aufsätze. Göttingen 1994, S. 34–54 (Antrittsvorlesung an der Humboldt-Universität zu Berlin am 16. Juni 1992).

Hardtwig, Wolfgang, Zivilisierung und Politisierung. Die studentische Reformbewegung 1750–1818, in: ders., Nationalismus und Bürgerkultur in Deutschland 1500–1914. Ausgewählte Aufsätze. Göttingen 1994, S. 79–107. (Erstveröffentlichung in: Malettke, Klaus (Hg.), 175 Jahre Wartburgfest 18. Oktober 1817–18. Oktober 1992. Studien zur politischen Bedeutung und zum Zeithintergrund der Wartburgfeier. Heidelberg 1992 [Darstellungen und Quellen zur Geschichte der deutschen Einheitsbewegung im neunzehnten und zwanzigsten Jahrhundert 14], S. 31–60).

Hardtwig, Wolfgang, Auf dem Weg zum Bildungsbürgertum. Die Lebensführungsart der jugendlichen Bildungsschicht 1750–1819, in: Asmus, Helmut (Hg.), Studentische Burschenschaften und bürgerliche Umwälzung. Zum 175. Jahrestag des Wartburgfestes. Berlin 1992, S. 36–53 (parallel veröffentlicht in: Lepsius, M. Rainer [Hg.], Bildungsbürgertum im 19. Jahrhundert. Teil III: Lebensführung und ständische Vergesellschaftung. Stuttgart 1992 [Industrielle Welt 47], S. 19–41).

Hardtwig, Wolfgang, Studentische Mentalität – Politische Jugendbewegung – Nationalismus. Die Anfänge der deutschen Burschenschaft, in: ders., Nationalismus und Bürgerkultur in Deutschland 1500–1914. Ausgewählte Aufsätze. Göttingen 1994, S. 108–148, 296–303. (Erstveröffentlichung in: Historische Zeitschrift 242 [1986], S. 581–628).

Hardtwig, Wolfgang, Genossenschaft, Sekte, Verein in Deutschland. 2 Bde. Bd. 1: Vom Spätmittelalter bis zur Französischen Revolution. München 1997.

Härter, Karl, Reichstag und Revolution 1789–1806. Die Auseinandersetzung des immerwährenden Reichstags zu Regensburg mit den Auswirkungen der Französischen Revolution auf das Alte Reich. Göttingen 1991 (Schriftenreihe der historischen Kommission bei der Bayerischen Akademie der Wissenschaften 46).

Härter, Karl, Erfahrungen in der frühneuzeitlichen Strafjustiz, in: Münch, Paul (Hg.), „Erfahrung“ als Kategorie der Frühneuzeitgeschichte. München 2001 (Historische Zeitschrift Beihefte [Neue Folge] 31), S. 377–388.

Härter, Karl, Policey und Strafjustiz in Kurmainz. Gesetzgebung, Normdurchsetzung und Sozialkontrolle im frühneuzeitlichen Territorialstaat. Frankfurt a. M. 2005, Erster und Zweiter Halbband (Studien zur europäischen Rechtsgeschichte. Veröffentlichungen des Max-Planck-Instituts für europäische Rechtsgeschichte Frankfurt am Main 190.1/190.2).

Hassenstein, Friedrich, Das literarische Göttingen, in: Böhme, Hartmut/Vierhaus, Rudolf (Hg.), Göttingen. Geschichte einer Universitätsstadt. Band 2: Vom Dreißigjährigen Krieg bis zum Anschluss an Preußen – Der Wiederaufstieg als Universitätsstadt (1648–1866). Göttingen 2002, S. 947–978.

Haug, Christine, „Schlimme Bücher, so im Verborgenen herumgehn, thun mehr schaden, als die im öffentlichen Laden liegen ...“ Literarische Konspiration und Geheimliteratur in Deutschland zur Zeit der Aufklärung, in: Leipziger Jahrbuch zur Buchgeschichte 11 (2001/2002), S. 11–63.

Heklau, Heike, Zum 200. Todestag von Johann Reinhold Forster (1729–1798), in: Kümmel, Fritz (Hg.), 300 Jahre Botanischer Garten der Martin-Luther-Universität Halle-Wittenberg 1698–1998. Halle 1998, S. 125–133.

Henning, Aloys, Eine frühe Loge des 18. Jahrhunderts: Die „Hocherleuchtete Oculisten-Gesellschaft“ in Wolfenbüttel, in: Donnert, Erich (Hg.), Europa in der Frühen Neuzeit. Festschrift für Günter Mühlpfordt. 5 Bde. Weimar/Köln/Wien 1997–1999. Bd. 5: Aufklärung in Europa (1999), S. 65–82.

Hertzberg, Gustav Friedrich, Geschichte der Stadt Halle an der Saale von den Anfängen bis zur Neuzeit. 3 Bde. Halle 1889–1893. Bd. II: Geschichte der Stadt Halle an der Saale während des 16. und 17. Jahrhunderts (1513–1717) [Halle 1891]; Bd. III: Geschichte der Stadt Halle an der Saale während des 18. und 19. Jahrhunderts (1717–1892) [Halle 1893].

Hertzberg, Gustav Friedrich, Kurze Übersicht über die Geschichte der Universität in Halle a. S. bis zur Mitte des 19. Jahrhunderts. Halle 1894.

Hertzberg, Gustav Friedrich, Die Stadt und Universität Halle a. S. im Jahre 1794. Festschrift des Thür.-Sächsischen Geschichts- und Altertums- Vereins zur zweiten Säkularfeier der Universität Halle 1894. Halle 1894.

Heyne, Moritz, Mitteilungen zur Vorgeschichte der Loge Augusta zum goldenen Zirkel in Göttingen aus dem 18. Jahrhundert. Von Moritz Heyne Mstr. v. St. Handschriftlich für BBr. Göttingen 1896.

Hintze, Otto, Rezension zu: Bornhak, Conrad, Geschichte der preußischen Universitätsverwaltung bis 1810. Berlin 1809, in: Forschungen zur Brandenburgischen und Preußischen Geschichte. 14. Bd., 2. Hälfte (1901), S. 308 [682]–311 [685].

Hirschfelder, Gunther, Wirtshäuser, Cafés und Hotels. Brennpunkte und Schauplätze städtischer Volkskultur im 18. Jahrhundert, in: Mohrmann, Ruth-Elisabeth (Hg.), Städtische Volkskultur im 18. Jahrhundert. Köln/Weimar/Wien 2001 (Städteforschung A/51), S. 83–98.

Hoare, Michael Edward, The Tactless Philosopher. Johann Reinhold Forster (1729–1798). Melbourne 1975.

Hoede, Karl, Zur Frage geheimer studentischer Verbindungen im 18. Jahrhundert, in: Einst und Jetzt. Jahrbuch des Vereins für corpsstudentische Geschichtsforschung 12 (1967), S. 4–42.

Hoffmann, Philip R., Rechtmäßiges Klagen oder Rebellion? Konflikte um die Ordnung politischer Kommunikation im frühneuzeitlichen Leipzig, in: Schlögl, Rudolf (Hg.), Interaktion und Herrschaft. Die Politik der frühneuzeitlichen Stadt. Konstanz 2004 (Historische Kulturwissenschaft 5), S. 309–356.

Hofmann, Franz, Die Universität Halle zur Zeit der Anfänge der bürgerlichen Umwälzung 1789–1817, in: Hübner, Hans (Hg.), Geschichte der Martin-Luther-Universität Halle-Wittenberg 1502–1977. Halle (Saale) 1977 (Wissenschaftliche Beiträge der Martin-Luther-Universität Halle-Wittenberg), S. 49–52.

Hofmeister, Adolph, Rostocker Studentenleben vom 15. bis ins 19. Jahrhundert, in: Archiv für Kultur-Geschichte 4 (1906), S. 1–50, 171–196, 310–348.

Hohkamp, Michaela/Ulbrich, Claudia (Hg.), Der Staatsbürger als Spitzel. Denunziation während des 18. und 19. Jahrhunderts aus europäischer Perspektive. Leipzig 2001 (Deutsch-Französische Kulturbibliothek 19).

Hohkamp, Michaela, Denunziation für und gegen die Obrigkeit. Konstanz am Ende des 18. Jahrhunderts, in: dies./Ulbrich, Claudia (Hg.), Der Staatsbürger als Spitzel. Denunziation während des 18.

und 19. Jahrhunderts aus europäischer Perspektive. Leipzig 2001 (Deutsch-Französische Kulturbibliothek 19), S. 61–85.

Hohkamp, Michaela/Ulbrich, Claudia, Wege zu einer inter- und intrakulturellen Denunziationsforschung, in: dies. (Hg.), Der Staatsbürger als Spitzel. Denunziation während des 18. und 19. Jahrhunderts aus europäischer Perspektive. Leipzig 2001 (Deutsch-Französische Kulturbibliothek 19), S. 9–23.

Hohkamp, Michaela/Kohser-Spohn, Christiane, Die Anonymisierung des Konflikts. Denunziationen und Rechtfertigungen als kommunikativer Akt, in: Eriksson, Magnus/Krug-Richter, Barbara (Hg.), Streitkulturen. Gewalt, Konflikt und Kommunikation in der ländlichen Gesellschaft (16.–19. Jahrhundert). Köln/Weimar/Wien 2003, S. 389–415.

Hohkamp, Michaela, Herrschaft in der Herrschaft. Die vorderösterreichische Obervogtei Triberg von 1737 bis 1780. Göttingen 1998 (Veröffentlichungen des Max-Planck-Instituts für Geschichte 142).

Holenstein, André, Die Huldigung der Untertanen. Rechtskultur und Herrschaftsordnung (800–1800). Stuttgart u.a. 1991 (Quellen und Forschungen zur Agrargeschichte 36).

Holenstein, André, Seelenheil und Untertanenpflicht. Zur gesellschaftlichen Funktion und theoretischen Begründung des Eides in der ständischen Gesellschaft, in: Blickle, Peter (Hg.), Der Fluch und der Eid. Die metaphysische Begründung gesellschaftlichen Zusammenlebens und politischer Ordnung in der ständischen Gesellschaft. Berlin 1993 (Zeitschrift für historische Forschung. Beiheft 15), S. 11–63.

Holenstein, André, Die Umstände der Normen – die Normen der Umstände. Policeyordnungen im kommunikativen Handeln von Verwaltung und lokaler Gesellschaft im Ancien Régime, in: Härter, Karl (Hg.), Policey und frühneuzeitliche Gesellschaft. Frankfurt a. M. 2000 (Ius Commune, Studien zur Europäischen Rechtsgeschichte 129). S. 1–46.

Holenstein, André, Normen und Praktiken der Anzeige in der Markgrafschaft Baden-Durlach in der zweiten Hälfte des 18. Jahrhunderts, in: Hohkamp, Michaela/Ulbrich, Claudia (Hg.), Der Staatsbürger als Spitzel. Denunziation während des 18. und 19. Jahrhunderts aus europäischer Perspektive. Leipzig 2001 (Deutsch-Französische Kulturbibliothek 19), S. 111–146.

Holenstein, André, ‚Gute Policey' und lokale Gesellschaft. Erfahrung als Kategorie im Verwaltungshandeln des 18. Jahrhunderts, in: Münch, Paul (Hg.), „Erfahrung" als Kategorie der Frühneuzeitgeschichte. München 2001 (Historische Zeitschrift Beihefte [Neue Folge] 31), S. 433–450.

Holenstein, André, Kommunikatives Handeln im Umgang mit Policeyordnungen. Die Markgrafschaft Baden im 18. Jahrhundert, in: Asch, Ronald G./Feist, Dagmar (Hg.), Staatsbildung als kultureller Prozess. Strukturwandel und Legitimation von Herrschaft in der Frühen Neuzeit. Köln/Weimar/Wien 2005, S. 191–208.

Holenstein, André/Konersmann, Frank/Pauser, Josef/Sälter, Gerhard, Der Arm des Gesetzes. Ordnungskräfte und gesellschaftliche Ordnung in der Vormoderne als Forschungsfeld (Einleitung), in: dies. (Hg.), Policey in lokalen Räumen. Ordnungskräfte und Sicherheitspersonal in Gemeinden und Territorien vom Spätmittelalter bis zum frühen 19. Jahrhundert. Frankfurt a. M. 2002 (Studien zu Policey und Policeywissenschaft), S. 1–54.

Holenstein, Pia/Schindler, Norbert, Geschwätzgeschichte(n). Ein kulturhistorisches Plädoyer für die Rehabilitierung der unkontrollierten Rede, in: Dülmen, Richard van (Hg.), Dynamik der Tradition. Studien zur historischen Kulturforschung IV. Frankfurt a. M. 1992, S. 41-108.

Holzem, Andreas, Religion und Lebensform. Katholische Konfessionalisierung im Sendgericht des Fürstbistums Münster 1570–1800. Paderborn 2000 (Forschungen zur Regionalgeschichte 33).

Höpel, Thomas, Emigranten der Französischen Revolution in Preussen 1789–1806. Eine Studie in vergleichender Perspektive. Leipzig 2002 (Deutsch-Französische Kulturbibliothek 17).

Höpel, Thomas, Emigranten der Französischen Revolution in Preußen und Sachsen, in: Schönpflug, Daniel/Voss, Jürgen (Hg.), Révolutionnaires et Émigrés. Transfer und Migration zwischen Frankreich und Deutschland 1789–1806. Stuttgart 2002 (Beihefte der Francia 56), S. 193–220.

Hornig, Gottfried, Johann Salomo Semler. Studien zu Leben und Werk des Hallenser Aufklärungstheologen. Tübingen 1996 (Hallesche Beiträge zur Europäischen Aufklärung 2).

Hoyer, Siegfried, Die Leipziger Freimaurerlogen im 18. Jahrhundert unter sozialgeschichtlichen Aspekten, in: Donnert, Erich (Hg.), Europa in der Frühen Neuzeit. Festschrift für Günter Mühlpfordt. 6 Bde. Weimar/Köln/Wien 1997–2002. Bd. 4: Deutsche Aufklärung (1997), S. 417–432.

Hüchtker, Dietlind, „Da hier zu vernehmen gekommen ...“. Gerüchte und Anzeigen am badischen Oberrhein im Ancien Régime, in: Denunzianten in der Neuzeit: Politische Teilnahme oder Selbstüberwachung? (Sozialwissenschaftliche Informationen [Sowi] 27 [1998]), S. 93–99.

Hüchtker, Dietlind, Das „Räubergesindel“ und die Unruhen in der Zeit der Französischen Revolution. Die Bedeutung von Anzeigen, Gerüchten und regelmäßigen Berichten für die Kommunikationspraxis der badischen Verwaltung am Ende des 18. Jahrhunderts, in: Hohkamp, Michaela/Ulbrich, Claudia (Hg.), Der Staatsbürger als Spitzel. Denunziation während des 18. und 19. Jahrhunderts aus europäischer Perspektive. Leipzig 2001 (Deutsch-Französische Kulturbibliothek 19), S. 147–194.

Ischreyt, Heinz, Streiflichter über die Freimaurerei in Kurland, in: Balázs, Eva. H. u.a. (Hg.), Beförderer der Aufklärung in Mittel- und Osteuropa. Freimaurer, Gesellschaften, Clubs. Berlin 1979 (Studien zur Geschichte der Kulturbeziehungen in Mittel- und Osteuropa 5), S. 213–242.

Jahn, Günther, Die Studentenzeit des Unitisten F. L. Jahn und ihre Bedeutung für die Vor- und Frühgeschichte der Burschenschaft 1796–1819, in: Darstellungen und Quellen zur Geschichte der deutschen Einheitsbewegung im neunzehnten und zwanzigsten Jahrhundert 15 (1995), S. 1–129.

Jakob, Josef, Die Studentenverbindungen und ihr Verhältnis zu Staat und Gesellschaft an der Ludwig-Maximilians-Universität Landshut / München von 1800 bis 1833. Diss. Hagen 2002, www.burschenschaft.de/pdf/josef_jakob_diss_studentenverbindungen.pdf.

Jarausch, Konrad H., Deutsche Studenten 1800–1970. Frankfurt a. M. 1984 (Neue Historische Bibliothek. Edition suhrkamp 1258. Neue Folge Band 258).

Jaschke, Hans-Gerd, Denunziation, in: Heinrich, Peter/Schulz zur Wisch, Jochen (Hg.), Wörterbuch zur Mikropolitik. Opladen 1998, S. 56–58.

Jaser, Christian, Rezension zu: Groebner, Valentin: Der Schein der Person. Steckbrief, Ausweis und Kontrolle im Europa des Mittelalters. München 2004, in: H-Soz-u-Kult, 07.06.2005, <http://hsozkult.geschichte.hu-berlin.de/rezensionen/2005-2-170>.

Jeismann, Karl-Heinz/Lundgreen, Peter, Handbuch der deutschen Bildungsgeschichte. Band 3: Von der Neuordnung Deutschlands bis zur Gründung des Deutschen Reiches 1800–1870. München 1987.

Jerouschek, Günter, Mit Worten töten. Historische und psychologische Überlegungen zur Denunziation, in: Historical Social Research – Historische Sozialforschung 26 (2001), Nr. 2/3, Sonderheft Denunziation. Hg. v. Inge Marßolek und Olaf Stieglitz, S. 44–54.

Jerouschek, Günter/Marßolek, Inge/Röckelein, Hedwig, Denunziation – ein interdisziplinäres Forschungsfeld, in: dies. (Hg.), Denunziation. Historische, juristische und psychologische Aspekte. Tübingen 1997 (Forum Psychohistorie 7), S. 9–25.

Jerouschek, Günter/Müller, Daniela, Die Ursprünge der Denunziation im Kanonischen Recht, in: Lück, Heiner/Schildt, Bernd (Hg.), Recht – Idee – Geschichte. Beiträge zur Rechts- und Ideengeschichte für Rolf Lieberwirth anläßlich seines 80. Geburtstages. Köln 2000, S. 3–24.

Jestädt, Franz-Ulrich, Das ‚Nachtgeschöpf‘ aus Gotha. Die politische Publizistik Heinrich August Ottokar Reichards zur Zeit der Französischen Revolution, in: Von ‚Obscuranten‘ und ‚Eudämonisten‘. Gegenaufklärerische, konservative und antirevolutionäre Publizisten im späten 18. Jahrhundert: Hg. v. Christoph Weiß in Zusammenarbeit mit Wolfgang Albrecht. St. Ingbert 1997 (Literatur im historischen Kontext. Studien und Quellen zur deutschen Literatur- und Kulturgeschichte vom 18. Jahrhundert bis zur Gegenwart 1), S. 445–480.

Kahmann, Uli, „Es sey Gutes oder Böses und allerhand Partikularia“. Das amtliche Berichtswesen im Königreich Preußen im 18. und 19. Jahrhundert, unter: www.univie.ac.at/policey-ak/treffen_2.

htm [März 2004] (= Ms. eines Hörfunkbeitrags, Sendung: 1. Dezember 1998, WDR 3, „Am Abend vorgestellt").

Kaminsky, Uwe, Rezension zu: Abke, Stephanie. Sichtbare Zeichen unsichtbarer Kräfte. Denunziationsmuster und Denunziationsverhalten 1933–1949. Tübingen 2003 (Studien zum Nationalsozialismus in der edition diskord 6), in: <http://hsozkult.geschichte.hu-berlin.de/rezensionen/2004-1-152>.

Kaschuba, Wolfgang, Editorial, in: Jahrbuch für Universitätsgeschichte 10 (2007): Alltagswelt Universität. Gastherausgeber: Wolfgang Kaschuba, S. 7–10.

Kathe, Heinz, Die hallische Studentenschaft zur Zeit Friedrichs des Großen 1740–1786, in: Zaunstöck, Holger (Hg.), Halle zwischen 806 und 2006. Neue Beiträge zur Geschichte der Stadt (Forschungen zur hallischen Stadtgeschichte 1), Halle 2001, S. 129–145.

Kathe, Heinz, Die Universität Halle und das Oberkuratorium, in: Studien zur Entwicklung Preussischer Universitäten. Wolfenbüttel 1999 (Wolfenbütteler Forschungen 88), S. 37–57.

Kathe, Heinz, Die Universität Halle in den ersten fünfzig Jahren ihres Bestehens, in: Die Universität zu Halle und Franckens Stiftungen. Hg. v. Ralf-Torsten Speler. Halle 1998 (Kataloge des Universitätsmuseums der Zentralen Kustodie N. F. Nr. 4), S. 11–23.

Kathe, Heinz, Die halleschen Universitätsbürger und Freimeister im 18. Jahrhundert, in: Donnert, Erich (Hg.), Europa in der Frühen Neuzeit. Festschrift für Günter Mühlpfordt. 5 Bde. Weimar/Köln/Wien 1997–1999. Bd. 2: Frühmoderne (1997), S. 181–189.

Kathe, Heinz, Regionale Bezüge hallescher Universitätsgeschichte 1763–1806, in: Sachsen und Anhalt. Jahrbuch der Historischen Kommission für Sachsen-Anhalt 20 (1997), S. 133–154.

Kathe, Heinz, Geist und Macht im absolutistischen Preußen. Zur Geschichte der Universität Halle von 1740 bis 1806. Diss. B masch. 2 Teile. Halle 1980.

Kawerau, Waldemar, Culturbilder aus dem Zeitalter der Aufklärung. Zweiter Band: Aus Halles Litteraturleben. Halle 1888.

Kawerau, Waldemar, Beiträge zur Geschichte der Universität Halle. Die Cives academici, in: Geschichts=Blätter für Stadt und Land Magdeburg. Mitteilungen des Vereins für Geschichte und Altertumskunde des Herzogtums und Erzstifts Magdeburg. 22 (1887), S. 97–112.

Kempf, Thomas, Aufklärung als Disziplinierung. Studien zum Diskurs des Wissens in Intelligenzblättern und gelehrten Beilagen der zweiten Hälfte des 18. Jahrhunderts. München 1991 (Cursus 2).

Kertscher, Hans-Joachim, Von der Residenz zur Universitätsstadt: Zur Kulturgeschichte Halles an der Wende vom 17. zum 18. Jahrhundert, in: Zaunstöck, Holger (Hg.), Halle zwischen 806 und 2006. Neue Beiträge zur Geschichte der Stadt (Forschungen zur hallischen Stadtgeschichte 1), Halle 2001, S. 80–106.

Kertscher, Hans-Joachim, Der vierte hallesche Universitätskanzler Carl Christoph von Hoffmann. „... ein Freund alles Guten ein eifriger Beförderer der Künste und Wissenschaften". Halle 2003.

Kertscher, Hans-Joachim, „[...] in Halle herrscht in Absicht des Trinkens viel Decenz": Studentenleben im 18. und frühen 19. Jahrhundert in der Saalestadt, in: Müller, Walter (Hg.), 180 Jahre Rittergutsgose Döllnitz. Halle 2004, S. 52–71.

Kessler, Herbert, Orden und Landsmannschaften unter akademischer Gerichtsbarkeit, in: Einst und Jetzt. Jahrbuch des Vereins für corpsstudentische Geschichtsforschung 2 (1956), S. 53–70.

Kirscher, André, Neue Forschungen zur Kriminalitätsgeschichte, in: Zeitschrift für Historische Forschung 33 (2006), Heft 3, S. 387–415.

Kittstein, Lothar, Politik im Zeitalter der Revolution. Untersuchungen zur preußischen Staatlichkeit 1792–1807. Stuttgart 2003.

Klinger, Andreas, Der Gothaer Fürstenstaat. Herrschaft, Konfession und Dynastie unter Herzog Ernst dem Frommen. Husum 2002 (Historische Studien 469).

Klinger, Andreas, „Elite der Menschheit"? Identität und Selbstverständnis im studentischen Konstantistenorden, in: Fink, Gonthier-Louis/ders. (Hg.), Identitäten. Erfahrungen und Fiktionen um 1800. Frankfurt a. M. u.a. 2004 (Jenaer Beiträge zur Geschichte 6), S. 455–483.

Kloth, Wiebke, Die Universität Helmstedt und ihre Bedeutung für die Stadt Helmstedt. Helmstedt 2003 (Beiträge zur Geschichte des Landkreises und der ehemaligen Universität Helmstedt 16).

Knöbl, Wolfgang, Polizei und Herrschaft im Modernisierungsprozeß. Staatsbildung und innere Sicherheit in Preußen, England und Amerika 1700–1914. Frankfurt a. M./New York 1998.

Koch, Arnd, Die Denunziation. Ein staatsnotwendiger Verrat?, in: Recht und Politik (2000), S. 237–245.

Koch, Arnd, Denunciatio. Zur Geschichte eines strafprozessualen Rechtsinstituts. Frankfurt a. M. 2006 (Juristische Abhandlungen 48).

Kohfeldt, Gustav, Rostocker Professoren und Studenten im 18. Jahrhundert. Schilderungen nach den Akten und nach zeitgenössischen Berichten. Zur 500=Jahrfeier der Universität Rostock. Rostock 1919.

Kolmer, Lothar, Die denunciatio canonica als Instrument im Kampf um den rechten Glauben, in: Jerouschek, Günter/Marßolek, Inge/Röckelein, Hedwig (Hg.), Denunziation. Historische, juristische und psychologische Aspekte. Tübingen 1997 (Forum Psychohistorie 7), S. 26–47.

Koselleck, Reinhart, Preußen zwischen Reform und Revolution. Allgemeines Landrecht, Verwaltung und soziale Bewegung von 1791 bis 1848. München 1989.

König, Fritz, Aus zwei Jahrhunderten. Geschichte der Studentenschaft und des studentischen Korporationswesens auf der Universität Halle. Halle an der Saale 1894.

Körner, Rudolf, Vom Wesen der Studentenorden, in: Einst und Jetzt. Jahrbuch des Vereins für corpsstudentische Geschichtsforschung 6 (1961), S. 141–149.

Kohser-Spohn, Christiane, „Überwacht ihn": Politische Denunziationen in Straßburg in der Frühphase der Französischen Revolution, in: Denunzianten in der Neuzeit: Politische Teilnahme oder Selbstüberwachung? (Sozialwissenschaftliche Informationen [Sowi] 27 [1998]), S. 87–92.

Kohser-Spohn, Christiane, Théories et pratiques de la dénonciation (1789–1793): Analyse d'un exemple, in: Ross, Friso/Landwehr, Achim (Hg.), Denunziation und Justiz. Historische Dimensionen eines sozialen Phänomens. Tübingen 2000, S. 77–94.

Kohser-Spohn, Christiane, Das Private wird politisch. Denunziation in Straßburg in der Frühphase der Französischen Revolution, in: Hohkamp, Michaela/Ulbrich, Claudia (Hg.), Der Staatsbürger als Spitzel. Denunziation während des 18. und 19. Jahrhunderts aus europäischer Perspektive. Leipzig 2001 (Deutsch-Französische Kulturbibliothek 19), S. 213–269.

Kowalczuk, Ilko-Sascha, Anfänge und Grundlinien der Universitätspolitik der SED, in: German Studies Review, Special Issue 1994, S. 113–130.

Kraft, Günther, Historische Studien zu Schillers Schauspiel „Die Räuber". Über eine mitteldeutsch-fränkische Räuberbande des 18. Jahrhunderts. Weimar 1959 (Beiträge zur deutschen Klassik 3).

Kroll, Stefan, Aushandeln von Herrschaft am Beispiel der Landrekrutenstellung in Kursachsen im 18. Jahrhundert, in: Meumann, Markus/Pröve, Ralf (Hg.), Herrschaft in der Frühen Neuzeit. Umrisse eines dynamisch-kommunikativen Prozesses. Münster 2004 (Herrschaft und soziale Systeme in der Frühen Neuzeit 2), S. 161–194.

Kroll, Stefan, Soldaten im 18. Jahrhundert zwischen Friedensalltag und Kriegserfahrung. Lebenswelten und Kultur in der kursächsischen Armee 1728–1796. Paderborn 2006 (Krieg in der Geschichte 26).

Krug-Richter, Barbara, Vom Rügebrauch zur Konfliktkultur. Rechtsethnologische Perspektiven in der Europäischen Ethnologie, in: Jahrbuch für Volkskunde 28 (2005), S. 27–40.

Krug-Richter, Barbara, Du Bacchant, quid est Grammatica? Konflikte zwischen Studenten und Bürgern in Freiburg/Br. in der Frühen Neuzeit, in: dies./Mohrmann, Ruth-E. (Hg.), Praktiken des Konfliktaustrags in der Frühen Neuzeit. Münster 2004 (Symbolische Kommunikation und gesellschaftliche Wertesysteme 6), S. 79–111.

Krug-Richter, Barbara, Von Messern, Mänteln und Männlichkeit. Aspekte studentischer Konfliktkultur im frühneuzeitlichen Freiburg im Breisgau, in: Wiener Zeitschrift zur Geschichte der Neuzeit 4 (2004), Heft 1, S. 26–52.

Krug-Richter, Barbara unter Mitarbeit von Tina Braun, „Gassatum gehen". Der Spaziergang in der studentischen Kultur der Frühen Neuzeit, in: Jahrbuch für Universitätsgeschichte 9 (2006): Die Universitäten des Alten Reiches in der Frühen Neuzeit. Gastherausgeber: Winfried Müller, S. 35–50.

Kublik, Steffen, Loder als Hochschulpolitiker. MA-Arbeit. Jena 2002.

Küntzel, Astrid, Die Überwachung von Fremden in Köln im 18. Jahrhundert. Normen und Wirklichkeit in einer freien Reichsstadt (PoliceyWorkingPapers. Working Papers des Arbeitskreises Policey / Polizei in der Vormoderne 9 [2005]), <www.univie.ac.at/policey-ak/pwp/pwp_09.pdf>.

Kuhn, Axel, Studentenbewegungen zur Zeit der Französischen Revolution, vornehmlich an der Stuttgarter Hohen Carlsschule, in: Asmus, Helmut (Hg.), Studentische Burschenschaften und bürgerliche Umwälzung. Zum 175. Jahrestag des Wartburgfestes. Berlin 1992, S. 54–64.

Kuhn, Axel, Jena als Zentrum der deutschen Studentenbewegung 1794/95, in: Donnert, Erich (Hg.), Europa in der Frühen Neuzeit. Festschrift für Günter Mühlpfordt. 6 Bde. Weimar/Köln/Wien 1997–2002. Bd. 4: Deutsche Aufklärung (1997), S. 583–618.

Kuhn, Axel/Schweigard, Jörg, Freiheit oder Tod! Die deutsche Studentenbewegung zur Zeit der Französischen Revolution. Köln/Weimar/Wien 2005 (Stuttgarter Historische Forschungen 2).

Labrenz-Weiss, Hanna, Die Beziehungen zwischen Staatssicherheit, SED und den akademischen Leitungsgremien an der Humboldt-Universität zu Berlin, in: German Studies Review, Special Issue 1994, S. 131–146.

Landwehr, Achim, Policey im Alltag. Die Implementation frühneuzeitlicher Policeyordnungen in Leonberg. Frankfurt a. M. 2000 (Studien zu Policey und Policeywissenschaft).

Landwehr, Achim, „Normdurchsetzung" in der Frühen Neuzeit? Kritik eines Begriffs, in: Zeitschrift für Geschichtswissenschaft 48 (2000), Heft 2, S. 146–162.

Landwehr, Achim, Policey vor Ort. Die Implementation von Policeyordnungen in der ländlichen Gesellschaft der Frühen Neuzeit, in: Härter, Karl (Hg.), Policey und frühneuzeitliche Gesellschaft. Frankfurt a. M. 2000 (Ius Commune, Studien zur Europäischen Rechtsgeschichte 129), S. 47–70.

Landwehr, Achim, „... das ein nachbar uff den andern heimblich achtung gebe." ‚Denunciatio', Rüge und ‚gute Policey' im frühneuzeitlichen Württemberg, in: Ross, Friso/ders. (Hg.), Denunziation und Justiz. Historische Dimensionen eines sozialen Phänomens. Tübingen 2000, S. 25–53.

Landwehr, Achim, Diskurs – Macht – Wissen. Perspektiven einer Kulturgeschichte des Politischen, in: Archiv für Kulturgeschichte 85/1 (2003), S. 71–117.

Landwehr, Achim/Ross, Friso, Denunziation und Justiz. Problemstellungen und Perspektiven, in: dies. (Hg.), Denunziation und Justiz. Historische Dimensionen eines sozialen Phänomens. Tübingen 2000, S. 7–23.

Lennhoff, Eugen, Die Freimaurer. Wien/Bindlach 1981 (Nachdruck der Ausgabe von 1929).

Lentz, Matthias, Konflikt, Ehre, Ordnung. Untersuchungen zu den Schmähbriefen und Schandbildern des späten Mittelalters und der frühen Neuzeit (ca. 1350 bis 1600). Mit einem illustrierten Katalog der Überlieferung. Hannover 2004 (Veröffentlichungen der Historischen Kommission für Niedersachsen und Bremen 217).

Lieberwirth, Rolf, Christian Thomasius' Verhältnis zur Universität Leipzig, in: Karl-Marx-Universität Leipzig 1409–1959. Beiträge zur Universitätsgeschichte. 2 Bände. Leipzig 1959, Bd. 1, S. 71–92.

Lieberwirth, Rolf, Die Gründung der Universität Halle aus dem Geist des Naturrechts: Die Frühzeit, in: Berg, Gunnar/Hartwich, Hans-Hermann (Hg.), Martin-Luther-Universität. Von der Gründung bis zur Neugestaltung nach zwei Diktaturen. Opladen 1994, S. 9–25

Lingelbach, Gerhard, Injurie und Injuriensachen im ausgehenden 18. und 19. Jahrhundert, in: Matuschek, Stefan (Hg.), Organisation der Kritik. Die Allgemeine Literatur-Zeitung in Jena 1785–1803. Heidelberg 2004 (Ereignis Weimar-Jena. Kultur um 1800. Ästhetische Forschungen 5), S. 143–156.

Lipp, Carola, Kulturgeschichte und Gesellschaftsgeschichte – Mißverhältnis oder glückliche Verbindung, in: Nolte, Paul/Hettling, Manfred/Kuhlemann, Frank-Michael/Schmuhl, Hans-Walter (Hg.), Perspektiven der Gesellschaftsgeschichte. München 2000, S. 25–35.

Löffler, Ursula, Dörfliche Amtsträger im Staatswerdungsprozess der Frühen Neuzeit. Die Vermittlung von Herrschaft auf dem Lande im Herzogtum Magdeburg, 17. und 18. Jahrhundert. Münster/Hamburg/Berlin/London 2005 (Herrschaft und soziale Systeme in der Frühen Neuzeit 8).

Low, Jennifer, Manhood and the Duel: Masculinity in Early Modern Drama and Culture. New York/Basingstoke 2003 (Early Modern Cultural Series).

Lucas, Colin, The Theory and Practice of Denunciation in the French Revolution, in: Fitzpatrick, Sheila/Gellately, Robert (eds.), Denunciation in Modern European History, 1789–1989. Chicago/London 1997 (Studies in European History from the Journal of Modern History), S. 22–39.

Ludi, Regula, Die Fabrikation des Verbrechens. Zur Geschichte der modernen Kriminalpolitik 1750–1850. Tübingen 1999 (Frühneuzeit-Forschungen 5).

Lüdtke, Alf, Einleitung: Herrschaft als soziale Praxis, in: ders. (Hg.), Herrschaft als soziale Praxis. Historische und sozial-anthropologische Studien. Göttingen 1991 (Veröffentlichungen des Max-Planck-Instituts für Geschichte 91), S. 9–63.

Lüdtke, Alf/Fürmetz, Gerhard, Denunziation und Denunzianten: Politische Teilnahme oder Selbstüberwachung? in: Denunzianten in der Neuzeit: Politische Teilnahme oder Selbstüberwachung? (Sozialwissenschaftliche Informationen [Sowi] 27 [1998]), S. 80–86.

Lüdtke, Alf, Denunziation – Politik aus Liebe? in: Hohkamp, Michaela/Ulbrich, Claudia (Hg.), Der Staatsbürger als Spitzel. Denunziation während des 18. und 19. Jahrhunderts aus europäischer Perspektive. Leipzig 2001 (Deutsch-Französische Kulturbibliothek 19), S. 397–407.

Lüdtke, Alf, Alltagsgeschichte – ein Bericht von unterwegs, in: Historische Anthropologie 11 (2003), Heft 3, S. 278–295.

Luther, Horst, Denunziationen als soziales und strafrechtliches Problem in Deutschland in den Jahren 1945–1990, in: Jerouschek, Günter/Marßolek, Inge/Röckelein, Hedwig (Hg.), Denunziation. Historische, juristische und psychologische Aspekte. Tübingen 1997 (Forum Psychohistorie 7), S. 258–278.

Mägdefrau, Werner, Der Aufstieg und die erste Blüte der Universität Jena in der zweiten Hälfte des 17. Jahrhunderts, in: Geschichte der Universität Jena 1548/58–1958. Festgabe zum vierhundertjährigen Universitätsjubiläum. Im Auftrag von Rektor und Senat verfasst und herausgegeben von einem Kollektiv des Historischen Instituts der Friedrich-Schiller-Universität Jena unter Leitung von Max Steinmetz. Band I: Darstellung. Jena 1958, S. 111–165.

Mägdefrau, Werner, Wissenschaftlicher Höhepunkt im Zeichen der Frühaufklärung in der zweiten Hälfte des 17. Jahrhunderts, in: Alma mater Jenensis. Geschichte der Universität Jena. Hg. v. Siegfried Schmidt in Verbindung mit Ludwig Elm und Günter Steiger. Weimar 1983, S. 63–94.

Maennel, Rudolf, Vor einhundertdreiundvierzig Jahren. Ein Beitrag zur Halleschen Logengeschichte. Nach gleichzeitigen Aufzeichnungen zusammengestellt, in: Freimaurer-Zeitung. Handschrift für Brüder 40 (1886), S. 209–212, 221–223, 233–237, 268–271, 283–287, 290–294, 323–325, 331–335.

Maennel, Rudolf, Die Hallesche Loge der Societät der ewigen Freundschaft und der Studenten-Orden vom Stern, in: Bundesblatt 2 (1888), Heft 13, S. 343–349.

Maennel, Rudolf, Ein Gedenktag aus der Halleschen Logengeschichte, in: Bundesblatt. Organ der Grossen National-Mutterloge Zu den drei Weltkugeln 1 (1887), Heft 11, S. 258–263.

Maennel, Rudolf, Ueber den 1759 gestifteten Societäts-Orden der redlichen Freundschaft, in: Freimaurer-Zeitung. Handschrift für Brüder 43 (1889), S. 193–197.

Mahlerwein, Gunter, Denunziation in der Kurpfalz in der Zeit der Französischen Revolution. Ein Fallbeispiel, in: Hohkamp, Michaela/Ulbrich, Claudia (Hg.), Der Staatsbürger als Spitzel. Denunziation während des 18. und 19. Jahrhunderts aus europäischer Perspektive. Leipzig 2001 (Deutsch-Französische Kulturbibliothek 19), S. 193–211.

Mainka, Peter: Karl Abraham von Zedlitz und Leipe 1731–1793. Ein schlesischer Adliger in Diensten Friedrichs II. und Friedrich Wilhelms II. von Preußen. Berlin 1995 (Quellen und Forschungen zur Brandenburgischen und Preußischen Geschichte 8).

Mares, Detlev, Zum Verhältnis von Sozialgeschichte und Politikgeschichte in Großbritannien, in: Neue Politische Literatur 44 (1999), S. 81–86.

Markner, Reinhard, Einleitung, in: ders./Neugebauer-Wölk, Monika/Schüttler, Hermann (Hg.), Die Korrespondenz des Illuminatenordens. Band I: 1776–1781. Tübingen 2005, S. XI–XLIV.

Marßolek, Inge/Stieglitz, Olaf, Editorial. Denunziation: Zwischen Komparatistik und Interdisziplinarität, in: Historical Social Research – Historische Sozialforschung 26 (2001), Nr. 2/3. Sonderheft Denunziation. Hg. v. Inge Marßolek und Olaf Stieglitz, S. 4–15.

Mauelshagen, Franz, Rezension zu: Darnton, Robert: Poesie und Polizei. Öffentliche Meinung und Kommunikationsnetzwerke im Paris des 18. Jahrhunderts. Frankfurt a. M. 2002. in: H-Soz-u-Kult, 22.08.2003, <http://hsozkult.geschichte.hu-berlin.de/rezensionen/2003-3-114>.

Maurice, Florian, „Staat im Staate" oder „Schule der Untertanen"? Die Freimaurerei im Staat des aufgeklärten Absolutismus, in: Reinalter, Helmut (Hg.), Aufklärung und Geheimgesellschaften. Freimaurer, Illuminaten und Rosenkreuzer: Ideologie, Struktur und Wirkungen. Internationale Tagung 22./23. Mai 1992 in Innsbruck. Bayreuth 1994, S. 9–22.

Maurice, Florian, Freimaurerei um 1800. Ignaz Aurelius Feßler und die Reform der Großloge Royal York in Berlin. Tübingen 1997 (Hallesche Beiträge zur Europäischen Aufklärung 5).

Mehl, Andreas/Schubert, Ch., Die antike griechische Stadt als Lebenswelt, in: Bericht über die 40. Versammlung deutscher Historiker in Leipzig: 28. September bis 1. Oktober 1994. Leipzig 1995.

Mehlow, Michael, Das hallesche Studentenleben zur Zeit August Hermann Franckes, in: Die Universität zu Halle und Franckens Stiftungen. Hg. v. Ralf-Torsten Speler. Halle 1998 (Kataloge des Universitätsmuseums der Zentralen Kustodie N. F. Nr. 4), S. 66–77.

Meidenbauer, Jörg, Aufklärung und Öffentlichkeit. Studien zu den Anfängen der Vereins- und Meinungsbildung in Hessen-Kassel 1770 bis 1806. Darmstadt/Marburg 1991 (Quellen und Forschungen zur hessischen Geschichte 82).

Meier, John, Der hallische Studentenaufstand vom Jahre 1723, in: Zeitschrift für Kulturgeschichte. 1. Ergänzungsheft. Beiträge zur Kulturgeschichte 1, Weimar 1897, S. 1–96.

Mergel, Thomas, Überlegungen zu einer Kulturgeschichte der Politik, in: Geschichte und Gesellschaft 28 (2002), S. 574–606.

Meyer-Camberg, Ernst, Irrtümer in der Studentengeschichte infolge methodologischer Fehler. An Beispielen der frühen Erlanger Geschichte belegt, in: Einst und Jetzt. Jahrbuch des Vereins für corpsstudentische Geschichtsforschung 12 (1967), S. 158–168.

Meyer-Camberg, Ernst, Mitglieder des Jenaer Schwarzen Ordens 1793–1794, in: Einst und Jetzt. Jahrbuch des Vereins für corpsstudentische Geschichtsforschung 21 (1976), S. 76f.

Meumann, Markus, Hermetik oder Privatreligion? Johann Salomo Semler und die esoterische Tradition, in: Schnurmann, Claudia/Lehmann, Hartmut (eds.), Atlantic Understandings: Essays on European and American History in Honor of Hermann Wellenreuther. Münster/Hamburg/Berlin/Wien/London/Zürich 2006 (Atlantic Cultural Studies 1), S. 185–199.

Meumann, Markus/Pröve, Ralf, Die Faszination des Staates und die historische Praxis. Zur Beschreibung von Herrschaftsbeziehungen jenseits teleologischer und dualistischer Begriffsbildungen, in: dies. (Hg.), Herrschaft in der Frühen Neuzeit. Umrisse eines dynamisch-kommunikativen Prozesses. Münster 2004 (Herrschaft und soziale Systeme in der Frühen Neuzeit 2), S. 11–49.

[Ein] Mitglieds-Diplom aus der Hauptloge Inviolabilis vom Jahre 1767, in: Monatshefte der Comenius-Gesellschaft 17 (1908) 1, S. 61–63.

Mohnhaupt, Heinz, Grundlinien in der Geschichte der Gesetzgebung auf dem europäischen Kontinent vom 16. bis 18. Jahrhundert, in: Zeitschrift für Neuere Rechtsgeschichte 28 (2006), Nr. 1/2 (=

Common Law und europäische Rechtsgeschichte. Hg. v. Diethelm Klippel und Reiner Schulze), S. 124–174.

Mohrmann, Ruth-Elisabeth, Zwischen den Zeilen und gegen den Strich – Alltagskultur im Spiegel archivalischer Quellen, in: Der Archivar 44 (1991), Heft 2, Sp. 233–246.

Mohrmann, Ruth-Elisabeth, Volksleben in Wilster im 16. und 17. Jahrhundert. Neumünster 1977 (Studien zur Volkskunde und Kulturgeschichte Schleswig-Holsteins 2).

Mommertz, Monika, Handeln, Bedeuten, Geschlecht. Konfliktaustragungspraktiken in der ländlichen Gesellschaft der Mark Brandenburg (2. Hälfte des 16. Jahrhunderts bis zum Dreißigjährigen Krieg). Diss. phil. Florenz 1997.

Monecke, Uta, Zwischen staatlicher Obrigkeit und bürgerlichem Aufbruch. Preußische Zensur und städtische Zensoren in Halle und Naumburg 1816–1848. Halle 2006 (Forschungen zur hallischen Stadtgeschichte 8).

Moos, Peter von, Unverwechselbarkeit. Persönliche Identität und Identifikation in der vormodernen Gesellschaft. Köln/Weimar/Wien 2004

Moraw, Peter, Aspekte und Dimensionen älterer deutscher Universitätsgeschichte, in: ders./Press, Volker (Hg.), Academia Gissensis. Beiträge zur älteren Gießner Universitätsgeschichte. Zum 375jährigen Jubiläum dargebracht vom Historischen Institut der Justus-Liebig-Universität Gießen Marburg 1982 (Veröffentlichungen der Historischen Kommission für Hessen 45), S. 1–43.

Mühlpfordt, Günter, Die Oder-Universität 1506–1811, in: Die Oder-Universität Frankfurt. Beiträge zu ihrer Geschichte. Hg. v. Günther Haase und Joachim Winkler. Weimar 1983, S. 19–72.

Mühlpfordt, Günter, Kulturbriefe, Briefschriften, Briefbund. A. J. Penzel – 50 Jahre internationale Kommunikation eines ‚gelehrten Sanscülotten'. Ein Leben in Briefen, in: Dutu, Alexandru/Hösch, Edgar/Oellers, Norbert (Hg.), Brief und Briefwechsel in Mittel- und Osteuropa im 18. und 19. Jahrhundert. Essen 1989 (Studien zur Geschichte der Kulturbeziehungen in Mittel- und Osteuropa VII/1, Brief und Briefwechsel im 18. und 19. Jahrhundert als Quellen der Kulturbeziehungsforschung 1), S. 53–136.

Mühlpfordt, Günter, Sendschreiben und Geheimkorrespondenz eines radikalen Aufklärers. Der Brief als Kommunikations-, Stil- und Kampfmittel bei Karl Friedrich Bahrdt, in: Kessler, Wolfgang/Rietz, Henryk/Robel, Gert (Hg.), Kulturbeziehungen in Mittel- und Osteuropa im 18. und 19. Jahrhundert. Festschrift für Heinz Ischreyt zum 65. Geburtstag. Berlin 1982 (Studien zur Geschichte der Kulturbeziehungen in Mittel- und Osteuropa 9), S. 107–128.

Mühlpfordt, Günter, Deutsche Präjakobiner. Karl Friedrich Bahrdt und die beiden Forster, in: Zeitschrift für Geschichtswissenschaft 28 (1980), S. 970–989.

Mühlpfordt, Günter, Europarepublik im Duodezformat. Die internationale Geheimgesellschaft ‚Union' – Ein radikal-aufklärerischer Bund der Intelligenz (1786–1796), in: Reinalter, Helmut (Hg.), Freimaurer und Geheimbünde im 18. Jahrhundert in Mitteleuropa. Frankfurt a. M. 1983 (suhrkamp taschenbuch wissenschaft 403), S. 319–364.

Mühlpfordt, Günter/Reinalter, Helmut, Deutsche Union, in: Reinalter, Helmut (Hg.), Lexikon zu Demokratie und Liberalismus 1750–1848/49. Frankfurt a. M. 1993, S. 72–75.

Müller, Gerhard, Perioden Goethescher Universitätspolitik, in: ders./Ries, Klaus/Ziche, Paul (Hg.), Die Universität Jena. Tradition und Innovation um 1800. Stuttgart 2001 (Pallas Athene 2), S. 135–153.

Müller, Gerhard, Freimaurerei und politische Führungseliten. Die *Strikte Observanz* in den thüringischen Staaten (1764–1782), in: Geheime Gesellschaft. Weimar und die deutsche Freimaurerei. Katalog zur Ausstellung der Stiftung Weimarer Klassik im Schiller-Museum Weimar 21. Juni bis 31. Dezember 2002. Hg. v. Joachim Berger und Klaus-Jürgen Grün. München/Wien 2002, S. 169–175.

Müller, Gerhard, Vom Regieren zum Gestalten. Goethe und die Universität Jena. Heidelberg 2006 (Ereignis Weimar-Jena 6).

Müller, Rainer A., Studentenkultur und akademischer Alltag, in: Rüegg, Walter (Hg.), Geschichte der Universität in Europa. Band II: Von der Reformation zur Französischen Revolution (1500–1800). München 1996, S. 263–286.

Müller, Rainer A., Landsmannschaften und studentische Orden an den deutschen Universitäten des 17. und 18. Jahrhunderts, in: Brandt, Harm-Hinrich/Stickler, Matthias (Hg.), „Der Burschen Herrlichkeit". Geschichte und Gegenwart des studentischen Korporationswesens. Würzburg 1998 (Historia Academica 36), S. 13–34 sowie S. 53–61 die Wiedergabe der Diskussion dazu.

Müller, Winfried, Die Aufklärung. München 2002 (Enzyklopädie deutscher Geschichte 61).

Müller, Winfried, Die Universitäten des Alten Reiches in der Frühen Neuzeit, in: Jahrbuch für Universitätsgeschichte 9 (2006): Die Universitäten des Alten Reiches in der Frühen Neuzeit. Gastherausgeber: Winfried Müller, S. 9–14.

Müller-Bahlke, Thomas/Keller, Carmela/Speler, Ralf-Torsten, Bildungsweg und Tugendpfad. Halle als bevorzugter Standort preußischer Bildung und Erziehung, in: Müller-Bahlke, Thomas (Hg.), Gott zur Ehr und zu des Landes Besten. Die Franckeschen Stiftungen und Preußen: Aspekte einer alten Allianz. Halle 2001, S. 71–103.

Müller-Seidel, Walter, Zur Einleitung, in: ders./Riedel, Wolfgang (Hg.), Die Weimarer Klassik und ihre Geheimbünde. Würzburg 2003, S. 9–26.

Münch, Paul, Lebensformen in der frühen Neuzeit. Frankfurt a. M./Berlin 1992.

Münch, Paul, Einleitung, in: ders. (Hg.), „Erfahrung" als Kategorie der Frühneuzeitgeschichte. München 2001 (Historische Zeitschrift Beihefte [Neue Folge] 31), S. 11–27.

Napierla, Mark, Unparteilichkeit und Polemik. Kritik am Rezensionswesen und die Ordnung der Gelehrtenrepublik, in: Matuschek, Stefan (Hg.), Organisation der Kritik. Die Allgemeine Literatur-Zeitung in Jena 1785–1803. Heidelberg 2004 (Ereignis Weimar-Jena. Kultur um 1800. Ästhetische Forschungen 5), S. 77–112.

Neubauer, Hans-Joachim, Fama. Eine Geschichte des Gerüchts. Berlin 1998.

Neugebauer, Wolfgang, Das Bildungswesen in Preußen seit der Mitte des 17. Jahrhunderts, in: Büsch, Otto (Hg.), Handbuch des preussischen Geschichte. Band II: Das 19. Jahrhundert und Große Themen der Geschichte Preußens. Berlin 1992, S. 605–798.

Neugebauer, Wolfgang, Die Hohenzollern. Band 2: Dynastie im säkularen Wandel. Von 1740 bis in das 20. Jahrhundert. Stuttgart 2003 (Urban Taschenbücher 574).

Neugebauer, Wolfgang, Aufgeklärter Absolutismus, Reformabsolutismus und struktureller Wandel im Deutschland des 18. Jahrhunderts, in: Greiling, Werner/Klinger, Andreas/Köhler, Christoph (Hg.), Ernst II. von Sachsen-Gotha-Altenburg. Ein Herrscher im Zeitalter der Aufklärung. Köln/Weimar/Wien 2005, S. 23–39.

Neugebauer, Wolfgang, Amtsträgerformation und Universität im Deutschland der Frühen Neuzeit. Einige grundsätzliche Annotationen, in: Jahrbuch für Universitätsgeschichte 9 (2006): Die Universitäten des Alten Reiches in der Frühen Neuzeit. Gastherausgeber: Winfried Müller, S. 165–176.

Neugebauer-Wölk, Monika, Der Kampf um die Aufklärung. Die Universität Halle 1730–1806, in: Berg, Gunnar/Hartwich, Hans-Hermann (Hg.), Martin-Luther-Universität. Von der Gründung bis zur Neugestaltung nach zwei Diktaturen. Opladen 1994, S. 27–55.

Neugebauer-Wölk, Monika, Arkanwelten im 18. Jahrhundert. Zur Struktur des Politischen im Kontext von Aufklärung und frühmoderner Staatlichkeit, in: dies. (Hg.), Arkanwelten im politischen Kontext. Hamburg 2003 (Aufklärung. Interdisziplinäres Jahrbuch zur Erforschung des 18. Jahrhunderts und seiner Wirkungsgeschichte 15), S. 7–66.

Neugebauer-Wölk, Monika, Praktische Anthropologie für ein utopisches Ziel: Menschenbeobachtung und Menschenbildung im Geheimbund der Illuminaten, in: Garber, Jörn/Thoma, Heinz (Hg.), Zwischen Empirisierung und Konstruktionsleistung: Anthropologie im 18. Jahrhundert. Tübingen 2004 (Hallesche Beiträge zur Europäischen Aufklärung 24), S. 323–338.

Neugebauer-Wölk, Monika, „... you shall not reveal any pairt of what you shall hear or see ...“. Geheimnis und Öffentlichkeit in masonischen Systemen des 18. Jahrhunderts, in: Bergunder, Michael/Cyranka, Daniel (Hg.), Esoterik und Christentum. Religionsgeschichtliche und theologische Perspektiven. Helmut Obst zum 65. Geburtstag. Leipzig 2005, S. 11–29.

Nicklas, Thomas, Publizität und Intrige. Eine antikatholische Pressekampagne in der Zeit der Spätaufklärung, in: Historisches Jahrbuch 119 (1999), S. 134–158.

Nicklas, Thomas, Macht – Politik – Diskurs. Möglichkeiten und Grenzen einer Politischen Kulturgeschichte, in: Archiv für Kulturgeschichte 86/1 (2004), S. 1–25.

Niedermeier, Michael, „Die ganze Erde wird zu einem Garten“. Gedächtniskonstruktionen im frühen deutschen Landschaftsgarten zwischen Aufklärung und Geheimnis, in: Bollenbeck, Georg/Golz, Jochen/Knoche, Michael/Steierwald, Ulrike (Hg.), Weimar – Archäologie eines Ortes. Weimar 2001, S. 120–175.

Nolte, Jakob, Demagogen und Denunzianten. Denunziation und Verrat als Methode polizeilicher Informationserhebung bei den politischen Verfolgungen im preußischen Vormärz. Berlin 2007 (Schriften zur Rechtsgeschichte 132).

Nolte, Paul, Gesellschaftsgeschichte – von der Theorie zur Geschichtsschreibung, in: ders./Hettling, Manfred/Kuhlemann, Frank-Michael/Schmuhl, Hans-Walter (Hg.), Perspektiven der Gesellschaftsgeschichte. München 2000, S. 1–4.

Nubola, Cecilia/Würgler, Andreas, Politische Kommunikation und die Kultur des Bittens, in: dies. (Hg.), Forme della comunicazione politica in Europa nei secoli XV-XVIII. Suppliche, gravamina, lettere / Formen der politischen Kommunikation in Europa vom 15. bis 18. Jahrhundert. Bitten, Beschwerden, Briefe. Bologna/Berlin 2004 (Annali dell'Istituto storico italo-germanico in Trento / Jahrbuch des italienisch-deutschen historischen Instituts in Trient. Conributi / Beiträge 14), S. 7–12.

Opel, J. O., Ein Studententumult in Halle im Jahre 1750, in: Monatsblätter des Thüringisch-Sächsischen Vereins für Erforschung des vaterländischen Altertums und Erhaltung seiner Denkmale 1 (1887), April-Mai, Nr. 1, S. 28–32.

Objartel, Georg, Studentische Kommunikationsstile im späteren 18. Jahrhundert, in: Kimpel, Dieter (Hg.), Mehrsprachigkeit in der deutschen Aufklärung. Hamburg 1985 (Studien zum achtzehnten Jahrhundert 5), S. 28–41.

Pabst, Stephan, Der anonyme Rezensent und das hypothetische Publikum. Zum Öffentlichkeitsverständnis der Allgemeinen Literatur-Zeitung, in: Matuschek, Stefan (Hg.), Organisation der Kritik. Die Allgemeine Literatur-Zeitung in Jena 1785–1803. Heidelberg 2004 (Ereignis Weimar-Jena. Kultur um 1800. Ästhetische Forschungen 5), S. 23–54.

Paul, Gerhard, Denunziation – anthropologische Konstante oder kulturelles Phänomen? Eine Tagung vom 10. bis 13. Oktober in Rothenburg ob der Tauber, Tagungsbericht, in: Zeitschrift für Geschichtswissenschaft 48 (2000) 12, S. 1102–1104.

Pester, Thomas, „Der Geist der Renommisterei kämpft um das Leben ...“ Johann Gottlieb Fichtes Einsatz für eine Reform des studentischen Lebens an der Universität Jena im Spiegel seines Briefes an Christian Gottlob von Voigt vom 16. Februar 1795, in: Bauer, Joachim/Riederer, Jens (Hg.), Zwischen Geheimnis und Öffentlichkeit. Jenaer Freimaurerei und studentische Geheimgesellschaften. Erlangen/Jena 1991 (Schriften zur Stadt-, Universitäts- und Studentengeschichte Jenas 1), S. 110–128.

Petschel, Dorit, Die Persönlichkeit Friedrich Augusts des Gerechten, Kurfürsten und Königs von Sachsen, in: Schirmer, Uwe (Hg.), Sachsen 1763–1832. Zwischen Rétablissement und bürgerlichen Reformen. Beucha 1996, S. 77–100.

Pietzsch, Friedrich August, Das Verbindungswesen an der Universität Duisburg. Versuch einer Darstellung an Hand von Stammbüchern Duisburger Studenten, in: Duisburger Forschungen 4 (1961), S. 1–45.

Pille, René-Marc, Eine Gruppe Sympathisanten der Französischen Revolution in Leipzig, in: Reinalter, Helmut (Hg.), Die Französische Revolution, Mitteleuropa und Italien. Frankfurt a. M. u.a. 1992, S. 141–150.

Pfeiffer, K. Ludwig, Materialität der Kommunikation? in: Gumbrecht, Hans Ulrich/ders. (Hg.), Materialität der Kommunikation. Frankfurt a. M. 1988, S. 15–28.

Philippson, Martin, Geschichte des Preussischen Staatswesens vom Tode Friedrich des Großen bis zu den Freiheitskriegen. 2 Bde. Leipzig 1880–1882.

Polster, Georg, Politische Studentenbewegung und bürgerliche Gesellschaft. Die Würzburger Burschenschaft im Kräftefeld von Staat, Universität und Stadt 1814–1850. Heidelberg 1989 (Darstellungen und Quellen zur Geschichte der deutschen Einheitsbewegung im neunzehnten und zwanzigsten Jahrhundert 13).

Pompe, Hedwig, Tagungsbericht zu: Fama: Die Kommunikation der Gerüchte, in: <http://hsozkult.geschichte.hu-berlin.de/tagungsberichte/id=1338>.

Pröhle, Heinrich, Gottfried August Bürger. Sein Leben und seine Dichtungen. Leipzig 1856.

Pröve, Ralf, Stehendes Heer und städtische Gesellschaft im 18. Jahrhundert. Göttingen und seine Militärbevölkerung 1713–1756. München 1995 (Beiträge zur Militärgeschichte 47).

Pröve, Ralf, Herrschaft als kommunikativer Prozess: das Beispiel Brandenburg-Preußen, in: ders./Winnige, Norbert (Hg.), Wissen ist Macht. Herrschaft und Kommunikation in Brandenburg-Preußen 1600–1850. Berlin 2001 (Schriftenreihe des Forschungsinstituts für die Geschichte Preußens e.V. 2), S. 11–21.

Pröve, Ralf, Genossenschaftliche Schutzkonzeptionen und die Krise der gesellschaftlichen Ordnung: Stadtbürger als Hilfspolizisten am Ende Alteuropas (1750–1848), in: Holenstein, André/Konersmann, Frank/Pauser, Josef/Sälter, Gerhard (Hg.), Policey in lokalen Räumen. Ordnungskräfte und Sicherheitspersonal in Gemeinden und Territorien vom Spätmittelalter bis zum frühen 19. Jahrhundert. Frankfurt a. M. 2002 (Studien zu Policey und Policeywissenschaft), S. 341–358.

Radbruch, Gustav/Gwinner, Heinrich, Geschichte des Verbrechens. Versuch einer historischen Kriminologie. Frankfurt a. M. 1990 (Die andere Bibliothek 62) [d.i. Nachdr. v. 1951].

Rasche, Ulrich, Über die „Unruhe" am „academischen Uhrwerck". Quellenstudien zur Geschichte des Dienstpersonals der Universität Jena vom 17. bis zum frühen 19. Jahrhundert, in: Zeitschrift des Vereins für Thüringische Geschichte 53 (1999), S. 45–112.

Rasche, Ulrich, Über die deutschen, insbesondere über die Jenaer Universitätsmatrikel, in: Genealogie 25 (2000/2001), S. 29–46, 84–109.

Rasche, Ulrich, Umbrüche – Zur Frequenz der Universität Jena im ausgehenden 18. und frühen 19. Jahrhundert, in: Müller, Gerhard/Ries, Klaus/Ziche, Paul (Hg.), Die Universität Jena. Tradition und Innovation um 1800. Stuttgart 2001 (Pallas Athene 2), S. 79–134.

Raschke, Bärbel, Androgyne Arkangesellschaften und Freimaurerei. Entwicklungs- und Beziehungsprobleme aus der Perspektive hochadliger Frauen, in: Geheime Gesellschaft. Weimar und die deutsche Freimaurerei. Katalog zur Ausstellung der Stiftung Weimarer Klassik im Schiller-Museum Weimar 21. Juni bis 31. Dezember 2002. Hg. v. Joachim Berger und Klaus-Jürgen Grün. München/Wien 2002, S. 153–159.

Rau, Susanne, Von „Lockungen", „Verführungen" und „Zwang". Zur „Denunciation" der Rekatholisierungspraxis im lutherischen Hamburg zu Beginn des 18. Jahrhunderts, in: Deventer, Jörg/Rau, Susanne/Conrad, Anne (Hg.), Zeitenwenden. Herrschaft, Selbstbehauptung und Integration zwischen Reformation und Liberalismus. Festschrift für Arno Herzig zum 65. Geburtstag. Münster 2002, S. 331–354.

Rau, Susanne, Das Wirtshaus. Zur Konstitution eines öffentlichen Raumes in der Frühen Neuzeit, in: Emmelius, Caroline/Freise, Fridrun/Mallinckroth, Rebekka von/Paschinger, Petra/Sittug, Claudius/Töpfer, Regina (Hg.), Offen und Verborgen. Vorstellungen und Praktiken des Öffentlichen und Privaten in Mittelalter und Früher Neuzeit. Göttingen 2004, S. 211–227.

Rau, Susanne/Schwerhoff, Gerd, Öffentliche Räume in der Frühen Neuzeit. Überlegungen zu Leitbegriffen und Themen eines Forschungsfeldes, in: dies. (Hg.), Zwischen Gotteshaus und Taverne. Öffentliche Räume in Spätmittelalter und Früher Neuzeit. Köln/Weimar/Wien 2004 (Norm und Struktur 21), S. 11–52.

Reinhard, Wolfgang, Was ist europäische politische Kultur? Versuch zur Begründung einer politischen Historischen Anthropologie, in: Geschichte und Gesellschaft 27 (2001), S. 593–616.

Reinhardt, Hartmut, Der Ermittler. Über den amerikanischen Goethe-Kritiker W. Daniel Wilson, in: Eibl, Karl/Scheffer, Bernd (Hg.), Goethes Kritiker. Paderborn 2001, S. 191–208.

Requate, Jörg, „Unverbürgte Sagen und wahre Fakta". Anmerkungen zur „Kultur der Neuigkeiten" in der deutschen Presselandschaft zwischen dem 18. und der ersten Hälfte des 19. Jahrhunderts, in: Sösemann, Bernd (Hg.), Kommunikation und Medien in Preußen vom 16. bis zum 19. Jahrhundert. Stuttgart 2002 (Beiträge zur Kommunikationsgeschichte 12), S. 239–254.

Rexroth, Frank, Das Milieu der Nacht. Obrigkeit und Randgruppen im spätmittelalterlichen London. Göttingen 1999 (Veröffentlichungen des Max-Planck-Instituts für Geschichte 153).

Richter, Walter, Akademische Orden in Helmstedt, in: Braunschweigisches Jahrbuch 57 (1976), S. 49–91.

Richwien, Gerhard, Häuser studentischer Korporationen in Halle/Saale. Diplomarbeit, Halle 1995.

Richwien, Gerhard, Logengebäude in Halle/S. Geschichte, Architektur und Symbolik. Hamburg 2001 (Schriften zur Kunstgeschichte 1).

Riedel, Wolfgang, Aufklärung und Macht. Schiller, Abel und die Illuminaten, in: Müller-Seidel, Walter/ders. (Hg.), Die Weimarer Klassik und ihre Geheimbünde. Würzburg 2003, S. 107–125.

Riedl, Rupert, Wie wohl das Neue in die Welt kommt? Eine Einführung, in: Huber, Ludwig (Hg.), Wie das Neue in die Welt kommt. Phasenübergänge in Natur und Kultur. Wien 2000 (Wiener Beiträge zur Wissenschaftstheorie 6), S. 9–22.

Riederer, Jens, Die Jenaer Konstantisten und andere Studentenorden an der Universität Jena im letzten Drittel des 18. Jahrhunderts. Eine statistische Untersuchung, in: Bauer, Joachim/Riederer, Jens (Hg.), Zwischen Geheimnis und Öffentlichkeit. Jenaer Freimaurerei und studentische Geheimgesellschaften. Erlangen/Jena 1991 (Schriften zur Stadt-, Universitäts- und Studentengeschichte Jenas 1), S. 42–109.

Riederer, Jens, Aufgeklärte Sozietäten und gesellige Vereine in Jena und Weimar zwischen Geheimnis und Öffentlichkeit 1730–1830. Sozialstrukturelle Untersuchungen und ein Beitrag zur politischen Kultur eines Kleinstaates. Diss. masch. Jena 1994/95.

Riederer, Jens, Aufgeklärte Sozietäten und absolutistischer Staat im Herzogtum Sachsen-Weimar-Eisenach. Zur politischen Kultur eines Kleinstaates, in: John, Jürgen, (Hg.), Kleinstaaten und Kultur in Thüringen vom 16. bis 20. Jahrhundert. Weimar/Köln/Wien 1994, S. 233–256.

Riederer, Jens, Der Weimarer Verleger Friedrich Justin Bertuch in der öffentlichen Debatte um geheime Gesellschaften (Teil 1), in: Leipziger Jahrbuch zur Buchgeschichte 9 (1999), S. 121–156.

Roeck, Bernd, Lebenswelt und Kultur des Bürgertums in der Frühen Neuzeit. München 1991 (Enzyklopädie deutscher Geschichte 9).

Römer, Christof, Helmstedt als Typ der Universitätsstadt, in: Niedersächsisches Jahrbuch für Landesgeschichte 52 (1980), S. 59–74.

Rothe, Wolfgang, Der politische Goethe. Dichter und Staatsdiener im deutschen Spätabsolutismus. Göttingen 1998.

Rother, Wolfgang, Strafrechtsreformdiskussionen in Leipzig. Karl Ferdinand Hommel – „Germanorum Beccaria", in: Marti, Hanspeter/Döring, Detlef (Hg.), Die Universität Leipzig und ihr gelehrtes Umfeld 1680–1780. Basel 2004 (Texte und Studien 6), S. 459–486.

Ruiz, Alain, Universität Jena Anno 1793/94. Ein jakobinischer Student und Geheimagent im Schatten Reinholds und Fichtes, in: Schoeps, Julius H./Geiss, Imanuel unter Mitw. von Ludger Heid (Hg.),

Revolution und Demokratie in Geschichte und Literatur: zum 60. Geburtstag von Walter Grab. Duisburg 1979 (Duisburger Hochschulbeiträge 12), S. 95–132.

Sälter, Gerhard, Gerüchte als subversives Medium. Das Gespenst der öffentlichen Meinung und die Pariser Polizei zu Beginn des 18. Jahrhunderts, in: Politik des Gerüchts (Werkstatt Geschichte 15), Hamburg 1996, S. 11–19.

Sälter, Gerhard, Denunziation – Staatliche Verfolgungspraxis und Anzeigeverhalten der Bevölkerung, in: Zeitschrift für Geschichtswissenschaft 47 (1999), S. 153–165.

Sälter, Gerhard, Rez. von: Neubauer, Hans-Joachim, Fama. Eine Geschichte des Gerüchts. Berlin 1998, in: http://hsozkult.geschichte.hu-berlin.de/rezensionen/id=251 [18.02.2000].

Sälter, Gerhard, Lokale Gemeinschaften und frühneuzeitliches Anzeigeverhalten. Zur Kooperation von Familien, Polizei und *Communities* bei Sanktionen durch *Lettres de cachet* in Paris (1697–1715), in: Hohkamp, Michaela/Ulbrich, Claudia (Hg.), Der Staatsbürger als Spitzel. Denunziation während des 18. und 19. Jahrhunderts aus europäischer Perspektive. Leipzig 2001 (Deutsch-Französische Kulturbibliothek 19), S. 297–321.

Sälter, Gerhard, Rezension zu: Häberlein, Mark (Hg.), Devianz, Widerstand und Herrschaftspraxis in der Vormoderne. Studien zu Konflikten im südwestdeutschen Raum (15.–18. Jahrhundert). Konstanz 1999 (Konflikte und Kultur, Historische Perspektiven 2), in: Historische Zeitschrift 272 (2001), S. 478–480.

Sälter, Gerhard, Urbanisierung, Migration und Kriminalität als Begründungskontext für die Entstehung von Polizei. Zur Entstehung einer eigenständigen Polizei im Paris des Ancien Régime (PoliceyWorkingPapers. Working Papers des Arbeitskreises Policey/Polizei im vormodernen Europa 5 [2002]), [www.univie.ac.at/policey-ak/pwp/pwp_05.pdf].

Sälter, Gerhard, Polizei und soziale Ordnung in Paris. Zur Entstehung und Durchsetzung von Normen im städtischen Alltag des Ancien Régime (1697–1715). Frankfurt a. M. 2004 (Studien zu Policey und Policeywissenschaft).

Sandl, Marcus, Die Stadt, der Staat und der politische Diskurs am Beginn der Moderne, in: Schlögl, Rudolf (Hg.), Interaktion und Herrschaft. Die Politik der frühneuzeitlichen Stadt. Konstanz 2004 (Historische Kulturwissenschaft 5), S. 357–378.

Sauerland, Karol, Dreissig Silberlinge. Denunziation – Gegenwart und Geschichte. Berlin 2000.

Sauter, Michael J., Preaching, a Ponytail, and an Enthusiast: Rethinking the Public Sphere's Subversiveness in Eighteenth-Century Prussia, in: Central European History 37 (2001), no. 4, S. 544–567.

Schaich, Michael, Staat und Öffentlichkeit im Kurfürstentum Bayern der Spätaufklärung. München 2001 (Schriftenreihe zur Bayerischen Landesgeschichte 136).

Scherer, Helmut, Lange schon in manchem Sturm und Drange. Gottfried August Bürger. Der Dichter des Münchhausen. Eine Biographie. Berlin 1995.

Scheutz, Martin, Zwischen Mahnung und Normdurchsetzung. Zur Rezeption von Normen in Zeugenverhören des 18. Jahrhunderts, in: Fuchs, Ralf-Peter/Schulze, Winfried (Hg.), Wahrheit, Wissen, Erinnerung. Zeugenverhörprotokolle als Quellen für soziale Wissensbestände in der Frühen Neuzeit. Münster 2002 (Wirklichkeit und Wahrnehmung 1), S. 357–397.

Scheutz, Martin, Alltag und Kriminalität. Disziplinierungsversuche im steirisch-österreichischen Grenzgebiet im 18. Jahrhundert. München 2001 (Mitteilungen des Instituts für Österreichische Geschichtsforschung. Ergänzungsband 38).

Schildt, Bernd, Die frühneuzeitliche Policey- und Landesgesetzgebung am Beispiel von Dorf- und Landesordnungen der Grafschaft Schwarzburg aus dem 16. Jahrhundert, in: Lück, Heiner/Schildt, Bernd (Hg.): Recht – Idee – Geschichte. Beiträge zur Rechts- und Ideengeschichte für Rolf Lieberwirth anläßlich seines 80. Geburtstages. Köln 2000, S. 229–248.

Schilling, Heinz, Die Stadt in der Frühen Neuzeit. München 1993 (Enzyklopädie Deutscher Geschichte 24).

Schilling, Lothar, Gesetzgebung und Erfahrung, in: Münch, Paul (Hg.), „Erfahrung" als Kategorie der Frühneuzeitgeschichte. München 2001 (Historische Zeitschrift Beihefte [Neue Folge] 31), S. 401–411.

Schilling, Lothar, Policey und Druckmedien im 18. Jahrhundert. Das Intelligenzblatt als Medium policeylicher Kommunikation, in: Härter, Karl (Hg.), Policey und frühneuzeitliche Gesellschaft. Frankfurt a. M. 2000 (Ius Commune, Studien zur Europäischen Rechtsgeschichte 129), S. 413–452.

Schindler, Norbert, Ein archaisches Duell und nie versiegende Leidenschaften. Wilderei, Salinenholzwirtschaft und staatsbeamtische Doppelloyalität im Erzstift Salzburg in der zweiten Hälfte des 18. Jahrhunderts, in: Historische Anthropologie 12 (2004), Heft 1, S. 35–77.

Schlögl, Rudolf, Vergesellschaftung unter Anwesenden. Zur kommunikativen Form des Politischen in der vormodernen Stadt, in: ders. (Hg.), Interaktion und Herrschaft. Die Politik der frühneuzeitlichen Stadt. Konstanz 2004 (Historische Kulturwissenschaft 5), S. 9–60.

Schlumbohm, Jürgen, Gesetze, die nicht durchgesetzt werden – ein Strukturmerkmal des frühneuzeitlichen Staates? in: Geschichte und Gesellschaft 23 (1997), S. 647–663.

Schmidt, Heinrich Richard, Dorf und Religion. Reformierte Sittenzucht in Berner Landgemeinden der Frühen Neuzeit. Stuttgart/Jena/New York 1995 (Quellen und Forschungen zur Agrargeschichte 41).

Schmidt, Rüdiger, Die Eroberung des revolutionären Raumes. Paris im Revolutionszeitalter, in: Dartmann, Christoph/Füssel, Marian/Rüther, Stefanie (Hg.), Raum und Konflikt. Zur symbolischen Konstituierung gesellschaftlicher Ordnung in Mittelalter und Früher Neuzeit. Münster 2004 (Schriftenreihe des Sonderforschungsbereichs 496, Bd. 5), S. 225–241.

Schmidt, Siegfried, Die Universität Jena im Zeichen von Pietismus und Aufklärung vom Beginn des 18. Jahrhunderts bis zur Reorganisation der Universität unter Anna Amalia, in: Geschichte der Universität Jena 1548/58–1958. Festgabe zum vierhundertjährigen Universitätsjubiläum. Im Auftrag von Rektor und Senat verfasst und herausgegeben von einem Kollektiv des Historischen Instituts der Friedrich-Schiller-Universität Jena unter Leitung von Max Steinmetz. Band I: Darstellung. Jena 1958, S. 167–216.

Schnabel, Werner Wilhelm, Das Stammbuch. Konstitution und Geschichte einer textsortenbezogenen Sammelform bis ins erste Drittel des 18. Jahrhunderts. Tübingen 2003 (Frühe Neuzeit 78).

Schnabel-Schüle, Helga, Überwachen und Strafen im Territorialstaat. Bedingungen und Auswirkungen des Systems strafrechtlicher Sanktionen im frühneuzeitlichen Württemberg. Köln 1997 (Forschungen zur deutschen Rechtsgeschichte 16).

Schömig, Ulrike, Politik und Öffentlichkeit in Preussen. Entwicklung der Zensur- und Pressepolitik zwischen 1740 und 1819. Diss. Würzburg 1988.

Schönpflug, Daniel/Voss, Jürgen, Vorwort, in: dies. (Hg.), Révolutionnaires et Émigrés. Transfer und Migration zwischen Frankreich und Deutschland 1789–1806. Stuttgart 2002 (Beihefte der Francia 56), 7–12.

Schrader, Wilhelm, Geschichte der Friedrichs-Universität zu Halle. Erster Teil. Berlin 1894.

Schreiner, Klaus/Schwerhoff, Gerd (Hg.), Verletzte Ehre. Ehrkonflikte in Gesellschaften des Mittelalters und der Frühen Neuzeit. Köln/Weimar/Wien 1995.

Schroeder, Klaus-Peter, „Seine Hauptbeschäftigung war Schwelgen und alle Gelage besuchen" – Georg Friedrich Rebmanns Studienzeit in Erlangen, in: Wadle, Elmar/Sauder, Gerhard (Hg.), Georg Friedrich Rebmann (1768–1824). Autor, Jakobiner, Richter. Sigmaringen 1997 (Schriften der Siebenpfeiffer-Stiftung 4), S. 15–41.

Schubert, Ernst, Studium und Studenten an der Alma Julia im 17. und 18. Jahrhundert, in: Studentenschaft und Korporationswesen an der Universität Würzburg 1582–1982. Hg. zur 400 Jahrfeier der Alma Julia-Maximiliana vom Institut für Hochschulkunde an der Universität Würzburg. Würzburg 1982, S. 11–47.

Schubert, Ernst, Die Studentenschaft und ihre Orden im 18. Jahrhundert (1743–1810), in: Alfred Wendehorst unter Mitwirkung von Gerhard Pfeiffer (Hg.), Erlangen. Geschichte der Stadt in Darstellung und Bilddokumenten. München 1984, S. 84–92.

Schubert, Gerhard, Der preussische Staatsdiener auf dem Weg zum Laufbahnbeamten. Die Entwicklungen im Rheinland und in Westfalen von 1794 bis 1850. Diss. Bochum 1982.

Schulte, Rolf, Hexenmeister. Die Verfolgung von Männern im Rahmen der Hexenverfolgung von 1530–1730 im Alten Reich. Frankfurt a. M. u.a. ^{2}2001 (Kieler Werkstücke. Reihe G. Beiträge zur Frühen Neuzeit 1).

Schultze-Galléra, Siegmar von, Die alten und auch neueren Gasthöfe von Halle. Halle (Saale) 1928.

Schulz, Andreas, Lebenswelt und Kultur des Bürgertums im 19. und 20. Jahrhundert. München 2005 (Enzyklopädie Deutscher Geschichte 75).

Schulze, Friedrich/Ssymank, Paul, Das deutsche Studententum von den älteren Zeiten bis zur Gegenwart 1931. München ^{4}1932.

Schulze, Winfried, Ego-Dokumente: Annäherung an den Menschen in der Geschichte? Vorüberlegungen für die Tagung „EGO-DOKUMENTE“, in: ders. (Hg.), Ego-Dokumente. Annäherung an den Menschen in der Geschichte. Berlin 1996 (Selbstzeugnisse der Neuzeit 2), S. 11–30.

Schulze, Winfried, Schlußbemerkungen zur Konferenz über „Ego-Dokumente“, in: ders. (Hg.), Ego-Dokumente. Annäherung an den Menschen in der Geschichte. Berlin 1996 (Selbstzeugnisse der Neuzeit 2), S. 343–345.

Schulz, Andreas, Der Aufstieg der „vierten Gewalt". Medien, Politik und Öffentlichkeit im Zeitalter der Massenkommmunikation, in: Historische Zeitschrift 270 (2000), S. 65–97.

Schüttler, Hermann, Die Mitglieder des Illuminatenordens 1776–1787/93. München 1991 (Deutsche Hochschuledition 18).

Schwartz, Paul, Der erste Kulturkampf in Preußen um Kirche und Schule 1788–1798. Berlin 1925 (Monumenta Germaniae Paedagogica LVIII).

Schweigard, Jörg, Aufklärung und Revolutionsbegeisterung. Die katholischen Universitäten in Mainz, Heidelberg und Würzburg im Zeitalter der Französischen Revolution (1789–1803). Frankfurt a. M. u.a. 2000 (Schriftenreihe der Internationalen Forschungsstelle ‚Demokratische Bewegungen in Mitteleuropa 1770–1850‘, Bd. 29).

Schweigard, Jörg, „Sansculotten auf deutschem Grund und Boden“. Politische Symbolik deutscher Studenten zur Zeit der Französischen Revolution (1789–1800), in: Aufklärung – Vormärz – Revolution. Jahrbuch der internationalen Forschungsstelle ‚Demokratische Bewegungen in Mitteleuropa 1770–1850‘ an der Universität Innsbruck 21 (2001), S. 27–49. Noch einmal in: Zeitschrift für Internationale Freimaurerforschung (IF) 9 (2003), S. 11–40.

Schwerhoff, Gerd, Köln im Kreuzverhör. Kriminalität, Herrschaft und Gesellschaft in einer frühneuzeitlichen Stadt. Bonn/Berlin 1991.

Schwerhoff, Gerd, Aktenkundig und gerichtsnotorisch. Einführung in die Historische Kriminalitätsforschung. Tübingen 1999 (Historische Einführungen 3).

Schwerhoff, Gerd, Öffentliche Räume und politische Kultur in der frühneuzeitlichen Stadt: Eine Skizze am Beispiel der Reichsstadt Köln, in: Schlögl, Rudolf (Hg.), Interaktion und Herrschaft. Die Politik der frühneuzeitlichen Stadt. Konstanz 2004 (Historische Kulturwissenschaft 5), S. 113–136.

Schwerhoff, Gerd, Zungen wie Schwerter. Blasphemie in alteuropäischen Gesellschaften 1200–1650. Konstanz 2005 (Konflikte und Kultur – Historische Perspektiven 12).

Schwinges, Rainer Chr. (unter Mitarbeit von Gerd Richarz), Immatrikulationsfrequenz und Einzugsbereich der Universität Gießen 1650–1800. Zur Grundlegung einer Sozialgeschichte Gießener Studenten, in: Moraw, Peter/Press, Volker (Hg.), Academia Gissensis. Beiträge zur älteren Gießner Universitätsgeschichte. Zum 375jährigen Jubiläum dargebracht vom Historischen Institut der Justus-Liebig-Universität Gießen. Marburg 1982 (Veröffentlichungen der Historischen Kommission für Hessen 45), S. 247–295.

Seemann, H., Geschichte der „vereinten Loge Irene zu den 3 Sternen, Tempel der Wahrheit und Prometheus“ zu Rostock sowie ihrer 3 Stammlogen. Nach den Akten des Archivs bearbeitet. Bützow 1930.

Seidenspinner, Wolfgang, Mythos Gegengesellschaft. Erkundungen in der Subkultur der Jauner. Münster/NewYork/München/Berlin 1998 (Internationale Hochschulschriften 279).

Seils, Markus, Friedrich Albrecht Carl Gren in seiner Zeit 1760–1798. Spekulant oder Selbstdenker? Stuttgart 1995 (Heidelberger Schriften zur Pharmazie- und Naturwissenschaftsgeschichte 14).

Selle, Götz von, Ein akademischer Orden in Göttingen um 1770. Göttingen 1927.

Sheldon, Rose Mary, Intelligence Activities in Ancient Rome. Trust in the Gods, but Verify. London/New York 2005.

Shepard, Alexandra, Meanings of Manhood in Early Modern England. Oxford/New York 2003 (Oxford Studies in Social History).

Sherman, Stuart, Eyes and ears, news and plays. The argument of Ben Johnson's *Staple*, in: Dooley, Brendan/Sabrina A., Baron (eds.), The Politics of Information in Early Modern Europe. London u.a. 2001 (Routledge Studies in Cultural History 1), S. 23–40.

Shoemaker, Robert E., The taming of the Duel: Masculinity, Honour and Ritual Violence in London, 1660–1800, in: The Historical Journal 45 (2002), S. 525–545.

Sickel, Lothar, Caravaggios Rom. Annäherungen an ein dissonantes Milieu. Emsdetten/Berlin 2003 (Studien & Texte).

Siemann, Wolfram, „Deutschlands Ruhe, Sicherheit und Ordnung“. Die Anfänge der politischen Polizei 1806–1866. Tübingen 1985 (Studien und Texte zur Sozialgeschichte der Literatur 14).

Siemann, Wolfram, Polizei in Deutschland im 19. Jahrhundert. Institutionen, Operationsebenen, Wirkungsmöglichkeiten. Mit neuen Dokumenten, in: Schönert, Jörg (Hg.), Literatur und Kriminalität. Die gesellschaftliche Erfahrung von Verbrechen und Strafverfolgung als Gegenstand des Erzählens. Deutschland, England und Frankreich 1850–1880. Interdisziplinäres Kolloquium der Forschergruppe Sozialgeschichte der Deutschen Literatur 1770–1900, München 15./16. 1. 1981. Tübingen 1983, S. 68–95.

Sikora, Michael, Disziplin und Desertion. Strukturprobleme militärischer Organisation im 18. Jahrhundert. Berlin 1996 (Historische Forschungen 57).

Sikora, Michael, Das 18. Jahrhundert: Die Zeit der Deserteure, in: Bröckling, Ulrich/ders. (Hg.), Armeen und ihre Deserteure. Vernachlässigte Kapitel einer Militärgeschichte der Neuzeit. Göttingen 1998, S. 86–111.

Simon, Thomas, „Gute Policey“. Ordnungsleitbilder und Zielvorstellungen politischen Handelns in der Frühen Neuzeit. Frankfurt a. M. 2004 (Ius Commune. Studien zur europäischen Rechtsgeschichte 170).

Simon-Muscheid, Katharina, Frauen vor Gericht. Erfahrungen, Strategien und Wissen, in: Münch, Paul (Hg.), „Erfahrung“ als Kategorie der Frühneuzeitgeschichte. München 2001 (Historische Zeitschrift Beihefte [Neue Folge] 31), S. 389–399.

Speitkamp, Winfried, Jugend in der Neuzeit. Deutschland vom 16. bis zum 20. Jahrhundert. Göttingen 1998.

Sperk, Alexander, Entnazifizierung und Personalpolitik in der sowjetischen Besatzungszone Köthen/Anhalt. Eine Vergleichsstudie (1945–1949). Dössel 2003 (Beiträge zur Geschichte 2).

Ssymank, Paul, Die Geschichte der Freimaurerei in Göttingen. 1744 bis 1935. Ms. Göttingen 1935.

Stein, Wolfgang Hans, Denunziation von Amts wegen. Zwangsrekrutierung von „unnützen Menschen“ für Napoleons Kolonialarmee 1803, in: Hohkamp, Michaela/Ulbrich, Claudia (Hg.), Der Staatsbürger als Spitzel. Denunziation während des 18. und 19. Jahrhunderts aus europäischer Perspektive. Leipzig 2001 (Deutsch-Französische Kulturbibliothek 19), S. 359–381.

Stephan, Achim, Theorien der Emergenz, in: Information Philosophie 28 (2000) 2, S. 18–27.

Stickler, Matthias, Zwischen Anpassung und Aufbegehren. Studenten an der Universität Würzburg im 19. Jahrhundert, in: Grün, Bernhard/Schellakowsky, Johannes/Stickler, Matthias/Süß, Peter (Hg.), Zwischen Korporation und Konfrontation, Beiträge zur Würzburger Universitäts- und Studentengeschichte. Köln 1999, S. 76–140.

Stickler, Matthias, Neuerscheinungen zur Studentengeschichte seit 1994. Ein Forschungsbericht über ein bisweilen unterschätztes Arbeitsfeld der Universitätsgeschichte, in: Jahrbuch für Universitätsgeschichte 4 (2001), S. 262–270.

Stieglitz, Olaf, Wort-Macht, Sichtbarkeit und Ordnung: Überlegungen zu einer Kulturgeschichte des Denunzierens während der McCarthy-Ära, in: Martschukat, Jürgen (Hg.), Geschichte schreiben mit Foucault. Frankfurt a. M./New York 2002, S. 214–256.

Stollberg-Rilinger, Barbara, Einleitung, in: dies. (Hg.), Vormoderne politische Verfahren. Berlin 2001 (Zeitschrift für Historische Forschung. Beiheft 25), S. 9–24.

Stolleis, Michael, Das Auge des Gesetzes. Geschichte einer Metapher. 2. Aufl. München 2004.

Stulz, Percy/Opitz, Alfred, Volksbewegungen in Kursachsen zur Zeit der Französischen Revolution. Berlin 1956.

Thonfeld, Christoph, Sozialkontrolle und Eigensinn. Denunziation am Beispiel Thüringens 1933 bis 1949. Köln/Weimar/Wien 2003.

Toll, Heinz-Joachim, Akademische Gerichtsbarkeit und akademische Freiheit. Die sog. „Demagogenverfolgung“ an der Christian-Albrechts-Universität zu Kiel nach den Karlsbader Beschlüssen von 1819. Neumünster 1979 (Quellen und Forschungen zur Geschichte Schleswig-Holsteins 73).

Topalovic, Elvira, Konstruierte Wirklichkeit. Ein quellenkritischer Diskurs zur Textsorte Verhörprotokoll im 17. Jahrhundert, in: Moeller, Katrin/Schmidt, Burghart (Hg.), Realität und Mythos. Hexenverfolgung und Rezeptionsgeschichte. Hamburg 2003 (Veröffentlichungen des Arbeitskreises für historische Hexen- und Kriminalitätsforschung in Norddeutschland 1), S. 56–76.

Trauth, Michael, Gerichtsautonomie, Jurisdiktion und Strafrechtspraxis an der Universität Trier im 18. Jahrhundert, in: Unrecht und Recht. Kriminalität und Gesellschaft im Wandel von 1500–2000. Gemeinsame Landesausstellung der rheinland-pfälzischen und saarländischen Archive. Wissenschaftlicher Begleitband. Koblenz 2002, S. 662–671.

Tschopp, Silvia Serena, Programmatischer Eklektizismus. Kulturgeschichte im Spannungsfeld europäischer Wissenschaftstradition, in: Lutter, Christina/Szöllősi-Janze, Margit/Uhl, Heidemarie (Hg.), Kulturgeschichte. Fragestellungen, Konzepte, Annäherungen. Innsbruck/Wien/München/Bozen 2004 (Querschnitte 15), S. 37–59.

Tütken, Johannes, Opposition und Repression in Stadt und Universität Göttingen während des Vormärz. Streiflichter anhand Göttinger Polizeiakten, in: Niedersächsisches Jahrbuch für Landesgeschichte 74 (2002), S. 209–292.

Tütken, Johannes, Privatdozenten im Schatten der Georgia Augusta. Zur älteren Privatdozentur (1734–1831). Teil 1: Statutenrecht und Alltagspraxis. Göttingen 2005.

Valjavec, Fritz, Die Entstehung der politischen Strömungen in Deutschland 1770–1815. Kronberg i. Ts./Düsseldorf 1978 (Athenäum-Droste TB 7212) [11951, unveränderter Nachdruck der Originalausgabe].

Vellusig, Robert, Schriftliche Gespräche. Briefkultur im 18. Jahrhundert. Wien 2000.

Vierhaus, Rudolf, Die Rekonstruktion historischer Lebenswelten. Probleme moderner Kulturgeschichtsschreibung, in: Lehmann, Hartmut (Hg.), Wege zu einer neuen Kulturgeschichte. Göttingen 1995 (Göttinger Gespräche zur Geschichtswissenschaft 1), S. 7–28.

Vierhaus, Rudolf, Göttingen vom Ende des Dreißigjährigen Krieges bis zur Zeit der Französischen Revolution und Napoleons, in: Böhme, Hartmut/ders. (Hg.), Göttingen. Geschichte einer Universitätsstadt. Band 2: Vom Dreißigjährigen Krieg bis zum Anschluss an Preußen – Der Wiederaufstieg als Universitätsstadt (1648–1866). Göttingen 2002, S. 19–44.

Vogel, Jakob, Die Politik des Gerüchts. Soziale Kommunikation und Herrschaftspraxis in Frühneuzeit und Moderne, in: Politik des Gerüchts (Werkstatt Geschichte 15), Hamburg 1996, S. 3–10.

Voltmer, Rita, Hexenregister des Claudius Musiel (1586–1594), in: Lexikon zur Geschichte der Hexenverfolgung. Hg. von Gudrun Gersmann, Katrin Moeller und Jürgen-Michael Schmidt, www.historicum.net/no_cache/persistent/artikel/1611/ (20.12.2006).

Vovelle, Michel, Serielle Geschichte oder ‚case studies': ein wirkliches oder nur ein Schein-Dilemma?, in: Raulff, Ulrich (Hg.), Mentalitäten-Geschichte. Zur historischen Rekonstruktion geistiger Prozesse. Berlin 1989 ([1]1987), S. 114–126.

Wägenbaur, Thomas, Einleitung, in: ders. (Hg.), Blinde Emergenz? Interdisziplinäre Beiträge zu Fragen kultureller Evolution. Bonn 2000 (Hermeia 1), S. 1–32.

Wagener, Silke, Pedelle, Mägde und Lakaien. Das Dienstpersonal an der Georg-August-Universität Göttingen. Göttingen 1996.

Walz, Rainer, Hexenglaube und magische Kommunikation im Dorf der frühen Neuzeit. Die Verfolgung in der Grafschaft Lippe. Paderborn 1993 (Westfälisches Institut für Regionalgeschichte Landschaftsverband Westfalen–Lippe, Forschungen zur Regionalgeschichte 9).

Walz, Rainer, Dörfliche Hexereiverdächtigung und Obrigkeit, in: Jerouschek, Günter/Marßolek, Inge/Röckelein, Hedwig (Hg.), Denunziation. Historische, juristische und psychologische Aspekte. Tübingen 1997 (Forum Psychohistorie 7), S. 80–98.

Wandel, Uwe Jens, Verdacht auf Democratismus? Studien zur Geschichte von Stadt und Universität Tübingen im Zeitalter der Französischen Revolution. Tübingen 1981 (Contubernium 31).

Weber, Matthias, „Anzeige" und „Denunciation" in der frühneuzeitlichen Policeygesetzgebung, in: Härter, Karl (Hg.): Policey und frühneuzeitliche Gesellschaft. Frankfurt a. M. 2000 (Ius Commune, Studien zur Europäischen Rechtsgeschichte 129), S. 583–609.

Weber, Matthias, Die schlesischen Polizei- und Landesordnungen der Frühen Neuzeit. Köln/Weimar/Wien 1996 (Neue Forschungen zur Schlesischen Geschichte 5).

Weis, Eberhard, Cesare Beccaria (1738–1794). Mailänder Aufklärer und Anreger der Strafrechtsreformen in Europa. Vorgetragen am 10. Januar 1992 (Sitzungsberichte der Bayerischen Akademie der Wissenschaften. Philosophisch-Historische Klasse 1992,5), München 1992.

Weißenborn, Bernhard, Die Universität Halle-Wittenberg. Berlin 1919.

Wentzcke, Paul, Die älteste Verfassung einer studentischen Landsmannschaft. Die Gesetze des schlesischen Kränzchens in Halle vom 12. Januar 1792, in: Thüringisch-Sächsische Zeitschrift für Geschichte und Kunst 6 (1914) 2, S. 174–190.

Wentzcke, Paul, Geschichte der Deutschen Burschenschaft. Erster Band: Vor- und Frühzeit bis zu den Karlsbader Beschlüssen. Heidelberg 1919 (Quellen und Darstellungen zur Geschichte der Burschenschaft und der deutschen Einheitsbewegung. Band VI. Hg. v. Herman Haupt).

Wiese, Mechthild unter Mitarbeit von Wolfgang Kelsch, Freimaurer in ihrer Zeit. Begleitpublikation zur Ausstellung des Braunschweigischen Landesmuseums zum 250jährigen Bestehen der Braunschweiger Freimaurerlogen. Braunschweig 1994 (Veröffentlichungen des Braunschweigischen Landesmuseums 75).

Wilde, Manfred, Die Zauberei- und Hexereiprozesse in Kursachsen. Köln 2003.

Willer, Ute, „In Saalathen ist alles schön …". Studentenstammbücher im Stadtarchiv Halle, in: Jahrbuch für hallische Stadtgeschichte 3 (2005), S. 113–135.

Willett, Olaf, Sozialgeschichte Erlanger Professoren 1743–1933. Göttingen 2001 (Kritische Studien zur Geschichtswissenschaft 146).

Wilson, W. Daniel, Geheimräte gegen Geheimbünde. Ein unbekanntes Kapitel der klassisch-romantischen Geschichte Weimars. Stuttgart 1991.

Wilson, W. Daniel, Enlightenment's Alliance with Power: The Dialectic of Collusion and Opposition in the Literary Elite, in: ders./Holub, Robert C. (eds.), Impure Reason. Dialectic of Enlightenment in Germany. Detroit 1991, S. 364–384.

Wilson, W. Daniel, Das Goethe-Tabu. Protest und Menschenrechte im klassischen Weimar. München 1999.

Wilson, W. Daniel, Unterirdische Gänge. Goethe, Freimaurerei und Politik. Göttingen 1999.

Wilson, W. Daniel (Hg.), Goethes Weimar und die Französische Revolution. Dokumente der Krisenjahre. Köln 2004.

Winnige, Norbert, Krise und Aufschwung einer frühneuzeitlichen Stadt. Göttingen 1648–1756. Hannover 1996. (Veröffentlichungen der historischen Kommission für Niedersachsen und Bremen XXXIV. Quellen und Untersuchungen zur Wirtschafts- und Sozialgeschichte Niedersachsen in der Neuzeit 19).

Woeste, Peter, Akademische Väter als Richter. Zur Geschichte der akademischen Gerichtsbarkeit der Philipps-Universität unter besonderer Berücksichtigung von Gerichtsverfahren des 18. und 19. Jahrhunderts. Marburg 1987 (Marburger Stadtschriften zur Geschichte und Kultur 22).

Würgler, Andreas, Veröffentlichte Meinungen – öffentliche Meinung. Lokal-internationale Kommunikationsnetze im 18. Jahrhundert, in: Knabe, Peter-Eckhard (Hg.), Opinion. Berlin 2001 (Concepts & Symbols du Dix-huitième Siècle Européen / Concepts & Symbols of the Eighteenth Century in Europe), S. 101–135.

Würgler, Andreas, Verschwiegenheit und Verrat, Denunziation und Anzeige in der Berner Verschwörung von 1749, in: Hohkamp, Michaela/Ulbrich, Claudia (Hg.), Der Staatsbürger als Spitzel. Denunziation während des 18. und 19. Jahrhunderts aus europäischer Perspektive. Leipzig 2001 (Deutsch-Französische Kulturbibliothek 19), S. 87–109.

Würgler, Andreas, Conspiracy and Denunciation: a Local Affair and its European Publics (Bern, 1749), in: Melton, James van Horn (Hg.), Cultures of Communication from Reformation to Enlightenment. Constructing publics in the early modern German lands. Aldershot/Burlington 2002 (St. Andrews studies in Reformation history), S. 119–131.

Würgler, Andreas, Fama und Rumor. Gerücht, Aufruhr und Presse im Ancien Régime, in: Politik des Gerüchts (Werkstatt Geschichte 15), Hamburg 1996, S. 20–32.

Wüst, Wolfgang, Die „*gute*“ Policey im Schwäbischen Reichskreis, unter besonderer Berücksichtigung Bayerisch-Schwabens. Berlin 2001 (Die „*gute*“ Policey im Reichskreis. Zur frühmodernen Normsetzung in den Kernregionen des Alten Reiches 1).

Zaunstöck, Holger, Sozietätslandschaft und Mitgliederstrukturen. Die mitteldeutschen Aufklärungsgesellschaften im 18. Jahrhundert. Tübingen 1999 (Hallesche Beiträge zur Europäischen Aufklärung 9).

Zaunstöck, Holger, Die halleschen Aufklärungsgesellschaften im 18. Jahrhundert. Eine Strukturanalyse, in: Donnert, Erich (Hg.), Europa in der Frühen Neuzeit. Festschrift für Günter Mühlpfordt. 6 Bde. Weimar/Köln/Wien 1997–2002. Bd. 5: Aufklärung in Europa (1999), S. 43–63.

Zaunstöck, Holger, Zwischen Bürgerwelt und Studentengesellschaft. Zur Typologie akademisch-studentischer Geheimgesellschaften im 18. Jahrhundert, in: Bauer, Joachim/Hellmann, Birgitt/Müller, Gerhard (Hg.), Logenbrüder, Alchemisten und Studenten. Jena und seine geheimen Gesellschaften im 18. Jahrhundert. Rudolstadt/Jena 2002 (Bausteine zur Jenaer Stadtgeschichte 6), S. 87–100.

Zaunstöck, Holger, Die vernetzte Gesellschaft. Überlegungen zur Kommunikationsgeschichte des 18. Jahrhunderts, in: Geheime Gesellschaft. Weimar und die deutsche Freimaurerei. Katalog zur Ausstellung der Stiftung Weimarer Klassik im Schiller-Museum Weimar 21. Juni bis 31. Dezember 2002. Hg. v. Joachim Berger und Klaus-Jürgen Grün. München/Wien 2002, S. 147–153.

Zaunstöck, Holger, Überwachung durch Denunziation? Studentische Arkanwelten als Gegenstand der Politikgestaltung vor 1800, in: Arkanwelten im politischen Kontext. Hg. v. Monika Neugebauer-Wölk. Hamburg 2003 (Aufklärung. Interdisziplinäres Jahrbuch zur Erforschung des 18. Jahrhunderts und seiner Wirkungsgeschichte 15), S. 187–212.

Zaunstöck, Holger, *Die Brautnacht; oder die Fensterkanonade*. Der permanente Konflikt zwischen Stadtbürgern und Studenten im Raum der Stadt des 18. Jahrhunderts, in: Jahrbuch für hallische Stadtgeschichte 4 (2006), S. 61–76.

Zaunstöck, Holger, Gesellschaft der Aufklärer oder aufgeklärte Stadtgesellschaft – die Sozietätsbewegung und Soziabilitätskultur des 18. Jahrhunderts, in: Geschichte der Stadt Halle. Hg. v. Werner Freitag, Katrin Minner und Andreas Ranft. 2 Bände, Halle 2006. Bd. 1: Halle im Mittelalter und in der Frühen Neuzeit. Hg. v. Werner Freitag und Andreas Ranft, S. 447–463.

Ziche, Paul/Bornschlegel, Peter, Wissenschaftskultur in Briefen. F. A. C. Grens antiphlogistische Bekehrung, galvanische Experimentalprogramme und internationale Wissenschaftsbeziehungen in Briefen an die Jenaer „Naturforschende Gesellschaft“, in: Internationale Zeitschrift für Geschichte und Ethik der Naturwissenschaften, Technik und Medizin 8 (2000), S. 149–169.

Zwahr, Hartmut, Junge Gelehrte und ihre Sorgen. Sozialhistorisches aus Briefen von Carl Friedrich Gauss, 1802–1812, und Moritz Wilhelm Drobisch, 1827–1837, in: Wissenschafts- und Universitätsgeschichte in Sachsen im 18. und 19. Jahrhundert. Nationale und internationale Wechselwirkung und Ausstrahlung. Beiträge des internationalen Kolloquiums zum 575. Jahr der Universitätsgründung am 26. und 27. November 1984 in Leipzig. Hg. im Auftrag der Sächsischen Akademie der Wissenschaften zu Leipzig und ihrer Historischen Kommission von Karl Czok. Berlin 1987 (Abhandlungen der Sächsischen Akademie der Wissenschaften zu Leipzig. Philologisch-historische Klasse Band 71, Heft 3), S. 207–216.

Ortsregister

www.ingramcontent.com/pod-product-compliance
Lightning Source LLC
LaVergne TN
LVHW081359011026
849161LV00013BA/2851